Read • Die Templer

Piers Paul Read

Die Templer

Die Geschichte der Tempelritter,
des geheimnisvollen Ordens der Kreuzzüge

Aus dem Englischen
von Konrad Dietzfelbinger

atmosphären

Die Originalausgabe erschien 1999 unter dem Titel
The Templars – The Dramatic History of the Most Powerful Military Order of the Crusades
bei Weidenfeld & Nicolson, The Orion Publishing Group, London

Umschlaggestaltung: Greenstuff, Iris & Jochen Grün, München
Satz: EDV-Fotosatz Huber/ Verlagsservice Pfeifer, Germering
Druck und Bindearbeiten: Kösel, Krugzell
Printed in Germany

ISBN 3-86533-031-2

www.atmosphaeren-verlag.de
www.at-verlag.ch

Inhalt

Vorwort

Wer waren die Templer? Eine verbreitete Vorstellung über diesen Ritterorden stammt aus den Romanen Sir Walter Scotts. Der Tempelritter im »Ivanhoe«, Brian von Bois-Guilbert, ist ein dämonischer Anti-Held, »der Tapferste seines Ordens, doch befleckt von dessen Lastern Stolz, Hochmut, Grausamkeit und Sinnlichkeit. Ein hartherziger Mann, der weder Gott noch Menschen fürchtet.« Kaum besser kommen die beiden Großmeister des Tempels weg: Giles Amaury im »Talisman« ist ein verräterischer, bösartiger Schuft, Lucas von Beaumanoir im »Ivanhoe« ein bigotter Fanatiker.

Im Gegensatz dazu treten etwa in Wagners Oper »Parsifal« templerähnliche Ritter als keusche Hüter des Heiligen Grals auf. Das dem 19. Jahrhundert verpflichtete Opernlibretto beruht auf dem Epos Wolframs von Eschenbach aus dem 13. Jahrhundert, in dem die *Templeisen* eine wichtige Rolle spielen, doch nur oberflächliche Ähnlichkeit mit den Tempelrittern aufweisen. Dieses bisschen Ähnlichkeit genügte aber schon, um die Nachwelt davon zu überzeugen, dass die Wagnersche Fiktion die Wahrheit enthalte. Daher lebten in der Vorstellung des 19. Jahrhunderts die bösartigen Schurken des »Ivanhoe« und »Talisman« in friedlicher Koexistenz mit der Ritterbruderschaft des »Parsifal«.

Im 20. Jahrhundert bildete sich ein noch fragwürdigeres Templerbild heraus. Die Templer galten als Prototypen der Deutschordensritter, die Himmler Ende der dreißiger Jahre als historisches Vorbild für seine SS dienten. So galten die Kreuzzüge im Bewusstsein der Öffentlichkeit als ein frühes Beispiel für den westeuropäischen Militarismus und Imperialismus, und entsprechend wurden die daran beteiligten Templer als brutale Ideologen wahrgenommen, die ihren Glauben mit dem Schwert verbreiteten.

Dann gab es noch eine gerade entgegengesetzte Auffassung. Es hieß, die Templer seien der Sache des Christentums durch ihren Kontakt mit Judentum und Islam im Orient abtrünnig geworden und hätten eine Geheimgesellschaft von Eingeweihten aufgebaut, durch die die Mysterien des alten Ägypten, von den Erbauern des salomonischen Tempels tradiert, auf die modernen Freimaurerlogen gekommen seien. Auch wurde behauptet, die Templer seien nach dem Albigenser-Kreuzzug vom Gedankengut der ketzerischen Katharer angesteckt worden. Sie seien Jahrhunderte lang die Beschützer der aus einer Verbindung zwischen Jesus und Maria Magdalena hervorgegangenen Königsdynastie gewesen, und im 19. Jahrhundert sei ihr ungeheurer Schatz von einem Priester in Südwest-Frankreich entdeckt worden. Auch seien sie die Wächter fabelhafter Reliquien gewesen, unter anderem des gesalbten Hauptes Jesu Christi und des Grabtuchs von Turin.

Mit diesem Buch bezwecke ich nichts anderes, als der Wahrheit über den Orden die Ehre zu geben. Fantasievolle Spekulationen vermeidend, gebe ich nur wieder, was renommierte Historiker festgestellt haben. Überdies habe ich die Geschichte des Ordens in einen weiten Zeitrahmen gestellt. Denn Darstellungen der Geschichte der Templer, die mit seiner Gründung durch Hugo von Payns im Jahr 1119 oder schon mit dem Aufruf zum ersten Kreuzzug auf dem Konzil zu Clermont im Jahr 1095 beginnen, setzen häufig ein Hintergrundwissen voraus, über das der normale Leser nicht verfügt. Nach meiner Ansicht lässt sich die Mentalität der Templer nur verstehen, wenn man berücksichtigt, wie wichtig den drei monotheistischen Religionen – Judentum, Christentum und Islam – der Tempel zu Jerusalem war und ist und warum er seit Beginn der antiken Geschichtsschreibung bis auf den heutigen Tag nicht aufgehört hat, ein Streitobjekt zu sein.

Noch andere ungelöste Fragen lassen sich nur dadurch beantworten, dass man den Blick auf die chaotischen Verhältnisse des »Finsteren Mittelalters« zurückwendet. Zu einem Zeitpunkt, da man dem jetzigen Papst nahe legt, sich für die Kreuzzüge zu entschuldigen, ist es sicher nicht ganz abwegig, die Motive seiner Vorgänger, die zu diesen heiligen Kriegen aufgerufen haben, zu untersuchen. Allen, die mit der Geschichte der Kreuzzüge schon vertraut sind, werden Teile des Buches nichts Neues bieten. Doch wollte ich die Geschichte noch einmal ganz neu erzählen, weil ich nur so die Ergebnisse einer neuen Generation von Kreuzzugshistorikern mit einarbeiten konnte. Was ich diesen und anderen Wissenschaftlern verdanke, wird jedem Leser des Buches von selbst deutlich werden.

Ich bin außerdem der Meinung, dass es sich lohnt, noch einmal zu erzählen, was ein damaliger Chronist »die von den Franken verrichteten Taten Gottes« nannte, und zwar nicht so sehr, weil die Ereignisse selbst schon interessant sind, sondern weil sie ein Licht auch auf viele heutige Probleme werfen. Die Templer waren eine multinationale Macht mit der selbstgestellten Aufgabe, eine christliche Weltordnung zu verteidigen. Die Auflösung ihres Ordens markiert den Zeitpunkt, da der Sinn für ein allgemeines, durch das Christentum vertretenes Gesamtwohl der Menschheit nationalstaatlichen Interessen weichen musste – ein Prozess, den die Weltgemeinschaft heute wieder rückgängig zu machen sucht.

Es gibt auffällige Parallelen zwischen damals und heute in der Geschichte der Templer. In Kaiser Friedrich II. von Hohenstaufen tritt uns ein Herrscher entgegen, dessen amoralischer Individualismus an Nero in einem früheren Jahrhundert und an Hitler in einem späteren erinnert. Das mittelalterliche Konzept des Heiligen Römischen Reiches ähnelt den Bestrebungen der Gründer der Europäischen Gemeinschaft. Die Assassinen in Syrien sind sowohl die Nachkommen der jüdischen Sikarier als auch die Vorfahren der Selbstmordattentäter der Hisbollah. Die Einstellung vieler Muslime des Nahen Ostens zum modernen Staat Israel gleicht nahezu jener ihrer Vorfahren zum von den Kreuzfahrern gegründeten Königreich Jerusalem. Man fragt sich, wie viele arabische Staatsmänner von Abdel Nasser bis zu Saddam Hussein wohl danach getrachtet haben, ein moderner Saladin zu werden, der die eindringenden Ungläubigen bei einem neuen Hattin besiegen oder, wie der Mamelucken-Sultan al-Ashraf, ins Meer werfen würde.

Mein Dank richtet sich an alle Historiker, aus deren Werken ich mein Wissen über die Templer bezogen habe. Insbesondere möchte ich Professor Jonathan Riley-Smith für seine Anregungen und Empfehlungen und Professor Richard Fletcher für die Durchsicht des Manuskripts und den Hinweis auf einige Fehler danken. Beide hervorragenden Historiker sind natürlich in keiner Weise für eventuelle Mängel meiner Arbeit verantwortlich.

Auch Anthony Cheetham möchte ich meinen Dank aussprechen, dem Ersten, der mein Interesse auf die Geschichte überhaupt lenkte und mir ein Buch über die Templer vorschlug, ferner meinem Agenten Gillon Aitken, der mich drängte, die Arbeit dann doch fertig zu stellen, meiner Lektorin Jane Wood für ihre unaufhörliche Zusprache und gar nicht zu überschätzende Arbeit am ersten Entwurf, sowie Selina Walker für ihre Unterstützung bei den Karten und Illustrationen. Schließlich möchte ich Andrew Sinclair danken, der mir seine Bücher über die Templer auslieh, Charles Glass, der mich mit den Memoiren Osama Ibn-Munqidhs bekannt machte, und dem Bibliothekar und Personal der London Library für ihre freundliche Hilfe.

I.

Der Tempel

1. Der Tempel Salomos

Auf mittelalterlichen Landkarten aus Pergament ist Jerusalem als Mittelpunkt der Welt eingezeichnet. Es war damals wie heute eine drei Religionen – Judentum, Christentum und Islam – heilige Stadt. Alle drei verehrten Jerusalem als eine Stätte, wo sich folgenschwere Ereignisse für den Bund Gottes mit den Menschen abgespielt hatten. Das erste Ereignis bestand darin, dass Abraham dort Anstalten zur Opferung seines Sohnes Isaak traf, genau auf dem Felsen, auf dem heute eine Kirche mit goldener Kuppel steht.

Abraham, ein reicher Nomade aus Ur in Mesopotamien, zog um 1800 vor Christi Geburt auf Befehl Gottes aus dem Euphrat-Tal in ein von den Kanaanitern bewohntes, zwischen Jordan und Mittelmeer gelegenes Land. Dort wurde er für seinen unverrückbaren Glauben an den einen, wahren Gott mit diesem Land Kanaan belohnt, in dem »Milch und Honig flossen«, und empfing die Verheißung, er werde unzählige Nachkommen haben, die in Kanaan wohnen würden, ja, zum Stammvater zahlreicher Völker werden. Zur Besiegelung dieses Bundes sollte Abraham sich und alle Männer seines Stammes beschneiden, und diese Praxis sollte sich »von Geschlecht zu Geschlecht« fortsetzen.

Die Verheißung zahlreicher Nachkommenschaft war indes problematisch, da Abrahams Frau Sarah unfruchtbar war. Früher schon hatte sie, als sie erkannt hatte, dass sie das gebärfähige Alter überschritten habe, Abraham überredet, mit ihrer ägyptischen Magd Hagar ein Kind zu zeugen. Nach neun Monaten gebar Hagar einen Sohn – Ismael. Doch einige Jahre später erschienen dem Abraham, als er zur heißesten Zeit des Tages am

Zelteingang saß, drei Männer. Sie erklärten ihm, Sarah, inzwischen über 90, würde doch noch ein Kind gebären.

Da lachte Abraham, und auch Sarah nahm es als Scherz. »Ich bin doch schon alt und verbraucht und soll noch das Glück der Liebe erfahren? Auch ist mein Herr doch schon ein alter Mann.«[1] Doch die Verheißung erwies sich als wahr. Sarah empfing und gebar Isaak. Im Lauf der Zeit fasste sie eine Abneigung gegen Ismael, den sie als Konkurrenten Isaaks um das Erbe Abrahams empfand, und bat ihren Mann, Ismael und dessen Mutter zu verstoßen. Gott ergriff Sarahs Partei, und Abraham, wie immer dem Willen Gottes gehorsam, schickte Hagar und Ismael, nur mit einem Stück Brot und einem Schlauch Wasser versehen, in die Wildnis Beershebas. Als der Schlauch leer war, wollte Hagar ihren Sohn Ismael unter einen Busch legen und dort verlassen, denn dessen Tod durch Verdursten glaubte sie nicht mit ansehen zu können. Doch Gott führte sie zu einer Quelle und verhieß ihr, ihr Sohn werde Stammvater eines großen Volkes in der Wüste Arabiens werden.

Jetzt verhängte Gott eine letzte Prüfung über Abraham. Er befahl ihm: »Nimm deinen Sohn, deinen einzigen, den du liebst [...] und bring ihn auf einem der Berge, den ich dir nenne, als Brandopfer dar.« Abraham gehorchte, ohne zu murren. Er brachte Isaak zu der von Gott bezeichneten Stelle, einem Felsen auf dem Berg Moriah, schichtete Holz auf diesen provisorischen Altar und legte Isaak auf den Stapel. Doch gerade als er das Messer zückte, um Isaak zu töten, erhielt er den Befehl, einzuhalten. »Streck deine Hand nicht gegen den Knaben aus, und tu ihm nichts zuleide! Denn jetzt weiß ich, dass du Gott fürchtest, du hast mir deinen einzigen Sohn nicht vorenthalten [...] weil du das getan hast [...], will ich dir Segen schenken in Fülle und deine Nachkommen zahlreich machen wie die Sterne am Himmel und den Sand am Meeresstrand [...]. Segnen sollen sich mit deinen Nachkommen alle Völker der Erde, weil du auf meine Stimme gehört hast.«[2]

Hat Abraham gelebt? In jüngster Zeit schwankten die Meinungen der Gelehrten, ob er eine historische Gestalt gewesen sei, zwischen der Skepsis deutscher Wissenschaftler, die ihn lediglich als mythische Figur gelten lassen wollten, und positiveren Urteilen, die sich auf archäologische Entdeckungen in Mesopotamien beriefen.[3] Im Mittelalter dagegen zweifelte niemand daran, dass Abraham gelebt hatte, und fast alle Bewohner der Länder zwischen indischem Subkontinent und atlantischem Ozean behaupteten, von diesem Patriarchen aus Ur abzustammen – die Christen symbolisch, die Muslime und Juden konkret. Die Juden besaßen sogar einen beweiskräftigen Stammbaum – die in der Torah gesam-

melten jüdischen Schriften, die die Geschichte von Abrahams Nachkommen erzählen.

Um 1300 v. Chr., so berichten diese Texte, wanderten die Juden unter
dem Druck einer Hungersnot aus Palästina aus und zogen nach Ägypten. Sie wurden dort von Joseph, ebenfalls Jude und Erster Minister des
ägyptischen Pharao, gastlich aufgenommen. Diesen Joseph hatten seine
eifersüchtigen Brüder vormals als Jugendlichen in der Wüste ausgesetzt,
um ihn hungers sterben zu lassen. Doch war er gerettet worden und hatte es in Ägypten bis zum Statthalter des Pharao gebracht. Nach Josephs
Tod jedoch und der Thronbesteigung eines neuen Pharao mussten die
Juden als Sklaven Zwangsarbeit in Pi-Ramses beim Bau des Palastes für
den Pharao Ramses II. leisten.

Mose, der erste große Prophet Israels, führte sie aus Ägypten in die
Wüste. Dort übergab ihm Gott auf dem Berg Sinai seine in Steintafeln
eingemeißelten Gebote. Zur Aufbewahrung dieser Tafeln stellten die
Juden ein tragbares Heiligtum her, die so genannte »Bundeslade«. Nach
vielen Jahren des Herumirrens in der Wüste Sinai gelangten sie ins verheißene Land Kanaan. Mose jedoch, der sich früher einmal gegen Gottes Gebot vergangen hatte, durfte es nur aus der Ferne sehen. Josua, seinem Nachfolger, blieb es überlassen, den Juden ihr Geburtsrecht zu
verschaffen. Zwischen 1220 und 1200 v.Chr. eroberten sie Palästina. Es
war kein fairer Kampf, den sie gegen die Ureinwohner des Landes führten, denn Gott hatte Partei für die Juden ergriffen. Trotzdem war ihr
Sieg niemals endgültig. Unaufhörlich lagen sie mit den Nachbarstäm-
men der Philister, Moabiter, Ammoniter, Amalekiter, Edomiter und
Aramäer im Streit. Doch konnten sich die Juden dank ihrer einzigarti-
gen Bestimmung – die freilich noch nicht genau definiert war –
behaupten.

Die »Ehe« zwischen Gott und seinem auserwählten Volk war nicht
gerade leicht. Es war ein »eifersüchtiger Gott«, der in Zorn geriet, wenn
sich seine Juden anderen Göttern zuwandten oder gegen die strengen,
ihnen auferlegten Verhaltensregeln verstießen – Opfervorschriften und
bis ins Einzelne gehende Gesetze, die im Anschluss an die Zehn Gebote,
die Mose auf dem Sinai von Gott empfangen hatte, noch erlassen wurden. Die Juden ihrerseits waren höchst wankelmütig. Sie verließen ihren
Gott und verehrten Götzen wie das »Goldene Kalb«[4] oder heidnische
Götter wie Astarte und Baal.[5] Sie misshandelten die Propheten, die Gott
ihnen zur Züchtigung schickte. Sogar ihre Könige, Gesalbte Gottes, sün-
digten. Saul war Gottes Befehl, die Amalekiter mit Stumpf und Stiel auszurotten, ungehorsam.[6] David verführte Bathseba, die Frau des Hethiters
Uria, ja wies Joab, seinen Befehlshaber an: »Stellt Uria nach vorn, wo der

Kampf am heftigsten ist, dann zieht euch von ihm zurück, so dass er getroffen wird und den Tod findet.«[7]

David war es dann, der ums Jahr 1000 v.Chr. Jerusalem den damaligen indigenen Bewohnern, den Jebusitern, abnahm. Unterhalb der Festung auf dem Berg Moab, unweit der Stelle, wo Gott Abraham die Opferung Isaaks befohlen hatte, befand sich, im Besitz des Jebusiters Onan, eine Dreschtenne. Auf Gottes Geheiß kaufte sie David als Baugrundstück für einen Tempel, der die Bundeslade beherbergen sollte. Er sammelte die Materialien für den Bau des Tempels, der schließlich von seinem Sohn Salomo um 950 v.Chr. fertig gestellt wurde.

Die Herrschaft Salomos markierte den Höhepunkt des unabhängigen jüdischen Staates. Nach seinem Tod wurde Israel von den mächtigen Völkern im Osten erobert – den Assyrern, Chaldäern und Persern. 586 v.Chr. wurde Salomos Tempel von den Chaldäern unter ihrem König Nebukadnezzar zerstört, die Juden als Sklaven nach Babylon deportiert. Danach besiegte der Perserkönig Kyros die Chaldäer und erlaubte den Juden die Rückkehr nach Jerusalem sowie die Wiedererrichtung ihres Tempels im Jahr 515.

Im 4. Jahrhundert v.Chr. kamen die Eroberer weniger aus dem Osten als aus dem Westen. Die Mazedonier unter ihrem jungen König Alexander dem Großen besiegten die Perser. Nach Alexanders frühem Tod teilten seine Generäle sein Reich unter sich auf. Eine Zeit lang wurde Palästina zum Zankapfel zwischen den rivalisierenden Ptolemäern in Ägypten und den Seleukiden in Mesopotamien. In Jerusalem gab es keinen König, und der Hohepriester übernahm viele seiner Funktionen.

167 v.Chr. wuchs sich ein religiös motivierter Aufstand der Juden gegen die Griechen zu einem Kampf um politische Unabhängigkeit aus, der erfolgreich endete. Die Anführer der Juden, drei Brüder mit dem Familiennamen Makkabäus, begründeten die Hasmonäer-Dynastie jüdischer Könige, die den Großteil des einst von David und Salomo beherrschten Landes zurückgewinnen konnten. Im Verlauf ihrer dauernden Streitigkeiten mit den Nachbarstaaten riefen sie die neue, im Aufstieg begriffene Macht der Römer zu Hilfe. Der judäische König Hyrkanos und sein Minister Antipater stellten sich unter den Schutz des römischen Generals, der Syrien erobert hatte: Gnaeus Pompeius, auch Pompeius der Große genannt.

Jerusalem indessen wurde noch von Aristobulos, dem rivalisierenden Anwärter auf den Thron, gehalten. Nach dreimonatiger Belagerung wurde die Stadt von Pompeius' Legionen eingenommen. Die Römer

14

hatten wenig Verluste, von den Juden fielen 12 000. Gleichwohl meinte der jüdische Historiker Josephus, dieser Verlust an Menschenleben sei ein geringeres Übel gewesen als die Entweihung des Tempels durch Pompeius:

> »Nichts wirkte jedoch in dieser furchtbaren Situation so nie-derschmetternd wie der Umstand, dass das bis dahin ›unschau-bare‹ Heiligtum von den Angehörigen eines fremden Volkes enthüllt wurde. Pompeius begab sich nämlich mitsamt seinem Stab in den Tempel, wohin nach heiligem Gesetz nur der Hohepriester seinen Fuß setzen darf. Er sah sich alles an, was darin war, den Leuchter mit den Lampen, den Tisch, die Opferschalen und Räuchergefäße, alles aus massivem Gold, die gestapelte Menge von Räucherwerk und den Tempelschatz [...].«[8]

Jetzt besaßen die Römer die eigentliche Macht im Staat der Juden. Pompeius setzte Hyrkanos wieder als Hohenpriester ein. Als er aber sah, wie unfähig dieser Mann als Politiker war, legte er die Macht in die Hände von dessen Erstem Minister, Antipater. Julius Caesar, der im Jahr 47 v.Chr. nach Syrien kam, verlieh Antipater das römische Bürgerrecht und ernannte ihn zum Statthalter ganz Judäas. Antipaters ältester Sohn Phasa-el wurde Präfekt in Judäa, sein zweiter Sohn Herodes, damals 26 Jahre alt, Präfekt in Galiläa, und zwischen Caesars Mitkonsul Mark Anton und Herodes entwickelte sich eine lebenslange Freundschaft.

40 v.Chr. drangen die Parther in Palästina ein. Herodes floh über Ara-bien und Ägypten nach Rom. Dort stellte ihm der römische Senat ein Heer zur Verfügung und ernannte ihn zum König von Judäa. Herodes vertrieb die Parther. Statt aber nun seinen Freund Mark Anton gegen Oktavian, einen neuen Konkurrenten um die Macht, zu unterstützen, ließ er sich von Oktavian, nachdem dieser in der Schlacht bei Actium Mark Anton besiegt hatte, als König von Judäa bestätigen.

Auf der Höhe seines Ruhmes verlieh Herodes seinem Königreich Glanz, indem er prachtvolle Städte und starke Festungen errichtete, von denen viele die Namen seiner Schutzherren oder Familienmitglieder erhielten. An der Küste zwischen Jaffa und Haifa erbaute er eine neue Stadt Caesarea, und in Jerusalem die Festung Antonia. Die Festung Masa-da, wo seine Familie Zuflucht vor den Parthern gefunden hatte, erwei-terte er und erbaute noch eine neue Burg in den Bergen vor der arabi-schen Grenze. Ihr gab er nach sich selbst den Namen Herodeion.

Als außergewöhnlich mutiger und fähiger Mann erkannte Herodes:

Seine Macht in Palästina hing davon ab, dass er den Erwartungen der Römer entsprach, ohne dadurch die religiöse Empfindlichkeit der Juden zu verletzen. Die Römer betrachteten die Herrschaft über Syrien und Palästina als außerordentlich wichtig für die Sicherheit und das Wohl ihres ganzen Reiches. Denn hier verliefen die Straßen zwischen Ägypten und Mesopotamien, und von hier aus ließen sich die Länder des östlichen Mittelmeers kontrollieren. Zudem war die Stadt Rom von den regelmäßigen Weizenlieferungen aus Ägypten abhängig. Sie waren gefährdet, wenn die Häfen der Ostküste des Mittelmeers den Parthern in die Hände fielen.

Das größte Problem aber waren die Juden. Seit der Zeit Alexanders des Großen dem kulturellen Einfluss der Griechen unterworfen und jetzt politisch von den Römern abhängig, beharrten sie doch stets auf ihrer Identität als Gottes auserwähltes Volk. Ihre außerordentliche Treue zum angestammten Glauben und Kult imponierte ihren heidnischen Zeitgenossen und empörte sie zugleich. Als Pompeius die Reste der jüdischen Widerstandskämpfer im Tempel belagerte, war er

> »voll Bewunderung für die Ausdauer der Juden, besonders aber für die Tatsache, dass sie sich mitten im Geschosshagel keinerlei Versäumnisse an ihren kultischen Verrichtungen gestatteten. Denn wie inmitten des tiefsten Friedens wurden tagtäglich die Schlachtopfer dargebracht und alle heiligen Riten und jegliche kultische Dienstleistung aufs sorgfältigste zur Ehre Gottes vollzogen. Selbst während der Einnahme, als sie rings um den Altar den Tod fanden, ließen sie nicht von dem Gottesdienst ab, der nach dem Gesetz für den betreffenden Tag geboten war.«[8]

Aber der Anspruch der Juden auf Exklusivität – besonders ihre Überzeugung, dass sie durch den Kontakt mit Heiden »unrein« würden – brachte ihre Nachbarn in Harnisch. Inzwischen lebten die Juden nicht mehr nur in den Grenzen Palästinas. In vielen größeren Städten der griechisch-römischen Welt und im Perserreich jenseits des Euphrat existierten größere jüdische Gemeinden. In Alexandria ließen sich schon im 3. Jahrhundert v.Chr. Stimmen vernehmen, die den Ausschließlichkeitsanspruch der Juden kritisierten. In Rom, wo sie sich ungewöhnliche Freistellungen von der Teilnahmepflicht an heidnischen Kulten und die Erlaubnis, den Sabbat zu halten, erkämpft hatten, beschwerte sich Cicero in seinem »Pro Flacco« über ihren ungemein engen Zusammenhalt und allzu großen Einfluss. Und Tacitus prangerte in seinen »Historien« den »Menschenhass« der Juden, wie er es nannte, an, bei denen

»allen anderen Menschen gegenüber feindseliger Hass hervor-
tritt. Beim Essen, beim Schlafen halten sie auf strenge Trennung und kennen trotz der starken Neigung der Volksart zur
Sinnlichkeit keinen Geschlechtsverkehr mit Frauen anderer
Rassen; unter ihnen selbst ist nichts verboten.«[9]

In ihrer Heimat hatte dieser Glaube der Juden an ihre Überlegenheit
über alle heidnischen Völker gravierende politische Folgen. Immer wieder erhoben sie sich gegen ihre Unterdrücker, wenn sie von größeren
und mächtigeren Nachbarn besiegt wurden – Ägyptern, Persern, Griechen und jetzt den Römern –, in der Überzeugung, Gott selbst stehe auf
ihrer Seite. Und immer wieder endete der anfängliche Triumph in noch
größerer, grausamerer Unterdrückung.

Herodes war zwar römischer Bürger und arabischer Abstammung,
beobachtete aber das jüdische Gesetz geradezu pedantisch genau. Und
um sich bei den Anhängern der von ihm angenommenen Religion
noch beliebter zu machen, kündigte er an, er werde einen neuen Tempel bauen lassen. Die Juden reagierten mit Argwohn. Um zu garantieren, dass er sein ehrgeiziges Projekt auch wirklich vollenden würde,
sollte Herodes ihnen versprechen, den alten Tempel nicht eher abzurei-
ßen, als bis er alles Material zum Bau des neuen beisammen hatte. Als es
dann wirklich so weit war, bildete er, da nur Priester den Tempelbezirk
betreten durften, tausend Leviten zu Maurern und Zimmerleuten aus.
Die Grundmauern des Zweiten Tempels wurden durch die Anlage rie-
siger Stützmauern im Westen, Süden und Osten stark erweitert. An den
Seiten des großflächigen Tempelplateaus, das durch Schutt oder tragen-
de Bögen unterfangen war, verliefen überdachte Säulenhallen. Eine
Umfassungsmauer umgab das ganze heilige Gelände. An jedem ihrer
dreizehn Tore befand sich eine Inschrift auf Lateinisch und Griechisch,
des Inhalts, dass jeder Heide, der es wagte, hindurchzugehen, ein Kind
des Todes sein würde.

In der Mitte erhob sich, von den Säulenhallen eingerahmt, der Tempel
selbst. Auf der einen Seite befand sich der »Hof der Frauen« und auf der
anderen Seite, neben der »Schönen Pforte«, der »Hof der Priester«. Ein
goldenes Portal mit zwei Flügeln führte ins Innere des Heiligtums. Davor
hing ein Vorhang babylonischer Webarbeit, bestickt mit blauen, schar-
lach-purpurfarbenen Mustern, die das All darstellen sollten. Das innere
Heiligtum, von einem riesigen Schleier verhüllt, war das Allerheiligste.
Nur der Hohepriester durfte es an bestimmten Tagen des Jahres betreten.
Der Felsen, auf dem Abraham Isaak zur Opferung festgebunden hatte,

diente jetzt als Altar, auf dem Ziegen oder Tauben geopfert wurden. Die Vertiefung am Nordrand des Felsens – sie ist noch heute zu sehen – war dazu bestimmt, das Opferblut aufzunehmen.

Die Ausmaße des Tempels waren gewaltig. Vom Kidron-Tal aus betrachtet, erhob er sich zu schwindelnder Höhe. Seine Pracht musste des Herodes Untertanen unweigerlich davon überzeugen, dass ihr König, obwohl arabischer Abstammung, ein wirklich treuer Jude war. Doch Herodes überließ nichts dem Zufall. Einen Teil der Nordmauer des Tempelbezirks bildete die Festung Antonia, die dauernd mit einem Kontingent römischer Infanterie belegt war. Bei größeren Festen stellte es sich in voller Bewaffnung an den Kolonnaden entlang auf.

Dieser prachtvolle Tempel war die größte Leistung einer der ungewöhnlichsten Gestalten der Antike. In seiner besten Zeit verlieh Herodes dem Staat Israel einen Glanz, wie vorher und nachher niemals mehr. Die Freigebigkeit des Königs erstreckte sich auch auf fremde Städte – Beirut, Damaskus, Antiochia, Rhodos. Ein tapferer Krieger, großer Jäger und eifriger Sportsmann, war Herodes außerdem Schutzherr und Vorsitzender der Olympischen Spiele. Er benutzte seinen Einfluss zur Protektion der jüdischen Diaspora-Gemeinden und unterstützte sie, wenn sie in Not gerieten, großzügig im ganzen östlichen Mittelmeergebiet. Aber eine feste Dynastie zu begründen, gelang ihm nicht. Im Lauf seines Lebens erlag er zunehmend seinem Verfolgungswahn, durch den aus dem aufgeklärten Alleinherrscher ein Despot wurde.

Kein Zweifel, dass Herodes von Verschwörern und Intriganten umgeben war. Sein Vater und sein Bruder hatten ein gewaltsames Ende genommen. Er selbst hatte mächtige Feinde, teils in der jüdischen Pharisäerpartei, die sich die Herrschaft eines vom heidnischen Kaiser in Rom abhängigen Fremden nicht gefallen lassen wollte, teils unter den Anhängern hasmonäischer Prätendenten auf den judäischen Königsthron. Um Letztere zu beschwichtigen, ließ sich Herodes von Doris, seiner ersten Frau, scheiden und heiratete Mariamne, Enkelin des Hohenpriesters Hyrkanos.

Hyrkanos war, als die Parther Palästina überrannten, in Gefangenschaft geraten, durch Fürsprache der Juden jenseits des Euphrat jedoch wieder freigekommen. Durch die Heirat seiner Enkelin mit Herodes beruhigt und ermutigt, kehrte er nach Jerusalem zurück, wo er von Herodes augenblicklich hingerichtet wurde – nicht, weil er nach der Krone strebte, sondern weil ihm diese tatsächlich »von Rechtswegen zustand«.[10] So jedenfalls stellt es Josephus dar. Einen anderen potenziellen Rivalen, Jonathan, den Bruder seiner Frau, machte Herodes im Alter von 17 zum Hohenpriester. Als sich der junge Mann bei einem Fest nach Anlegung der heiligen Gewänder dem Altar näherte, brachen seine Begleiter vor Rührung in Tränen aus. Diese Treue erschien Herodes gefährlich. Er ließ Jonathan von seinem gallischen Leibwächter ertränken.

Staatspolitisch mochte das ja noch sinnvoll sein. Aber familienpolitisch war es katastrophal. Herodes liebte Mariamne leidenschaftlich. Sie jedoch hasste ihn, der ihren Bruder und Großvater umgebracht hatte, mit gleicher Leidenschaft. Hinzu kam Verachtung. Als königliche Prinzessin jüdischen Blutes schaute sie mit Geringschätzung auf den arabischen Emporkömmling Herodes herab, was diesen unablässig quälte und seine Familie, besonders seine Schwester Salome, in Wut versetzte. Schließlich übernahm Salome den Part des Jago gegenüber Herodes-Othello und redete ihrem Bruder ein, Mariamne habe ihn mit ihrem, Salomes, Mann Joseph betrogen. Sofort befahl Herodes die Hinrichtung Mariamnes und Josephs. Sodann projizierte er seinen Verfolgungswahn auf seine beiden Söhne mit Mariamne. Überzeugt, dass sie gegen ihn konspirierten, ließ er sie im Jahr 7 v.Chr. in Sebaste strangulieren. Gegen Ende seines Lebens, als er sterbenskrank darniederlag – »die ganze Oberfläche des Körpers überzog jetzt ein unerträglicher Juckreiz; dazu wollten die Darmschmerzen nicht aufhören, die Beine schwollen an wie bei einem, der an Wassersucht leidet, am Unterleib bildete sich eine Entzündung, an den Geschlechtsteilen entstanden Eiterbeulen, an denen Würmer wuchsen«[11] –, berichtete man ihm, sein ältester Sohn und Erbe, Antipater, plane seine Vergiftung. Antipater wurde vom Leibwächter seines Vaters getötet. Fünf Tage später war Herodes selbst tot.

Aber es waren nicht nur diese Familientragödien, die einen hochbegabten König zum Tyrannen machten, sondern vor allem auch die unmögliche Aufgabe, Gottes auserwähltes Volk mit der Herrschaft der Heiden auszusöhnen. Als im Jahr 7 v.Chr. eine Steuerschätzung durchgeführt wurde, weigerten sich sechstausend Pharisäer, dem Oktavian, inzwischen Kaiser Augustus, den Treueid zu schwören. Und kurz vor Herodes' Tod hatten sich etwa vierzig Anhänger zweier Jerusalemer Rabbis, die als gute Traditionalisten bekannt waren, an Seilen vom Tempeldach herabgelassen, um ein heidnisches Symbol, den Goldadler, den Herodes über der Großen Tempelpforte hatte anbringen lassen, zu entfernen. Dafür waren die beiden Rabbis verhaftet und auf Herodes' Geheiß lebendig verbrannt worden.

Herodes' Nachfolgern gelang es nicht so gut wie ihm selbst, diese immer wieder aufflammende Aufsässigkeit in Schach zu halten. Nach Herodes' letztem Willen, den er zuvor mehrere Male geändert hatte, sollte sein Königreich unter dreien seiner Söhne aufgeteilt werden: Archelaos, Herodes Antipas und Philipp. Kaiser Augustus bestätigte diese Maßnahme, verweigerte jedoch Archelaos den Königstitel. Archelaos sollte nur als Ethnarch, Gouverneur, von Judäa und Samaria regieren dürfen. Schließlich entließ ihn Augustus nach neun Jahren inkompetenter Regierung ganz und verbannte ihn nach Vienne in Gallien. Judäa wurde der direkten Herrschaft eines römischen »Landpflegers« unterstellt – zuerst Coponius, dann Valerius Gratus, endlich, im Jahr 26 n.Chr., Pontius Pilatus.

Diese Regelung war indes nicht geeignet, die Stabilität Palästinas zu gewährleisten. Während die jüdische Aristokratie und die Ton angebenden Sadduzäer alles versuchten, den rebellischen Geist des Volkes zu dämpfen, führten die drückenden, von den Römern auferlegten Steuern und ihre mangelnde Sensibilität für die religiösen Überzeugungen der Juden immer wieder zu sporadischen Unruhen, ja schließlich zum offenen Krieg. Jüdische Aufständische eroberten die Festung Masada und töteten die römische Besatzung. Im Tempel veranlasste Eleasar, Sohn des Hohenpriesters Ananias, die Tempeldiener, die für Rom und den Caesar bestimmten Opfer abzuschaffen. Diese Geste des Trotzes führte zur allgemeinen Erhebung: Die Festung Antonia wurde erobert, Ananias ermordet und die Römer in die befestigten Türme von Herodes' Palast zurückgedrängt.

In Caesarea, dem Sitz der römischen Verwaltung an der Küste, griffen umgekehrt die heidnischen Einwohner die jüdische Kolonie an und massakrierten sämtliche Juden. Diese Grausamkeit erregte erst recht den Zorn der Juden überall in Palästina. Sie plünderten griechische und syrische Städte, zum Beispiel Philadelphia und Pella, und töteten die Einwohner aus Rache.

Im September des Jahres 66 brach der römische Legat in Syrien, Cestius Gallus, mit der 12. Legion aus Antiochia auf, um die Ordnung in Palästina wieder herzustellen. Die jüdischen Aufständischen in Jerusalem rüsteten sich zum Widerstand. Nach einigen Scharmützeln vor der Stadt entschloss sich Cestius zum Rückzug, der bald in eine wilde Flucht ausartete. Die Juden blieben Herren in ihrem Land und begannen mit der Organisation der Verteidigung gegen die Römer, die, das wussten sie, mit Sicherheit wiederkommen würden.

Beim nachträglichen Blick auf die jetzt hereinbrechende Katastrophe fragt man sich, wie die Juden überhaupt daran glauben konnten, der Macht Roms Trotz bieten zu können. Sicher gab es »gemäßigte Elemente«, die das Schlimmste befürchteten, »und viele erhoben laute Klage ob der bevorstehenden Katastrophe«.[11] Doch die große Mehrheit war völlig davon überzeugt, dass die Stunde des Triumphes geschlagen hatte. Waren sie nicht Gottes auserwähltes Volk? Hatten nicht von frühesten Zeiten an die Propheten wenn schon nicht direkt die Erlösung, so doch wenigstens einen Erlöser verheißen, einen »Gesalbten«, hebräisch (und gräzisiert) »*Messias*«? Gott hatte Abraham und Isaak versprochen, dass durch ihren »Samen« das »Heil« – was auch immer darunter zu verstehen war – kommen würde. Im Lauf der Zeit hatte sich dann dieses »Heil« mit der Vorstellung verbunden, dass ein König aus der Nachkommenschaft Davids erstehen würde, dessen Reich ewig dauern sollte. Es würde zwar ein jüdischer Held sein (»Seht, es kommen Tage [...] da werde ich für David einen gerechten Spross erwecken. Er wird als König herrschen und weise handeln, für Recht und Gerechtigkeit wird er sorgen im Land. In seinen Tagen wird Juda gerettet werden. Israel kann in Sicherheit wohnen«).[12] Doch wäre seine Herrschaft universell (»Er herrschte von Meer zu Meer, vom Strom bis an die Enden der Erde [...]. Alle Könige müssen ihm huldigen, alle Völker ihm dienen«).[13] Diese unglaublich starke messianische Erwartung, die im 1. Jahrhundert in den Juden Palästinas lebte, verlieh ihnen Mut, die Macht Roms herauszufordern.

Innerhalb der Judenschaft gab es zwei große Lager: Sadduzäer und Pharisäer. Die Sadduzäer waren die Partei der herrschenden Klasse. Sie kontrollierten den Tempel und verhielten sich großzügiger in der Auslegung des »Gesetzes«. Die Pharisäer waren demgegenüber die Strengeren, Radikaleren, Asketischeren. Sie benutzten die mündliche Überlieferung, um jeden Aspekt des jüdischen Lebens durch die detailliertesten Bestimmungen zu regeln. Eine wesentliche Differenz in den Überzeugungen beider Lager betraf das Leben nach dem Tod. Die Sadduzäer leugneten es als Agnostiker, die Pharisäer bestanden auf der Unsterblichkeit der Seele, einer persönlichen Auferstehung und Belohnungen und Strafen Gottes in der künftigen Welt, je nach Tugend oder Schlechtigkeit des Betreffenden.

Es waren die Pharisäer, die besonders lautstark gegen die römische Herrschaft opponierten. Unter ihnen befanden sich asketisch-fanatische Gemeinschaften wie die Essener, die praktisch einen Mönchsorden bildeten, und die Zeloten, eine terroristische Fraktion, die nicht nur die Römer, sondern auch alle mit ihnen kollaborierenden Juden verachteten. Sie pflegten Mörder auszuschicken, die so genannten Sikarier (vom griechischen Wort *Sikarioi*, »Sichelmänner«), die sich unter die Leute mischten und ihre Feinde im Schutz der Menge töteten. Ein Kontingent galiläischer Zeloten, das in Jerusalem Unterschlupf gefunden hatte, führte praktisch Klassenkampf gegen die Gastgeber:

»[...] und gelangten so, eine Bande von Verbrechern, unbemerkt nach Jerusalem hinein – sehr zum Nachteil der Stadt

[...]. Weitere räuberische Gesellen kamen in Scharen vom Land in die Stadt, stießen zu den darin befindlichen noch übleren Gesellen und leisteten sich jeden denkbaren Gräuel. In ihrer ungebändigten Tollkühnheit war es ihnen nicht genug, zu rauben und zu plündern, sondern sie mordeten auch, und dies nicht nur nächtlicherweile oder im Geheimen oder weniger angesehene Leute, sondern in aller Öffentlichkeit, am helllichten Tag, und dabei machten sie den Anfang bei den vornehmsten Leuten.«[14]

Als Kaiser Nero die Nachricht von der Niederlage des Cestius Gallus erhielt, wandte er sich an Vespasian, einen verdienten General, und vertraute ihm das Kommando über die römischen Truppen in Syrien an. Vespasian schickte seinen Sohn Titus nach Alexandria, der dort die 15. Legion holen und sich mit ihm in der Ptolemais vereinigen sollte. Das vereinigte Heer marschierte hierauf nach Galiläa, nahm unter größten Schwierigkeiten die von den jüdischen Rebellen verteidigten Festungen ein, eine nach der andern, und töteten die Besatzungen oder führten sie in die Sklaverei. Jede Stadt wurde verbissen verteidigt, vor allem Jopata, wo Joseph ben-Matthias das Kommando führte. Er ging später zu den Römern über, änderte seinen Namen in Josephus und schrieb einen Bericht über den ganzen Aufstand, den »Jüdischen Krieg«.

Während der Kampagne wurde Kaiser Nero in Rom ermordet, bald darauf auch sein Nachfolger, Kaiser Galba. Es folgte ein Bürgerkrieg zwischen den Parteigängern zweier Rivalen um die Kaiserwürde, Otho und Vitellius, aus dem Vitellius als Sieger hervorging. Doch in Caesarea verweigerten die Legionen Vitellius ihre Gefolgschaft und proklamierten Vespasian zum Kaiser. Der Gouverneur von Ägypten, Tiberius Alexander, unterstützte ihn, die syrischen Legionen ebenfalls. In Rom vertrieben Vespasians Anhänger Vitellius und riefen Vespasian zum Kaiser aus. Die Nachricht von diesen Vorgängen erreichte ihn in Alexandria, von wo er sich nach Rom einschiffte. Seinen Sohn Titus ließ er zurück, um die rebellischen Juden endgültig zu unterwerfen.

Die jüdischen Verteidiger verfügten jetzt nur noch über eine Anzahl isolierter Festungen und die Stadt Jerusalem, die bereits von römischen Legionen eingeschlossen war. Sie leisteten heftigsten Widerstand. Als der Renegat Josephus vor der Stadtmauer entlangritt und seine Landsleute zur Kapitulation aufforderte, erntete er nur Hohn und Spott.

Doch stöhnte die Stadt schon im Griff des Hungers. Josephus, dem es in seiner »Geschichte des jüdischen Kriegs« darauf ankam, den Eindruck zu erwecken, dass die an sich gerechte Sache der Aufständischen durch deren moralische Verworfenheit irreparablen Schaden nahm, schildert sehr ausführlich, wie der Hunger Frauen veranlasste, ihre Männer, und Kinder, ihre Väter zu bestehlen, und es gab, »was am furchtbarsten ist, Mütter, die ihren Kindern den Bissen aus dem Mund raubten. Dahin war sogar die letzte Hemmung, wenn es galt, einem Liebsten noch einen Tropfen wegzunehmen, der das Leben bedeutete, mochte der Beraubte dem Räuber auch unter den Händen verschmachten! Höhepunkt dieses unnatürlichen Verhaltens war die Geschichte einer gewissen Maria aus dem Dorf Bethezob, die ihr eigenes Baby tötete. Sie »schlachtete das Kind, briet es und aß die eine Hälfte auf; die andere deckte sie zu und verwahrte sie«.

Der Ausgang des Ganzen konnte nicht zweifelhaft sein. Doch jedes Haus der Stadt wurde wild umkämpft. Zuerst fiel die Festung Antonia, doch der Tempel hielt noch Stand. Sechs Tage lang rammten die römischen Legionen ihre Sturmböcke gegen die Tempelmauern − konnten aber den riesigen, von Herodes' Steinmetzen so glatt behauenen und fugenlos gelegten Blöcken nichts anhaben. Ebenso fruchtlos war der Versuch, das Nordtor zu unterminieren. Titus, der durch einen Generalangriff über die Mauern keine weiteren Menschenleben riskieren wollte, befahl seinen Leuten, Feuer an die Tore zu legen. Die Silberverkleidung schmolz in der Hitze, das Holz fing Feuer. Es sprang auf die Kolonnaden über und öffnete den römischen Soldaten die Bahn durch qualmendes Mauerwerk. Ihre Wut auf die Juden war so heftig, dass sie unterschiedslos Kämpfer und Zivilisten erschlugen. Laut Josephus, der seinen kaiserlichen Schutzherrn in den Augen der Diaspora-Juden entschuldigen wollte, tat Titus alles, um das Tempelheiligtum selbst zu retten. Vergebens − seine Männer legten es in Asche. So wurde zerstört, was Josephus als Bauwerk schildert, »das alle anderen vom Schauen und vom Hören berühmten Gebäude an Herrlichkeit und Größe überhaupt, besonders aber durch den Wert der Details und durch die Erhabenheit des Allerheiligsten weit übertraf«. [15]

Sechs Monate, vom März bis September des Jahres 70 n.Chr., hatten Titus und seine Legionen zur Eroberung Jerusalems gebraucht − so stark waren die Befestigungen und so groß die Entschlossenheit der Verteidiger. Die Bevölkerung wurde fast völlig ausgelöscht. Wer sich in die Kanalisation unter der Stadt geflüchtet hatte, starb vor Hunger, brachte sich selbst um oder wurde beim Auftauchen von den Römern niedergemacht. Nach einer Schätzung des Josephus kamen bei der Belagerung Jerusalems über eine Million Menschen um. Wer trotzdem am Leben blieb, wurde versklavt. Titus legte eine Garnison in die Festung und befahl, dass die übrige Stadt einschließlich der Überreste des Tempels dem Erdboden gleich gemacht wurde. Nach Caesarea zurückgekehrt, feierte er am 24. Oktober seinen Geburtstag durch besondere Zirkusspiele. Er schaute zu, wie jüdische Gefangene in der Arena starben: Wilde Tiere zerrissen sie, sie töteten sich gegenseitig oder verbrannten bei lebendigem Leib. Bei ihrer Rückkehr nach Rom bekamen Vespasian und Titus, in scharlachfarbene Gewänder gehüllt, ihren Triumphzug. Wagen, beladen mit herrlichen in Jerusalem erbeuteten Schätzen, wurden durch die Straßen gezogen, darunter der goldene Leuchter des Tempels. Hinter den Wagen marschierten Gefangene in schweren Ketten. Als die Prozession beim Forum angelangt war, wurde der noch lebende Führer der jüdischen Aufständischen, Simon ben-Gioras, mit allem Zeremoniell hingerichtet, worauf sich die Sieger zum üppigen Festmahl zurückzogen, das auf sie und ihre Gäste wartete.

In Palästina hielten sich in den uneinnehmbaren Festungen des Herodes – Herodeion, Machaerus und Masada – immer noch versprengte Rebellen. Herodeion fiel schließlich kampflos, Machaerus kapitulierte. Nur Masada blieb in den Händen der Zeloten unter Eleasar ben-Jair, einem Nachkommen Judas' des Galiläers. In dieser großartigen Festung, errichtet auf einem einzeln stehenden Felsplateau 439 Meter über dem Westufer des Toten Meeres, befanden sich tausend Männer, Frauen und Kinder. Der römische Statthalter Flavius Silva ließ sie von einer Mauer einschließen und baute eine Rampe für einen Rammbock, der eine Bresche in die Burgmauer schlagen sollte.

Zuerst leisteten die Zeloten Widerstand. Als jedoch klar wurde, dass die Römer am nächsten Tag durch die Mauer brechen würden, überzeugte Eleasar seine Leute, es sei besser, durch eigene Hand zu sterben, als von den Römern hingeschlachtet zu werden. Nachdem sie alle ihre Habseligkeiten verbrannt hatten, tötete jeder Hausvater seine Familie. Dann wurden zehn Männer ausgelost, die ihre Gefährten umbrachten. Und schließlich tötete einer, wiederum ausgelost, die übrigen neun, bevor er sich selbst ins Schwert stürzte.

2. Der neue Tempel

Mit dem Fall Masadas war die Hoffnung der in Palästina lebenden Juden, doch wieder als unabhängige Nation zu leben, keineswegs erloschen. Rund sechzig Jahre später kam es zu einem zweiten Aufstand gegen die römische Herrschaft unter Führung des Simeon ben-Koseba, den Rabbi

Akiba als den verheißenen Messias anerkannt hatte. Wie früher war auch diese Revolte anfangs erfolgreich: Die Truppen des römischen Legaten in Judäa, Tineius Rufus, wurden geschlagen. Hierauf schickte Kaiser Hadrian den Legaten in Britannien, Julius Severus, nach Palästina. Er eroberte im Jahr 134 n.Chr. Jerusalem zurück. Der Krieg dauerte noch weitere achtzehn Monate, bis zum August 135, als Bether, die Letzte von etwa fünfzig Festungen in der Hand der Aufständischen, an Severus fiel und Simeon ben-Koseba getötet wurde.

Die von den Römern für diesen nochmaligen Aufstand verhängte Strafe war hart. Die jüdischen Gefangenen wurden entweder getötet oder zu Sklaven gemacht, Judäa von der Landkarte getilgt und der Provinz Syrien-Palästina zugeschlagen. Die Stadt Jerusalem wurde römische Kolonie, kein Jude durfte mehr dort wohnen. Auf dem Tempelberg wurden dem Gottkaiser Hadrian und Zeus, dem Vater der Götter, Heiligtümer errichtet.

Doch gab es damals in Jerusalem heilige Stätten noch einer anderen Religion. Rufus, der römische Legat, glaubte, sie dadurch unschädlich machen zu müssen, dass er heidnische Tempel über ihnen errichtete. Es handelte sich um ein Gelände, das ein Jahrhundert zuvor für öffentliche Hinrichtungen benutzt worden war, und ein unweit davon gelegenes Grab. Für die Juden waren diese Stätten ohne Bedeutung, doch den Anhängern eines anderen Mannes, der ebenfalls als Messias galt, waren sie heilig: Jesus von Nazareth, oder Jesus der Christus. Über diesen Stellen also ließ Rufus Tempel für Jupiter, Juno und Venus, die Göttin der Liebe, erbauen.

Jesus ist in den zwanzig Jahrhunderten seit seinem Leben und Sterben immer eine umstrittene Gestalt gewesen, heute genauso wie früher. Die traditionelle Lehre der meisten christlichen Kirchen lautet, sein Kommen sei durch die jüdischen Propheten, vor allem seinen Cousin, einen populären Prediger namens Johannes der Täufer, vorhergesagt worden. Auf wunderbare Weise von einer Jungfrau empfangen, sei er in einem Stall in der Stadt Bethlehem zur Welt gekommen, habe in Galiläa und Judäa gepredigt und eine Reihe spektakulärer Wunder vollbracht. Das erste bestand darin, dass er bei einer Hochzeit in Kana Wasser in Wein verwandelte. Er heilte viele Kranke auf wunderbare Weise und besaß außerdem Macht über die Elemente. Zum Beispiel wandelte er über Wasser und beruhigte Stürme. Wie Johannes der Täufer vor ihm rief er zur Buße auf und warnte vor dem Gericht und ewigen Strafen für alle, die in ihren Sünden starben.

Im Gegensatz zu der rings um ihn in dem römisch besetzten Palästina herrschenden Gewalt legte Jesus Milde und Schlichtheit an den Tag. Er segnete die Armen und Demütigen und rief dazu auf, unschuldig wie die

Kinder zu werden. Er brachte eine Umwertung aller Werte der »Welt«, wie er es nannte – der Werte des Egoismus und der Ich-Bezogenheit. Nicht nach Reichtum, Macht und Ansehen solle der Mensch streben, sondern den untersten Platz bei Tisch einnehmen und Ungerechtigkeit nicht mit Gleichem vergelten, sondern, wenn auf die eine Backe geschlagen, »auch die andere hinhalten«.

Es ging aber nicht um bloße Passivität: Dem Hass eines Feindes sollte der Mensch aktiv mit Liebe begegnen. Unentwegt betonte Jesus, der Mensch sei nicht dadurch gut, dass er äußere Regeln und Gesetze beachte wie die Juden, sondern sein Wert hänge von seinem inneren Zustand ab – seinen Gefühlen und Phantasien genauso wie von seinen Taten.

Diese Missachtung von Ritus und Gesetzesobservanz durch Jesus, außerdem sein Anspruch, der Messias und Sohn Gottes zu sein, Sünden vergeben zu können und den einzigen Weg zum ewigen Leben zu verkörpern, liefen in den Augen der religiösen Führer der Juden – der pharisäischen Schriftgelehrten und sadduzäischen Honoratioren – auf Blasphemie und Volksverhetzung hinaus. Sie brachten den römischen Statthalter Pontius Pilatus dazu, Jesus zu kreuzigen. Nach seinem Tod wurde er vom Kreuz abgenommen und in ein Grab in der Nähe gelegt, erstand aber, nach Aussage seiner Schüler, drei Tage später wieder von den Toten auf.

Der Wirkung der Persönlichkeit Jesu, so wie sie in den Evangelien geschildert wird, kann sich auch der heutige Leser selbst bei dem großen zeitlichen Abstand und selbst wenn man ihn nur als fiktiven Charakter auffasst, nicht entziehen. Anders als die Bücher des Alten Testaments, die die Majestät Gottes mit dem Hinweis auf »die Komplexität des Lebens und der menschlichen Empfindungen und Sehnsüchte, die weit über das verstandlich Begreifbare und durch die Sprache Sagbare hinausgeht«, vergegenwärtigen wollen, sind die Evangelien schmucklose Erzählungen ohne genauere Charakterisierung ihrer Gestalten. Trotzdem überzeugen sie den Leser, es könne »nur so und nicht anders gewesen sein«.[16] Für den Literaturwissenschaftler Gabriel Josipovici tritt Jesus »als Kraft auf, als Wirbelwind, der alles vor sich hertreibt und alle, die ihm in den Weg treten, zwingt, ihr Leben von Grund auf neu zu überdenken. Er schöpft nicht so sehr aus geheimer Weisheit als aus Quellen gewaltiger Kraft.« Jesus spreche mit ungewöhnlicher Selbstsicherheit und Autorität, nehme aber Eigenschaften für sich in Anspruch, die man eher von einem Geisteskranken erwarten würde. Doch wie G.K. Chesterton bemerkte: »Er hatte genau das, was ein Mensch mit Wahnvorstellungen niemals hat – ein gutes Urteil. Was er sagte, war immer überraschend, doch stets überraschend großherzig und oft überraschend bescheiden.«[17]

26

Bis zu welchem Grad sind diese Beschreibungen Jesu in den Evangelien historisch zuverlässig? Versuche, hier objektiv zu sein, werden häufig durch Voreingenommenheit für oder gegen das Christentum behindert. Der Bibelwissenschaftler E.P. Sanders glaubt, man könne immerhin einen Kern historischer Tatsachen herausschälen:

> »Wir wissen, dass er [Jesus] unter der Ägide Johannes des Täufers begann, dass er Schüler hatte, dass er das ›Reich‹ erwartete, dass er von Galiläa nach Jerusalem wanderte, dass er irgendetwas gegen den Tempel unternahm, dass er angeklagt und gekreuzigt wurde. Schließlich wissen wir auch, dass seine Anhänger nach seinem Tod etwas erlebten, was sie als ›Auferstehung‹ bezeichneten: Er erschien ihnen als lebendige, doch verwandelte Person, die in der physischen Wirklichkeit schon gestorben war. Daran glaubten sie, daraus lebten sie, dafür starben sie.«[18]

Dieser Glaube an Jesus, entzündet in Menschen, die ihn kannten, wirkte ansteckend. Geza Vermes schreibt in »Jesus the Jew« (Jesus der Jude): »Was man letztlich auch unter dem Titel ,Der Christus' verstehen will – eins ist jedenfalls sicher: Die Identifizierung Jesu nicht nur mit irgendeinem Messias, sondern mit dem im Judentum erwarteten Messias überhaupt gehört zum innersten Kern der Frühphase des christlichen Glaubens.«[19] Aber dieser Messias war kein kriegerischer König, der die Juden zu Triumph und Macht in dieser Welt führen wollte, sondern etwas weit Tieferes, etwas Paradoxes – ein sich opfernder »Sündenbock«, der durch sein Leiden Satans Macht brach und den Tod überwand.

Die präzisesten Aussagen über diesen Erlöser, die sich krass von den Erwartungen der meisten Juden unterschieden, finden sich in den Prophezeiungen Jesaias, ausgesprochen 740 v.Chr. im Tempel: »Doch der Herr fand Gefallen an seinem zerschlagenen Knecht.« »Hier ist mein Knecht«, sagt Gott in Jesaias Vision, »den ich erhalte, mein Erwählter, an dem meine Seele Gefallen hat.« Gott wird ihn »zum Licht der Völker machen, so dass meine Erlösung bis zu den Enden der Erde reicht ... Aber er wurde verachtet und von den Menschen gemieden, ein Mann voller Schmerzen, mit Krankheit vertraut. Wie einer, vor dem man das Gesicht verhüllt, war er verachtet; wir schätzten ihn nicht. Aber er hat unsere Krankheit getragen und unsere Schmerzen auf sich geladen.«[20]

Auch in den Psalmen begegnet die Art der Klage, wie sie viele Jahrhunderte später in den Leiden Christi vor seiner Kreuzigung anklingt: »Ich wurde für sie zum Spott und zum Hohn, sie schütteln den Kopf, wenn sie mich sehen.«[21] Und in den Evangelien weisen die Evangelisten immer deutlich auf die Episoden im Leben des Christus hin, welche die Voraussagen der Propheten erfüllen. Wenn zum Beispiel die römischen Soldaten, nachdem sie Christus ans Kreuz genagelt haben, seine Kleider unter sich verteilen und das Los über seinen »Rock ohne Naht« werfen, so geschieht das nach dem Evangelisten Johannes, um Psalm 22, Vers 19 zu erfüllen: »Sie verteilen unter sich meine Kleider und werfen das Los um mein Gewand.«

Die Skeptiker unter den heutigen Wissenschaftlern sind der Ansicht, diese »Tatsachen« seien nach den Geschehnissen eingefügt worden, um die früheren Prophezeiungen zu bestätigen. So sei etwa die Geburt des Jesus von Nazareth nach Bethlehem, nicht nach Nazareth, verlegt worden, weil es vom Propheten Micha so vorausgesagt war. Der Historiker Robin Lane Fox fühlt sich trotz der zeitlichen Distanz auf Grund seiner Forschungen sicher genug, behaupten zu können, dass die »Erzählung des Lukas geschichtlich unmöglich, in sich widersprüchlich ... und daher falsch ist«.[22]

Lassen sich in anderen Quellen außer den Evangelien Angaben über Jesus finden? Die einzigen Erwähnungen durch einen Zeitgenossen im weiteren Sinn stehen in den »Altertümern« des Josephus und in einer Version seiner »Geschichte des Jüdischen Krieges«, wahrscheinlich auf Aramäisch für ein jüdisches Lesepublikum jenseits des Euphrat niedergeschrieben. Die Stellen sind selbst schon umstritten. Eine Theorie besagt, sie seien aus der in Rom veröffentlichten griechischen Ausgabe entfernt worden, um Kaiser Domitian, der damals die Christen verfolgte, nicht zu reizen, eine andere, es handle sich um viele Jahre später von byzantinischen Mönchen eingeschobene Zusätze. Andererseits wird eine der fraglichen Stellen aus den »Altertümern« des Josephus in der ersten »Geschichte der christlichen Kirche«, von Eusebius im 4. Jahrhundert verfasst, zitiert. Außerdem berichten die Stellen im »Jüdischen Krieg« ebenso große Dinge über Johannes den Täufer wie über Jesus – was unwahrscheinlich wäre, wenn Christen sie eingeschoben hätten. Johannes ist dort »eine seltsame Gestalt, gar nicht wie ein Mensch«. Sein Gesicht ist »wie das eines Wilden«. »Er lebte wie ein körperloser Geist [...] und trug Felle an den nicht behaarten Teilen seines Körpers.«

Jesus, so der vermeintliche Bericht des Josephus, war für seine großen Wunder bekannt. »Er vollbrachte so große und frappierende Wunder, dass wenigstens ich ihn nicht für einen bloßen Menschen halten kann. Doch auf Grund seiner Ähnlichkeit mit uns Menschen kann ich ihn auch nicht als einen Engel ansehen ...« Josephus schildert dann (in den vermutlich eingeschobenen Stellen), dass

> »viele Menschen aus dem Volk sich ihm anschlossen und seinen
> Lehren folgten. Es herrschte die erregte Erwartung, dass er den

jüdischen Stämmen zur Abschüttelung des römischen Joches verhelfen würde … Als sie sahen, dass er alles, was er wollte, durch ein bloßes Wort zu vollbringen vermochte, sagten sie zu ihm, er solle in die Stadt einziehen, die römischen Truppen vernichten und sich selbst zum König machen. Er aber beachtete sie nicht.«[23]

Laut Josephus bestachen die jüdischen Führer den römischen Gouverneur von Judäa, Pontius Pilatus, ihnen die Kreuzigung Jesu zu gestatten, den sie um seine Popularität beneideten. Er beschreibt weiter, dass im Augenblick der Hinrichtung Christi der Vorhang des Tempels »plötzlich von oben bis unten zerriss«, und erwähnt bei seiner ausführlichen Schilderung des Tempels eine Inschrift: »Jesus, der König, der niemals regierte, wurde von den Juden gekreuzigt, weil er das Ende der Stadt und die schließliche Zerstörung des Tempels vorausgesagt hatte.«[24]

Auch in den Evangelien findet sich diese Prophezeiung: »Als einige darüber sprachen, dass der Tempel mit schönen Steinen und Weihegeschenken geschmückt sei, sagte Jesus: Es wird eine Zeit kommen, da wird von allem, was ihr hier seht, kein Stein auf dem andern bleiben. Alles wird niedergerissen werden.«[25]

Noch kühner behauptet Jesus im Johannesevangelium, der Tempel, einmal zerstört, werde in ihm fortexistieren: »Reißt diesen Tempel nieder, in drei Tagen werde ich ihn wieder aufrichten […] (Er aber meinte den Tempel seines Leibes)«,[26] ein Ausspruch, der als Gotteslästerung aufgefasst wurde und später einen Teil der Anklage gegen Jesus bildete: »Er hat gesagt: Ich kann den Tempel niederreißen und in drei Tagen wieder aufbauen.«[27]

Auch hier wieder gibt es einander widerstreitende Theorien über Prophezeiungen Jesu, dass nicht nur der Tempel, sondern auch ganz Jerusalem zerstört werden würde. Manche Christen sind der Meinung, das erkläre, warum die christliche Urgemeinde in Jerusalem vor der Belagerung der Stadt nach Pella auswanderte. Dem halten wiederum Skeptiker entgegen, diese »Prophezeiungen« seien nach Eintritt der Ereignisse von den Evangelisten eingefügt worden. Klar ist jedoch, dass die ersten Christen die Zerstörung des Tempels zu Jerusalem einerseits als notwendigen Aspekt des neuen Bundes zwischen Gott und Mensch, andererseits als Strafe Gottes für die Ablehnung seines eingeborenen Sohnes durch die Juden betrachteten. Nach der von mir oben zitierten Stelle, wo Eusebius (sich auf Josephus stützend) schildert, wie während der Belagerung Jerusalems eine Mutter ihr eigenes Kind verzehrt, fügt dieser erste christliche Chronist hinzu:

»Das war der Lohn für das ungerechte, böswillige Verhalten der Juden gegenüber dem Christus Gottes [...]. Nach dem Leiden des Erlösers und dem Geschrei, mit dem der jüdische Mob für die Freilassung des Räubers und Mörders [Barabbas] stimmte und verlangte, dass der Schöpfer des Lebens beseitigt werde, kam das Verhängnis übers ganze Volk.«[28]

Aus der Sicht des 20. Jahrhunderts, das einen noch grausameren und systematischeren Versuch zur Ausrottung der Juden als Kaiser Vespasian und Hadrian unternahm, fällt es schwer, ein solches Urteil nicht als Ursache für den Antisemitismus anzusehen, der in den Evangelien selbst schon anklingt. Bei Matthäus zum Beispiel protestiert Pilatus: »Ich bin unschuldig am Blut dieses Menschen. Das ist eure Sache!« Und das Volk antwortet wie aus einem Mund: »Sein Blut komme über uns und unsre Kinder!«[29] Doch bedeutete das, soweit sich sehen lässt, keineswegs schon eine Verdammung der Juden als Rasse, wie sie sich etwa im Kult der *limpieza de sangre* im Spanien des 16. Jahrhunderts oder in den Rassentheorien eines Houston Stewart Chamberlain im 19. Jahrhundert niederschlug. Grobe Rassenvorurteile fehlen interessanterweise in der Antike und im Mittelalter völlig. Immerhin waren die Schüler Jesu, die Apostel und die Evangelisten selbst auch Juden.

Die sich zwischen Juden und Christen entwickelnde Feindschaft war also nicht rassisch, sondern religiös motiviert und wohl auch, in Anbetracht der vorliegenden Gegensätze, unvermeidlich. Die von Jesus prophezeite Zerstörung des Tempels war mehr als eine physische Tatsache. Sie war ein Bild für das Ende des Judentums. Gott hatte das jüdische Volk als Boden für die Entstehung des Messias auserwählt. War er einmal geboren, so hatte es seinen Auftrag erfüllt.

Es ergibt sich aus den Evangelien sehr klar, dass die damaligen geistlichen Führer im jüdischen Sanhedrin diesen Anspruch recht gut verstanden. Ob sie wirklich fürchteten, dass Jesus die Römer zu einer militärischen Aktion provozieren könnte, bleibe dahingestellt (in Anbetracht der Weigerung des Pilatus, sich in den Konflikt hineinziehen zu lassen, ist es sehr unwahrscheinlich). Aber ihre Sorge über seine wachsende Popularität scheint, stellt man die Auswirkungen seiner Lehrtätigkeit in Rechnung, nicht unbegründet gewesen zu sein. Vielleicht waren sie zu optimistisch, wenn sie hofften, dass seine Lehre mit ihm untergehen würde. Aber falls sie diese Hoffnung hegten, handelte ihr Hohepriester Kajaphas nicht unvernünftig, als er urteilte, »dass es besser für euch ist, wenn ein einziger Mensch für das Volk stirbt, als wenn das ganze Volk zugrunde geht«.[30]

Indessen starb die Lehre Jesu nicht mit ihm. Sie wurde von immer mehr Juden angenommen. Auch wenn man die Frage, ob Christus von den Toten auferstand oder ob ein »heiliger Geist« in Gestalt von feurigen Zungen auf seine ihm noch verbliebenen Anhänger herabkam, beiseite lässt, kann jedenfalls kein Zweifel daran bestehen, dass sich seine Schüler durch die Hinrichtung des Jesus von Nazareth am Kreuz nicht abschrecken ließen, öffentlich zu verkünden, er sei »der Herr und der Christus«.

Klar ist ebenso, dass die jüdischen Führer ihr Möglichstes taten, diese wachsende Bewegung abtrünniger Juden zu unterdrücken. Petrus wurde inhaftiert, Stephanus zu Tode gesteinigt. Herodes Agrippa I., Enkel Herodes' des Großen, ließ den Apostel Jakobus, Bruder des Johannes, enthaupten. Nur die Anwesenheit der Truppen des römischen Prokurators in Jerusalem verhinderte eine allgemeine Christenverfolgung. Im Jahr 62 aber verurteilte während des kurzen Interregnums zwischen dem Tod des Porcius Festus und der Ankunft des neuen Prokurators Lucceius Albinus der Hohepriester Anan einen zweiten Apostel Jakobus, den so genannten »Herrenbruder«, zum Tod. Er wurde von der Tempelmauer gestürzt und mit Stöcken erschlagen.

Das eigentliche Hassobjekt der jüdischen Führer war jedoch keiner der ursprünglichen zwölf Apostel, sondern Paulus von Tarsus, ein Mann, der Jesus nicht gekannt hatte und die Christen zunächst heftig verfolgte. Als er aber einmal mit vom Hohenpriester gezeichneten Genehmigungen, die Christen zu verhaften, nach Damaskus unterwegs war, erschien ihm Jesus in einer Vision und nannte ihn sein »auserwähltes Werkzeug. Er soll meinen Namen vor Volker und Konige und die Sohne Israels tragen.«[31] Den Zorn der geistlichen Führer der Juden erregte dann Paulus nicht deshalb, weil er ein Abtrünniger war, sondern weil er die Ablehnung des Judentums noch auf die Spitze trieb. Denn er bestand auf einer Meinung, die den ursprünglichen Aposteln keineswegs ohne weiteres einleuchtete – dass man nämlich Christ werden könne, ohne vorher Jude gewesen zu sein.

Die Kontroverse um Paulus hält bis heute an. Man wirft ihm vor, das Christentum »erfunden« und »einen galiläischen Exorzisten« zum Gründer einer Weltreligion hochstilisiert zu haben.[32] Was jedoch die damaligen jüdischen Führer so erregte, war der große Erfolg, den er auf seinen Predigtreisen im ganzen Römischen Reich erzielte. Die Briefe, die Paulus an von ihm Bekehrte in Städten wie Ephesus, Korinth und Rom schrieb, verraten zwar große Achtung vor der jüdischen Tradition, spiegeln aber auch seine feste Überzeugung wider, dass das mosaische Gesetz sich überlebt habe und Rettung nur durch den Glauben an Christus kommen könne.

Diese radikale Ablehnung der jüdischen Glaubensgrundlagen brachte viele Juden auch unter seinen christlichen Glaubensbrüdern gegen ihn auf. Das Urchristentum übernahm sie nicht ohne weiteres. Sie wurde aber von den jüdischen Führern gegen Paulus ausgespielt, als sie ihn bei Gallio, dem Prokonsul der Provinz Achaia, verklagten, er verführe »die Menschen zu einer Gottesverehrung, die gegen das Gesetz verstößt«. Mit einer Verlegenheitsgeste, die der des Pilatus im Prozess gegen Jesus ähnelt, wies Gallio die Anklage zurück: »Läge hier ein Vergehen oder Verbrechen vor, ihr Juden, so würde ich eure Klage ordnungsgemäß behandeln. Streitet ihr jedoch über Lehre und Namen und euer Gesetz, dann seht selber zu! Darüber will ich nicht Richter sein.«[33]

Nach Jerusalem zurückgekehrt, wurde Paulus erneut verhaftet und vor den Sanhedrin geführt. Da er aber auf sein römisches Bürgerrecht pochte, stellte man ihn unter den Schutz des Lysias, eines römischen Tribuns. Einige Juden, die erkannten, dass sie ihn mit legalen Mitteln nicht beseitigen konnten, planten seine Ermordung. Das Komplott wurde dem Lysias verraten, der daraufhin Paulus unter einer Bedeckung von siebzig Berittenen und zweihundert Mann zu Fuß nach Caesarea bringen ließ. Dort erschien er vor dem Legaten Felix mit seinen Anklägern – dem Hohenpriester Ananias, einigen Ältesten und einem Anwalt namens Tertullus, der ihn beschuldigte, »dieser Mann ist [...] ein Unruhestifter bei allen Juden in der Welt und ein Rädelsführer der Nazoräersekte«.[34] Paulus hingegen berief sich auf sein Recht als römischer Bürger, vom Caesar selbst gehört zu werden, und Felix schickte ihn in Ketten nach Rom.

Nach der christlichen Überlieferung wurde Paulus in Rom schließlich enthauptet, doch nicht auf Grund der Anklagen der geistlichen Führer der Juden, sondern als Opfer der ersten heidnischen Christenverfolgung unter Nero im Jahr 67 n.Chr. Der römische Geschichtsschreiber Cornelius Tacitus machte für diesen Angriff auf die Christen nicht die kaiserliche Politik als solche, sondern eine Willkürmaßnahme Kaiser Neros verantwortlich. Nach dem Brand im Juli 64, der einen Großteil Roms in Schutt und Asche gelegt hatte, wollte Nero von dem Verdacht, er selbst habe das Feuer gelegt, ablenken und beschuldigte die Anhänger dieser ständig Unruhe stiftenden Sekte des Verbrechens. Ersten Hinrichtungen Verdächtiger folgte eine allgemeine Verhaftung der Christen, die dann auf mancherlei raffinierte Art zu Tode gebracht wurden: Man nagelte sie ans Kreuz, tauchte sie in Pech und zündete sie an, oder hüllte sie in Tierfelle, um sie dann von Hunden zerreißen und fressen zu lassen.

Tacitus war zwar der Meinung, Nero sei in seiner Grausamkeit zu weit gegangen und habe bei der Bevölkerung eher Mitleid mit den Christen erweckt, ließ aber keinen Zweifel daran, dass die Christen wegen ihres »Menschenhasses« »härteste und exemplarische Bestrafung« verdient hätten. Ihre Verachtung der materiellen Welt, ihre Weigerung, Waffen zu tragen oder an den großen und kleinen heidnischen Kulten teilzunehmen, die integraler Bestandteil des Lebens im Römischen Reich waren, ihre geheimen Zusammenkünfte und seltsamen Feiern, bei denen sie ihren Gott »aßen«, und vor allem ihre Überzeugung, ihre heidnischen Nachbarn seien zu ewiger Pein verdammt, während sie selbst die ewige Seligkeit ererben würden – das alles hatte eine ähnliche Wirkung auf die Römer wie die Reserviertheit der Juden.

Immerhin waren die Juden ein bekannter Faktor und galten als Volk, nicht als Sekte. Nachdem die Revolte in Palästina unterdrückt worden war, wurden die früheren Privilegien der Juden – das Recht, in ihren Synagogen Gottesdienst zu halten, die männlichen Kinder zu beschneiden und am Sabbat zu ruhen – wiederhergestellt. Andererseits wurde die Exklusivität der Christen nicht nur als Aggression, sondern auch als Rebellion gewertet, weshalb sie in den nächsten zweieinhalb Jahrhunderten immer wieder einmal unterdrückt wurden. »Was immer auch der Beweggrund für ihr Verhalten sein mag«, schrieb Plinius der Jüngere, »ihre starre Oppositionshaltung verdient Bestrafung.«[35] Konsequenterweise ordnete daher Plinius, obwohl seine Schriften ihn als menschenfreundlichen, kultivierten und großzügigen Menschen ausweisen, in seiner Eigenschaft als Beamter des Kaiserreichs die Hinrichtung aller Bekenner der christlichen Religion an.

»Je mehr von uns ihr vernichtet, desto mehr werden wir«, schrieb Tertullian, ein christlicher Autor des 2. Jahrhunderts. »Ein Same ist das Blut der Christen.« Sicher gab es eine Anzahl Abtrünniger, die, vor die Frage gestellt, ob sie von Löwen und Tigern in der Arena zerrissen werden oder zu Ehren des Zeus eine Hand voll Weihrauch auf einen Altar streuen wollten, lieber den Weihrauch wählten. Doch verhinderte keine Christenverfolgung das Wachstum der jungen Kirche. Weit entfernt davon, den Märtyrertod zu verschmähen, warfen sich viele Christen ihm erst recht in die Arme, in der Meinung, so das Leiden Christi nachzuvollziehen. Ignatius, der dritte Bischof von Antiochia, verbot nach seiner Verhaftung seinen Anhängern, etwas zu seiner Rettung zu unternehmen, und flehte die Römer geradezu an, ihn den Löwen vorzuwerfen. »Reizt die Bestien, nichts von mir übrig zu lassen und so zu meinem Grab zu werden.« Polykarp, Bischof von Smyrna, dachte rationaler, blieb aber, vor die Wahl zwischen der Verehrung des Kaisers und dem Feuertod gestellt, ebenso unbeugsam. »Du drohst mir mit einem Feuer, das nur einige Zeit brennt und bald wieder erlischt«, sagte er zu dem römischen Prokonsul Titus Quadratus. »Nicht kennst du das Feuer des kommenden Gerichts und der ewigen Strafe, das den Gottlosen bestimmt ist.« Daraufhin fällte Quadratus das Urteil, und »eilends holte die Menge aus den Werkstätten und Bädern Holz und Reisig zusammen, wobei die Juden ihrer Gewohnheit gemäß bereitwillig die größten Dienste leisteten.«[36]

Solche Grausamkeiten fanden in allen Bezirken des Reiches statt. In Phrygien (Kleinasien) wurde eine kleine Stadt von Legionären umstellt:

> »So umzingelten eben erst Soldaten ein ganzes von Christen
> bewohntes Städtchen in Phrygien, warfen Feuer hinein und
> verbrannten die Insassen samt Frauen und Kindern, die da laut
> zu Gott, der über allem ist, um Hilfe riefen. Denn die gesamte
> Einwohnerschaft, der Schatzmeister selbst und die Beamten
> nebst dem Rat und dem ganzen Volk, bekannte sich zu Christus und gehorchte in keiner Weise dem Befehl, den Götzen zu
> opfern.«[37]

Besonders schwer war die Verfolgung in zwei römischen Städten an der Rhône: Vienne und Lyon. Zuerst brachte man heidnische Sklaven dazu, ihre christlichen Herren inzestuöser und kannibalistischer Orgien zu beschuldigen – um so das Volk gegen sie aufzuhetzen. Dann wurde der grausamste Tod über all jene verhängt, die ihrem Christus nicht abschwören und die heidnischen Götter verehren wollten. Weder die führenden Persönlichkeiten der beiden Städte, etwa Bischof Pothinus, noch die unbedeutendsten entgingen der Folter. In Vienne leistete Blandina, eine wohl eher reizlose junge Magd (»an welcher Christus zeigte, dass das, was den Menschen wertlos, gering und verächtlich erscheint, von Gott mit hohen Ehren ausgezeichnet wird«) solchen Widerstand, »dass die, welche sie vom Morgen bis zum Abend nacheinander auf alle mögliche Weise marterten, müde wurden, erschlafften und sich offen, da ihre Mittel gegen sie aufgebracht seien, für besiegt erklärten«. »Nach ein paar Tagen wurde sie in die Arena gebracht. Nachdem sie gegeißelt, den wilden Tieren vorgeworfen und geröstet worden war, steckte man sie zuletzt in ein Netz und warf sie einem Stier vor.«[38]

Im 19. Jahrhundert warf Friedrich Nietzsche dem Christentum dessen Anziehungskraft auf unterprivilegierte Schichten vor – Beispiel Blandina –, vor allem auf die unzähligen Sklaven, deren bürgerliche Ungleichheit es durch spirituelle Gleichheit kompensiert habe. Indessen beschränkte sich das Christentum nicht auf die unteren Klassen. Es drang in Senatorenfamilien, ja sogar die kaiserlichen Familien ein. Philosophen und Gelehrte beachtlichen Formats, etwa Justin, Origenes, Tertullian und Clemens von Alexandria bekannten sich nicht nur zum Christentum, sondern verhalfen durch ihre Schriften der Kirche auch zu einem vertieften Verständnis des Glaubens. Origenes schied die apokryphen Evangelien aus der Heiligen Schrift aus und gab dem Neuen Testament, wie wir es heute kennen, seine Authentizität. Apollonius, von Eusebius als ein Mann charakterisiert, »der unter den Gläubigen jener Zeit wegen seiner Bildung und Gelehrsamkeit in hohem Ansehen stand«, wurde zur Anhörung vor den römischen Senat zitiert, der ihn trotzdem zum Tod durch Enthaupten verurteilte. »Denn nach einem alten Gesetz durften die Christen, welche einmal vor Gericht gestanden, nicht freigegeben werden, sie hätten denn ihre Meinung geändert.« (Eusebius, S. 266)

Vor seiner Verhaftung hatte Apollonius hartnäckig die Häresie eines gewissen Montanus bekämpft, der der Kirche die Autorität, von Todsünden freizusprechen, bestritt. Es war eine jener vielen Häresien, unter denen die Kirche von ihren frühesten Tagen an und dann während ihrer ganzen Geschichte zu leiden hatte. Der Apostel Petrus hatte schon gewarnt: »Es gab aber auch falsche Propheten im Volk; so wird es auch bei euch falsche Lehrer geben. Sie werden verderbliche Irrlehren verbreiten [...]«,[39] und in seinem Brief an die Kolosser verurteilte Paulus von Tarsus Gnostiker und Doketen. Ignatius von Antiochia benutzte das Wort »häretisch« als Ausdruck bittersten Tadels. Tertullian, der ironischerweise später selbst zu den Montanisten überging, definierte Häretiker als Menschen, die ihr eigenes Urteil über das der Kirche stellten und so eine Sekte gründeten oder sich einer solchen anschlossen. Sekten wichen in ihrer Lehre von den Dogmen ab, welche die Apostel von Christus selbst erhalten hatten.

Um solche falschen Lehren zurückzuweisen, hielten die Nachfolger der Apostel Konzile ab – das erste in Jerusalem im Jahr 51, ein anderes 50 Jahre später in Kleinasien. Jeder dieser »Bischöfe« besaß Befehlsgewalt in seiner eigenen Gemeinde, wobei ganz von selbst jenen eine Vorrangstellung zuwuchs, die in den großen Städten des Reiches residierten: in Jerusalem, Antiochia, Alexandria und Rom. Es waren die Patriarchen der sich entwickelnden neuen Religion. Und ein Primus inter pares, ein Erster unter diesen Bischöfen und Patriarchen, erstand allmählich in den Nachfolgern des Petrus, dem Wortführer der Apostel, der die christliche Gemeinde in Rom geleitet hatte. So schrieb Clemens, der, wie man annimmt, von Petrus zum Bischof von Rom geweiht worden war, im Jahr 96 einen autoritativen Brief an die Kirche in Korinth, um eine dortige Streitigkeit zu beenden. Viktor, Bischof von Rom Ende des 2. Jahrhunderts, legte das bisher uneinheitliche Datum für Ostern fest und exkommunizierte einen Lederverkäufer namens Theodotus, der lehrte, Jesus sei nur ein Mensch gewesen.

Viktor ist auch der erste Bischof, von dem man weiß, dass er mit dem kaiserlichen Hof verhandelte. Er überreichte Marcia, der christlichen Gattin des Kaisers Commodus, eine Liste mit zu den sardinischen Erzminen verurteilten Christen und setzte deren Freilassung durch. Commodus, Sohn Mark Aurels, war zwar kein besonders kompetenter Herrscher, tolerierte aber unter Marcias Einfluss die Christen. Unter seinem Nachfolger Septimius Severus jedoch wurde die Verfolgung erneut aufgenommen und flammte sporadisch immer wieder auf, je nach der Einstellung des gerade herrschenden Kaisers. Einige der fähigsten und aufgeklärtesten, wie die Antoninen und Mark Aurel, gingen rigoros gegen die Christen vor. Schwere Verfolgungen erlitten die Christen auch unter den Kaisern Maximinus, Decius und vor allem Diokletian, der 303 zur so genannten »Großen Christenverfolgung« ausholte. Sie fand erst ihr Ende, als Diokletian abdankte und sich in seinen Palast in Split an der dalmatinischen Küste zurückzog.

Vor seiner Abdankung hatte Diokletian in der Erkenntnis, das Römische Reich sei zu groß, um nur von einem einzigen Mann regiert zu werden, eine viergliedrige Institution, eine »Tetrarchie« aus vier Männern, ins Leben gerufen. Einer von ihnen, Constantius Chlorus, erhielt die Herrschaft über das nördliche Reichsviertel einschließlich Britannien und Gallien. Als Diokletian im Jahr 305 abdankte, wurde Chlorus auch Chef-Cäsar im Westen, starb aber schon ein Jahr später in York. Daraufhin riefen die britannischen Legionen seinen Sohn Konstantin zum Kaiser aus, der nach einer Reihe von Siegen über rivalisierende Thronanwärter seine Herrschaft über das ganze Imperium ausdehnte.

Konstantin war der Überzeugung, er habe seine Macht dem Gott der Christen zu verdanken. Am Vorabend der Entscheidungsschlacht gegen den Konkurrenzkaiser Maxentius an der Milvischen Brücke vor Rom war ihm in einem Traum (vielleicht auch einer Vision) mitgeteilt worden, er solle seine Soldaten ein Christus-Monogramm auf ihre Schilde malen lassen: »In diesem Zeichen wirst du siegen.« Schon unter Konstantins Vater Chlorus hatte die Verfolgung der Christen in den westlichen Provinzen nachgelassen. Jetzt erlosch sie überall im Reich. Im Rahmen des 313 erlassenen Mailänder Edikts wurden alle Strafverfügungen gegen Christen aufgehoben. Verhaftete Christen wurden freigelassen, ihr Eigentum zurückerstattet. Doch ging Konstantins Politik gegenüber den Christen über bloße Toleranz weit hinaus. Er machte Bischöfe zu seinen Ratgebern und erlaubte ihnen die Benutzung der kaiserlichen Post – zu einer Zeit, da Überlandreisen gefährlich und teuer zu sein pflegten, ein unschätzbares Privileg. Ein Gesetz vom Jahr 333 wies die kaiserlichen Beamten an, bischöflichen Entscheidungen energisch Nachdruck zu verleihen und dem Zeugnis von Bischöfen Vorrang vor anderen Aussagen zu geben. Ferner schenkte Konstantin dem Bischof von Rom den kaiserlichen Grundbesitz des Lateran als Bauland für eine dort zu errichtende Basilika und erließ Gesetze, die dem christlichen Klerus Steuerprivilegien und gesetzliche Immunität gewährten: »Denn wenn sie der Gottheit ungehindert die höchsten Dienste leisten können, werden sie damit auch dem Staat den größten Nutzen bringen.« Er liebte die Gesellschaft christlicher Bischöfe, nannte sie seine Brüder, unterhielt sie bei Hof und küsste ihnen, falls sie in früheren Verfolgungen gegeißelt und verstümmelt worden waren, ehrfurchtsvoll die Narben.

Doch wie Herodes ereilten auch Konstantin schwere Familientragödien. Seine zweite Frau Fausta warf Crispus, Konstantins Sohn aus erster Ehe, vor, ihr unstatthafte Anträge gemacht zu haben. Crispus wurde hingerichtet, noch ehe Helena, Konstantins Mutter, den Kaiser von der Haltlosigkeit der Anklagen hatte überzeugen können. Daraufhin wurde Fausta in ein überhitztes Bad gebracht, wo sie den Tod durch Ersticken fand.

In Folge dieser Tragödie brach Helena, die von Konstantin zum Christentum bekehrt worden war, zu einer Büßerfahrt nach Palästina auf. Dort hatte Konstantin bereits die Zerstörung der heidnischen Tempel und den Neubau von christlichen Kirchen an den Stellen angeordnet, wo Christus in Bethlehem geboren, in Jerusalem gekreuzigt worden und aus dem Grab von den Toten auferstanden war. Im Verlauf der dazu erforderlichen Ausschachtungen wurde das Holz eines Kreuzes entdeckt, das die Inschrift trug: »Jesus von Nazareth, der Juden König.« Ob es sich wirklich um das echte Kreuz handelte oder um eine Fälschung, die man einer leichtgläubigen alten Frau unterschob – jedenfalls wurde das Relikt von Helena und gläubigen Christen als höchste Reliquie und Zeichen der Erlösung angesehen und nach seiner Restauration in der Kirche aufgestellt, die dann über dem Heiligen Grab zu Jerusalem errichtet wurde.

Die Bekehrung Konstantins war von immenser Bedeutung für das Christentum. Ebenso schwerwiegende Folgen für die Zukunft des Reiches hatte seine Entscheidung, die Hauptstadt von Rom nach Byzanz am Bosporus zu verlegen. Schon lange war klar gewesen, dass Rom als strategisches Zentrum eines Imperiums, dessen verletzlichste Grenzen und reichste Provinzen sich im Osten befanden, nicht besonders günstig lag.

Die Kaiser fungierten längst in erster Linie als Militärbefehlshaber und waren, was Macht und Legitimität betrifft, nicht mehr auf Senat und Volk von Rom angewiesen. Byzanz dagegen schien mit seiner strategischen Lage zwischen Europa und Asien, dem Schwarzen und dem Mittelmeer und seinem natürlichen Hafen, dem »Goldenen Horn«, der Hauptstadtrolle ideal zu entsprechen. Drei Wochen nach seinem Sieg über Licinius, einen seiner Rivalen, beim nahe gelegenen Chrysopolis im Jahr 324 erfochten, legte Konstantin den Grundstein für sein »neues Rom«. Die Stadt, von Septimius Severus, einem seiner Vorgänger, schon beträchtlich vergrößert, erhielt jetzt den dreifachen Umfang. Prachtvolle öffentliche Gebäude, wie das schon unter Severus begonnene Hippodrom, ein kaiserlicher Palast, öffentliche Bäder und Hallen und mit zahlreichen aus anderen Städten herbeigeholten Statuen geschmückte Straßen wurden angelegt. Als Anreiz für Neuzuzügler wurden volle Staatsbürgerschaft und Gratisversorgung mit Brot angeboten und gegen Heiden und Juden eine Politik der Toleranz eingeleitet.

In »Konstantinopel« nach ihrem neuen Gründer umbenannt, wurde die Stadt bald zum Mittelpunkt der von ihm geförderten Religion. Der Kaiser errichtete eine ganze Anzahl großer Kirchen, und 381 wurde sie Sitz eines Patriarchen, der die Macht der Patriarchen von Rom, Antiochia, Alexandria und später Jerusalem in sich vereinigte. Viele der ersten Kirchenkonzile wurden von Konstantin nach Konstantinopel oder in der Nähe gelegene Städte wie Nizäa und Chalzedon einberufen.

Aber noch war dem Christentum der Sieg nicht sicher. Unter der Herrschaft von Konstantins Neffen Julian, später »Apostata«, der Abtrünnige, genannt, wurde das Heidentum in seine Rechte wieder eingesetzt und die Kirche erneut verfolgt. Kennzeichnenderweise war eine der von Julian eingeleiteten Maßnahmen zur Bekämpfung der Christen, die er die »Galiläer« nannte, der Plan, den Tempel zu Jerusalem wieder aufzubauen. Doch verhinderten Naturkatastrophen das Vorhaben (von den Christen als wunderbarer Eingriff Gottes gedeutet), und schließlich wurde es nach dem Tod des Kaisers (363) ganz aufgegeben.

Julian war der letzte heidnische Kaiser. Unter seinem Nachfolger Jovian erhielt die Kirche die privilegierte Position zurück, die sie unter Konstantin innegehabt hatte, und bewies nun gegen das Heidentum die gleiche Intoleranz, welche die Heiden gegen die Christen gezeigt hatten. Schon unter Konstantins Sohn Constantius waren die heidnischen Tempel geschlossen und Opfer für die heidnischen Götter bei Todesstrafe verboten worden. Jetzt aber wurde die Prohibition total, und heidnische Riten lebten nur noch im Verborgenen fort, häufig im Gewand von Karnevalsfeiern oder Jahresfesten. Die alten Tempel standen verlassen, verfielen oder wurden abgerissen.

Die gleiche Intoleranz zeigte die Kirche gegenüber den Juden. Diese hatten die heidnischen Christenverfolgungen unterstützt, teils sogar angestiftet, auch die Gegenbewegung unter Julian Apostata begrüßt. Jetzt jedoch wurden sie mittels kaiserlicher Erlasse und durch dauernde Belästigungen seitens des christlichen Mobs unterdrückt. Kaiser Theodosius, der als einer der Letzten das ungeteilte Reich regierte, erließ 380 ein Edikt, welches das nizänische Glaubensbekenntnis für alle Untertanen verbindlich machte. Diese Maßnahme richtete sich ebenso gegen häretische Christen wie gegen Heiden und Juden, ja ermunterte christliche Eiferer geradezu zu Ausschreitungen. 388 wurde in Callinicum am Euphrat die jüdische Synagoge von einer erregten christlichen Menge niedergebrannt. Theodosius ordnete den Wiederaufbau auf Kosten der Christen an, ließ sich jedoch von Ambrosius, dem Erzbischof von Mailand, überreden, die Weisung zurückzunehmen. »Was ist wichtiger?«, fragte der Prälat den Kaiser. »Die Durchsetzung der Reichsdisziplin oder die Sache der Religion?« Eine andere Demonstration der jetzt von den Bischöfen ausgeübten Macht erfolgte zwei Jahre später, als ein von Theodosius in Thessalonike angeordnetes Massen-Strafgericht von einem auf des Ambrosius Betreiben einberufenen Kirchenkonzil verurteilt wurde. Der Kaiser wurde erst nach öffentlicher Buße wieder zur Kommunion zugelassen.

Am Werdegang des Ambrosius, des Erzbischofs von Mailand, ist gut abzulesen, wie parallel zu dem Vorgang, dass Rom christlich wurde, das Christentum römisch wurde. Es übernahm das Verwaltungs- und Rechtssystem des Kaiserreichs und konnte auf dessen Beamtenschaft zurückgreifen. Ambrosius, Sohn eines römischen Präfekten, gehörte zur Senatorenaristokratie. Er war in Rom ausgebildet worden und als kaiserlicher Beamter tätig gewesen. Um 371 amtierte er als Statthalter der Provinzen Aemilia und Liguria, mit ihrem damaligen Verwaltungszentrum Mailand. 373 vermittelte er in seiner Eigenschaft als Staatsbeamter in einer strittigen Bischofswahl, wurde aber unerwartet durch Volksakklamation selbst zum Bischof erhoben. Obwohl aus christlicher Familie stammend, war er bis dahin noch nicht getauft. Am 24. November wurde das nachgeholt. Er wurde als Glied der Kirche aufgenommen, am 1. Dezember zum Priester ordiniert und zum Bischof geweiht.

Es waren die von Ambrosius in Mailand gehaltenen Predigten, die einen jungen in der Stadt wirkenden Rhetoriklehrer, Augustinus, bewogen, Christ zu werden. Sohn eines heidnischen Vaters und einer christlichen Mutter, beide Berber ihrer Herkunft nach, hatte Augustinus, ehe er nach Mailand zog, in Nordafrika gelebt. Prägende Faktoren seiner Jugend waren intellektuelle Neugier und sexuelle Ausschweifung. Einst war er Manichäer gewesen, Anhänger des Glaubens, dass Gott und der Teufel ebenbürtige Mächte seien, Gott als Schöpfer des Geistes, der Teufel als Schöpfer der Materie. Später wurde er Neuplatoniker und ließ sich jetzt in Mailand durch Ambrosius von der Wahrheit der christlichen Lehre überzeugen. Doch quälten ihn immer noch heißer Ehrgeiz und sein starker Sexualtrieb. Für die Aussicht auf eine vorteilhafte Heirat trennte er sich von seiner langjährigen Geliebten, mit der er einen Sohn hatte, und während er darauf wartete, dass seine künftige Frau ins heiratsfähige Alter kam, absolvierte er eine Reihe anderer Liebschaften. Immer schon war seine Liebe zu Frauen das größte Hindernis für seine Bekehrung zum Christentum gewesen. Als junger Mann hatte er zu Gott gebetet: »Gib sie mir, die Keuschheit und Enthaltsamkeit, aber noch nicht gleich!« Er hatte Angst, dass Gott ihm sein Gebet zu schnell erhören und ihn zu »rasch von der Krankheit meiner Begehrlichkeit heilen (könnte), die ich doch lieber sättigen als austilgen lassen wollte.«

Und auch jetzt noch, mit Anfang Dreißig, hielten ihn seine »alten Affären« vom Übertritt zum Christentum zurück. Im Zustand lähmender Unentschlossenheit hörte er eines Nachmittags im Garten seiner Wohnung eine ätherische Stimme (»ich weiß nicht, ob eines Knaben oder eines Mädchens Stimme«), die sang: »Nimm und lies, nimm und lies!« [41] Da schlug er auf gut Glück ein Buch mit den Briefen des Apostels Paulus von Tarsus auf, und sein Blick fiel auf eine Stelle aus dem Brief des Paulus an die Römer: »Lasst uns ehrenhaft leben wie am Tag, ohne maßloses Essen und Trinken, ohne Unzucht und Ausschweifung, ohne Streit und Eifersucht. Legt als neues Gewand den Herrn Jesus Christus an, und sorgt nicht so für euren Leib, dass die Begierden erwachen.«[42]

387 wurde Augustinus von Ambrosius getauft und kehrte nach Nordafrika zurück, wo er Priester wurde. Zunächst lebte er in einer geschlossenen Kommunität, wurde aber nach fünf Jahren zum Bischof von Hippo geweiht. Die restlichen 35 Jahre seines Lebens verbrachte er, indem er seine Aufgaben als Diözesanbischof erfüllte und Werke von größter Wichtigkeit für die Zukunft der Kirche schrieb. Wie wir bei der Gründungsgeschichte der Templer sehen werden, war es die von Augustinus für seine christliche Kommunität entworfene Regel, die der Orden anfangs übernahm. Und es war des Augustinus Theorie vom gerechten Krieg, mit deren Hilfe man die Kreuzzüge rechtfertigte.

Zwei weitere bemerkenswerte Entwicklungen, die das Gesicht Europas im Mittelalter prägen sollten, fielen in die Zeit des Ambrosius und

Augustinus. Erstens die Teilung des Römischen Reiches in zwei Hälften. Aus der östlichen Hälfte wurde das Byzantinische Reich. Es ersetzte im Lauf der Zeit die lateinische durch die griechische Sprache. Formell wurde die westliche Hälfte von Rom aus regiert, in Wirklichkeit zeitweise von Mailand oder Ravenna aus. Die Demarkationslinie zwischen den beiden Hälften bildete das Adriatische Meer und eine Grenzlinie durch das Gebiet der heutigen Nachfolgestaaten Jugoslawiens, die auch jetzt noch für Probleme sorgt.

Beide Reiche führten ständig Krieg mit den Stämmen und Völkern jenseits ihrer Grenzen – mit den Persern in Asien, und in Europa jenseits der Donau und des Rheins mit den Barbarenstämmen der Sarmaten, Ostgoten, Westgoten, Franken, Burgunder, Alemannen, Quaden, Vandalen und mit den hinter diesen aus unbekannten Gründen aus ihren Steppen herandrängenden wilden Hunnenhorden.

Die Front konnte nicht gehalten werden. Was aber später als »Fall« des Römischen Reiches beschrieben wurde, war nicht eine einzige katastrophale Niederlage der kaiserlichen Armeen oder eine Reihe solcher Niederlagen, worauf dann eine systematische Kolonisierung seitens der Barbarensieger erfolgt wäre. »Es handelte sich nicht um dauernde zerstörerische Angriffe noch weniger um organisierte Eroberungszüge. Eher könnte man von einer Art ,Goldrausch' sprechen, bei dem Menschen aus den unterentwickelten Ländern des Nordens in die reichen Länder des Mittelmeerraumes strömten.«[43]

Einigen Stämmen wie den Franken und Alemannen hatten die Römer schon erlaubt, sich im Nordosten Galliens innerhalb der Grenzen des Reiches anzusiedeln. Und die Ostgoten, von den Hunnen westwärts gedrängt, durften nach Thrakien einwandern. Man übernahm so genannte »Barbaren« als Soldaten, ja als Kommandeure ins römische Heer. Ein Halbvandale, Stilicho, heiratete die Nichte des Kaisers Theodosius und schützte nach dem Tod des Kaisers das Reich. Denn es war eine chaotische Zeit der Gewalttaten und Wirren. Von Furcht und häufig auch von Hunger getriebene Horden zogen auf der Suche nach Sicherheit und Nahrung durch Europa. 406 flohen die Vandalen und Sueben, gefolgt von Burgundern und Alemannen, vor den nachdrängenden Hunnen über den Rhein und marschierten in Gallien ein. 407 zogen die Römer ihre Legionen aus Britannien ab und überließen es den Britanniern, sich selbst gegen Pikten und Schotten im Norden und Angeln, Sachsen und Jüten, die Piratenstreifzüge an der Ostküste unternahmen, zu verteidigen. 410 eroberten die Westgoten unter Alarich Rom, plünderten es und zogen dann an der Mittelmeerküste entlang wieder nach Norden, um sich schließlich in Südostfrankreich und später Spanien niederzulassen. 429 gelangten 80 000 Vandalen durch Spanien und über die Straße von Gibraltar in die römischen Provinzen Nordafrikas. Augustinus starb 430, während sie seine Stadt Hippo belagerten.

Es gab Versuche, besonders seitens des römischen Generals Aëtius, Ordnung in die chaotische Ansiedlung barbarischer Stämme zu bringen, auch vorübergehende Erfolge. Aëtius besiegte ein Hunnenheer unter Attila, das anschließend südwärts nach Italien zog, Städte in der Po-Ebene plünderte und sich von einem Angriff auf Rom nur dadurch abhalten ließ, dass der Papst den Hunnen Tribut zahlte. Nach dem Tod des Aëtius jedoch waren die weströmischen Kaiser nur noch Marionetten. Die wirkliche Macht lag in Händen germanischer Stammesoberhäupter. Einer von ihnen, Odoaker, setzte den letzten Kaiser Westroms, Romulus Augustus, ab und herrschte seitdem als Barbarenkönig über Italien. Nominell handelte er als Regent im Auftrag des oströmischen Kaisers in Konstantinopel, faktisch aber hatte das Weströmische Reich als eigenständige politische Realität aufgehört zu existieren.

Trotzdem bedeutete das nicht »das Verschwinden jeder Zivilisation. Es war nur der Zusammenbruch eines Herrschaftsapparats, der so nicht mehr aufrechterhalten werden konnte«.[44] Die Barbaren, stets Minderheiten in den von ihnen eroberten Ländern, empfanden keine Feindschaft gegenüber dem Reich. Niemals kam es ihnen in den Sinn, es abschaffen zu wollen. »Zu universell, erhaben, dauerhaft war das Prinzip dieses Reiches. Es umgab sie ja von allen Seiten, man konnte sich an keine Zeit erinnern, wo es nicht existiert hatte.«[45] Die soziale Organisation und kulturellen Traditionen des Römischen Reiches blieben auch beim Niedergang der in Bezirke gegliederten einstigen Zentralverwaltung erhalten, als neue Herzogtümer und Königreiche auf dem Boden dieser Bezirke entstanden – das Ostgotenreich in Italien, ein westgotischer Staat in Spanien und Gallien bis zur Loire und weiter nördlich das Königreich der salischen Franken. Ende des 5. Jahrhunderts hatten sich die Franken unter ihrem König Chlodwig als dominierende Macht nördlich der Alpen etabliert. Sie besiegten Alemannen und Westgoten, so dass sich jetzt ihre Herrschaft vom Rhein bis zu den Pyrenäen erstreckte. Um 498 trat Chlodwig mit all seinen Großen zum Christentum über, weil er, wie es heißt, am Grab des Martin von Tours Zeuge eines Wunders geworden war.

Die Taufe Chlodwigs war wie die Bekehrung Konstantins von eminenter Bedeutung für die Zukunft der christlichen Kirche. Doch war das, was die Partner in diese Ehe zwischen weltlicher und geistlicher Macht einbrachten, sehr verschieden von dem analogen Vorgang eineinhalb

Jahrhunderte früher. Chlodwig war kein Herrscher über einen großen, gut geordneten Staat, sondern Anführer eines Haufens roher, ungebildeter Kämpfer. Er konnte den Bischöfen nicht, wie seinerzeit Konstantin, reiche Stiftungen, Steuerprivilegien und die Mitarbeit einer erfahrenen Beamtenschaft anbieten. Alles, was er geben konnte, waren die Seelen seines wilden jungen Volkes und seine eigene Verpflichtung, die universelle – »katholische« – Kirche zu schützen.

Die Kirche andererseits hatte dem Barbarenkönig allerhand zu bieten, verfügte sie doch über eine intakte Organisation nach dem Muster des römischen Staates. An der Spitze ihrer Hierarchie stand der Patriarch des Westens, der Bischof von Rom, jetzt »Papst« genannt nach dem griechischen Wort *pappas*, was Vater bedeutet. Ihm zur Seite wirkten die Kardinäle als Bezirksobleute seiner Verwaltung. Unter ihm amtierten in den großen Städten – soweit sie im Untergang des Reiches noch erhalten geblieben waren – die Erzbischöfe und dann in den meisten kleineren Städten von einiger Bedeutung ein Bischof mit einem Korps lese- und schreibkundiger Diakone und Priester. Auch reich war die Kirche, hatten sie doch christliche Kaiser großzügig mit Landbesitz ausgestattet. Nach dem Zusammenbruch von Wirtschaft und Verwaltung war sie daher als einzige Institution in der Lage, sich um das materielle und moralische Wohlergehen der Menschen unter ihrer Führung zu kümmern.

Mit dem Zusammenbruch der politischen und administrativen Institutionen der römischen Welt war also das Episkopat die einzige moralische Macht geworden, und dank seines Landbesitzes die einzige Wirtschaftsmacht, die für die Bedürfnisse des Volkes sorgen konnte. Der Bischof ersetzte den Staat, indem er die öffentlichen Dienstleistungen organisierte, Armenspeisungen durchführte, Verhaftete loskaufte und über dem Wohl der Gefängnisinsassen wachte. Hospize, Krankenhäuser, Waisenhäuser, ja sogar Wirtshäuser entstanden als Nebeneinrichtungen der Kirchen und Klöster.

Aber die Kirche übernahm noch mehr als nur die Funktionen des untergegangenen Reiches. Sie *war* dieses Reich in den Augen des Volkes. Römer zu sein hieß, Christ zu sein, und wer Christ war, war auch Römer. Nach Justinian »betrachtete sich die Mittelmeerwelt nicht mehr nur als Gesellschaft mit dem Christentum als herrschender Religion, sondern als durch und durch christliche Gesellschaft. Die Heiden verschwanden ganz aus den oberen Klassen, selbst auf dem Land ... der Nicht-Christ musste sich praktisch als Außenseiter in einem Einheitsstaat empfinden«.[46]

Sehr bewusst warfen sich die Bischöfe der katholischen Kirche buchstäblich den Mantel der römischen Senatoren um die Schultern. Das war

»die eigentliche Voraussetzung hinter der Rhetorik und dem Zeremoniell des mittelalterlichen Papsttums«.[47] Schon seit den frühesten Tagen der christlichen Kirche hatte der Bischof von Rom die Vorherrschaft in geistlichen Fragen beansprucht – nicht nur als Patriarch des Westens, sondern auch als Nachfolger Petri. Hatte nicht Christus selbst Petrus die Schlüssel des Himmelreichs übergeben und die Macht, »zu binden und zu lösen«, das heißt über Wahr und Unwahr zu entscheiden? Zur Zeit der Barbareneinfälle war die Jurisdiktion des römischen Bischofs von allen Diözesen des Westreichs bereits akzeptiert worden. Jetzt kam, da ein Kaiser fehlte, zu dieser geistlichen Suprematie des Papstes auch noch die Autorität des zivilen Oberhauptes der Stadt Rom hinzu.

Eine Zeit lang war diese Stadt im Niedergang begriffen gewesen, blieb jedoch die bei weitem größte und bevölkerungsreichste Stadt des Westens. Aus der Bausubstanz einiger majestätischer Gebäude und prachtvoller Monumente hatten sich die Einwohner zwar Materialien zu eigenen Zwecken entnommen, doch leuchtete noch immer der Glanz der alten, ruhmvollen Vergangenheit. Die Menschen Roms waren konservativ, die alten Senatorenfamilien standen noch in hohem Ansehen, auch starke heidnische Einflüsse hielten sich. Als Alarich mit seinen Westgoten die Stadt im Jahr 408 anzugreifen drohte, schlugen Präfekt und Senat vor, den heidnischen Göttern zu opfern.

Der Appell an die Götter hatte keinen Erfolg, ebenso wenig die diplomatische Initiative von Papst Innozenz I. Die Westgoten unter Alarich nahmen und plünderten Rom. Doch fast 50 Jahre später begab sich Papst Leo I. nach Mantua, wo es ihm gelang, Attila, den Anführer der Hunnen, von einem Angriff auf Rom abzuhalten. Und 455 kam es zu einem Treffen des Papstes mit Geiserich, dem König der Vandalen, vor den Mauern der Stadt. Diesmal glückte es ihm nicht, die Krieger zum Verzicht auf eine Plünderung zu bewegen. Immerhin willfahrten sie seiner Bitte, wenigstens die Menschen zu schonen.

Über hundert Jahre danach sah sich ein anderer Papst, Gregor, der wie Leo später den Beinamen »der Große« erhielt, mit einer Invasion, jetzt der Langobarden, konfrontiert und übernahm die Verantwortung für die Bürger Roms. Aus einer reichen Aristokratenfamilie stammend und mit zwei früheren Päpsten verwandt, griff Gregor nicht nur sein eigenes Vermögen zur Milderung des Leidens der Armen an, sondern ernannte auch Verwalter, die die Einkünfte aus dem »Patrimonium Petri« – große, in ganz Europa gelegene Güter, die dem Papsttum gehörten – maximieren sollten. Als 593 der Langobardenkönig Agilulf die Stadt belagerte, übernahm Gregor selbst das Kommando über die Garnison und erreichte wenigstens, dass die Langobarden gegen Bezahlung abzogen.

Da jegliche wirksame weltliche Autorität fehlte, konnte sich Gregor also zum eigentlichen Herrscher in Italien aufschwingen. Er hob Truppen aus, ernannte Generäle und schloss Verträge ab. So etwas galt nicht unbedingt als Bruch mit der Tradition. »Zur Zeit Gregors war der später so wichtig werdende Unterschied zwischen geistlichen und weltlichen Belangen noch nicht klar. Die Menschen konnten sich gar nicht vorstellen, dass es eine politische Autorität ohne religiöse Grundlage geben könnte.«[48]

Ebenso eifrig arbeitete Gregor für das Wohl seiner Kirche. Er erlegte den Priestern das Zölibat auf und führte strenge Regeln für Bischofswahlen ein. Gegen die Juden war er tolerant. 599 ordnete er nach der Entweihung einer Synagoge in Caraglio in Norditalien Wiedergutmachung an und tadelte die Bischöfe von Arles und Marseille, dass sie die Zwangstaufe von Juden in ihrer Diözese zugelassen hatten. Wie schon Leo vor ihm, bestand Gregor ebenfalls auf der universellen Autorität des Bischofs von Rom und bekämpfte die Häresie. Auch erzählte man sich, er sei durch den Anblick blonder heidnischer Angeln, die als Sklaven nach Rom verkauft worden waren, dazu bewogen worden, einen gewissen Augustinus, Prior des Klosters St. Andreas in Rom, mit einer vierzigköpfigen Schar Benediktinermönche in die Heimat dieser Barbaren zu senden, um dort das Evangelium zu predigen.

Gregor der Große war, als erster Papst, zugleich auch Mönch. Die Ausbreitung des Mönchtums ist die zweite Entwicklung in der Geschichte der christlichen Kirche, die Wesentliches zum Verständnis der Templer beiträgt. Das Wort »Mönch« kommt vom griechischen *monos*, was »allein« oder »einsam« bedeutet. Es war bei den Christen bis zum 4. Jahrhundert nicht bekannt. Denn bis zur Mitte des 3. Jahrhunderts gab es keine christlichen Mönche. Die frühe Kirche existierte zumeist in den Städten, und nach der Apostelgeschichte zu urteilen, herrschte Gütergemeinschaft unter den Gemeindemitgliedern. »Wir teilen alles miteinander«, schrieb Tertullian, »nur nicht unsere Frauen.«

Aber nicht alle Männer und Frauen der frühen Christen waren verheiratet. Von Anfang an galt Ehelosigkeit als Zeichen einer völligen Hingabe an Gott. Paulus von Tarsus, dem man im Allgemeinen wenig Sympathie für Frauen nachsagt, hielt es für gut zu heiraten, aber für noch besser, ledig zu bleiben. Er erwartete ein unmittelbar bevorstehendes Ende der Welt, weshalb ihm die Ehe nur als sinnlose Ablenkung vom eigentlichen Ziel des Christen erschien. Er wies darauf hin, dass Verheiratete ja immer auch ans Wohl ihrer Partner denken müssten, während sich Ledige ganz Gott weihen könnten. Doch eine unvoreingenommene

Lektüre seiner Briefe zeigt, dass er weder so puritanisch noch so frauenfeindlich war, wie man es ihm normalerweise unterstellt. Was sexuelle Beziehungen betrifft, so ermahnte er Ehemänner und -frauen, sich das zu geben, was sie mit Recht voneinander erwarten könnten. Zwar legte er anfangs fest, dass Witwen nicht wieder heiraten durften, revidierte das später jedoch und meinte jetzt, es sei besser zu heiraten, als »Brunst zu leiden«.

Sicher ist indessen, dass Paulus und die frühen Christen die Ehe als Hindernis für spirituelle Vollkommenheit betrachteten. Diese Hochschätzung der Ehelosigkeit, die sich vielleicht auch schon bei der jüdischen Sekte der Essener fand, bedeutete jedenfalls die Abkehr von der jüdischen Lehre, dass Männer und Frauen dem im Buch Genesis von Gott gegebenen Gebot: »Seid fruchtbar und vermehrt euch, bevölkert die Erde«, Folge leisten sollten. Aber sie ging auf eine Empfehlung Jesu selbst zurück, der von »zur Ehe Unfähigen« (»Beschnittenen«) sprach, »die sich selbst um des Himmelsreichs willen dazu gemacht haben«, jedoch noch hinzufügte: »Wer das erfassen kann, der erfasse es.«[49] Diese Empfehlung führte in der frühen Kirche zu einem Kult der Ehelosigkeit, der manchmal extreme Formen annahm. Der junge Origines zum Beispiel wurde im 3. Jahrhundert dafür getadelt, dass er sich in einem allzu wörtlichen Verständnis des Ausspruchs Jesu selbst entmannt hatte – was er übrigens später bereute.

Eusebius erwähnt in seiner Kirchengeschichte beifällig, dass junge christliche Frauen in den Zeiten der Verfolgung den Tod der Entehrung vorgezogen hätten. Dominina und ihre beiden Töchter, »ausgezeichnet durch körperliche Schönheit und Reife«, wurden als Christinnen erkannt und unter Bewachung nach Antiochia gebracht. »Als sie eben die Mitte des Weges erreicht (hatten)«, baten sie die Wächter, »dass sie eine kleine Weile sich zurückziehen dürften, und stürzten sich in den vorbeiströmenden Fluss.«[50]

Unter den kirchlichen Heiligen finden sich viele solcher »jungfräulichen Märtyrerinnen« aus dieser Zeit. Aber es gab trotzdem noch keine Nonnen und Mönche. Ein christliches Leben und die Bereitschaft, für seinen Glauben auch zu sterben – das galt als ausreichend für die Seligkeit. Erst nach der Bekehrung Konstantins und als die Kirche aus einer verfolgten Sekte zu einer reichen, privilegierten Institution geworden war, war es vorteilhaft geworden, Christ zu sein, und bestand die Möglichkeit, mit einem Minimum an Einsatz diese Religion zu praktizieren. Bei der Mehrzahl der Christen sanken daher die allgemeinen Standards der Frömmigkeit. Es blieb aber eine kleine Minderheit, die weiterhin vom glühenden Glauben der frühen Kirche beseelt war und den materiellen und politischen weltlichen Bindungen zu entrinnen trachtete. Auch schien der wachsende Reichtum der Kirche der Aufforderung Jesu an den reichen jungen Mann: »Verkaufe alles, was du hast, verteile das Geld an die Armen«, zu widersprechen. Hatte nicht Jesus abschließend zu seinen Schülern gesagt: »Wie schwer ist es für Menschen, die viel besitzen, in das Reich Gottes zu kommen!«[51]

Die ersten Beispiele von Christen, die dieses Wort Jesu ernst nahmen, fanden sich in Oberägypten. Es begann mit einem gewissen Paulus, der sich im Alter von 15 Jahren, um der Verfolgung unter Kaiser Decius zu entgehen, in eine Höhle mit Palmbaum und Quelle zurückzog. Hier harrte er neunzig Jahre lang ohne jede menschliche Gesellschaft aus, bis er kurz vor seinem Tod von einem anderen Eremiten, Antonius, entdeckt wurde. Dieser Antonius, ein junger Mann aus Hieracleus, ebenfalls in Oberägypten, verkaufte, nachdem er beim Tod seiner Eltern um 273 für seine Schwester und ihre Ausbildung gesorgt hatte, all seinen noch übrigen Besitz und gab den Erlös den Armen. Auch er begab sich in eine Höhle in der nahe gelegenen Wüste und lebte von Brot und Wasser, das er nur einmal täglich zu sich nahm. Eine Anzahl Bewunderer schloss sich ihm an. Er gründete schließlich zwei Klöster, für die er eine Lebensregel entwarf. So groß war sein Ruhm, dass ihn selbst Kaiser Konstantin bat, für ihn zu beten, und Athanasius, der Bischof von Alexandria, eine Biografie über ihn schrieb.

Antonius' Beispiel wirkte ansteckend. In den Jahrzehnten nach seinem Tod strömten ganze Scharen in die Wüste, um Gott nahe zu sein, indem sie ganz allein an entlegenen Plätzen, in Höhlen, selbst errichteten Hütten oder verlassenen Häusern lebten, nur das zum bloßen Überleben Nötige aßen, sich selbst schwere Bußen auferlegten und sich sonst in ihren wachen Stunden dem Gebet hingaben. Zunächst kamen diese Eremiten nur gelegentlich zum Hören des Evangeliums und zur Entgegennahme von Ratschlägen älterer Einsiedler zusammen. Doch bildeten sich allmählich auch feste Kommunitäten heraus, die sich der Regel eines erwählten Anführers, oder »Vaters«, unterwarfen. So stand etwa Pachomius, der von 286-346 n.Chr. lebte, einer Gruppe vor, die dem Gelübde der Armut und Keuschheit noch das des Gehorsams hinzufügte und sich bestimmten Bußübungen bei etwaigen Verstößen unterwarf. Er gilt als der erste Abt. Das Wort kommt von *abba*, hebräisch für »Vater«.

Auch in Syrien und Palästina folgte man diesem Beispiel der ägyptischen Einsiedler. In Syrien fesselten sich manche Eremiten an die Felswand ihrer Höhlen oder lebten, schutzlos den Elementen preisgegeben, ausschließlich im Freien. Ihr Ruf der Heiligkeit lockte Scharen von Anhängern herbei, die für sich beten lassen wollten und Rat suchten.

Um ihnen auszuweichen, zogen sich diese Einsiedler oft noch tiefer in die Wüste zurück oder ergriffen vertikal die Flucht, indem sie, wie Simeon der Stylit, oben auf der Plattform einer zwanzig Meter hohen Säule lebten. Von dort drangen dann aber keineswegs Hasstiraden eines Fanatikers, sondern milde Worte eines verständnisvollen Menschenfreundes an die Ohren der am Fuß der Säule Stehenden. Kaiser Marcian besuchte den Styliten inkognito, und unter Simeons Einfluss entzog die Kaiserin Eudoxia den häretischen Monophysiten ihre Unterstützung und kehrte zum wahren Glauben zurück.

Hieronymus, ein römischer Gelehrter, der die ganze Bibel ins Lateinische übersetzte und Papst Damasus als Sekretär diente, lebte unter den Eremiten der sich östlich Antiochia erstreckenden Wüste. Basilius, aus einer reichen und angesehenen Familie in Kappadozien (Kleinasien) stammend, bereiste Ägypten, Syrien und Palästina, um die zahlreichen dortigen Kommunitäten kennen zu lernen, bevor er sein eigenes Kloster auf dem Besitz seiner Familie in Annesi am Iris errichtete. Es lag unweit einer Nonnengemeinschaft, die seine Schwester Macrina bereits gegründet hatte. Basilius verzichtete auf die asketischen Züge des individuellen Einsiedlerdaseins zu Gunsten eines gemeinschaftlichen Lebens, bei dem Gebet, körperliche Arbeit und Werke der Nächstenliebe einander abwechselten. Denn seinem Kloster waren auch ein Waisenhaus und Beschäftigungsmöglichkeiten für Arbeitslose angegliedert. Zwar verfasste Basilius keine eigene Regel, gilt aber als Begründer des Mönchtums in der Ostkirche.

Auch nach Westen griff die monastische Bewegung über. Johannes Cassianus, ein Mönch, der zuerst in Bethlehem und dann in Ägypten lebte, wurde vom Patriarchen zu Konstantinopel mit einem Auftrag nach Rom gesandt und blieb dann ganz im Westen, wo er sich in Marseille niederließ. Er gründete zwei Klöster, eins auf der Ile de Lérins, und schrieb zwei Bücher über das mönchische Leben: »Einrichtungen« und »Gespräche«, die der Vater des westlichen Mönchtums, Benedikt von Nursia, später bei der Formulierung seiner Mönchsregel benutzte.

Augustinus von Hippo war, wie wir gesehen haben, der Meinung, dass man sich eigentlich nur durch eine Form monastischen Lebens voll dem Christentum zuwenden könnte. Doch war er aus der Abgeschlossenheit seiner Kommunität herausgerufen worden, um seiner Kirche an leitender Stelle zu dienen. Dasselbe galt für Martin von Tours, Sohn eines Offiziers im römischen Heer und selbst Soldat. Obwohl aus Ungarn gebürtig, war er in Amiens in Nordfrankreich stationiert, wo ihm, nachdem er einem Bettler seinen halben Mantel geschenkt hatte, eine Erscheinung zu Teil wurde: Derselbe Mantel umhüllte jetzt die Schultern Christi. Um

355/356 verließ Martin das Heer und lebte eine Weile als Einsiedler, zuerst auf einer Insel vor der italienischen Küste, danach in einer kleinen Eremitengemeinschaft bei Poitiers.

Seine Heiligkeit und die ihm zugeschriebenen Wunder führten schließlich zu seiner Wahl als Bischof von Tours. Am 4. Juli 371 erhielt er die Weihen, trotz der Einwendungen einiger anderer Bischöfe und des lokalen Adels. Er sei kein Adliger und sehe »mit seinen schmutzigen Kleidern und ungekämmten Haaren verächtlich aus«. Auch noch als Bischof lebte er wie ein Einsiedler in einem Kloster, das er vor den Toren von Tours gegründet hatte. Sehr viel Eifer bewies er bei der Unterdrückung des Heidentums. Er ließ heidnische Heiligtümer zerstören und heilige Bäume umhauen. Die ihm zugeschriebenen Wunderkräfte wirkten auch nach seinem Tod fort und führten, wie wir gesehen haben, zur Bekehrung Chlodwigs. Martin war der erste Christ, der eines natürlichen Todes starb und trotzdem als Heiliger mit eigenem Kult verehrt wurde.

Doch war Martin die Ausnahme, nicht die Regel unter den Bischöfen. Die zunehmende Verstrickung des regulären Klerus in weltliche Angelegenheiten, wie sie in den letzten Jahren des Römischen Reiches üblich wurde, veranlasste, gepaart mit der Brutalität des öffentlichen Lebens seit dem Zusammenbruch des Westreiches, gerade die Menschen mit zarterer und frömmerer Veranlagung zur Gründung zahlreicher Kommunitäten, die abgeschieden von der Welt existierten:

> »ohne Interesse an Angelegenheiten außerhalb ihrer Mauern, außer dass sie Nachbarn und Reisenden materielle und geistliche Hilfe angedeihen ließen. Und auch innerhalb der Mauern gab es keine besonderen Verrichtungen. Die Mönche waren zunächst weder Priester noch Gelehrte, sie hatten keine bestimmten Gesänge und Rituale. Sie lebten einfach zusammen, um Gott zu dienen und um des Heils ihrer Seelen willen.«[52]

Dieser monastische Pluralismus änderte sich allmählich durch den bestimmenden Einfluss des Benedikt von Nursia, der herausragenden Gründerfigur des Mönchtums im Westen. Geboren wurde er um das Jahr 480 in einer Familie des kleinen Landadels, die südlich von Rom in den Sabiner Bergen lebte. Zur Ausbildung nach Rom geschickt, war er so entsetzt über das ausschweifende Leben der Bürger dort, dass er aus der Stadt floh und sich als Einsiedler in eine Höhle in den Bergen von Subiaco zurückzog. Bald schon schlossen sich ihm andere junge Leute an, die leben wollten wie er. Irgendwann zwischen 520 und 530 verließ er wegen einer Intrige die Kommunität in Subiaco mit einigen Anhängern und zog nach Cassinum, wo er einen Apollotempel auf einem Berggipfel zerstörte und an seiner Stelle das Kloster Monte Cassino erbaute.

Und hier verfasste er seine Regel, einen Verhaltenskodex für seine Mönche, der für die kommenden sechs Jahrhunderte das Muster mönchischen Lebens in Westeuropa darstellen sollte. Beim Entwurf griff Benedikt auf die Erfahrungen des Basilius und die Werke des Johannes Cassianus zurück. Aber der inhaltliche Kern der Regel trägt seine eigene unverwechselbare Handschrift. In seiner Ausgewogenheit spiegelt das Werk Benedikts römisches Erbe wider, in seiner religiösen Glut Benedikts starken Glauben. Die Regel lässt eine klare Einsicht in die Realitäten des Gemeinschaftslebens erkennen und gründliches Wissen um die Stärken und Schwächen der menschlichen Natur. Dem von der Gemeinschaft gewählten Abt wird absolute Autorität eingeräumt, doch bei der Ausübung dieser Autorität ist er gehalten, »alle Dinge maßvoll zu behandeln, so dass der Starke immer noch nach etwas Höherem über sich streben kann und der Schwache sich niemals ängstlich zurückziehen muss«. Die Lebensregeln für den Alltag bestimmen, was der Mönch essen und trinken und wie er sich kleiden soll. Das Mönchshabit war schwarz und konnte je nach Klima und Jahreszeit aus unterschiedlichen Stoffen bestehen. Auch dies war der Entscheidung des Abtes überlassen.

Der Speisezettel der Mönche war karg. Benedikt legte Wert auf dauernde Enthaltsamkeit von Fleisch und setzte darüber hinaus strenge Fastenzeiten fest. Zu bestimmten Tages- und Nachtzeiten hatten die Mönche ihr kanonisches Offizium zu singen – Gebete und Psalmen – und mussten, außer beim Gebet, bei Tisch oder im Bett, ihre Zeit mit Studium, Lehrtätigkeit und vor allem körperlicher Arbeit verbringen. *Laborare est orare*: Arbeiten ist Beten. Die Mönche arbeiteten auf den Feldern, wodurch jedes Kloster wirtschaftlich autark wurde, und im Skriptorium, wo sie Texte auf Pergament übertrugen – nicht nur die biblischen Bücher, sondern auch Werke klassischer Autoren. Jedes Kloster musste eine Bibliothek und jeder Mönch Schreibfedern und -tafeln besitzen.

Benedikt lebte in finsteren Zeiten. Die Ostgoten hatten in Italien ein Königreich gegründet und verteidigten es gegen die Truppen Kaiser Justinians unter dessen großem General Belisar. 546, ein Jahr vor Benedikts Tod, eroberten sie Rom und ließen nur Ruinen zurück. 40 Tage lang lag die Stadt vollkommen verödet. Von Belisar erneut erobert, fiel sie doch bald wieder an die Goten, und ihre schließliche Befreiung durch Belisars Armee verursachte solche Verwüstungen, dass Gibbon von der »letzten

Katastrophe Roms« spricht. Zu Lebzeiten Benedikts glitt also Italien aus der verdämmernden alten Welt in die tiefe Dunkelheit des »Finsteren Mittelalters« hinüber. Doch in dieser Dunkelheit wurden die Benediktinerklöster Westeuropas »zu Mittelpunkten des Lichtes und Lebens [...]. Sie bewahrten – und verbreiteten später –, was von der antiken Kultur und Spiritualität noch übrig war.«[53] Im Lauf der Zeit wurden sie überdies zu einem integralen Bestandteil nicht nur der europäischen Kultur, sondern auch der europäischen Wirtschaft. Denn während Königreiche zusammenbrachen und Staaten zerfielen, blieben die Klöster häufig intakt.

Kurz vor seinem Tod soll Benedikt einen seiner Mönche namens Maurus mit dem Auftrag ausgesandt haben, in Glanfeuil bei Angers in Frankreich ein Kloster zu gründen. Von da an entstanden Benediktinerklöster neben den schon bestehenden Gründungen des keltischen Missionars Columban in Annegray, Luxeuil und Fontaine in den Vogesen. Sie alle gaben, zusammen mit der ebenfalls von Columban gegründeten Abtei Bobbio in Italien, schließlich die strenge, starre Regel auf, die Columban aus Bangor in Irland mitgebracht hatte, und richteten sich fortan nach der geschmeidigeren Regel des heiligen Benedikt.

Wie wir gesehen haben, schickte Papst Gregor I., selbst Benediktinermönch, im Jahr 596 Augustinus, Prior von Sankt Andreas in Rom, mit vierzig Benediktinerbrüdern als Missionare zu Ethelbert, dem heidnischen König von Kent. 633 zogen Benediktiner nach Spanien. In England nahmen benediktinische Missionare Kontakt zu den seit der Invasion der Barbarenstämme von Rom abgeschnittenen irischen Katholiken auf. 664 kehrten die Iren auf der Synode von Whitby in den Schoß der Römischen Kirche zurück. Es folgte eine Welle von Nordengland ausgehender Klostergründungen. Benedikt Biscop, ein Kampfgefährte König Oswys von Northumbrien, gab seine Militärkarriere auf, wurde Priester und kehrte, nachdem er Rom besucht hatte und auf der Ile de Lérins Mönch geworden war, 669 nach England zurück, um dort Klöster in Jarrow und Wearmouth zu gründen. 690 segelte ein englischer Benediktiner, Willibrord, auch er aus Northumbrien, zu den heidnischen Friesen im Gebiet der heutigen Niederlande und predigte ihnen das Evangelium. Ihm folgte Bonifatius, ein anderer englischer Benediktiner, diesmal aus Devon, der die heidnischen Stämme in Deutschland zu bekehren versuchte. Heidnische Friesen erschlugen ihn. Er liegt in dem Kloster begraben, das er in Fulda in Hessen gründete.

All diese Klostergründungen der Benediktinermissionare sicherten ihre Bekehrungserfolge. Aber in den zwei Jahrhunderten nach dem Tod Benedikts von Nursia änderten sie vollständig ihren Charakter: Aus ein-

samen Zufluchtsorten und Eremitenkommunitäten wurden sie zu großen Gütern mit ausgedehnten Ländereien. In Gebieten wie Burgund
und Bayern entstanden in ihrem Umkreis auch bald größere Ansiedlun-
gen, die häufig zu Bischofssitzen erhoben wurden. Im Mönch-Bischof
vereinigten sich politische und geistliche Autorität. Geistliche Fürstentü-
mer wie Köln, Mainz und Würzburg wurden bis zur Säkularisation
durch Napoleon im Jahr 1802 von ihren Bischöfen regiert.

Auch die Heiden hatten ihre Märtyrer. In manchen Fällen ist es schwer,
Bekehrung von Eroberung zu unterscheiden. Nach der Bekehrung
Chlodwigs waren die Franken zu Beschützern der Kirche und die Kirche
zur Schutzherrin der Franken geworden. Inzwischen hatten sich auch die
Gallo-Römer und ihre fränkischen Eroberer einander assimiliert. Mischehe-
hen waren häufig, und immer mehr »Römer« änderten ihre lateinischen
Namen in fränkische. Im siebten Jahrhundert hatte sich auf diese Weise eine »französische« Aristokratie herausgebildet, die der Historiker Ferdinand
Lot als »chaotische, kampflüsterne und unwissende Klasse« beschrieb, die,
»unfähig zu ernsthaften politischen Erwägungen und von Grund auf
selbstsüchtig und rebellisch«, die Dinge des Geistes verachtete.[54]
Im Gegensatz zur Umsicht und Loyalität der kaiserlichen Beamten der
Antike strebte diese neue herrschende Klasse nur nach Ruhm und Größe. Das Allgemeinwohl war ihr gleichgültig. Da Handel und Gewerbe
zusammengebrochen waren, war Landbesitz die einzige Quelle des
Reichtums und Grundlage der Macht. Es gab nur Gewohnheitsrecht,
keine eigentlichen Gesetze, welche die Macht der Könige einschränkten.
Ihren Tiefpunkt erreichte die Barbarei der Franken, fast genüsslich
beschrieben von ihrem Chronisten Gregor von Tours, unter den merowingischen Nachfolgern Chlodwigs. Ferdinand Lot schreibt: »Der König schwelgte in orgiastischen Ausschweifungen, und seine Höflinge taten es ihm gleich. In der zweiten Hälfte des siebten und im achten
Jahrhundert wurde es sogar noch schlimmer. Der König war nichts
anderes als ein degenerierter Wüstling, der, Opfer seiner eigenen Exzesse,
schon im frühen Mannesalter starb.«[55]
Auf Grund der Unzulänglichkeit dieser Merowingerkönige ging die
tatsächliche Macht allmählich in die Hände ihrer Ersten Minister über,
der so genannten »Hausmeier«, deren bekanntester Karl Martell ist. Sein
Sohn, Pippin der Kleine, erhielt Zuspruch und Segen des Papstes Zacharias, Childerich III., den letzten Merowingerkönig, abzusetzen. Er
wurde im November 751 von Bonifatius, dem Missionar aus Devon,
jetzt Erzbischof und päpstlicher Nuntius, in Soissons zum König der
Franken gekrönt.

Dieser Bund zwischen dem Papsttum und den Frankenkönigen blieb für die nächsten 500 Jahre in Kraft. Auch die Klöster profitierten davon. Die Adligen führten ein von Gewalttat, Verrat und Ausschweifung erfülltes Leben, glaubten dabei jedoch fest an die christlichen Lehren und machten aus Furcht vor der ewigen Verdammnis den Mönchskommunitäten reichliche Schenkungen. Sie hofften, die Gebete und asketischen Übungen der Mönche würden zur Tilgung ihrer eigenen Sünden beitragen. Dieselbe Einstellung veranlasste Bischöfe, die sich durch Verstrickungen in weltliche Angelegenheiten kompromittiert hatten, Klöster in ihrer Diözese zu gründen und ihnen Privilegien und Ausnahmeregelungen zu gewähren. »Ab dem 7. Jahrhundert gab es keinen Adligen oder Bischof mehr, der nicht versucht hätte, sich sein Seelenheil durch eine derartige Gründung zu sichern.«[56] Am Ende der merowingischen Periode hatten Abteien wie Saint Germain-des-Prés vor Paris enorme Reichtümer aufgehäuft.

Und wie die fränkischen Krieger ihren Nutzen aus den Gebeten der Mönche zogen, so die Mönche aus der Tüchtigkeit der Krieger. Die von den Franken im 8. Jahrhundert gegen die Sachsen östlich der Elbe geführten Kriege dienten nicht nur der Grenzsicherung und der Eintreibung von Tributen, sondern waren zugleich und »von Anfang an religiös gefärbte Kriege von Christen gegen heidnische Barbaren«.[57] Die Sachsen leisteten jedoch gegen die Franken und das Christentum hartnäckigeren Widerstand als erwartet. Deshalb ergriff man härteste Maßnahmen, um sie von den Vorteilen einer Unterwerfung und Bekehrung zu überzeugen. Jetzt zum ersten Mal zeigten sich die Merkmale eines Zeitalters, in dem »Klöster als Festungen dienten und die Taufe das Siegel der Unterwerfung war«.[58] 782 ermordeten die Franken 4500 sächsische Gefangene und deportierten oder versklavten den Rest. Drei Jahre danach unterwarf sich der Sachsenherzog Widukind und ließ sich taufen, ein Ereignis, das der Papst mit drei Tagen der Danksagung feierte.

Karl, Sohn Pippins des Kleinen, König der Franken, war es, der dieses Massaker anordnete. Auch er erhielt später, wie die Päpste Leo und Gregor, den Ehrentitel »der Große«. Mit ihm kulminierte der Bund zwischen den Frankenkönigen und den römischen Päpsten. Im Jahr 800 zog Karl, ein Wunder an Frömmigkeit, Tapferkeit und Klugheit und inzwischen Herr über fast ganz Europa, an der Spitze seines Heeres nach Rom, wo er mit großem Pomp und Achtungserweisen von dem Mann empfangen wurde, der fünf Jahre zuvor den Papstthron bestiegen hatte: Leo III.

In den letzten 324 Jahren hatte kein Kaiser in Rom regiert. Und der Thron in Byzanz galt im Augenblick als vakant, da seine gegenwärtige

Besitzerin, die Kaiserin Irene, ihren Sohn Konstantin VI. abgesetzt und geblendet hatte und, noch ausschlaggebender, eine Frau war. Am Tag des Weihnachtsfestes begab sich Karl, angetan mit den weißen Gewändern und den Sandalen eines römischen Patriziers, zum Hören der Messe in die über dem Grab Petri, des Apostels Christi, errichtete Basilika. Kaum war die Evangelienlesung beendet, als sich Papst Leo von seinem Thron erhob, auf den knienden Frankenkönig zuging und ihm die Kaiserkrone aufs Haupt drückte. Aus der dicht gedrängten Schar der Römer und Franken stieg ein begeisterter Schrei empor: »Langes Leben und Sieg dem von Gott gekrönten Karl Augustus, dem großen Friedenskaiser!« Und der höchste Pontifex beugte das Knie im Gehorsam vor dem neuen Caesar. »Von diesem Augenblick an«, schrieb Sir James Bryce, »beginnt die moderne Geschichte.«[59]

3. Der rivalisierende Tempel

Einer der Hauptgründe, weshalb man dem Christentum in der Tat ein starkes Oberhaupt wünschen musste, war die stets wachsende Bedrohung durch eine rivalisierende Religion – den Islam. Ihre geografischen Ursprünge lagen noch jenseits der fernen Südostecke des Römischen Reiches, wo die Grenzen niemals klar definiert waren und Nomadenstämme der heidnischen Araber, Abkömmlinge Ismaels, des illegitimen Sohnes Abrahams, außerhalb der Reichweite der byzantinischen Gesetze nach eigenen Sitten und Bräuchen lebten. Eine Anzahl von ihnen war jedoch schon in Städten an den Handelsstraßen der arabischen Halbinsel, zum Beispiel in Mekka, sesshaft geworden. In einigen dieser Städte gab es Kolonien von Christen und Juden.

Man hat die Religion der damaligen Araber als »Stammeshumanismus« bezeichnet.[60] Ihr Lebenssinn lag in der Zugehörigkeit zu einem Stamm mit Eigenschaften, wie sie den arabischen Vorstellungen von Männlichkeit entsprachen: Mut, Kraft und Freigebigkeit. Entscheidend war die Solidarität mit allen anderen Stammesmitgliedern. Moralische Verpflichtungen bezogen sich lediglich auf diese Blutsverwandten.[61] Als Götter verehrten diese Araber Sterne, personifizierte Naturkräfte und heilige Steine, insbesondere einen uralten schwarzen Stein. Er war einer Gottheit heilig, die einfach den Namen Allah – »der Gott« – trug, und stand in einem Tempel, der Kaaba in Mekka. Dort in Mekka herrschten die Koreischiten, der angesehenste der sesshaft gewordenen Stämme. Es war ihnen gelungen, die Kaaba in den Augen aller Araber als ein so großes Heiligtum erscheinen zu lassen, dass Mekka zum Mittelpunkt von

Pilgerreisen wurde und niemals Ziel von Angriffen werden durfte. Mit den Pilgern kam der Handel, und die bevorzugte Stellung Mekkas bewahrte die Koreischiten vor den *razzias*, den Beutezügen anderer Stämme.

Mohammed, Stifter des Islam, stammte aus einer weniger angesehenen Koreischiten-Sippe. Geboren wurde er in Mekka um 570. Sein Vater starb vor seiner Geburt, seine Mutter noch in seiner Kindheit. Zuerst wurde er von seinem Großvater, dem Oberhaupt der Sippe, aufgezogen, danach von seinem Onkel Abu Talib, den er auf Handelskarawanen nach Syrien begleitete. Dort lernte er die Lehren der Juden und Christen kennen, deren Gott im Denken mancher Araber bereits mit dem Allah der Kaaba verschmolzen war.

Im Alter von etwa 25 wickelte Mohammed auf einer Handelsreise Geschäfte im Auftrag einer reichen Witwe namens Khadidscha ab und machte wegen seiner Redlichkeit und Klugheit einen solchen Eindruck auf sie, dass sie ihm die Ehe vorschlug. Trotz des Altersunterschieds von 15 Jahren willigte Mohammed ein und kam so an ein Kapital, mit dem er auf eigene Rechnung Handel treiben konnte. Aber er war mehr als nur ein tüchtiger Geschäftsmann. Er interessierte sich für Religion und zog sich oft in eine Höhle in den Bergen vor Mekka zurück, um dort zu meditieren und zu Allah zu beten.

Im Jahr 610 n.Chr. geriet Mohammed eines Nachts, während er seinen Meditationen oblag, in einen Zustand der Entrückung. Es erschien ihm ein Ätherwesen, das er später als den Engel Gabriel identifizierte. Er hörte eine Stimme, die sprach: »Du bist der Botschafter Gottes.« Damit begann eine Reihe von Offenbarungen, die bis zu Mohammeds Tod anhielten. Er prägte sie seinem Gedächtnis ein und teilte sie seinen Anhängern mit, die sie später aufschrieben. Um 650 wurden die Texte im Qur'an, oder Koran, gesammelt. Für Mohammed und alle, die an ihn glaubten, waren sie das »Wort Gottes«.

Anfänglich konnte Mohammed seine Erscheinung nicht einordnen. War sie echt oder ein Trugbild? Aber allmählich gewann er doch Sicherheit, weil seine Frau Khadidscha und ihr christlicher Cousin Waraqa an ihre Echtheit glaubten. Waraqa vermittelte ihm die Überzeugung, er sei der Letzte in der Reihe der Propheten, die zu Juden und Christen gesprochen hatten. Es bildete sich ein Kreis von Anhängern um ihn, und 613 begann Mohammed öffentlich die Botschaft des uneingeschränkten Monotheismus zu predigen – es gab nur einen Gott, und Mohammed war sein Prophet.

»Wer den Werdegang Mohammeds verstehen will, muss sich darüber im Klaren sein, dass hier Religion und Politik eine unauflösliche Verbindung eingingen.«[62] Mohammed war Waise und gehörte in einer Gesellschaft, in der es keine Vererbung von Vaterseite gab, zur besitzlosen Klasse. Das änderte sich erst, als er Khadidscha heiratete. Auch stammte er aus einem der ärmeren Clans im Koreischiten-Stamm und lebte zu einer Zeit, da der alte Stammeszusammenhalt durch die individuellen Interessen der mekkanischen Kaufleute gelockert wurde. So entsprangen Mohammeds Ablehnung des Reichtums, sein Plädoyer für Gerechtigkeit und Erbarmen, sowie seine Herabsetzung heidnischer Götzen dem Gegensatz zu den reichen Kaufleuten. Ihre Versuche, den Propheten zum Verzicht auf seine Predigten zu bewegen, wies er zurück.

Bis dahin war er durch die Solidarität seines Clans vor seinen Feinden geschützt worden. Aber um 619 starben seine Frau Khadidscha und sein Onkel Abu Talib. Ein zweiter Onkel, der Abu Talib als Sippenoberhaupt nachfolgte, ließ sich von den mekkanischen Kaufleuten bestimmen, seine schützende Hand von Mohammed abzuziehen. Dieser sah sich gezwungen, Mekka zu verlassen. Er wandte sich zunächst nach Ta'if und sodann, von den dortigen Einwohnern eingeladen, nach Medina. Das war die Emigration, die so genannte *hijrah* (Hedschra) des Jahres 622. Es ist das Jahr Null der muslimischen Zeitrechnung.

Mohammed errichtete nun seine mehrere Jahre während Herrschaft in Medina. Das gelang ihm dadurch, dass er Überfälle auf Kaufmannskarawanen aus Mekka zunächst organisierte und später auch leitete. Anfangs handelte es sich nur um kleinere Handstreiche. Im April 623 zum Beispiel brach eine Schar von sechzig Muslimen auf, um eine Karawane auf ihrem Weg von Syrien nach Mekka abzufangen. Einer dieser Leute schoss Pfeile auf die Eskorte ab – der erste Fall islamischer Aggression. Im darauf folgenden Jahr zog eine Streitmacht von 800 Mekkanern gegen Mohammed, wurde aber in der Schlacht von Badr besiegt und verlor 45 Tote und 70 Gefangene. Dieser Sieg hob Mohammeds Autorität und Ansehen enorm. Ob nun dieser Triumph, wie Mohammed glaubte, ein Zeichen der Gnade Gottes war oder nicht – er bewog jedenfalls einige noch Unentschlossene zur Annahme des Islam. Zugleich knüpfte Mohammed seine Beziehungen zu den einheimischen Stämmen Medinas enger, indem er eine Anzahl von deren Frauen heiratete.

Zwei der bei Badr gemachten Gefangenen waren Dichter. Die höchsten literarischen Leistungen der nomadisierenden Araber dieser Zeit bestanden in mündlich und unter freiem Himmel vorgetragenen Epen, Berichten über die kühnen Taten ihrer Stammeshelden. Zu ihrem Unglück hatten nun diese beiden Dichter Verse geschaffen, die eine gewisse Kritik an Mohammed enthielten. Der eine hatte zum Beispiel behauptet, seine Geschichten seien ebenso gut wie die im Koran aufgeschriebenen. Beide wurden auf Befehl Mohammeds hingerichtet. Auch der jüdische Clan der Quraiza wurde wegen Konspiration gegen Mohammed strengstens bestraft – die Männer hingerichtet, die Frauen und Kinder als Sklaven verkauft. In der Folge durften aber die Juden unbehelligt in Medina leben, falls sie ihren Widerstand gegen den Islam aufgaben.

630 endlich kapitulierte Mekka. Mohammed durfte sich mit 10 000 Anhängern zum heiligen Tempel, der Kaaba, begeben. Die Verehrung des schwarzen Steins war das einzige Zugeständnis, das er dem alten arabischen Glauben machte.[63] Alle anderen heidnischen Symbole wurden zerstört. Obwohl aber nicht alle Mekkaner den Islam annahmen, schlossen sich doch 2000 Mann dem Heer an, das Mohammed gegen eine Koalition feindlicher Nomaden führte, und bekamen, nach deren Niederlage, ihren Anteil an der Beute. Jetzt wurden die Stämme Arabiens unter Mohammed geeinigt und der Disziplin des Islam unterworfen. Das bedeutete, dass sie sich gegenseitig nicht mehr ausplündern konnten. Dadurch sahen sie sich gezwungen, anderwärts nach Beute und Proselyten Ausschau zu halten.

630 führte Mohammed 30 000 Krieger gen Norden, um die Herrscher von Eilat, Adhruh und Jarba an der syrischen Grenze zu unterwerfen. Er erkannte, dass »der islamische Staat ein Ventil im Norden für die Energien seiner Araber finden musste, wenn er weiter gedeihen sollte«,[64] – was auf die Herausforderung des Byzantinischen Reiches hinauslief. Mohammed kehrte nach Arabien zurück, wo er, nachdem er noch einen Pilgerzug nach Mekka geführt hatte, 632 starb.

Wie lässt sich die Anziehungskraft Mohammeds erklären? Anders als Jesus vollbrachte er keine Wunder. Seine Vision aus dem Jahr 620, in der er auf einem himmlischen Hengst, el-Buruq, mit dem Engel Gabriel zum Tempelberg in Jerusalem ritt, um dort Abraham, Mose und Jesus zu treffen und von da aus durch die sieben Himmel bis zum Thron Gottes emporzusteigen, ist zwar dem Bericht über die Verklärung Jesu vergleichbar und war eine der Ursachen, weshalb Jerusalem eine dem Islam heilige Stadt wurde. Doch »scheint es sich nur um ein persönliches Erlebnis Mohammeds ohne Bedeutung für die Allgemeinheit gehandelt zu haben, da es nicht mit einer zur Aufnahme in den Koran bestimmten Offenbarung gekoppelt war«.[65]

Mohammeds Erfolg ist also nicht auf eine außergewöhnliche Macht etwa über die Natur zurückzuführen, sondern auf seinen geschickten Appell an das spirituelle und materielle Interesse seiner zeitgenössischen Araber. Er verhieß allen im Kampf für die neue Religion Gefallenen das Paradies und allen Nicht-Gefallenen herrliche Beute. Als seine Truppen eine »kritische Masse« erreichten, lag es im Vorteil anderer Stämme, sich ihnen anzuschließen. Und sein entschiedener Monotheismus war leicht zu begreifen. Die Autorität des Propheten beendete nicht nur die unaufhörlichen Stammesfehden der Araber. Sie gab ihnen auch ein Gefühl der Identität, wie es Abessinier, Perser, byzantinische Christen und Juden längst besaßen. Denn der Islam war eine genuin arabische Religion, kein Import aus dem Ausland wie es die anderen verfügbaren Religionen gewesen wären.

Die vom Islam gebrachte politische Stabilität war überdies vorteilhaft für alle. Selbst Juden und Christen konnten sich als »Völker des Buches« durch Zahlung einer Steuer den Schutz des Propheten erkaufen. Für sie war jedoch der Islam weniger anziehend. Die Juden verachteten die Art und Weise, wie sich Mohammed ihrer Torah bediente, und empfanden den Engel Gabriel nur als absurde Inszenierung. Anfangs hatte Mohammed seinen Anhängern geboten, mit dem Gesicht nach Jerusalem zu beten. Als jedoch die Juden seine Botschaft ablehnten, warf er ihnen Fälschung der Schrift vor. Sie hätten die Angabe gelöscht, dass die Kaaba in Wirklichkeit von Abraham errichtet worden war. Seitdem instruierte er die Muslime, mit dem Gesicht nach Mekka zu beten. Für Mohammed war »der Islam die ungeschändet wieder auferstandene Religion Abrahams, von der die Juden abgefallen waren«.[66]

Auch den Christen war es unmöglich, Offenbarungen, die die Geschichte so naiv und willkürlich einfach umschrieben, einen Wahrheitsgehalt zuzubilligen. Am beleidigendsten war für sie Mohammeds beharrliche Behauptung, Jesus sei nicht der Sohn Gottes, ja es sei eine Gotteslästerung zu erklären, Gott habe sich herabgelassen, in menschlicher Gestalt zu erscheinen. Nicht dass Mohammed Jesus selbst als Betrüger hinstellte. Im Gegenteil, für ihn war Jesus ein Prophet wie Abraham und Mose, und seine Mutter Maria eine Jungfrau. Aber gerade weil Gott den Sohn der Maria so liebte, konnte dessen Kreuzigung nur eine Illusion gewesen sein. Niemals hätte Gott ein so leid- und schmachvolles Schicksal für Jesus zugelassen.

Auch andere Aspekte des Islam schnitten, wenn die Christen sie mit ihrer eigenen Religion verglichen, ungünstig ab. Wo Jesus Liebe und Gewaltlosigkeit gepredigt hatte, da bekehrte Mohammed mit dem Schwert. Wo Jesus die Demütigen und Armen im Geist gesegnet hatte, da ehrte Mohammed den stolzen Krieger. Wo Jesus betonte, sein Königreich sei nicht von dieser Welt, da begründete Mohammed eine Theokratie. Wo Jesus seine Schüler aufgefordert hatte, ihr Kreuz auf sich zu nehmen und Leiden zu akzeptieren, da verhieß Mohammed Beute, Konkubinen und Sklaven. Jesus hatte das Paradies im Leben nach dem

Tod verheißen, Mohammed verhieß Glück in diesem Leben *und* das Paradies in einer künftigen Welt.

Kein stärkerer Kontrast besteht zwischen den beiden Religionen als in Bezug auf die Sexualmoral. Jesus verlangte lebenslange Einehe, Mohammed erlaubte dem Mann bis zu vier Ehefrauen und beliebig viele Konkubinen. Wo Jesus das mosaische Gesetz aufgehoben und die Scheidung verboten hatte, da erlaubte Mohammed dem Ehemann, seine Ehe durch eine einfache Erklärung zu beenden. Jesus schätzte die Ehelosigkeit und lebte selbst ehelos. Mohammed hingegen verurteilte sie, hielt sich eine christliche Konkubine und besaß neun Frauen.

Zweifellos hatten viele seiner Ehen konventionelle Bedeutung und dienten nur dazu, Verbindungen mit bisher feindlichen Clans herzustellen. Trotzdem schockierte es seine Zeitgenossen, dass eine Frau Mohammeds mit seinem Adoptivsohn verheiratet gewesen war. Eine andere, die erst neunjährige Aischa, heiratete er im Alter von 53. Rings um den Innenhof seines Hauses in Medina lag für jede seiner Frauen ein eigener Raum oder eine kleine Suite. Man wusste, dass er stolz darauf war, in einer einzigen Nacht all seine Frauen befriedigen zu können. Als eine eifersüchtig wurde, weil er mit einer ägyptischen Gefangenen zu schäkern begann, befahl ihm der Engel Gabriel, sie zu schelten. »Gottes Interesse am Detail, besonders am Detail in Bezug auf des Propheten Privatleben, setzte die Gläubigen gelegentlich in Verwirrung [...] doch Allah unterstützte den Propheten und brachte dessen Kritiker zum Schweigen.«[67]

Christliche Propagandisten schlachteten diese Aspekte von Mohammeds Leben weidlich aus, ebenso gewisse Fälle politischer Illoyalität, die die Vermutung nahe legen, dass, falls es um die Sache des Islam ging, der Zweck bei ihm die Mittel heiligte. Andererseits ist klar, dass ihn seine Stammesgenossen nicht für unmoralisch hielten, ja dass er die ethischen Standards der Gesellschaft, in die er hineingeboren war, sogar anhob. Er verlangte Rechtschaffenheit, Bescheidenheit und einfache Lebensführung. Er verbot Kindstötung und legte Wert auf Versorgung der Schwachen, im Besonderen der Witwen und Waisen. Er führte eine Familienverfassung und Formen der sozialen Sicherung ein, die im Vergleich zu früher einen beachtlichen Fortschritt darstellten. Und schließlich schweißte er die Nomadenstämme Arabiens zu einem Volk zusammen, das sich ein großes Imperium eroberte und eine bedeutende Kultur entwickelte.

Die Frage, wer Mohammeds Nachfolger werden sollte (Kalif = Nachfolger, vom arabischen *khalifah*), wurde zwischen verschiedenen Mitgliedern seiner Familie diskutiert und führte schließlich zur Spaltung des Islam. Auf der einen Seite befanden sich die Sunniten, Anhänger Abu Bakrs, des Vaters von Mohammeds junger Frau Aischa, auf der anderen Seite die Schiiten, Anhänger Alis, des Ehemanns von Mohammeds Tochter Fatimah. Zunächst aber akzeptierten Ali und seine Anhänger die Wahl Abu Bakrs, und bei dessen Tod, zwei Jahre nach Mohammed, die Wahl eines anderen Schwiegervaters des Propheten: Omar. Omar war es, der die Muslime zu einer beispiellosen Serie von Triumphen führte. 636 kapitulierte das byzantinische Syrien, im selben Jahr der Irak. 641 musste sich Ägypten geschlagen geben, und im nächsten Jahr war Omar bereits Herr über Persien.

Wie war es möglich, dass die beiden alten Reiche Persien und Byzanz dem Ansturm des Islam so wenig entgegenzusetzen hatten? Beide waren durch einen langen Krieg gegeneinander und, im Fall von Byzanz, gegen die aus dem Norden andrängenden Barbaren, besonders die Awaren, geschwächt.

Im Lauf der Zeit hatte sich ein tief greifender Wandel in der Osthälfte des ehemaligen Römischen Reiches vollzogen. Das Lateinische war durch das Griechische ersetzt, und unter Kaiser Justinian im 6. Jahrhundert ein Teil des alten Westreichs, der Gebiete Italiens, Sizilien und Nordafrika umfasste, den Barbareneroberern durch byzantinische Truppen wieder abgenommen worden. Im Jahr 610 hatte der Präfekt, oder Exarch, der Provinz Nordafrika, Heraklios, unter mörderischem Blutvergießen, wie es einen Thronwechsel in Byzanz stets zu begleiten pflegte, die Kaiserwürde erlangt. In den ersten Jahren seiner Regierung wurden Kleinasien und Palästina von den Persern überrannt. 614 eroberten sie Jerusalem mit Hilfe der Juden, die aus Rache für ihre Unterdrückung durch die Byzantiner unter Justinian mit den Persern gemeinsame Sache machten und christliche Häuser und Kirchen zerstörten.[68] Die Reliquie des »Echten Kreuzes« wurde als Kriegstrophäe nach Persien verbracht.

626 belagerte eine aus Persern und Awaren bestehende Armee sogar Konstantinopel selbst. An diesem Tiefpunkt des Schicksals rettete die Byzantiner ihr christlicher Glaube. Denn im Verlauf des 6. und 7. Jahrhunderts war das Bündnis zwischen Kirche und Staat so eng geworden, dass praktisch eine Verschmelzung stattgefunden hatte. In vielen Teilen des Reiches hatten Patriarchen, Bischöfe und Klerus die Aufgaben der kaiserlichen Zivilverwaltung übernommen, und der Kaiser, obwohl nicht selbst Patriarch, betrachtete sich als höchstes Oberhaupt und Verteidiger der Kirche. »Der Schlüssel zum Verständnis des Byzantinischen Reiches ist die Tatsache, dass der Kaiser als Instrument Gottes galt, mit dessen Hilfe Gott den wahren [...] christlichen Glauben ausbreitete und seine Ziele auf Erden verwirklichte.«[69]

Diesem tiefen Glauben hingen sowohl Herrschende als auch Beherrschte an. Liturgische Gesänge und Hymnen sowie anrührende Ikonen, Bildnisse Christi, der Jungfrau Maria, der Apostel und Heiligen, hielten die religiöse Überzeugung in der Bevölkerung lebendig. Sie wurde nun von Kaiser Heraklios, als die heidnischen Awaren und zoroastrischen Perser vor den Toren Konstantinopels standen, zu voller Glut angefacht. Der Patriarch umschritt die Stadtmauer mit einer hoch erhobenen Ikone Christi. Und um die Geschosse der Feinde abzulenken, malte man Bilder der heiligen Jungfrau mit dem Jesuskind an die Außenseite der Mauern. Die Belagerung wurde durchbrochen, und in einem Feldzug, den man zu Recht als Kreuzzug bezeichnen könnte, jagte die byzantinische Armee das persische Heer nach Ninive in Mesopotamien zurück, wo es 627 endgültig vernichtet wurde. Im Jahr 630 brachte Heraklios das »Echte Kreuz« in einem der antiken Kaiser würdigen Triumphzug nach Jerusalem zurück.

Doch nur acht Jahre später erlag Jerusalem dem Ansturm des Islam. Nach ihrem Sieg über die Perser waren die byzantinischen Truppen demobilisiert worden, und die jetzt in aller Hast zum Widerstand gegen die Muslime zusammengezogenen Truppen wurden in der Schlacht am Yarmuk geschlagen. Aber es gab auch Bevölkerungsteile, die die Invasoren begrüßten. Es waren die Juden, welche die relative Toleranz der Muslime der Verfolgung durch die orthodoxen Christen vorzogen, ebenso die Mehrzahl der monophysitischen Christen. Die Monophysiten waren Christen, welche die orthodoxe Lehre von den zwei Naturen Christi (menschliche und göttliche Natur zugleich) ablehnten, ihren eigenen Patriarchen und ihre eigene Priesterhierarchie besaßen und ebenfalls wegen ihrer häretischen Überzeugungen verfolgt wurden.

Noch mehr: Als Gegenleistung für die freiwillige Kapitulation Jerusalems hatte der Kalif den christlichen Einwohnern der Stadt Leben und Eigentum garantiert und ihre Kirchen und Heiligtümer unangetastet gelassen. Gemäß den Vorschriften des Propheten war das Joch, das der Islam den »Völkern des Buches« auferlegte, leicht. Wenn die besiegten Völker nur die geforderten Steuern zahlten, die oft niedriger waren als die von den byzantinischen Herrschern auferlegten, durften sie weiterhin ihre eigene Religion ausüben und ihren eigenen Gesetzen folgen. Die muslimischen Araber blieben dann die herrschende Klasse und lebten von den Steuern ihrer Untertanen. Doch eroberten sie auch jetzt noch Festung nach Festung an den Grenzen ihres Reiches.

Diese milde Art der Herrschaft bewog auch die Kopten, die monophysitische Kirche Ägyptens, die muslimischen Eindringlinge willkommen zu heißen. Alexandria, die griechisch-sprachige Metropole am Mittelmeer, Hauptstadt der byzantinischen Provinz Ägypten und Sitz eines orthodoxen Patriarchen, kapitulierte schließlich 646. Von da aus marschierten die arabischen Heere weiter östlich durch die Wüsten Nordafrikas. Bis 714 hatten sie Mittelasien und Nordindien erreicht. Im Westen überquerten sie die Straße von Gibraltar und überrannten, von den Juden als Befreier begrüßt, den Großteil des westgotischen Spanien. 732 überschritten sie unter Abd ar-Rahman die Pyrenäen und fielen in Frankreich ein. Sie plünderten Bordeaux und äscherten die dortigen christlichen Kirchen ein, um sich dann weiter auf Poitiers zu zu bewegen. Hier trafen sie vor der Stadt auf ein Heer unter Karl Martell, dem Großvater Karls des Großen, und Hausmeier des seinerzeitigen merowingischen Königs. Sie wurden besiegt und nach Spanien zurückgetrieben.

Zwar markierte die Schlacht von Poitiers den Punkt des weitesten islamischen Vorstoßes nach Westeuropa. Doch war damit das Vordringen des Islam nach Norden und Osten nicht beendet. Von einer in Alexandria errichteten Flottenbasis aus schickten die Muslime Schiffe zu einer Blockade Konstantinopels, zuerst 669, dann 673 und 677, und wieder 717/718. Nur mit größter Mühe gelang es den Byzantinern, sich ihrer zu erwehren. 846, knapp ein halbes Jahrhundert nach der Krönung Karls des Großen durch Papst Leo III., landete ein muslimisches Expeditionskorps, bestehend aus 5000 Berittenen und 10 000 Mann zu Fuß, an der italienischen Küste bei Ostia, dem Hafen Roms. Die Besatzung Ostias floh, und eine eilends vor allem aus Pilgern, unter ihnen Angelsachsen, aufgestellte Abwehrtruppe wurde zusammengehauen, als sie den Marsch der »Sarazenen« auf Rom zu verhindern suchte. Als »Sarazenen« bezeichneten ab jetzt die Lateiner ihre islamischen Gegner. Im Weichbild der Stadt, vor den Wällen, wurden die Basiliken Sankt Peter auf dem Vatikanhügel und Sankt Paul geplündert, während Papst Sergius II. und die Bevölkerung Roms von der aurelianischen Mauer herab dem Schauspiel hilflos zusehen mussten.

In Fraxentum (dem modernen La Garde-Freinet) an der Küste der Provence errichteten die Sarazenen einen Stützpunkt, von dem aus sie mit räuberischen Streifzügen die Alpenpässe unsicher machten und christliche Städte an der Mittelmeerküste heimsuchten. Bari an der adriatischen Küste wurde von ihnen erobert und zum Sitz eines Emirats gemacht. Ab Mitte des 9. Jahrhunderts gewannen sie die Herrschaft über Sizilien, was mit dem Fall von Syrakus im Jahr 878 besiegelt wurde.

Zu diesem Zeitpunkt hatte sich die muslimische Gemeinschaft, die so genannte *Ummah*, in verschiedene Lager gespalten, vor allem in die Majo-

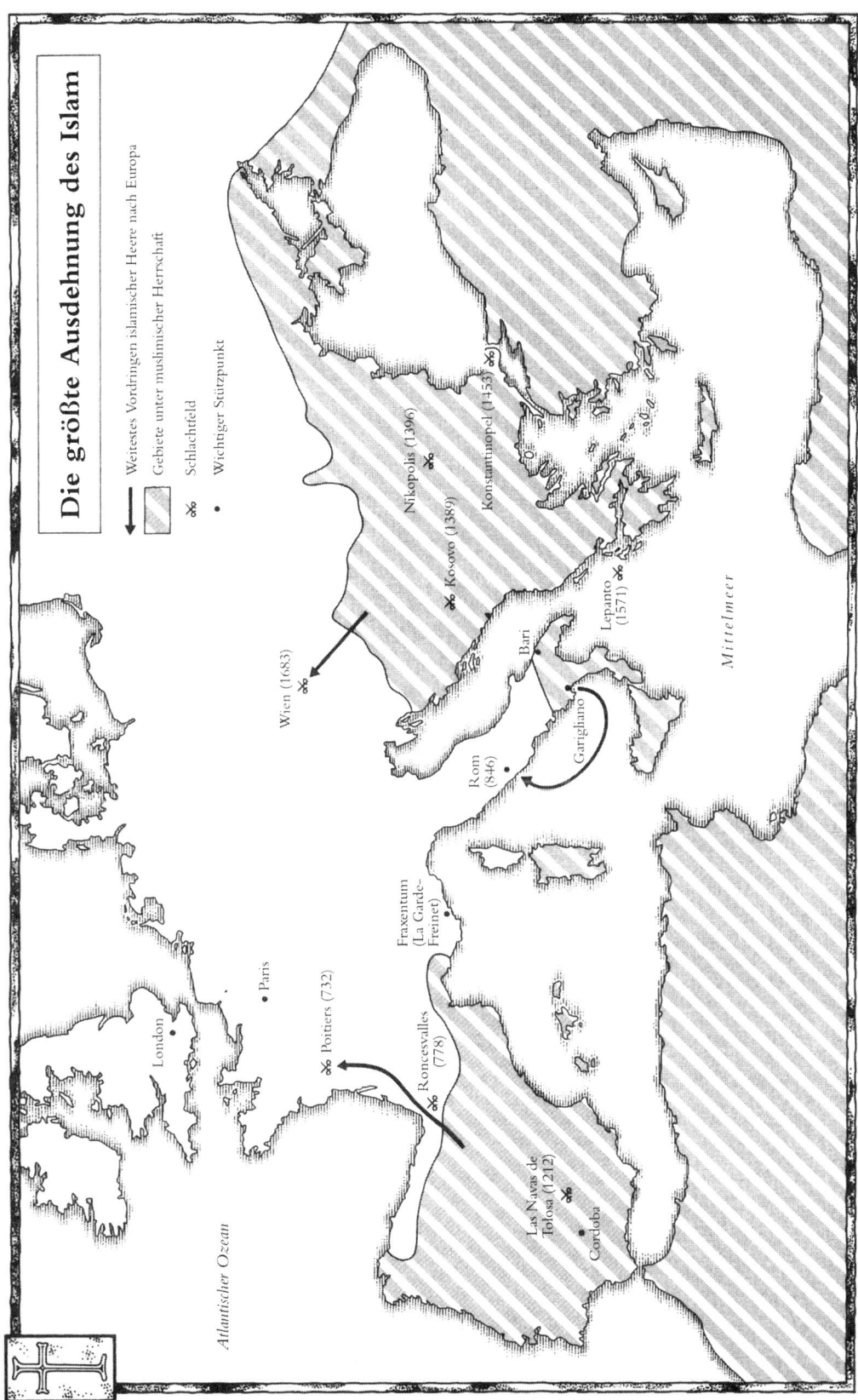

Die größte Ausdehnung des Islam

→ Weitestes Vordringen islamischer Heere nach Europa

Gebiete unter muslimischer Herrschaft

⚔ Schlachtfeld

• Wichtiger Stützpunkt

Atlantischer Ozean

London

Paris

Poitiers (732) ⚔

Roncesvalles (778) ⚔

Fraxentum (La Garde-Freinet)

Las Navas de Tolosa (1212) ⚔

Córdoba

Wien (1683) ⚔

Nikopolis (1396) ⚔

Kosovo (1389) ⚔

Konstantinopel (1453) ⚔

Lepanto (1571) ⚔

Bari

Garigliano

Rom (846)

Mittelmeer

rität der Sunniten und die Minorität der Schiiten. Ende des 10. Jahrhunderts existierten drei nach den Familien ihrer Gründer benannte Kalifate: die Abbasiden in Bagdad, die Fatimiden in Damaskus und Kairo, und die Omayyaden in Spanien. Die anfangs homogene arabisch-beduinische Kriegerkaste war in heterogene Eliten zerfallen.

> »Unmerklich wurde aus der arabischen eine islamische Kultur. Nur aus dem spontanen Zusammenwirken der besten Geister aus allen Völkern des islamischen Reiches ist erklärlich, dass sich in diesen zweihundert Jahren, von 750-950, eine so blühende Kultur entwickelte, die auf den unterschiedlichsten Gebieten derart Atem beraubende Höchstleistungen erbrachte.«[70]

Eine dauerhafte Prägung durch den ursprünglichen Islam bestand darin, dass die eroberten Länder die arabische Sprache übernahmen. Im Lauf des 7. Jahrhunderts ersetzte das Arabische in Syrien und Palästina allmählich das Griechische als Amtssprache und wurde um 800 auch im Volk überall gesprochen. Griechisch und Aramäisch hielten sich nur in Teilen des Nordens, Hebräisch in Teilen des Südens.[71] Zwar war und blieb die grundsätzliche Toleranz gegenüber den »Völkern des Buches« ein fundamentales Prinzip islamischer Herrschaft. Das bedeutete jedoch keineswegs Gleichheit vor dem Gesetz oder gleiche Chancen auf Teilnahme am bürgerlichen Leben. Zunächst waren die Christen gegenüber den Juden bevorzugt worden. Aber das änderte sich langsam, und der Kalif al-Mutawakkil zum Beispiel, der zwischen 847 und 851 regierte, gab seiner Abneigung gegen die Christen durch eine Anweisung zur sozialen Stigmatisierung Ausdruck: »Sie mussten Wollschals um den Kopf gewickelt tragen [...] und wenn einer einen Sklaven hatte, musste er auf sein Obergewand vorne und hinten zwei Stoffstreifen in verschiedener Farbe aufnähen.«[72] Gelegentlich nahm die Verfolgung schärfere Formen an. Gibbon erzählt, die Sarazenen hätten sich in Süditalien »den Spaß gemacht, Klöster und Kirchen zu profanieren, ja zu plündern«, und bei der Belagerung Salernos habe »ein muselmanischer Kommandant sein Bett auf den Messaltar gestellt und jede Nacht die Jungfräulichkeit einer christlichen Nonne darauf geopfert«.[73] Missionierung durch Christen wurde verboten, eine öffentliche Schmähung Mohammeds mit dem Tod bestraft. Doch scheint ein solches Märtyrertum nur jenen zuteil geworden zu sein, die es darauf anlegten, zum Beispiel Peter von Capitolias, ein transjordanischer Eremit, der 715 wegen öffentlichen Predigens gegen den Islam gesteinigt wurde. Die fünfzig Männer und Frauen, die 850 in Cordoba öffentlich die überlegene Wahrheit des Christentums behaupteten, erlitten das gleiche Schicksal.

Christlichen Pilgern war der Besuch des Heiligen Landes erlaubt. Sie blieben trotz gelegentlicher Übergriffe mancher Herrscher unbehelligt. Pilger aus Westeuropa reisten nach Palästina entweder auf dem Landweg durchs Byzantinische Reich oder auf den Schiffen der süditalienischen Handelsrepublik Amalfi. Die Kaufleute aus Amalfi bauten in Jerusalem ein Hospital zur Pflege kranker Pilger. Verglichen mit den Handelsströmen zur Blütezeit des Römischen Reiches war der Handel jetzt allerdings ein bloßes Rinnsal. Trotzdem wurden »in den 780er Jahren auf den Märkten Pavias Samt und Seide [...] aus dem Orient angeboten. Und schon 100 Jahre später, als die Normanneneinfälle ihren Höhepunkt erreichten, schleuderte der Mönch Abbo von Fleury den durch den östlichen Luxus, die reichen Kleider, den Purpur aus Tyrus, die Edelsteine und das feine Leder aus Antiochia verweichlichten Leuten seine Verachtung entgegen.«[74]

In Jerusalem verblieb die Kirche vom Heiligen Grab in christlicher Hand. Hingegen errichteten die Muslime ein Heiligtum, das der Stätte von Christi Auferstehung Konkurrenz machen sollte: den Felsendom. Kalif Omar pflegte sich, wenn er Jerusalem zu Fuß betrat (sein Diener durfte dann an seiner Stelle reiten), zum Gebet auf den Tempelberg zu begeben, der, seit Julian Apostata den Wiederaufbau des Tempels versucht hatte, verlassen dalag und den byzantinischen Einwohnern als Müllplatz diente. Aber den Muslimen war der Felsen nicht so sehr als »ferne Kultstätte« im Zusammenhang mit des Propheten nächtlicher Reise heilig, auf die in Sure 17, Vers 1 des Koran angespielt wird (im Arabischen heißt diese Reise *masjid el-aksa*), sondern als Tempel der Propheten Israels. Hier erbaute Omar deshalb die al-Aksa-Moschee auf der Südwestecke des Tempelbergs. So wurde Jerusalem, nach Mekka und Medina, zur drittheiligsten Wallfahrtsstätte des Islam.

Fünfzig Jahre darauf beschloss der Omayyaden-Kalif Abd-al-Malik, eine zweite Moschee direkt auf dem Felsen, auf dem Abraham das Opfer seines Sohnes Isaak vorbereitet hatte und von wo aus Mohammed zum Himmel emporgestiegen war, zu errichten. Es war das erste große vom Islam erbaute Heiligtum und ist bis heute eins der großen architektonischen Weltwunder geblieben. Die Konstruktion ist in ihrer mathematischen Ausgewogenheit der des diokletianischen Grabmals in Dalmatien vergleichbar. Sie folgt denselben Bauprinzipien wie bestimmte ravennatische Kirchen aus dem 6. Jahrhundert und wurde von christlichen Meistern aus Syrien mit einem Glanz ausgestattet, der jedem Betrachter ehrfürchtiges Staunen einflößen und Juden wie Christen überzeugen sollte, dass der Islam ihrer Religion längst den Rang abgelaufen hatte. Da der Prophet die Abbildung von Lebewesen als Götzendienst verworfen hatte, bilden schmückende Pflanzen- und geometrische Ornamente den reichen Hintergrund für die Mosaiken, auf denen die kaiserlichen Juwelen der byzantinischen Herrscher und der Schmuck der Gewänder, die Christus auf christlichen Bildern trägt, dargestellt sind.

Diese Symbole eines anderen Glaubens befinden sich dort als Trophäen des siegreichen Islam. Und um jedem, der es vielleicht noch nicht verstanden hatte, endgültig Klarheit zu verschaffen, überträgt eine Inschrift die Botschaft:

»O ihr Völker des Buches, überschreitet in eurer Religion nicht die Grenzen und sprecht über Gott nur die Wahrheit. Der Messias, Jesus, Sohn der Maria, ist nur ein Gesandter Gottes und nur Gottes, von Gott in Maria hineingelegtes Wort und nur ein von Gott ausgehender Geist. Glaubt daher an Gott und seine Gesandten, und sprecht nicht von Dreien. Das wäre besser für euch. Gott ist nur *ein* Gott. Fern sei es von seiner Herrlichkeit, dass er einen Sohn haben sollte.«

Wie Jerome Murphy-O'Connor über diese Inschrift in seinem vorzüglichen Reiseführer zum Heiligen Land schreibt, »könnte die Aufforderung, den Glauben an die Dreifaltigkeit und die Gottessohnschaft Christi aufzugeben, nicht klarer formuliert sein«.[75]

4. Der wiedergewonnene Tempel

Kaum war auf der iberischen Halbinsel die muslimische Eroberung abgeschlossen, als auch schon der Gegenangriff der Christen, die *Reconquista*, begann. Der westgotische Adel, der sich in Asturiens Berge zurückgezogen hatte, vereinigte seine Kräfte mit den autochthonen Einwohnern Spaniens zum Widerstand gegen die Eindringlinge. Um 722, zehn Jahre vor dem Sieg Karl Martells über die muslimische Armee bei Poitiers, besiegten die Spanier unter ihrem Führer Pelayo ein islamisches Heer bei Covadonga. Bald nahmen sie auch Galizien in der Nordwestecke der Halbinsel wieder in Besitz und machten den Duro zur Grenze zwischen dem christlichen und muslimischen Spanien.

Im Westen Spaniens gewann der wilde Stamm der Basken seine Unabhängigkeit zurück, und Ende des 8. Jahrhunderts drangen die Franken Karls des Großen in Katalonien ein, um im Jahr 801 Barcelona zu erobern. Der eigentliche Zuwachs für das westliche Christentum im 9. und 10. Jahrhundert war jedoch den Siegen über die heidnischen Stämme in Nord- und Osteuropa – die Sachsen, Awaren, Wenden und Slawen

– und ihrer Bekehrung zu verdanken. Auch das byzantinische Christentum expandierte, teils durch Eroberung, teils durch Bekehrung. Es war zwar noch nicht zum offenen Bruch zwischen der byzantinisch-orthodoxen und der römisch-katholischen Kirche gekommen, doch konkurrierten beide bis zu einem gewissen Grad um die Loyalität bekehrter Könige. Das russische Königreich mit seiner Hauptstadt Kiew zum Beispiel unterstellte sich samt Bulgarien und Serbien dem Patriarchen von Konstantinopel, Ungarn und Polen dem Papst.

Trotz der eifrigen Missionstätigkeit von Ansgar und Rembert im 9. Jahrhundert konnte das Christentum in Skandinavien erst im 10. Jahrhundert Fuß fassen. Erst spät ließen sich die Wikinger, die das keltische Christentum durch ihre Piratenzüge schon fast vernichtet hatten, bekehren. Unter den ersten Bekehrten war Rollo, der 918 mit einer Schar treuer Anhänger im unteren Seinetal mit Erlaubnis des Königs von Frankreich eine Kolonie gegründet hatte. Auf Grund ihrer Herkunft nannte man sie Männer des Nordens: *Normands* in Frankreich, *Normannen* in Deutschland.

Die führenden Persönlichkeiten der Christenheit waren sich der islamischen Bedrohung jederzeit bewusst. Trotzdem verbrauchten sie ihre kriegerischen Energien weitgehend im Kampf gegeneinander. Im Gallien der Merowingerkönige »glichen die ständigen Fehden des Adels untereinander eher den Kämpfen wilder Tiere«,[76] und der Staat erwies sich als ohnmächtig, auch nur den Anschein einer öffentlichen Ordnung herzustellen. Wollte ein Mann Sicherheit für sich selbst und seine Familie, so blieb ihm keine andere Wahl, als sich den Schutz eines mächtigen Nachbarn durch Dienstleistungen zu erkaufen, meist indem er bei dessen Privatfehden mitkämpfte. Das war auch die einzige Möglichkeit, sich den eigenen Landbesitz zu sichern, nach dem Zusammenbruch des Handels und dem Wegfall einer bezahlten Beamtenschaft die ausschließliche Quelle des Lebensunterhalts. Der Ausdruck für die Verpflichtung eines solchen Abhängigen war »Vasallentum«, und seine »Vergütung« hieß »Lehen«. In der Regel war das ein ihm übertragenes Stück Land, manchmal aber auch, im Fall kirchlicher Institutionen, ein Teil von deren Einkünften. Der Vertrag wurde mit feierlichen Schwüren besiegelt, und ein solches Verhältnis wurde allmählich, obwohl es sprachlich die Beziehung zwischen Herr und Knecht wiedergab, »zum begehrten Status. Es galt als große Ehre, jedenfalls dann, wenn es sich um das unmittelbare Vasallentum zu einem König handelte.«[77]

In der Theorie war dieses »Feudalsystem« eine Pyramide, deren Basis die Gesamtheit der westlichen Gesellschaft umfasste. In der Praxis jedoch konkurrierten Papst und Kaiser um den Platz an der Spitze, war die Bindung zwischen dem Kaiser und den Königen rein fiktiv und zwischen den Königen und ihren Baronen recht problematisch. Am festesten waren die Bindungen zwischen den großen Herzögen, Grafen und Herren einerseits – Nachkommen der Vasallen der karolingischen Könige – und ihren Vasallen andererseits. Denn erstere besaßen genügend große Territorien, um wirksame Macht über ihre Lehnsleute ausüben und somit unabhängig vom Staat bleiben zu können.

Ihre Vasallen verließen sich ihrerseits auf die Treue kleinerer Ritter, deren Hab und Gut über Pferd, Lanze, Schwert und Schild vielleicht nicht hinausging, die sich jedoch wegen ihrer Abkunft von der karolingischen Kriegerkaste zur sozialen Elite zählen durften. In der Theorie, wenn auch nicht immer in der Praxis, war dieses Treueverhältnis eine Angelegenheit freier Wahl. So armselig seine Mittel und so gering seine edle Herkunft auch sein mochten – der Ritter blieb nach dem Gesetz ein freier Mann und hatte das Recht, im Fall einer Anklage vor ein öffentliches Gericht geladen zu werden.

Manche Vasallen waren völlig von ihrem Lehnsherrn abhängig, sogar was Ross und Rüstung betraf. Andere mochten, auch wenn sie ein Landlehen erhalten hatten, zusätzlich eigenes Land besitzen – gemäß eigenen Rechts oder als Verwalter einer kirchlichen Gründung. Obwohl sich der Vasall seinem Herrn, dessen »Mann« er war, vielleicht loyal verbunden fühlte und es als Ehrensache empfand, an dessen Fehden teilzunehmen, waren seine Pflichten durch Brauchtum und Recht begrenzt. Zum Beispiel galt seine Verpflichtung zum Kriegsdienst immer nur für 40 Tage. Er hatte übrigens auch die Möglichkeit, seine Loyalität zu verlagern, falls beide »Vertrags«partner ihre Pflichten nicht einhalten konnten. Es gab außerdem Ritter, die bei verschiedenen Herren Dienst taten, wenn sie von ihnen Pferde oder Bezahlung erhielten. Das Band zwischen Lehnsherr und Vasall war nicht unbedingt erblich, tendierte aber dazu: Heiraten der Lehnsherren begründeten unter Umständen eine *Cousinage*, ein Treueverhältnis des Lehnsmannes gegenüber einem ganzen Geschlecht.

Auch im Ostreich und den islamischen Kalifaten, wo jeder Thronwechsel üblicherweise einen Bürgerkrieg auslöste, war Gewalt endemisch geworden. Allerdings konnte ein byzantinischer Kaiser oder ein Kalif mitunter alle Macht eines einheitlichen Reiches in seinen Händen vereinigen. Im Westreich hingegen gelangten nach Karl dem Großen die dort entstandenen kleineren Reiche niemals mehr unter die Herrschaft eines einzigen Souveräns.

Das hatte schwerwiegende Folgen für das Papsttum, das sich nach dem Zerfall des Reiches Karls des Großen – dessen Nachfolger regierten nur noch Teilstücke und waren in dauernde Streitigkeiten verwickelt – »ohne Verteidiger in der Schlangengrube der italienischen Adligen wiederfand«.[78] Der letzte Papst dieser Periode, der über einige Macht verfügte, war Nikolaus I. (858-67). In den hundert Jahren nach seinem Tod jedoch wurde der Stuhl des heiligen Petrus zur gierig umkämpften Beute mächtiger römischer Familien, zum Beispiel der Theophylakten. Johannes VIII. war der erste Papst, der ermordet wurde (882), erschlagen von seiner eigenen Leibgarde.

Und Stephan VI. ließ den Leichnam seines Vorvorgängers, Papst Formosus, exhumieren und in den päpstlichen Gewändern auf den Thron setzen, um ihn nachträglich wegen Meineids und Machtmissbrauchs zu verurteilen. Man hackte ihm die drei Finger der rechten Hand, mit der er seine Herde gesegnet hatte, ab und warf dann seine Leiche in den Tiber. Kurz darauf wurde Stephan selbst von den Anhängern des Formosus abgesetzt, eingekerkert und im Gefängnis erwürgt.

Dass viele Päpste persönlich korrupt waren, bedeutete aber nicht notwendig, dass sie auch als Regenten der Kirche inkompetent gewesen wären. Johannes X. etwa, von der mächtigen Familie der Theophylakten auf den Stuhl Petri gehoben, schmiedete eine Koalition italienischer Staaten gegen die Muslime, die seit 60 Jahren römisches Territorium angegriffen hatten, und führte persönlich die Truppen an. Nach dreimonatiger Belagerung eroberte er die Festung der Muslime an der Mündung des Garigliano. Zwei von dem römischen Tyrannen Alberich II. ernannte Päpste, Leo VII. und Agapitus II., waren ehrlich bemühte, tüchtige Reformer. Selbst Johannes XI., unehelicher Sohn der Marozia Theophylaktus, bestätigte eine Reformbewegung innerhalb der Kirche, die für die Geschichte der Templer bedeutsam werden sollte. Er unterstellte nämlich eine Kommunität Benediktinermönche aus Cluny, einer burgundischen Abtei, dem direkten Schutz des römischen Pontifex.

Cluny wurde im Jahr 910 von Wilhelm dem Frommen, Herzog von Aquitanien, gegründet. Er wollte dadurch für die Sünden seiner Jugend Buße tun und das Heil seiner Seele in der künftigen Welt sicherstellen. Berno hieß der Mann, den er zum Leiter der Kommunität bestimmte, ein Mitglied des burgundischen Adels und vorher Abt der entlegenen Abtei Baume. Mit Berno hatte der Herzog eine gute Wahl für seine Neugründung in den Bergen am Westufer der Saône getroffen.

Im Jahrhundert zuvor war das benediktinische Mönchtum im Niedergang begriffen gewesen. Die großzügigen Schenkungen früherer Geschlechter hatten die Klöster reich und daher erpressbar gemacht. Die Nachkommen ihrer einstigen Wohltäter stellten jetzt nämlich Forderungen. Denn die Einkünfte der Klöster pflegten zur Versorgung der jüngeren Söhne des lokalen Adels verwendet zu werden, die, auch ohne religiöse Berufung zu verspüren, den religiösen Kommunitäten oft als Priore oder Äbte aufgedrängt wurden. Auch Bischöfe der jeweiligen Gegend, häufig mit den weltlichen Herren verwandt, bedienten sich gern aus diesem klösterlichen Reichtum, um Abhängige zu belohnen.

Um die freie Abtwahl zu garantieren, unterstellte nun Herzog Wilhelm das Kloster Cluny direkt dem Papst in Rom, während Berno Reformen durchsetzte, die den Niedergang des klösterlichen Lebens aufhalten und die strenge ursprüngliche Regel Benedikts von Nursia wiederherstellen sollten. Die Bewegung nahm sogleich großen Aufschwung. Schon bald wurden mehrere direkt unter Clunys Leitung stehende Zweigklöster gegründet. Bernos Nachfolger als Abt von Cluny, Odo, bat den zügellosen Papst Johannes XI., den päpstlichen Schutz auch auf ein neues Kloster in Deols auszudehnen. Odo stammte wie Berno aus dem fränkischen Hochadel und begründete die cluniazensische Tradition: Mönche wurden aufgenommen, die aristokratisch, doch demütig, klug, doch fromm, gebildet, doch schlicht und stets humorvoll und freundlich waren.

Odos edle Geburt machte es ihm leicht, mit Päpsten und hohen Herren zu verkehren, die ihm ihrerseits mit Achtung begegneten. Papst Leo VII. lud ihn nach Rom ein, wo er eine Vereinbarung zwischen Alberich II. und König Hugo von Italien aushandelte sowie Reformen der Klöster in Rom und im Kirchenstaat einleitete, unter anderem der ersten Abtei Benedikts von Nursia in Subiaco. Eine Reihe fähiger, heiliger und lange amtierender Äbte folgte ihm – Aymard, Mayeul, Odilo, Hugo, Pons und Petrus Venerabilis. Zusammen regierten sie 211 Jahre lang. Wie Odo wurden sie Freunde und Berater von Kaisern, Königen, Herzögen und Päpsten. 972 wurde der hoch zu verehrende Abt Mayeul von Cluny bei einer Alpenüberquerung von sarazenischen Wegelagerern, die von ihrem Stützpunkt Fraxentum in der Provence aus operierten, gefangen genommen. Man kaufte ihn wieder frei, doch führte dieser skandalöse räuberische Übergriff zu einer Gegenreaktion, durch die schließlich die letzten Muslime aus Frankreich vertrieben wurden.[79]

Der Einfluss Clunys im Jahrhundert nach seiner Gründung war enorm. Von den sechs Päpsten zwischen 1073 und 1119, die vorher Mönche gewesen waren, stammten drei aus Cluny. Trotzdem war es nicht dem Reformeifer der cluniazensischen Benediktiner zu verdanken, dass das Papsttum dem Sumpf der Korruption entrissen wurde, sondern dem Eingreifen der deutschen Kaiser. Nach Karls des Großen Tod hatte sich das germanische Prinzip, ein Erbe gleichmäßig unter den Nachkommen eines Königs aufzuteilen, gegenüber der römischen Praxis, ein unteilbares Ganzes zu vererben, durchgesetzt. Entsprechend war Karls des Großen Erbe in drei Teile aufgesplittert worden: Frankreich im Westen, Deutschland im Osten und dazwischen ein lang gestrecktes, schmales, von Flandern bis Rom reichendes mittleres Königreich, das nach dem ältesten Sohn Ludwigs des Frommen, Lothar, der auch die Kaiserkrone erbte, Lotharingien genannt wurde – auf Deutsch später Lothringen, auf Französisch Lorraine.

Das auf den Tod Karls des Großen folgende Jahrhundert sank bis zum »Tiefpunkt von Ordnung und Kultur« hinab.[80] Erst als die deutschen Herzöge die Sachsenherzöge zu ihren Königen wählten, lebte das Konzept Leos III. von einem neuen römischen Imperium in modifizierter Form wieder auf. Die Souveränität über Deutschland und Teile Italiens wurde jetzt einem deutschen Fürsten zugesprochen. Dieses »Heilige Römische Reich deutscher Nation« war im Wesentlichen die Idee des Herzogs von Sachsen, als König Otto I. oder Otto der Große genannt, der 951 nach Siegen über die Ungarn die Alpen überquerte und seinen Anspruch auf Italien anmeldete. In Pavia als König von Italien anerkannt, führte er sein Heer vor die Tore Roms. Nachdem er sich dort verpflichtet hatte, die Freiheiten der Stadt zu respektieren und den Heiligen Stuhl zu schützen, stieg er mit seiner Gemahlin Adelheid die Stufen zum Altar der Kirche Sankt Johannes vom Lateran empor und wurde von dem korrupten noch jugendlichen Papst Johannes XII. zum Kaiser gekrönt.

In diesem Wiederaufleben des Römischen Reiches ist nicht etwa nur eine politische Behelfskonstruktion oder phantasievolle Fiktion zu sehen. Denn Westeuropa hatte inzwischen ein Selbstverständnis entwickelt, »wie es vorher und nachher niemals wieder bestand: ein Selbstverständnis als eine einheitliche, alles umfassende Gesellschaft«.[81] Zwar galt die Treue eines Mannes damals unmittelbar nur seinem Lehnsherrn. Aber er definierte sich nicht als Engländer, Franzose oder Deutscher, sondern als Christ, dessen universell gültiger Glaube in Kirche und Staat zugleich sichtbare Gestalt annahm. »Die wichtigste Lehre des Christentums war Liebe, eine Liebe, die alle, welche bisher durch Misstrauen, Vorurteil und Rassenstolz getrennt gewesen waren, in einer einzigen Gemeinschaft vereinigte. So bildete die neue Religion eine Gemeinschaft der Gläubigen, ein Heiliges Reich [...] in dem die Bezeichnungen ,römischer Bürger' und ,Christ' austauschbar waren.«[82] Es konnte also keine Nationalkirchen geben, weil es noch keine Nationen gab. Wenn der unpolitische Mensch des Mittelalters fähig gewesen wäre, seine Vorstellung von dieser

Gemeinschaft auf den Begriff zu bringen, so hätte er davon gesprochen, dass er in einem Weltstaat lebe.

Leider entsprach die Zusammenarbeit zwischen Papst und Kaiser, von der Wohl und Wehe dieser Weltregierung abhing, nur selten den Erfordernissen. Und als die cluniazensischen Reformer Boden in der Kirche gewannen, führte ihre Entschlossenheit, den Klerus aus der Abhängigkeit von staatlichen Mächten zu befreien, zur Konfrontation mit der Autorität des Kaisers. Als Komplikation kam die Bedeutung hinzu, die die Päpste in Rom ihrem Status als weltliche Fürsten beimaßen. Als rechtliche Grundlage für ihren Anspruch auf einen großen Bereich Mittelitaliens diente die angebliche »Konstantinische Schenkung«. Als Gegenleistung für eine wunderbare Heilung vom Aussatz durch Papst Silvester I. sollte Kaiser Konstantin die Stadt Rom und nicht genau bestimmte Teile Italiens den Nachfolgern des heiligen Petrus vermacht haben. Die Urkunde, welche diese Schenkung dokumentierte, war aber erst Mitte des 8. Jahrhunderts – als Fälschung – ausgestellt worden, als der Frankenkönig Pippin Papst Stephan II. vor den Langobarden gerettet und die vermeintliche Konstantinische Schenkung in die Pippinsche Schenkung umgemünzt und damit bestätigt hatte. Wie legal oder illegal die Fälschung auch gewesen sein mochte – sie wurde jedenfalls von den Franken als gültig anerkannt, und man konnte durchaus der Meinung sein, dass das Recht des Eroberers Pippin die Berechtigung gab, dem Papst den Kirchenstaat zu schenken. Trotzdem wurde diese Berechtigung von den byzantinischen Kaisern im Osten vehement bestritten, die, wie wir gesehen haben, den Anspruch auf große Teile Italiens und die Herrschaft darüber durch ihre Exarchen in Ravenna aufrecht erhielten. Sie wurde außerdem von den Kaisern im Westen in Frage gestellt, die sich als die Erben der römischen Caesaren und in Folge dessen als Herren all jener Länder betrachteten, die einst Teil des Römischen Reiches gewesen waren.

Als Ergebnis dieser Ansprüche und Gegenansprüche der östlichen und westlichen Kaiser lief die Politik der Päpste in Rom stets darauf hinaus, ein Mächtegleichgewicht in Italien zu schaffen, das ihnen ermöglichte, das Zünglein an der Waage zu spielen. Aber die Herrschaft über den Kirchenstaat war keineswegs der einzige Streitpunkt zwischen den Päpsten und den deutschen Kaisern. Weit wichtiger war das Recht der weltlichen Fürsten, in ihren Herrschaftsbereichen kirchliche Würdenträger zu ernennen. Der Theorie nach wurde ein Abt von seiner Klostergemeinschaft gewählt und ein Bischof von seinem Domkapitel. Doch wie wir im Fall Martins von Tours gesehen haben, wurden solche Wahlen häufig angefochten. Es ging nämlich nicht nur um die spirituelle Qualität eines Kandidaten, es ging auch, was noch wichtiger war, um seine politischen

Loyalitäten und Beziehungen. Bischöfe hatten im ganzen früheren Römischen Reich in ihrer Diözese häufig die Aufgaben der Zivilverwaltung übernommen. Sie waren auch, dank großer Schenkungen in der Vergangenheit, mächtige Landbesitzer mit bewaffneten unter ihrem Befehl stehenden Vasallen geworden. Besonders in Deutschland hatten sich Diözesen wie Köln, Münster, Mainz, Würzburg und Salzburg zu selbstständigen Fürstentümern entwickelt. Welcher Mann den Krummstab schwang, war deshalb von ausschlaggebender Bedeutung für den Kaiser des Heiligen Römischen Reiches und die deutschen Herzöge. Doch das Recht auf den Krummstab hing wiederum vom Pallium ab, der Stola aus weißer Wolle, die der Bischof über der Schulter trug, Symbol für sein Amt – und vom Papst zu vergeben.

Die wachsenden Differenzen zwischen Papst und Kaiser führten während des Pontifikats von Hildebrand zum offenen Bruch. Hildebrand, ein Mann einfacher Herkunft aus der Toskana, war der unentbehrliche Ratgeber von vier Päpsten gewesen, bevor er durch Akklamation des Volkes im Jahr 1073 selbst zum Papst gewählt wurde und, in Anlehnung an Papst Gregor den Großen, den Namen Gregor annahm. Wie sein berühmter Vorgänger war dieser neue Gregor ein Mann von außergewöhnlicher Intelligenz und Tüchtigkeit, der über lange Erfahrung in der Kirchenverwaltung verfügte. Energisch trieb er Reformen voran, erließ Dekrete gegen Simonie (den Verkauf und Kauf kirchlicher Ämter) und Heiraten der Priester, verbot aber auch die Laieninvestitur der Bischöfe. Und das brachte ihn in unmittelbaren Gegensatz zu Kaiser Heinrich IV. Heinrich berief eine Synode deutscher Bischöfe ein, die Gregor absetzen sollten. Gregor seinerseits exkommunizierte Heinrich und befreite dessen Untertanen von ihrer Gehorsamspflicht. Denn als römischer Pontifex beanspruchte Gregor in seinem *Dictatus Papae* unter anderem die legislative und judikative Hoheit über alle weltlichen und geistlichen Fürsten.

Heinrichs Gegner nützten die Tatsache, dass sie der Papst von ihrer Lehnspflicht entbunden hatte, sofort aus, woraufhin sich der Kaiser gezwungen sah, Gregor im Jahr 1077 beim Schloss Canossa in Norditalien aufzusuchen, Reue zu bekunden und um Verzeihung zu bitten. Barfuß stand er im Schnee vor den Toren der Festung. Doch Heinrichs Demütigung bei Canossa beendete den Kampf nicht, der vielmehr, teils wegen des kompromisslosen Charakters Gregors, während der ganzen Regierungszeit des Papstes andauerte. Im Jahr 1084 musste Gregor jedoch Rom an Heinrichs Truppen verloren geben und wurde selbst nur durch eine neue Macht gerettet, die im Süden des Kirchenstaats aufgetaucht war: das Normannenreich Sizilien.

»Dass sich die Normannen im Königreich Neapel und Sizilien festsetzten«, schrieb Gibbon, »hatte einen sehr romantischen Grund, aber die schwer wiegendsten Folgen für Italien und das Ostreich.«[83] Nur einige Generationen, nachdem sich Rollo und seine Wikinger in Nordfrankreich niedergelassen hatten, war das christliche, Französisch sprechende Herzogtum Normandie zu einer Macht europäischer Geltung aufgestiegen. 1066 besiegte Rollos Ururenkel Wilhelm König Harald von England in der Schlacht bei Hastings, womit er seinen Anspruch auf den englischen Thron sicherte.

Aber anders als die normannische Eroberung Englands geschah das Eindringen der Normannen in Süditalien auf private Initiative. Sie ereignete sich an einem Heiligtum des Erzengels Michael auf dem Monte Gargano, der in Apulien ins adriatische Meer vorspringt – sozusagen am Sporn des italienischen Stiefels. Hier begegnete im 11. Jahrhundert eine Schar normannischer Pilger einem Griechen, einem Exilanten aus der benachbarten Stadt Bari, damals zum Byzantinischen Reich gehörig. Er konnte sie dazu bewegen, sich seines Falles anzunehmen. In die Normandie zurückgekehrt, stellten die Pilger ein Heer aus Abenteurern zusammen, welche kurz darauf die Alpen als Pilger verkleidet überquerten. Ihr Angriff auf Bari scheiterte zwar, doch bildeten sie jetzt eine Respekt einflößende Söldnertruppe. Jede der sich in der unteren Hälfte der italienischen Halbinsel bekriegenden Parteien konnte sie gut gebrauchen. Ihre Kühnheit, Energie, Angriffslust und Kriegstüchtigkeit führten dazu, dass sie die zahlenmäßig weit überlegenen Kräfte, die die Langobardenherzöge von Neapel, Salerno und Benevent oder die Beauftragten des Kaisers in Konstantinopel gegen sie ins Feld schickten, der Reihe nach überwältigten.

Den rauen Nordmännern fielen diese reichen, von »verweichlichten Tyrannen« regierten Länder wie reife Früchte in den Schoß. Und für einige Jahrzehnte errichteten sie ihre Herrschaft über Süditalien, wobei nur die Küstenstädte byzantinisch blieben. Anfangs unterstützten die Normannen die Byzantiner bei deren Versuchen, Sizilien von den Muslimen zurückzuerobern, die es jetzt seit 200 Jahren besaßen. Doch dann verfolgten sie ihre eigenen Pläne. Das Geschlecht der Hautevilles, aus dem niederen Normannenadel stammend, gewann den Vorrang gegenüber seinen Standesgenossen. Im Jahr 1060 eroberte Robert Guiskard, Angehöriger dieser Familie, Reggio, dann Messina an der Küste Siziliens, und unterwarf nach dreißigjährigem Kampf gegen die Muslime schließlich die ganze Insel. Zugleich fielen auf dem italienischen Festland Bari und Salerno an seinen Bruder Robert.

Die Päpste in Rom waren zunächst wegen dieser neu entstandenen normannischen Staaten sehr beunruhigt. 1053 führte Papst Leo IX. ein

Heer gegen sie, das in der Schlacht von Civitate besiegt wurde. Papst Leo geriet in Gefangenschaft, wurde aber von den Normannen gut behandelt, weil nur er berechtigt war, ihnen die heiß begehrte Königskrone zuzugestehen. Jetzt änderte sich die Politik der Päpste, erkannten sie doch, dass eine Macht, welche die der deutschen Kaiser in Schranken halten konnte, nur in ihrem eigenen Interesse lag. Papst Nikolaus II., von Hildebrand, dem späteren Papst Gregor VII., beraten, legitimierte die Normannenreiche in Apulien und Sizilien als Gegenleistung dafür, dass sie ihn als Lehnsherrn anerkannten und ihm Unterstützung versprachen. Papst Alexander II. schickte, wiederum auf den Rat Hildebrands, den gegen die Muslime in Sizilien und Spanien kämpfenden normannischen und französischen Rittern Banner zu und gewährte ihnen Ablässe. Diese Politik trug Früchte, als die Normannen unter Robert Guiskard Hildebrand vor dem Heer des deutschen Kaisers Heinrich IV. retteten. Trotzdem brachten sie die Bürger von Rom derart gegen den Papst auf, dass er die Stadt verlassen musste und sich auf den Monte Cassino und dann nach Salerno flüchtete, wo er starb. Seine letzten Worte waren, er sterbe in der Verbannung, weil er die »Gerechtigkeit geliebt und die Ungerechtigkeit gehasst« habe.

Hildebrands Anspruch auf die Oberherrschaft des Papsttums über weltliche wie geistliche Mächte hatte zur Folge, dass sich die Päpste für das Geschick der ganzen Christenheit verantwortlich fühlten. In diesem Zusammenhang hatte sich Hildebrand schon immer gewünscht, dass die gesamte Christenheit ein Heer gegen den Islam aufstellte – ein Wunsch, der ihm unerfüllt blieb. Bis jetzt waren die Sarazenen Rom stets so bedrohlich nahe gewesen, dass es die Päpste nicht ungern sahen, wenn die Byzantiner auch ohne sie den Krieg an der Ostfront führten. Aber schon immer hatten sie die byzantinischen Griechen als Rivalen empfunden und verachtet. Es war nicht in erster Linie die Neigung der byzantinischen Kaiser, ihren Thronrivalen die Augen auszustechen, was den katholischen Christen Abscheu einflößte. Die Päpste selbst hatten sich ja mitunter solcher Grausamkeiten schuldig gemacht. Aber sie betrachteten die Griechen als verräterisches, von östlicher Dekadenz korrumpiertes Gesindel. Die byzantinischen Kaiser verwendeten Eunuchen nicht nur als Wächter für ihre Gemahlinnen, sondern auch als hohe Beamte in Kirche und Staat. Lediglich vier Ämter waren den Beschnittenen verschlossen, »weshalb so mancher ehrgeizige Vater ganz selbstverständlich einen jüngeren Sohn kastrieren ließ«.[84] Der italienische Bischof Liudprand von Cremona, der vom Kaiser des Westens, Otto I., in diplomatischer Mission nach Konstantinopel geschickt wurde, beschrieb die Stadt als »Pfuhl voller Lügen, Intrigen, Meineid und Gier, raffgierig, habsüchtig und aufgeblasen«. In all diesen Urteilen des Westens über die byzantinische Hauptstadt schwang zweifellos ein Ressentiment wegen des Hochmuts der Byzantiner mit, auch der Neid auf eine Metropole, die Rom an Größe und Glanz übertraf, niemals von einem Barbarenheer geplündert worden und trotz gelegentlich brutaler Machtausübung von tiefer Religiosität geprägt war – eine Stadt auch, in der intellektuelle Fähigkeiten viel galten und Analphabetismus in den mittleren und oberen Schichten praktisch nicht vorkam.

Mit anderen Worten: Das Ostreich hatte, trotz seiner Empfänglichkeit für orientalische Einflüsse, mehr Qualitäten des römischen Einheitsstaates der Antike bewahrt als das Westreich. Es besaß noch immer eine bezahlte Beamtenschaft und ein diszipliniertes kriegstüchtiges stehendes Heer. Anders als die ad hoc zusammengewürfelten aus undisziplinierten Einzelnen bestehenden Heere Westeuropas, die immer nur, gemäß dem Feudalprinzip, für begrenzte Zeit kämpften, konnten die regulären Einheiten der byzantinischen Armee so lange trainiert werden, bis sie den komplizierten Manövern, die ein militärisch geschulter Feldherr vielleicht von ihnen verlangte, gewachsen waren. Der bestverwaltete Staat der damaligen Welt verfügte auch über die schlagkräftigste Armee.

Auch hatten sich schwere Differenzen zwischen dem östlichen und westlichen Zweig der einen christlichen Kirche entwickelt. Sie bezogen sich auf den Primat der beiden Patriarchensitze, die religiöse Zugehörigkeit neu bekehrter Völker wie etwa der Bulgaren und auf Aspekte des christlichen Dogmas. Dabei ging es weniger um die bekannte Klausel *filioque* im Glaubensbekenntnis, die allen Gläubigen außer den geschultesten Theologen eher unverständlich blieb, als um die Verehrung der Bildnisse – Ikonen – Christi und der Heiligen. Im 8. Jahrhundert hatten sich die Ostkaiser der muslimischen Position angenähert, dass die Ikonenverehrung eigentlich auf die Anbetung von Götzenbildern hinauslief und verboten werden müsste. Die daraus entstehende Kontroverse führte zu ein ganzes Jahrhundert während Gewalt und Verfolgung. Die Päpste in Rom hatten diesen Ikonoklasmus – Bildersturm – verurteilt, der, hätte er sich im Christentum durchgesetzt, die Malkunst, welche sich zu einer der prachtvollsten Manifestationen der westlichen Kultur entwickeln sollte, schon im Keim erstickt hätte. Es hätte dann keinen Fra Angelico, keinen Raffael, keinen Leonardo da Vinci gegeben. Nichtsdestoweniger beschädigte der Konflikt das Verhältnis zwischen dem griechischen und lateinischen Zweig des Christentums nachhaltig. Er erreichte 1054 seinen Höhepunkt, als sich die Patriarchen gegenseitig Anathemas zuschleuderten und exkommunizierten.

Als jedoch der Dauerkonflikt zwischen Byzanz und dem Islam ausbrach, war niemandem zweifelhaft, dass die Loyalität der Lateiner bei den christlichen Brüdern im Osten liegen musste. Nach der ersten Welle der muslimischen Eroberung lag die Grenze zwischen dem Byzantinischen Reich und dem Abbasiden-Kalifat in Bagdad im Taurusgebirge oberhalb Antiochia, in der Südecke Kleinasiens. Aber Anfang des 10. Jahrhunderts unternahmen die kaiserlichen Truppen unter Führung zweier armenischer Generäle einen Feldzug, auf dem sie Zypern und Nordsyrien, einschließlich Aleppo, wiedereroberten. Jerusalem blieb zwar weiter in der Hand der in Kairo regierenden Fatimiden-Kalifen. Doch die weit größere Stadt Antiochia, ebenfalls Sitz eines Patriarchen, gehörte jetzt wieder den Christen. Im Jahr 1025 erstreckte sich das Byzantinische Reich von der Straße von Messina und der nördlichen Adria im Westen bis zur Donau und Krim im Norden und bis Melitine und Edessa jenseits des Euphrat im Osten.

Diese militärische Überlegenheit ließ sich aber nicht aufrechterhalten. Im Innern des Byzantinischen Reiches hatte sich die soziale Schichtung zu Gunsten der großen Landbesitzer verschoben. Die Klasse der Kleinbauern in Anatolien, die bis dahin die Truppen für das byzantinische Heer gestellt hatten, war verschwunden. Infolge dessen war man mehr und mehr auf Söldnerheere angewiesen. Und im Äußern des Byzantinischen Reiches erschien an der Ostflanke eine neue Welle islamischer Eroberer: die seldschukischen Türken.

Bei diesen Seldschuken handelte es sich um einen Stamm räuberischer Nomaden aus den Steppen Zentralasiens, die im 10. Jahrhundert das Gebiet des Bagdader Kalifats erobert, den Islam angenommen und sich dann als Vorkämpfer des sunnitischen Islam proklamiert hatten. Noch weitere Wellen verwandter Turkstämme, vom gleichen religiösen Eifer und der gleichen Raubgier erfüllt wie die arabischen Gründer des Islam, brandeten jetzt beutelüstern an die Ostgrenzen des Byzantinischen Reiches.

Im Jahr 1071 trafen die Seldschuken unter ihrem Sultan Alp Arslan bei Manzikert unweit des Van-Sees in Armenien auf ein weitgehend aus Söldnern bestehendes riesiges byzantinisches Heer, zusammengestellt von Kaiser Romanos IV. Diogenes. Die Byzantiner wurden geschlagen, der Kaiser selbst von Alp Arslan gefangen genommen. Nichts hielt jetzt den Vormarsch der Türken mehr auf. Die türkischen Stämme ergossen sich über ganz Kleinasien, nahmen 1081 das kaum 150 Kilometer von Konstantinopel entfernte Nizäa ein und errichteten eine Provinz Kleinasien, die sie, da sie einst einen Teil des Römischen Reiches gebildet hatte, das Sultanat Rum nannten.

Die Kraft der Byzantiner war geschwächt gewesen, weil sie an einer zweiten Front Krieg führen mussten. Denn im selben Jahr, in der die Schlacht von Manzikert stattfand, war Bari, der letzte Stützpunkt in Italien, an die Normannen aus Sizilien unter Robert Guiskard gefallen. Dieser überquerte hierauf die Adria, nahm den Hafen Dyrrhachium und plante einen Marsch auf Thessalonike. Die Byzantiner hatten ihm nichts entgegenzusetzen. Kleinasien, inzwischen im Besitz der seldschukischen Türken, war die Haupt-Getreidequelle der Byzantiner gewesen und hatte ihnen die Hälfte ihrer Soldaten gestellt. Das einst so mächtige Ostreich sah sich jetzt auf einen kleinen, ständig von Vernichtung bedrohten griechischen Rumpfstaat reduziert. In dieser Not waren die Byzantiner so vernünftig, ihren fähigsten General, Alexios Comnenos, auf den Kaiserthron zu setzen. Auch die Vorsehung kam ihnen zu Hilfe, denn es starben kurz hintereinander der Führer der Normannen, Robert Guiskard, und der seldschukische Sultan Alp Arslan. Gleichwohl blieb die Lage der Byzantiner prekär, weshalb sich Kaiser Alexios an seine christlichen Brüder im Westen wandte.

Sein erster Hilferuf im Westen erging an Robert, den Grafen von Flandern, der schon um 1085 ein kleines Ritterkontingent nach Konstantinopel geschickt hatte. Vielleicht war es Robert, der Alexios erklärte, der Papst habe jetzt in Westeuropa größeres Gewicht als der Kaiser des Westens. Deshalb erschienen im Frühjahr 1095 byzantinische Gesandte auf dem nach Piacenza in Norditalien einberufenen Kirchenkonzil.

Vorsitz über das Konzil von Piacenza führte ein Papst mit dem früheren Namen Odo von Lagery, Sohn einer Familie des burgundischen Kleinadels mit Wohnsitz in Châtillon-sur-Marne. Er dachte wie die Führer der cluniazensischen Reform, und seine Lehrer hatten ihm großen religiösen Eifer eingeflößt. Studiert hatte er an den Schulen der Kathedrale zu Reims bei dem legendären Bruno, der 1084 an einer entlegenen Stelle in den Alpen bei Grenoble eine neue Mönchskommunität gegründet hatte: das Mutterhaus des Kartäuserordens, La Grande Chartreuse. Ebenfalls in Reims war Odo von Lagery zum Priester geweiht worden und dann in der Hierarchie der erzbischöflichen Administration bis zum Archidiakon der Kathedrale aufgestiegen. Doch 1070 verließ er die Laufbahn des regulären Klerus, um Mönch in Cluny zu werden. Zeitweise amtierte er als Prior unter dem Abt Hugo, wurde jedoch in der Folge nach Rom berufen, wo ihn Hildebrand, der damalige Papst Gregor VII., zum Kardinal-Bischof von Ostia ernannte. 1088 wurde er zum Papst gewählt und nahm den Namen Urban II. an.

Ein höflicher, konzilianter und gut aussehender Mann, teilte Urban mit seinem Mentor Gregor VII. die hohe Achtung vor seinem Amt, bewies aber in der Ausübung seiner Herrschaft unter den schwierigen Umständen seiner Zeit weit größeres Fingerspitzengefühl. Seine Politik der Versöhnung erstreckte sich auch auf Byzanz. 1089 hob er auf dem Konzil von Melfi den auf Kaiser Alexios lastenden Bann der Exkommunikation auf, woraufhin ihm Konstantinopel in gleicher Weise entgegenkam. Diese Annäherung ermutigte Alexios, sich an die lateinische Kirche um Hilfe zu wenden, und seine Gesandten wurden zum Konzil in Piacenza zugelassen. Die Konzilsväter hörten ihrer beredten Schilderung des Leidens der Christenbrüder im Osten aufmerksam zu. Bei Beendigung des Konzils trennten sich die Bischöfe in der klaren Erkenntnis der Bedrohung, die vom Vordringen der Ungläubigen ausging. Und Urban II. übernahm, als er nach Frankreich weiterreiste, bewusst die volle Last seiner persönlichen Verantwortung als Apostelfürst für das Schicksal der universellen Kirche Christi.

Nach Überquerung der Alpen wandte er sich zunächst nach Valence an der Rhône, sodann nach Le Puy, wo ein anderer aus der Aristokratie stammender Prälat, Adhémar von Monteil, als Bischof residierte. Adhémar hatte ein paar Jahre zuvor eine Pilgerreise nach Jerusalem unternommen und konnte dem Papst seine Erfahrungen mitteilen. Von Le Puy aus wies der Papst alle katholischen Bischöfe an, sich im November desselben Jahres auf einem Provinzialkonzil in Clermont einzufinden. Hierauf begab sich Urban südlich nach Narbonne, nur etwa 150 Kilometer von der westlichen jenseits der Pyrenäen verlaufenden Front der Christenheit entfernt. Er befand sich jetzt in der Provence, damals regiert von einem bewährten Kämpfer gegen die Sarazenen in Spanien, Raimund von Saint-Gilles, Graf von Toulouse und Marquis der Provence. Von Narbonne aus reiste Urban II. die Mittelmeerküste entlang weiter östlich nach Saint-Gilles an der Rhônemündung, hierauf wieder nördlich das Rhônetal aufwärts bis Lyon, wo er im Oktober ankam.

Von Lyon aus besuchte er Cluny in Burgund, wo er früher Prior gewesen war, und weihte dort den Hochaltar einer großen Kirche, die viele Jahre lang das größte Gotteshaus Westeuropas bleiben sollte. Die nächste Station der Reise war Souvigny. Hier predigte Urban am Grab des Abtes Mayeul, der im Jahrhundert zuvor bei einer Alpenüberquerung von den Sarazenen gefangen genommen worden war, die päpstliche Tiara abgelehnt hatte und jetzt als einer der heiligsten Äbte Clunys galt.

Woran mag Urban bei seinen Gebeten am Grab Mayeuls gedacht haben? Zweifellos war ihm klar, dass man dem Byzantinischen Reich in seinem Kampf gegen die seldschukischen Türken zu Hilfe kommen musste. Außerdem bestand ein dringendes Interesse auch der Westkirche an dieser Frage – denn der freie Zugang der Pilger zum Heiligen Land war gefährdet. Seit vielen Jahrhunderten waren Wallfahrten zum integralen Bestandteil christlichen Lebens geworden. Alljährlich zogen viele Tausende Pilger durch ganz Europa, um an den beliebtesten Wallfahrtsorten zu beten, zum Beispiel am Heiligtum des Erzengels Michael am Monte Gargano, das die normannischen Ritter nach Süditalien gelockt hatte, am Heiligtum des Apostels Jakobus im galizischen Compostela in Nordwestspanien – zu dieser Wallfahrt brachen die Pilger häufig an der Abtei Vézelay in Burgund auf, welche die Reliquien der Maria Magdalena beherbergte – oder an der Abtei Cluny selbst. Vielleicht begaben sie sich auch nach Rom, um an den Gräbern der Apostel Petrus und Paulus ihre Andacht zu verrichten. Wie wir gesehen haben, wurde eine Schar angelsächsischer Pilger dort in Stücke gehauen, als im 9. Jahrhundert räuberische Sarazenen Rom überfielen.

Das höchste Ziel jedes Pilgers aber war und blieb das Heilige Land – die Erde, über welche der Mensch gewordene Gott gewandelt war, seine Heimatstadt Nazareth, seine Geburtsstätte Bethlehem, und vor allem der Ort seiner Auferstehung von den Toten, die Kirche vom Heiligen Grab in Jerusalem. Die Reise selbst war teuer und gefährlich. Am einfachsten verlief die Fahrt nach Palästina an Bord eines Schiffes der Kaufleute von Amalfi, womit jedoch das Risiko eines Überfalls durch Seeräuber und eines Schiffbruchs verbunden war. Der Landweg war durch die Bekehrung Ungarns zum Christentum Anfang des 11. Jahrhunderts weniger beschwerlich geworden, und die 2500 Kilometer lange Route durchs Byzantinische Reich von Belgrad bis Antiochia konnte, vor der Seldschuken-Invasion, als relativ sicher gelten. Sobald der Christ aber einmal den Boden des islamischen Syrien betreten hatte, musste er Schikanen und hohe Wegzölle gewärtigen.

Keins dieser Hindernisse pflegte die Pilger abzuschrecken. Gerade auf die mit der Reise verbundenen Fährnisse und Strapazen kam es ja an. Für viele war »Pilgerschaft eine Art Märtyrertum«[85], welches das Seelenheil des Pilgers garantierte. Manchmal wurde jemandem eine Wallfahrt auch als Buße für schwere Sünden auferlegt. »Der auffälligste Ausdruck der neuen Spiritualität des 11. Jahrhunderts, die ihren Ausgangspunkt in Cluny genommen hatte, war die Büßerfahrt«[86], und so mancher Pilger begegnete den berüchtigtsten Schurken der Epoche, zum Beispiel Fulko Nerra von Anjou oder Robert dem Teufel, Graf der Normandie, auf Pilgerfahrt nach Jerusalem, wodurch sie dem göttlichen Strafgericht zu entgehen hofften – Fulko pilgerte sogar, wie Chaucers »Frau von Bath«, drei Mal dorthin.

Solche Büßerfahrten wurden von der Kirche unterstützt und organisiert. Die Mönche von Cluny stellten die Pilgerreise nach Jerusalem als den Höhepunkt religiöser Praxis dar – ein Durchschneiden der Fesseln, die den Menschen an die irdische Welt banden – und die Heilige Stadt Jerusalem als Vorzimmer zur künftigen Welt. So wie der gute Muslim gehalten war, wenigstens einmal im Leben nach Mekka zu wallfahrten, so war es die Sehnsucht vieler frommer Christen, noch vor ihrem Tod Christi Heiliges Grab zu berühren. »Die Einstellung der Christen des 11. Jahrhunderts zu Jerusalem und dem Heiligen Land trug tatsächlich Züge des Obsessiven.«[87]

Im Großen und Ganzen war im Verlauf der vier Jahrhunderte, in denen Palästina bisher unter der Herrschaft der Nachfolger des Propheten stand, den »Völkern des Buches« der Zugang zu ihren heiligen Stätten erlaubt worden. Die einzige ausgesprochene Christenverfolgung hatte Anfang des 11. Jahrhunderts unter der Regierung al-Hakims, eines fanatischen Kalifen in Ägypten, stattgefunden. Er hatte die Zerstörung aller christlichen Kirchen in seinem Herrschaftsbereich angeordnet, darunter auch der Kirche vom Heiligen Grab in Jerusalem. Sein Nachfolger jedoch hatte den Wiederaufbau gestattet. Aber nur etwa 30 Jahre vor dem Augenblick, da Papst Urban II. am Grab des Abtes Mayeul kniete, hatte der Erzbischof von Mainz gemeinsam mit den Bischöfen von Utrecht, Bamberg und Regensburg eine aus 7000 Pilgern bestehende Schar vom Rhein an den Jordan geführt, die sich, von einem Trupp Muslime bei Ramleh in Palästina in einen Hinterhalt gelockt, mit Waffengewalt ihrer Haut wehren mussten.

Ein weiterer Gedanke, der Papst Urban geleitet haben mag – obwohl das unbeweisbar ist und immer bloße Vermutung bleiben wird –, war die Notwendigkeit, ein Ventil für die überschüssigen Kräfte der fränkischen Kriegerkaste zu finden. Urban II. stammte ja selbst aus diesem Milieu und wusste nur zu gut, welche Schwierigkeiten händelsüchtige Ritter verursachen konnten, deren einziges Talent im Umgang mit Lanze und Schwert bestand. Es waren die Nachkommen der Kampfgefährten der merowingischen und karolingischen Könige, inzwischen zu einer eigenen Kaste – einer militärischen Elite – geworden. Doch die Kosten der eines Ritters würdigen Ausstattung waren beträchtlich – Kettenhemd, Schild, Schwert, Lanze, Eisenhaube und Pferd wollten bezahlt sein. Zwar hatten gewisse aus der barbarischen Vergangenheit überkommene Bräuche und Präzedenzfälle die Geltung des Faustrechts etwas eingeschränkt, doch wurden die meisten Streitigkeiten immer noch mit dem Schwert ausgetragen. Auch standen Raubzüge gegen Äcker und Vieh des Nachbarn bei den christlichen Rittern des Mittelalters ebenso auf der Tagesordnung wie bei den arabischen Stämmen vor Mohammed. »Gewalt herrschte überall und prägte fast alle Aspekte des Lebens.«[88] Selbst wenn die Menschen Konflikte vor ein Gericht brachten, ließen sie häufig Gott selbst das Urteil sprechen – sei es in einem Zweikampf, sei es durch eine Feuer- oder Wasserprobe, die die Angeklagten bestehen mussten.

Um den dauernden Kriegszustand, der unter den Parteien des raubgierigen christlichen Adels herrschte, einzuschränken und insbesondere das Kircheneigentum vor ihnen zu schützen, hatten Päpste und Bischöfe die bisher üblichen Mittel eingesetzt – die Sanktion des Interdikts (Verbot der Teilnahme an der Messe und Entzug der Sakramente) und der Exkommunikation (Ausschluss aus der Kirche) –, in jüngerer Zeit aber auch das neue Konzept des »Gottesfriedens« eingeführt. An bestimmten heiligen Tagen des Jahres oder zu bestimmten Bußzeiten, etwa der Fastenzeit, war jede Kampfhandlung untersagt. Diese Maßnahme hatte jedoch nur teilweisen Erfolg. Die westliche Christenheit litt weiter unter dem Skandal ständigen Bruderzwists. Wäre es da nicht viel vernünftiger, sich an den Normannen vom Schlag der Hautevilles ein Vorbild zu nehmen, deren Aggressionen in die Eroberung neuer Königreiche auf Kosten des Islam kanalisiert worden waren?

Mit solchen Gedanken erhob sich Papst Urban II. wieder vom Grab des Abtes Mayeul und wandte sich südwärts nach Clermont, um dort die etwa 300 Bischöfe zu begrüßen, die seiner Ordre gefolgt waren. Vom 19. bis 26. November dauerte das in der Kathedrale tagende Konzil, das eine Reihe von Dekreten gegen die Übelstände der Laieninvestitur, der Simonie und der Priesterehe verabschiedete. Auch wurde König Philipp von Frankreich wegen seiner ehebrecherischen Beziehung zu Bertrada de Montfort exkommuniziert und machte sich das Konzil die Idee eines neuen Gottesfriedens zu eigen.

Am Dienstag, dem 27. November, wurden die Konzilsväter auf ein freies Feld vor dem Osttor Clermonts gebeten, wo eine öffentliche Sitzung stattfinden sollte. Der Papstthron stand auf einem erhöhten Podest, damit sich Papst Urban II. der vielköpfigen Menschenmenge verständlich machen konnte, die gekommen war, ihn zu hören. Der Inhalt seiner Ansprache wurde später, vielleicht ein wenig von der durch sie ausgelösten Begeisterung gefärbt, aufgeschrieben. Auf jeden Fall scheint der Papst zunächst von den Nöten der byzantinischen Christen und den Leiden, die sie durch die seldschukischen Türken zu erdulden hatten, gesprochen zu haben. Er beschrieb sodann die Unterdrückung und Behinderung der zur Heiligen Stadt Jerusalem pilgernden Christen und beschwor dabei das alte Zion herauf, das seinem Publikum auf Grund der dauernden Psalmengesänge sehr vertraut gewesen sein dürfte. Mit der überzeugenden Beredtsamkeit und reinen Glut des erfahrenen Predigers erinnerte der Papst seine Zuhörer an das von ihren Vorfahren unter Karl dem Großen gegebene Vorbild. Er ermahnte sie, mit den von Rachedurst und Habgier genährten gegenseitigen Fehden endlich aufzuhören und ihre Waffen stattdessen gegen die Feinde Christi zu wenden. Er seinerseits versprach als Nachfolger des heiligen Petrus kraft der ihm von Gott verliehenen Macht des »Bindens und Lösens«, dass allen, die sich in aufrichtiger Buße dieser großen Sache anschließen wollten, ihre Sünden vergeben und die von der Kirche auferlegten irdischen Strafen vollständig erlassen werden würden.

Urbans Appell wurde mit begeisterten Rufen beantwortet: »*Deus le volt*« – »Gott will es!«, und in einer dramatischen Geste, die höchstwahrscheinlich von den beiden Kirchenfürsten gut eingeübt worden war, warf sich Adhémar von Monteil, Bischof von le Puy, dem Papst zu Füßen und bat darum, an diesem Heiligen Krieg teilnehmen zu dürfen.[89] Ein Kardinal aus der Umgebung des Papstes kniete ebenfalls nieder und sprach Urbans Zuhörerschaft das *Confiteor*, das Sündenbekenntnis, vor, woraufhin der höchste Pontifex Absolution erteilte.

Ein Schriftsteller des 20. Jahrhunderts beschrieb Papst Urbans Aufruf als »Mischung aus christlicher Frömmigkeit, Fremdenhass und imperialistischer Arroganz«.[90] Andere meinten, der Papst habe die Unwissenheit und Leichtgläubigkeit seiner Hörer ausgenützt, indem er Jerusalem zum Ziel des Kreuzzugs erklärte, während doch Kaiser Alexios um militärischen Beistand gegen die Seldschuken in Anatolien gebeten hatte. Andererseits ist klar, dass Manipulation der öffentlichen Meinung keine Erfindung des 20. Jahrhunderts ist. Schon auf dem Konzil von Piacenza hatten die Gesandten des Kaisers Alexios die Notlage Jerusalems als Trumpf ausgespielt, weil »er sich davon eine große propagandistische Wirkung in Europa versprach«.[91]

Außerdem war das Ziel des Papstes »die Verteidigung des Christentums, wo immer es angegriffen wurde. ,Denn es ist ganz nutzlos, die Christen an der einen Stelle von den Sarazenen zu befreien, um sie an einer anderen der sarazenischen Tyrannei und Unterdrückung auszuliefern'.«[92]

Hatte der Papst irgendwelche Gewissensskrupel wegen Gewaltanwendung? In der frühen Kirche war Jesu Gebot, auch die andere Backe hinzuhalten, im Großen und Ganzen wörtlich genommen worden, weshalb Gewaltanwendung unter allen Umständen als Sünde galt. Erst Augustinus von Hippo hielt sie bei Notwehr für gerechtfertigt. Seine darauf bezüglichen Lehransichten, in verschiedenen seiner Werke verstreut, wurden im 11. Jahrhundert von Anselm von Lucca zusammengefasst. Ins päpstliche Denken war diese Lehre während des Pontifikats Gregors VII. gelangt, und zwar anlässlich der Rückeroberung Siziliens und Spaniens.

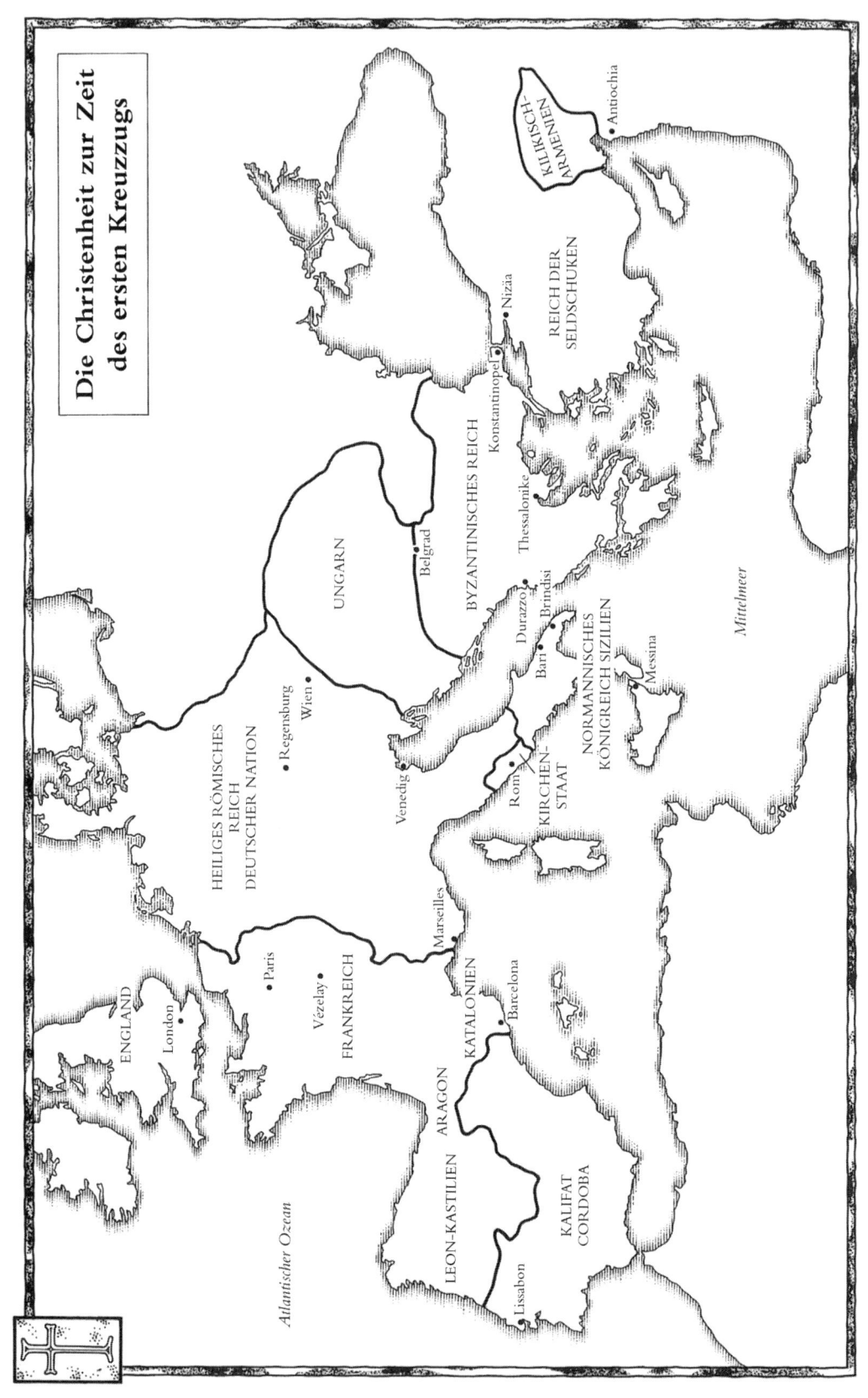

Die Christenheit zur Zeit
des ersten Kreuzzugs

KILIKISCH-ARMENIEN

Antiochia

REICH DER
SELDSCHUKEN

Nizäa

Konstantinopel

BYZANTINISCHES REICH

Thessalonike

Mittelmeer

UNGARN

Belgrad

Durazzo

Brindisi

Bari

Messina

NORMANNISCHES
KÖNIGREICH SIZILIEN

HEILIGES RÖMISCHES
REICH
DEUTSCHER NATION

Regensburg

Wien

Venedig

Rom

KIRCHEN-
STAAT

ENGLAND

London

Paris

Vézelay

FRANKREICH

Marseilles

KATALONIEN

Barcelona

ARAGON

Atlantischer Ozean

LEON-KASTILIEN

KALIFAT
CORDOBA

Lissabon

Frankreich zur Zeit des ersten Kreuzzugs

N

HEILIGES RÖMISCHES REICH DEUTSCHER NATION

Köln

FLANDERN
Boulogne

NORMANDIE

Seine

Paris

ILE-DE-FRANCE

BRETAGNE

Troyes · Clairvaux

CHAMPAGNE

ANJOU

Loire

Vézelay

BURGUND

Dijon
Citeaux

Cluny

KÖNIGREICH
FRANKREICH

Atlantscher Ozean

Clermont

POITOU

AUVERGNE Le Puy

Garonne

TOULOUSE

GASCOGNE

PROVENCE

Toulouse

NAVARRA

KASTILIEN-LEON

ARAGON

Mittelmeer

KATALONIEN

KALIFAT CORDOBA

Barcelona

0   80   160 km

Und bei der Nachricht von der Niederlage der Byzantiner bei Manzikert bezog sich Urban II. ausdrücklich auf sie, als er die Gläubigen im Namen des Apostels Petrus zweimal aufrief, ihr Leben zur »Befreiung« ihrer Brüder im Osten zu opfern.

Jetzt aber wurde des Augustinus Lehre noch mit der Idee einer Büßerfahrt verbunden, und »der Kult des Heiligen Grabes, der im ganzen 11. Jahrhundert schon massenhaft Pilgerströme nach Jerusalem gelockt hatte, steigerte sich jetzt geradezu zu einer Reisewelle ins Heilige Land [...]«.[93] Die Pilger durften Waffen tragen, um, in den Worten Papst Urbans, zu verhindern, dass die Sarazenen »die Gläubigen Gottes weiter mit Füßen treten«. Die den Kreuzfahrern versprochenen Ablässe und Privilegien ließen sich kaum von denen für die Pilger unterscheiden: »Als man 1096 auszog, geschah es ganz in der Tradition der Jerusalemwallfahrt.«[94]

In diesem Punkt bewies der Papst, seiner cluniazensischen Einstellung getreu, dass ihm ebenso am Herzen lag, was der Kreuzfahrer selbst profitieren, wie das, was der Kreuzfahrer für die »Kirche in Asien« tun konnte. Immer wieder bezog er sich auf ein anderes Gebot Jesu, das seinen Zuhörern ebenfalls gut bekannt gewesen sein dürfte, nämlich Weib, Verwandte und Eigentum um Jesu willen zu verlassen, das Kreuz auf sich zu nehmen und ihm nachzufolgen. Um der symbolischen Rede greifbarere Substanz zu geben, wurden in Clermont an alle, die ein Kreuzfahrergelübde ablegten, Kreuze aus Stoff verteilt. Man konnte sie sich an der Schulter auf den Mantel aufnähen, nicht nur als Symbol der heiligen Kreuzfahrerpflicht, sondern auch um zu erkennen zu geben, dass der Kreuzfahrer bestimmte gesetzliche Privilegien und Ausnahmeregelungen genoss. Seine Familie und Eigentum standen unter dem Schutz der Kirche. Es wurden ihm Steuerbefreiung und ein Schuldenmoratorium gewährt. Als Gegenleistung erwartete man die Erfüllung seiner Verpflichtung. Wer sein Gelübde nicht erfüllte, war automatisch exkommuniziert.

Obgleich es, wie wir gesehen haben, in Sizilien und Spanien schon Präzedenzfälle eines von Christen gegen Muslime geführten heiligen Krieges gegeben hatte, zeigen die Vorgänge, dass der von Papst Urban in Clermont ergangene Aufruf von den damaligen Menschen als außerordentlich empfunden wurde, als ein »Schock für das ganze Gemeinschaftsleben« und »einzigartig im Vergleich zu allen ähnlichen Versuchen vorher«.[95] Zur Bestürzung Urbans kam aber die unmittelbarste und radikalste Reaktion auf seinen Appell gar nicht aus der Ritterschaft, an die er im Wesentlichen gedacht hatte, sondern aus der Armenschicht. Während der Papst seine Predigtreise durch Frankreich fortsetzte – wobei er die Gebiete des vom Konzil verurteilten französischen Königs Philipp vorsichtig mied –, entzündeten populistische Prediger die leicht erregbaren, schwärmerischen Gemüter der Entwurzelten und Entrechteten des Kontinents und rafften auf diese Weise ein schlecht bewaffnetes, zuchtloses Heer zusammen, das nun ohne weitere Umstände aufbrach, um die Sarazenen aufs Haupt zu schlagen und Jerusalem zu befreien.

Anführer dieses Heeres war ein charismatischer Prediger aus der Picardie, bekannt als Peter der Einsiedler. Er behauptete, einen Brief vom Himmel empfangen zu haben, der den Kreuzzug autorisierte. Die Bischöfe taten ihr Möglichstes, wenigstens die Alten und Kranken von einer Teilnahme abzuhalten. Insbesondere verboten sie Mönchen und Priestern, sich ohne Erlaubnis ihrer Obrigkeit am Kreuzzug zu beteiligen. Doch schnell entglitten ihren Händen die Zügel. Das Abenteuer lockte, und der verheißene geistliche Lohn erwies sich als unwiderstehlich.

Wie sich auch heute noch an den Statuen und Reliefs der mittelalterlichen Kathedralen ablesen lässt, lebten die Menschen damals in wirklicher Furcht vor den Qualen der Hölle. Hier aber bot sich die Möglichkeit, reinen Tisch zu machen! Verheirateten Männern war verboten, ohne Erlaubnis ihrer Frauen mitzumachen, doch viele ignorierten das Verbot. Eine Frau sperrte ihren Mann zu Hause ein, damit er die Kreuzzugspredigten nicht hören konnte. Als er aber durchs Fenster doch vernahm, was ihm hier geboten wurde, sprang er auf die Straße hinaus und nahm das Kreuz.

Der Beginn dieses Kreuzzugs entwickelte sich zu einer wahren Katastrophe. Die von Peter dem Einsiedler und einem Ritter namens Walter Sans-Avoir (»Habenichts«) geführten Scharen zogen noch in leidlicher Ordnung durch Deutschland und Ungarn. Doch deutsche Kontingente unter einem Priester Gottschalk und einem kleinen Adligen, Graf Emicho von Leiningen, überfielen, als sie rheinabwärts marschierten, die jüdischen Gemeinden in Städten wie Trier und Köln. Wahrscheinlich handelte es sich nicht einmal um chaotische Haufen, wie man früher einmal vermutet hat. Denn »dieses Heer bestand immerhin aus Kreuzfahrern aller Teile Westeuropas unter Führung erfahrener Befehlshaber«.[96] Aber fast sicher waren diese Leute unfähig, zwischen Muslimen und Juden zu unterscheiden. Fast sicher rechneten sie auf Beute unterwegs, um sich die Reise nach Palästina finanzieren zu können. Und unter einem Kreuzzug konnten sie sich wohl nur eine Art Fehde vorstellen, eine Verpflichtung, die Leiden ihrer Christenbrüder im Osten zu rächen. Infolgedessen kam es zu einer Reihe von Pogromen – Massakern, Zwangsbekehrungen und kollektiven Selbstmorden von Juden, die ihrem Glauben treu bleiben wollten (*kiddusch ha-schem*), wie seinerzeit vor elf Jahrhunderten die Zeloten in Masada.

Im selben Jahrhundert hatte die Kirche schon bewiesen, dass sie sich der Gefahr, welche den jüdischen Gemeinden unter derartigen Umständen drohte, durchaus bewusst war. Papst Alexander VI. hatte den Bischöfen Spaniens schriftlich aufgetragen, die Juden ihrer Diözesen zu schützen, »damit sie nicht von den zum Sarazenenkrieg in Spanien aufbrechenden Kämpfern getötet würden«.[97] Jetzt nahmen die Fürstbischöfe und Adligen in einigen deutschen Städten die Juden unter ihren Schutz, und der Klerus bedrohte die Ungehorsamen mit Exkommunikation. Mit wenig Erfolg. Ein christlicher Chronist, Albert von Aix, beschreibt, wie in Mainz die angeblichen Kreuzfahrer

> »Riegel aufbrachen und Türen einschlugen [...]. Sie ergriffen und töteten siebenhundert Männer, die sich vergebens gegen weit überlegene Kräfte zur Wehr setzten. Auch die Frauen wurden umgebracht, und die Kinder, ob Knaben oder Mädchen, aufs Schwert gespießt. Als die Juden sahen, wie die Christen ohne Rücksicht auf Kinder und Greise gegen sie wüteten, wandten sie ihre Waffen gegen die eigenen Glaubensgenossen, ihre Frauen, Kinder, Mütter und Schwestern, und töteten sie. So schrecklich es zu sagen ist – die Mütter griffen zum Schwert, durchschnitten den Kindern, die an ihrer Brust lagen, die Kehle und vernichteten sich lieber mit eigener Hand, als dass sie unter den Hieben der Unbeschnittenen verbluteten.«[98]

Nicht nur im Rheinland kam es zu solchen Ungeheuerlichkeiten. Auch in Speyer, Worms und weit entfernt in Rouen im Westen und Prag im Osten fielen die Kreuzfahrer derart über die Juden her. Zweifellos war der religiöse Eifer des mörderischen Pöbels »nur ein schlechter Vorwand, der die wirklichen Motive der Habgier nur unzureichend verhüllte. Es ist anzunehmen, dass viele Kreuzfahrer sich erst aus der jüdischen Beute die notwendigen Mittel für die Reise beschafften«.[99] Auch waren die Juden nicht die einzigen Opfer krimineller Energie. In Ungarn machte sich der raubgierige Haufe ans Plündern in den dortigen Städten, doch diesmal wurden alle Eindringlinge von den Einwohnern umgebracht. Albert von Aix schrieb später, nach Überzeugung vieler Christen sei das die Strafe Gottes für alle gewesen, »die unter Gottes Augen mit ihrer großen Unreinheit und durch den Umgang mit Huren gesündigt und die wandernden Juden erschlagen hatten [...] mehr aus Geldgier als um der göttlichen Gerechtigkeit willen«.[100]

Inzwischen war das von Peter dem Einsiedler und Walter Sans-Avoir geführte Heer nach Konstantinopel gelangt, eskortiert von den Reitern der jüngst unterworfenen Petscheneggen, die Kaiser Alexios als Militär-polizei einsetzte. An sich hätten Peters Leute nur den Rest des Kreuzfahrerheers dort erwarten sollen, doch wurden sie ungeduldig und fingen schon an, die Vorstädte zu plündern. Alexios sorgte für ihre Verschiffung über den Bosporus und quartierte sie in einem Militärlager unweit des von den seldschukischen Türken kontrollierten Gebietes ein. Ein französisches Kontingent unternahm von dort aus einen erfolgreichen Raubzug, was einige Deutsche veranlasste, es ihnen gleichzutun. Sie wurden von den Türken umzingelt. Da zog die Hauptmacht aus, um sie zu retten, wurde aber von den Seldschuken am 21. Oktober 1096 völlig vernichtet. Das war das schmähliche Ende des so genannten »Volks«-Kreuzzugs.

Zwei Monate nach der Niederlage dieser undisziplinierten Vorhut bei Xerigordon in der Nähe von Nizäa begannen sich die ersten Kontingente einer regulären Armee, wie sie Papst Urban vorgeschwebt hatte, vor Konstantinopel zu sammeln. Als erster traf Graf Hugo von Vernandois, ein Vetter des Königs von Frankreich, ein. Er war mit einer kleinen Schar Ritter und Bewaffneter zu Schiff gekommen. Am 23. Dezember erschien dann ein weit größeres Heer unter Führung von Gottfried von Bouillon, Herzog von Niederlothringen, seinen Brüdern Eustachius, Graf von Boulogne, und Balduin von Boulogne sowie ihrem Vetter Balduin von Le Bourg.

Von Vater- und Mutterseite her stammten diese vier von Karl dem Großen (und, nach späterer Legende, von einem Schwan) ab. Sie gehörten zur Blüte des fränkischen Rittertums und waren treue Vorkämpfer der Kirche. In ihrem Gefolge vereinigte sich die ganze auf die Tradition des alten Frankenreiches zurückgehende Vielfalt der deutsch- und französischsprachigen Ritter. Gottfried hatte unter Kaiser Heinrich IV. das Herzogtum Niederlothringen besessen. Doch aus dem Umstand, dass er all seine Güter und seine Burg in Bouillon verkaufte, um seine Teilnahme am Kreuzzug zu finanzieren, lässt sich schließen, dass er nicht mit einer Rückkehr rechnete. Unklar ist jedoch, ob er ein Fürstentum im Osten oder die Märtyrerkrone anstrebte.

Als Nächstes kam ein Kontingent Normannen aus Süditalien, geführt von dem vierzigjährigen Bohemund von Tarent, dem ältesten Sohn Robert Guiskards. Hier lagen die Beweggründe klar zu Tage. Die normannischen Berichte lassen erkennen, dass diese Krieger nichts als Kriegsbeute im Sinn hatten und dem Kaiser Alexios guten Grund zur Besorgnis gaben. Aber Bohemund selbst hatte mit allen äußeren Anzeichen echter Überzeugung während einer Belagerung Amalfis das Kreuz genommen und persönlich Stoffkreuze an alle ausgeteilt, die sich ihm anschließen wollten. Unter ihnen befand sich auch sein hoffnungsvoller junger Neffe Tankred. Das normannische Kontingent hatte die Adria von Italien nach Griechenland überquert und war dann in guter Ordnung nach Konstantinopel marschiert.

Dieselbe Route hatte eine Schar mächtiger Edelleute aus dem nördlicheren Europa eingeschlagen: Robert II., Graf von Flandern, dessen Vater schon für Kaiser Alexios gekämpft hatte, Robert, Herzog der Normandie, Bruder des englischen Königs Wilhelm Rufus, und Stephan, Graf von Blois und Schwiegersohn Wilhelms des Eroberers. Das größte Kontingent von allen, Provençalen und Burgunder unter Graf Raimund von Toulouse, folgte einer mittleren Route an der Küste Dalmatiens entlang, dann über Land von Dyrrhachium nach Thessalonike und weiter nach Konstantinopel. Mit ihm kam Adhémar von Le Puy, von Urban II. zu seinem Legaten ernannt und geistlicher Führer des Kreuzzugs.

Adhémars Einfluss war gar nicht zu überschätzen. Durch ihn konnten die zwischen den fränkischen Edlen auftretenden Differenzen bereinigt und in Verhandlungen die Erlaubnis zum Durchzug des Kreuzfahrerheeres durchs Byzantinische Reich erwirkt werden. Denn Kaiser Alexios hatte nicht mit einer derart großen Streitmacht gerechnet. Er wollte daher jetzt nur ihren Anführern das Betreten Konstantinopels gestatten, die Truppen selbst sollten draußen bleiben. Im April 1097 überquerte das Heer den Bosporus, ohne auf Widerstand zu stoßen. Der türkische Sultan Kilic Arslan, durch seinen früheren Sieg über das Heer Peters des Einsiedlers in falsche Sicherheit gewiegt, griff die Kreuzfahrer erst vor Nizäa an. Zu spät musste er erkennen, dass er es jetzt mit einem weit furchterregenderen Feind zu tun hatte – mit den schwer gepanzerten Rittern aus Westeuropa. Anna Comnena, die Tochter des Kaisers Alexios, schrieb später in den Erinnerungen an ihren Vater, »die unwiderstehliche Wucht« des ersten Angriffs der fränkischen Ritter »hätte auch eine Bresche in die Mauern Babylons geschlagen«.[101]

Die Niederlage ihres Sultans, in deren Folge Nizäa nicht nur vom fränkischen Heer, sondern auch von einer byzantinischen Flotte eingeschlossen wurde, die man über Land zu dem der Stadt benachbarten See geschafft hatte, veranlasste die türkische Besatzung Nizäas, sich Butumites, dem byzantinischen Admiral, zu ergeben. Die Kreuzfahrer, die die Hauptlast des Kampfes getragen hatten, hielten ihr dem Kaiser Alexios gegebenes Versprechen, ihm seinen früheren Besitz wiederzubeschaffen, und blieben außerhalb der Mauern, während die kaiserlichen Truppen einmarschierten. Die Ritter aus dem Abendland erhielten beträchtliche Belohnungen, aber von Plünderungen, wie sie eine siegreiche Armee üblicherweise erwarten durfte, konnte in diesem Fall keine Rede sein.

Trotzdem waren die Leute guten Mutes und bester Hoffnung. »Wenn sich Antiochia nicht noch als Stolperstein erweist«, schrieb Stephan von Blois an seine Frau, »sind wir in hoffentlich fünf Wochen in Jerusalem.« Indessen erwies sich ihr Vormarsch schwieriger als angenommen. Sie waren an die Hitze des anatolischen Sommers nicht gewöhnt, litten unter Wassermangel, und da die Türken vor ihnen die Taktik der verbrannten Erde angewandt hatten, auch an Lebensmittelknappheit. Als sie sich Dorylaeum näherten, wurde die aus den italienischen und französischen Normannen, einem byzantinischen Kontingent und einigen Flamen bestehende Vorhut vom Heer Kilic Arslans angegriffen. Die Türken hatten aus ihren Erfahrungen vor Nizäa gelernt und vermieden geschickt eine Frontalattacke durch die berittenen Kreuzfahrer. Ihre bewaffneten Bogenschützen umkreisten das feindliche Heer unaufhörlich. Doch die christlichen Fußsoldaten wurden von den Männern und Rittern Bohemunds verteidigt, die Stand hielten, bis die Nachhut unter Gottfried von Bouillon, Raimund von Toulouse und Adhémar van Le Puy zu ihrer Rettung eintraf und die Türken in die Flucht schlug. Das türkische Lager, verlassen von den geflohenen Feinden, fiel den Kreuzfahrern in die Hände, und diesmal gehörte ihnen rechtens die Beute.

Nach diesem zweiten Sieg marschierte die Armee weiter durch Anatolien. Hunger und Durst plagten sie noch immer, und zwei weitere Schlachten waren zu schlagen, bevor sie einen sicheren Hafen in Gestalt des christlichen Königreiches »Kilikisch-Armenien« erreichten. Dieser Staat lag als eine Anomalie in der Südostecke Anatoliens: Armenier waren hier von den byzantinischen Kaisern zur Belohnung für geleistete Kriegsdienste angesiedelt worden und hatten Zuzug durch von den Türken aus dem armenischen Kernland beim Van-See vertriebene Landsleute erhalten.

Nach einer Zeit der Ruhe und Erholung als Gäste der Armenier in deren Hauptstadt Marash stieg das Kreuzfahrerheer unter Adhémar von Le Puy aus den Bergen herab, erkämpfte sich den Übergang über den Orontes und gelangte am 21. Oktober 1097 nach Antiochia. Antiochia bot einen Furcht einflößenden Anblick: eine fast fünf Kilometer lange und zwei Kilometer breite Stadt, zur einen Hälfte in der Orontesebene, zur anderen an den steilen Hängen des Silpius-Gebirges gelegen, mit vierhundert die Mauer gliedernden Türmen. Diese Mauer war von Kaiser Justinian erbaut und hundert Jahre vor Eintreffen der Kreuzfahrer von den Byzantinern noch einmal verstärkt worden. Am höchsten Punkt, dreihundert Meter über der Stadt, erhob sich eine mächtige Zitadelle. Die Stadt war eine der Metropolen des Römischen Reiches gewesen und bildete auch jetzt noch das strategische Einfallstor für ganz

Nordsyrien, eigentlich ein reicher, mächtiger Stadtstaat mit großem Hinterland und zahlreicher christlicher Bevölkerung, doch mit einer starken türkischen Besatzung. Denn die Türken hatten Antiochia 12 Jahre zuvor von den Byzantinern erobert.

Die Anführer des lateinischen Heeres konnten sich nicht einig werden, ob sie die Stadt sofort stürmen oder erst noch auf Verstärkung warten sollten. Aus diesem Zögern der Kreuzfahrer zogen die Türken Vorteil und machten immer wieder Ausfälle, um Fouragetrupps (Verpflegungstrupps) anzugreifen. Die Belagerung zog sich in die Länge. Frierend, nass und hungrig gelangte das Christenheer an einen moralischen Tiefpunkt. Die Leute fragten sich schon, ob Gott sie nicht, als Strafe für ihre Missetaten, verlassen habe. Auf ihrem Marsch durch Anatolien hatten sie bereits eine Menge Pferde und Maultiere verloren, so dass drei Viertel der Ritter zu Fuß gehen mussten, und jetzt verzehrten sie die restlichen Tiere, nur um ihr Leben zu fristen. Die Preise für die aus Armenien herbeigeschafften Lebensmittel waren nur für die Reichen erschwinglich. Einige verarmte Flamen, die Peter dem Einsiedler gefolgt waren, die so genannten »Tafuren«, aßen die von ihnen getöteten Türken. »Unsere Soldaten«, schrieb Radulph von Caën, »kochten erwachsene Heiden in Kochtöpfen; Kinder brieten sie am Spieß und verzehrten sie gegrillt.«[102] Im Januar 1098 wurde Peter der Einsiedler von Tankred bei einem Fluchtversuch ertappt und ins Lager zurückgebracht. Im Februar gab das byzantinische Kontingent die Belagerung auf. Und was das Schlimmste war: Die Nachricht erreichte die Kreuzfahrer, ein großes Heer unter Kerbogha von Mosul sei im Anmarsch, um Antiochia zu entsetzen.

In dieser höchsten Not deckte Bohemund von Tarent seine Karten auf. Er hatte einen zu allem bereiten Verräter in Antiochia, verlangte aber zuerst die Zusicherung der anderen Kreuzfahrer, dass die Stadt, sollte sie erobert werden, ihm zufiel. Der Rat der Großen setzte sich über die Einwände Raimunds von Toulouse, des Hauptrivalen Bohemunds, hinweg und erklärte sich einverstanden. Im sicheren Vorgefühl, dass die Übergabe der Stadt nahe bevorstand, machte sich Stephan von Blois auf den Weg zurück in die Heimat. Am selben Tag täuschten die übrigen Kreuzfahrer einen Rückzug vor, kehrten jedoch im Schutz der Dunkelheit zurück, wurden von Bohemunds Spion eingelassen und bemächtigten sich der Stadt.

Als Kerbogha von Mosul nach Antiochia gelangte, wurden aus den Belagerern Belagerte. Aber sie entdeckten wunderbarerweise unter der Kathedrale die Heilige Lanze, die Christi Seite am Kreuz durchbohrt hatte. Begeistert über diesen Fund wagten sie einen kühnen Ausfall und schlugen die Sarazenen in die Flucht.

Zunächst hielt man es nicht für ratsam, in der Sommerhitze nach Jerusalem weiterzumarschieren, weshalb das Kreuzfahrerheer vorerst noch in Antiochia verblieb. Der Tag des Abmarsches wurde auf Allerheiligen, den 1. November, festgelegt. In der Zwischenzeit brachen die abenteuerlustigeren Ritter auf, um dem Beispiel Balduins von Boulogne zu folgen, der im selben Jahr auf dem Gebiet von Edessa den ersten lateinischen Staat gegründet hatte. Mit nur 80 Rittern war er in die Stadt eingedrungen, von dem armenischen Befehlshaber Thoros willkommen geheißen und an Sohnes statt angenommen worden. Doch war Thoros bei seinen monophysitischen Untertanen nicht beliebt. Nur einen Monat später wurde er, wahrscheinlich mit Balduins Einverständnis, abgesetzt und hingerichtet, so dass jetzt Balduin Alleinherrscher in Edessa war.

Im Juli kam die Pest nach Antiochia und holte sich am 1. August Adhémar von Le Puy als Opfer. Als päpstlicher Legat und geistlicher Führer des Kreuzzugs hatte er, ein kluger, konzilianter Charakter, eine kaum zu überschätzende Rolle als Friedensstifter und Beschwichtiger der streitsüchtigen, hochfahrenden Ritter gespielt. Um der Pest zu entgehen, verließen jetzt viele Ritter Antiochia. Die Moral der Truppe sank erneut. Der schwelende Streit zwischen Bohemund und Raimund riss eine immer größere Kluft zwischen ihren normannischen und provençalischen Gefolgsleuten auf. Und gern höhnten die Normannen, die Heilige Lanze sei ja nur eine Fälschung.

Im September schrieben die Anführer, nach Antiochia zurückgekehrt, an Papst Urban und baten ihn, persönlich zu kommen und den Kreuzzug zu leiten. Das Allerheiligenfest kam und ging. Raimund willigte schließlich ein, dass Bohemund Antiochia bekam, doch nur unter der Bedingung, dass der Rivale auch am Angriff gegen Jerusalem Teil nahm. Bohemund nahm die Bedingung an. Aber die Anführer waren durch Apathie wie gelähmt. Die Wochen schleppten sich dahin. Nur auf Drängen der immer erregteren Offiziere und Mannschaften stimmten die Anführer schließlich der Ernennung Raimunds von Toulouse zum Oberbefehlshaber zu.

Am 13. Januar 1099 endlich brach das Heer in Antiochia auf und nahm den zwischen dem Gebirge und der Mittelmeerküste verlaufenden Weg. Die meisten Emire zahlten der heranrückenden Schar der furchtbaren *Franj* lieber Schutzgelder, als dass sie den Marsch behindert hätten. Die bedeutenderen Machthaber in Damaskus, Aleppo und Mosul dagegen sahen untätig zu. Es lag nicht in ihrem Interesse, so wie sie es verstanden, den Fatimiden-Kalifen in Ägypten, die im Jahr zuvor Jerusalem zurückerobert hatten, zu Hilfe zu kommen.

Am 7. Juni 1099 schlug das Kreuzfahrerheer vor den Mauern der Heiligen Stadt sein Lager auf. Nicht so groß wie Antiochia und von weit geringerer politischer und strategischer Bedeutung, war Jerusalem, seit Kaiser Hadrian die Stadt wieder hatte aufbauen lassen, doch recht gut befestigt. Denn Byzantiner, Omayyaden und Fatimiden – sie alle hatten die Verteidigungsanlagen immer wieder erneuert. Und der Fatimiden-Gouverneur der Stadt, Iftikhar, war mehrfach vor den anrückenden Kreuzfahrern gewarnt worden. Die christlichen Einwohner hatten die Stadt verlassen müssen, nicht jedoch die Juden. Die Zisternen waren bis oben mit Wasser gefüllt, die Lebensmittelmagazine in bestem Zustand, während man die Brunnen vor der Stadt verrammelt oder vergiftet hatte. Auf den Wällen warteten die arabischen und sudanesischen Besatzungstruppen, auch war schon Hilfe aus Ägypten angefordert worden.

Die Kreuzfahrer, die sich ihrer Gefährdung durch ein Entsatzheer völlig bewusst waren, Mangel an Nahrung und Wasser litten und über keine schweren Belagerungsmaschinen wie bewegliche Türme und Katapulte verfügten, waren sich im Klaren darüber, dass sie sich keine lange Belagerung leisten konnten. Nur noch ein Drittel der Männer, die vor zwei Jahren Europa verlassen hatten, war am Leben. Zog man die nicht kämpfenden Pilger, unter ihnen Frauen und Kinder, ab, so lief das auf eine Streitmacht von etwa 12 000 Fußsoldaten und zwölf- bis dreizehnhundert Berittenen hinaus. Von den Byzantinern war keine Hilfe zu erwarten. Kaiser Alexios verhandelte sogar, statt die Kreuzfahrer zu unterstützen, mit dem Kalifen in Kairo.

Wie durch göttliche Fügung liefen aber plötzlich Schiffe aus England und zwei Galeeren aus Genua im Hafen von Jaffa, den die Muslime verlassen hatten, ein. Sie hatten Lebensmittel für die Truppe geladen, auch Nägel, Nuten und Bolzen. Tankred und Robert von Flandern eilten bis nach Samaria, um geeignetes Holz aufzutreiben, und kamen mit Baumstämmen auf Kamelrücken zurück. Zimmerleute von den genuesischen Galeeren machten sich an die Arbeit und bauten bewegliche Türme, Katapulte und Sturmleitern.

In der Nacht auf den 14. Juli begann der Sturm auf Jerusalem. Der erste bis zur Mauer vorgeschobene Turm gehörte Raimund von Toulouse, doch wurde die Verteidigung an dieser Stelle vom muslimischen Gouverneur Iftikhar selbst geleitet, und den Provençalen glückte es nicht, auf den Wällen Fuß zu fassen. Am Morgen des 14. Juli aber wurde der Turm Gottfrieds von Bouillon an die Nordmauer herangeschoben, und mittags gelang es, eine Brücke vom obersten Stockwerk zur Mauer hinüberzuschlagen, von der aus Gottfried selbst und Eustachius von Boulogne den Angriff leiteten. Als Erste stürmten zwei flämische Ritter, Litold und

Gilbert von Tournai, über die Brücke, dicht gefolgt von den ersten Rittern des lothringischen Kontingents, und hinter ihnen Tankred und seine normannischen Ritter. Während Gottfried seine Männer ausschickte, die Stadttore von innen zu öffnen, erkämpfte sich Tankred seinen Weg durch die Straßen zum Tempelberg, den sich einige Muslime als letztes Bollwerk ausersehen hatten. Aber Tankred war zu schnell für sie. Er nahm den Felsendom, plünderte seine kostbaren Schätze und erlaubte den kapitulierenden Muslimen gegen das Versprechen eines beträchtlichen Lösegelds, sich in die al-Aksa-Moschee zurückzuziehen, über der er als Schutzzeichen sein Banner aufzog.

Iftikhar suchte mit seinem Leibwächter Zuflucht im Turm Davids, überließ diesen aber bald darauf Raimund von Toulouse gegen die Auslieferung des Stadtschatzes und sicheres Geleit aus der Stadt für ihn und seinen Gefolgsmann. Raimund nahm die Bedingungen an, setzte sich in den Besitz der Zitadelle und eskortierte Iftikhar und seinen Leibwächter aus der Stadt. Die beiden waren die einzigen Muslime, die mit dem Leben davonkamen. Denn im Siegesrausch und noch erhitzt vom Kampf schlachteten die Kreuzfahrer die Bürger der Stadt ohne Rücksicht auf Alter oder Geschlecht mit derselben Bedenkenlosigkeit ab, die die Legionäre des Titus vor über tausend Jahren bewiesen hatten. Tankreds Banner auf der al-Aksa-Moschee hielt die Soldaten nicht davon ab, ins Innere einzudringen. Alle darin befindlichen Flüchtlinge fanden den Tod. Die Jerusalemer Juden flüchteten sich in ihre Synagoge. Die Kreuzfahrer zündeten das Gebäude an, und die Juden verbrannten bei lebendigem Leib.

Raimund von Aguilers, Kaplan Raimunds von Toulouse, verschwieg nicht die Schrecken, deren Zeuge er geworden war, als er in seiner Chronik die Einnahme Jerusalems schilderte. Beim Aufstieg auf den Tempelberg watete er bis zu den Knöcheln im Blut. »In allen ... Straßen und auf allen Plätzen der Stadt sah man Berge abgeschlagener Köpfe, Hände und Füße. Wie selbstverständlich stiegen die Leute über tote Menschen und Pferde.« Doch für ihn hatten die muslimischen Verteidiger nur bekommen, was sie verdient hatten. »Es war ein gerechtes und wunderbares Urteil Gottes, dass das Blut der Gotteslästerer vom selben Ort aufgenommen wurde, von dem ihre Lästerungen so lange zum Himmel aufgestiegen waren.«

Muslimische Schriftsteller verwiesen gern auf den Gegensatz zwischen der Bestialität der Franken und der Rücksichtnahme und Demut Kalif Omars, als er im Jahr 638 Jerusalem erobert hatte. Die Christen pflegten zu entgegnen, dass sich damals die Byzantiner kampflos ergeben hatten. Doch solche Auseinandersetzungen kamen erst später. Im Augenblick herrschte großer Jubel, dass Papst Urbans Auftrag ausgeführt und die Gelübde der Kreuzfahrer erfüllt waren. Nach dreijährigen Leiden und Strapazen und einer 3 500 Kilometer langen Reise in mörderischem Klima und durch feindliche Länder hatten die Pilger das Ziel ihrer Wallfahrt erreicht. Am 17. Juli zogen die Herzöge, Grafen, Bischöfe, Priester, Prediger, Visionäre, Krieger und Angehörige des Trosses in einer Prozession durch die Straßen der verlassenen Stadt zur Kirche vom Heiligen Grab. Dort dankten sie Gott für ihren herrlichen Sieg und zelebrierten das Messopfer an der heiligsten Stätte ihrer Religion – am Grab, aus dem Jesus von Nazareth, der lebendige Tempel des Neuen Bundes, von den Toten auferstanden war.

II.

Die Templer

5. Die »Miliz der armen Ritter Jesu Christi«

In den Jahren nach der Einnahme Jerusalems wurden vier Staaten in den eroberten Gebieten errichtet, die man in Westeuropa als *Outre mer* – Übersee – bezeichnete. Im Norden lag das Fürstentum Antiochia, beherrscht von Bohemund von Tarent, dem Normannen aus Süditalien. Zum Osten hin erstreckte sich jenseits des Euphrat die Grafschaft Edessa, regiert von Balduin von Boulogne. Südlich von Antiochia schloss sich die Grafschaft Tripolis an, erobert von Raimund von Saint-Gilles, dem Grafen von Toulouse, der bei der Belagerung der Stadt im Jahr 1105 fiel. Noch weiter südlich erstreckte sich von Beirut im Norden bis Gaza im Süden das Königreich Jerusalem mit seinem Herrscher Gottfried von Bouillon, der sich, da er sich an einem Ort, wo Christus die Dornenkrone getragen hatte, nicht König nennen wollte, den Titel »Verteidiger des Heiligen Grabes« zulegte.

Papst Urban II. war in Rom zwei Wochen nach dem Sieg der Kreuzfahrer, doch noch ehe die Nachricht vom Fall der Stadt in den Westen gelangen konnte, gestorben. Vor seinem Tod hatte er einen Erzbischof aus Pisa, Daimbert, zum Nachfolger Adhémars von Le Puy als für den Kreuzzug zuständigen Legaten ernannt. Daimbert wurde Patriarch von Jerusalem und versuchte nach Gottfrieds Tod im Jahr 1100 sich selbst als theokratischen Herrscher an dessen Stelle zu setzen. Das aber lehnten die fränkischen Ritter ab. Sie holten sich stattdessen Gottfrieds Bruder, Balduin von Boulogne, aus Edessa. Balduin hatte weniger Skrupel, den Königstitel anzunehmen, und am Weihnachtstag des Jahres 1100 krönte ihn der unterlegene Daimbert in der Geburtskirche zu Bethlehem zum König von Jerusalem.

Die jetzt im lateinischen Syrien und Palästina geltende Gesellschaftsordnung beruhte auf dem westeuropäischen Feudalsystem. Erobererheere mit starken Führern wie Wilhelm dem Eroberer in England oder Roger von Hauteville in Sizilien hatten es seinerzeit diesen Führern ermöglicht, auch nach ihren Siegen eine straffe Herrschaft über ihre Vasallen zu errichten. Das war jetzt anders. Gottfried von Bouillon und dann Balduin von Boulogne waren von den Anführern des Kreuzzugs als Erste unter Gleichen zu Königen gewählt worden. Deshalb legten sie Wert auf die Rechte ihrer Vasallen, ja ließen diese Rechte kodifizieren, was es im Westen noch nie gegeben hatte. Die Bindung der Fürsten von Tripolis und Antiochia und der Grafen von Edessa an die Könige in Jerusalem war ebenso schwach wie die der großen Grafen und Herzöge Frankreichs an ihren König. Sie unterstellten sich seiner Führung nur, wenn sie bemerkten, dass ihre eigene Sicherheit durch muslimische Koalitionen bedroht war. Bohemunds junger Neffe Tankred, der Galiläa und Sidon erobert hatte, besaß diese Gebiete als Vasall König Balduins, handelte jedoch wie ein souveräner Fürst. Ein Fürst konnte einen anderen auch vertreten oder ersetzen, als handelte es sich um Verschiebungen auf einem Schachbrett. Als Bohemund auf einer Expedition gegen die Danischmend-Türken in Gefangenschaft geriet, regierte Tankred das Fürstentum Antiochia in seiner Abwesenheit. Und als Balduin von Boulogne den Thron in Jerusalem bestieg, wurde sein Vetter Balduin von Le Bourg Graf von Edessa. Nach dem Freikauf Bohemunds kam die Reihe, in Gefangenschaft zu geraten, an Balduin von Le Bourg, woraufhin Tankred die Regierung in Edessa übernahm, um schließlich wieder als Herrscher in Antiochia aufzutreten, als sein Onkel Bohemund, um Verstärkungen zu holen, nach Europa reiste.

Von Anfang an herrschte in Outremer Soldatenmangel. Im Herbst 1099 hatten sich nach dem Sieg über das zum Entsatz Jerusalems herangerückte ägyptische Heer die meisten Kreuzfahrer, die mit dem Leben davongekommen waren, auf die Heimreise begeben. Gottfried von Bouillon jedoch blieb mit etwa 300 Rittern und tausend Mann Fußvolk in Jerusalem. Auch Balduin I. verfügte bei seiner Regierungsübernahme über keine größere Anzahl. Die schwache Position des Königreichs Jerusalem konnte aber nur durch weitere Expansion, insbesondere durch Einnahme der Mittelmeerhäfen, gesichert werden, wenigstens solange keine unmittelbare Invasion der Fatimiden drohte und die ortsansässigen Christen zu Hilfeleistungen bereit waren. In Europa erkannte man diese Problematik, und so brachen dort, in der Hoffnung auf Ruhm und geistlichen Lohn, der den siegreichen ersten Kreuzfahrern so reichlich zuteil geworden war, weitere Kontingente auf – Franzosen, Lombarden, Bay-

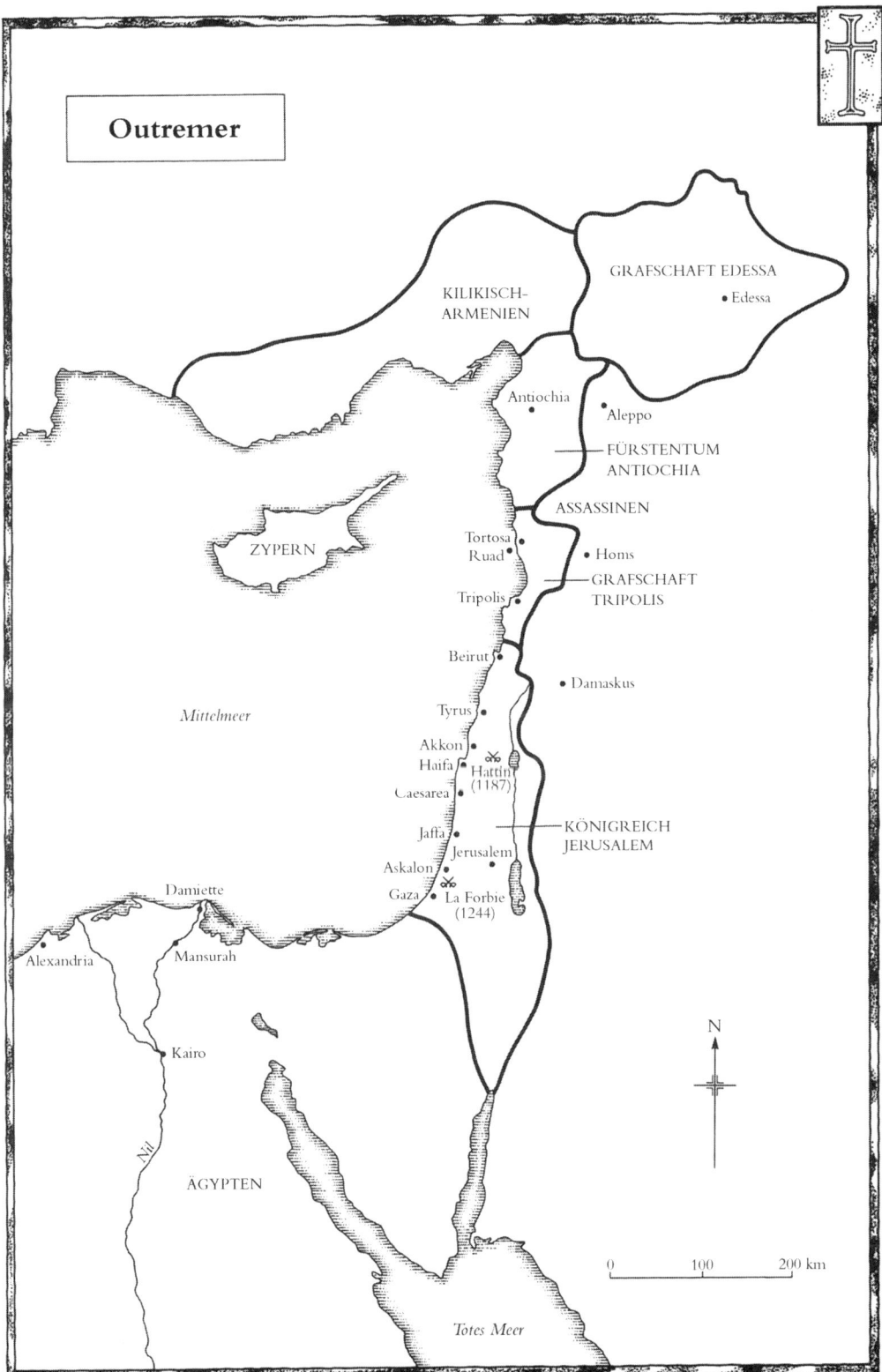

Outremer

KILIKISCH-
ARMENIEN

GRAFSCHAFT EDESSA

• Edessa

Antiochia •

Aleppo •

FÜRSTENTUM
ANTIOCHIA

ASSASSINEN

ZYPERN

Tortosa •
Ruad •

Homs •

GRAFSCHAFT
TRIPOLIS

Tripolis •

Beirut •

Damaskus •

Mittelmeer

Tyrus •

Akkon •
Haifa •
Caesarea •

Hattin
(1187)

KÖNIGREICH
JERUSALEM

Jaffa •

Jerusalem •

Askalon •
Gaza •

La Forbie
(1244)

Damiette •

Alexandria •

Mansurah •

N

Kairo •

Nil

0   100   200 km

ÄGYPTEN

Totes Meer

ern. Sie alle wurden aber beim Marsch durch Anatolien angegriffen und aufgerieben. Nur eine kleine Schar konnte sich nach Konstantinopel zurück retten.

Nützlicher für König Balduin waren da die Matrosenkontingente der italienischen Seerepubliken – Pisa, Venedig und Genua. Sie erfassten, welche Gelegenheit sich durch den lateinischen Besitz der Mittelmeerküste im Osten bot, und ließen sich ihre Unterstützung bei der Belagerung der Häfen durch Handelsprivilegien bezahlen. Haifa, Jaffa, Arsuf, Caesarea, Akkon, Sidon – eine Hafenstadt nach der andern fiel an die lateinischen Truppen, bis mit dem Fall von Tyrus im Jahr 1124 die Fatimiden ihren letzten Stützpunkt in Palästina verloren und die Küstenlinie Outremers gesichert war.

Schwieriger gestaltete sich die Befriedung im Innern. Die italienischen Galeeren brachten neben Matrosen auch immer mehr Pilger ins Land, die sich durch die Nachricht vom Sieg der Kreuzfahrer zur Wallfahrt nach Zion aufgerufen fühlten. Manche waren bewaffnet, andere nur mit Pilgertasche und -stab ausgerüstet. Die Unterscheidung zwischen Pilger und Kreuzfahrer blieb weiterhin unklar. Die Leute beteten nicht nur in der Kirche vom Heiligen Grab, um ihre Gelübde zu erfüllen, sondern besuchten jetzt auch die vielen heiligen Stätten in Judäa und Samaria, aus denen sie durch ihre Vertrautheit mit der Heiligen Schrift und ohne Rücksicht auf historische Stimmigkeit eine Art Lehrpfad der christlichen Religion machten. In Jerusalem befand sich der Felsendom, jetzt aus einer Moschee zur Kirche geworden, welche die Stelle heiligte, wo Jesus die Geldwechsler gezüchtigt hatte, und bei den Kreuzfahrern der Tempel des Herrn genannt. In der Südostecke des Tempelbergs stand das Haus des heiligen Simeon mit dem Bett der Jungfrau und der Wiege und Badewanne des Jesuskindes, und im Norden des Tores Jehoschaphat eine Kirche, erbaut an der Stelle des Hauses, das Joachim und Anna, die Eltern der heiligen Jungfrau, bewohnt hatten. Der Heiligen Stadt benachbart lagen das Haus des Zacharias, wo Johannes der Täufer geboren war, Marias Brunnen, wo Maria und Joseph umgekehrt waren, um den zwölfjährigen Jesus in Jerusalem zu suchen, ferner die Stelle, wo der Baum gefällt worden war, aus dem das Kreuz zur Hinrichtung Jesu gezimmert wurde, und der Platz, wo der Gottessohn seine Schüler das Vaterunser gelehrt hatte.

Ein viel begangener Weg für christliche Pilger führte von Jerusalem östlich nach Jericho und zum Jordan, in dessen Wasser sich viele noch einmal rituell taufen ließen. Hier kamen sie auch an dem großen Stein vorbei, von dem aus Jesus den Esel bestieg, auf dessen Rücken er am Palmsonntag in Jerusalem einzog, an der Grube, in die Joseph von seinen

Brüdern geworfen worden war, an dem Stumpf des Baumes, den der Zöllner Zachäus erklettert hatte, um Jesus besser zu sehen, an der Straßenbiegung, wo der barmherzige Samariter auf das Opfer eines Raubüberfalls gestoßen war, an der Stelle, wo die heilige Familie auf ihrer Flucht gerastet, und schließlich an der Furt, wo Johannes der Täufer Jesus im Jordanwasser getauft hatte.

Auf Grund des unwegsamen Geländes und der feindseligen Muslime in der Bevölkerung war diese Route nicht sicherer als seinerzeit in den Tagen des barmherzigen Samariters. Von dem Augenblick an, da die Pilger in Jaffa oder Caesarea an Land gingen, mussten sie Angriffe sarazenischer Räuber und beduinischer Briganten befürchten, die in den Höhlen der judäischen Berge lebten. Bewaffnete Pilger konnten sich selbst verteidigen, für die unbewaffneten jedoch gab es keinen Schutz. Die König Balduin zur Verfügung stehenden Truppen hatten vollauf damit zu tun, strategisch wichtige Festungen und die Mittelmeerhäfen zu sichern.

Im Jahr 1104 kam Graf Hugo von der Champagne mit einem Rittergefolge ins Heilige Land. Von Troyes am Oberlauf der Seine aus herrschte er über ausgedehnte, reiche Ländereien, die einst Teil des von Karl dem Kühnen hinterlassenen westlichen Frankenreichs gewesen waren. Den frommen unglücklich verheirateten Hugo quälten Zweifel, ob er wirklich Vater seines ältesten Sohnes sei. Unter seinen Vasallen befand sich ein Ritter namens Hugo von Payns. Wahrscheinlich war Payns, von Troyes aus ein paar Kilometer seineabwärts gelegen, sein Geburtsort. Er war mit dem Grafen der Champagne verwandt, besaß das Lehen Montigny und diente als Beamter am Hof des Grafen.

1108 kehrte Graf Hugo nach Europa zurück, hielt sich aber schon 1114 wieder in Jerusalem auf. Ob Hugo von Payns ihn bereits auf der ersten Pilgerfahrt begleitet hatte oder erst jetzt ins Heilige Land kam, ist nicht sicher. Jedenfalls scheint er in Jerusalem geblieben zu sein, als sich Graf Hugo erneut auf den Heimweg machte. Inzwischen hatte Balduin von Le Bourg, Vetter des kinderlosen Königs Balduin I., dessen Nachfolge angetreten und Warmund von Picquigny die Nachfolge des Patriarchen Daimbert. Ihnen beiden schlugen nun Hugo von Payns und ein Ritter namens Gottfried von Saint-Omer die Gründung einer Ritterkommunität vor, die sich den Regeln eines Mönchsordens unterwerfen und dem Schutz von Pilgern widmen sollte. Die Ordensregel, die ihnen vorschwebte, war die des Augustinus von Hippo, der auch die Kanoniker der Kirche vom Heiligen Grab in Jerusalem folgten.

Hugos Vorschlag wurde vom König und vom Patriarchen angenommen, und am Weihnachtstag des Jahres 1119 legten Hugo von Payns und acht andere Ritter, darunter Gottfried von Saint-Omer, Archibald von Saint-Aignan, Payen von Montdidier, Gottfried Bissot und ein Ritter namens Rossal, vielleicht auch Roland, vor dem Patriarchen in der Kirche vom Heiligen Grab die Gelübde der Armut, Keuschheit und des Gehorsams ab. Sie nannten sich »Miliz der armen Ritter Jesu Christi« und trugen zuerst noch keine besondere Tracht, sondern nur die Kleider ihres weltlichen Berufs. Um ihnen ein ausreichendes Einkommen zu verschaffen, statteten Patriarch und König sie mit einer Anzahl Lehen aus. König Balduin II. stellte ihnen außerdem Wohnraum in dem Palast zur Verfügung, den er sich in der al-Aksa-Moschee am Südrand des Tempelbergs eingerichtet hatte. Bei den Kreuzfahrern hieß er *Templum Salomonis*, Tempel Salomos. Entsprechend nannte man die neuen Ritterbrüder der Reihe nach »Die Miliz der armen Ritter Jesu Christi und des Tempels Salomos«, dann »Die Ritter vom Tempel Salomos«, »Die Ritter vom Tempel«, »Die Templer« oder einfach den »Tempel«.

Möglicherweise hatten Hugo von Payns und seine Gefährten ursprünglich nur die Absicht gehabt, sich in ein Kloster zurückzuziehen oder auch eine dem Hospital von St. Johannes vergleichbare Laienbruderschaft zu gründen, das die Kaufleute von Amalfi noch vor dem ersten Kreuzzug zur Betreuung der Pilger errichtet hatten. Michael der Syrer, ein mittelalterlicher Chronist, vermutete übrigens, es sei König Balduin selbst gewesen, der, sich seiner unzulänglichen Mittel, die innere Sicherheit des Königreichs zu gewährleisten, nur zu gut bewusst, Hugo von Payns und dessen Gefährten nahe gelegt habe, nicht Mönche zu werden, sondern Ritter zu bleiben, »um für sein, Balduins, Seelenheil zu wirken und diese heiligen Stätten vor Räubern zu schützen«. Ein anderer mittelalterlicher Darsteller der Kreuzzüge, Jakob von Vitry, beschrieb ebenfalls die zwei Aspekte ihrer Verpflichtung: »Pilger gegen Briganten und Räuber zu verteidigen«, aber sich auch »der Armut, der Keuschheit und dem Gehorsam, entsprechend den Regeln der Weltgeistlichen, zu ergeben«.

Die Entscheidung der armen Ritter Jesu Christi, weiterhin bewaffnet zu bleiben, dürfte zudem durch die wachsende Unsicherheit der Lateiner in Outremer beeinflusst worden sein. In der Heiligen Woche des Jahres 1119 geriet zum Beispiel eine Schar von 700 unbewaffneten Pilgern auf ihrer Wanderschaft von Jerusalem zum Jordan in einen Hinterhalt der Sarazenen. 300 wurden getötet, 60 als Sklaven abgeführt. Marodierende Sarazenen waren sogar schon bis vor die Mauern Jerusalems vorgedrungen. Es war gefährlich geworden, die Stadt ohne bewaffnete Eskorte zu verlassen. Und als das Jahr vorrückte, erreichte die Nachricht von einer Katastrophe im Fürstentum Antiochia Jerusalem. Roger, Vetter Bohemunds, der die Regentschaft für Bohemunds Sohn Bohemund II. übernommen hatte, kam durch einen Hinterhalt ums Leben, seine Truppen wurden auf dem später so genannten »Blutacker« völlig aufgerieben. Daraufhin ergingen dringende Hilferufe an Papst Calixtus II., an die Venezianer, sogar an den Erzbischof von Compostela in Nordwestspanien. Wie üblich betrachtete man solche Schicksalsschläge als Strafen des Himmels. Man hatte nämlich den Eindruck, einige Lateiner, die sich im Heiligen Land niedergelassen hatten, seien durch die laxen Sitten des Orients verweichlicht und verdorben worden. Eine aus Laien- und geistlichen Führern bestehende Versammlung in Nablus billigte schließlich im Januar 1120 das Projekt des Hugo von Payns wegen der darin enthaltenen spirituellen und praktischen Möglichkeiten.

Man weiß nicht, ob ein Bericht über die Gründung dieser Bruderschaft auch zu Papst Calixtus II. in Rom gelangte. Doch hätte er, als Sohn Graf Wilhelms von Burgund, die Bestrebungen der Ritter höchstwahrscheinlich mit Sympathie verfolgt. Auch dürfte das Unternehmen, das man damals sicher als »gute Idee« empfand – Vereinigung militärischer Qualifikation mit religiöser Berufung – keineswegs als radikale Abweichung von der Norm betrachtet worden sein. Wir haben schon gesehen, dass die Billigung gerechter Kriege durch katholische Theologen zur Sanktionierung der Kreuzzüge herangezogen worden war. Es war anscheinend fast unvermeidlich, dass das »wandernde Kloster«[103] früher oder später die Form eines militärischen Ordens annahm.

Im Jahr 1120 kam Fulko von Anjou, ein mächtiger Magnat aus Mittelfrankreich, als Pilger ins Heilige Land und ließ sich als assoziiertes Mitglied der armen Ritter Jesu Christi registrieren. Offenbar empfand er höchste Wertschätzung für deren Meister, Hugo von Payns, und stattete, nach Frankreich zurückgekehrt, den Orden mit regelmäßigem Einkommen aus. Eine ganze Anzahl französischer Magnaten folgte seinem Beispiel. 1125 kehrte Hugo, Graf von der Champagne, zum dritten und letzten Mal nach Jerusalem zurück. Er hatte seine untreue Gattin verstoßen, den Sohn, der, wovon er jetzt überzeugt war, nicht von ihm war, enterbt und die Grafschaft Champagne seinem Neffen Theobald vermacht.[104] Hugo verzichtete auf all seinen irdischen Reichtum und legte die Gelübde der Armut, Keuschheit und des Gehorsams als armer Ritter Jesu Christi ab.

Doch war dies nicht die folgenreichste Bußtat des Grafen. Etwa zehn Jahre vorher hatte er einen Streifen wilden Waldlandes rund 60 Kilometer östlich von Troyes einer Anzahl Mönche unter Führung eines jungen burgundischen Edelmanns, Bernhard von Fontaines-les-Dijon, zur Gründung eines Klosters geschenkt. Diese Neugründung bei Clairvaux war ein Ableger der Abtei Citeaux, von der ein neuer Mönchsorden, die Zisterzienser, seinen Namen ableitete. Citeaux war 1098 von Robert von

Molesme, einem Benediktinerabt, gegründet worden, nach dessen Meinung die cluniazensischen Kommunitäten die strenge, einfache Regel des Benedikt von Nursia nicht mehr erfüllten. Denn infolge der großen den Cluniazensern zu Teil gewordenen Schenkungen und der damit verbundenen Macht und Verantwortung hatten sich die cluniazensischen Äbte und Priore in weltliche Angelegenheiten verstricken lassen. Die Mönche ließen jetzt ihre Felder durch Leibeigene bebauen, hatten die werktätige Handarbeit aufgegeben und dienten entweder als Verwaltungsbeamte oder als »Chormönche«, die sich einer mit zahlreichen neuen frommen Übungen verknüpften, höchst kunstvollen Liturgie widmeten. Die Abteikirche Cluny, die größte Europas, war überreich ausgestattet und ausgeschmückt. Geld floss in die Klostertruhen nicht nur aus Renten, Zehnten und Lehensrechten, sondern auch infolge der Pilgerströme, die, in Cluny aufbrechend, die cluniazensischen Klöster als Stationen auf ihrem Weg zum Heiligtum des heiligen Jakob in Compostela in Nordwestspanien aufsuchten.

Ein kurzer Überblick über diese neue Phase monastischer Erneuerung zeigt, wie eng alle an den ersten Templeraktivitäten Beteiligten miteinander verbunden waren. Robert von Molesme, wie Hugo von Payns bei Troyes geboren, war mit sechzehn Jahren Benediktinermönch und später Abt des cluniazensischen Klosters Saint Michel de Tonnerre geworden, rund 50 Kilometer von Châtillon-sur-Seine entfernt, wo Bernhard zur Schule ging. Auf Bitten einiger Einsiedler, die im benachbarten Wald von Colan lebten, verließ Robert sein Amt, um sie in ein Leben nach der Benediktinerregel einzuweisen. Später führte er diese Kommunität auf ein seiner Familie gehörendes Grundstück auf einem steilen Felsrücken, der den kleinen Fluss Laignes zwischen Tonnerre und Châtillon-sur-Seine überragte. Hier gründete er das Kloster Molesme.

Noch für zwei andere Mönche, die den steilen Pfad zur Vervollkommnung suchten, wurde Molesme zur Durchgangsstation. Der eine war Bruno, geboren in Köln, hatte an der Schule der Kathedrale zu Reims studiert und dann selbst gelehrt. Unter seinen Schülern befand sich Odo von Lagery, ein junger Edelmann aus Burgund. Er wurde Mönch in Cluny und dann jener Papst, der den ersten Kreuzzug predigte: Urban II. Auf Grund eines Zerwürfnisses mit dem Erzbischof von Reims floh Bruno die Welt und lebte als Eremit unweit Molesme. Doch war ihm seine Klause immer noch nicht abgelegen genug, weshalb er weiter südlich nach Savoyen wanderte, um dort eine Anzahl Einsiedeleien in den Bergen von Chartreuse zu gründen. La Grande Chartreuse wurde zum Mutterhaus des strengsten Klosterordens von allen, der Kartäuser, mit vielen Ablegern, den »Kartausen«, überall auf der Welt.

Ein zweiter Mönch, der sich einige Zeit in Molesme aufhielt, war Stephan Harding, Engländer, Mitglied des angelsächsischen Hochadels, dessen Familie infolge der normannischen Eroberung des Jahres 1066 ruiniert worden war. Zuerst floh er nach Schottland, dann nach Frankreich, studierte in Paris und machte 1085 als 25-Jähriger eine Pilgerfahrt nach Rom, wo er sich die Tonsur eines Benediktinermönchs schneiden ließ. Dann kehrte er über die Alpen zurück und schloss sich der Kommunität Molesme an.

Hier hatte der Ruf Roberts, in besonderer Heiligkeit zu stehen, zu Schenkungen Anlass gegeben, die wiederum bei vielen Mönchen zu einer gewissen Laxheit führten. Das erschien ihrem Abt als unverträglich mit seiner Vorstellung von einem Leben als Benediktiner. Im Jahr 1098, ein Jahr vor der Eroberung Jerusalems durch die Kreuzfahrer, verließ daher Robert mit etwa zwanzig Anhängern, unter ihnen Alberich und Stephan Harding, Molesme und wandte sich nach kurzem Aufenthalt in der Diözese Langres gen Süden, um in Citeaux, 25 Kilometer südlich Dijon, ein Kloster zu gründen. Hier war es ihm und seinen Anhängern möglich, so zu leben, wie es ihrer Vorstellung von der Regel des Benedikt von Nursia entsprach. Sie verzichteten auf die langen Litaneien und Gebete, mit welchen die Chormönche in Cluny ihren Tag verbrachten, und lehnten jeden Kontakt zum ortsansässigen Adel ab. Die Gemeinschaft lebte autark: Harte körperliche Arbeit war wesentlicher Bestandteil des Mönchsalltags. Zum Zeichen, dass sie sich einem reinen Leben weihen wollten, kleideten sie sich nicht mehr schwarz, sondern weiß. Kinder als Laienbrüder nahmen sie nicht auf und beschäftigten keine Leibeigenen, ließen aber Laienbrüder zur Arbeit auf ihren Gütern zu, falls sich diese in einiger Entfernung vom Kloster befanden. Die Laienbrüder lebten in besonderen Gutshöfen, so genannten »Grangien«, zusammen.

Nach Roberts Weggang war die Moral in Molesme weiter gesunken. Papst Urban II. befahl ihm deshalb die Rückkehr. Als Äbte von Citeaux folgten Robert zuerst Alberich von Aubrey, dann Stephan Harding. Die Päpste gewährten den Zisterziensern, beeindruckt von deren Zucht und Strenge, immer wieder Ausnahmen von der Zahlung des Zehnten und den gutsherrschaftlichen Abgaben. Doch durch ihre Zurückhaltung entfremdeten die Mönche sich dem burgundischen Adel, und die Strenge, von der die Päpste so begeistert waren, schreckte viele ab, die eine Berufung zum Mönch in sich verspürten. In den ersten Jahren, in denen Stephan Harding die Abtswürde innehatte, sah es schon so aus, als würde das ganze Projekt scheitern. Aber 1113 erschien der charismatische junge Bernhard aus Fontaines-les-Dijon mit 35 Verwandten und Freunden in Citeaux. Das bedeutete die Auffrischung und Verjüngung des Zisterzienserordens. Ende des Jahrhunderts gab es in ganz Europa 1200 mit dem Mutterhaus verbundene Zweigklöster.

Drei Jahre nach seiner Zulassung zum Kloster Citeaux führte Bernhard selbst zwölf andere Mönche in das bewaldete »Drachental«, einen berüchtigten Unterschlupf für Räuber, um dort ein Kloster zu gründen. Das Gelände war ihm und den Mönchen von Hugo, dem Grafen der Champagne, geschenkt worden. Sie veränderten den Namen in »Lichttal«, »Clairvaux«, machten sich ans Roden des Waldes und erbauten eine Kirche und Unterkünfte. Nicht lange, und Clairvaux zog ganze Scharen frommer junger Männer an.

Ende des 20. Jahrhunderts, in dem Mönche als randständige Sonderlinge erscheinen, fällt es schwer zu begreifen, warum damals so viele Menschen, die zur Elite ihrer Länder gehörten, ein Leben der Selbstverleugnung wählten. Ohne die ehrliche Überzeugung dieser Menschen, dass sie auf einen Ruf Gottes antworteten, in Frage zu stellen, muss doch bedacht werden, dass für den Spross eines adligen Hauses, auch des niederen Landadels, damals und noch für längere Zeit nur die Alternative Kampf oder Gebet bestand – Krieg oder Gottesdienst, Scharlachrot oder Schwarz.

Man kann sich gut vorstellen, dass so ein junger Mann von sensiblem oder lernbegierigem Wesen – vielleicht auch nur mit einer Abneigung gegen Gewalt und Blutvergießen – von einer frommen, liebevollen Mutter in einen Mönchsorden gedrängt wurde. Genau das war anscheinend bei Bernhard und seiner Mutter, Aleth von Montbard, der Fall. Wer in eins der weniger strengen Klöster wie etwa Cluny eintrat, konnte mit einer Laufbahn in der kirchlichen Hierarchie oder als Staatsdiener rechnen, ja endete vielleicht sogar, wie Odo von Lagery, als Papst. Oder er besaß jetzt zumindest die Freiheit, sich den Wissenschaften und der Gelehrsamkeit zu widmen. Stephan Harding beispielsweise war ein Gelehrter ersten Ranges, der den Text der lateinischen Bibel revidierte und jüdische Rabbis zu Hilfe rief, wenn er das Hebräische des Alten Testaments nicht richtig verstand.

Bernhards Entschluss, die engste Pforte und den steilsten Weg zum Himmelreich in Form des Klosters Citeaux zu wählen, beweist die Reinheit seiner inneren Berufung. Er verrät auch ein beträchtliches Maß an Selbsterkenntnis. Nach Bernhards eigener Aussage ließ sich seine leidenschaftliche, ja gewalttätige Natur nur durch das strenge Zisterzienserleben zähmen. Dass sein Wesen wirklich diese Züge aufwies, zeigt sein Streit mit Petrus Venerabilis, dem Abt von Cluny, über einen jungen Mönch. In seinem Brief an Petrus stellte Bernhard das bequeme, leichte, ja üppige Leben in Cluny verächtlich der kargen Ernährungsweise und den harten Regeln Clairvaux' gegenüber. Mitgerissen von seiner eigenen Rhetorik, geißelt Bernhard den moralischen Niedergang in Petrus' Kloster. Er glüht vor Eifer, provoziert kompromisslos und revolutionär. Selbst die architektonische Schönheit Clunys ist für ihn ein Korruptionssymptom. Petrus in seiner Antwort wirkt dagegen konservativ, maßvoll, entgegenkommend und milde.

Ein anderer Aspekt der Berufung zum Mönch, der einem Menschen mit den Vorstellungen des 21. Jahrhunderts überraschend, wenn nicht gar anstößig erscheint, ist der hohe Wert, der damals der Keuschheit zugemessen wurde. Es fällt schwer, kein Mitleid mit all den jungen adligen Frauen in Burgund und der Champagne zu empfinden, deren potenzielle Ehemänner sich hinter die Mauern der Zisterziensergründungen zurückzogen. Christus selbst hatte für jene gesprochen, die sich selbst um des Himmelreichs willen »unfähig zur Ehe« machten. Und der Apostel Paulus hatte in der frühen Kirche geschrieben, es sei zwar gut, zu heiraten, aber noch besser, ledig zu bleiben. Wie wir gesehen haben, war Augustinus von Hippo der Meinung, eine volle Hingabe an Christus sei nicht vereinbar mit der Ehe. Und eine der großen Kampagnen des Papsttums im 11. und 12. Jahrhundert hatte zum Ziel, das Zölibat für Priester durchzusetzen.

Aus einer Reihe von Faktoren lässt sich also erklären, was im 21. Jahrhundert eher als Neurose erscheint. In erster Linie war es die Grundüberzeugung eines Eremiten, dass es den Weg zu Christus verschloss, wenn man seinen atavistischen Instinkten freien Lauf ließ. Die Stärke und Intensität des Sexualtriebs und die Ausschließlichkeit, mit der er sich des Menschen bemächtigen kann, wurde als Hindernis auf dem Pfad zur Heiligkeit empfunden. Auch spielte der Gedanke des Augustinus von Hippo – den er zwar nicht weiter entwickelt hatte und später wieder zurücknahm –, eine Rolle, dass die Ursünde Adams und Evas etwas mit Sex zu tun haben müsse und sich durch den Geschlechtsverkehr weiter forterbe. Zudem findet sich zum Beispiel im Judentum ein gewisser Ekel vor der Funktion der Fortpflanzungsorgane, der sich in der Vorstellung ausdrückt, die Frau sei während ihrer Periode rituell unrein, und Augustinus lässt in seinen *Bekenntnissen* erkennen, wie peinlich ihm seine unwillkürlichen nächtlichen Ejakulationen waren.

Heißt das, dass die damaligen Menschen die körperliche Liebe, auch in der Ehe, für etwas Unrechtes hielten? Im 11. Jahrhundert finden sich in dieser Hinsicht zwei gegensätzliche Strömungen in der kirchlichen Dogmatik. Auf der einen Seite gab es monastische Moralisten mit der Ansicht, auch ehelicher Verkehr könne nur gerechtfertigt werden, wenn er der Erzeugung von Kindern diene, und sogar dann noch sei die dabei empfundene fleischliche Lust bis zu einem gewissen Grad sündig. Extremster Vertreter dieser Position war Petrus Damianus, einer der »Chefideologen« der gregorianischen Reformen – ein Mönch, der nach dem Durchlaufen der päpstlichen Verwaltungshierarchie Kardinalbischof von Ostia wurde, nur von grobem Brot und abgestandenem Wasser lebte, einen Eisengürtel um die Hüfte trug und sich regelmäßig und häufig geißelte. Für ihn war die Ehe nur »ein zweifelhafter Vorwand für die Sünde. Er freute sich über jedes Mittel, das den Menschen, dem doch das göttliche Ebenbild eingeprägt war, von etwas dermaßen Degradierendem abhielt.«[105]

Andererseits legte das Papsttum immer großen Wert auf den sakramentalen Charakter der Ehe. Diese sei ein heiliger Zustand, der, wenn er gültig bleiben solle, von der freien Zustimmung der Partner abhänge. Der englische Papst Hadrian IV. befahl Mitte des 12. Jahrhunderts, dass dieses Recht zur heiligen Ehe auch Sklaven zukommen müsse. Und »obwohl es viele lange Jahre dauerte, bis diese Vorstellung im Denken des westlichen Menschen Eingang fand – sein Befehl setzte sich schließlich durch«.[106]

Wenn aber körperliche Liebe außerhalb der Ehe Sünde war, und sogar innerhalb der Ehe den Menschen unvollkommener machte, war es konsequenterweise besser, diese Quelle der Versuchung ganz zu meiden. Es galt der Grundsatz, dass sich Mönche nicht mit Frauen einließen, deren verführerische Blicke schon manchen edlen Mann ins Unglück gestürzt hatten. »Keine Mönchsgemeinschaft war in Theorie und Praxis mehr auf ein rein männliches Zusammenleben ausgerichtet als die Zisterzienser, keine vermied entschlossener jeden Kontakt zu Frauen oder errichtete strengere Schranken gegen das Eindringen weiblichen Einflusses.«[107] Natürlich waren hübsche junge Männer ebenso verführerisch für Frauen, und zweifellos dachte Bernhard an das Seelenheil der unverheirateten Frauen in den Familien seiner Mönche und seiner eigenen, als er in Jully bei Molesme eine Kommunität auch für Schwestern gründete, unter ihnen seine eigene junge Schwester Humbeline.

Nahmen diese jungen Frauen freiwillig den Schleier? Nach der »Vita prima« des Bernhard von Clairvaux war Humbeline verheiratet gewesen und hatte ein weltliches Leben geführt, bevor sie von ihrem Bruder dazu gebracht wurde, Buße zu tun und, mit Einwilligung ihres Mannes, Nonne zu werden.[105] Dasselbe war mit Bernhards älterem Bruder Guido der Fall. Er war verheiratet und hatte zwei Töchter, doch ließ er sich von Bernhard dazu bestimmen, seine Familie zu verlassen und sich der Kommunität in Clairvaux anzuschließen. Offenbar war Bernhard ein Prophet, dessen Stimme im eigenen Land volle Gültigkeit besaß. Worauf beruhte sein Charisma? Sein Biograf schildert ihn in der »Vita prima« als gut aussehend, mit schlankem, zartem Körperbau, von durchschnittlicher Größe, weicher Haut, blondem Haar, rötlichem Bart und frischer rosa Gesichtsfarbe. Doch stammte seine Macht über andere Menschen sicher aus der Stärke seiner Persönlichkeit und der Kraft seiner Überzeugung. »Sein Gesicht strahlte in hellem Glanz, nicht irdischen, sondern himmlischen Ursprungs [...] sogar seine äußere Erscheinung gab der inneren Reinheit und der überströmenden inneren Gnade Ausdruck.«[109] Sinnlos ist es, sich zu fragen, wie er im Fernsehen gewirkt hätte. Was uns in Bezug auf die Templer interessiert, ist, dass uns in Bernhard von Clairvaux, wie es Dom David Knowles, ein benediktinischer Historiker unserer Zeit ausdrückt,

> »einer der ganz wenigen Menschen höchster Bedeutung entgegentritt, bei denen sich Begabung und Umstände vollkommen entsprechen. Als Menschenführer, Schriftsteller, Prediger und Heiliger übte er dank seiner persönlichen Ausstrahlung und geistigen Kraft weitreichenden, unwiderstehlichen Einfluss aus. Von allen Enden Europas kamen Menschen nach Clairvaux gepilgert und wurden wieder über den ganzen Kontinent ausgesandt [...]. Vierzig Jahre lang war Citeaux-Clairvaux der spirituelle Mittelpunkt Europas, und es gab eine Zeit, da der heilige Bernhard unter seinen früheren Mönchen den Papst, den Erzbischof von York und unzählige Kardinäle und Bischöfe aufzuweisen hatte.«[110]

Im Jahr 1127 sandte König Balduin II. Hugo von Payns mit Wilhelm von Burres in diplomatischer Mission nach Europa. Er wollte Fulko von Anjou dazu bewegen, seine, König Balduins, Tochter Melisendis zu heiraten und Nachfolger auf dem Thron Jerusalems zu werden. Auch war es seine Absicht, Truppen für einen geplanten Angriff auf Damaskus zu rekrutieren. Hugo selbst hatte noch ein drittes Ziel: Novizen und die Bestätigung des Papstes für seinen Orden, die Tempelritter, zu bekommen. Wie viele Mitglieder der Orden damals besaß, ist unklar. Die Chronisten erwähnen immer noch nur die neun Gründer. Doch der Umstand, dass der Ordensmeister von König Balduin für diese wichtige Mission ausgewählt wurde und dass er sich selbst für fähig hielt, eine Anzahl neuer Ritter für den Orden zu gewinnen, lässt darauf schließen, dass dieser in Outremer bereits ein gewisses Ansehen genoss.

König Balduin II. glaubte zweifellos, sein Angebot werde für Fulko und den europäischen Adel attraktiv sein. Noch fünf Jahre zuvor war sei-

ne Lage verzweifelt gewesen. Doch jetzt konnte er von einer Position der
Stärke aus operieren. Nachdem Tyrus in die Hände der Lateiner gefallen
war, war ein Angriff aufs muslimische Kernland zu erwägen. 1124 hatte
Balduin Aleppo belagert, 1125 ein Sarazenenheer bei A'zaz besiegt und
Überfälle auf das Gebiet um Damaskus ausgeführt. Anfang 1126 war er
unter vollem Einsatz der militärischen Stärke seines Königreichs mit
beträchtlichem Erfolg noch tiefer auf Damaszener Territorium vorgedrungen. Sogar die Eroberung von Damaskus selbst schien jetzt in greifbare Nähe gerückt. Mit Verstärkung und einer letzten Anstrengung
konnte die Stadt, so wie es aussah, genommen werden. Damit wäre eine
dauernde Bedrohung aus dem muslimischen Hinterland beseitigt und
ein neues Fürstentum für die Lateiner gewonnen. Zudem lockte fabel-
hafte Beute.

Balduin hatte drei Töchter, aber keinen Sohn. Da lag es auf der Hand,
dass die Stabilität des Königreichs auf Dauer nur gesichert war, wenn seine älteste Tochter Melisendis sich mit einem einflussreichen Mann ver-
mählte. Was immer die Päpste über die Gültigkeit einer Ehe und die freie
Übereinkunft der Ehepartner sagen mochten, für die Sicherheit Outremers war entscheidend, dass jedes Fürstentum einen starken Herrscher
besaß. Da in diesen Gebieten die Männer mit größerer Wahrscheinlichkeit jung starben, war man übereingekommen, dass ein Fürstentum auch
der Frau und den Kindern eines Mannes vererbt werden konnte. Indessen konnten ja Frauen oder Kinder Krieger nicht in die Schlacht führen.
Es war daher geboten, dass nach dem Tod eines großen Herrn seine Frau
nach Möglichkeit wieder heiratete, irgendeinen starken Mann, der dafür
in Frage kam. Nirgends lässt sich erkennen, dass die Frauen selbst diese
Notwendigkeit in Frage stellten. Aber wie wir noch sehen werden,
beeinflussten ihre Gefühle mitunter durchaus ihre Wahl.

Hugos Reise nach Europa war ein voller Erfolg. Im April 1128 finden
wir ihn in Anjou, wo er Fulko in Le Mans aufsuchte. Im Juni wurde Fulkos Sohn Gottfried mit Matilda, Erbin Heinrichs I. von England, verheiratet, was Fulko die Möglichkeit gab, sich nach Jerusalem zu begeben und
Melisendis zu ehelichen. König Heinrich I. erwies sich als sehr großzügig
gegenüber Hugos Bitten um Unterstützung und schenkte ihm »große
Schätze Goldes und Silbers«, die Hugo zweifellos den Weg zu einer
erfolgreichen Tour durch England, Schottland, Frankreich und Flandern
ebneten. Überall nahm er kleinere Gaben in Gestalt von Waffen und Pferden und größere Schenkungen von den Grafen von Blois und Flandern
entgegen sowie von Wilhelm II., Kastellan von Saint-Omer in der Picardie, dem Vater[111] Gottfrieds von Saint-Omer, der zusammen mit Hugo
von Payns den Orden der »Armen Ritter Jesu Christi« gegründet hatte.

Es ist nicht ganz klar, ob Hugos Sammeltätigkeit speziell seinem Orden oder allgemeiner König Balduins Kampf gegen Damaskus zugute kommen sollte. Die »Angelsächsische Chronik« berichtet, wohl mit einiger Übertreibung, es sei Hugo gelungen, mehr Leute zusammenzubringen als Papst Urban II. beim ersten Kreuzzug. Aber zahlreiche Urkunden beweisen, dass fränkische Adlige ihren Besitz verkauften oder sich Geld liehen, um ihre Teilnahme am Kreuzzug bezahlen zu können.

Die Kompetenzen, die Balduin II. Hugo von Payns übertrug, und dessen Erfolg bei der Gewinnung hoher Herren für den Angriff gegen Damaskus legen den Schluss nahe, dass Hugo eine einflussreichere Persönlichkeit war als bisher vermutet. Das früheste Templersiegel zeigt zwei Ritter, die auf einem einzigen Pferd reiten, womit auf ihre Armut angespielt wird. Doch gibt es keinen Anhaltspunkt, dass Hugo auf diese Art durch Europa gezogen wäre. Zwar dürften Turbulenzen in Europa Herrscher ersten Ranges, etwa die Könige von England und Frankreich und den Grafen von Flandern, daran gehindert haben, selbst das Kreuz zu nehmen. Aber auch sie hatten begeistert auf Hugos Appell reagiert, seinen militärischen Orden zu unterstützen.

Wichtiger war indessen noch die Unterstützung des neuen Ordens durch die Kirche. Der Historiker Joshua Prawer führt aus, »im mittelalterlichen Sprachgebrauch bedeutete *ordo* weit mehr als nur eine Organisation oder Korporation. Der Begriff schloss vielmehr auch die Idee eines besonderen gesellschaftlichen und öffentlichen Auftrags mit ein. Wer zu einem *ordo* gehörte, folgte nicht nur seiner persönlichen Bestimmung, sondern erfüllte auch eine Funktion im Gesamtschicksal der Christenheit.«[112] Um sich dieser Unterstützung zu versichern, erschien Hugo im Januar 1129 vor dem Kirchenkonzil, das sich in Troyes versammelt hatte. Gastgeber der verehrungswürdigen Kirchenfürsten war Graf Theobald von der Champagne, Vorsitzender des Konzils der päpstliche Legat Matthäus von Albano. Bei den meisten teilnehmenden Prälaten handelte es sich um Franzosen – zwei Erzbischöfe, aus Reims und Sens, zehn Bischöfe und sieben Äbte, darunter Stephan Harding, Abt von Molesme, und Bernhard, Abt von Clairvaux.

Trotz der schon vorher durch den Patriarchen von Jerusalem zugesagten Unterstützung war die Anerkennung durch das Konzil keine von vornherein beschlossene Sache. Ein aufmunternder Brief, den Hugo während seines Europaaufenthalts an die Brüder in Jerusalem geschrieben haben dürfte, lässt vermuten, dass sie sich ihrer Berufung unsicher geworden waren. Denn es gab immer noch Zweifel bei prominenten Amtsträgern der Kirche, ob Kriege moralisch gerechtfertigt waren. Manche waren der Auffassung, Christi Zurechtweisung des Apostels Petrus, der dem Knecht des Hohenpriesters das Ohr abgehauen hatte, bedeute auf jeden Fall, dass Gewaltanwendung mit dem Leben eines geschworenen Mönchs unvereinbar sei. Anselm, gelehrter Prälat aus der Lombardei und Erzbischof von Canterbury, hatte in diesem Sinn geäußert, das Kreuz zu nehmen und an einem Kreuzzug teilzunehmen sei etwas weit Geringeres, als der Berufung zum Mönch zu folgen. »Für ihn bestand die entscheidende Alternative schlicht darin: Sollte man nach dem himmlischen Jerusalem streben [...], das im monastischen Leben gefunden werden konnte, oder an den Schlächtereien für das irdische Jerusalem in dieser Welt teilnehmen, die, unter welchem Namen auch immer, nur auf Zerstörung hinausliefen [...].«[113]

Doch Anselm war inzwischen gestorben, und die Vorrangstellung, die er sich durch Heiligkeit und Weisheit erworben hatte, auf Bernhard von Clairvaux übergegangen. Trotz seines zurückgezogenen Lebens in Clairvaux wusste Bernhard von der Gründung des Templerordens durch seinen Freund und Förderer Graf Hugo von der Champagne. Bei der Nachricht, Hugo habe sich dem Orden in Jerusalem angeschlossen, gratulierte ihm Bernhard brieflich und drückte zugleich sein Bedauern aus, dass der Freund nicht lieber Mönch in Clairvaux geworden sei. Weil Bernhard von diesem hohen Herrn, der der Welt entsagt hatte, schon früh gefördert worden war, muss er ihm gegenüber eine Art Verpflichtung empfunden haben. Eine noch engere Beziehung Bernhards zu den Templern stellte Andreas von Montbard dar, sein jüngerer Onkel, Halbbruder seiner Mutter. Beide Männer dürften ihn über die Vorgänge in Outremer auf dem Laufenden gehalten haben. Als ihm 1124 der Zisterzienserabt von Morimond die Gründung eines Klosters im Heiligen Land vorschlug, lehnte Bernhard mit dem Argument ab, »dort braucht man kämpfende Ritter, nicht singende und winselnde Mönche«.[114]

Um sich auch Bernhards Beistand zu sichern, hatte ihm Hugo von Payns schon von Jerusalem aus geschrieben und um Unterstützung bei seinem Streben nach »apostolischer Anerkennung« und beim Entwurf einer Lebensregel gebeten. Diesen Brief ließ er von zwei Rittern, Godemar und Andreas, überbringen – Andreas war wahrscheinlich Bernhards Onkel, dem Bernhard schwerlich eine Bitte abschlagen konnte. Obwohl fieberkrank, leistete Bernhard einer definitiven Aufforderung Folge, am Kirchenkonzil in Troyes teilzunehmen, und nahm sogleich selbst das Heft in die Hand. Jean Michel, der Protokollführer, schrieb, er habe sein Amt »auf Geheiß des Konzils und des verehrungswürdigen Vaters Bernhard, Abt von Clairvaux, übernommen«,[115] dessen Worte »überschwänglich« von den versammelten Prälaten gepriesen wurden. Widerstand kam allein von Johannes, dem Bischof von Orleans, den der Chronist Ivo von

Chartres als »Sukkubus und Sodomiten« bezeichnete, bekannt unter dem Spitznamen »Flora«.[116] Die Gründe für seine Opposition sind unbekannt.

Hugo von Payns beschrieb in Begleitung von fünf Mitgliedern des Ordens – Gottfried von Saint-Omer, Archibald von Saint Armand, Gottfried Bisot, Payen von Montdidier und einem gewissen Roland – vor den Versammelten die Gründung des Ordens und stellte dessen Lebensregel vor. Die Konzilsväter prüften sie gründlich und verbesserten sie teilweise, das Ergebnis wurde von Jean Michel in einer Urkunde mit 73 Artikeln festgehalten. Schon auf den ersten Blick fällt der Einfluss der Zisterzienser auf. Der Prolog lässt kein gutes Haar an den weltlichen Rittern: Sie »verachten die Liebe zur Gerechtigkeit, zu der sie doch verpflichtet sind, und tun nicht, was sie sollten, nämlich die Armen, Witwen, Waisen und die Kirche zu verteidigen. Stattdessen schweifen sie umher, plündern, rauben und morden.«[117] Jetzt aber wird allen, die sich den Templern anschließen, Gelegenheit gegeben, »den Haufen der Verderbnis zu lassen«, die gute Ordnung des Rittertums »wieder zu beleben« und zugleich die eigene Seele zu retten. Das bedeutete totale Selbstverleugnung, und falls man nicht im Feld kämpfte, ein Leben als Mönch. »Ihr, die ihr eurem eigenen Willen entsagt [...] zur Rettung eurer Seelen [...], versucht überall mit reinem Streben die Matutin zu hören und am Gottesdienst nach kanonischem Recht teilzunehmen [...].« Und wenn die Umstände das nicht erlauben, »soll der Ritter statt der Matutin dreizehn Vaterunser sprechen; für jede weitere Hore sieben und neun statt der Vesper«.

So wie im Benediktiner- und Zisterzienserorden ein Unterschied zwischen Mönchen und Laienbrüdern gemacht wurde, so im Templerorden zwischen Tempelrittern und Sergeanten (»Sergeanten«, abgeleitet von »Servientes«, waren entweder Waffenknechte, Knappen oder Handwerker). Die Kleidung brachte diesen Unterschied zum Ausdruck. »Wir ordnen an, dass alle Brüder stets ein Habit von derselben Farbe tragen sollen, entweder weiß oder schwarz oder braun.« Weiß durfte nur von einem geschworenen Ritter getragen werden, »damit alle, die das Leben der Finsternis verlassen haben, sich gegenseitig am Zeichen ihres weißen Mantels, der Reinheit und vollkommene Keuschheit symbolisiert, als mit ihrem Schöpfer versöhnte Menschen erkennen«. Keuschheit, also Zölibat, war unabdingbare Voraussetzung für die Verpflichtung als Ritter. »Keuschheit ist Gewissheit des Herzens und Gesundheit des Körpers. Denn ein Bruder, der nicht das Gelübde der Keuschheit ablegt, kann nicht zur ewigen Ruhe und Schau Gottes kommen, nach der Verheißung des Apostels, der da sagte: ›Strebt voll Eifer nach Frieden mit allen und nach der Heilung, ohne die keiner den Herrn sehen wird‹« (Hebr. 12,14).

Verheiratete Männer durften nur mit Erlaubnis ihrer Frau dem Orden beitreten, jedoch nicht den weißen Mantel tragen; und Witwen, die vom Orden mittels des vom verstorbenen Ehemann in den Orden eingebrachten Vermögens unterstützt wurden, waren, wie die anderen weiblichen Verwandten eines Ritters, vom Betreten der Templerhäuser ausgeschlossen.

> »Umgang mit Frauen ist ein gefährlich Ding, hat doch der alte Feind dadurch schon viele vom geraden Weg zum Paradies abgebracht [...].
> Wir glauben, es ist für jeden frommen Gläubigen ein gefährlich Ding, einer Frau zu lange ins Gesicht zu sehen. Daher nehme sich keiner heraus, eine Frau zu küssen, sei sie Witwe, Mädchen, Mutter, Schwester, Tante oder sonst etwas. Des weiteren vermeide die Ritterschaft Jesu Christi um jeden Preis Umarmungen von Frauen, wodurch schon oft Männer verloren gegangen sind – damit sie mit reinem Gewissen und fester Haltung ewig vor dem Angesicht Gottes bestehen können.«[118]

Nach der Regel des Benedikt von Nursia musste im Schlafsaal der Ritter, wohl als Vorsichtsmaßnahme gegen andere Formen geschlechtlicher Sünde »bis zum Morgen das Licht brennen« und waren die Templer gehalten, »in Hemd und Hosen und mit Schuhen und Gürtel« zu schlafen. Damit sollte wahrscheinlich sofortige Kampfbereitschaft gewährleistet sein: »Wir befehlen, dass alle dieselbe Ausrüstung besitzen, damit sich alle gleich schnell an- und ausziehen und ihre Stiefel an- und ablegen können.« Der Tuchmeister (Drapier) des Ordens war dafür verantwortlich, dass allen Rittern ihre Kleider gut passten und sie ihre Haare kurz geschnitten trugen. Rasieren durften sie sich nicht, alle Ritter hatten Bärte. Irgendwelche Modeallüren waren nicht erlaubt – »kein Bruder darf Pelzbesatz auf seinen Kleidern tragen [...]. Wir verbieten spitze Schuhe und Schuhbänder und untersagen jedem Bruder, sie zu tragen [...] denn es liegt auf der Hand und ist wohlbekannt, dass solche abscheulichen Dinge den Heiden gehören.«

Wie Mönche aßen auch die Ritter schweigend im Refektorium. Da »man weiß, dass die Gewohnheit, Fleisch zu essen, den Leib verdirbt«, war Fleischgenuss nur dreimal wöchentlich erlaubt. Völlige Enthaltsamkeit von Fleisch, wie bei den Zisterziensern üblich, hätte die Kampfkraft der Ritter geschwächt. Sonntags durften Ritter und Kapläne an zwei Mahlzeiten Fleisch essen, während Sergeanten und Knappen »sich mit einer Mahlzeit zufrieden geben und Gott dankbar sein sollen«. Montags,

Mittwochs und Samstags nahmen die Ritter zwei bis drei Mahlzeiten zu sich, bestehend aus Gemüse und Brot. Freitag war Fastentag, und während der sechs Monate zwischen Allerheiligen (1. November) und Ostern sollten sie sich auf das Allernotwendigste beschränken. Für Kranke galt die Fastenregel nicht. Ein Zehntel der Speisen der Templer sowie die Reste gingen an die Armen.

Man spürt angesichts dieser einfachen Templerregel die Befürchtung Bernhards von Clairvaux und der Konzilsväter, dass ohne die Schranken mönchischer Askese die Templer in weltliche Gewohnheiten zurückfallen könnten. Der Orden durfte Land besitzen und Nutzen aus der Arbeit von Pächtern und Bauern ziehen. Aber die Ritter sollten ihnen gerechte Herren sein. Auch war es ihnen erlaubt, den Zehnten auf Laien- oder kirchliche Schenkungen zu erheben. Falknerei und Jagd waren verboten, mit Ausnahme der Löwenjagd, da der Satan »umhergeht wie ein brüllender Löwe und sucht, wen er verschlinge« (1. Petr. 5,8). Nicht nur spitze Schuhe und Schuhbänder waren übrigens untersagt, sondern auch Gold- und Silberverzierungen am Zaumzeug und ein Futtersack aus Leinen und Wolle.

Oberflächliches Geschwätz – »eitle Worte und gemeines Gelächter« – hatten die Brüder zu meiden. Sie sollten unterwegs nicht dauernd reden, »denn es steht geschrieben ... dass zu viel Gerede nur Sünden hervorbringt«. Auch sollten sie sich nicht früherer Großtaten brüsten: »Wir verbieten und untersagen jedem Bruder streng, einem anderen Bruder oder sonstwem weder von den im weltlichen Leben vollbrachten Heldentaten, die doch nur als bei Ausübung der ritterlichen Pflichten begangene Torheiten zu bezeichnen sind, zu erzählen noch von den fleischlichen Genüssen, die er mit leichtfertigen Frauen gehabt hat.« Wichtig war auch, dass sie sich »vor der Pest des Neides, der üblen Nachrede und gehässigen Verleumdung« hüteten. Und kein Bruder sollte, wahrscheinlich um jedem Neid vorzubeugen, »einen anderen um Überlassung von dessen Pferd oder Rüstung bitten«. Falls es dem Großmeister gefiel, diese Dinge einem anderen Bruder zu geben, »sollte der Betroffene nicht bestürzt oder zornig werden«.[114]

Selbstverständlich waren den Rittern Kontakte zur Welt gestattet, doch durften sie »ohne Erlaubnis des Ordensmeisters nicht ins Dorf oder in die Stadt gehen ..., es sei denn, sie wollten nachts am Heiligen Grab und an Gebetsstätten beten, die innerhalb der Mauern der Stadt Jerusalem liegen«. Aber selbst dorthin durften sie sich nur zu zweit begeben, und falls sie gezwungen waren, in einem Gasthaus zu logieren, »soll kein Bruder oder Knappe oder Sergeant zur Unterkunft eines andern gehen, um ihn dort ohne Erlaubnis zu besuchen oder mit ihm zu sprechen«.

Wie der Abt in einem Kloster besaß der Meister absolute Befehlsgewalt. »Um ihre heilige Pflicht zu erfüllen und die Herrlichkeit der Freuden des himmlischen Herrn zu gewinnen und der Furcht vor dem Höllenfeuer zu entgehen, geziemt es sich, dass alle geschworenen Brüder ihrem Meister strikten Gehorsam leisten. Denn nichts ist Jesus Christus lieber als Gehorsam. Sobald etwas vom Meister oder von jemandem, dem er seine Autorität übertragen hat, befohlen wird, muss es ohne Zögern ausgeführt werden, als ob Christus selbst es befohlen hätte.« Der Meister konnte sich, wenn er es wünschte, Rat bei weisen Brüdern holen und bei schwierigen Angelegenheiten »das ganze Kapitel zusammenrufen, um sich dessen Empfehlungen anzuhören«. Ordensmeister und Kapitel hatten das Recht, Brüder, die sich etwas zuschulden kommen ließen, zu bestrafen.

Von den 73 Artikeln dieser vom Konzil in Troyes autorisierten Ordensregel der Tempelritter beruhten etwa 30 auf der Regel des Benedikt von Nursia. Bernhard und die Konzilsväter waren anscheinend mehr darauf bedacht, aus Rittern Mönche als aus Mönchen Ritter zu machen. Sicher, es gibt in den Artikeln einige Hinweise auf den militärischen Beruf der Brüder, etwa dass die für jeden Ritter bestimmte Zahl der Pferde festgelegt wird, sowie ein Zugeständnis an die Verhältnisse in Outremer: dass sie in den Sommermonaten ihre wollenen Hemden gegen leinene eintauschen durften. Aber im Großen und Ganzen scheint die Hauptabsicht der Regel gewesen zu sein, die Seelen der Ritter zu retten, nicht eine möglichst gute Kampftruppe auszubilden. Offenbar konnten die Konzilsväter nicht voraussehen, dass die Anwendung mönchischer Zucht auf einen militärischen Orden dann doch, zum ersten Mal seit dem Zusammenbruch des weströmischen Reiches, zu einer disziplinierten, uniformen schweren Reiterei führte, die nicht mehr von wechselnden persönlichen Loyalitäten oder den Unsicherheiten feudaler Truppenaushebung abhing.[120]

Indessen hätte der Templerorden leicht eine Totgeburt sein können, wäre er auf dem Konzil von Troyes nicht von der Kirche autorisiert und dann noch von Papst Honorius II. bestätigt worden. Diese Autorisierung war weitgehend Bernhard von Clairaux zu verdanken, und er tat noch ein Übriges, indem er nach seiner Rückkehr nach Clairvaux eine Abhandlung »De laude novae militiae«, »Lob der neuen Ritterschaft«, schrieb. War das eine Reaktion auf Kritik an dem Orden? Hugo von Payns hatte auf dem Rückweg nach Jerusalem einen Brief von Guigo, dem fünften Prior von La Grande Chartreuse, erhalten. Dieser Guigo war ein sehr angesehener Mönch und fühlte sich offenbar verpflichtet, den Templern einzuschärfen, dass sie ihren Beruf in allererster Linie als geistliche, nicht als kriegerische Berufung auffassen sollten. »Es hat wirklich keinen Sinn, äußere Feinde anzugreifen, wenn wir nicht vorher die Feinde im eigenen Innern besiegen.« Zwei Kopien dieses Briefes schickte er mit zwei Boten an Hugo und forderte diesen auf, dafür Sorge zu tragen, dass er allen Mitgliedern seines Ordens vorgelesen wurde.

Zweifellos wollte also Hugo gewisse Bedenken bei den jetzigen und künftigen Templern zerstreuen, weshalb er Bernhard zu dessen Abhandlung *De laude* drängte. Denn Bernhard stellt in der Einleitung fest, er habe erst, nachdem man ihn dreimal gebeten hatte, zur Feder gegriffen. Die Abhandlung richtet sich direkt an die Brüder und warnt sie gleich zu Beginn vor dem Teufel, der versuchen werde, ihre Entschlossenheit zu unterhöhlen. Er werde ihre Berechtigung, den Feind zu töten und Kriegsbeute zu nehmen, in Frage stellen und sie ihrem erwählten Beruf abtrünnig machen wollen, indem er ihnen die Schimäre eines größeren Gutes vor Augen male. Sie seien eine Neuheit im Leben der Kirche, »deutlich unterschieden von der gewöhnlichen Art des Ritterdaseins«[122], und ihre reinen Beweggründe machten aus *Homicide* (Tötung von Menschen), was böse sei, *Malecide* (Tötung des Bösen), und das sei etwas Gutes. Gewiss stellte sich Bernhard dabei vor, dass das Heilige Land, die Heimat Christi, ungerechter Weise von den Sarazenen besetzt worden war. Ein Großteil der Abhandlung beschreibt dann Szenen aus Jesu Leben und seine Passion. Es diene dem Seelenheil der Templer, wenn sie jetzt denselben Boden wie ihr Erlöser betreten würden. Und vor allem werde der Christ durch die Begegnung mit dem Heiligen Grab daran erinnert, dass auch er einst den Tod überwinden werde.

> »Vorwärts also, ihr Ritter, im sicheren Gefühl einer gerechten Sache! Vertreibt unerschrockenen Sinnes die Feinde des Kreuzes Christi, in der Gewissheit, dass weder Tod noch Leben euch trennen können von der Liebe Gottes in Christus Jesus. In aller Gefahr sprecht zu euch: Ob wir leben oder sterben, wir sind des Herrn. Wie ehrenvoll kehren die Sieger aus der Schlacht zurück! Wie selig sterben sie als Märtyrer im Kampf! Freue dich, starker Kämpfer, wenn du im Herrn lebst und siegst! Aber noch mehr frohlocke und rühme dich, wenn du stirbst und dich mit dem Herrn vereinst! Denn Leben ist wahrhaft ersprießlich, und Sieg ist herrlich, aber [...] noch besser als all dies ist der Tod. Denn wenn schon die gesegnet sind, die im Herrn sterben, um wie viel mehr gesegnet sind dann die, die für den Herrn sterben?«

6. Die Templer in Palästina

Nach dem Konzil von Troyes kehrte Hugo von Payns nach Palästina zurück. Eine Anzahl seiner Mitarbeiter blieb in Europa, um Nachwuchs zu rekrutieren, Spenden zu erbitten und eine Verwaltung aufzubauen. Titel und Funktionen der höheren Templerränge waren in diesem Stadium noch nicht genau festgelegt. Immerhin sprechen die Berichte von »Prokuratoren«, »Seneschällen« und Provinzialmeistern. Payen von Montdidier, einer der neun Gründer des Ordens, scheint die Verantwortung für Frankreich nördlich der Loire übernommen zu haben, Hugo von Rigaud nahm Spenden im Gebiet von Carcassonne entgegen, Peter von Rovira in der Provence und ein künftiger Ordensmeister, Eberhard von Barres, in Barcelona. Als Spenden galten schon ein Denier (Dinar) oder die Einkünfte aus einer kleinen Landparzelle, ein Pferd, ein Schwert, eine Rüstung, ein Kettenhemd, selbst eine Hose. Aber es konnte sich auch um große Schenkungen handeln wie ganze Landgüter oder wertvolle Marktrechte oder Wassermühlen, die von großen Herren wie dem Herzog der Bretagne oder Eleanor von Aquitanien gegeben wurden. Eleanor erließ den Templern zudem die Hafengebühren in La Rochelle.

Wie wir gesehen haben, waren die Templer in England König Heinrich I. sehr willkommen gewesen. Bei seinem Tod lag ihr Hauptquartier im Bezirk Saint Andrew in Holborn, unweit des Nordendes der heutigen Chancery Lane. Die größten Landschenkungen erhielten sie in Lincolnshire und Yorkshire. Es handelte sich um Gebiete unterschiedlicher Größe. Die kleineren Grundstücke verpachteten die Templer geschickt, die größeren verwalteten sie selbst. Sowohl in Yorkshire als auch in Lincolnshire folgten die Ritter dem einträglichen Beispiel der Zisterzienser und züchteten Schafe, deren Wolle sie zu den Webern nach Flandern exportierten. Ob man es damals zur Zeit der Ordensgründung gut hieß oder nicht – ein Großteil der von den Templern und Hospitalitern gesammelten Gelder diente zum Unterhalt dieser Güter, die man Präzepturen oder Komtureien nannte. Die Regel war also nicht Militärdienst in Palästina, sondern Gutsverwaltung und ein halb mönchisches Leben in Europa. Die finanzielle und administrative Organisation einer Templer-Präzeptur war sehr einfach, wie die eines Zisterzienserklosters, und »manche Templer, die ein Gut verwalteten, lebten fast ganz allein«.[123]

Anders als bei Klostergründungen gingen Schenkungen aber nicht an ein bestimmtes Ordenshaus, sondern an den Orden als ganzen, vertreten von seinem Haupthaus, zum Beispiel dem »Tempel« in London. Somit verwandten die Templer einen beträchtlichen Teil ihrer Einkünfte für den Unterhalt und das Personal ihrer Organisation, die ja eigentlich eine der ersten multinationalen Korporationen darstellte. Aber das löste anfangs noch keinen Unmut bei den Spendern aus, deren Schenkungen dem gleichen frommen Impuls entsprangen wie die den Mönchsorden übertragenen. Zum Beispiel schenkte Walter l'Espec, ein normannischer Baron, dem Orden in der Gemeinde Helmsley in North Yorkshire 30 Morgen Land. Aber auch den Mönchen von Bernhards Kommunität in Clairvaux schenkte er ein 3-5 Kilometer von seiner Burg entferntes Stück Land am Rye. Sie nannten ihr Kloster nach diesem Fluss dann Rievaulx. Ein nicht weit davon in Stonegrave, dem Städtchen meiner Kindheit, lebender kleiner Landadliger gab drei Bovaten Land (1 Bovate = 15 Morgen oder 6 Hektar) in seiner Gemeinde für 40 Pence.[124] Und auf einem späteren Kreuzzug geriet ein gewisser Roger de Staingrive in sarazenische Gefangenschaft.

In Europa kamen große Schenkungen von hohen Adligen, die über die Bedürfnisse Outremers schon gut Bescheid wussten: etwa von Alfonso-Jordan, Graf von Toulouse, Sohn Raimunds und Halbbruder Bertrands, des Grafen von Tripolis, oder von Herrschern, die auf der iberischen Halbinsel die Muslime bekämpften. König Alfons I. von Aragon mit dem Beinamen der Kriegerische verfolgte eine entschiedene Politik der christlichen Rückeroberung und gewährte schon 1130 den Templern Privilegien. Natürlich lag Alfons nicht nur daran, dass er den Templern, sondern auch, dass die Templer ihm halfen. Bis zu einem gewissen Grad hatte er den Templerorden schon dadurch vorweggenommen, dass er Ritterbruderschaften zum Kampf gegen die Mauren gründete. Sie standen in Verbindung mit den Zisterziensern, doch wurden, wie im Fall des Ordens von Santiago im Königreich León, verheiratete Männer, die mit ihren Frauen schlafen durften, als Mitglieder zugelassen.[125]

Der Vorteil der militärischen Orden für Alfons bestand darin, dass er die Herrschaft über die neu eroberten Gebiete jetzt nicht seinen Adligen überlassen musste. Doch galt das erste Interesse der Templer dem Heiligen Land. Sie waren zunächst nicht bereit, sich dem Kampf gegen den Islam an einer zweiten Front anzuschließen. Aber es erwies sich im Lauf der Zeit als schwierig, den Avancen der Spanier auszuweichen. In Portugal versprach die Gräfin Teresa dem Orden die Burg Soure. In Katalonien verpflichteten sich 1134 Raimund Berengar IV., Graf von Barcelona, und eine Anzahl seiner Lehnsleute, ein Jahr lang bei den Templern zu dienen. Raimund verfügte außerdem, dass die Templer und ihre Dienstleute nicht mehr der Gerichtsbarkeit der weltlichen Gerichte unterstanden.

Ebenfalls in die spanische *Reconquista* hineingezogen wurde ein zweiter militärischer Mönchsorden mit Ursprung im Heiligen Land – die Ritter vom Hospital des Heiligen Johannes (Hospitaliter oder Johanniter genannt). Er war von den Mönchen von Sainte Marie des Latins nicht als Ritterorden gegründet worden, sondern als Laienbruderschaft, die sich armer Pilger annehmen sollte. Diese Mönche gehörten zu einem schon vor dem ersten Kreuzzug von Kaufleuten aus Amalfi errichteten Kloster, die damals im Westen über ein Monopol des Handels mit der Levante verfügten. Wie die ersten Templer und die Kanoniker der Kirche vom Heiligen Grab folgten diese Hospitalritter der Regel des Augustinus von Hippo und erbauten ihr Hospiz an der Stelle, wo ein Engel dem Priester Zacharias die Geburt Johannes des Täufers verkündet hatte.

Eine Bulle aus dem Jahr 1113, die das Hospital der Unterstützung des Papstes versichert, erwähnt den Gründer, einen gewissen Bruder Gerhard. Nach der Einnahme Jerusalems im Jahr 1099 hatten seine Frömmigkeit und ungewöhnliche Fähigkeit als »Quartiermacher« – »der fähigste Quartiermacher, dem die Kreuzfahrer je begegneten«[126] – Gottfried von Bouillon und seine Nachfolger, sowie fromme Europäer, die vom bewundernden Lob zurückkehrender Soldaten und Pilger sehr beeindruckt waren, zu größeren Schenkungen an die Hospitalritter bewogen. 1113 besaß das Hospital eine Anzahl von Ordenshäusern in Europa, die sich der Pilger auf ihrem Weg ins Heilige Land annahmen.

Bruder Gerhard starb 1120. Sein Nachfolger war Raimund von Le Puy, nach der Überlieferung ein fränkischer Ritter, der nach dem ersten Kreuzzug in Jerusalem geblieben war. Offenbar war ihm wie Hugo von Payns klar, dass man dringend einer Miliz bedurfte, die die Pilger schützte. Mochten also Raimund und seine Mitbrüder Schwert und Rüstung auch einmal abgelegt haben – jetzt bewaffneten sie sich wieder. Und obwohl das Hospital seine ursprüngliche Bestimmung der Sorge für Pilger und Kranke niemals aufgab, wandelte es sich jetzt zu einem militärischen Orden. Als sich 1128 Hugo von Payns in Europa aufhielt, begleitete Bruder Raimund von Le Puy König Balduin II. auf einem Feldzug gegen Askalon.

Die beiden Orden expandierten Seite an Seite. Die von den Templern in Europa entwickelte Verwaltungsstruktur hatte ihr Vorbild in der schon existierenden der Hospitaliter, während die Anerkennung der Tempelregel durch die Kirche auf dem Konzil von Troyes und Bernhards von Clairvaux apologetische Abhandlung auch die Umwandlung der Hospitalritter in einen vergleichbaren militärischen Orden begünstigte und sanktionierte. Sie lebten nach der milderen Regel der augustinischen Kanoniker, aber den Titel »Großmeister« für ihren Oberen übernahmen sie von den Templern. Ihr Quartier bei der Kirche vom Heiligen Grab umschloss bald auch das Kloster Sankt Anna und besaß eine große Halle, die 2000 Pilger und mehrere hundert Ritter fasste, »ein so großes und herrliches Gebäude, dass man es für unmöglich hielte, hätte man es nicht selbst gesehen«.[127]

König Alfons von Aragon, der »Kriegerische« und »Hammer der Mauren«, erwies sich bei all seiner Heldenhaftigkeit als unfähig, Kinder zu zeugen. 1114 wurde seine Ehe mit Urraca von Kastilien geschieden. Ohne Erben und vielleicht in der Hoffnung, nach seinem Tod einen zur Teilung führenden Streit um sein Königreich zu verhindern, verfasste Alfons im Oktober 1131 ein Testament, durch das er sein Reich den Kanonikern vom Heiligen Grab in Jerusalem und den beiden militärischen Orden – Johannitern und Templern – vermachte. »Diesen dreien vermache ich mein ganzes Königreich [...] und die Gewalt, die ich in allen Ländern meines Königreichs über Kleriker und Laien besitze, über Bischöfe, Äbte, Domherren, Mönche, Herren, Ritter, Bürger, Bauern und Kaufleute, über Männer und Frauen, Kleine und Große, Reiche und Arme, auch Juden und Sarazenen, nach den Gesetzen, nach welchen mein Vater und ich bisher regiert haben und zu regieren verpflichtet waren.«[128]

Das Motiv für diese Regelung ist unklar. Als aber Alfons 1134 starb, wurde sie nicht beachtet. Trotz der Unterstützung durch Papst Innozenz II. waren die drei Erbberechtigten nicht im Stande sich durchzusetzen. Man kam jedoch zehn Jahre darauf in Gerona mit Raimund Berengar von Barcelona schließlich zu einer Übereinkunft. Den Templern wurden die Herrschaft über ein Halbdutzend Festungen, ein Zehntel der königlichen Einkünfte, Befreiung von verschiedenen Steuern und ein Fünftel alles von den Mauren zurückeroberten Landes zugestanden.[129] So wurden sie trotz ihres Widerstrebens doch noch in die *Reconquista* hineingezogen und zu einer der einflussreichsten Gruppierungen in Portugal und Spanien.

Allein schon der Umstand, dass sich der Templerorden 1144 ein solches militärisches Engagement an einer zweiten Front leisten konnte, zeigt, wie erfolgreich er sich Ritternachwuchs beschafft haben muss. Die Gründe, sich ihm anzuschließen, waren sicher vielfältig. Man sollte aber den religiösen Eifer neuer Mitglieder keinesfalls unterschätzen. Die Historiker, die früher die Kreuzzüge vor allem als Vorwand der Kreuzfahrer für Raub und Gewalttat interpretierten, halten jetzt eher deren Bedürfnis, Buße zu tun, für den eigentlichen Beweggrund. »Die Verpflichtung zu einem Kreuzzug [...] bedeutete große Kosten und echte finanzielle Opfer, und wenn sich mehrere Mitglieder einer Familie zur Teilnahme entschlossen, drückten die Lasten erst recht.«[130] Dasselbe galt für einen Ritter, der sich den Templern anschloss: »Man erwartete von Aufnahmewilligen, dass sie selbst für Kleidung und Ausrüstung aufkamen«[131], und die Kosten wurden oft von ihren Familien oder Freunden aufgebracht.

Häufig fielen Schenkung und Verpflichtung zusammen. Hugo von Payns und Gottfried von Saint-Omer wurden sehr gerühmt, weil sie ihren ganzen Besitz in den Orden mit eingebracht hatten. Im Norden der Provence trat Hugo von Bourbouton 1139 dem Orden bei und übertrug ihm zugleich ein Grundstück, auf dem die Ritter die Komturei von Richerenches, heute eine der besterhaltenen, errichten konnten. Wie er erklärte, handelte er so, um dem Gebot Christi im Matthäusevangelium gehorsam zu sein: »Wer mein Jünger sein will, der verleugne sich selbst, nehme sein Kreuz auf sich und folge mir nach. Denn wer sein Leben retten will, wird es verlieren; wer aber sein Leben um meinetwillen verliert, wird es gewinnen.«[132]

Sechs Jahre darauf folgte ihm sein Sohn Nikolaus, der all seinen Besitz den Templern schenkte, mit Ausnahme seiner Schafe, die seine Mutter zum Lebensunterhalt brauchte. Und »ich übergebe mich derselben Ritterschaft Gottes und des Tempels, um ihr, obwohl unwürdig, als Knecht und Bruder alle Tage meines Lebens zu dienen, damit ich Vergebung meiner Sünden erlange und in Ewigkeit mein Erbe bei den Auserwählten sei.«[133]

Die Bourboutons stammten aus einer sozialen Schicht unmittelbar unter den großen Herrscherhäusern Westeuropas, standen aber auf vertrautem Fuß mit ihnen. Dasselbe galt für Hugo von Payns, Gottfried von Saint-Omer und die meisten Angehörigen der Führungsschicht des Ordens. Trotzdem übte er auch auf ärmere Ritter große Anziehung aus, und ritterliche Herkunft scheint, wenigstens in den Anfängen, keine Zulassungsbedingung gewesen zu sein. Selbstverständlich musste ein Aufnahmewilliger im Kampf zu Pferd auf dem Schlachtfeld oder wenigstens im Turnier erprobt sein. Aber die Ritterorden waren nicht so exklusiv wie die Mönchsklöster.[134] Bildung war nicht erforderlich – nur wenige Ritter konnten lesen und schreiben und sicher nicht Lateinisch. Es war Aufgabe der Kapläne, die Gebete vorzusprechen. Alles, was von den Brüdern verlangt wurde, war, die vorgeschriebene Zahl Vaterunser zu den dafür vorgesehenen Stunden aufzusagen.

Ohne Zweifel gab es auch Neuzugänge mit gemischten Motiven. Große Herren wie Hugo, Graf von der Champagne, oder Harpin von Bourges traten erst in gereifterem Alter und nachdem sie ihre Frauen verloren hatten – der eine durch Trennung, der andere durch Tod –, in den Orden ein. Jüngere Ritter mit begrenzten Mitteln wurden auch durch die »Aussicht auf Reisen und Vorankommen in der Welt« angelockt.[135] Und immer zog das Heilige Land magnetisch an. Es gab außerdem Fälle von Rittern, die auf eigene Kosten nach Palästina kamen, zum Beispiel der Vetter Rogers, des Bischofs von Worcester, und sich einem Ritterorden anschlossen, als ihnen das Geld ausging.

In dem Maß, wie Macht und Reichtum des Ordens wuchsen, bot er eine Karriereleiter vergleichbar der der Kirche. Sehr rasch stiegen die Meister der Ritterorden zu einflussreichen Persönlichkeiten nicht nur in Syrien und Palästina, sondern auch in Europa auf. Die Provinzialmeister und andere Beamte, denen enorme Geldmittel zur Verfügung standen, galten den höchsten Herren im Reich als ebenbürtig. Und der Ruf der Redlichkeit und des guten Urteilsvermögens, der ihnen vorausging, machte sie zu vertrauten Ratgebern von Päpsten und Königen.

Auch romantische Motive mögen eine Rolle gespielt haben. Balladen und *chansons de gestes* berichteten gern davon, dass sich Ritter wegen unglücklicher Liebe den Templern anschlossen. Wie wir noch sehen werden, sollte Gerhard von Ridefort, der zehnte Großmeister, in den Orden eingetreten sein, weil man ihn als Ehemann für eine reiche Erbin ins Auge gefasst, aber dann doch wieder fallen gelassen hatte. Hier mochten freilich enttäuschte Hoffnungen auf großen Reichtum den Ausschlag gegeben haben, weniger ein gebrochenes Herz. Aber es ist sicher nicht allzu gewagt, einen zumindest teilweisen Vergleich mit dem Templerorden und der heutigen französischen Fremdenlegion zu ziehen. Zwar war in der ersten Ordensregel eine längere Probezeit vorgeschrieben. Man beachtete diese Vorschrift jedoch nicht mehr, wenn die Reihen des Ordens einmal zu sehr gelichtet waren. Und sogar in den Anfängen des Ordens traf man immer wieder Anstalten, Nachwuchs unter exkommunizierten Rittern zu werben. »Wenn ihr wisst, wo exkommunizierte Ritter zu finden sind, befehlen wir euch, sie aufzusuchen.«[136] Sogar ein des Mordes angeklagter Ritter konnte sich, um diese Sünde zu sühnen, dem Orden anschließen. Die den Rittern, welche Thomas Becket, den Erzbischof von Canterbury, ermordet hatten, auferlegte Buße bestand darin, vierzehn Jahre im Dienst der Templer zu verbringen.

Und schließlich darf man den ewigen Reiz männlicher Kameradschaft in Not und Gefahr nicht vergessen. Auch dies war gewiss ein wichtiges Merkmal der Kreuzzüge, das zweifellos viele Männer zu den Ritterorden hinzog. Die Sehnsucht der Benediktiner und Zisterzienser, sich von der Welt zurückzuziehen, bedeutete nicht, dass sie auch auf Männerfreundschaften verzichteten. Ganz im Gegenteil, den großen Äbten wie Anselm von Canterbury, Bernhard von Clairvaux und Aelred von Rievaulx galt Männerfreundschaft als eins der größten Güter des Lebens. Aelred schrieb in einer Abhandlung über dieses Thema, »De spirituali amicitia«, Bernhard sei, obwohl er »auch Frauen seiner Freundschaft würdigte und weit davon entfernt war, zu behaupten, die Liebe zwischen Gatte und Gattin könne wahrer Freundschaft nicht nahe kommen«, doch der Meinung gewesen, »menschliche Liebe sei etwas unendlich Geringeres als die Liebe Gottes, und eheliche Liebe etwas Geringeres als die Liebe zwischen Männerfreunden«.[137] In einer Gesellschaft, wo Gewalt endemisch und die Könige unfähig waren, sich gegen ihre miteinander rivalisierenden Großen durchzusetzen, waren verwandtschaftliche und freundschaftliche Bindungen lebenswichtig. Es lässt sich zeigen, dass häufig *cousinage* den Ausschlag gab, wer in ein Kloster eintrat oder an einem Kreuzzug teilnahm. Im Lauf zweier Generationen nahmen zum Beispiel 25 Nachkommen Guidos von Monthéry das Kreuz. Und wir haben schon gesehen, dass Bernhard mit 35 Verwandten und Freunden vor der Pforte des Klosters Citeaux erschien.

Spielte ein sexuelles Moment in diesen Männerbünden eine Rolle? Sicherlich gab es unter den Mönchen keine Bedenken gegen die Art der *amitié particulière*, über die man sich später in der Kirche so entrüstete. Manche Briefe Anselms, des benediktinischen Erzbischofs von Canterbury, lesen sich wie Liebesbriefe: »Herzlichst Geliebter [...] da ich nicht im Zweifel darüber bin, dass wir einander mit gleicher Heftigkeit lieben, bin ich mir auch sicher, dass wir uns mit gleicher Heftigkeit nacheinander sehnen. Denn jene, deren Herzen im Feuer der Liebe vereinigt sind, leiden mit gleicher Heftigkeit, wenn ihre Leiber, weil sie an verschiedenen Orten arbeiten müssen, getrennt sind [...]« Oder: »Wollte ich die Glut unserer Liebe beschreiben, so fürchte ich, jene, die die Wahrheit nicht kennen, würden mich der Übertreibung zeihen. Deshalb muss ich Teile von der Wahrheit abziehen. Doch du weißt, wie groß die Zuneigung ist, die wir füreinander empfinden – Auge in Auge, Kuss um Kuss, Umarmung für Umarmung.«

Obgleich Anselm dies etwa ein halbes Jahrhundert vor der Gründung der Templer schrieb, lässt sich sein Beispiel auch auf unsere Betrachtung des quasi-mönischen Lebens der Templer anwenden. Die Schlüsse aber, die der amerikanische Gelehrte John Boswell[138] aus Stellen wie den oben zitierten zog, dass nämlich Anselm homosexuelles Verhalten als »Kavaliersdelikt, für das fast jeder Verständnis haben konnte« betrachtet habe – diese Schlüsse also sind, wie der hervorragende Historiker Sir Richard Southern überzeugend nachgewiesen hat, falsch. Southern betont, dass damals »niemand über angeborene homosexuelle Veranlagung überhaupt etwas wusste oder sich dafür interessierte. So weit solche Tendenzen bekannt waren, galten sie einfach als Symptome der allgemeinen Sündhaftigkeit des Menschen.« Die einzige Form der Homosexualität im 11. Jahrhundert, mit der man sich auseinandersetzte, war Sodomie, und »Sodomie wurde ungefähr einer anderen Form unnatürlicher sexueller Betätigung gleichgesetzt, nämlich der Kopulation mit Tieren«.[139]

Die eindeutige Verurteilung der Sodomie durch die Kirche als Sünde gegen Gott und Natur gründete sich auf die Lehren des Paulus von Tarsus[140] und Augustinus von Hippo,[141] die den literarisch gebildeten Benediktinern sicher gut bekannt waren. Zweifellos bedeuteten sie aber den ungebildeten Rittern und Edelleuten weniger, und mit Sicherheit wurde Sodomie zur Zeit Anselms am Hof des Königs Wilhelm Rufus praktiziert. »Man muss zugeben, dass diese Sünde so üblich geworden ist«, schrieb Anselm, »dass sich kaum jemand noch ihrer schämt, und viele sind ihr, sich ihrer Schwere gar nicht bewusst, erlegen.« Anselm war als Erzbischof von Canterbury »für seine Verurteilung dieser Sünde und der äußeren Merkmale, die sie begünstigen konnten, wie langer Haare und weiblicher Kleider, bekannt«.[142]

Es ist daher anzunehmen, dass die Gelegenheit zu homosexuellen *amours* kein Beweggrund war, sich den Templern anzuschließen, dass sich aber die Väter des Konzils von Troyes dieser Gefahr durchaus bewusst waren. Darum die Regel, dass im Schlafraum der Brüder die ganze Nacht das Licht brennen musste. Das Verbot, nackt oder im Dunkeln zu schlafen, wurde erlassen, »damit der böse Feind ihnen keine Gelegenheit zur Sünde geben konnte«.[143]

Ebenso ist klar, dass immer wieder einzelne Ritter oder Sergeanten der Versuchung erlagen. Ein solcher Verstoß wurde in dem detaillierten Bußregister, das vom Orden um 1167 erstellt wurde, als »die schmutzige, stinkende Sünde der Sodomie« beschrieben, »so schmutzig, stinkend und widerwärtig, dass man lieber davon schweigen sollte«.[144] Sie wog so schwer wie der Mord an einem Christen, schwerer als der Verkehr des Templers mit einer Frau.

Als seine Emissäre Hugo von Payns und Wilhelm von Burres mit in Europa neu ausgehobenen Truppen nach Jerusalem zurückgekehrt waren, brach König Balduin II. sofort zu dem geplanten Angriff auf Damaskus auf. Er führte sein Heer, das auch ein Kontingent Templer enthielt, Anfang November von der Grenzfestung Banyas bis etwa 10 Kilometer vor die Stadt. Wilhelm von Burres unternahm eine Fouragierexpedition mit dem Kontingent aus Europa, das sich jedoch, begierig zu plündern, selbstständig machte. 40 Kilometer vom Hauptlager entfernt, wurde es von Reiterei aus Damaskus angegriffen. Nur 45 Mann kamen mit dem Leben davon. Balduin hoffte nun, den Feind unversehens überraschen zu können, während dieser seinen Sieg feierte, und befahl seinem Heer den Angriff. Doch gerade da fing es an zu regnen. Das Wasser strömte in solchen Sturzbächen nieder, dass die Straßen unpassierbar wurden und der Marsch auf Damaskus abgeblasen werden musste.

Über die Aktivitäten Hugos von Payns und der ersten Templer in den darauf folgenden Jahren ist wenig bekannt. Die erste Festung, die einem Ritterorden zufiel, Bethgibelin zwischen Hebron in den judäischen Bergen und Askalon an der Küste, ging 1136 an die Hospitalritter. Wahrscheinlich setzten die Templer ihre Kräfte vor allem für die Aufgabe ein, für die sie ursprünglich gedacht waren – die Bewachung der Pilgerrouten. An der Cisterna Rubea auf halbem Weg zwischen Jerusalem und Jericho erbauten sie eine Burg, eine Raststation und eine Kapelle. Ein Templerturm befand sich, näherhin nach Jericho, auch in Bait Jubr at-Tahtani, eine Burg und Priorei auf dem Quarantene, dem Berg, wo Jesus 40 Tage lang gefastet hatte und vom Satan versucht worden war, sowie eine weitere Burg am Jordan, an der Stelle, wo Johannes der Täufer Jesus getauft hatte.[145]

Die erste große den Templern zugesprochene Festung lag nicht im Königreich Jerusalem, sondern an der nördlichsten Grenze der lateinischen Gebiete in den Amanus-Bergen. Diese schmale Bergkette erstreckt sich von Kleinasien aus nach Süden und bildet mit ihren zwei- bis dreitausend Metern hohen Gipfeln eine natürliche Barriere zwischen dem armenischen Königreich Kilikien und dem Fürstentum Antiochia, sowie zwischen Aleppo und seinem syrischen Hinterland einerseits, der Mittelmeerküste andererseits.

Die durch diese Berge von Aleppo oder Antiochia zu den Häfen Alexandretta und Port Bonnel (Arsuz) führende Straße verläuft über den Belen-Pass, auch als Syrische Pforte bezeichnet. In den dreißiger Jahren des 12. Jahrhunderts wurden die Templer beauftragt, die gebirgige Grenzregion zwischen dem Königreich Kilikien und dem Fürstentum Antiochia – die Mark Amanus – zu sichern. Um den übers Amanus-Gebirge führenden Belen-Pass kontrollieren zu können, besetzten sie die Burg Barghas, die sie in Gaston umtauften – eine »auf unzugänglichem Gipfel hoch aufragende, auf einem uneinnehmbaren Felsen thronende Burg, deren Mauern den Himmel berühren«.[146] Gaston lag an der Ostseite der Bergkette und blickte über die Ebene von Aleppo bis nach Antiochia hinüber. Weiter nördlich besetzten die Templer die Burgen Darbsaq und la Roche de Roussel, um ein Auge auf den Hajar Shuglan-Pass haben zu können.

Im Jahr 1130 fiel Bohemund II., Fürst von Antiochia, im Kampf gegen die Danischmend-Türken. Seinen einbalsamierten Kopf schickte der danischmendische Emir Ghazi dem Kalifen in Bagdad. Bohemunds Witwe, Alice von Jerusalem, war die Zweite von drei »beachtlichen« Töchtern, die Balduin von le Bourg mit Morphia, einer armenischen Prinzessin, gezeugt hatte. Die älteste Schwester, Melisendis, Erbin des Königreichs Jerusalem, war inzwischen mit Fulko von Anjou verheiratet. Alices Tochter Konstanze hätte jetzt ihres Vaters Thron in Antiochia erben müssen. Als aber Alice vom Tod ihres Mannes erfuhr, beanspruchte sie selbst die Herrschaft im Fürstentum. Und schnell stellte sich heraus, dass damit ihr Ehrgeiz noch nicht gestillt war. Sie plante, ihre Tochter ganz zu enterben und den Versuch ihres Vaters König Balduin von Jerusalem, seine Rechte als Regent wahrzunehmen, zu vereiteln. Zu diesem Zweck schickte Alice einen Emissär zu Zengi, dem sarazenischen Gouverneur von Aleppo, und bat ihn um Hilfe.

Dieser unglückliche Gesandte wurde aber von Balduin abgefangen und aufgehängt. Alice versperrte die Tore Antiochias vor ihrem Vater, wahrscheinlich mit Unterstützung der einheimischen Christen in der Einwohnerschaft. Doch die französischen Barone gehorchten ihr nicht und öffneten die Tore wieder. Vater und Tochter versöhnten sich, Alice wurde in die Hafenstadt Latakia verbannt. Trotzdem trug ihre Untreue zweifellos zum Tod ihres Vaters bei. Als kranker Mann nach Jerusalem zurückgekehrt, wurde Balduin als Kanoniker der Kirche zum Heiligen Grab aufgenommen und starb im August 1131 im Mönchshabit.

Nach weiteren fünf Jahren verließ Hugo von Payns diese Welt. Das Generalkapitel der Tempelritter versammelte sich in Jerusalem zur Wahl eines neuen Großmeisters, Robert von Craon, der, obwohl er den Beinamen »der Burgunder« führte, aus Anjou stammte und daher sicher Fulkos Wunschkandidat war. Er hatte sich aber auch den Ruf eines ungewöhnlich fähigen Organisators erworben und bewies sogleich, dass er die Interessen des Tempels bestens wahrzunehmen vermochte. Er erwirkte nämlich von Papst Innozenz in einer Bulle »Omne datum optimum«, die 1139 erlassen wurde, zusätzliche und außergewöhnliche Privilegien für den Orden.

Gerichtet »an unseren lieben Sohn Robert« bestimmte die Bulle, dass der Templerorden aller mittelbaren kirchlichen Gerichtsbarkeit entzogen sein und allein dem Papst unterstehen sollte. Selbst der Patriarch von Jerusalem, vor dem die Gründer des Ordens ihre Gelübde abgelegt hatten, verlor jede Befugnis über die Templer. Sie durften eigene Andachtsräume benützen, und Priester konnten dem Orden als Kapläne beitreten, wodurch er sowohl in Outremer als auch im Westen vom Diözesanbischof unabhängig wurde. Der Orden wurde ermächtigt, den Zehnten zu erheben, brauchte aber selbst keinen zu zahlen – eine Ausnahme, die bisher nur dem Zisterzienserorden eingeräumt worden war. Er konnte eigene Friedhöfe bei seinen Ordenshäusern anlegen und dort Reisende und ihre *confrères* begraben – ein Recht von beträchtlichem pekuniären Wert. Auch erhielten die Ritter die Erlaubnis, vom Feind Beute zu nehmen, und waren nur ihrem Meister verantwortlich, der aus ihren Reihen kommen und vom Kapitel ohne Druck weltlicher Mächte von außen gewählt werden musste.

Was steckte hinter dieser Großzügigkeit des Papstes? Innozenz II., mit dem Taufnamen Gregorio Papareschi, stammte aus der römischen Oberschicht. Doch war seine Wahl angefochten worden, und Roger II., der normannische König von Sizilien, unterstützte einen Gegenkandidaten, der den Namen Anaklet II. annahm. Daraufhin war Innozenz nach Frankreich geflohen, wo er sich des Beistands Bernhards von Clairvaux versichern konnte. Dessen Einfluss war wiederum so groß, dass er Ludwig VI. von Frankreich und Heinrich I. von England auf seine Seite brachte. Und Norbert, der Erzbischof von Magdeburg, überredete auch die deutschen Bischöfe und König Lothar III., Innozenz zu unterstützen, sodass schließlich nur die Kirche in Schottland, Aquitanien und dem normannischen Italien Anaklet II. anerkannte.

Dieser starb 1138, und 1139 kehrte Innozenz nach Rom zurück, womit das achtjährige Schisma endete. War »Omne datum optimum« also die Belohnung für Bernhards Hilfe? Dankbarkeit mag tatsächlich mitgespielt haben. Indessen wurden auch während der nächstfolgenden Pontifikate Coelestins II. und Eugens III. Bullen erlassen – »Milites Templi« (1144) und »Militia Dei« (1145) –, die die Privilegien der Templer bestätigten. Das lässt darauf schließen, dass Unterstützung für den Orden inzwischen zur erklärten Politik der römischen Kurie geworden war. Gleichgültig, wer die Tiara trug – der Besitz des Heiligen Landes hatte Priorität für den Papst, und der Tempelorden, der charismatischen Begeisterung einiger frommer Ritter entsprungen, war bereits zu einem Bollwerk des Christentums gegen den Islam geworden.

Sollte jemand die Notwendigkeit zusätzlicher Hilfe für Outremer noch bezweifelt haben – kurz nach Veröffentlichung der Bulle »Milites Templi« wurde sie vor aller Augen demonstriert. Denn am Weihnachtsabend 1144 wurde Edessa vom Heer des Gouverneurs von Mosul, Imad ad-Din Zengi, erobert. Die Nachricht von dieser Katastrophe erreichte Eugen III., den neu gewählten Papst, im Herbst 1145 in Viterbo. Italiener

einfacher Herkunft, war Eugen, fasziniert von der Ausstrahlung Bernhards, einst als Mönch in Clairvaux eingetreten, und amtierte zur Zeit
seiner Wahl als Abt des Zisterzienserklosters St. Vincenzo und Anastasio
vor den Toren Roms. Als Antwort auf diesen Rückschlag im Osten
adressierte Eugen eine Bulle »Quantum praedecessores« an Ludwig VII.,
König von Frankreich, und forderte ihn auf, das Kreuz zu nehmen.

Jetzt identifizierte sich zum ersten Mal ein europäischer Monarch mit
der Aufgabe eines Kreuzzugs. Ludwig war in direkter Linie Nachkomme
Hugo Capets, der 987 von den fränkischen Großen zum König der
Franken gewählt worden war. Im Alter von 17 Jahren hatte Ludwig den
Thron seines Vaters, Ludwigs des Dicken, bestiegen, und war mit Eleanor, Tochter und Erbin Wilhelms, Herzogs von Aquitanien, verheiratet
worden. Als er den Appell des Papstes vernahm, war er erst 25. Er berief
1145 seine Großen zu einer gemeinsamen Besprechung an Weihnachten
nach Bourges. Dort unterbreitete er ihnen sein Vorhaben, selbst einen
Kreuzzug durchzuführen, und lud sie zur Teilnahme ein. Die Aufforderung des Papstes und dessen Enzyklika »Quantum praedecessores«
erwähnte er nicht, sondern stellte die Initiative als seine eigene dar.

Die Reaktionen waren dürftig. Die Großen hatten wenig Respekt vor
Ludwig, der drei Jahre zuvor einen Krieg vom Zaun gebrochen hatte, als
er sich eines Gebietes, das seinem mächtigsten Vasallen, Theobald von der
Champagne, gehörte, bemächtigt hatte. In Bourges argumentierte sogar
sein Hauptberater, Abt Suger von Saint-Denis, gegen einen Kreuzzug.
Als weitblickender Staatsmann, der auf eine starke Monarchie hinarbei-
tete, fürchtete Suger, die französischen Herren des Hochadels würden
sich in Abwesenheit ihres Königs Freiheiten erlauben. Alles, was Ludwig
in Bourges erreichen konnte, war die Vertagung der Entscheidung auf
kommende Ostern, wo sich der Hof erneut in Vézelay in Burgund versammeln wollte.

Unbeeindruckt von diesem Rückschlag, wandte sich Ludwig an den
einzigen Mann in Frankreich, der Abt Suger an Autorität und Prestige
übertraf – Bernhard von Clairvaux. Es war jetzt 32 Jahre her, dass Bernhard an der Pforte von Citeaux erschienen war, und 30, seit er den
Zisterzienserorden in Clairvaux gegründet hatte. Im Lauf dieser Zeit
hatte er sich, wie wir gesehen haben, eine einzigartige Stellung als Mentor von Päpsten und Königen erworben. Nicht nur war Eugen III. einst
Mönch bei ihm gewesen, sondern eben in diesem Jahr hatte sich auch
Ludwigs VII. Bruder, Heinrich von Frankreich, der Kommunität in
Clairvaux angeschlossen.

Bernhards Macht aber beruhte nicht nur einfach auf diesen einflussreichen Beziehungen. In einer Welt, wo so viele die christlichen Tugen-

den predigten, ohne sie zu praktizieren, verkörperte er mit seiner Frömmigkeit und asketischen Lebensführung das Gewissen der Christenheit. In dieser Eigenschaft geißelte er unentwegt die Reichen und Mächtigen und trat für die Armen und Schwachen ein. Für manche Historiker unserer Zeit, in der es den meisten Menschen gleichgültig ist, was nach dem Tod auf sie wartet, ist Bernhard nur ein selbstgerechter Eiferer, einer, »der die Welt mit den Augen eines Fanatikers sah«[147] und »eine beängstigende Tendenz« besaß, »in seinen Zeitgenossen von vornherein Übeltäter zu sehen, die Buße nötig hatten«.[148] Aber Bernhard, umgeben von grausamen weltlichen Machthabern und korrupten geistlichen Würdenträgern, glaubte, felsenfest von der Realität der Hölle überzeugt, niemals genug tun zu können, um eine gefährdete Seele zu retten.

Der verführerische Glanz des Bösen beruhte seiner Auffassung nach nicht so sehr auf der Verlockung des Reichtums und der irdischen Macht – das war ja leicht zu durchschauen – als auf der subtilen, weit verderblicheren Anziehungskraft falscher Ideen. Außer für seine Frömmigkeit war Bernhard wegen seines klaren Verstandes berühmt, den er in seinen Predigten zum Beispiel über Gnade, freien Willen und das Hohelied, ein Buch des Alten Testaments, demonstrierte. Schnell witterte er häretische Anschauungen und verfolgte alle, die Derartiges lehrten, unversöhnlich. 1141 hatte er auf dem Konzil von Sens Peter Abälard, den berühmten Theologen (und Geliebten der schönen Heloïse) der Ketzerei angeklagt und bei den versammelten Bischöfen erreicht, dass sie ihn wegen seines allzu rationalistischen Denkens verurteilten.

Im Jahr 1145, als Papst Eugen III. einen neuen Kreuzzug erwog, befand sich Bernhard im Languedoc, wo er gegen die häretischen Ideen eines populären Predigers, Heinrichs von Lausanne, auftrat. Er hatte entscheidend zur Versöhnung König Ludwigs VII. mit Graf Theobald von der Champagne beigetragen und lieh jetzt der Bitte des jungen Königs ein geneigtes Ohr. Nur gefiel es ihm nicht, dass ein geistliches Unternehmen von einem weltlichen Herrscher geleitet werden sollte, weshalb er die Angelegenheit an Papst Eugen zurückverwies, der seine Bulle »Quantum praedecessores« am 1. März 1146 noch einmal veröffentlichte und Bernhard beauftragte, ihren Inhalt in Frankreich zu verbreiten.

Am 31. März versammelten sich Ludwig VII. und die französischen Edlen wie vereinbart in Vézelay. Schon die Nachricht, dass Bernhard predigen würde, hatte Bewunderer aus ganz Frankreich angezogen. Wie damals 1095 bei Papst Urban II. in Clermont vermochte auch jetzt die Kirche, die die Reliquien der Maria Magdalena barg, die Menge der Gläubigen nicht zu fassen. Man musste ein Podest auf dem Anger vor der Stadt errichten. Bernhards Beredsamkeit hatte die erwünschte Wirkung.

Als er geendigt hatte, waren so viele Zuhörer bereit, das Kreuz zu nehmen, dass er noch sein eigenes Mönchshabit in Stoffstreifen zerschneiden musste.

Zuerst meldete sich König Ludwig, danach sein Bruder Robert, Graf von Dreux. Und viele aus dem Gefolge der Kapetingerfürsten »traten jetzt in die Fußstapfen ihrer Väter und Großväter oder entschlossen sich dazu«,[149] unter ihnen Alfonso-Jordan, Graf von Toulouse, der geboren worden war, als sein Vater Tripolis belagerte, Wilhelm, Graf von Nevers, dessen Vater an der unseligen Expedition des Jahres 1101 teilgenommen hatte, Thierry, Graf von Flandern, verheiratet mit der Stieftochter der Königin Melisendis, und Heinrich, Erbe des Grafen von Flandern. Hinzu kamen Amadeus, Graf von Savoyen, Archibald, Graf von Bourbon, und die Bischöfe von Langres, Arras und Lisieux. Einige Tage später schrieb Bernhard an den Papst: »Ihr befahlt, ich gehorchte, und die Autorität dessen, der den Befehl gab, machte meinen Gehorsam fruchtbar [...] Dörfer und Städte liegen jetzt verlassen. Schwerlich werdet ihr einen Mann auf sieben Frauen finden und überall Witwen erblicken, deren Männer noch leben.«[150]

Bernhards Predigt beschränkte sich nicht auf Vézelay. Er wandte sich weiter nördlich nach Châlons-sur-Marne, dann nach Flandern. Potenzielle Teilnehmer, die er nicht persönlich erreichen konnte, schrieb er an. Ans englische Volk zum Beispiel schrieb er:

»Der Herr des Himmels ist im Begriff, sein Land zu verlieren, das Land, in dem er den Menschen erschien und länger als 30 Jahre unter ihnen weilte [...] Euer Land ist bekannt für seinen Reichtum an jungen, starken Männern. Die Welt ist voll von ihrem Lob, und die Preisung ihres Mutes liegt auf allen Lippen [...].«[151]

Er hielt ihnen dann vor Augen, was für ein Glück es sei, dass sie diese Chance zur Rettung ihrer Seelen geboten bekämen:

»Ihr habt jetzt eine Sache, für die ihr, ohne eure Seele in Gefahr zu bringen, kämpfen könnt, eine Sache, bei der zu siegen Ruhm und für die zu sterben Gewinn bringt [...]. Versäumt nicht diese Gelegenheit. Nehmt das Zeichen des Kreuzes, und es wird euch Vergebung aller Sünden zuteil werden, die ihr mit reuigem Herzen bekennt. Es kostet euch wenig, das Kreuz zu kaufen, und wenn ihr es demütig tragt, werdet ihr das Himmelreich darin finden.«

Zunächst erging an die Deutschen kein solcher Appell, da Papst Eugen darauf hoffte, dass ihm König Konrad III. gegen den normannischen König von Sizilien, Roger II., beistand. Aber Bernhard wurde von dem Erzbischof von Mainz ins Rheinland geholt, wo er der unerlaubten Predigt eines Zisterziensermönchs namens Rudolf entgegentreten sollte, der mittels der Kreuzzugsideen zu Pogromen gegen die Juden hetzte. In seinen Briefen hatte Bernhard solche Ausschreitungen bereits scharf verurteilt: »Man darf die Juden nicht verfolgen, töten oder auch nur zur Flucht nötigen [...]. Die Juden sind das lebende Wort der Schrift, erinnern sie uns doch ständig an das Leiden des Herrn.«[152]

Der Mönch Rudolf wurde in seine Schranken verwiesen. Doch die jetzt einmal geweckte Begeisterung für den Kreuzzug konnte nicht mehr so einfach abgestellt werden. Man entschloss sich deshalb, auch die Deutschen mit einzubeziehen, und Bernhard reiste von Stadt zu Stadt, um für diese herrliche Möglichkeit, auf einen Schlag alle Sünden loszuwerden, zu werben. Er legte den Nachdruck stets auf den geistlichen Vorteil des Sünders – die außergewöhnliche Gelegenheit, den Sündenstrafen zu entgehen –, und Gott schien die Aussagen Bernhards noch zu bekräftigen, indem er Wunder in dessen Umgebung wirkte.

Bernhard hielt es für seine vornehmste Aufgabe, den widerstrebenden König Konrad zur Führung der deutschen Kreuzfahrer zu bewegen. Sein erster dahingehender Versuch im November 1146 in Frankfurt scheiterte, doch erhielt er in Speyer am Weihnachtsfest eine zweite Chance. Hier forderte er Konrad mit Hilfe eines Dolmetschers auf, sich den Gottessohn am Tag des Jüngsten Gerichts vorzustellen, wie Christus das, was er selbst für Konrad getan hatte, mit dem verglich, was Konrad für ihn getan hatte. »O Mensch, was sollte ich für dich tun, das ich nicht schon getan habe?« Der König reagierte, indem er auf die Knie fiel und das Kreuz nahm.

Im Januar 1147 überquerte Papst Eugen III. die Alpen Richtung Frankreich. König Ludwig traf ihn in Dijon, worauf Eugen nach Clairvaux weiterzog, der Abtei, in der er einst selbst Mönch gewesen war. Von Clairvaux begab er sich nach Paris und verbrachte Ostern in der Abtei Saint-Denis. Am Ostersonntag überreichte er König Ludwig eine Königsstandarte, die *Oriflamme*, und einen Pilgerstab. Dann, am 27. April, acht Tage nach Ostern, wohnte er der Kapitelsitzung der französischen Tempelritter in ihrer neuen Enklave bei, die soeben im Norden der Stadt Paris fertiggestellt worden war.

Es war ein feierliches, prunkvolles Ereignis, das die Bedeutung des Ordens kräftig unterstrich. Eugen bestimmte Bruder Aymar, den Templerschatzmeister in Paris, die Erträge einer Steuer einzuziehen, die der Papst anlässlich des Kreuzzugs allen Kirchengütern auferlegt hatte: ein Zwanzigstel ihrer Einkünfte.[153] Den Papst begleiteten König Ludwig von Frankreich, der Erzbischof von Reims, vier weitere Bischöfe und 130 Ritter. Der Großmeister des Ordens, Eberhard von Barres, hatte seine besten Männer aus Portugal und Spanien kommen lassen. Mit ihnen kamen mindestens ebenso viele Sergeanten und Schildknappen. Alle Chronisten, die das Ereignis beschrieben, zeigten sich von den bärtigen Rittern in ihren weißen Gewändern höchst beeindruckt. Und mit großer Wahrscheinlichkeit war es hier, dass Papst Eugen ihnen das Recht gab, ein Purpurkreuz auf der Brust zu tragen, »damit dieses Zeichen ihnen als triumphierender Schild diene und sie den Ungläubigen niemals den Rücken zuwenden«. Das rote Blut des Märtyrers überlagerte das weiße des keuschen Mönchs.[154]

Eine Anzahl hoher deutscher Herren folgte dem Beispiel Konrads und nahm das Kreuz. Einigen aber, die über Gebiete im Osten herrschten, wie der Sachsenherzog Heinrich der Löwe und Albrecht der Bär, Markgraf von Brandenburg, gewährte Papst Eugen dieselben Privilegien für einen Kreuzzug gegen die heidnischen Wenden an den Ostmarken des christlichen Europa. Trotz dieser Ausfälle brach im Mai 1147 ein etwa 20 000 Mann starkes Heer aus Regensburg auf, um die auch von den ersten Kreuzfahrern genommene Überlandroute einzuschlagen. Das französische Heer, das sich in Metz versammelt hatte, folgte wenige Wochen später, wobei Eleanor von Aquitanien, die temperamentvolle Gemahlin König Ludwigs, ihren Mann begleitete.

Anders als sein Vorgänger Alexios Comnenos hatte der jetzige byzantinische Kaiser Manuel Comnenos die Länder des Westens nicht um Hilfe gebeten. Er war misstrauisch, was die Absichten dieser Heere betraf. Im Augenblick führte er Krieg gegen Roger von Sizilien und hatte es für richtig gehalten, mit den seldschukischen Türken einen Vertrag zur Sicherung seiner rückwärtigen Front abzuschließen. Den Kreuzfahrern aus dem Westen musste dieser Pakt mit den Ungläubigen als Verrat erscheinen, und sie erwiderten Manuels Misstrauen mit zehnfachem Argwohn.

In seiner Ungeduld, vorwärts zu kommen, überquerte Konrad den Bosporus mit seinem deutschen Heer. In Nizäa teilte es sich. Otto, Bischof von Freising, zog mit allen nicht Wehrfähigen auf der längeren, noch von den Byzantinern kontrollierten Küstenroute weiter, während Konrad das eigentliche Heer direkt durch Anatolien führte. Bei Dorylaeum wurde es von den Seldschuken angegriffen und besiegt. Die Überlebenden, unter ihnen Konrad selbst, kehrten nach Nizäa zurück, wo sich die Franzosen mit ihnen vereinigten. Jetzt führten die beiden Könige ihre Truppen südlich nach Ephesus, wobei sie beim Fouragieren immer wieder Scharmützel mit den Byzantinern auszufechten hatten.

In Ephesus erkrankte Konrad und kehrte auf dem Seeweg nach Konstantinopel zurück. Die Franzosen rückten auf dem Landweg durchs Mäandertal weiter vor. König Ludwig hatte bereits erfahren, wie wertvoll der Großmeister der französischen Templer, Eberhard von Barres, für ihn sein konnte. Er hatte ihn als einen von drei Gesandten zu Verhandlungen mit dem byzantinischen Kaiser Michael Comnenos abgeordnet. Jetzt lernte er auch den Wert der einfachen Tempelritter kennen. Während das Heer durch den bitterkalten Winter marschierte – die Königin und ihre Damen zitterten vor Kälte in ihren leichten Kleidern –, wurden die Kreuzfahrer unaufhörlich von der leichten Reiterei der Türken belästigt – Reitern mit dem besonderen Talent, in vollem Galopp Pfeile abzuschießen. Die schwere Reiterei der Franken, beim Kampf Mann gegen Mann so wirksam, konnte sich in den engen Pässen des Cadmus-Gebirges nicht entfalten. Hier verstärkten die Türken ihre Angriffe noch, und das französische Heer wäre fast zersprengt worden. In dieser Not wandte sich Ludwig an Eberhard von Barres. Dieser teilte das Heer in mehrere Einheiten, jede unter Führung eines Tempelritters: »Eine Art Männerbundorganisation rettete die Lage. Die Kreuzfahrer bildeten eine Bruderschaft mit den Templern, denen sie Gehorsam schwören.«[155] Auf diese Weise erreichte die Heeressäule den byzantinischen Hafen Attalia, von wo aus König Ludwig mit der Elite seines restlichen Heeres nach Antiochia segelte. Die übrigen sollten sich, so gut es ging, nach Syrien durchschlagen.

König Ludwig und die französischen Kreuzfahrer wurden in Antiochia mit Freuden aufgenommen. Regierender Fürst war im Augenblick Raimund von Poitiers, der einige Jahre zuvor Konstanze, die junge Erbin des Fürstentums, geheiratet hatte. Als jüngerer Sohn des Herzogs Wilhelm von Aquitanien war er Onkel der Eleanor von Aquitanien und ritt jetzt zum Hafen Saint-Symeon hinunter, um seine königliche Nichte und die französischen Kreuzfahrer zu begrüßen. In den Augen Raimunds und der lateinischen Herren stieg der Unterhaltungswert der französischen Ankömmlinge durch die Gegenwart der jungen Königin mit ihren Damen beträchtlich. Umgekehrt freute sich Eleanor, ihren tapferen Onkel Raimund zu sehen. Schön, klug, lebhaft, hochgemut und etwa 25 Jahre alt, musste sie sich eingestehen, dass ihr verdrießlicher, entschlussloser junger Gatte auf dem schrecklichen Marsch durch Anatolien bei ihr keineswegs gewonnen hatte.

Ludwigs Position zu diesem Zeitpunkt verschlechterte sich noch durch Geldmangel. Er hatte all seinen Besitz für Lebensmittel und Transport aufgebraucht, die seine byzantinischen Verbündeten zu exorbitanten Preisen zur Verfügung stellten. Aufs Neue wandte er sich daher an den französischen Ordensmeister der Templer. Eberhard von Barres segelte nach Akkon, wo er sich der Einrichtungen der Templer bediente, um die erforderliche Summe zu erheben. Er schrieb an Abt Suger mit der Instruktion, dem Tempel 2000 Silbermark zurückzuzahlen, eine Summe, die den Einkünften eines halben Jahres aus dem königlichen Krongut entsprach.[156] Damit demonstrierte er nicht nur, wie teuer so ein Kreuzzug war, sondern auch, über welche finanziellen Mittel der Tempel verfügte.

Eleanor machte ihrem Onkel unbekümmert schöne Augen, was dieser umgehend erwiderte. Klatsch und Gerüchte begannen an seinem Hof in Antiochia umzulaufen, dass die Neigung zwischen Onkel und Nichte die Grenzen des Schicklichen überschritten habe. Über die Gefühle Raimunds seiner Frau Konstanze gegenüber ist nichts bekannt. Es sollte sich später zeigen, dass auch sie leidenschaftlicher Regungen fähig war. Doch in diesem Stadium der Dinge war sie wohl noch zu jung, um zu bemerken, was vor sich ging. Anders König Ludwig. Seine Eifersucht wurde zudem dadurch angefacht, dass sich Eleanor deutlich für Raimunds Ideen, wie das französische Expeditionsheer einzusetzen sei, aussprach.

Raimunds Plan war es, dass Ludwig Aleppo angreifen sollte, um seine, Raimunds, Truppen, die mit den Seldschuken im Norden kämpften, zu entlasten. Er argumentierte, ein solcher Angriff wäre sicher auch der beste Auftakt zu einer Rückeroberung Edessas, dessen Fall ja den Kreuzzug ausgelöst hatte. Ludwig hätte vielleicht zugestimmt, wäre da nicht sein Verdacht gewesen, dass ihn Raimund mit seiner Frau betrog. Als er erfuhr, Konrad, wieder genesen, habe Akkon erreicht, erklärte er, nur in Jerusalem könne er sein Kreuzfahrergelübde erfüllen, und gab seinem Heer Ordre, südwärts zu marschieren. Eleanor verkündete mit der Selbstsicherheit einer Frau, die weiß, dass sie reicher ist als ihr Mann, sie werde bleiben und die Annullierung ihrer Ehe betreiben. Ludwig zwang sie gewaltsam, mit ihm zu gehen.

Trotz der vom deutschen und französischen Heer beim Marsch durch Anatolien erlittenen Verluste versammelte sich im Juni 1148 eine ansehnliche Streitmacht aus Europa bei Akkon. Zu den beiden Königen Konrad und Ludwig waren noch Truppen unter dem Marquis von Montferrat und den Grafen der Auvergne und von Savoyen gestoßen.

Zu Schiff war ein provençalisches Kontingent unter Alfonso-Jordan, dem Grafen von Toulouse, eingetroffen. Ebenfalls zu Schiff kamen die Reste eines Kontingents englischer, flämischer und friesischer Kreuzfahrer. Teile dieses Kontingents waren unterwegs von Alfonso Henriques, König von Portugal, abgezweigt worden, um ihm bei der Rückeroberung Lissabons von den Mauren zu helfen.

Am 24. Juni hielt Balduin III., der junge König von Jerusalem, der gemeinsam mit seiner Mutter Melisendis regierte, Heerschau über die lateinischen Truppen aus Europa und Outremer. Es begleiteten ihn die Großen und Bischöfe seines Königreichs, die aber rangmäßig von den Gästen aus dem Ausland, etwa König Konrad und zweien seiner Halbbrüder, dem Herzog von Österreich und dem Bischof von Freising, seinem Neffen Friedrich von Schwaben, Welf VI. von Bayern und den mächtigen Bischöfen von Metz und Toul in den Schatten gestellt wurden. Bei König Ludwig standen sein Bruder Robert von Dreux, Heinrich von der Champagne (Sohn seines alten Feindes Theobald) und Thierry, Graf von Flandern. Außerdem waren anwesend die Großmeister des Tempels und des Hospitals. Durch ihre Abwesenheit fielen auf Raimund von Poitiers, Fürst von Antiochia, der sich nach seinem Konflikt mit Ludwig grollend zurückgezogen hatte, und Alfonso-Jordan, Graf von Toulouse. Er war in Caesarea plötzlich gestorben.

Was sollte man jetzt mit diesem mächtigen Heer anfangen? Klug wäre die mit der Meinung Raimunds von Antiochia übereinstimmende Erwägung gewesen, dass die größte Bedrohung der Franken von Aleppo, regiert von Zengis Sohn Nur ed-Din, ausging. Seine Niederwerfung war zugleich Vorbedingung für die Wiedereroberung Edessas. Zweitens war klar, dass im Süden die Straße nach Ägypten durch die Festung Askalon, noch im Besitz der Fatimidenkalifen, blockiert wurde. Und das dritte mögliche Ziel war Damaskus. Doch war Damaskus die einzige muslimische Macht in der Region, die sich zur Zusammenarbeit mit den Franken gegen Nur ed-Din bereit gezeigt hatte. Von diesem Einwand wollten aber entweder die lokalen Barone nichts hören, die längst ein Auge auf den breiten Streifen fruchtbaren Landes bei Damaskus geworfen hatten, oder die europäischen Monarchen, die glaubten, Damaskus, ein so klangvoller, auch aus der Bibel bekannter Name, werde ihnen nicht nur reiche Beute, sondern auch Ruhm einbringen.

Also marschierte das Kreuzfahrerheer wie die zwanzig Jahre früher von König Balduin II. geführte Streitmacht durch Banyas und gelangte am 24. Juli vor Damaskus. Es lagerte sich in den Obstgärten südlich der Stadt und rüstete zur Belagerung. Die Damaszener machten Ausfälle und griffen die Franken mit in den Obstgärten versteckten Partisanen an. Da der Platz dem Feind solche operativen Vorteile bot, verlegten die beiden europäischen Könige das Lager in die offene Ebene östlich von Damaskus. Hier konnte sich zwar ihre schwere Reiterei entfalten, doch gab es kein Wasser, und man stand dem am stärksten befestigten Teil der Stadtmauer gegenüber.

Muslimische Verstärkungen aus dem Norden trafen in der Stadt ein und machten mit den dortigen Truppen bei wiederholten Raubzügen gemeinsame Sache. Während sich die Anführer des unbesiegbaren Kreuzfahrerheers darüber in den Haaren lagen, wer nach der Einnahme der Stadt darin herrschen sollte, gerieten ihre Truppen in die Defensive. Das Gerücht verbreitete sich, man sei betrogen worden. Denn die Nachricht erreichte das Lager, dass Nur ed-Din zum Entsatz der Stadt im Anmarsch sei und damit rechnen könne, eingelassen zu werden. Jetzt endlich erkannten die Barone Outremers die Torheit ihrer Strategie und überredeten am 28. Juli die Könige aus Europa, die Belagerung abzubrechen. Dauernd von der leichten Reiterei der Damaszener umschwärmt, schleppte sich das einst unbesiegbare Heer nach Galiläa zurück. Die Demütigung der Kreuzfahrer war vollkommen.

Wie üblich nach einem derartigen Debakel hielten die Schuldigen nach einem Sündenbock Ausschau und fanden ihn unter zahlreichen, oft widersprüchlichen Verkleidungen. Die Kreuzfahrer machten die Ritter Outremers, die einst auf so gutem Fuß mit Damaskus gestanden hatten, für die Katastrophe verantwortlich. Hatten sie nicht schon früher Geld von der Stadt genommen? Und war es nicht wahrscheinlich, dass das auch jetzt geschehen war? Selbst die Templer wurden verdächtigt. Im November verließ König Konrad angeekelt das Heilige Land. Mit seinem Gefolge bestieg er ein Schiff von Akkon nach Thessalonike, von wo er sich von Kaiser Manuel Comnenos nach Konstantinopel locken ließ. Wenn er die Griechen der Verräterei verdächtigte, so unterdrückte er diesen Argwohn jedenfalls. Denn der griechische Kaiser und der deutsche König hatten in Roger von Sizilien einen gemeinsamen Feind. Man besiegelte ein Bündnis durch die Heirat von Konrads Bruder mit Manuels Nichte.

Für Ludwig VII. waren die Byzantiner die Urheber allen Unglücks. Für ihn hatten sie mit den Sarazenen gemeinsame Sache gegen das Christentum gemacht. Trotz der Bitten Abt Sugers zurückzukehren, streifte Ludwig, über der Katastrophe brütend, in Palästina umher, und sein Hass gegen die Griechen bewog ihn zu einem Bündnis mit König Roger. Als er sich endlich entschloss, nach Europa zurückzukehren, wählte er ein sizilianisches Schiff. Vor dem Peloponnes wurde die kleine

Flotte von einer byzantinischen Abteilung angegriffen. Ludwig zog seine Standarte auf, und sein Schiff durfte passieren. Aber ein Teil seines Gefolges und der Großteil seiner Habe auf einem zweiten sizilianischen Schiff gerieten in die Hände der Byzantiner und wurden als Beute nach Konstantinopel geschafft.

Diese letzte Demütigung fachte Ludwigs schwelenden Hass gegen die Griechen zu heller Glut an. In Potenza bei König Roger plante er einen neuen Kreuzzug, der sich auch gegen die Byzantiner richten sollte. Er hielt an diesem Vorsatz auf seiner ganzen Reise nach Norden fest, ignorierte die Skepsis des Papstes Eugen und gewann mehrere Kurienkardinäle, den Abt von Cluny, Petrus Venerabilis, und sogar seinen Hauptförderer, Abt Suger von Saint-Denis, für seinen Plan.

Zweifellos entsprang Ludwigs Rachedurst teilweise dem Bewusstsein, dass er im Osten weit mehr als ein kriegstüchtiges Heer und Siegeslorbeeren eingebüßt hatte. Er hatte auch seine Frau verloren und mit seiner Frau Aquitanien, eine Mitgift größer als sein Königreich Frankreich. Als das königliche Paar auf dem Rückweg durch Rom fuhr, versuchte Papst Eugen die beiden zu versöhnen, deren Ehekrise inzwischen ein öffentliches Geheimnis war. Er bestand darauf, dass sie im selben Bett schliefen, und weinte, als er sie beim Abschied segnete.[157]

Trotz der guten Ratschläge des Papstes erholte sich die Ehe niemals mehr von Ludwigs Demütigung auf dem zweiten Kreuzzug. Aus der Sicht des jungen Königs trug er zwar Mitschuld am Fiasko vor den Mauern von Damaskus. Aber der furchtbare Marsch durch Anatolien, auf dem sein Heer unaufhörlich den feindlichen Angriffen ausgesetzt war und der Vernichtung keineswegs durch seine, Ludwigs, gute Führung, sondern nur durch die Tüchtigkeit der Templer entging; der Verlust eines Großteils seines Heeres im Hafen Attalia und die letzte Schmach, dass ihm am Hof des Onkels seiner Frau Hörner aufgesetzt wurden – all dies war gewiss noch weit quälender und ging, nach seiner Überzeugung, allein auf die verräterischen Griechen zurück.

Im Bedürfnis, sich selbst doch noch zu bewähren und seinen Rachedurst zu stillen, wandte sich Ludwig wieder an Bernhard von Clairvaux mit der Bitte, einen neuen Kreuzzug zu predigen. Wie vorher glaubte sich Bernhard nicht verweigern zu dürfen. Zwar sehnte er sich wie stets nach dem Frieden des Klosters, doch fühlte er sich jetzt gedrängt, zu retten, was noch zu retten war. Er hatte mit Königin Melisendis in Jerusalem und seinem Onkel Andreas von Montbard, dem Seneschall der Templer in Outremer, korrespondiert und wusste sehr genau, dass sie Hilfe brauchten. Es war ihm außerdem bewusst, dass viele, die auf seine Veranlassung das Kreuz genommen hatten, ihm die Schuld an der Katastrophe in die Schuhe schoben. Im zweiten Buch seiner Abhandlung »De consideratione« verteidigte er sich gegen derartige Vorwürfe. Die Schuldigen waren hier nicht die verräterischen Barone Outremers oder die ränkevollen Griechen. Für Bernhard war das Debakel die Strafe Gottes für die Sünden der Menschen. Andere kritisierten diese Auffassung. Die Unerforschlichkeit Gottes wäre dann doch allzu unergründlich gewesen. Manche, wie Gerhoch von Reichersberg, zogen es vor zu glauben, das Scheitern des Kreuzzugs sei das Werk des Teufels.

Auf einem 1150 in Chartres abgehaltenen Kirchenkonzil wurde Bernhard aufgefordert, einen neuen Kreuzzug nicht nur zu predigen, sondern auch zu leiten. »Ich nehme an, Ihr habt inzwischen gehört«, so schrieb er an Papst Eugen,

> »dass die Versammlung in Chartres zu meiner größten Überraschung mich zum Führer und Befehlshaber der Expedition gewählt hat. Ihr könnt ganz sicher sein, dass mir so etwas nie in den Sinn gekommen ist und kommen wird und gänzlich außerhalb meiner Möglichkeiten liegt, so wie ich sie einschätze. Wer bin ich denn, dass ich ein Heer in Schlachtordnung aufstellen könnte, um bewaffnete Männer zum Angriff zu führen? Nichts könnte ich mir vorstellen, was meiner Berufung ferner läge, selbst einmal angenommen, ich besäße die dafür notwendige Stärke und Geschicklichkeit. Aber Ihr wisst das ja alles selbst, es ist nicht meine Sache, Euch zu belehren.«[158]

Im Endergebnis wurde der Auftrag des Konzils vom Zisterzienserorden nicht akzeptiert. Und auch der Adel des Abendlandes reagierte diesmal nicht auf den Ruf Bernhards. Zu viele Männer waren in letzter Zeit gefallen, und das ganz umsonst. König Ludwigs Eifer brach sich an König Konrads Skepsis. Man ließ den Gedanken an einen neuen Kreuzzug fallen. Im Lauf der nächsten fünf Jahre verließen fünf der bisherigen Hauptakteure die Bühne. Abt Suger von Saint-Denis starb im Januar 1151, König Konrad III. im Februar 1152. Im selben Jahr trat der Großmeister der Templer, Eberhard von Barres, zurück und wurde Mönch in Clairvaux. Papst Eugen starb im Juli 1153 und Abt Bernhard von Clairvaux einen Monat darauf.

7. Outremer

Die dem Fiasko des zweiten Kreuzzugs folgende Desillusionierung in Europa zwang die Lateiner im Heiligen Land, sich mit den Ungläubigen auf eine Weise zu arrangieren, die der vorherigen Kreuzfahrergeneration als Sakrileg erschienen wäre. Es kam jetzt überdies, da man schon über ein halbes Jahrhundert im Osten lebte, zu einem Prozess kultureller Anpassung. Die ersten Kreuzfahrer hatten erwartet, in Syrien und Palästina unzivilisierten Wilden und bösen Heiden zu begegnen. Aber alle, die dann im Orient geblieben waren, mussten doch einräumen, dass die Kultur des arabischen Palästina – getragen von Muslimen, Christen und Juden – entwickelter und reicher als ihre eigene in der Heimat war.

Einige hatten sehr rasch östliche Sitten angenommen. Balduin von Le Bourg heiratete eine armenische Frau und gewöhnte sich an, einen orientalischen Kaftan zu tragen und auf einem Teppich hockend zu essen. Die von Tankred geprägten Münzen zeigen den jungen Fürsten mit arabischer Kopfbedeckung. Osama Ibn-Munqidh, Chronist und Diplomat aus Damaskus, schreibt, ein fränkischer Ritter habe seinem muslimischen Gast versichert, er lasse niemals Schweinefleisch auf seine Tafel kommen und beschäftige einen ägyptischen Koch.[159]

> »Die Franken beschäftigten syrische Ärzte, Köche, Diener, Handwerker und Arbeiter. Sie kleideten sich in orientalische Gewänder und hatten die Früchte und Gerichte des Landes auf dem Speiseplan. Ihre Fenster bestanden aus Glas, auf ihren Fußböden sah man Mosaiken und in den Innenhöfen ihrer Häuser Springbrunnen nach syrischem Vorbild. Zur Unterhaltung ließen sie sich Tänzerinnen kommen, zu ihrem Begräbnis professionelle Trauerfrauen. Sie badeten, benutzten Seife und aßen Zucker.«[160]

Die Kreuzfahrer kamen aus einem kalten Klima, wo es im Winter kein frisches Obst und Gemüse gab und sogar die Kartoffel noch unbekannt war. Da mussten sie durch die Begegnung nicht nur mit Zucker, sondern auch mit Feigen, Granatäpfeln, Oliven, Reis, Hummus, Pfirsichen, Orangen, Zitronen und Bananen, den Gewürzen der Region und Delikatessen wie Sorbet – Namen, die zum Teil erst seitdem ins gastronomische Vokabular des Westens eingedrungen sind – zur Überzeugung gelangen, dass es sich hier nicht nur in geistlichem Sinn um das verheißene Land handelte. Sicher, das heiße Klima schwächte und führte tatsächlich in einigen Fällen zum Tod. Doch von denen, die am Leben blieben, übernahmen viele den an exotischen Düften und sinnlichen Genüssen reichen Lebensstil, den sie bei den Byzantinern noch als weichlich empfunden hatten.

Aber nicht nur durch diesen Lebensstil veränderten sich die Franken. Sie mussten auch einen *modus vivendi* mit den Muslimen finden, die weiterhin die Mehrheit der Bevölkerung ausmachten. Solange die islamischen Gemeinden Steuern zahlten, waren die fränkischen Herren geneigt, ihnen die eigene Verwaltung zu belassen. Wie in den zurückeroberten Territorien Spaniens reichte die Zahl der zugezogenen Christen nicht aus, die Muslime in Wirtschaft und Verwaltung zu ersetzen. Die neuen Herren mussten sie daher zum Bleiben zu überreden suchen. Denn der Reichtum eines Edelmanns hing vom Wohlstand der Muslime ab. Auch stammten seine Haupteinkünfte nicht, wie in Europa, aus Landbesitz. »Das Heilige Land war ein urbanisiertes Gebiet par excellence«,[161] weshalb sich die Einkünfte eines Barons neben Renten aus Besitz, aus Zöllen, Lizenzen für öffentliche Bäder, Backöfen und Märkte, Hafengebühren und Warensteuern zusammensetzten.[162]

Nach den damaligen – und sogar den heutigen – Standards waren diese Belastungen und Forderungen nicht hoch. Die Steuer auf den Produkten eines Bauern (*terrage*) lag bei etwa einem Drittel ihres Wertes. Obwohl die erste Loyalität eines Muslims natürlich dem Islam galt, gibt es Belege dafür, dass sie mit der lateinischen Herrschaft nicht unzufrieden waren. Die Herrschaft der Lateiner war tatsächlich nicht so drückend wie die frühere der Muslime.[163] Die Achtung der Franken vor dem unveränderlich fixierten Lehnsrecht kontrastierte wohltuend mit den willkürlichen Forderungen der muslimischen Fürsten. Sicher, Muslime waren Bürger zweiter Klasse. Es war ihnen verboten, fränkische Kleidung zu tragen. Doch hatten sie ihre eigenen Gerichte und Beamten. Der Übertritt zum Christentum brachte ihnen volle bürgerliche Gleichberechtigung und führte zur Assimilation an die christlich-syrische Bevölkerung. Bei den Franken im Heiligen Land gab es im Unterschied zu den Feudalgesellschaften Westeuropas keine Sklaven. »Obgleich hierarchisch aufgebaut, war es eine Gesellschaft freier Männer, in der selbst der Ärmste und Mittelloseste nicht nur persönliche Freiheit, sondern auch höheren Rechtsstatus genoss als der Reichste in der unterworfenen einheimischen Bevölkerung.«[164]

Abgesehen von den antisemitischen Ausschreitungen beim ersten Kreuzzug herrschte in den Kreuzfahrerstaaten große Toleranz gegenüber den Juden. Sie wurden viel besser behandelt als ihre Glaubensgenossen in Westeuropa und durften ihre Religion relativ frei ausüben.[165] Jüdische Pilgerfahrten aus so weit entfernten Ländern wie Byzanz, Spanien,

Frankreich und Deutschland zu den heiligen Stätten und auch Jerusalem wurden immer häufiger.[166]

Die katholischen Lateiner unternahmen keine Versuche, Muslime oder Juden zu bekehren. Es fällt tatsächlich auf, dass jede Art Missionstätigkeit fehlte. Wenn es religiöse Auseinandersetzungen gab, so fanden sie zwischen Katholiken und Orthodoxen statt – was noch durch die lateinische Rivalität mit Byzanz verschärft wurde – oder zwischen katholischen und orthodoxen Christen auf der einen und den jakobitischen, armenischen, nestorianischen und maronitischen Kirchen auf der anderen Seite.

Die einheimische Bevölkerung, muslimisch oder christlich, profitierte zudem von dem Wohlstand, den der ständig wachsende Handel brachte. Vor der Eroberung durch die Kreuzfahrer hatte zwar ein dünner Strom orientalischer Produkte, etwa Seiden und Gewürze, über die Kaufleute von Amalfi seinen Weg in den Westen gefunden. Nach der Einnahme der Mittelmeerhäfen und der Vergabe von Handelskonzessionen an die immer einflussreicheren italienischen Seemächte Venedig, Genua und Pisa jedoch entstanden lebhafte Handelsbeziehungen zum muslimischen Hinterland. Die dabei gültige Währung war der *besant* (der »Goldbyzantiner«) – »die erste christliche Münze, die weite Verbreitung fand, hundert Jahre vor den italienischen Florinen und Dukaten«.[167]

Auch die Templer profitierten durch ihre Güter von diesem neuen Wohlstand, und auch sie zeigten den einheimischen Muslimen gegenüber eine Toleranz, die Neuankömmlinge aus Europa schockierte. Als Osama Ibn-Munqidh nach Jerusalem kam, um einen Pakt gegen Zengi, den sarazenischen Gouverneur Aleppos, auszuhandeln, kam es zu einem Zwischenfall, der Berühmtheit erlangte. Osama schrieb:

»Als ich Jerusalem besuchte, pflegte ich zur al-Aksa-Moschee zu gehen, wo sich meine Templerfreunde aufhielten. An einer Seite des Gebäudes befand sich ein kleines Oratorium, in dem die Franj eine Kapelle errichtet hatten. Die Templer stellten mir diesen Platz zur Verfügung, damit ich dort meine Gebete sprechen konnte. Eines Tages betrat ich den Raum, sagte *Allahu akbar* und schickte mich an zu beten, als sich ein Mann, ein Franj, auf mich warf, mich nach Osten drehte und rief: ,*So beten wir!*' Die Templer stürzten sich auf ihn und führten ihn ab. Kaum hatte ich mich wieder zum Gebet bereit gemacht, als sich derselbe Mann, einen Augenblick der Unaufmerksamkeit ausnützend, erneut auf mich warf, mir das Gesicht nach Osten drehte und rief: ,*So beten wir!*' Wieder sprangen die Templer herzu, führten ihn ab und entschuldigten sich: ‚Es ist ein Fremder. Er ist soeben aus dem Land der Franj angelangt und hat noch nie jemanden gesehen, der beim Beten das Gesicht nicht nach Osten wandte.'«[168]

Trotz seiner Freundschaft mit den Templern verachtete Osama die Franken. Er machte sich über ihre Gottesurteile in Form von Zweikämpfen und Feuer- oder Wasserproben lustig und verspottete ihre Medizin. Aber die Franken lernten schnell, was die Behandlung von Krankheiten betraf. Osama erzählt, dass sich die religiöse Hysterie, die anlässlich der Pest in Antiochia während des ersten Kreuzzugs ausbrach, bei der nächsten Gelegenheit nicht wiederholte, »vielleicht weil Gebet und Bußübungen nicht gewirkt hatten«. Und in der Folge übten die Kreuzfahrer »die Heilkunst auf sehr empirische Weise aus und mussten weniger von den hiesigen Ärzten lernen, als man vermutet hätte«.[169] Im Großen und Ganzen war die einzige Eigenschaft der Lateiner, die den Muslimen Respekt abnötigte, ihre Kriegstüchtigkeit. Kultur und Glauben der Christen verachteten sie. »Nach dem *Bahr al-Fava'id* lohnte es sich nicht, die Bücher der Fremden zu lesen ... und jeder, der glaubt, sein Gott sei aus den Geschlechtsteilen einer Frau hervorgekommen, kann doch nur verrückt sein. Mit so jemandem sollte man gar nicht sprechen, er besitzt weder Verstand noch Glauben.«[170]

Diese Verachtung für die religiöse Überzeugung des Feindes beruhte im Großen und Ganzen auf Gegenseitigkeit. Die Templer mochten ihrem muslimischen Gast gestatten, in ihrer Kapelle zu beten. Aber sie benutzten die al-Aksa-Moschee als Verwaltungszentrum und Speicher. Theoderich, ein deutscher Mönch, der in den siebziger Jahren des 12. Jahrhunderts nach Jerusalem pilgerte und die Moschee als »Palast Salomos« bezeichnete, beschreibt, dass sie als »Magazin für Waffen, Kleider und Lebensmittel« diente, »die sie zur Bewachung und Verteidigung ihrer Provinz dauernd in Bereitschaft halten«. Unterhalb der Moschee lagen die »von König Salomo erbauten« Stallungen der Templer mit einem Fassungsvermögen für 10 000 Pferde, wie Theoderich schätzte. Neben der Moschee erhoben sich der ursprünglich von König Balduin I. beschlagnahmte Palast und eine Anzahl anderer

»Häuser, Wohnungen und Anbauten zu verschiedenen Zwecken. Daneben gibt es unzählige Spazierwege, Rasenanlagen, Ratszimmer, Hallen, Konsistorien und Wasservorräte in prachtvollen Zisternen [...]. Auf der anderen Seite des Palastes, also im Westen, haben die Templer ein neues Ordenshaus errichtet, das nach Höhe, Länge und Breite und mit seinen vielen Zellen und Refektorien, seiner Treppe und seinem Dach völlig außerhalb des in diesem Land Üblichen liegt [...]. Sie haben dort praktisch einen neuen Palast gebaut, so wie sie auf der anderen Seite den alten besitzen. Auch haben sie am Rand des Außenhofes eine neue Kirche von gewaltiger Größe und kunstvoller Architektur fertig gestellt.«[171]

Nur schwer lässt sich abschätzen, wie viele Menschen in diesem Gebäudekomplex lebten. Es befanden sich wahrscheinlich höchstens 300 Ritter und etwa 1 000 Sergeanten im Königreich Jerusalem.[172] Dann dürfte es eine wechselnde und unbestimmte Anzahl Ritter gegeben haben, die für eine begrenzte Zeit im Orden dienten, sowie die templerischen Turkopolen – vom Orden beschäftigte, aus syrischen Einheimischen bestehende leichte Reiterei. Darüber hinaus müssen zahlreiche Angehörige von Hilfsberufen der einen oder anderen Art bei den Templern gelebt haben – Waffenschmiede, Pferdeknechte, Schmiede, Steinmetze und Bildhauer. Bildhauer der Templer »errichteten das schönste und bestgeschmückte Königsgrab« für König Balduin IV.[173] Somit waren die Templer auch an dem außerordentlichen Bauboom beteiligt, der im Heiligen Land unter den Kreuzfahrern stattfand – mit Festungen, Palästen und besonders Kirchen. »Nicht einmal Herodes baute so viel.«[174] Zu den großen architektonischen Leistungen gehörte die neue Kirche vom Heiligen Grab, 1149 geweiht, und die Neuausstattung der Geburtskirche in Bethlehem – »ein Meilenstein in der Entwicklung der Kreuzfahrerkunst, da hier viele Künstler unterschiedlichster Provenienz zusammenwirkten«.[175]

Trotz dieser verfeinerten Kultur und den sinnlichen Genüssen, die das warme Klima mit sich brachte, hielten sich die Templer anscheinend treu an ihre Regel und führten weiter ein quasi-mönchisches Leben. Solange sie nicht im Feld standen, folgten sie demselben Tagesplan wie die Benediktiner- oder Zisterziensermönche. Um vier Uhr morgens erhoben sie sich zur Frühmette, versorgten ihre Pferde und legten sich wieder nieder. Vor dem Frühstück beteten sie die Prim, Terz und Sext. Das Frühstück nahmen sie, wie alle anderen Mahlzeiten, schweigend ein, wobei sie einer Lesung aus der Bibel zuhörten. Um halb drei Uhr nachmittags kam die Non, während sich das Abendessen der um sechs Uhr stattfindenden Vesper anschloss. Nach dem Complet gingen sie zu Bett und schwiegen bis zum nächsten Tag. Anweisungen wurden ihnen nach jedem Gebet außer dem Complet erteilt. Standen sie im Feld, so taten sie ihr Möglichstes, ebenfalls nach dieser Vorschrift zu leben.

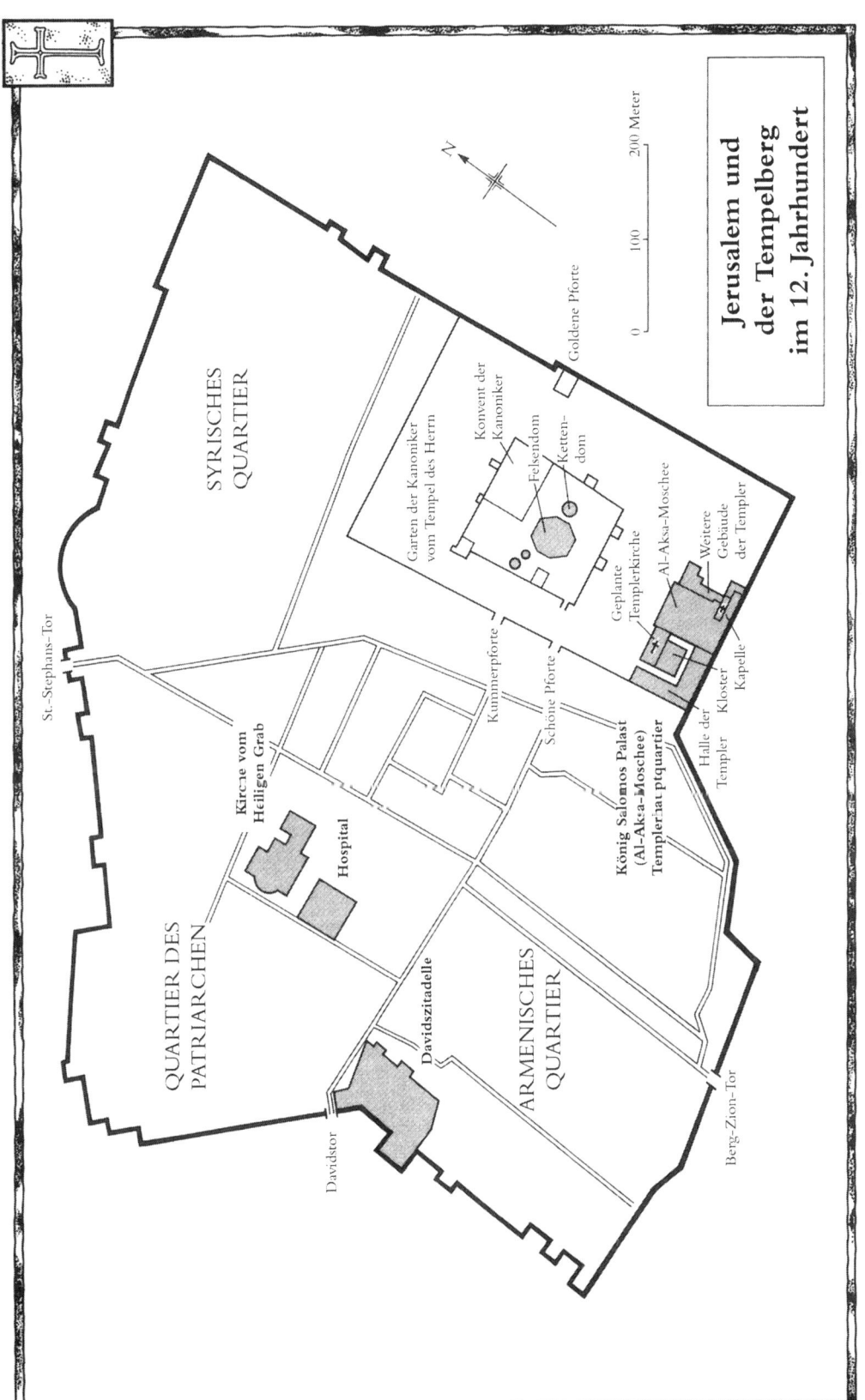

Jerusalem und
der Tempelberg
im 12. Jahrhundert

0   100   200 Meter

N

St.-Stephans-Tor

SYRISCHES
QUARTIER

Garten der Kanoniker
vom Tempel des Herrn

Konvent der
Kanoniker

Felsendom

Ketten-
dom

Goldene Pforte

Geplante
Templerkirche

Al-Aksa-Moschee

Weitere
Gebäude
der Templer

Kapelle

Kloster

Halle der
Templer

Kummerpforte

Schöne Pforte

König Salomos Palast
(Al-Aksa-Moschee)
Templeriat ptquartier

Kirche vom
Heiligen Grab

Hospital

QUARTIER DES
PATRIARCHEN

Davidszitadelle

ARMENISCHES
QUARTIER

Davidstor

Berg-Zion-Tor

Die Templerstatuten umfassten über 600 Artikel. Einige davon bestanden in Ausarbeitungen der Ordensregel, andere behandelten Fragen, die seit dem Konzil von Troyes neu aufgetaucht waren. Das ursprüngliche Ordenssiegel zeigte zwei auf *einem* Pferd reitende Ritter. Jetzt durfte der Großmeister vier Pferde besitzen und in seinem Gefolge einen Kaplan, einen Schreiber, einen Sergeanten und einen Diener mit Pferd, das Schild und Lanze des Herrn trug, mit sich führen. Auch ein Schmied, ein Dolmetscher, ein Turkopole und ein Koch durften ihn begleiten.

Trotzdem waren seine Kompetenzen klar begrenzt: Der Besitz eines Schlüssels zum Templerschatz zum Beispiel war ihm nicht gestattet, und große Summen durfte er nur mit Einwilligung einer »Anzahl würdiger Mitglieder des Hauses« verleihen. Auch seiner Freigebigkeit waren Grenzen gesetzt. Einem adligen Freund des Hauses durfte er einen Gold- oder Silberpokal, ein Gewand aus Eichhörnchenfell oder irgendeinen anderen Gegenstand schenken, dessen Wert den Betrag von 100 Besants nicht überstieg, und überdies nur mit Einwilligung seiner Gefährten und zum Nutzen des Hauses.

Das Ordensstatut spiegelt gewisse Vorurteile der Zeit wider. So konnte, trotz des Gebotes der Demut, ab Mitte des 12. Jahrhunderts Tempelritter nur noch werden, wer »Sohn eines Ritters war oder vom Sohn eines Ritters abstammte« (Artikel 337). Das weiße Ordensgewand, ursprünglich Sinnbild der Reinheit, wurde jetzt zum Prestigesymbol. Die Tuniken der Knappen und Sergeanten waren braun oder schwarz. Bei den Mahlzeiten kamen zuerst die Ritter an die Reihe, dann die Knappen und Sergeanten. In Anbetracht des Umstands, dass fast kein Ritter oder Sergeant lesen konnte, ist wahrscheinlich, dass die meisten Statuten nur das zur Gewohnheit Gewordene beschrieben und von Neuzugängen so übernommen wurden, wie neue Schüler in eine Schulordnung hineinwachsen. Und wie die früher in öffentlichen Schulen verhängten Strafen muten auch die bei den Templern üblichen Sanktionen überaus hart an – Männer, die Verstöße begangen hatten, wurden ausgepeitscht, in Eisen gelegt oder gezwungen, wie ein Hund auf dem Fußboden zu essen. Derartiges war auch bei Mönchen die Regel, also ganz normal für die damalige Zeit.

Der Alltag des Templers war bis ins Kleinste geregelt. Wann er aß, wie viel er aß, wie er sich beim Essen benehmen sollte – sogar wie er Käse schnitt (371) –, alles wird im Ordensstatut genauestens spezifiziert. Ohne Erlaubnis durfte er bei Tisch nicht aufstehen, außer er bekam Nasenbluten, wurde zu den Waffen gerufen (und auch dann musste er sich vergewissern, dass der Ruf von einem Bruder oder »einem würdigen Mann« kam), ein Feuer brach aus oder die Pferde wurden unruhig. Privateigen-

tum besaß der Ritter nicht. »Alle Dinge des Hauses sind allen gemeinsam, und man lasse jedermann wissen, dass weder der Meister noch sonst
jemand berechtigt ist, einem Bruder irgendein Eigentum zu gestatten ...«
Wurde bei einem verstorbenen Bruder Geld gefunden, durfte er nicht in
geweihtem Boden bestattet werden.

Von entscheidender Bedeutung war selbstverständlich die Pflege der
Pferde. Die dem Ordensmeister zustehende Anzahl wurde schon im ers-
ten Artikel des Statuts festgelegt, und in etwa hundert noch folgenden
finden Pferde Erwähnung. Es gab unterschiedliche Arten: Schlachtrösser
für die Ritter, leichtere, schnellere Pferde für die Turkopolen, Zelter,
Maultiere, Packpferde und Reitpferde zum Transport Bewaffneter. Jedem
Ritter war sein eigenes Pferd gestattet, während die anderen Tiere der
Allgemeinheit gehörten und der Obhut eines Ordensmarschalls anvertraut waren. Pferde wurden in Gestüten im Königreich Jerusalem und
Westeuropa gezüchtet, zum Beispiel in der Templerkomturei in Richerenches (nördliche Provence). Auch für die Pferdepflege existierten ge-
naue Vorschriften, und ein Ausnahmegrund, den Gebeten fernzubleiben,
war, dass einer sein Pferd zum Hufschmied bringen musste.[176]

Nur wenige Artikel der Regel beziehen sich auf die Ausbildung des
Ritters. Man erwartete von ihm, dass er sich vor Eintritt in den Orden
Erfahrungen im Kampf zu Pferd angeeignet hatte. In Anbetracht der
schweren Kampfausrüstung müssen die Leute unglaublich kräftig gewesen sein. Auch erwartete man von einem Ritter, dass er eigenes Pferd und
Ausrüstung mitbrachte. Diente er als *confrère* nur für eine bestimmte Zeit,
so wurde ihm alles am Ende zurückgegeben, und falls er sein Pferd in
Templerdiensten verlor, bekam er ein neues aus Gemeinschaftsbesitz.
Dem Geist Bernhards von Clairvaux getreu, durften Sattel und Zaumzeug nicht verziert sein. Für Pferderennen musste Erlaubnis eingeholt
werden, und Wetten auf den Ausgang waren verboten.

Die im Ordensstatut der Templer vorgeschriebene Lebensführung ist
geprägt von christlichem Geist. Die sich auf das Mönchsdasein beziehen-
den Artikel haben in etwa das gleiche Gewicht wie die militärischen Vorschriften. Trotzdem lässt sich eine Akzentverlagerung im Vergleich zur
ursprünglichen Regel erkennen: Die Suche nach persönlichem Heil tritt
hinter einem gewissen *esprit de corps* zurück. »Jeder Bruder soll sich um
ein ehrenhaftes Leben bemühen und dem weltlichen Volk und anderen
Orden in jeder Hinsicht ein gutes Beispiel geben [...]« (340). Unter den
»anderen Orden« sind vorwiegend die Hospitaliter und später die
Deutschordensritter zu verstehen. Das schwarz-weiße Banner des Tempels mit seinen zwei vorderen Spitzen, das *Gonfanon Baucéant*, war ihr
Sammelpunkt in der Schlacht. Getragen wurde es vom Marschall und

verteidigt von zehn dafür ausgewählten Rittern, deren einer ein auf seiner Lanze eingerolltes Ersatzbanner trug. Solange dieses Banner emporgehalten wurde, durfte kein Templer das Schlachtfeld verlassen. Wurde ein Ritter von seinem Kontingent abgeschnitten, durfte er sich dem Hospitaliter- oder einem anderen christlichen Banner anschließen (167).

Von höchstem Wert unter militärischen Bedingungen war das Mönchsgelübde des Gehorsams. Schwere Strafen erwarteten einen Ritter, der sich von dem bei den fränkischen Rittern so verbreiteten Ungestüm hinreißen ließ und den Feind aus eigener Initiative angriff. Nur bei zwei Gelegenheiten durfte ein Ritter Reih und Glied verlassen: Wenn er ein Stück vorausreiten musste, um zu prüfen, ob Sattel und Harnisch fest genug saßen, oder wenn er sah, dass ein Christ von einem Sarazenen angegriffen wurde. In allen anderen Fällen wurde er bestraft, und zwar dadurch, dass er zu Fuß zum Lager zurückgehen musste (163).

Desgleichen wurde kein Unterschied zwischen militärischen und religiösen Verstößen gegen die Ordnung gemacht. Von den neun »Dingen, für die ein Bruder des Templerhauses verstoßen werden kann«, bestanden vier in Sünden, die als solche nichts mit dem Leben unter Waffen zu tun hatten: Simonie, Mord, Diebstahl und Ketzerei. Vorgänge aus dem Tempelkapitel zu verraten, Konspiration zwischen einem oder mehreren Brüdern und ein Templerhaus nicht durch die vorgeschriebenen Ausgänge zu verlassen waren Regelverletzungen, die auch in jeder anderen Mönchsgemeinschaft geahndet wurden. Nur die Bestrafung von Feigheit vor dem Feind und Desertion bezieht sich speziell auf Situationen im Krieg.

So unterschied sich das soldatische Ethos in nichts vom christlichen Ethos des Tempels als einer Mönchsgemeinschaft. Die Regeln in Bezug auf Fasten- und Festtage, auf das Sprechen der Gebete im Tageslauf und für die Toten waren ebenso präzise formuliert wie jene in Bezug auf Sattel und Zaumzeug. Besondere Verehrung erwiesen die Templer Maria, der Mutter Jesu: »Und die Stundengebete für Unsere liebe Frau sollen in diesem Haus stets als erste gesprochen werden [...] da Unsere liebe Frau der Ursprung unseres Ordens gewesen ist, und in ihr und zu ihrer Ehre, so es Gott gefällt, das Ende unseres Lebens und das Ende unseres Ordens erfolgen wird, wenn Gott es so will« (306). Es entstand auch eine ganze Reihe von Glaubensvorstellungen, die Maria mit dem Tempel in Verbindung brachten. Zum Beispiel hieß es, die Verkündigung habe im Tempel des Herrn (dem Felsendom) stattgefunden oder ein Stein, auf dem sich Maria ausgeruht habe, liege vor der Templerfestung Pilgerburg. In vielen Templerkirchen befanden sich Marienkapellen, und eine Anzahl der Ordenshäuser, wie etwa das in Richerenches, waren Maria geweiht. Eine

Reihe von Spendern bezeichnen Richerenches gar nicht als Tempel, sondern als »Haus der gesegneten Maria«.[177]

Ein aufschlussreicher Artikel des Templerstatuts (325) betrifft das Tragen von Lederhandschuhen. Es war nur den Brüdern Kaplänen erlaubt, »die sie zu Ehren des Leibes unseres Herrn, den sie oft in Händen halten, tragen dürfen«, und den »Maurerbrüdern [...] wegen der großen Schmerzen, die sie aushalten müssen, und damit sie sich die Hände nicht so leicht verletzen. Doch sollen sie sie nicht außerhalb der Arbeit tragen.«[178] Die Anzahl dieser Maurerbrüder ist nicht bekannt. Ihre Fähigkeiten müssen aber, bedenkt man, wie wichtig die Festungen in Outremer waren, hoch geschätzt gewesen sein. Eine von den Templern oder Hospitalitern erbaute Burg »sah von außen aus wie eine Festung, während sie innen ein Kloster war«.[179] Eine gut versorgte Burg konnte mit relativ kleiner Besatzung der Belagerung durch ein ziemlich starkes Heer trotzen. Wenn ein solches Heer ohne Belagerung vorbeizog, musste es auf Ausfälle und Angriffe auf die Nachhut gefasst sein. Belagerungen banden daher große Heere, die aber häufig nur für begrenzte Zeit gesammelt werden konnten. Denn Angehörige von nicht aus Söldnern bestehenden Truppen mussten an die Ernte und den Schutz ihrer Familie vor Räubern denken, die vielleicht ihre Abwesenheit ausnützten. Im Fall der Franken war die feudale Gefolgschaftspflicht auf 40 Tage beschränkt. Daher sah man im Krieg zwischen Christen und Muslimen im Heiligen Land »nur sehr selten das Schauspiel zweier großer Heere, die sich gegenseitig zu vernichten trachteten. Das eigentliche Ziel militärischer Aktivität war stets die Einnahme und Verteidigung befestigter Plätze.«[180]

Ein besonders gutes Beispiel für eine Belagerung ist die große Festung Askalon, im Besitz der ägyptischen Fatimidenkalifen. Auf dem Landweg durch die Sinai-Halbinsel und auf dem Seeweg von Alexandria aus mit Nachschub versorgt, schützte sie die Küstenstraße nach Ägypten und gab eine gute Basis für Überfälle auf christliche Siedlungen ab. Im Versuch, Askalon zu erobern, hatte König Fulko einen Ring von kleineren Festungen darum herum gelegt: in Ibelin, Blanchegarde und Bethgibelin. Bethgibelin war den Hospitalitern anvertraut worden und Ibelin einem Ritter wahrscheinlich italienischer Herkunft, der als »Balian der Alte« bekannt wurde.

Im Jahr 1150 wurde die Einschließung durch Errichtung einer Festung auf den Ruinen von Gaza vollendet, einer Stadt im Süden Askalons, in der im Alten Testament Simson von den Philistern gefangen gehalten wurde. Sie wurde den Templern in Obhut gegeben, die einen Eroberungsversuch der Ägypter erfolgreich zurückschlugen. Jetzt war also der Süden des Königreichs Jerusalem sicher, und König Balduin III. konnte zur Belagerung Askalons selbst schreiten. Im Januar 1153 zog er seine Truppen, einschließlich eines Kontingents Hospitalritter unter ihrem Meister Raimund von Le Puy und Tempelritter unter Bernhard von Trémélay, vor der Stadt zusammen. Bernhard stammte aus der Nähe von Dijon in Burgund und muss Bernhard von Clairvaux gekannt haben. Er war zum Nachfolger Eberhards von Barres als Großmeister gewählt worden, als sich ein Jahr zuvor Eberhard als Mönch nach Clairvaux zurückgezogen hatte.

Die Ägypter in Askalon, auf dem Seeweg versorgt, konnten nicht ausgehungert werden. Man musste die Stadt im Sturm nehmen. Die Franken bauten einen Turm aus Holz, höher als die Wälle, und stellten ihn dort hin, wo die Templer standen. In der Nacht auf den 15. August machte eine Schar Verteidiger einen Ausfall aus der Stadt und setzte den Turm in Brand. Da aber änderte der Wind seine Richtung und blies die Flammen gegen die Stadtmauer. Das Mauerwerk bekam Risse, bröckelte, ein Teil der Mauer stürzte ein. Bernhard von Trémélay, Großmeister der Templer, sah seinen Vorteil und führte 40 Mann durch die Bresche. Doch die Hauptmacht machte den Fehler, ihnen nicht zu folgen. Die Templer wurden umzingelt und von den Verteidigern niedergemacht. Tags darauf baumelten ihre Leiber ohne Köpfe von der Stadtmauer herab – unter ihnen der des Großmeisters Bernhard von Trémélay.

In seinem Bericht über dieses Unglück schrieb der lateinische Chronist Wilhelm von Tyrus, die Templer seien nur ihrer Habgier zum Opfer gefallen. Bernhard von Trémélay habe nämlich seinen Rittern befohlen, alle anderen an der Beteiligung an diesem ersten Angriff zu hindern, da er seinem Orden den Ruhm, die Stadt erobert zu haben, und den Löwenanteil an der Beute sichern wollte. Jüngste Forschungen hingegen lassen vermuten, »Wilhelm habe die Ereignisse verzerrt dargestellt«, da er sich auf die apologetischen Berichte der lateinischen Befehlshaber stützte, die man des Fehlers bezichtigte, »den Templern nicht in die Bresche gefolgt zu sein«.[181] Trotzdem verbreitete sich diese Verleumdung der Templer überall und schädigte den Ruf des Ordens in Europa.

Doch der Tod der Tempelritter hatte keinen Einfluss auf das Ergebnis der Belagerung. Am 19. August ergab sich die Stadt König Balduin. Die Ägypter und die Einwohner mussten die Stadt räumen, durften aber ihre bewegliche Habe mitnehmen. Riesige Mengen an Schätzen und Waffenvorräten fielen den Siegern in die Hände. Für König Balduin war Askalon ein sehr beachtliches Beutestück. Die Einnahme bedeutete den Höhepunkt seiner Herrschaft. Er gab die Stadt seinem Bruder Amalrich, dem Grafen von Jaffa, zum Lehen. Die Moschee wurde zu einer dem Apostel Paulus heiligen Kathedrale geweiht.

Zum Ersatz für Bernhard von Tréméley wählte das Tempelkapitel den Onkel Bernhards von Clairvaux, Andreas von Montbard, der bis dahin das Amt eines Seneschalls im Königreich Jerusalem innegehabt hatte. Trotz des Verlustes von 40 Rittern unterhielten die Templer weiterhin ihre Garnison in der Festung Gaza und benützten sie als Stützpunkt, von wo aus sie die Karawanenrouten zwischen Kairo und Damaskus kontrollierten. 1154, ein Jahr nach dem Fall Askalons, legte ein Templerkontingent einem ägyptischen Trupp einen Hinterhalt. Die Ägypter eskortierten den ägyptischen Wesir Abbas und seinen Sohn Nasir al-Din, welche sich, nachdem ihnen ein Anschlag auf den Kalifen missglückt war, mit großen Schätzen auf der Flucht befanden. Abbas wurde bei dem Angriff getötet, Nasir al-Din geriet in die Gefangenschaft der Templer. Wilhelm von Tyrus behauptete später, der Ägypter habe als Gefangener Lateinisch gelernt und sei drauf und dran gewesen, Christ zu werden. Doch habe das die Templer nicht bewegen können, auf das hohe Kopfgeld zu verzichten, das ihnen seine Feinde in Ägypten boten. Er wurde den Partisanen des Kalifen ausgeliefert und, wieder in Kairo, von den vier Witwen des Kalifen »persönlich verstümmelt«[182] und dann »vom Mob in Stücke gerissen«.[183]

Vorwürfe gegen die Templer, besonders gierig zu sein, wurden gern von Chronisten erhoben, die eigene Interessen verfolgten, zum Beispiel Wilhelm von Tyrus und Walter Map. Es ist schwierig, sie aus so großem zeitlichen Abstand zu bestätigen oder zu widerlegen. Auch ist zu bedenken, dass Beute als legitime Form des Einkommens galt und ein Mittel zur Weiterführung der Arbeit des Ordens darstellte. Denn die Kosten für die militärischen Orden waren enorm. In den 1170er Jahren standen die Hospitalritter vor dem Bankrott.

1156, nach nur drei Jahren als Großmeister, starb Andreas von Montbard. 1158 geriet sein Nachfolger Bertrand von Blanquefort mit 87 Brüdern und 300 weltlichen Rittern auf einem Marsch durchs Jordantal in einen Hinterhalt der Sarazenen. Bertrand wurde gefangen genommen.

Wegen des gebirgigen Geländes in Syrien und Palästina und weil die Aufklärung der Sarazenen im Allgemeinen besser funktionierte als die der Christen (sie benutzten Brieftauben, und die Landbevölkerung war meistens muslimisch), hielt es schwer, sich gegen derartige Rückschläge zu wappnen. Trotz ihrer gelegentlich tollkühnen Aktionen, zweifellos verursacht durch den Glauben, Gott stehe auf ihrer Seite, wurden die Templer im Besonderen und die fränkischen Ritter im Allgemeinen im Lauf der Zeit vorsichtiger. Erfahrung hatte sie gelehrt, dass auch die Sarazenen geübte Kämpfer waren, die den Übermut der Franken oft listenreich zu ihrem Vorteil ausnützten. Sie erkannten jetzt, »dass sie es mit beweglichen Bogenschützen und Umzingelungsversuchen zu tun hatten, der Versuchung, die von einer scheinbaren Flucht des Gegners ausging, nicht nachgeben durften und solidarisch beieinanderbleiben mussten, bis der Augenblick für einen Angriff kam, der mit Sicherheit ins Herz der feindlichen Streitmacht traf [...].«[184] Vorbei war es mit dem wilden Ungestüm der ersten Kreuzfahrer. »Von allen Männern im Krieg«, schrieb der Damaszener Diplomat Osama, »sind die Franken die vorsichtigsten.«

Dieselbe Umsicht bewies König Balduin III., der klügste der Jerusalemer Könige, als Diplomat. Sein Vater Fulko war auf der Jagd tödlich verunglückt, als Balduin noch ein Kind war. Obwohl Balduin 1143 auf Betreiben der Barone zum König gekrönt worden war, hatte er sich nur mit großer Mühe von der Vormundschaft seiner Mutter Melisendis befreien können. Als älteste von den drei »beachtlichen« Töchtern König Balduins von Jerusalem hatte sich Melisendis wie ihre Schwester Alice in Antiochia dagegen gewehrt, dass sie als Frau nicht sollte regieren dürfen. Zwischen 1140 und 1150 hatte sie das Königreich Jerusalem an den Rand eines Bürgerkriegs gebracht, als sie dem Freund ihrer Kindheit, dem stattlichen Herrn von Jaffa, Hugo von Le Puiset, vor ihrem Ehemann Fulko von Anjou, dem »kleinwüchsigen, drahtigen, rothaarigen Mann mittleren Alters, den ihr die Staatsraison aufgezwungen hatte«,[185] den Vorzug gab, was zu einem heftigen Konflikt mit ihrem Gatten führte. Es ging auch das Gerücht, sie habe ihrer Schwester Hodierna zu Gefallen einen Giftmord an Alfonso-Jordan, dem jungen Grafen von Toulouse, in Auftrag gegeben. Dieser, der während des zweiten Kreuzzugs in Caesarea plötzlich gestorben war, hatte nämlich einen stichhaltigeren Erbanspruch auf die Grafschaft Tripolis als Graf Raimund, Hodiernas Mann.

1152 kehrte König Balduin III., Melisendis' Sohn, den Spieß um, wandte sich, neun Jahre nach seiner Krönung, gegen die Mutter und versuchte, selbst zu regieren. Aber Melisendis war genau so wenig bereit, ihren Anteil an der Macht dem Sohn abzutreten, wie früher ihrem Mann. Die Differenzen der beiden führten zum offenen Bruch und zunächst zur faktischen Teilung des Königreichs, dann aber zum Kampf zwischen Mutter und Sohn. Melisendis wurde von Balduins Truppen in der Jerusalemer Zitadelle belagert, ließ sich jedoch zuletzt überreden zu kapitulieren und bei ihrer Schwester, der Äbtissin Joveta, in deren Kloster in Bethanien zu leben.

Melisendis' Zeitgenossen und spätere Historiker haben sich von dieser »wahrlich bemerkenswerten Frau« beeindrucken lassen, »die über dreißig Jahre lang beträchtliche Macht in einem Königreich ausübte, wo es keine Präzedenzfälle für Frauen in hohen Ämtern gab«.[186] Wilhelm von Tyrus

urteilte, sie sei »eine sehr kluge Frau gewesen, erfahren in fast allen Berei-
chen der Politik. Sie hatte so vollständig über die Schwächen ihres Ge-
schlechts gesiegt, dass sie sich mit den wichtigsten Staatsangelegenheiten
zu befassen vermochte [...] Sie herrschte im Königreich mit solcher
Tüchtigkeit, dass man zu Recht sagen konnte, sie sei ihren Vorgängern
ebenbürtig gewesen.« Balduin selbst erkannte ihre besonderen Qualitäten an, und da sein Selbstvertrauen erst unlängst durch die Einnahme
Askalons gestärkt worden war, behandelte er seine Mutter mit Respekt
und ließ sie an den Staatsgeschäften teilnehmen.

Auch schon vor dem Fall Askalons wohnte sie einer Versammlung der
höchsten Würdenträger Outremers bei, welche über die Zukunft ihrer
Nichte Konstanze, der verwitweten Fürstin von Antiochia, beratschlagen
sollte. Deren schöner Ehemann, Raimund von Poitiers, Onkel der Eleanor von Aquitanien, der auch im Ruf stand, Eleanors Liebhaber gewesen
zu sein, war auf einem Feldzug im Norden seines Fürstentums umgekommen. Es schien ein Gebot der Stunde zu sein, dass Konstanze wieder
heiratete, und zwar einen bewährten Kriegsmann. Vorgeschlagen wurde
Johann Roger, der verwitwete Schwager des byzantinischen Kaisers, ein
Normanne. Man hoffte außerdem, sie würde ihre Schwester Hodierna
mit deren Ehemann, Graf Raimund II. von Tripolis, wieder aussöhnen.
Doch letztendlich erfüllten sich beide Hoffnungen nicht. Konstanze
weigerte sich, Johann Roger, einen Mann schon in mittleren Jahren, zu
heiraten, und Raimund II. wurde, als er in seine Stadt Tripolis einritt,
ermordet.

Bei seinem Mörder handelte es sich um ein Mitglied der Assassinen, einer fanatischen Sekte der schiitischen Muslime, die, wie die Sikarier der
jüdischen Zeloten, ihre Ziele durch heimlichen Mord verfolgten. Der
Name Assassinen kommt von »Haschisch«, dem Rauschgift, das nach
Berichten der Kreuzfahrer die Mörder in Trance versetzte, sodass sie jede
Gefahr vergaßen. Ursprünglich waren die Schiiten eine politische Partei,
die Ali, Mohammeds Schwiegersohn, als den legitimen Nachfolger des
Propheten ansah. Sie hatten sich jedoch nach dem Tod Alis im Jahr 661 in
eine radikale islamische Sekte verwandelt, die sich des sunnitischen Kalifats in Bagdad zu bemächtigen suchte. Wegen ihrer Überzeugungen verfolgt, entwickelten sie mystische Vorstellungen, revolutionäre Methoden
und messianischen Glauben. Sie spalteten sich in weitere Parteien, deren
radikalste die Ismailiten waren. Sie arbeiteten »ein religiöses Lehrsystem
auf hohem philosophischem Niveau aus und schufen eine Literatur, die
nach Jahrhunderten eines Lebens im Verborgenen erst heute wieder in
ihrem wahren Wert erkannt wird.«[187]

Im Mittelpunkt des ismailitischen Systems stand die Idee des Imams, der als Nachkomme Ismails, der siebten Generation nach Ali und Fatima, für von Gott inspiriert und unfehlbar galt. Er besaß Zugang zu besonderen Erkenntnissen, und jedermann schuldete ihm bedingungslosen Gehorsam. Anfang des 10. Jahrhunderts griff ein Mann, der dieser auf Ismail zurückgehenden Imam-Linie zu entstammen behauptete, in Nordafrika nach der Macht und errichtete das Fatimidenkalifat (nach der Stammmutter Fatima) in Kairo, in Konkurrenz zum sunnitischen Kalifat in Bagdad. Zur Zeit der Kreuzzüge befand sich das Fatimidenreich schon im Niedergang. Doch setzte sich im Elburs-Gebirge in Nordpersien, hoch über der Kaspischen See, eine Schar unerschütterlicher Ismailiten unter Hasan-Sabbah in der uneinnehmbaren Festung Alamut fest. Von hier aus schickte Hasan seine Anhänger aus, die sunnitischen Sultane und ihre Wesire zu ermorden. Ebenso sandte er Missionare nach Syrien, um Proselyten zu gewinnen und Burgen als Stützpunkte für seine Terroraktionen zu erobern. 1133 kauften die Assassinen die Burg Qadmus von den Muslimen, die sie vorher den Franken abgenommen hatten. Kurz darauf gewannen sie al-Kahf, eroberten 1137 Khariba von den Franken und 1142 die große Festung Masyaf von den Damaszenern. Noch andere Burgen fielen ihnen, etwa zur selben Zeit, in die Hände und machten sie zu Nachbarn der Burgen der Ritterorden in Kamel, La Colée und Krak des Chevaliers sowie in den Küstenstädten Valania und Tortosa.

Aus Hass auf ihre muslimischen Feinde waren die Assassinen Bündnissen mit den Franken nicht abgeneigt. In der Schlacht von Inab (1149) fiel ein Assassinenführer, Ali ibn-Wafa, Seite an Seite mit Raimund von Poitiers kämpfend. Doch nur drei Jahre darauf ermordete ein Mitglied eben dieser Sekte Raimund II. von Tripolis aus unbekannten Gründen. Da Königin Melisendis im Verdacht stand, den Giftmord an dem jungen Alfonso-Jordan, Grafen von Toulouse, veranlasst zu haben, ist nicht von der Hand zu weisen, dass sie auch die Assassinen mit diesem Mord beauftragte, um Hodiernas schwierigen Gatten loszuwerden.

So gewannen theologische Streitigkeiten unter den Jüngern Mohammeds im Verein mit den Leidenschaften willensstarker Frauen Einfluss auf das Schicksal der Lateiner in Outremer. Das folgenschwerste Ereignis in dieser Hinsicht fand 1153 statt, als Konstanze ins Fürstentum Antiochia zurückkehrte. Jetzt wurde offenbar, warum sie den vom König von Jerusalem und dem Kaiser von Byzanz vorgeschlagenen Bräutigam abgelehnt hatte. Sie hatte ein Auge auf einen anderen geworfen, Reginald von Châtillon, einen französischen Ritter. Er war der jüngste Sohn Gottfrieds, des Grafen von Gien-sur-Loire, und führte seinen Titel von seinem Schloss Châtillon-sur-Loire. Wahrscheinlich war er mit König Ludwig VII. beim zweiten Kreuzzug in den Osten gekommen und dann im Gefolge König Balduins III. dort geblieben. Nach seinem späteren Verhalten zu urteilen, war es ein bedenkenlos kühner, außergewöhnlich tapferer und fast sicher recht gut aussehender Ritter – Eigenschaften, die ihm Konstanzes Liebe gewannen und zur Mésalliance des Jahrhunderts führten. Höchst erstaunlich, schrieb der Erzbischof von Tyrus, »dass sich eine so berühmte, mächtige und hochgeborene Frau, Witwe eines derart hervorragenden Mannes, zur Heirat mit einer Art Rittersöldner herabließ«.[188]

Balduin III. erkannte Reginald wegen dessen soldatischer Tüchtigkeit als Fürst von Antiochia an. Ebenso verhielt sich, wenn auch widerstrebend, der byzantinische Kaiser Manuel wegen Reginalds Hilfe gegen die Armenier in Kilikien. Denn unterstützt von den Templern war Reginald gen Norden marschiert und hatte den Hafen Alexandretta eingenommen, den er den Templern überließ. Jetzt aber stritt er sich mit Kaiser Manuel über die Hilfsgelder, die ihm seiner Meinung nach zustanden. Ermutigt von den Templern, machte er seinen Frieden mit den Armeniern und beschloss, sich von den Byzantinern das ihm Zustehende zu holen, indem er die Insel Zypern plünderte. Für diese Expedition brauchte er jedoch Gelder, die er sich von Aimery, dem lateinischen Patriarchen von Antiochia, zu beschaffen gedachte. Reginald konnte ihn nicht ausstehen, weil Aimery lautstark gegen seine Ehe mit Konstanze opponiert hatte. Aimery weigerte sich, ihm auch nur einen Pfennig zu geben, woraufhin ihn Reginald ins Gefängnis werfen, brutal verprügeln und mit in seine Wunden geriebenem Honig aufs Dach der Zitadelle fesseln ließ, wo ihn die Fliegen peinigten.

Diese Behandlung hatte den gewünschten Effekt. Der Patriarch gab Reginald das Geld, und der verwandte es zur Ausrüstung einer Flotte. Im Frühjahr 1156 landete er zusammen mit dem armenischen König Thoros und mit einem Heer in Zypern, bis dahin eine der friedlichsten Provinzen des Byzantinischen Reiches und seinerzeit Nachschublieferant für das darbende Heer des ersten Kreuzzugs. Das Heer Reginalds und Thoros' besiegte den Gouverneur der Insel, den kaiserlichen Neffen Johannes Comnenos, und den zyprischen Oberbefehlshaber Michael Branas. Die Eroberer nahmen beide gefangen, um sich dann an die Plünderung der Insel zu machen, »auf eine Weise, die Hunnen und Mongolen vor Neid hätte erblassen lassen«.[189] Ohne Rücksicht darauf, dass die Zyprioten Christen waren, wurden ihre Frauen vergewaltigt, ihre Kinder und Greise umgebracht, ihre Kirchen und Klöster ausgeplündert, ihr Vieh und ihre Lebensmittel beschlagnahmt. Die Gefangenen erkauften sich entweder selbst die Freiheit oder wurden in Ketten nach Antiochia abgeführt oder verstümmelt und als lebendige Trotz- und Verachtungs-gesten der Sieger nach Byzanz geschickt.

Reginalds brutales, raubgieriges Vorgehen löste Bestürzung in Jerusalem aus. Auf die Nachricht von der Einkerkerung des Patriarchen Aimery sandte König Balduin Emissäre, die auf seiner Freilassung bestanden und ihn, wenn es so weit war, nach Jerusalem bringen sollten. Schlimmer war noch die Plünderung Zyperns, stellte sie doch Balduins Bündnispolitik gegenüber dem Byzantinischen Reich in Frage. Um einen Pakt mit den Byzantinern zu besiegeln, war Balduin eine byzantinische Prinzessin, Theodora, des Kaisers fünfzehnjährige Nichte, mit einer riesigen Mitgift, die den zusammengeschmolzenen Schatz des Königreichs wieder auffüllen sollte, versprochen worden. Die Heirat fand 1158 in Jerusalem statt.

Das diplomatische Ziel dieser Allianz bestand für Balduin in der Unterstützung durch die Byzantiner im Kampf gegen Nur ed-Din und für den Kaiser Manuel in der Bestrafung Thoros' und Reginalds. Beim Anrücken eines mächtigen byzantinischen Heeres floh Thoros in die Berge, während sich Reginald feige unterwarf. Er erschien barfuß und barhäuptig vor zahlreichen Fürsten und Höflingen, die sich vor den Toren von Mamistra versammelt hatten, und warf sich vor dem byzantinischen Kaiser in den Staub. Manuel nahm die Demütigung seines Feindes zufrieden zur Kenntnis und erlaubte dem Büßer, nachdem ihm bestimmte Bedingungen auferlegt waren, sich zu erheben und nach Antiochia zurückzukehren.

Diese Degradierung Reginalds erschien den Lateinern zwar als wohlverdient. Doch war er einer der Ihren, weshalb sie sie trotzdem als gemeinsame Erniedrigung empfanden. Balduin hatte gehofft, dass Reginald nicht so wohlfeil davonkommen würde. Aber Manuel schien es besser, Antiochia von einem Mann regiert zu wissen, der, als Manuel triumphalen Einzug in der Stadt hielt, bereit war, neben ihm zu gehen und sein Pferd zu halten, als von einem anderen weniger willfährigen Fürsten, der nicht so eindeutig als sein Vasall erkennbar war. Obwohl Manuel herzliche Zuneigung für Balduin, seinen angeheirateten Neffen, empfand, zeigte sich, dass ihre strategischen Prioritäten doch ziemlich auseinandergingen. Denn Manuel schloss mit Nur ed-Din, dem Erzfeind der Lateiner, einen Pakt gegen die seldschukischen Türken in Anatolien. Für die Lateiner war das nur ein weiteres Beispiel der Perfidie der Griechen. Andererseits hatte der Vertrag auch Vorteile für sie. So wurden die christlichen Gefangenen freigelassen, unter ihnen Bertrand von Blanquefort, der Großmeister des Tempels.

Hatten die christlichen Fürsten erwartet, dass Reginald von Châtillon aus seinen Fehlern lernen würde, so wurden sie schon bald enttäuscht. Im November 1160 unternahm er einen Raubzug, um sich fetter, meist im Besitz der christlichen Syrer befindlicher Rinderherden zu bemächtigen. Mit seiner vierfüßigen Beute auf dem Weg zurück nach Antiochia wurde er von einem muslimischen Trupp unter dem Gouverneur von Aleppo in eine Falle gelockt. Er wurde gefangen genommen und auf dem Rücken eines Kamels nach Aleppo gebracht. Keiner meldete sich, um ein Lösegeld zu bieten. So blieb Reginald für die nächsten 16 Jahre in Gefangenschaft.

Im Februar 1160 war König Balduin III. im Alter von nur 33 Jahren gestorben – ein Mann mit Ausstrahlung, Verstand und Kultur, der sogar von seinen muslimischen Untertanen und dem Gouverneur von Aleppo, Nur ed-Din, betrauert wurde. Er hatte keinen Erben. Seine Frau, Königin Theodora, war erst 16 und zog sich nach Akkon zurück, das ihr laut Ehevertrag gehörte.

Balduins Nachfolger war sein Bruder Amalrich, 25 Jahre alt, ebenso groß und gut aussehend wie der Bruder, doch ohne dessen Bildung und Charme. Ihm, der bisher Herrscher in Jaffa und Askalon gewesen war, genügte es, den Byzantinern den Schutz der Nordgrenze seines neuen Königreichs zu überlassen, um sich südlich auf Ägypten konzentrieren zu können. Dort war das Fatimidenkalifat infolge blutiger Staatsstreiche und Gegen-Staatsstreiche in voller Auflösung begriffen. Die Regierung wusste nicht mehr aus noch ein. Wenige Städte auf dem Sinai oder im Nildelta waren befestigt, und gewaltige Beute winkte. Doch lag auch noch ein wichtiger strategischer Grund vor, gegen Kairo vorzugehen. Denn wenn die Lateiner das Vakuum nicht füllten, würde es mit Sicherheit Nur ed-Din tun.

Im Jahr 1160 hatten sich die Ägypter von einer geplanten Invasion Balduins III. durch das Versprechen eines jährlichen Tributs freigekauft, der jedoch nie gezahlt worden war. Diese Unterlassung benützte Amalrich als Vorwand und führte im Herbst 1163 ein Heer nach Ägypten, in dem sich auch ein großes Kontingent Templer befand. Doch die Ägypter durchstachen ihre Deiche im Nildelta und zwangen dadurch die Franken zum Rückzug. Im nächsten Jahr war Amalrich erneut in Ägypten, um der Übernahme Kairos durch Shawar, Nur ed-Dins Protégé, zuvorzukommen. Es kam zu einer Übereinkunft mit Shawar, dass beide Heere sich wieder zurückziehen sollten.

Nur ed-Din hatte aus der Abwesenheit Amalrichs Vorteil gezogen und das Fürstentum Antiochia angegriffen. Er belagerte die Festung Harenc. Bohemund, der junge Sohn Konstanzes und Raimunds von Poitiers,

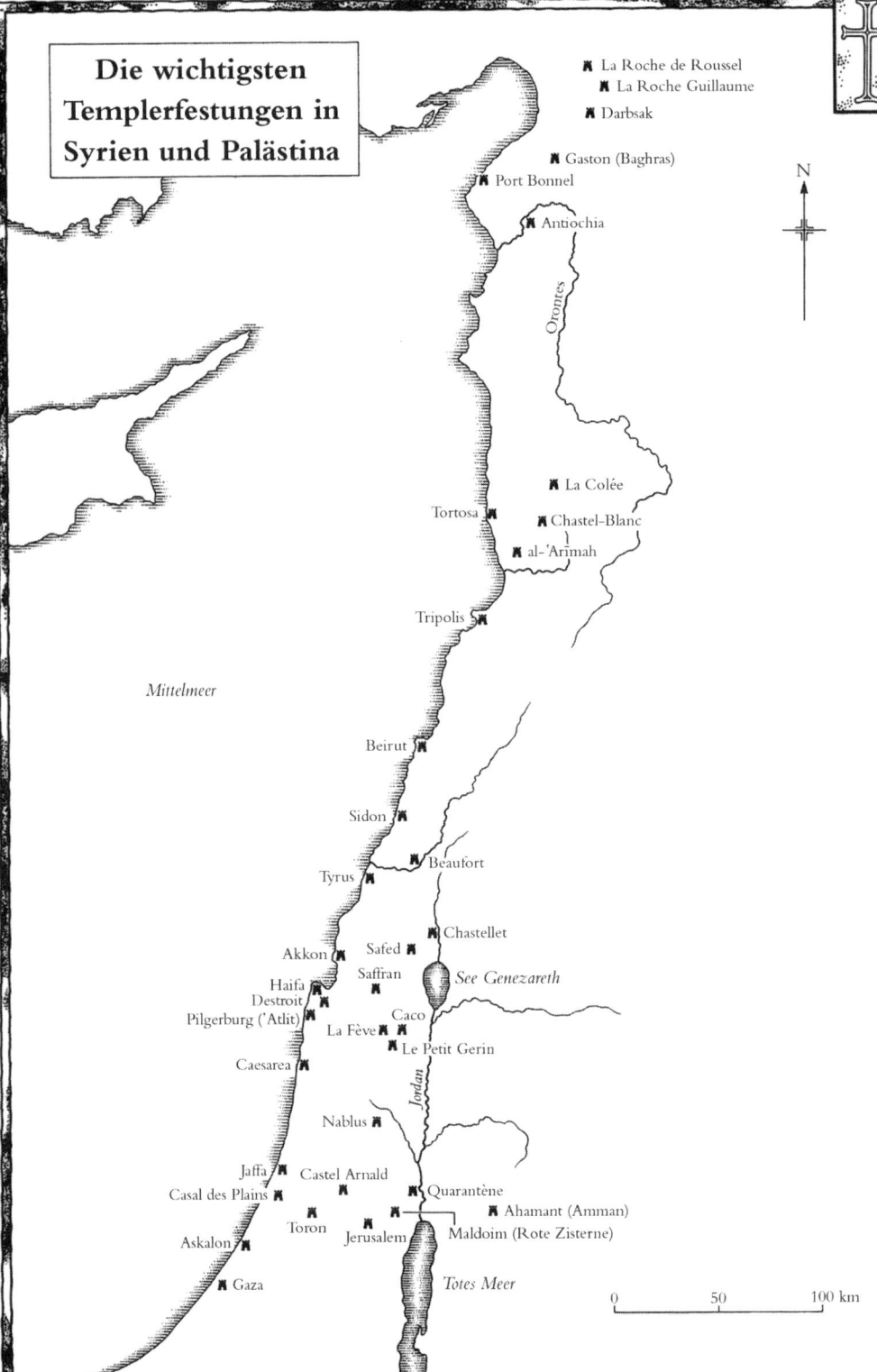

Die wichtigsten Templerfestungen in Syrien und Palästina

La Roche de Roussel
La Roche Guillaume
Darbsak

Gaston (Baghras)
Port Bonnel

Antiochia

Orontes

N

La Colée

Tortosa
Chastel-Blanc
al-'Arimah

Tripolis

Mittelmeer

Beirut

Sidon

Beaufort

Tyrus

Chastellet

Akkon
Safed
See Genezareth
Haifa
Saffran
Destroit
Pilgerburg ('Atlit)
Caco
La Fève
Le Petit Gerin

Caesarea

Jordan

Nablus

Jaffa
Castel Arnald
Casal des Plains
Quarantène
Ahamant (Amman)
Toron
Maldoim (Rote Zisterne)
Askalon
Jerusalem

Gaza

Totes Meer

0   50   100 km

jetzt als Fürst Bohemund III. regierend, brach mit einem aus Antiochenern und Byzantinern bestehenden Heer zum Entsatz von Harenc auf. Auch ein Kontingent Tempelritter mit ihren Sergeanten, Schildknappen und Turkopolen war dabei. Bei ihrem Näherrücken gab Nur ed-Din die Belagerung auf und zog sich zurück. Gegen den Rat seiner erfahreneren Gefährten verfolgte Bohemund das weit überlegene Heer der Feinde. Am 10. August hatte er es eingeholt. Die Muslime wandten ihre bevorzugte Taktik an und stellten sich so, als wichen sie zurück. Bohemund und seine Ritter gingen in die Falle, setzten ihnen nach und wurden entweder gefangen genommen oder getötet. Von den Tempelrittern fielen 60 in der Schlacht. Nur sieben entkamen.

Zweifellos war es dieser Rückschlag, der die Templer dazu bewog, in Zukunft ihrem eigenen militärischen Urteil, nicht mehr dem der lateinischen Fürsten zu vertrauen. Ihre Statuten verpflichteten sie zwar zur Verteidigung des Heiligen Landes. Doch war ihr Großmeister nur dem Papst, nicht dem König von Jerusalem Gehorsam schuldig. In Amalrichs Augen indessen störte die Autonomie der Ritterorden die Kriegführung gegen den Islam. 1166 wurde eine für uneinnehmbar gehaltene Höhlenfestung in Oultrejourdain (Transjordanien) mit Templerbesatzung von Truppen Nur ed-Dins belagert. Wahrscheinlich gehörte die Festung zum Vermächtnis Philipps von Nablus, des Herrn von Oultrejourdain, das er dem Orden bei seinem Beitritt im Januar 1166 übertragen hatte.

Bei der Nachricht von der Belagerung zog Amalrich ein Heer zusammen, um die Festung zu entsetzen. Doch als er an den Jordan kam, stieß er auf zwölf Templer, die sie ohne einen Schwertstreich dem Feind bereits überlassen hatten. Amalrich geriet in solchen Zorn, dass er die Ritter hängen ließ. Diese Episode, die Wilhelm von Tyrus in seiner Chronik erzählt, könnte durchaus zur Abkühlung des Verhältnisses zwischen dem Tempel und dem König beigetragen haben. Denn als Amalrich 1168 sich zu einer Invasion Ägyptens auf breiter Front entschloss, unterstützten ihn der Großmeister der Hospitalritter, Gilbert von Assailly, und die meisten weltlichen Barone. Der Großmeister des Tempels hingegen, Bertrand von Blanquefort, weigerte sich entschieden teilzunehmen.

Man unterstellte den Templern niedrige Motive für diese Entscheidung. Es hieß, sie hätten sich so verhalten, weil der Plan von ihren Rivalen, den Johannitern, befürwortet worden sei, oder sie seien in einträgliche finanzielle Geschäfte mit den italienischen Kaufleuten verwickelt gewesen, die mit Ägypten Handel trieben. Aber die Templer hatten eher den drohenden Bankrott der Hospitalritter vor Augen, der jetzt Gilbert von Assailly zweifellos zu dem riskanten Versuch veranlasste, die Verluste am Nil wieder hereinzuholen. Auch hatten sie ihrerseits schwere Verluste in Antiochia hinnehmen müssen und waren vollauf mit der Verteidigung des Heiligen Landes beschäftigt – im Norden in der Amanus-Grenzmark und im Süden in der Gegend um Gaza. Schließlich spielte auch Amalrichs Vertrag mit Shawar eine Rolle. Neuankömmlinge aus Frankreich wie Graf Wilhelm II. von Nevers, ein Ratgeber König Amalrichs, begriffen wahrscheinlich gar nicht, dass es durchaus von Wert sein konnte, Verpflichtungen auch gegenüber Ungläubigen einzuhalten. Doch die Templer hatten inzwischen genügend Erfahrungen mit den lokalen Verhältnissen gemacht, um zu wissen, dass Diplomatie unter Umständen wirksamer war als Gewalt.

Ein weiteres Beispiel für die Unabhängigkeit der Templer und ihre Neigung, die Pläne des Königs zu durchkreuzen, gab es im Jahr 1173, als Amalrich in Verhandlungen mit dem Oberhaupt der Assassinen in Syrien, bei den Kreuzfahrern als »Der Alte vom Berge« bekannt, eintrat. Es handelte sich um Sinan ibn-Salman ibn-Muhammad, der aus einem Dorf bei Basra im heutigen Irak stammte. Als Protégé Hasans, des Assassinen-Imams in Alamut, wurde Sinan Befehlshaber der Assassinen-Enklave in Syrien und verfolgte seine eigene Politik. Dreißig Jahre lang musste jeder Herrscher in den islamischen Kalifaten und allen christlichen Staaten einen Mordanschlag durch einen ismailitischen Anhänger Sinans befürchten. Ausgenommen waren nur die Großmeister der Ritterorden, da den Assassinen bewusst war: Wurde einer getötet, trat sofort ein anderer an seine Stelle.

Im Großen und Ganzen tolerierten die Franken die Assassinen, waren diese doch die Feinde ihrer Feinde. Der Templerorden, der sie von seinen Stützpunkten in Tortosa, La Colée und Chastel-Blanc aus hätte angreifen können, ließ sie gegen einen jährlichen »Tribut« von 2000 Besants in Frieden. Zwischen 1160 und 1170 gewannen aber die chiliastischen Tendenzen in der ismailitischen Lehre die Oberhand, als Hasan, ihr Anführer in Alamut, dem Gesetz Mohammeds abschwor und die Auferstehung von den Toten proklamierte. Sinan verbreitete den neuen Glauben in Syrien, und wie die Wiedertäufer in Münster einige Jahrhunderte später überließen sich die Auserwählten orgiastischen Ausschweifungen. »Männer und Frauen vermischten sich bei großen Trinkgelagen, kein Mann hielt sich von seiner Schwester oder Tochter zurück, die Frauen trugen Männerkleider, und einer erklärte, Sinan sei Gott.«[190] Einige Jahre, nachdem Hasan dem Islam abgeschworen hatte, ließ Sinan König Amalrich und dem Patriarchen in Jerusalem ausrichten, er, Sinan, denke an eine Bekehrung zum christlichen Glauben. Um die Sache ins Werk zu setzen, schickte er einen Beauftragten, Abdullah, um eine

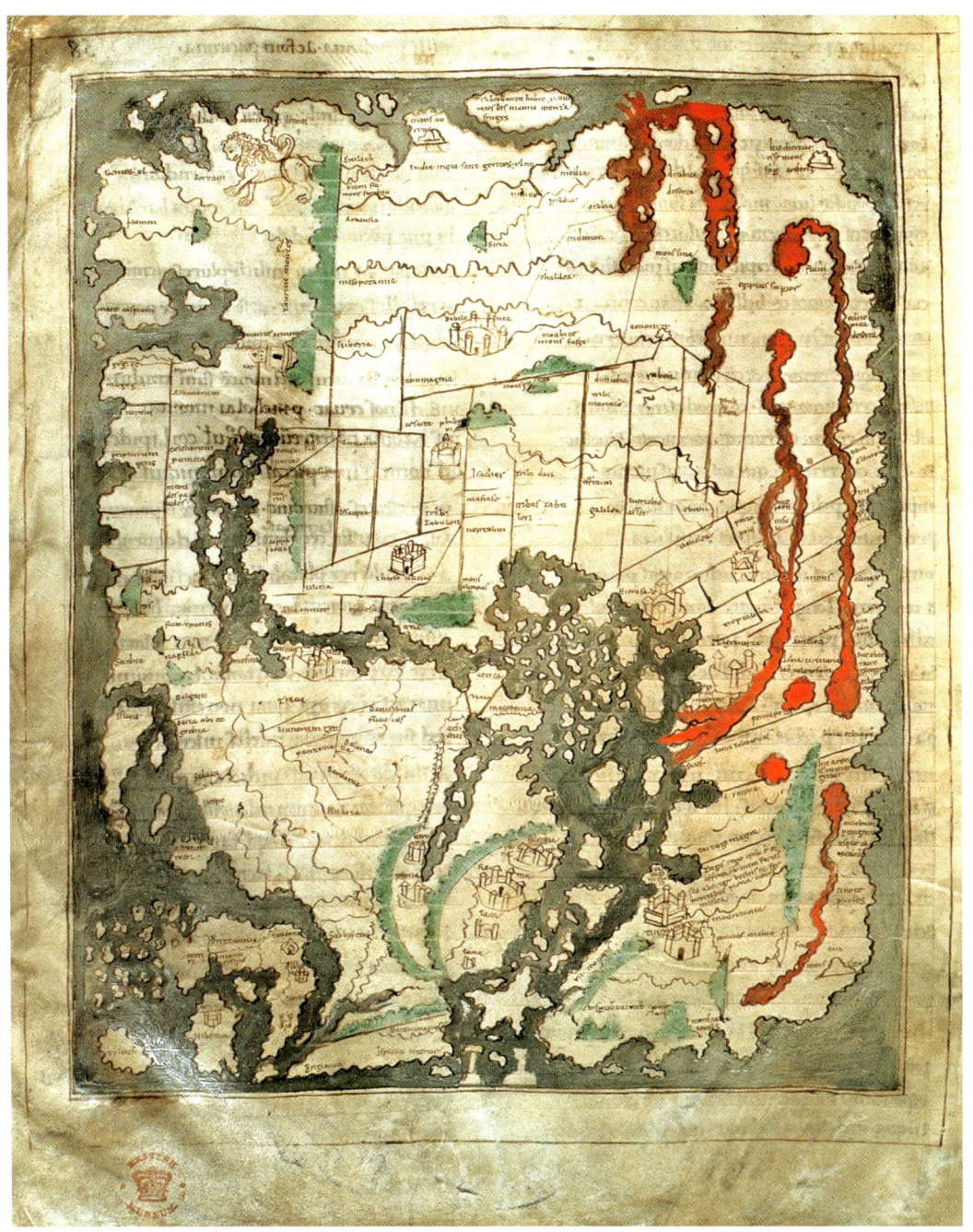

Weltkarte aus dem 11. Jahrhundert mit Jerusalem im Mittelpunkt und den britischen Inseln links unten, aus einem Buch des »gesammelten Weltwissens«, Winchester oder Canterbury (British Library/Bridgeman Art Library).

Sturm auf Jerusalem beim ersten Kreuzzug im Jahr 1099. Illuminierte Miniatur aus dem 14. Jahrhundert (Bibliothèque Nationale/Bridgeman Art Library).

Plünderung Jerusalems nach seiner Einnahme durch die Kreuzfahrer im Jahr 1099. Illuminierte Miniatur aus dem 15. Jahrhundert von Jean de Courcy (Bibliothèque Nationale/Bridgeman Art Library).

Bernhard, Abt von Clairvaux,
predigt 1146 in Vézelay in Burgund
König Ludwig VII. den Kreuzzug.
Illumination aus dem 15. Jahrhundert
von Sebastian Mamerot (Bibliothèque
Nationale/Bridgeman Art Library).

Bernhard, Abt von Clairvaux.
Illumination aus dem 15. Jahrhundert
von Jean Fouquet im Stundenbuch
des Etienne Chevalier
(Musée Condé/Giraudon/
Bridgeman Art Library).

Hugo von Vandemont wird nach
seiner Rückkehr vom Kreuzzug
von seiner Frau umarmt.
Steinschnitt des 12. Jahrhunderts
aus der Priorei Belval in Lothringen
(Musée des Monuments Français/
Lauros-Giraudon/Bridgeman Art Library).

Tempelritter auf einem
Wandgemälde des 12. Jahr-
hunderts in der Templerkapelle
zu Cressac-sur-Charente
in Aquitanien (Archiv Weidenfeld).

Ein Kreuzfahrer vor seinem Pferd,
im Gebet kniend. Illumination
aus dem Westminster Psalter,
12. Jahrhundert
(Archiv Weidenfeld).

Das Templersiegel mit zwei
Rittern auf einem Pferd
(Archiv Weidenfeld).

Von Tempelrittern eskortierte Pilger erblicken Jerusalem. Kupferstich des 19. Jahrhunderts
aus der Englischen Schule (Privatsammlung/Ken Welsh/Bridgeman Art Library).

Felsendom auf dem
Tempelberg in Jerusalem
(Archiv Weidenfeld).

Al-Aksa-Moschee auf dem Tempelberg in Jerusalem, von den Kreuzfahrern »Tempel Salomos« genannt
und Hauptquartier der Templer bis 1187. Gouache auf Papier aus dem Muraqqa-Album
(Chester Beatty Library und Gallery of Oriental Art, Dublin/Bridgeman Art Library).

Zeitgenössisches Porträt
Saladins. Fatimidenschule
(British Library/
Bridgeman Art Library).

PORTRAIT OF SALADIN (?)

FATIMID SCHOOL

About A.D. 1180

Richard Löwenherz rennt gegen Saladin an. Aus einem illuminierten Manuskript des 14. Jahrhunderts
(British Library/Bridgeman Art Library).

Glockenturm der Abtei Cluny, das
einzige, was nach den Zerstörungen
durch die französische Revolution
1789 vom Kloster noch übrigblieb
(Privatsammlung/Bulloz/
Bridgeman Art Library).

Rekonstruktion von Kloster und
Abtei Cluny von Kenneth John Conant
(Archiv Weidenfeld).

Übereinkunft mit dem König auszuhandeln. Diese Vorgespräche fanden einen zufrieden stellenden Abschluss, und Abdullah machte sich mit einem Geleitschutz König Amalrichs auf die Rückreise von Jerusalem nach Massif. Doch kurz hinter Tripolis wurden er und seine Begleiter von einem Trupp Templer unter einem einäugigen Ritter, Walter von Mesnil, überfallen.

Diese Ungeheuerlichkeit erzürnte König Amalrich dermaßen, dass er die Verhaftung der Schuldigen befahl. Großmeister des Tempels war inzwischen Odo von Saint-Amand, der 1168 Philipp von Nablus ersetzt hatte. Odo war königlicher Beamter gewesen und hatte vor seinem Beitritt zum Orden eine Anzahl wichtiger Ämter innegehabt. Die Jahre von 1157 bis 1159 hatte er als Gefangener der Muslime verbracht. Es ist nahezu sicher, dass seine Wahl dazu dienen sollte, die Beziehungen des Tempels zu König Amalrich zu verbessern. Jetzt jedoch pochte Odo auf die Rechte, die den Templern durch die päpstliche Bulle »Omne datum optimum« verliehen worden waren. Die Ritter unterstanden dementsprechend nicht mehr der weltlichen Gerichtsbarkeit. Walter von Mesnil war wegen seines Verstoßes schon vom Orden bestraft worden und sollte jetzt zum endgültigen Urteilspruch nach Rom geschickt werden. Amalrich ignorierte all diese Spitzfindigkeiten, ritt nach Sidon, wo das Tempelkapitel tagte, und verhaftete Walter von Mesnil, den Stein des Anstoßes. Man warf ihn in Tyrus ins Gefängnis. Sinan ließ sich durch die ausführlichen Erklärungen Amalrichs davon überzeugen, dass der Angriff auf seinen Botschafter in der Tat nicht von Amalrich ausgegangen war. Aber der Vorfall entfremdete den König dem Tempel unwiderruflich, und sein Plan, beim Papst und den europäischen Königen die Auflösung des Ordens zu betreiben, wurde nur durch seinen Tod im Jahr 1174 vereitelt.

Was steckte hinter dem Angriff Walters von Mesnil auf den Assassinenbotschafter? Odo von Saint-Amand übernahm niemals die Verantwortung für diese Aktion. Bedenkt man aber, dass jeder Ritterbruder ein strenges Gehorsamsgelübde abgelegt hatte, so dürfte es sehr unwahrscheinlich sein, dass Walter ganz auf eigene Initiative gehandelt hatte. Das von dem damaligen Chronisten Wilhelm von Tyrus angegebene Motiv ist Habgier: Die Templer hätten nur ungern den jährlichen Tribut von 2000 Besants verloren, der mit der Bekehrung des Assassinenführers entfallen wäre. Ein späterer Chronist, Walter Map, meint, die Templer hätten gefürchtet, durch einen Friedensschluss ihre Existenzberechtigung zu verlieren, und den Botschafter der Assassinen getötet, »damit (so heißt es) die Religion der Ungläubigen nicht aufgegeben würde und nicht Frieden und Einheit herrschten«.[191]

Moderne Historiker[192] vertreten die These, die Templer, die soeben erst eine große Schenkung vom Sachsenherzog Heinrich dem Löwen erhalten hatten, hätten sich gewiss nicht wegen armseliger 2000 Besants mit dem König überworfen. Wahrscheinlicher ist, dass sie, in nächster Nachbarschaft zu den Assassinen lebend, glaubten, Amalrich sei wieder einmal auf die Muslime hereingefallen. Auch standen sie in ihrem Misstrauen gegen die Assassinen nicht allein. Nach Amalrichs Tod wurde Raimund III., Graf von Tripolis, dessen Vater von den Assassinen umgebracht worden war, Herrscher im Königreich Jerusalem. Die Verhandlungen mit Sinan wurden nicht wieder aufgenommen, und von seiner Bekehrung zum christlichen Glauben war niemals mehr die Rede.

8. Saladin

Im Jahr 1174 starben König Amalrich von Jerusalem und der mächtige Herrscher von Aleppo, Nur ed-Din. Amalrich, erst 38 Jahre alt, hatte im Vergleich zu seinem Bruder Balduin III. immer unvorteilhaft abgeschnitten und in fruchtlosen Exkursionen nach Ägypten die Kraft seines Königreichs vergeudet. Zur Existenzsicherung der lateinischen Staaten in Syrien und Palästina verfolgte er die Strategie einer Allianz mit dem Byzantinischen Reich. Diese Rechnung war auch aufgegangen, und das Bündnis wurde durch die Heirat seiner Cousine Maria von Antiochia mit Kaiser Manuel und seine eigene Ehe mit des Kaisers Tochter, die ebenfalls Maria hieß, besiegelt. Mit ihr hatte er nur ein Kind, seine Tochter Isabella. Seine Wertschätzung für Byzanz zeigte sich, als er, von einem Besuch in Konstantinopel zurückgekehrt, kurz vor seinem Tod das byzantinische Zeremoniell an seinem Hof in Jerusalem einführte.

Das Erblichkeitsprinzip wurde jetzt in den lateinischen Königreichen nicht mehr in Frage gestellt, weshalb die Thronfolge der Sohn Amalrichs mit seiner ersten Frau, Agnes von Courtenay, antrat: Balduin IV. Balduin war erst 13 Jahre alt und aussätzig. In dieser Krankheit sahen einige Kirchenleute die Strafe Gottes dafür, dass Amalrich seine Cousine geheiratet hatte. Bis Balduin volljährig wurde, fungierte sein Cousin, Graf Raimund III. von Tripolis, als Regent.

Nur ed-Dins Nachfolger stand nicht so eindeutig fest. Sein Sohn und Erbe, Malik as-Salih Ismail, war erst 11, und die Gouverneure von Damaskus, Aleppo, Mosul und Kairo erhoben alle Anspruch auf die Regentschaft. Aber Nur ed-Din hatte seine Herrschaft über verschiedene, früher stets zerstrittene Emirate errichtet gehabt und somit bewiesen, dass die Muslime auch gemeinsam gegen die Franken aufzutreten vermochten. Außerdem hatte er dieser politischen Dimension eine geistliche hinzugefügt: Bescheiden und ernst, »mit regelmäßigen Zügen und sanftem, ja traurigem Gesichtsausdruck«,[193] war er auch sehr fromm und hatte seinen Kampf gegen die lateinischen Christen auf die Ebene eines *Dschihad*, eines heiligen Krieges, gehoben.

Der Mann, der seine Nachfolge in dieser Kombination geistlicher und politischer Bestrebungen antrat, war keiner aus der Nachkommenschaft Nur ed-Dins, sondern der Sohn eines kurdischen Beamten. Dieser hatte einst Zengi, Nur ed-Dins Vater, das Leben gerettet, als er ihm nach einer verlorenen Schlacht gegen die Truppen des Kalifen von Bagdad (1143) half, über den Tigris zu entkommen. Dieser Mann, Najm ed-Din, und sein Bruder Shirkuh waren Nur ed-Dins bewährteste Generäle. Shirkuh war es gewesen, der König Amalrichs Versuche, einen fränkischen Satellitenstaat in Ägypten zu errichten, durchkreuzt hatte. Und sein fähigster Helfer dabei war sein junger, kraftvoller Neffe gewesen, Salah ed-Din Yusuf, besser bekannt als Saladin. Saladin gab dem Fatimidenkalifat in Kairo dadurch den Gnadenstoß, dass er die ägyptischen Muslime zur Anerkennung des Kalifen in Bagdad bewog. Er errichtete eine persönliche Herrschaft in Ägypten und regierte unabhängig von seines Vaters früherem Herrn, Nur ed-Din, ja manchmal auch gegen ihn.

Schon zu Lebzeiten und auch nach seinem Tod galt Saladin bei Christen und Muslimen gleichermaßen als Muster eines tapferen, edelmütigen Menschen. Anekdoten, die seine Rücksichtnahme und Freundlichkeit beschrieben, gelangten bis nach Europa – wie er zum Beispiel seinen christlichen Gefangenen Pelze gab, damit sie sich in den Kerkern von Damaskus warmhalten konnten oder wie er 1183 bei der Belagerung der Burg Kerak, als dort die Hochzeit Humphreys von Toron und Prinzessin Isabellas gefeiert wurde, die Bedienungsmannschaften seiner Mangonas anwies, Steine nicht an den Turm zu schleudern, in dem das Fest stattfand – und taten um so mehr Wirkung, als die christlichen Europäer ihre ungläubigen Feinde bisher immer sehr dämonisiert hatten.

Fromm, bescheiden, freigebig und gütig, war Saladin trotzdem ein mit allen Wassern gewaschener Politiker und fähiger Feldherr. Er wird als klein von Gestalt, mit rundem Gesicht, schwarzem Haar und dunklen Augen beschrieben. Wie die meisten Angehörigen der muslimischen Elite war er hochgebildet, kultiviert und geübt im Umgang mit Lanze und Schwert. Als junger Mann hatte er sich mehr für Religion als für den Krieg interessiert, und es unterliegt keinem Zweifel, dass sein Krieg gegen die christlichen Franken von echtem religiösen Eifer motiviert war, nicht bloß von dem Glauben Zengis und Nur ed-Dins, die uneinigen islamischen Staaten könnten nur im Namen eines Dschihad zu gemeinsamer Aktion gebracht werden.

Diesen hohen ethischen Anspruch auch unter den ihm ferner stehenden islamischen Glaubensgenossen aufrechtzuerhalten war nicht einfach. Denn Saladin musste nicht nur gegenüber dem Herrn seines Vaters, Nur ed-Din, loyal zu erscheinen trachten, sondern auch gegenüber dem Kalifen in Bagdad. Auch als er längst bewiesen hatte, dass es ihm nur darauf ankam, die islamischen Staaten im Kampf gegen die Lateiner zu vereinigen, betrachteten ihn viele weiterhin als Usurpator. Wahrscheinlich entsprang außerdem, wie wir noch sehen werden, seine berühmte Großmut zumindest teilweise kühlem Kalkül. Wenn es ihm politisch opportun erschien, grausam zu sein, war er es auch. Zum Beispiel ordnete er einmal die Kreuzigung schiitischer Gegner in Kairo an, mitunter auch die Verstümmelung oder Hinrichtung seiner Gefangenen. Obwohl er den Ritterkodex der fränkischen Krieger achten, ja bewundern lernte und sich ausgesuchter Höflichkeit gegenüber christlichen Fürsten und Königen befleißigte, empfand er doch unauslöschlichen Hass gerade auf die Ritterorden.

In ihrem Versuch, nach Nur ed-Dins Tod Saladins Aufstieg zur absoluten Macht zu vereiteln, schlossen seine Rivalen taktische Bündnisse mit den Lateinern. Der Gouverneur von Aleppo bewog Graf Raimund von Tripolis, der als Regent für König Balduin IV. amtierte, als Ablenkungsmanöver einen Angriff auf Homs zu unternehmen, und versprach ihm dafür die Freilassung seiner christlichen Gefangenen gegen Lösegeld – unter ihnen der französische Emporkömmling und Ritter, der Prinzessin Konstanze von Antiochia geheiratet hatte: Reginald von Châtillon. Sein Preis betrug 120 000 Golddinare.[194]

Hätte Graf Raimund die Gabe der Zukunftsschau besessen, so hätte er dieses notorische Enfant terrible gewiss weiter in den Kerkern Aleppos schmachten lassen. Reginald war jetzt ein Fürst ohne Fürstentum. Denn seine Frau war zwei Jahre nach der Gefangennahme ihres schönen Gatten gestorben, vielleicht an gebrochenem Herzen, und Antiochia wurde jetzt von Bohemund III., Konstanzes Sohn von ihrem ersten Mann Raimund von Poitiers, regiert. Trotzdem konnte Reginald nicht so einfach in den Rang eines Söldnerritters zurückgestuft werden, aus dem er emporgestiegen war. Seine Tochter Agnes war inzwischen Königin von Ungarn geworden und seine Stieftochter Maria Kaiserin von Byzanz. Deshalb verheiratete man ihn mit der reichsten Erbin im Königreich, Stephanie von Milly, die ihm als Mitgift die Herrschaft über Hebron und Oultrejourdain zubrachte.

Eine Folge von Nur ed-Dins Tod und der sich daraus ergebenden Wirren war auch, dass der von ihm auf die seldschukischen Türken ausgeübte Druck nachließ, und 1176 marschierte Sultan Kilic Arslan II. gegen Byzanz. Kaiser Manuel führte ihm ein Heer entgegen, das von den Türken bei Myriocephalum gänzlich vernichtet wurde. Es war eine ähnlich katastrophale Niederlage wie seinerzeit – 1071 – bei Manzikert, die zum ersten Kreuzzug geführt hatte. Anatolien fiel dadurch für immer an die Türken, und jede Möglichkeit für die Byzantiner, die Ereignisse in Syrien zu beeinflussen, war dahin. Die Franken waren jetzt auf sich selbst angewiesen.

Die Lage verschlechterte sich noch, weil im Königreich Jerusalem Spannungen auftraten. Der junge aussätzige König Balduin IV., obwohl geduldig und zäh, konnte unmöglich ein starker Anführer werden. Raimund III. von Tripolis, der als nächster männlicher Verwandter bis zur Mündigkeit Balduins als Regent amtiert hatte, war ein erfahrener, umsichtiger Mann, sprach nach Jahren der muslimischen Gefangenschaft Arabisch und kannte die Psychologie des Feindes. Unterstützt wurde er von den etablierten Familien des Königreichs Jerusalem und den Johannitern, bekämpft dagegen von den Templern und Neuzuzüglern in Palästina unter Führung Reginalds von Châtillon, die ungeduldig den Krieg herbeisehnten. Sie wollten neues Land erobern.

Obwohl viel davon die Rede war, dass Hilfe aus dem Westen in Form eines neuen Kreuzzugs kommen würde – unter Führung König Ludwigs VII. von Frankreich und König Heinrichs II. von England, inzwischen mit Eleanor von Aquitanien, Ludwigs ehemaliger Frau, verheiratet –, war der einzige Fürst aus dem Abendland, der sich im Heiligen Land blicken ließ, Philipp, Graf von Flandern. Und er legte Wert darauf, dass er als Pilger, nicht als Kreuzfahrer gekommen sei.

Angesichts dieser Uneinigkeit unter den Franken ersah Saladin seinen Vorteil und führte ein Heer durch die Wüste Sinai vor die Templerfestung Gaza. Die Templer konzentrierten ihre Kräfte zur Verteidigung der Burg, doch ließ Saladin Gaza links liegen und schritt zur Belagerung Askalons. Balduin IV., inzwischen mündig geworden, zog ein Heer zusammen, um Askalon zu verteidigen. Er gelangte vor Saladin in die Stadt, der in der Erkenntnis, dass Jerusalem jetzt schutzlos dalag, einen kleinen Teil seiner Truppen zurückließ, um Balduins Streitmacht zu binden, und direkt auf Jerusalem zu marschierte. Kaum hatte Balduin dieses Umgehungsmanöver erkannt, als er die Tempelritter aus Gaza zu Hilfe rief und aus Askalon ausbrach. Am 25. November 1177 stieß er bei Montgisard auf das ägyptische Heer. Saladin war völlig überrascht. Sein Heer löste sich auf, er selbst floh nach Ägypten zurück.

Dieser Sieg bedeutete einen Triumph für die Franken und mag sie dazu verleitet haben, ihre wahre Stärke zu überschätzen. Obwohl fränkische Chronisten feststellten, das Heer sei von Balduin befehligt worden, behaupteten muslimische Historiker, Reginald von Châtillon sei der Anführer gewesen.[195] Wahrscheinlich focht er mit großer Kühnheit, weshalb ihm der Sieg zugeschrieben wurde.

Da ihm Truppen fehlten, seinen Sieg auszunützen, begnügte sich Balduin IV. mit der Verstärkung seiner Grenzbefestigungen gegenüber Damaskus, indem er an einer Stelle namens Jakobs Furt am Jordan eine Burg erbaute. Es hieß, hier habe Jakob, nach der Darstellung im Buch Genesis, mit einem Engel gerungen. Ihre strategisch günstige Lage an der Straße von der Küste nach Damaskus, wo sie die fruchtbare Banyas-Ebene, die bisher für Muslime und Christen in gleicher Weise zugänglich gewesen war, beherrschte, war auch von Saladin erkannt worden. Doch war er des Glaubens gewesen, König Balduin sei einer Meinung mit ihm, dass die Stelle auch in Zukunft eine entmilitarisierte Zone bleiben solle. Balduin aber gab dem Druck der Templer nach und errichtete die Burg zu einem Zeitpunkt, da Saladin von Spannungen in seiner Familie abgelenkt war.

Im Sommer 1179 schritt Saladin zur Belagerung der Festung. Balduin ritt eilends zum Entsatz herbei und rief Raimund von Tripolis und die Templer unter Odo von Saint-Amand zu Hilfe. Am 10. Juni trafen Graf Raimund und die Templer auf Saladins Heer. Ungestüm preschten die Templer zum Angriff vor, wurden aber zurückgeschlagen. Jene, die sich über den Fluss Litani retten konnten, fanden Zuflucht in der großen Festung Beaufort. Aber unter den Toten, die die Franken zu beklagen hatten, befand sich auch eine Anzahl Tempelritter und unter den Gefangenen ihr Großmeister Odo von Saint-Amand.

Odo starb im Jahr darauf in Gefangenschaft, zu stolz, um sich gegen einen Muslim in christlicher Hand austauschen zu lassen. Der Chronist Wilhelm von Tyrus, dessen Bruder in dieser Schlacht ebenfalls umkam, verurteilte Odo für diesen Hochmut, der jetzt schon als charakteristische Eigenschaft der Tempelritter galt: Seine Taten »wurden vom Geist des Stolzes diktiert, der ihm im Übermaß eigen war«. Er war »ein wertloser Mann, stolz und hochmütig, mit dem Dämon des Jähzorns in den geblähten Nasenflügeln. Weder fürchtete er Gott, noch achtete er die Menschen.«[196] Auf jeden Fall war es ein Ritter, der sich einen Namen in der Welt gemacht hatte und erst danach, und nicht aus einem Motiv religiöser Berufung, zu den Templern gestoßen war. Er war sozusagen als Quereinsteiger aus den oberen Rängen der weltlichen Beamtenschaft des Christentums in den entsprechenden Rang des Ordens übergetreten.

Ob das Tempelkapitel, das Odo wählte, Wert auf eine echt religiöse Überzeugung legte oder sich einen Vorteil von der Wahl eines Groß-meisters, der bereits ein gewisses Renommée besaß, versprach, lässt sich nicht mehr entscheiden. Doch war es vielleicht der Reaktion auf Odo von Saint-Amand zu verdanken, dass die Ritter als seinen Nachfolger jetzt einen genuinen Templer, Arnold von Torroja, wählten, der vorher Ordensmeister in der Provence und Spanien gewesen war.

Einen zweijährigen Waffenstillstand zwischen Saladin und König Bal-duin IV. ausnützend – zu dessen Abschluss eine Dürre und eine drohende Hungersnot gezwungen hatten –, segelte Arnold von Torroja mit dem Großmeister des Hospitalordens, Roger des Moulins, und Heraklius, dem neu gewählten Patriarchen, nach Europa, um sich in Italien, Frank-reich und England nach Hilfe umzusehen. Heraklius, ein des Lesens und Schreibens fast unkundiger Ritter aus der Auvergne, war der Geliebte der Königsmutter, Königin Agnes, gewesen, durch deren Einfluss er zu-nächst zum Erzbischof von Caesarea und dann zum Patriarchen von Jerusalem ernannt worden war. Seine jetzige Mätresse, Paschia de Riveri, bekannt als *Madame la Patriarchesse*, war die Frau eines Tuchhändlers aus Nablus.

In London weihte Heraklius die neue Templerkirche im Templerbe-zirk im Westen der Stadt. Parfümiert und mit Juwelen behängt, machte er keinen besonders guten Eindruck und warf bei so manchem Besucher die Frage auf, ob seine christlichen Brüder im Osten wirklich in so drän-gender Not waren. Aber die englische Templerprovinz hatte bereits von einem folgenschweren Ereignis der englischen Geschichte profitiert – dem 1170 erfolgten Mord an Thomas Becket, dem Erzbischof von Can-terbury. Die den vier normannischen Rittern, die ihn getötet hatten, auf-erlegte Buße bestand darin, dass sie den Templern im Heiligen Land 14 Jahre lang dienen mussten. König Heinrich II., der sie zu dem Mord angestiftet hatte, tat nicht nur in der Kathedrale von Canterbury öffent-lich Buße, sondern versprach den Templern auch eine Geldsumme, mit der sie 200 Ritter ein Jahr lang versorgen konnten. Und als weiteren Bestandteil seiner Buße schwor er 1172 in Avranches, das Kreuz zu neh-men. Da ihn die aktuellen Ereignisse an der Erfüllung seines Gelübdes hinderten, spendete er 1172 zum Ersatz 20 000 Mark zur Finanzierung des Kreuzzugs – 5 000 für die Templer, 5 000 für die Hospitalritter, 5 000 für sie beide gemeinsam und 5 000 für »verschiedene Ordenshäuser, Leprakranke, Einsiedeleien und Eremiten in Palästina«.[197]

Der Großmeister des Tempels, Arnold von Torroja, erkrankte in Vero-na und starb dort am 30. September 1184. Zu seinem Nachfolger wähl-te das Tempelkapitel in Jerusalem einen Ritter flämischer oder anglonormannischer Herkunft, Gerhard von Ridefort. Er dürfte das klassische Beispiel für einen Ritter sein, der sich dem Orden in Ermangelung von etwas Besserem anschloss. Anfang der siebziger Jahre des 12. Jahrhunderts war er ins Heilige Land gekommen und hatte Dienste bei Raimund III., Graf von Tripolis, genommen. Nach den Berichten der Chronisten versprach ihm Raimund ein Lehen in seinem Land, sobald eines frei würde. 1180 starb Wilhelm Dorel, Herr von Botron, und hinterließ sein Lehen seiner Tochter Lucia. Raimund hielt nun, wohl unter dem Druck hoher Schulden, sein Gerhard gegebenes Versprechen nicht und »verkaufte« Lucia an einen Pisaner Kaufmann namens Plivano für Gold in Höhe des Gewichts der Braut. Sie brachte ihm 10 000 Besants ein, was einem Gewicht von etwa zehn »Steinen« entspricht (ein »Stein« gleich 6,35 kg).[198]

Da nun seine Hoffnungen zerschlagen waren, schloss sich Gerhard dem Tempel an. Es hieß, er habe damals auch an einer schweren Krankheit gelitten, was ihn vielleicht allen weltlichen Ehren entsagen ließ und sein Denken auf die künftige Welt richtete. Doch die fromme Anwandlung half ihm nicht, die Demütigung, die er als Ritter wegen der Bevorzugung eines Kaufmanns empfand, zu verschmerzen. Es blieb ein tiefer Groll gegen Graf Raimund von Tripolis zurück. Zur Zeit des Todes Arnolds von Torroja war er Templerseneschall im Königreich Jerusalem.

Im März 1185 starb schließlich Balduin IV., der junge aussätzige König. Es folgte ihm auf dem Thron sein siebenjähriger Neffe Balduin V., Sohn seiner Schwester Sibylle von ihrem ersten Mann, Wilhelm von Montferrat. Raimund von Tripolis, der schon für Balduin IV. als *bailli* (Gouverneur oder Erster Minister) amtiert hatte, wurde jetzt Regent Balduins V. In dieser Eigenschaft schloss er mit Saladin einen Waffenstillstand für vier Jahre. Aber Raimunds Herrschaft verlor ihre Grundlage, als bereits im Jahr darauf der junge König ebenfalls starb, ohne einen allseits anerkannten Erben zu hinterlassen.

Nach dem Testament Balduins IV. sollte seine Nachfolge vom Papst, dem Kaiser und den Königen von England und Frankreich geregelt werden. Doch wieder einmal sollte das Schicksal der lateinischen Christen im Heiligen Land von den Gefühlen einer Frau abhängen. Fürstin Sibylle, die Mutter des toten Königs, war jetzt nämlich die Frau eines französischen Ritters, Guidos von Lusignan.

Wie war es dazu gekommen? Ihr erster Gatte Wilhelm von Montferrat, als möglicher künftiger König aus Europa importiert, war 1177 an Malaria gestorben. Im ersten Versuch war es den königlichen Familien in Europa nicht gelungen, einen geeigneten Ersatz für Wilhelm zu finden, und eine Zeit lang dachte Sibylle schon daran, sich mit einem lokalen Baron, Balduin von Ibelin, zu verheiraten. Aber der Vogt des Königreichs, Amalrich von Lusignan, Geliebter von Sibylles Mutter Agnes, hatte in Europa einen jüngeren Bruder Guido. Sibylle war von Berichten über dessen Vorzüge dermaßen angetan, dass sie ihn nach Outremer kommen ließ. Bei seiner Ankunft verliebte sie sich sofort in ihn und setzte ihrem Bruder, König Balduin IV., heftig zu, seine Zustimmung zu ihrer Heirat zu geben. Der König sträubte sich, erkannte er doch, dass dieser weiche, erfolglose Sohn eines französischen Grafen schlecht zum künftigen Herrscher des Königreichs Jerusalem taugte. Doch seine Mutter und Schwester bearbeiteten ihn so lange, bis er nachgab. Ostern 1180 feierten die beiden Hochzeit.

Jetzt, sechs Jahre später und nach dem Tod Balduins IV., reiften die Pläne der beiden Frauen. Sibylle berief ihre Anhänger nach Jerusalem und wurde von einem anderen ehemaligen Liebhaber ihrer Mutter, dem Patriarchen Heraklius, zur Königin gekrönt. Der Großmeister des Hospitals, der gemeinsam mit dem Großmeister des Tempels einen Schlüssel zur Truhe mit den königlichen Regalien besaß, weigerte sich, ihn herauszurücken und warf ihn lieber aus dem Fenster. Aber der Besitzer eines zweiten Schlüssels, Gerhard von Ridefort, einer der wichtigsten Anhänger Sibylles und Guidos, holte ihn zurück. Nach ihrer eigenen Krönung setzte Sibylle ihrem Gatten Guido ebenfalls eine Krone aufs Haupt, während »Gerhard von Ridefort laut ausrief, diese Krone sei die Rache für die Hochzeit von Botron«[199] (wo man ihm den pisanischen Kaufmann vorgezogen hatte).

Königin Sibylles Coup bedeutete den Sieg der Falken über die von Raimund von Tripolis angeführten Tauben. Die Tauben versuchten zwar mehr oder weniger Widerstand zu leisten. Sie vertraten die Gesamtheit der Vasallen des Königreichs außer Reginald von Châtillon, und Guido von Lusignan wurde von allen verachtet. Raimund hatte nach dem Tod Balduins IV. vorgeschlagen, die Prinzessin Isabella, die dreizehnjährige Tochter König Amalrichs I., zu krönen, die vor kurzem den achtzehnjährigen Humphrey von Toron geheiratet hatte. Bei ihrer Hochzeit im Jahr zuvor in der Burg Kerak war es gewesen, dass Saladin – der die Burg belagerte – seinen Katapultisten befohlen hatte, keine Steine an den Turm, in dem die Festlichkeiten stattfanden, zu schleudern. Humphreys Mutter hatte sich erkenntlich gezeigt, indem sie dem muslimischen Heerführer beim Fest servierte Gerichte nach draußen schicken ließ. Die Burg Kerak wurde später durch den kranken König Balduin IV., den man in einer Sänfte tragen musste, befreit. Aber der ganze Vorgang hatte Humphrey von Toron – »einen jungen Mann von außerordentlicher

Schönheit und großer Bildung, dessen ganzes Gehabe eher zu einem Mädchen als zu einem Mann gepasst hätte«[200] – nervös gemacht.

Als daher Raimund jetzt vorschlug, man solle Humphrey zum König krönen, floh dieser nach Jerusalem und huldigte Guido von Lusignan. Damit war der Coup Sibylles endgültig besiegelt, und alle hohen Herren außer Raimund von Tripolis und Balduin von Ibelin akzeptierten das Fait accompli.

Jetzt gab es keine Möglichkeit mehr, die Angriffspläne Reginalds von Châtillon, des eigentlichen Königsmachers, zu vereiteln. Das Lehen Oultrejourdain, das ihm durch seine Heirat zugefallen war, erstreckte sich quer über die Karawanenstraßen zwischen Ägypten und Syrien bis zum Golf von Akaba und teilte Saladins Herrschaftsgebiet in zwei Hälften. 1182 hatte Reginald diese strategisch günstige Lage zu einem Unternehmen ausgenützt, dessen Dreistigkeit die allergrößte Empörung in der islamischen Welt auslöste. Er hatte Galeerenteilstücke bauen, sie im Toten Meer ausprobieren lassen und dann an den Golf von Akaba gebracht. Von dort aus fuhren die zusammengebauten Galeeren südwärts ins Rote Meer und plünderten die Häfen an den Küsten Ägyptens und Arabiens, mehrere Kauffahrteischiffe, ja beraubten sogar Pilgertransporte nach Mekka. Ein Überfallkommando landete im Hafen von ar-Raghib und machte sich auf den Weg nach Mekka, um den Leichnam des Propheten Mohammed zu entwenden. Malik, Saladins Bruder, schickte eine Truppe aus Ägypten, die das Kommando überwältigte. Die Überlebenden wurden in Mekka und Kairo hingerichtet.

Ob das nun ein terroristischer Akt seitens eines Einzelnen, Reginalds, war oder »die tollkühnste je unternommene konzertierte Aktion, an der sich alle Truppen des Königreichs beteiligten«[201] – jedenfalls hatte Saladin seitdem ein wachsames Auge auf Reginald. Denn seine Rolle als Wächter der Heiligen Stätten in Arabien festigte seine Herrschaft in der islamischen Welt. Aber nach der Thronbesteigung König Guidos goss Reginald noch Öl ins Feuer der Empörung, indem er sich einer großen muslimischen Karawane auf dem Weg von Ägypten nach Syrien bemächtigte und ihren aus ägyptischen Soldaten bestehenden Geleitschutz tötete. Das war eindeutig eine Verletzung des Waffenstillstands, und Saladin verlangte Genugtuung: zuerst von Reginald selbst, der aber Saladins Gesandte gar nicht empfing, sodann von König Guido, der zwar Reginald aufforderte, Wiedergutmachung zu leisten, aber nicht weiter darauf bestand. Es war ja vor allem Reginald, dem er seinen Thron verdankte.

Für Reginalds Kritiker war dieser Überfall auf eine Karawane ein offenkundiger Akt der Piraterie. Und selbst seinen Verteidigern gibt die

Aktion »Rätsel« auf.[202] Sie führen an, Reginald habe wegen der ägyptischen Eskorte vielleicht vermutet, Saladin habe den Waffenstillstand gebrochen. Was auch immer seine Beweggründe waren – der Krieg war dadurch unvermeidlich geworden, und das zu einer Zeit, da die lateinischen Staaten zutiefst gespalten waren. Es gab den Interessenkonflikt zwischen den etablierten Baronen, die ihren Besitzstand wahren, und den neu angekommenen Rittern, die durch neue Eroberungen ihr Glück machen wollten. Hinzu kam, diese widerstrebenden Interessen überlagernd, der ideologische Konflikt zwischen den Tauben, die den Ausgleich mit ihren muslimischen Nachbarn suchten, und den Falken, für die jeder Kompromiss mit den Ungläubigen einem Verrat am Christentum gleichkam. Selbst damals war es schwierig, klare Fronten zwischen den Parteien auszumachen. Aber gewiss schürte die Tatsache, dass Raymond von Tripolis fließend Arabisch sprach und dem Studium islamischer Texte oblag, ein verbreitetes Misstrauen, dass er der christlichen Sache nicht völlig ergeben war.

Als hätte er dieses Misstrauen bestätigen wollen, näherte sich jetzt Raimund Saladin und bat um Unterstützung gegen Guido von Lusignan. Das ging ja weit über ein Ersuchen um Waffenstillstand hinaus und war schon regelrechte Kollaboration! Raimund erwies seinem in Aussicht genommenen Verbündeten sogar eine Gunst, indem er einer Abteilung ägyptischer Reiterei unter Saladins Sohn al-Afdal gestattete, zum Zweck einer Erkundungsmission in Galiläa sein Land zu durchqueren. Man vereinbarte den rein nicht-kriegerischen Charakter des Unternehmens, das auch nur bei Tag durchgeführt werden durfte. Die Übereinkunft wurde Raimunds Untertanen bekannt gemacht. Auch eine Delegation König Guidos erfuhr in der Festung La Fève davon. Sie war zu Graf Raimund unterwegs, um eine Versöhnung mit ihm zustande zu bringen, die auch die Großmeister des Tempels und des Hospitals mit einschloss.

Sofort zog Gerhard von Ridefort neunzig Tempelritter aus nahe gelegenen Burgen zusammen und ritt weiter nach Nazareth, wo er noch vierzig weltliche Ritter seiner Truppe hinzufügte. Hinter Nazareth trafen sie auf die muslimischen Berittenen, die ihre Pferde an den Quellen von Cresson tränkten. Beim Anblick dieser beträchtlichen Streitmacht riet Roger des Moulins, der Großmeister der Hospitaliter, zum Rückzug.

Der Marschall der Templer, Jakob von Mailly, war derselben Meinung. Da geriet Gerhard von Ridefort in Zorn. Er warf seinem Großmeisterkollegen Feigheit vor und fuhr Jakob von Mailly an: »Ihr liebt eure blonden Locken offenbar zu sehr und wollt sie nicht verlieren!« Worauf der Templermarschall erwiderte: »Ich werde im Kampf als tapferer Mann fallen, Ihr dagegen als Verräter fliehen!« Die gesamte Truppe der Ritter griff jetzt die Ägypter an – mit katastrophalen Folgen. Jakob von Mailly und Roger des Moulins fielen, dazu alle Tempelritter mit Ausnahme von dreien – unter ihnen ihr Großmeister Gerhard von Ridefort. Die weltlichen Ritter gerieten samt einigen christlichen Einwohnern Nazareths, die sich dem Trupp in der Hoffnung auf Beute angeschlossen hatten, in Gefangenschaft.

Der einzige Gewinn für die Lateiner aus diesem Desaster bestand darin, dass Raimund von Tripolis wegen dieser schmachvollen Niederlage seinen Pakt mit Saladin wieder brach und Frieden mit König Guido schloss. Jetzt strömten Heeresabteilungen aus allen Gebieten Saladins zusammen – aus Aleppo, Mosul, Damaskus und Ägypten – und vereinigten sich bei Al-Ashtara am jenseitigen Ufer des Jordans. Es war die größte Heeresmacht, über die Saladin je geboten hatte. Demgegenüber proklamierte König Guido die Generalmobilmachung und forderte sämtliche lateinischen Streitkräfte auf, sich bei Akkon zu sammeln. In Jerusalem wurden die 30 000 Mark, welche die Ritterorden von König Heinrich II. zur Finanzierung seines versprochenen Kreuzzugs erhalten hatten, zur Anwerbung von Söldnern und Ausstattung der christlichen Truppen verwendet. Ende Juni hatte König Guido 20 000 Mann zu Fuß und 12 000 Berittene beisammen. Das waren praktisch alle in Outremer zur Verfügung stehenden kampffähigen Männer, Freiwillige und Söldner. Die lateinischen Städte und Festungen lagen von jedem Schutz entblößt.

Am 1. Juli überquerte Saladin mit 30 000 Mann Fußvolk und 12 000 Berittenen den Jordan bei Sennabra an der Südwestecke des Sees von Tiberias. Hier teilte er sein Heer. Die eine Hälfte marschierte nach Westen in die Berge, die andere folgte der Küste des Sees von Tiberias. Nach kurzem Sturm wurde die Stadt Tiberias genommen, aber Eschiva, Gräfin von Tripolis, hielt in der Zitadelle aus und benachrichtigte ihren Gatten Raimund, der mit König Guido in Akkon lagerte, von ihrer Notlage.

Dort erhielt der unentschlossene König Guido widersprüchliche Ratschläge von Seiten der Falken und der Tauben. Raimund, noch unbekannt mit der Gefahr, in der seine Frau schwebte, riet zur Zurückhaltung, mit dem Argument, Saladin könne ein so großes Heer in dem trockenen Land und bei der herrschenden Sommerhitze unmöglich lange zusammenhalten. Reginald von Châtillon und Gerhard von Ridefort dagegen plädierten für sofortigen Angriff, um Tiberias zu entsetzen. Sie warfen Raimund Feigheit und seinen früheren Pakt mit Saladin vor. Wie schon vorher vermochte es Guido nicht, den Rat der beiden Männer, die ihm zum Thron verholfen hatten, zurückzuweisen. Er befahl den Vormarsch des christlichen Heeres auf Tiberias. Am Nachmittag des 2. Juli lagerte es in strategisch günstiger Lage mit reichlich Wasser und Futter für die Pferde bei Sephoria.

Hier stieß der Bote aus Tiberias zu ihnen, der ihnen von der Not der Frau Graf Raimunds berichtete. Ihre Söhne, die sich in Begleitung ihres Vaters befanden, drängten Guido, zur Rettung ihrer Mutter aufzubrechen. Aber Raimund argumentierte wie zuvor, es wäre töricht, den jetzigen vorteilhaften Ort zu verlassen. Für die Sache der christlichen Königreiche war er bereit, seine Stadt und seine Frau zu opfern.

Der König und sein Rat der Großen akzeptierten Raimunds Gründe. Kaum hatten sie sich aber zur Nachtruhe zurückgezogen, als Gerhard von Ridefort wieder im Königszelt erschien. Wie könne König Guido einem Verräter noch trauen?, fragte er. Wie schmachvoll, eine Stadt im Stich zu lassen, die so nahe lag! Die Templer würden eher »ihre weißen Mäntel ablegen« und all ihren Besitz verkaufen und verpfänden, als auf die Möglichkeit verzichten, ihre an den Quellen von Cresson gefallenen Brüder zu rächen.

Unfähig, Gerhard von Ridefort zu widerstehen, befahl König Guido den Aufbruch des Heeres bei Morgengrauen. Sie nahmen die Nordroute nach Tiberias über die trockenen Berge, ständig von muslimischen Bogenschützen belästigt und zunehmend von Durst geschwächt. Nach der Ankunft im Dorf Lubiya erreichte den König eine Bitte der Templer, die die Nachhut stellten, für die Nacht hier Halt zu machen. Der König stimmte zu. Graf Raimund, der die Vorhut führte, war entsetzt: »Herr mein Gott, damit ist der Krieg verloren! Wir sind tote Männer. Das Königreich ist hin!«

Der Brunnen in Lubiya war ausgetrocknet. Das Heer schlug sein Lager auf einem wasserlosen Plateau, den »Hörnern von Hattin«, auf, von wo aus man auf das Dorf Hattin drunten blickte. Dort erwartete sie Saladins Heer. Mit vorrückender Nacht rückten auch die Muslime näher heran. Jeder christliche Soldat auf Wassersuche wurde von ihnen gefasst und getötet. Zu allem Überfluss legten die Muslime Feuer an die Sträucher, die die Oberfläche des Berges bedeckten. Der Wind trieb den Rauch ins Lager der Christen.

Bei Tagesanbruch befahl Saladin den Angriff. Vor Durst, Hitze und Rauch fast wahnsinnig, versuchte das Fußvolk der Christen die Schlachtreihe der Muslime zu durchbrechen und zum See zu gelangen. Alle wurden sie entweder getötet oder gefangen genommen. Oberhalb von ihnen schlugen die gepanzerten Ritter die Angriffe der muslimischen Reiterei Mal um Mal zurück. Aber auch sie waren vom Durst geschwächt, und jeder neue Sturm riss Lücken in ihre Reihen. Jetzt drang Graf Raimund mit seinen Rittern gegen die muslimische Phalanx vor, die sich plötzlich öffnete und die Angreifer durchließ. Ohne Möglichkeit, zum Hauptheer zurückzukehren, flohen sie nach Tripolis.

Hinter ihnen bildeten die restlichen Ritter einen Kreis um den König und versuchten zahlreiche Ausfälle gegen Saladins Leute. Bei den Rittern befand sich der Bischof von Akkon mit der kostbaren Reliquie des Echten Kreuzes. Er fiel, das Echte Kreuz geriet in die Hände der Feinde. Damit war die Schlacht vorüber. König Guido und die noch lebenden Ritter fielen jetzt nicht mehr dem Schwert, sondern purer Erschöpfung zum Opfer. Die vornehmsten wurden gefangen ins Zelt des Siegers Saladin abgeführt – unter ihnen König Guido, sein Bruder Amalrich, Reginald von Châtillon und der junge Humphrey von Toron. Mit der auserlesenen Höflichkeit, für die er bekannt war, reichte Saladin dem König ein Glas Rosenwasser, gekühlt mit Eis vom Gipfel des Hebron. Als der König getrunken hatte, gab er das Glas Reginald von Châtillon weiter. Aber bevor dieser seinen Durst löschen konnte, wurde es ihm aus der Hand genommen. Nach den Regeln arabischer Gastfreundschaft musste das Leben eines Gefangenen, dem Essen oder Wasser gereicht wurde, geschont werden.

Saladin hielt nun Reginald all seine Missetaten vor und stellte ihn, wiederum den Lehren Mohammeds entsprechend, vor die Wahl, den Islam anzunehmen oder zu sterben. Reginald lachte ihm ins Gesicht. Saladin sei es, der sich zum Christentum bekehren müsse: »Nur wenn Ihr an Christus glaubet, könntet Ihr der Strafe der ewigen Verdammnis entgehen, die, daran zweifelt nicht, auf Euch wartet.«[203] Als Saladin dies hörte, ergriff er seinen Krummsäbel und trennte Reginald den Kopf vom Rumpf.

Das Leben König Guidos und seiner weltlichen Barone dagegen war sicher. »Ein König tötet keinen König«, sagte Saladin. »Aber die Bosheit und Frechheit dieses Mannes gingen doch zu weit.« Man führte sie nach Damaskus in Gefangenschaft, und auf Befehl Saladins durfte man ihnen nichts zu Leide tun. Doch erstreckte sich diese Milde nicht auf die Angehörigen der Ritterorden. »Ich werde das Land von diesem schmutzigen Gezücht reinigen«, sagte Saladin zu 'Imad ad-Din, seinem Kanzler und Sekretär. Jedem seiner Soldaten, der einen Ritterbruder gefangen genommen hatte, gab er fünfzig Dinar Belohnung. Die Ritter selbst wurden zum Tod verurteilt. Die Koranschüler, islamischen Asketen und Sufimystiker seines Gefolges baten Saladin, ihnen die Köpfe abschlagen zu dürfen. Nur Gerhard von Ridefort, Großmeister der Templer, blieb Gefangener. Alle anderen Ritter stellte man wie Reginald von Châtillon vor die Wahl, dem Christentum abzuschwören oder zu sterben. Die ganze Nacht bereiteten sie sich unter dem wilden Geschrei ihrer künftigen

Henker auf den Tod vor. Keiner verleugnete Christus. Im Morgengrauen wurden 230 Tempelritter zusammen mit ihren Brüdern vom Hospital von rasenden Sufis enthauptet.

Nach Hattin schien das Schicksal der Christen im Heiligen Land besiegelt. Die Generalmobilmachung hatte alle Städte und Burgen in lateinischer Hand von ihren Besatzungen entblößt, und nach Saladins Sieg ergaben sich 52 von ihnen entweder freiwillig oder wurden eingenommen. Die Gräfin von Tripolis durfte die Zitadelle Tiberias verlassen, und Joscelin von Courtenay, einer der früheren Falken, übergab Akkon ohne einen Schwertstreich am 10. Juli.

In Askalon stellte sich heraus, wie sehr das Ansehen von Saladins vornehmen Gefangenen bei ihren Untertanen gelitten hatte. Denn als Gerhard von Ridefort und König Guido vor die Stadttore gebracht wurden und König Guido die Verteidiger zur Übergabe aufforderte, wurde er mit Schmähungen überschüttet. Zwei von Saladins Emiren fielen bei der darauf folgenden Belagerung. Doch konnte der Ausgang der Dinge nicht zweifelhaft sein, und am 4. September kapitulierte Askalon. In Gaza ergab sich die Besatzung der Templer, die durch ihr Gehorsamsgelübde gebunden waren, auf Befehl ihres Großmeisters von Ridefort.

Jetzt wandte sich Saladin dem kostbarsten Stück aus dem Kuchen, der Stadt Jerusalem, zu. Königin Sibylle, Patriarch Heraklius und Balian von Ibelin hatten eine Art Verteidigung organisiert. Aber die in der Stadt verbliebenen Truppen waren völlig unzureichend. Nur zwei Ritter waren noch da, und so ernst war die Lage, dass sich Balian von Ibelin gezwungen sah, dreißig bürgerliche Kandidaten ehrenvoll noch schnell zu Rittern zu schlagen.[204] Die Stadt quoll über von Flüchtlingen, zumeist Frauen und Kindern. Außerdem war nicht unbedingt Verlass auf die Treue der syrischen und orthodoxen Christen. Wieder konnte der Ausgang der Belagerung, die jetzt begann, nicht zweifelhaft sein. Indessen bewog die Drohung der Verteidiger, den Felsendom dem Erdboden gleichzumachen und die Stadt anzuzünden, Saladin, Verhandlungen aufzunehmen. Er verlangte 100 000 Dinare als Lösegeld für die Einwohnerschaft der Stadt. Eine so große Summe war jedoch nicht aufzutreiben. Daher wurden jetzt zehn Dinare für einen Mann, fünf für eine Frau und einer für ein Kind festgesetzt. Und 30 000 Dinare aus dem Stadtsäckel erkauften die Freiheit jener 7000, die nicht selbst bezahlen konnten. Am 2. Oktober 1187, dem Jahrestag der Himmelsreise des Propheten Mohammed vom Tempelberg aus, zog Saladin im Triumph in die Stadt ein. Er behandelte die Besiegten mit Großmut. Der größte Tadel der Chronisten richtete sich gegen den Patriarchen Heraklius und die

Ordensritter, im Besonderen die Templer, die die Herausgabe ihres eigenen Schatzes verweigerten und nur widerstrebend herausrückten, was von Heinrichs II. Summe noch übrig war, um die ärmsten Christen vor der Sklaverei zu bewahren.

Auch der Tempel wurde jetzt Saladin übergeben. Die Templer mussten ihr Hauptquartier in der al-Aksa-Moschee verlassen. Sie wurde mit Rosenwasser gereinigt und eine Rednerkanzel (*minbar*) installiert, die seinerzeit Nur ed-Din in Erwartung eines solchen Sieges in Auftrag gegeben hatte. Die Kirche vom Heiligen Grab verblieb in Händen der orthodoxen und jakobitischen Christen, aber das Kreuz auf dem Felsendom wurde abgenommen und zwei Tage lang durch die Straßen der Stadt geschleift, während jubelnde Muslime mit Stöcken darauf einschlugen.

Saladins Großherzigkeit gegenüber den lateinischen Christen in Jerusalem dürfte ebenso kalkuliert gewesen sein wie die Zurschaustellung eines edelmütigen Charakters. In einer militärischen Schrift, al-Harawis »Abhandlung über Strategien im Krieg«, verfasst auf Bitten des Saladin-Sohns al-Malik oder gar Saladins selbst, führt der Autor aus: »Milde gegen Nicht-Kombattanten kann als Machtdemonstration zur Einschüchterung des Feindes eingesetzt werden [...].« Eine weitere Machtdemonstration sei die Erlaubnis für die Besatzungen eroberter Städte und Burgen gewesen, sich nach Tyrus oder anderen Zentren der Franken zurückzuziehen. Denn auf diese Weise habe der Sultan gezeigt, dass er von seinen besiegten Feinden nichts zu fürchten hatte.[205] Auf jeden Fall waren die Franken verächtliche Gegner – »unverantwortlich, gedankenlos, engstirnig und gierig [...] ihre Könige und Edlen haben nichts als Rang und Karriere im Sinn«. Al-Harawi verurteilte den lateinischen Klerus für die Leichtigkeit, mit der er beschworene Verträge mit Saladin als ungültig erklärte. Grimmigen Respekt hingegen drückte er vor den Ritterorden aus und warnte Saladin »vor den Mönchen (der Hospitaliter und Templer) [...] sie kann er seinen Zielen nicht dienstbar machen. Denn sie sind von glühendem Eifer für ihre Religion erfüllt und legen keinen Wert auf die Dinge dieser Welt.«

Hatte al-Harawi Recht mit seinen Spekulationen? Es unterliegt keinem Zweifel, dass die großzügigen Kapitulationsbedingungen im Fall Jerusalems Saladins Prestige erhöhten und zugleich den Widerstandswillen mancher lateinischer Christen schwächten. Andererseits versteifte die Behandlung der Ritterorden durch den Sultan ihren Widerstand. Die große Festung Kerak, wo 1183 die königliche Hochzeit unter Saladins Bombardement gefeiert wurde, unterwarf sich erst nach über einjähriger

Belagerung und nur unter dem Druck des Hungers. Ebenso Montréal. Und erst nach einmonatigem Bombardement übergaben die Templer Safed und die Hospitaliter ihre Burg in Belvoir. Aber einige Figuren der Ritterorden blieben auf dem Schachbrett stehen. In Krak des Chevaliers und Chastel Blanc hielten sich die Johanniter, und die Templer übergaben zwar Gaston in der Amanus-Grenzmark, konnten sich jedoch in La Roche Guillaume und in der Zitadelle von Tortosa behaupten, obwohl die Stadt selbst fiel.

Auch die Küstenstädte Antiochia, Tripolis und Tyrus blieben in der Hand der Christen. Eine sizilianische Flotte legte in Antiochia an und verstärkte Bohemunds Besatzung, während sich die Lage in Tyrus durch die Ankunft einer Kreuzfahrertruppe unter Konrad von Montferrat, einem deutschen Fürsten, deutlich veränderte. Konrad übernahm die Verteidigung der Stadt. Seine Schiffe schlugen eine ägyptische Flotte in die Flucht, und am 1. Januar 1188 gab Saladin die Belagerung auf.

Im Juni desselben Jahres entließ Saladin König Guido aus der Gefangenschaft, nachdem dieser sein Wort gegeben hatte, er werde unverzüglich sein Königreich verlassen. Aber sofort stellte Guido, der die Versicherung der Kirche eingeholt hatte, dass ein unter Zwang einem Ungläubigen gegebenes Versprechen ungültig sei, aus jenen Rittern, die wie er freigekauft oder freigelassen worden waren, eine Truppe zusammen und marschierte nach Tyrus. Konrad von Montferrat ließ ihn nicht ein. Nach seiner Meinung hatte Guido durch seine Niederlage die Krone verspielt. Einige Monate verbrachte Guido wartend vor den Mauern, bis ihm klar wurde, dass er sich entweder ganz aus dem Heiligen Land zurückziehen oder durch einen kühnen Streich die Herrschaft wieder an sich reißen musste.

Mit ungewöhnlicher Entschlossenheit marschierte er im August 1189 südwärts nach Akkon, das sich nach Hattin Saladins Truppen ergeben hatte, und machte sich an die Belagerung der Stadt. Ihm zur Seite standen Gerhard von Ridefort und einige Templer. Obwohl sich ein Heeresteil Saladins noch in der Nähe befand, zog Guido einen befestigten Belagerungsring um die Stadt, die seinen Angriffen trotzte – »das einzige Mal im syrischen Krieg des 12. Jahrhunderts, dass eine größere Belagerung in Gegenwart eines Feldheers durchgeführt wurde, das die Belagerer empfindlich schädigen und den Belagerten zu Hilfe kommen konnte«.[206] Aus der Kühnheit des Planes lässt sich schließen, dass Gerhard sein Urheber war.[207] Es trug einiges zur Rettung des lädierten Ansehens des ungestümen Großmeisters bei, dass er am 4. Oktober 1189 bei der Stadt kämpfend fiel.

9. Richard Löwenherz

Nachrichten von der Notlage, in der sich das Heilige Land befand, gelangten durch Angehörige der Ritterorden zu Papst Urban III., der sich damals in Verona aufhielt. Die Templer überbrachten ihm einen Brief von Bruder Terenz, dem Oberbefehlshaber der Templer im Heiligen Land, einem der wenigen, die der Katastrophe von Hattin entronnen waren. Urban und die gesamte päpstliche Kurie waren bestürzt. Niemand in Europa hatte ein solches Debakel für möglich gehalten. Man glaubte daher, Gott habe seine Gläubigen ihrer Sünden wegen im Stich gelassen. Der Mönch Peter von Blois, zur Zeit Gast der Kurie, schrieb dem englischen König Heinrich II. und berichtete,»die Kardinäle haben mit Zustimmung des Heiligen Vaters fest versprochen, allem Reichtum und Luxus zu entsagen und das Kreuz Christi nicht nur durch das Wort, sondern auch durch Tat und Beispiel zu predigen«.[208] Urban starb kurz darauf, von schwerem Kummer gebrochen.

Als Josias, Erzbischof von Tyrus, im Sommer 1187 im Auftrag der Barone Outremers nach Palermo kam, um im Westen Hilfe zu holen, und König Wilhelm II. von Sizilien durch ihn vom vollen Ausmaß der Katastrophe erfuhr, warf der König seine feinen Seidengewänder ab, kleidete sich in Sacktuch und zog sich für vier Tage zu Bußübungen zurück. Papst Urbans Nachfolger, Alberto de Morra, ein schon bejahrter Italiener, der den Namen Gregor VIII. annahm, regierte nur die letzten beiden Monate des Jahres 1187, verfasste in dieser Zeit aber einen zündenden Aufruf an alle europäischen Könige, doch mit ihren dauernden Streitereien aufzuhören, einen siebenjährigen Waffenstillstand zu schließen und so den Rücken für einen neuen Kreuzzug freizubekommen. Diese Enzyklika »Audita tremendi«, ein »ergreifendes Dokument und zugleich ein Glanzstück päpstlicher Rhetorik«[209], wurde augenblicklich von König Wilhelm von Sizilien beantwortet. Er schickte eine aus 50 Galeeren bestehende Flotte dem Fürstentum Antiochia zu Hilfe.

Solche Bußübungen, wie sie Wilhelm ganz im Sinn der Kreuzzugstheologie des Bernhard von Clairvaux durchführte, wurden jetzt noch durch eine andere, mehr vom Rittertum der Kreuzfahrer geprägte Praxis ergänzt. Es kam damals nämlich der Ausdruck *crucesignata* auf, nicht nur unter Kirchenleuten, sondern auch unter weltlichen Rittern und Fürsten. Das bedeutete, dass man auf Bannern und Schilden Wappensymbole, wie man sie zur Zeit des ersten Kreuzzugs noch nicht gekannt hatte, anbrachte. Und die Kreuzzüge verbanden sich im Geist des europäischen Adels mit der Vorstellung, dass sich hier ritterliche Tapferkeit und Tugend endgültig bewähren könne – im schärfsten Tjost mit den Mächten des

Bösen. In diesem Sinn schrieb Peter von Blois, der die bußfertigen Prälaten am Hof Papst Urbans III. gesehen hatte und die Reuegesänge in
Papst Gregors VIII. »Audita tremendi« von ganzem Herzen begrüßte, in
seiner »Passio Reginaldi« einen Bericht über Leben und Sterben des
Räubers und Mörders Reginalds von Châtillon, in dem dieser nicht nur
als Märtyrer, sondern gar als Heiliger dargestellt wurde.[210]

Einer der ersten europäischen Fürsten, die den Aufruf des Papstes beantworteten, war Richard, Graf von Poitou, Sohn König Heinrichs II. von
England und der Eleanor von Aquitanien. Eleanors Ehe mit König Ludwig VII. von Frankreich war 1152, drei Jahre nach Rückkehr der beiden
von dem gescheiterten zweiten Kreuzzug, annulliert worden. Schon acht
Wochen darauf hatte Eleanor, inzwischen dreißigjährig, den 19jährigen
Grafen von Anjou geheiratet, der 1154 nach dem Tod seines Großvaters
als Heinrich II. den Thron Englands bestieg. Diese überstürzte Heirat
wurde von Eleanors späteren Biografen scharf kritisiert. Für den einen,
Alfred Richard, war die Königin einfach »der fast weiblichen Milde«
Ludwigs überdrüssig geworden und »wollte eine feste Hand spüren. Wie
es das ungebildete Volk ausdrückt: Sie gehörte zu den Frauen, die gerne
verprügelt werden«.[211] Zwei Chronisten berichten, Eleanor sei schon
von Heinrichs Vater, Graf Gottfried von Anjou, verführt, ja möglicherweise vergewaltigt worden. Doch war ihre Ehe mit Heinrich, zumindest
anfangs, gemessen an der Zahl ihrer Kinder ein voller Erfolg. Mit Ludwig VII. hatte sie nur zwei Töchter gehabt (dass sie für keinen männlichen Erben sorgte, bewog die Räte des Reiches, der Annullierung der
Ehe zuzustimmen). Heinrich indessen gebar sie zwischen 1152 und
1167 fünf Söhne und drei Töchter.
  Der dritte Sohn war Richard, der als Elfjähriger mit dem Herzogtum
seiner Mutter, Aquitanien, belehnt wurde. Von Jugend auf in ständige
Kämpfe mit seinen rebellischen Vasallen verstrickt, erwarb sich Richard
den Ruf eines wilden Kriegers, rücksichtslosen Herrschers, und nachdem er im Alter von 21 die als uneinnehmbar geltende Festung Taille-
bourg genommen hatte, den eines brillanten Strategen und Generals.
  Im Lauf der Zeit kriselte die Ehe seiner Mutter Eleanor mit Heinrich
aber doch, und zwar wegen dessen Untreue, besonders mit seiner englischen Mätresse Rosamund Clifford. Und 1173 nahm Eleanor bei einer
Revolte gegen Heinrich II. die Partei ihrer Söhne. Der Aufstand scheiterte. Die Söhne unterwarfen sich demütig ihrem Vater, während Eleanor, die sich bei ihrem ersten Gatten, Ludwig VII., in Sicherheit bringen
wollte, auf der Flucht ergriffen, nach England zurückgebracht und für
die nächsten 15 Jahre eingekerkert wurde.

Der Tod des älteren Bruders Heinrich im Jahr 1183 machte Richard zum künftigen Erben des Throns von England sowie des Herzogtums Normandie und der Grafschaft Anjou. Sein Vater Heinrich II. bat Richard bei dieser Lage der Dinge, das Herzogtum Aquitanien dem jüngsten Sohn, Johann, zu überlassen. Richard weigerte sich und wandte sich an seinen nominellen Souverän, König Philipp August von Frankreich, Nachfolger Ludwigs VII., um Hilfe. Damals noch Freunde, später Rivalen und schließlich unversöhnliche Feinde, suchten sich beide Fürsten unaufhörlich diplomatisch und militärisch das Wasser abzugraben. Doch fand dieser Dauerkonflikt ein vorläufiges Ende, als die Nachricht von der Niederlage des lateinischen Heeres bei Hattin und von der Einnahme Jerusalems durch die muslimischen Truppen eintraf.

Spontan und ohne Zustimmung seines Vaters nahm Richard das Kreuz in der neuen Kathedrale von Tours, also am selben Ort, von wo aus sein Urgroßvater Fulko von Anjou seinerzeit aufgebrochen war, um die Prinzessin Melisendis zu heiraten und damit die Herrschaft im Königreich Jerusalem anzutreten. Philipp August protestierte. Es war geplant gewesen, dass Richard demnächst Philipps Schwester Alice heiratete. Doch nach einer aufrüttelnden Predigt des Erzbischofs von Tyrus nahm auch Philipp August das Kreuz. Und Heinrich II., der schon lange die Teilnahme an einem Kreuzzug vorgehabt und hohe Geldbeträge ins Königreich Jerusalem überwiesen hatte, wurde von den beiden jungen Fürsten gezwungen, sich ihnen anzuschließen. Nach Ostern 1190 wollten sie in Vézelay aufbrechen, doch Heinrich II. starb, bevor er sein Gelübde erfüllen konnte, am 6. Juli 1189.

König von England und zugleich Herzog der Normandie und von Aquitanien, verfügte jetzt Richard über gewaltige Hilfsquellen und arbeitete detaillierte Pläne für seinen Kreuzzug aus. Im Volk herrschte große Begeisterung für einen Kreuzzug. Zisterzienser wie Balduin, Erzbischof von Canterbury, predigten den Heiligen Krieg im Stil Bernhards von Clairvaux. Doch fehlten jetzt, anders als zur Zeit des ersten Kreuzzugs, die »sich in geheimnisvolles Schweigen hüllenden Einsiedler, welche die Anführer in militärischen Fragen berieten«. Selbst die Würdenträger der Kirche, »die zu Gott um Hilfe riefen [...] sahen sich diesmal auf sich selbst zurückgeworfen«.[212] Der Papst belegte alles Einkommen und bewegliche Eigentum der Kirche mit einer 10prozentigen Steuer, dem so genannten »Saladin-Zehnten«. Obwohl letzten Endes auch dieser Kreuzzug auf die Bereitschaft des Einzelnen, Leben und Eigentum zur Wiedergewinnung der Heiligen Stätten einzusetzen, angewiesen war, »benutzte das Feuer des Heiligen Geistes jetzt doch deutlich erkennbar eher offizielle Kanäle«.[213]

Eine große Anzahl rangniedrigerer Fürsten folgte dem Beispiel König Richards von England und König Philipp Augusts von Frankreich. Sie schlossen sich, noch bevor die beiden Monarchen eintrafen, dem christlichen Heer, das Akkon belagerte, an. Viele von ihnen waren Nachkommen früherer Kreuzfahrer oder Verwandte der Herren in Outremer: Heinrich, Graf von der Champagne, ein Enkel der Eleanor von Aquitanien und damit Neffe der Könige von England und Frankreich; Theobald, Graf von Blois, und Ralph, Graf von Clermont; die Grafen von Bar, Brienne, Fontigny und Dreux; Stephan von Sancerre und Alan von Saint-Valéry. Auch Deutsche waren dabei, etwa Ludwig, Markgraf von Thüringen; ferner starke Flotten aus Genua und Pisa; Italiener aus Ravenna unter ihrem Erzbischof Gerhard; andere Erzbischöfe aus Messina und Pisa; und Balduin von Canterbury mit 3000 Walisern; die Bischöfe von Besançon, Blois und Toul; der Archidiakon von Colchester, später bei einem Ausfall gegen Saladins Lager getötet; Ritter aus Flandern, Ungarn und Dänemark, sowie ein Kontingent aus London, das, wie sein Vorgänger im zweiten Kreuzzug, unterwegs Halt machte, um dem portugiesischen König Sancho bei der Eroberung der Festung Silves von den Mauren zu helfen.

In Deutschland nahm im April 1189 der Kaiser des Heiligen Römischen Reiches selbst das Kreuz. Es war Friedrich I. von Hohenstaufen, Barbarossa (Rotbart) genannt, der 1152 zum deutschen König gewählt und 1155 von Papst Hadrian IV. zum Kaiser gekrönt worden war. Sein Vater war der Herzog von Schwaben gewesen, seine Mutter Tochter des Herzogs von Bayern, und als junger Mann hatte er seinen Onkel Konrad auf dem unglücklichen zweiten Kreuzzug begleitet. Seine Regierung war durch nie endende Machtkämpfe zwischen Kaiser, Papst, dem König von Sizilien, dem byzantinischen Kaiser und einem neuen Faktor in der Gleichung, den mächtigen lombardischen Städten unter Führung Mailands, gekennzeichnet.

Friedrich, inzwischen an die 66, trat als große, charismatische Heldengestalt auf. Die Not des Heiligen Landes löste nicht nur seinen persönlichen Entschluss aus, noch einmal sein Schwert gegen die Ungläubigen zu ziehen, sondern verpflichtete ihn auch als weltlichen Herrn der Christenheit zu einer entschlossenen Antwort. Bis dahin hatten die Deutschen nur eine Nebenrolle bei den Kreuzzügen gespielt, und nur wenige hatten sich in Outremer niedergelassen. Immerhin war Konrad von Montferrat ein Verwandter Barbarossas, und seine heldenhafte Verteidigung von Tyrus hatte Eindruck auf den Kaiser gemacht. Jetzt schickte Friedrich einen Gesandten zu Saladin mit der Forderung, dass Palästina unter christliche Herrschaft zurückkehren müsse. Saladin wollte ihm nur so weit entgegenkommen, dass er ihm die Freilassung aller christlichen Gefangenen und die Rückkehr der christlichen Äbte in ihre Klöster in Aussicht stellte.

Das genügte Barbarossa aber nicht. Im Mai 1189 brach er aus Regensburg mit »dem bisher größten einzelnen Kreuzfahrerkontingent«[214] auf. Er hatte sich im Voraus von den Herrschern, durch deren Territorien er marschieren wollte, die Zusicherung des freien Durchzugs geben lassen. Der Weg durch Ungarn verlief ohne Zwischenfälle. Probleme jedoch gab es, als man die Grenzen zum Byzantinischen Reich passierte.

Die Beziehungen zwischen den griechischen Christen und ihren lateinischen Brüdern hatten gelitten. Fünf Jahre zuvor hatte sich der steigende Hass der griechischen Bevölkerung gegen die lateinische Kaiserin Maria von Antiochia, die als Regentin für ihren Sohn, den jungen Kaiser Alexios, amtierte, in Konstantinopel in einem Pogrom gegen die lateinischen Einwohner entladen. Alle 80 000 – so viele lebten in der Stadt[215] –, Männer, Frauen und Kinder, Alte und Junge, Gesunde und Kranke wurden tätlich angegriffen, viele erschlagen, ihre Häuser und Kirchen angezündet. So sehr hassten die Griechen die Lateiner, dass der byzantinische Kaiser Isaak Angelos, als Saladin Jerusalem einnahm, ihm in einer Botschaft dazu gratulierte.

Trotzdem wäre es töricht gewesen, dem starken Heer Friedrich Barbarossas den Durchzug zu verwehren. Im Frühjahr setzte der deutsche Kaiser mit seinem Heer unbehelligt über den Bosporus und betrat von den Seldschuken beherrschtes Gebiet. Genauso wie damals vor 40 Jahren beim Heer Kaiser Konrads und des französischen Königs Ludwig VII. führten die fehlende Kooperation der Griechen, das heiße Klima und die Trockenheit des Landes, durch das man zog, zu schweren Verlusten für Friedrichs Truppen. Viele verhungerten und verdursteten. Am 18. Mai 1190 stießen die deutschen Kreuzfahrer auf das Heer von Saladins Schwiegersohn Malik Shah. Man nahm den Kampf auf. Die Türken wurden entscheidend geschlagen, der Weg für die Kreuzfahrer war frei. Ungehindert weiter vorrückend, stiegen sie aus dem Taurusgebirge in die Ebene von Seleucia hinab. Aber beim Übergang über den Calycadnus stürzte Kaiser Friedrich ins Wasser und ertrank, vom Gewicht seiner Rüstung auf den Grund gezogen.

Ohne seine beherrschende Persönlichkeit zerfiel das von ihm aufgestellte Heer. Sein Sohn Friedrich von Schwaben marschierte mit dem Leichnam seines Vaters nach Antiochia weiter, aber viele andere Truppenteile schlugen den Weg zu den Häfen in Kilikien und Syrien ein und fuhren zurück in die Heimat. Barbarossas schon verwesende Leiche verbrannte man in der St. Peters-Kathedrale in Antiochia. Einige seiner

Gebeine trugen die deutschen Kreuzfahrer in einem Sarg mit sich, in der Hoffnung, damit die Kirche vom Heiligen Grab in Jerusalem erreichen zu können. Doch begrub man sie schließlich in der Kathedrale von Tyrus.

In Palästina vereinigten sich unter Ludwig von Thüringen und Leopold von Österreich auf dem Seeweg eingetroffene Truppenkontingente mit den Resten von Barbarossas Heer. Um ihre Kranken und Verwundeten zu pflegen, gründeten Kreuzfahrer aus Lübeck und Bremen ein Hospital unter dem Schutz der deutschen Marienkirche in Jerusalem. Sie formten so wie das Hospital von Sankt Johannes einen Ritterorden, der die Templerregel und auch die weiße Ordenstracht der Templer, nur mit schwarzem, nicht rotem Kreuz, übernahm. 1196 bestätigte Coelestin III. diese Gründung als den Deutschen Ritterorden.

Während sich die Kreuzfahrer aus dem Abendland 1190 im Heiligen Land vereinigten, setzte Konrad von Montferrat Guido von Lusignan als Titularkönig von Jerusalem ab. Trotz Guidos kühner Belagerung Akkons, das jetzt zum Anlaufpunkt des neuen Kreuzfahrerheers geworden war, hatten ihm die großen Herren Outremers niemals verziehen, dass er Gatte der Königin Sibylle gewesen war, sich an die Spitze der Partei der Emporkömmlinge gesetzt und sie in die Niederlage bei Hattin geführt hatte. Seine zwei wichtigsten Kampfgefährten, Reginald von Châtillon und Gerhard von Ridefort, waren beide tot. Und 1190 wurde seine Position weiter geschwächt, als seine Frau und ihre beiden Töchter erkrankten und starben.

Da Guidos Königstitel von Sibylle stammte, ging er jetzt auf ihre Nichte Isabella, Tochter König Amalrichs I., über. Wie wir gesehen haben, hatte Isabella Hochzeit mit dem hübschen jungen Humphrey von Toron gefeiert, während sie in der Festung Kerak von Saladin belagert wurden. Doch auch Humphrey hatte sich, weil er sich Sibylle und Guido unterworfen hatte, die Gunst der Barone verscherzt. Zur Lösung des Knotens schlugen sie jetzt vor, dass man Isabellas Ehe mit Humphrey mit dem Argument, man habe die junge Frau in einem Alter verheiratet, wo sie noch nicht bewusst habe zustimmen können, annullierte und sie Konrad von Montferrat zur Frau gab. Die Prinzessin war zwar vollkommen glücklich mit ihrem marklosen, aber zärtlichen Ehemann. Doch ihre Mutter, die Königinwitwe Maria Comnena, Großnichte des byzantinischen Kaisers, begriff die politischen Sachzwänge hinter den Forderungen der Barone und bewog ihre Tochter, ihr Einverständnis zu erklären. Also wurde ihre Ehe mit Humphrey vom Erzbischof von Pisa, dem päpstlichen Legaten in Akkon, annulliert, und Isabella wurde vom Bischof von Beauvais mit Konrad getraut.

Dieser Entthronung König Guidos widersetzte sich mit großer Heftigkeit nicht nur die Familie Lusignan, sondern auch der Lehnsherr der Lusignans in Poitou, Graf Richard, inzwischen König von England. Balduin, Erzbischof von Canterbury, der sich im Lager vor Akkon aufhielt, hatte das Arrangement nicht gebilligt, starb aber am 19. November 1190, einige Tage vor der Hochzeit. Und als Richard am 20. April 1191 schließlich in Akkon eintraf, stand er vor vollendeten Tatsachen.

Sieben Wochen zuvor war König Philipp II. August von Frankreich angelangt. Beide Könige waren im Juli 1190 in Vézelay aufgebrochen. Philipp und sein Heer schifften sich dann in Genua ein, während Richard in Marseille zu seiner englischen Flotte stieß. Beide hielten sich eine Zeit lang in Italien auf und segelten hierauf nach Messina, wo sie König Tankred von Sizilien besuchten. Ein Streit zwischen Richard und Tankred war der Anlass, dass die beiden fremden Könige die Stadt Messina besetzten, sich aber sogleich wegen der Verteilung der Beute in die Haare gerieten. Philipp war außerdem wütend, dass sich Richard weigerte, Philipps Schwester Alice, mit der sich der englische König vor vielen Jahren verlobt hatte, zu heiraten. Als Grund dafür gab Richard an, sie sei schon von seinem Vater König Heinrich II. verführt worden und habe ein Kind von ihm.

Im Frühjahr verließ Philipp August Messina und erreichte ohne weitere Komplikationen Tyrus. Ereignisreicher verlief Richards Reise. Seine Flotte sah sich widriger Winde wegen gezwungen, in Kreta anzulegen, und wurde dann weiter nördlich nach Rhodos verschlagen. Während eines der Schiffe an der Küste Zyperns zerschellte, musste ein anderes, auf dem sich Richards jetzige Verlobte, Berengaria von Navarra, befand, in Limassol vor Anker gehen. Berengaria war von Richards Mutter, Eleanor von Aquitanien, nach Sizilien gebracht worden und wurde derzeit von seiner Schwester Johanna, der verwitweten Königin von Sizilien, beaufsichtigt.

Der selbsternannte Herrscher auf Zypern, Isaak Dukas Comnenos, ein abtrünniger byzantinischer Prinz, war mit Saladin verbündet, weshalb er die schiffbrüchigen Kreuzfahrer ins Gefängnis werfen ließ. Klugerweise lehnten Johanna und Berengaria sein Angebot, an Land zu gehen, ab. Als Richard eine Woche darauf zu ihnen stieß, verlangte er die Freilassung der Gefangenen und rüstete, da sich Isaak Dukas weigerte, zum Krieg. Verstärkt durch eine Flotte aus Akkon mit Guido von Lusignan, Fürst Leo von Kilikisch-Armenien, Bohemund von Antiochia, Humphrey von Toron und den in Outremer lebenden Templern an Bord (die Templer unterstützten trotz des Todes Gerhards von Ridefort immer noch König

Guido), eroberte Richard die Insel in einem Blitzkrieg. Der bei seinen griechischen Untertanen unbeliebte Isaak Dukas vermochte nur schwachen Widerstand zu leisten und ergab sich dem englischen König unter der Bedingung, dass man ihn nicht in Eisen legte. Richard war einverstanden und ließ ihm silberne Fesseln anschmieden.

Richard, durch diese Eroberung enorm reich geworden, legte lateinische Besatzungen in die Festungen der Insel, beauftragte zwei englische Justizbeamte mit ihrer Verwaltung und segelte nach Palästina. Er landete bei Tyrus, durfte aber auf Anordnung König Philipp Augusts und Konrads von Montferrat die Stadt nicht betreten. Darum fuhr er südwärts weiter nach Akkon, wo er am 8. Juni anlangte. Seine Ankunft hob die Moral der dortigen Kreuzfahrer gewaltig. Philipp August, obwohl intelligent und fasziniert von Belagerungsmaschinen, war zugleich zynisch, sarkastisch und hypochondrisch, nicht gerade Eigenschaften, die eine kämpfende Truppe begeistern können. Auch war er ärmer als Richard, der noch vor seiner Plünderung Zyperns die Schatztruhen Englands und seiner französischen Besitzungen geleert hatte, um seinen Kreuzzug zu finanzieren. Angesichts dieser reichen Hilfsquellen und seines Rufes als bedeutender Kriegsmann kam man überein, Richard das Oberkommando über den Kreuzzug zu übertragen. Die Templer nahmen seinen Freund und Vasallen Robert von Sablé als Bruder in ihre Reihen auf und wählten ihn zum Großmeister.

Eine der ersten Taten des neuen Großmeisters war, dass er Richard die Insel Zypern für 100 000 Besants abkaufte. Richard hatte erfahren, dass seine Beauftragten auf der Insel mit der griechischen Bevölkerung nicht fertig wurden, und wollte das Problem auf diese Weise loswerden. Und er muss gewusst haben, dass die Templer bei allen Verlusten der letzten Zeit doch noch über beträchtliche Ressourcen verfügten. Nach Abschluss des Kaufvertrags sandte Robert von Sablé zwanzig Ritter mit Knappen und Sergeanten auf die Insel, um dort die Befehlsgewalt zu übernehmen.

Die Hauptmacht der Templer aber blieb bei dem Kreuzfahrerheer, das Akkon belagerte. Am 12. Juli 1191 ergab sich die muslimische Besatzung. Saladin war es nicht geglückt, den Belagerungsring zu durchbrechen. Der Preis, den er für das Leben der Bewohner zu zahlen hatte, bestand in 200 000 Besants, der Freilassung von 1 500 christlichen Gefangenen und der Rückgabe der Reliquie des Echten Kreuzes. Konrad von Montferrat führte die siegreichen Kreuzfahrer in die Stadt, König Richard begab sich zum Königspalast und König Philipp in die früher von den Templern gehaltene Festung. Der Herzog von Österreich pflanzte sein Banner auf den Wällen direkt neben denen des englischen und französischen Königs auf, um seinen Anspruch auf einen Teil der Beute anzumelden.

Die Engländer rissen es auf Befehl Richards wieder herunter und warfen es über die Wälle in den Graben. Zwischen König Guido und Konrad von Montferrat wurde ein Kompromiss ausgehandelt: Der König sollte bis zu seinem Tod regieren, Konrad seine Nachfolge antreten. Bis dahin teilte man sich die Einkünfte aus dem Königreich.

Da Akkon sich jetzt in Händen der Christen befand, waren einige Kreuzfahrer der Ansicht, sie hätten damit ihr Gelübde erfüllt, und machten sich auf den Heimweg. Leopold von Österreich fuhr nur ein paar Tage nach seiner Demütigung durch König Richard ab. König Philipp zog sich mit Konrad von Montferrat nach Tyrus zurück, um sich dort nach Brindisi einzuschiffen. Er war dauernd krank gewesen und konnte den englischen König nicht leiden. Obwohl er den Großteil seines Heeres unter dem Kommando des Herzogs von Burgund zurückließ, ließen ihn die Barone Outremers, die Konrad unterstützten, nur ungern ziehen.

Richard Löwenherz blieb als der unbestrittene Oberbefehlshaber des Kreuzfahrerheers zurück. Ungeduldig erwartete er den Austausch der Gefangenen, der sich verzögerte, und die Zahlung der Entschädigungssumme. Nach einer Quelle bat Saladin die Templer, für die Einhaltung eines Interimabkommens mit Richard zu bürgen. So sehr er sie auch hasste – er wusste, dass sie jedenfalls Wort halten würden.[216] Die Templer waren sich Richards in der Tat nicht sicher, weshalb sie Saladin die erbetene Bürgschaft nicht geben wollten. Richard ärgerte sich über Saladins Verschleppungstaktik und ließ die muslimischen Gefangenen kurzer Hand hinrichten. Er selbst überwachte die Exekution: 2 700 Menschen, unter ihnen Frauen und Kinder, wurden von seinen englischen Soldaten abgeschlachtet.

Für die Muslime war das ein klarer Bruch des Vertrags zwischen Richard und Saladin. Die fränkischen Chronisten indessen sprachen von einer notwendigen, ja sogar preiswürdigen Aktion unter den allseits akzeptierten Bedingungen des Krieges. Hatte nicht auch Saladin die Ordensritter nach seinem Sieg bei Hattin umbringen lassen? Mit Sicherheit hatte Richard die Zustimmung der anderen christlichen Fürsten zu dieser drastischen Aktion eingeholt. Denn die Bewachung der Gefangenen hätte einen Großteil der lateinischen Truppen gebunden – womit Saladin zweifellos auch rechnete – und den Fortgang des Kreuzzugs schwer behindert.

Nachdem die Angelegenheit der Gefangenen so oder so erledigt war und die Befestigungen der Stadt verstärkt worden waren, verließ das Kreuzfahrerheer Akkon und marschierte auf der Küstenstraße südwärts Richtung Haifa und Caesarea. Dauernd von Saladins Leuten bedrängt, zog die Reiterei in engster Formation, wobei die Templer die Vorhut und die Hospitaliter die Nachhut bildeten. Zum Land hin deckte sie das Fußvolk der Christen, besonders Richards englische Bogenschützen, während die Reiterei umgekehrt den Tross schützte, der von der mit dem Heer auf gleicher Höhe segelnden Flotte mit Nachschub versorgt wurde. Als das Heer aus dem Wald von Arsuf südlich Caesarea ins Freie kam, ging Saladin zum Generalangriff über. Er wurde zurückgeschlagen, was, trotz leichter Verluste auf beiden Seiten, auf eine Niederlage Saladins hinauslief, die erste in einer offenen Feldschlacht seit seinem Sieg bei Hattin.

Jedoch war Saladins Heer, obwohl geschwächt und unter Ausfällen durch Desertionen leidend, nicht gänzlich vernichtet. Richard marschierte mit seinen Truppen bis Jaffa weiter, wo er die Befestigungen erneuerte. Es hatte sich herausgestellt, dass keine Armee stark genug war, die andere zu vernichten. Der Konflikt konnte also nur auf dem Verhandlungsweg beigelegt werden. Man führte in der Folge zahlreiche Gespräche mit al-Adil, Saladins Bruder. Trotz des Massakers an der Besatzung von Akkon behielt Saladin seine Hochschätzung für den englischen König bei. Man überbot sich an Höflichkeiten, ja begann schließlich zu fraternisieren. Richard schlug vor, al-Adil solle seine Schwester Johanna heiraten. Dann würden sie gemeinsam über Palästina herrschen und die Heilige Stadt zwischen ihren beiden Religionen aufteilen – ein Ansinnen, das Johanna empörte und von Saladin nicht wirklich ernst genommen wurde.

Weihnachten feierte man im Kloster Latrun in den judäischen Bergen. Hierauf führte Richard sein Heer bis zu 20 Kilometer vor Jerusalem. Die aus Europa gekommenen Kreuzfahrer wollten die Heilige Stadt belagern, doch die Barone Outremers und die Großmeister der Ritterorden rieten zur Zurückhaltung: Selbst wenn Jerusalem erobert wurde – wie sollte es, wenn einmal Richard und die Kreuzfahrer wieder abgereist waren, gehalten werden? Ohne vorgeschobene Verteidigungsanlagen zwischen Palästina und dem Sinai würde es stets den Angriffen aus Ägypten ausgesetzt sein.

Richard wandte sich deshalb wieder zur Küste und verbrachte die ersten vier Monate des Jahres mit der Befestigung Askalons, um dann weiter nach Gaza vorzurücken. Für den englischen König drängte die Zeit. Besorgnis erregende Nachrichten über Umtriebe des Königs Philipp August und Richards Bruder Johann erreichten ihn aus England. Andererseits nährten Verhandlungen mit Saladin auf freundschaftlicher Basis Hoffnungen auf ein brauchbares Abkommen. Richard war entschlossen, das Königreich Jerusalem erst zu verlassen, wenn er die Herrschaftsverhältnisse eindeutig geregelt hatte. Zwar begünstigte er Guido von Lusignan weiterhin als Kandidaten für die Königskrone, akzeptierte jedoch den einmütigen Beschluss der örtlichen Barone, Konrad von Montferrat die Königswürde zu übertragen. Doch gerade, als man Vorbereitungen zu den Königsfeierlichkeiten traf, wurde Konrad auf offener Straße in Akkon ermordet.

Assassinen waren die Mörder, gesandt von Sinan, dem Alten vom Berge. Welche Ziele sie damit verfolgten, war unklar. Konrad hatte sie gegen sich aufgebracht, weil er ein ihnen gehörendes Frachtschiff beschlagnahmt und Entschädigungszahlungen verweigert hatte. Trotzdem fiel auch auf König Richard ein Verdacht. Konrads enger Freund, der Bischof von Beauvais, den er erst kurz vor seinem Tod besucht hatte, war sogar davon überzeugt, dass der englische König die Mörder gedungen hatte. Andere wandten ein, es sei nicht Richards Art, sich eines Feindes auf so heimtückische Weise zu entledigen. Aber das Ergebnis war sicher vorteilhaft für ihn. Schon zwei Tage nach Konrads Ermordung wurde seine Witwe, die 21jährige Königin Isabella, mit Richards Neffen, Graf Heinrich von der Champagne, verlobt.

Um die Angelegenheiten Outremers endgültig zu ordnen, musste man jetzt nur noch Guido von Lusignan loswerden. Mit Zustimmung Roberts von Sablé beschloss man, ihm zum Ausgleich für den Verlust des Königreichs Jerusalem Zypern zu geben. Die Templer hatten bei der Befriedung der Insel bisher ebenso wenig Erfolg gehabt wie Richards Beauftragte. Sie hatten sich als raubgierig erwiesen und vermochten die Zuneigung der Bevölkerung nicht zu gewinnen. Am 4. April 1192 hatten die Griechen die lateinische Besatzung in Nikosia belagert. Ein Ausfall hatte die Aufständischen zur Räson gebracht, doch zeigte der Vorfall, dass eine kleine Besatzung nicht ausreichte, um die Bevölkerung effizient zu regieren. »Wenn Zypern für die Dauer gehalten werden sollte, brauchte man eine größere Anzahl Männer, in deren eigenem Interesse die Herrschaft im Land lag.«[217] Deshalb gab man die Insel König Richard zurück, der sie sofort wieder für den von den Templern noch geschuldeten Betrag von 60000 Besants an Guido von Lusignan verkaufte.

In seiner Ungeduld, endlich nach Europa zurückzukehren, übte Richard weiter Druck auf Saladin aus, zu einem Abschluss zu kommen. Seine Truppen eroberten die Burg Daron südlich von Askalon, aber Saladin seinerseits griff, während sich Richard in Akkon aufhielt, Jaffa an und nahm die Stadt binnen drei Tagen. Die Besatzung zog sich in die Zitadelle zurück und war schon im Begriff zu kapitulieren, als 50 pisanische und genuesische Galeeren mit Richard an Bord im Hafen anlegten. Richard sprang ins Wasser, erkämpfte sich, gefolgt von nur 80 Rittern, 400 Bogenschützen und rund 2000 italienischen Matrosen, den Weg durch die Straßen der Stadt und schlug Saladins Soldaten in die Flucht. Aber ehe noch diese kleine Streitmacht durch Richards Haupteer, das küstenaufwärts marschierte, entsetzt werden konnte, ging Saladin zum Gegenangriff über. Mit glänzendem Improvisationstalent führte Richard seine Leute, und es gelang ihnen, Welle nach Welle des muslimischen Angriffs abzuwehren. »Saladin verlor sich bei diesem Anblick in zorniger Bewunderung.«[218] Der Sultan, dieses Muster islamischer Ritterlichkeit, schickte sogar, als Richard sein Pferd unter dem Leib erschossen wurde, zwei frische Hengste als Geschenk für den englischen König.

Durch persönlichen Mut und taktisches Geschick blieb Richard Sieger des Tages. Doch war nunmehr beiden Anführern klar geworden, dass sie sich in einer Pattsituation befanden. Keiner vermochte den anderen zu besiegen, und beide hatten dringende Gründe, den Kampf zu beenden. Für Richard war es ein Gebot der Stunde, heimzukehren und seinen Besitzstand in Europa zu wahren, während Saladin vor dem ewigen Problem stand, ein großes Heer im Feld halten zu müssen. Er hatte sich zwar eine gewisse moralische Autorität als Vorkämpfer für den Islam erworben, doch waren seine Truppen häufiger von Hoffnung auf Beute in dieser als auf Belohnung in jener Welt beseelt. Nur greifbare Beute konnte sie für die Gefahren und Entbehrungen des langen Feldzugs entschädigen. Blieb sie aus, so fiel es ihnen schwer, dem Zug der Heimat zu widerstehen.

Das eigentliche Hindernis bei früheren Verhandlungen war immer Askalon gewesen. Jetzt gab Richard nach. Er stimmte zu, dass man Askalons Mauern schleifte. Als Gegenleistung garantierte Saladin den Christen den Besitz der Küstenstädte von Antiochia bis Jaffa. Muslime und Christen durften ungehindert das Territorium des jeweils anderen durchqueren. Christliche Pilger hatten freien Zugang zu Jerusalem und den anderen dem Christentum heiligen Stätten. Im Namen Richards schworen Balian von Ibelin, Heinrich von der Champagne und die Großmeister der Templer und Hospitaliter, für die kommenden fünf Jahre Frieden zu halten.

Viele Gefolgsleute Richards legten jetzt die Waffen ab und pilgerten zur Heiligen Stadt. Richard selbst nicht. Er kehrte nach Akkon zurück, regelte dort seine Angelegenheiten und brachte seine Frau und Schwester an Bord eines nach Frankreich bestimmten Schiffes. Er selbst segelte am 9. Oktober ab. 16 Monate hatte er im Heiligen Land verbracht. Unterwegs wurde sein Schiff von einem Sturm verschlagen und musste vor der byzantinischen Insel Korfu Schutz suchen. Aus Furcht, der byzantinische Kaiser könnte ihn als Geisel nehmen, schiffte sich Richard mit einigen Seeräubern nach Venedig ein – als Templer verkleidet und mit einer Eskorte, in der sich auch vier Templer befanden.

Zu dieser Route sah er sich durch in seiner Abwesenheit eingetretene politische Entwicklungen gezwungen. Vor allem war zwischen seinem Schwiegervater, König Sancho von Navarra, und Raimund, Graf von Toulouse, ein Krieg ausgebrochen. Das machte es Richard unmöglich, in einem Hafen Südfrankreichs an Land zu gehen. Und da der Winter nahte, war die lange Reise durch die Straße von Gibraltar und rund um die iberische Halbinsel zu gefährlich. Durch Italien und das Rheintal abwärts zu reisen, brachte andererseits das Risiko mit sich, dass er in Gefangenschaft seines Feindes, des Stauferkaisers Heinrich VI., geriet.

Auf der Fahrt nach Venedig lief das Piratenschiff bei Aquileia an der Nordküste der Adria auf Grund. Von hier aus zogen Richard und seine Gefährten als Pilger verkleidet nordwärts über die Alpen. Aber in einem Gasthaus in Wien erkannte man ihn, vermutlich an dem fabelhaft kostbaren Ring, den er noch immer am Finger trug, und lieferte ihn seinem Erzfeind seit der Belagerung von Akkon, Leopold, Herzog von Österreich, aus. Der Mann, der die Insel Zypern gekauft und verkauft hatte, wurde nun selbst zur Ware. Leopold hielt ihn zunächst auf Schloss Dürnstein gefangen und übergab ihn später seinem Oberherrn, Kaiser Heinrich VI., der ihn nur freizulassen versprach, wenn ihm Richard den Lehnseid schwor und ein Lösegeld von 150 000 Mark zahlte.

Während Richard sich in Gefangenschaft befand, starb sein Gegner und Bewunderer Saladin, desgleichen sein Freund und früherer Vasall, der Templergroßmeister Robert von Sablé. König Philipp August und Richards Bruder Johann ließen den Kaiser bearbeiten, Richard unbedingt weiter in Gewahrsam zu halten, doch dieser, höflich, gewinnend, fast gelassen in seiner erniedrigenden Lage, gewann sich Sympathisanten unter den Fürsten am Kaiserhof. Im Februar 1194 wurde er freigelassen. Er hatte die verlangten Eide geschworen, und ein Großteil des Lösegelds – derart prosperierte England zur damaligen Zeit! – war gezahlt worden. Beim Hören dieser Nachricht schrieb König Philipp August an Johann: »Nimm dich in Acht, der Teufel ist wieder los!«

Richard hielt sich nur einen Monat in England auf, kehrte in die Normandie zurück und verbrachte die nächsten fünf Jahre mit sporadischen Feldzügen gegen rebellische Vasallen und König Philipp August von Frankreich. 1199 wurde er bei der Belagerung der Festung Châlus, die einem seiner Lehnsleute, dem Grafen von Limoges, gehörte, von einem Armbrustbolzen an der Schulter getroffen und tödlich verwundet. Man holte seine Mutter Eleanor zu ihm, und nachdem er seine Sünden gebeichtet und das letzte Sakrament der Kirche empfangen hatte, starb Richard, erst 42 Jahre alt, am 6. April.

In späteren Jahrhunderten lebte Richard Löwenherz als Muster eines tapferen Ritters in der Erinnerung fort. Zahlreiche seltsame, unwahrscheinliche Legenden spannen sich, die Vorurteile seiner Zeit widerspiegelnd, um seine Gestalt. »Wenn sich Heldentum in brutalem und tollkühnem Draufgängertum erschöpft, dann verdient Richard Plantagenet einen Ehrenplatz unter den Helden seiner Zeit«, schrieb Gibbon. Den jüngsten Mythos, dass nämlich Richard homosexuell gewesen sei, haben viele moderne Historiker übernommen, obwohl er erst 1948 entstanden ist und sich mittlerweile als falsch herausgestellt hat. Im Gegenteil, Historiker tadeln ihn jetzt für seinen unersättlichen Appetit auf Frauen, sodass er »sich sogar noch auf dem Sterbelager welche bringen ließ, ohne Rücksicht auf den Rat seines Arztes«.[219]

Nachhaltigere Kritik an Richard lief darauf hinaus, dass seine Abenteuer im Ausland ungünstige Wirkungen auf seine Herrschaft in England gehabt hätten. »Zweifellos hielt er es für eine große Sache, für Jerusalem zu streiten«, schrieb H. E. Marshall in seiner Geschichtsfibel für englische Schulkinder, »Geschichte unserer Insel«. »Aber wie viel besser wäre es gewesen, wenn er sein Land friedlich zu regieren und sein Volk glücklich zu machen versucht hätte!«[220] Wieder entlasten modernere Einschätzungen Richard in dieser Hinsicht. Seine Regierungsverantwortung erstreckte sich weit über England, das unproblematischste seiner Länder, hinaus. Trotz seiner Begeisterung für den Krieg, die er mit anderen Rittern der Zeit teilte, »war er kein grausamer, kampflustiger König, der kriegstreiberisch nur die eigene Macht im Auge hatte, sondern ein Herrscher, der seine militärische Begabung intelligent für die weitgespannten Interessen des Hauses Anjou, dessen Oberhaupt er war, einsetzte«.[221] Im Rückblick betrachtet mag die Verteidigung seines Erbes im Königreich Frankreich gegen die Übergriffe der Kapetinger einer von vornherein verlorenen Sache gegolten haben. Doch damals konnte er das noch nicht wissen.

Der stärkste Tadel, den Richards Zeitgenossen gegen ihn erhoben, bestand darin, dass er sich ohne Rücksicht auf seine Person in den Kampf zu stürzen pflegte. Selbst seine Sarazenenfeinde hielten es für töricht, dass ein so begabter Feldherr sein Leben derart aufs Spiel setzte. Denn neben seinem Draufgängertum und Wagemut besaß Richard auch großes Talent für Planung und Logistik. Es war dieser Wagemut, der seinem Leben ein so frühes Ende setzte. Doch schmälert all dies nicht seine Gesamtleistung. Der Schluss, zu dem ein moderner Historiker, John Gillingham, kam, dass Richard »als Politiker, Administrator und Kriegsherr – kurz, als König – als einer der hervorragendsten Herrscher der europäischen Geschichte angesehen werden muss«, klingt wie ein Echo auf die Festellung Ibn Athirs, eines muslimischen Chronisten: »König Richards Tapferkeit, Klugheit, Tatkraft und Geduld machten ihn zum bemerkenswertesten Herrscher seiner Zeit.«[222]

10. Feinde im Innern der Christenheit

Eine Anekdote über Richard Löwenherz, die man sich später erzählte, lautet, er habe auf dem Sterbebett seine Hauptfehler spaßeshalber weiterverteilt: seine Habsucht den Zisterziensern, seinen Hang zum Luxus den Bettelorden und seinen Stolz den Tempelrittern.[223] Die Sünde des Stolzes und Hochmuts wurde den Templern auch von einem Zeitgenossen Richards, Papst Innozenz III., zugeschrieben, einem der bedeutendsten Männer, die in der zweitausendjährigen Geschichte der katholischen Kirche die Papsttiara trugen.

Im für einen Papst sehr jungen Alter von 37 Jahren war Innozenz 1198 gewählt worden. Er war der Sohn des Grafen von Segni und damit Angehöriger der römischen Patrizierfamilie Scotti, die im 11. und 12. Jahrhundert eine ganze Reihe Päpste stellte. Innozenz' Onkel, Papst Clemens III., hatte ihn 1190 zum Kardinal gemacht, und ein Neffe und Großneffe Innozenz' sollten später noch Päpste werden. Wenn jedoch Nepotismus bei seinem Aufstieg mitgewirkt haben mag, so heißt das nicht, dass er nicht der beste Mann für dieses Amt gewesen wäre. Außerordentlich intelligent, integer, geistreich und großmütig, »durchschaute er mit scharfem Verstand all das Absurde in Menschen und Mächten seiner Umgebung«.[224] Er war der festen Überzeugung, dass er als oberster Pontifex und »Vikar Christi« – ein Ausdruck, den er als Erster verwendete – Gewalt über die ganze Welt besitze, »niedriger als Gott, aber höher als der Mensch. Er richtet alle, und wird von niemandem gerichtet.«

Der Ausbildung nach war Innozenz Experte im kanonischen Recht, der erste einer Reihe von Juristenpäpsten. Doch handelte er niemals engherzig oder pedantisch. Mit ungewöhnlicher Energie trieb er die Pastoralreform der katholischen Kirche und die Ausformung ihrer Dogmatik voran, die dann in den Dekreten des Vierten Laterankonzils, das 1215 zusammentrat, kodifiziert wurde. Beharrlich legte er größten Wert auf Rechtgläubigkeit. Denn er lebte in einer Zeit, in der sich unter dem an der Oberfläche einheitlichen katholischen Glauben zahlreiche Unterströmungen religiöser Schwärmerei und abweichender Glaubensrichtungen bemerkbar machten. Auch das üppige weltliche Leben vieler Kleriker rief Opposition gegen die Kirche hervor. Innozenz besaß genügend Offenheit, um den Wert eines idealistischen Neuerers vom Schlag des Franziskus von Assisi für die Kirche zu erkennen. Doch die häretischen Lehren der Katharer im Languedoc verurteilte er und suchte sie auszurotten.

Wie alle Päpste seit Urban II. unterstützte auch Innozenz enthusiastisch den Krieg gegen den Islam. 1198, kurz nach seiner Inthronisation, rief er zu einem neuen Kreuzzug auf und beklagte sich 1199 in einem Brief an die Bischöfe und Herren Outremers, dass sie durch ihre Verträge mit den Sarazenen seine Versuche, die Christen im Abendland zur Teilnahme am Kreuzzug zu bewegen, sabotierten. Um den Kreuzzug zu finanzieren, belegte er das Kircheneinkommen mit einer zweieinhalbprozentigen Steuer. Er gewährte vollständigen Sündenablass, Vergebung aller gebeichteten Sünden, und das nicht nur für alle echten Palästinafahrer, sondern auch für jeden, der einen Vertreter schickte. Eine Teilnahme am Heiligen Krieg im Heiligen Land wurde jetzt zum »Ideal aller Abendländer«.[225] Indessen »war die Kreuzzugsidee im spätmittelalterlichen Europa vielleicht noch mehr bei den Heeren der Steuereintreiber, Bankiers und Bürokraten präsent, welche die Gelder, ohne die gar nichts ging, sammelten und verteilten«.[226]

Wie Richard Löwenherz besaß auch Innozenz III. eine ambivalente Einstellung zum Templerorden. Er kannte die Schwächen der Templer recht gut. Ständig lag man den Päpsten als den Oberherren der Ritterorden mit Klagen gegen die Ritter in den Ohren, seien es weltliche Herrscher wie König Amalrich von Jerusalem, der sich über die Ermordung des Assassinengesandten durch die Templer beschwert hatte, seien es, und das war noch häufiger, Weltgeistliche, die sich in ihren Rechten beeinträchtigt sahen. Aber da es sich bei den meisten Chronisten der Zeit um Kleriker handelte, wie etwa Wilhelm von Tyrus, vermittelten sie möglicherweise doch einen übertriebenen Eindruck von dem Unrecht, das die Allgemeinheit von den Ritterorden erdulden zu müssen glaubte.

Einige Beschwerden sind recht trivial, zum Beispiel, dass die Kirchenglocken im Jerusalemer Hospitaliterareal den Patriarchen von Jerusalem in seiner Ruhe störten und die Kanoniker der Kirche vom Heiligen Grab zur Verzweiflung brachten. Andere beziehen sich auf die Privilegien, die die Päpste den Ritterorden gewährt hatten, insbesondere die Ausnahmen von der Pflicht zur Zahlung des Zehnten. Auf dem Dritten Laterankonzil im Jahr 1179 wurde eine Anzahl Dekrete, die die Privilegien der Ritterorden beschnitten, erlassen, Dekrete, die freilich später vom Papst wieder außer Kraft gesetzt werden mussten. 1196 tadelte Papst Coelestin III. die Templer, weil sie eine Übereinkunft mit den Kanonikern vom Heiligen

Grab über die Aufteilung des Zehnten verletzt hatten, und 1207 schalt sie Papst Innozenz III. wegen Ungehorsams gegenüber seinen Legaten. Sie hätten ihr Privileg, die Messe in mit dem Interdikt belegten Kirchen zu lesen, ungebührlich ausgenützt und jeden, der »bereit war, zwei oder drei Pfennige zu zahlen, zu einer Templerkonfraternität zugelassen [...] selbst wenn es sich um einen Exkommunizierten handelte«. Das habe dahin geführt, dass sich auch Ehebrecher und Wucherer eines christlichen Begräbnisses sicher sein könnten. Die Templer »verströmten«, so sagte der Papst, »eine Aura der Habsucht und Geldgier«.[227]

Aber nur wenige Kritiker stellten die Existenz der Ritterorden selbst in Frage. Der Zisterzienserabt des Klosters l'Etoile bei Poitiers, ein Engländer namens Isaak, predigte Mitte des 12. Jahrhunderts gegen die »neue Monstrosität« der *nova militia*, eine Anspielung auf Bernhards von Clairvaux Abhandlung zu Gunsten der Templer »De laude novae militiae«. Er prangerte alle an, die Muslime mit Gewalt bekehrten und Leute für Märtyrer hielten, welche bei der Beraubung von Nicht-Christen den Tod fanden. Ende des 12. Jahrhunderts stellten zwei andere Engländer, die Chronisten Walter Map und Ralph Niger, Gewaltanwendung bei der Ausbreitung des christlichen Glaubens ebenfalls in Frage. Walter Map, ein Feind der Zisterzienser, kritisierte die Templer wegen ihrer Raffsucht und Arroganz und stellte diese Laster der Armut und Demut des Ordensgründers Hugo von Payns gegenüber.

Verschärft wurden die Ressentiments gegen die Templer noch wegen ihrer Geheimnistuerei. Im Heiligen Land gab es gute Gründe für sie, ihre militärischen Pläne nicht an die große Glocke zu hängen. Doch in Europa wollten sie nur einfach ihre Fehler und Schwächen vertuschen. Im Ordenskapitel pflegten die Brüder ihre Verfehlungen zu beichten, wonach ihnen Bußen auferlegt wurden. Aber wie es bei den meisten Institutionen der Fall ist, verhehlten auch die Templer in der Öffentlichkeit ihre Mängel lieber, und Mitte des 13. Jahrhunderts »war es in allen drei (Ritter)orden verboten, Auskünfte über die Vorgänge im Ordenskapitel zu geben oder Außenstehenden auch nur Einblick in Kopien der Ordensregel zu geben«.[228] Auch die Zeremonie der Aufnahme in den Orden unterlag größter Geheimhaltung.

Eine ständige Quelle des Neides stellte der offenkundige Reichtum des Templerordens dar, der überdies bei den vielen schlechten Nachrichten aus dem Heiligen Land so manchen zur Frage veranlasste, ob die Ritter mit ihrem Geld auch wirklich etwas Substanzielles leisteten. Anders als bei den Mönchsorden hatten karitative Maßnahmen bei ihnen keine Priorität. Einer der ersten Kritiker des Ordens, Johann von Würzburg, räumte zwar ein, dass sie den Armen Almosen gäben, doch längst nicht so großzügig wie die Hospitalritter. Wie bei den Benediktinern und Zisterziensern hatten Schenkungen und eine effektive Güterverwaltung Templer und Hospitaliter mit zu den reichsten Korporationen in den Königreichen des Abendlands gemacht. Bei den geistlichen Nachfahren des Benedikt von Nursia und Bernhard von Clairvaux hatte dieser Reichtum zu erheblicher Aushöhlung der ursprünglichen Ideale geführt, weshalb der Nimbus apostolischer Armut auf die Orden der Minderbrüder, etwa die Franziskaner, überging, bis auch diese ihrerseits durch Erfolge korrumpiert wurden.

Trotz dieses Trends innerhalb der Mönchsorden lebten aber die Templer weiter einfach und sparsam. Außerhalb der großen Städte oder der Gebiete, in denen sie Krieg führten, gaben sie niemals bedeutende Summen für großartige Burgen oder prächtige Kirchen aus. Die heute noch bestehenden Komtureien, etwa Richerenches, wirken recht bescheiden, vor allem, wenn man sie mit der Pracht der damaligen Klöster vergleicht. Die Gebäude ihrer Komtureien errichteten sie nach sehr praktischen Gesichtspunkten: Speicher fürs Getreide, Ställe für die Pferde, Schlafräume für das Halbdutzend Brüder, denen die Verwaltung oblag, und bescheidene Schutzvorrichtungen gegen Räuber und Diebe. Auch ihre Kirchen sollten nichts sein als schlichte Symbole für den Ordensauftrag. Kennzeichnend für die Templer- und Hospitaliterkirchen war die Rotunde nach dem Vorbild der Kirche vom Heiligen Grab in Jerusalem. Beide Orden »wetteiferten in der Öffentlichkeit, wer die Stätte der Auferstehung Christi am besten verteidigte«.[229]

In der öffentlichen Wahrnehmung galten die Ritterorden als sehr reich, und sie selbst »taten sich schwer, Neuzugängen klarzumachen, dass die Ritter keineswegs so üppig lebten, wie es sich die Postulanten auf Grund des Ordensbildes in der Öffentlichkeit vorgestellt haben mochten«. Wirkliche Anklagen wegen eines zu luxuriösen Lebens »betrafen nur die Cluniazenser und Bischöfe«.[230] Ein schon ernster zu nehmender Vorwurf speziell gegen die Templer in Europa lautete, dass nur ein kleiner Teil tatsächlich Krieg gegen die Ungläubigen führe, während doch alle in den Genuss der dem Orden gewährten Ausnahmen kämen. Die große Mehrzahl war als Verwalter der über 9 000 Güter tätig, die fromme Wohltäter dem Orden im Lauf der Jahre geschenkt hatten, oder als Landarbeiter, die »Knechte« der Templer, auf diesen Gütern. Dass selbst diese Knechte von der feudalen Gerichtsbarkeit und den üblichen Lehnspflichten befreit waren, wurmte natürlich die Feudalherren.

Da es die Königshöfe waren, die ihre privilegierte Stellung garantierten, unterhielten die Templer im Allgemeinen gute Beziehungen zu den königlichen Beamten. Doch gab es auch Fälle, zum Beispiel in den Bulmer Hundred in Yorkshire, wo sie ihre Privilegien missbrauchten und Diebe und Räuber in den Orden aufnahmen, die auf diese Weise der Verhaftung durch die königlichen Behörden entgingen.

Wie die Zisterzienser verwalteten auch die Templer ihre Güter selbst. In England besaßen sie Ländereien in so weit westlich gelegenen Gegenden wie Penzance oder an so einsamen Orten wie der Insel Lundy. In Lincolnshire und Yorkshire leisteten sie einen bedeutenden Beitrag zur Entwicklung des Ackerbaus und holten sich Nachwuchs aus den Familien, die ihnen Land vermacht hatten. Kritik am Orden wurde häufig durch hohes Lob wieder aufgewogen, besonders seitens der von den Kreuzzügen zurückkommenden Barone. Ein Grundbesitzer im Norden Englands, Roger von Mowbray, Earl von Northumberland, war von Saladin bei Hattin gefangen genommen worden. Die Templer hatten das Lösegeld für ihn aufgebracht, und nach seiner Rückkehr gab er seiner Dankbarkeit durch mehrere Schenkungen Ausdruck.

Die Templer standen außerdem im Ruf der Redlichkeit und Rechtschaffenheit. Man überließ ihnen vertrauensvoll sein Geld zur Aufbewahrung oder zur Verbringung an andere Orte. Mit Hilfe der Templer in London errichtete König Heinrich II. einen Kreuzfahrerfonds in Jerusalem, der sich zur Zeit der Schlacht bei Hattin als überaus nützlich erwies. Auch an Privatleute und Institutionen verliehen die Templer Geld, einschließlich der Juden. Ihre Hauptkunden jedoch waren die Könige, und nicht selten verhinderten ihre Kredite den Zusammenbruch königlicher Finanzen. So wurden die Templer unversehens zu den Bankiers des Christentums und verwahrten in ihren Gewölben nicht nur den Reichtum des Ordens, sondern auch die Schätze der Könige. Der Tempel zu Paris entwickelte sich zu »einem der wichtigsten Finanzzentren Nordwesteuropas«.[231] Sein großer Bergfried oder *Donjon*, ein mit Seitentürmchen versehener Hauptturm, diente später bei der französischen Revolution 1789 als Gefängnis für König Ludwig XVI. und Königin Marie Antoinette und dürfte sein Gegenstück im Londoner Tempel gehabt haben, von dem heute aber nur noch die Kirche steht. Man schätzt, dass in Paris etwa viertausend Männer mit dem auf den Schultern aufgenähten Templerkreuz im Tempel wohnten, obwohl nur ein Bruchteil davon den weißen Mantel des eigentlichen Ritters trug.

Im Königreich Aragon liehen sich die Könige ununterbrochen Geld vom Tempel, und in Frankreich hatte der Orden häufig Mühe, den Bedarf des Königs zu decken.[232] Auch zeigten sich kirchliche Institutionen eher bereit, ihrerseits der Krone Geld zu leihen, wenn der Tempel für die Kredite bürgte. In Aragon gaben die Templer Kredite, wenn man ihnen Sicherheit durch Einkünfte aus einem Gut oder Lehen leistete, und

Templerkomtureien und -burgen Mitte des 12. Jahrhunderts

N

Nordsee

Elbe

Rhein

Willoughton

Tempel Cowley

Tempel Guiting

Tempel Dinsley

Cressing

London

Shipley

Atlantischer Ozean

Sommereux

Laon

Beauvais

Paris

Coulours

Orléans

La Neuville

Seine

Nantes

Marmoutier

Loire

La Rochelle

Rhône

Po

Rodez

Richerenches

La Selve

Roaix

Garonne

Saint-Gilles

Pézenas

Avignon

Arles

Albenga

Montsaunès

Ebro

Monzón

Douzens

Mas-Deu

Siena

Braga

Chalamera

Grañera

Novillas

Palau

Rom

Ambel

Barbará

Remolins

Corbins

Soure

Tomar

Tejo

Almurol

Santarém

Mittelmeer

0   250   500 km

»häufig wurde vereinbart, dass der Orden einen Teil der Leihsumme zur Deckung seiner durch die Transaktion entstandenen Unkosten einbehalten durfte, was nach kanonischem Recht erlaubt war«. Für manche Kredite verlangten die Templer zehn Prozent Zinsen, »zwei Prozent weniger als das für christliche Geldverleiher in Aragon erlaubte Maximum und die Hälfte des von den Juden genommenen Zinssatzes«, und »während manchmal die Templer tatsächlich monetäre Gewinne aus ihren Krediten zogen, scheint das bei anderen Gelegenheiten doch wieder nicht der Fall gewesen zu sein«.[233]

Zu den finanziellen Dienstleistungen der Templer gehörten auch Jahresrenten und Pensionen. Häufig geschah eine Schenkung von Land und Geld unter der Voraussetzung, dass der betreffende Mann mit seiner Frau dadurch bis zum Tod versorgt war. »Es gab nur wenig Möglichkeiten, Vorsorge für das eigene Alter oder für die Alterssicherung Abhängiger zu treffen, außer dass man einer kirchlichen Institution eine Schenkung machte, die dann diese Sicherung übernahm.«[234] Zahlungen an die Templer leistete man zudem für eine Reihe ewiger und zeitlicher Güter: Der Geber, der an seinem Seelenheil und am Schutz durch den Tempel in einer Gesellschaft, in der Gewalt an der Tagesordnung war, dringend interessiert war, durfte sich Vorteil von einem Templerkreuz auf seinem Eigentum versprechen, auch wenn er sich schon unter dem nominellen Schutz eines Lehnsherrn befand.

Selbstverständlich war die Funktion der Templer als einer Art Pilgerpolizei von ihrem Gründer Hugo von Payns bereits beabsichtigt gewesen. Doch jetzt erstreckte sie sich nicht mehr nur auf den Begleitschutz der Wallfahrer im Heiligen Land, sondern auch auf die Bewachung von Geldtransporten. Im Juli 1220 erklärte Papst Honorius III. seinem Legaten Pelagius, niemandem traue er mehr als den Templern zu, eine große Summe Geldes sicher zu transportieren.[235] Auch als Verwaltungsbeamte arbeiteten die Templer. Häufig konnte man Brüder des Tempels und des Hospitals im Dienst von Päpsten und Königen antreffen. Als Mönche waren sie an Gehorsam gewöhnt, und als Zölibatäre konnten sie keinen dynastischen Ehrgeiz entwickeln. Ihr Ritterstatus gab ihnen Autorität und qualifizierte sie für militärische Aufgaben. Zum Beispiel ernannte Papst Urban IV. drei Templerbrüder zu Burgvögten im Kirchenstaat, und in Akkon waren der Tempel und das Hospital die einzigen Körperschaften, denen Richard Löwenherz und Philipp August trauten. Auf Grund ihrer Geschäftstüchtigkeit wurden die Templer von den europäischen Königen außerdem häufig zu Almosenpflegern ernannt.

Trotz der einheitlichen Struktur der Ritterorden, des Gehorsamsgelübdes gegenüber dem Großmeister und der Treuepflicht gegenüber dem Papst akzeptierte man offenbar, dass Brüder aus ein und demselben Orden für Monarchen mit untereinander divergierenden oder von denen des Papstes abweichenden Interessen arbeiteten. In fast jedem europäischen Königreich konnten sich die Herrscher auf Templer und Hospitaliter als treue Beamte verlassen, womit diese Brüder auch in der Lage waren, Einfluss zu Gunsten ihres Ordens zu nehmen. König Johann von England, Nachfolger seines Bruders Richard, wurde vom Papst exkommuniziert und doch von Aimery von Saint Maur, dem Templermeister in England, beraten. Der Ordensmeister war fast der Einzige, dem Johann überhaupt traute. Auf die gleiche Art wurde Kaiser Friedrich II. in seinem dauernden Kampf mit dem Papst von Hermann von Salza, dem Großmeister der Deutschordensritter, beraten und unterstützt.

Die Anwesenheit der Templer in den beratenden Gremien von Päpsten und Königen relativiert die oben erwähnte Kritik Innozenz' III. am Orden. Ungeachtet ihres Stolzes und des gelegentlichen Missbrauchs ihrer Privilegien waren die Ritterorden dem Papst als dem Oberhaupt der Christenheit unentbehrlich geworden und genossen seine volle Unterstützung. Als sich daher der Patriarch Fulcher von Jerusalem nach Rom begab, um den Papst zur Rücknahme einiger Privilegien für die Hospitaliter zu bewegen, stieß er auf taube Ohren. Der Chronist Wilhelm von Tyrus führt das auf Bestechung zurück, doch ist wahrscheinlicher, dass die Haltung der Kurie nur die wachsende Unzufriedenheit in Europa mit den Lateinern in Outremer widerspiegelte und dass sie in den Ritterorden immer noch die effektivsten Mittel zur Erreichung der kirchlichen Ziele sah. Aus dem gleichen Grund wurden die vom Dritten Laterankonzil verabschiedeten Dekrete, die die Privilegien der Ritterorden beschnitten, von späteren Päpsten wieder aufgehoben.[236]

Innozenz III. verteidigte die Privilegien und Freistellungen der Templer sogar noch energischer, indem er das Recht des Ordens bestätigte, eigene Kirchen zu bauen, eigene Friedhöfe anzulegen, eigenen Zehnten zu erheben. Und er warnte die Weltgeistlichen, in die Rechte der Templer einzugreifen. Sie durften auf deren Gütern keinen Zehnten erheben und deren Kirchen nicht dem Interdikt unterwerfen. Innozenz tadelte ferner Bischöfe, die Templer ins Gefängnis geworfen hatten, und forderte sie auf, jeden zu bestrafen, der ein Templerhaus beraubte. Er setzte den Bischof von Sidon ab, weil dieser den Großmeister des Tempels in einem Streit über die Einkünfte der Diözese Tiberias exkommuniziert hatte; erneuerte sämtliche dem Tempel durch Papst Innozenz II. in dessen Bulle »Omne datum optimum« 1139 gegebenen Privilegien und verdammte jeden, der einen Tempelritter angriff und »vom Pferd zog« – was übrigens zeigt, wie Ressentiments im Volk gegen die Templer ein Ventil finden konnten.

Bedenkt man, dass die Päpste die höchste Befehlsgewalt über die Ritterorden innehatten, so zeugt es von echter Zurückhaltung, dass nur ein Fall bekannt ist, wo sie die Ritter in ihre eigenen Kriege hineinzogen: 1267 bat Papst Clemens IV. die Hospitaliter gegen die Deutschen in Sizilien um Hilfe.[237] Sicher erwartete man von einzelnen Ordensrittern, die im Dienst von Päpsten oder Königen standen, dass sie die Interessen ihrer Herren mit Waffengewalt verteidigten, und man findet Beispiele, dass die Könige von Aragon Dienstleute der Templer, ja sogar die Ritter selbst, zum Kampf gegen Kastilier und Franzosen aufforderten. Doch war das die Ausnahme, nicht die Regel. »Die Krone war offensichtlich äußerst zurückhaltend, wenn es um Einsätze der Templer gegen die christlichen Feinde des Königs ging«, und auch die Templer selbst ließen sich nur widerstrebend für solche Zwecke benutzen. Die Könige konnten in solchen Fällen nur durch Androhung härtester Maßnahmen sicherstellen, dass ihrem Ruf Folge geleistet wurde.[238]

In noch zwei anderen Gegenden kamen die Templer in bewaffneten Konflikt mit ihren Christenbrüdern: in Zypern und Kilikisch-Armenien. Der Aufstand gegen die Templer in Nikosia im Jahr 1192 war gewaltsam niedergeschlagen worden. Und auch nach dem Verkauf der Insel an Guido von Lusignan behielten die Templer die Festung Gastria nördlich von Famagusta, besaßen befestigte Güter in Yermasoyia und Khirokitia und ein befestigtes Ordenshaus in Limassol. In Kilikien andererseits kam es mit Leo, dem Fürsten von Nieder-Armenien, zu einer bewaffneten Auseinandersetzung über die Festung Gaston, die auf Antiochia in den Amanus-Bergen herabblickte.

In die beiden schwersten Konflikte dieser Periode innerhalb der Christenheit waren die Templer aber nur am Rand verwickelt. Beim ersten handelte es sich um den vierten Kreuzzug, der begonnen hatte, als Papst Innozenz III. nach seiner Inthronisation zur Hilfe für das Heilige Land aufrief. Wie der erste Kreuzzug wurde auch dieser vierte von einigen Adligen zweiten Ranges, sowie von alten Kreuzzugsveteranen wie Graf Ludwig von Blois, Graf Balduin von Flandern und Graf Theobald von der Champagne geführt.

Seit dem Tod Kaiser Barbarossas in Kleinasien galt die Landroute ins Morgenland als unpassierbar. Daher begaben sich Gesandte der genannten Magnaten nach Venedig, um die Überfahrt zu Schiff vorzubereiten. Enrico Dandolo, der greise Doge von Venedig, erwies sich keineswegs als senil und handelte klug und entschlossen. Er erklärte, die Republik sei bereit, für die Summe von 85 000 Silbermark eine Flotte von fünfzig Galeeren und Frachtschiffen für 4500 Ritter, 9 000 Knappen, 20 000 Mann zu Fuß und mit Proviant für ein Jahr zur Verfügung zu stellen. Die Abfahrt sollte in Jahresfrist erfolgen.

Als offizieller Zweck dieser Expedition wurde die Befreiung Jerusalems angegeben, weil jetzt die abendländischen Christen wie zur Zeit des ersten Kreuzzugs ihr Leben nur noch für die Heilige Stadt riskieren wollten. Doch in einer geheimen Zusatzklausel zum Vertrag vereinbarte man, dass der Kreuzzug Ägypten gelten sollte. Seit dem dritten Kreuzzug hatte sich nämlich unter den Anführern sowohl in Europa als auch in Outremer die Meinung herausgebildet, dass man sich Jerusalems, solange die Bedrohung aus Kairo bestand, niemals sicher sein könnte. Indessen hatten die Venezianer, die profitable Handelsbeziehungen zu den Ayyubiden (den von Saladins Vater Ayyub abstammenden Sultanen) in Ägypten unterhielten, mit größter Wahrscheinlichkeit kein Interesse daran, einen Angriff am Nil zu unterstützen.

Graf Theobald von der Champagne starb Anfang 1201. Darauf wählten die Anführer dieser neuen Expedition den Marquis Bonifaz von Montferrat zum neuen Oberbefehlshaber. Doch zu dem für die Abfahrt festgesetzten Termin hatten sich erst 10 000 Mann in Venedig eingefunden und fehlten 35 000 Mark an dem den Venezianern versprochenen Betrag. Die Venezianer verweigerten jeden Preisnachlass, wollten aber ersatzweise akzeptieren, dass das Kreuzfahrerheer Hilfe bei der Eroberung der Stadt Zara leistete, die auf dem Weg nach Osten an der dalmatinischen Küste lag. Sie befand sich im Besitz des christlichen Königs von Ungarn, weshalb sich viele Kreuzfahrer diesem Plan widersetzten, unter anderen der Zisterzienserabt des Klosters Les-Faux-de-Cernay und ein französischer Edelmann, Simon von Montfort. Man überstimmte sie, und Zara wurde erobert. Innozenz III. war dermaßen empört über diesen Angriff auf einen christlichen König, dass er die gesamte Armee exkommunizierte. Da das aber den Zusammenbruch des ganzen Unternehmens bedeutet hätte, nahm er den Urteilsspruch wieder zurück.

Während das Kreuzfahrerheer in Zara überwinterte, von wo man im Frühjahr nach Osten weiterziehen wollte, begab sich ein griechischer Fürst, Alexios IV. Angelos, der Ansprüche auf den byzantinischen Thron geltend machen konnte, nach Zara und erklärte, wenn das Heer seinen Vater wieder auf den Thron setze, garantiere er die Wiedervereinigung der orthodoxen mit der katholischen Kirche und werde außerdem große Subventionen und 10 000 byzantinische Soldaten für den Kreuzzug bereitstellen. Der Gedanke gefiel dem Dogen Enrico Dandolo und Bonifaz von Montferrat, traf aber auf die Opposition derselben Partei, die schon den Angriff auf Zara abgelehnt hatte: Simon von Montfort und der Abt von Les-Faux-de-Cernay. Wieder wurden sie überstimmt – und jetzt verließen sie das Kreuzzugsunternehmen.

Da die Wiedereinsetzung eines legitimen Herrschers nach Feudalrecht eine gerechte Sache darstellte, ließen sich die das Heer begleitenden Bischöfe zur Unterstützung der von Alexios IV. vorgeschlagenen Aktion bewegen. Doch als die Flotte im Juni 1203 vor Chalcedon, gegenüber von Konstantinopel, anlegte, meldeten sich weniger ehrenhafte Motive in der Brust der lateinischen Krieger. Die Franzosen erinnerten sich an die Leiden König Ludwigs VII. und seiner Ritter auf dem zweiten Kreuzzug, als sie 1148 durch Anatolien marschierten, und dass der König diese Schwierigkeiten den perfiden Griechen angelastet hatte. Und Enrico Dandolo hatte ganz private Gründe, die Griechen zu hassen: Er hatte 1182 während der Pogrome der Griechen gegen die Lateiner in Konstantinopel sein Augenlicht verloren.

Dieses Verbrechen lebte noch frisch im Gedächtnis der Lateiner. Man bemerkt die Folgen in der Chronik Wilhelms, des Erzbischofs von Tyros. Zuerst kritisiert er an den Byzantinern nur, dass sie zu schwach zur Verteidigung der Heiligen Stätten seien. Als Verbündete gegen die Sarazenen lässt er sie durchaus noch gelten. Nach den Pogromen von 1182 jedoch hat er jede Illusion verloren. Er erklärt, er habe sich über die »betrügerischen, verräterischen Griechen« getäuscht, und ihre »Pseudomönche und gotteslästerlichen Priester« seien nicht nur Schismatiker, sondern Häretiker[239] – das schärfste Verdammungsurteil, das ein Kirchenmann im Mittelalter aussprechen konnte.

Zu diesem latenten Hass kam nun noch »die notorische Beutegier des mittelalterlichen Soldaten«[240] hinzu, was uns, die wir in einem Zeitalter gut bezahlter, ja verwöhnter Truppen leben, tadelnswerter erscheint als den damaligen Menschen. Nicht nur wirkte die Leidenschaft barbarischer Stämme, Beute zu machen und zu plündern, noch stark in den Seelen der Franken nach – es mussten sich auch alle Feldzüge bis zu einem gewissen Grad selbst finanzieren. Innozenz III. hatte sich nicht klar gemacht, dass trotz seiner dem Klerus auferlegten Steuer die Kosten eines Kreuzzugs weit über die Hilfsquellen auch der reichsten Könige hinausgingen. Als er den kleineren Magnaten wie den Grafen von Blois, Flandern und Champagne das Zeichen zum Abmarsch gegeben hatte, mag er gehofft haben, mehr Einfluss auf die Expedition nehmen zu können, als wenn er noch auf die Könige von England und Frankreich gewartet hätte. Aber wie dann die Eroberung von Zara zeigte, waren seine Einflussmöglichkeiten recht gering. Und der Kreuzzug verfügte nicht über zureichende Geldmittel.

Auch ist klar, dass wie bei allen vorangehenden Kreuzzügen das Büßermotiv bei vielen Teilnehmern mit der Hoffnung einherging, nicht nur ihre Seele zu retten, sondern auch ihr irdisches Glück zu machen. Alle Parteien bei diesen unaufhörlichen Kämpfen waren sich völlig einig in der Meinung, dass Risiken auch belohnt werden mussten. Desungeachtet unterliegt es keinem Zweifel, dass, was jetzt folgte, als »skandalöses Unternehmen«[241] bezeichnet werden muss, mag auch die Schuldfrage immer noch ungeklärt sein. Im Juni 1203, kurz nach ihrer Ankunft, gingen die Kreuzfahrer im Weichbild Konstantinopels zum Angriff über, eroberten die Vorstadt Galeta und sprengten die Kette, die die Einfahrt zum Hafen der Stadt, dem Goldenen Horn, sperrte. Am 17. Juli schritten sie zum Sturm auf Konstantinopel selbst, wurden jedoch von der kaiserlichen Warägergarde zurückgeschlagen. Immerhin jagten die Ereignisse dem Kaiser Alexios III. einen solchen Schrecken ein, dass er floh und dem Kreuzfahrerkandidaten Isaak Angelos den Thron überließ.

Von seinen griechischen Untertanen als Kreatur der Lateiner verachtet, gelang es dem neuen Kaiser nicht, das den Kreuzfahrern versprochene Geld aufzutreiben. Im Januar 1204 wurde er abgesetzt und von dem aufgebrachten Volk samt seinem Sohn ermordet. Der ihn ersetzende Kaiser, Alexios V. Dukas, war mehr nach dem Herzen der Griechen, allerdings ein Gegner der Kreuzfahrer. Diese griffen am 12. April 1204 erneut die Stadt an und nahmen sie binnen eines Tages. Die Einwohner der uralten, bis dahin noch niemals eroberten Hauptstadt des Oströmischen Reiches wurden abgeschlachtet, ihre Schätze geplündert. Am meisten in die Augen stachen die Reliquienschreine, die wegen der Anziehung, die sie in den Kirchen des Abendlandes auf Pilger ausüben konnten, weit kostbarer waren als ihr Gewicht in Gold. Ein Chronist, der die Plünderung der Stadt beschreibt, Gunther von Pairis, schildert, wie ein lateinischer Abt in der Kirche des Christos Pantokrator auf den leeren Reliquienschrein stieß und einen griechischen Priester mit dem Tod bedrohte, wenn er ihm nicht verriet, wo die Reliquien selbst versteckt seien. Dann »füllte er den Bausch der Kutte mit dem heiligen Kirchenraub, um die Beute fröhlich lachend zum Schiff zu bringen«.[242]

Und nicht nur die Schätze Konstantinopels, sondern auch die des ganzen Kaiserreichs teilten die lateinischen Eroberer unter sich auf. Am 16. Mai wurde Balduin von Flandern in der Hagia-Sophia-Kathedrale zum Kaiser gekrönt und ließ sich Länder in Thrakien, Teilen Kleinasiens und einige Zykladeninseln zusprechen. Bonifaz von Montferrat gründete ein Königreich in Thessalonike, während sich die Venezianer byzantinische Besitzungen an der Adriaküste, Städte an der Küste des Peleponnes, Euböa, mehrere ionische Inseln und Kreta aneigneten. Auch Konstantinopel wurde aufgeteilt, wobei die Venezianer fast die Hälfte der Stadt bekamen. Damit hatte Enrico Dandolo nicht nur private Rache genommen. Er hatte auch Venedig die Kontrolle der Handelsrouten vom adriatischen Meer zum Schwarzen Meer verschafft.

Keiner, der unter Bonifaz von Montferrat aufgebrochen war, zog ins Heilige Land weiter. Alle blieben, um sich ihre Länderbeute aus dem Leichnam des Byzantinischen Reiches zu schneiden. Von jetzt an spekulierten die landlosen potenziellen Kreuzritter Westeuropas, die früher ihr Glück in Syrien und Palästina gesucht hatten, lieber auf die bequemeren Möglichkeiten in Griechenland. Deshalb litten nicht nur die byzantinischen Griechen unter der Eroberung ihres Landes, sondern auch die bedrängten Christen im Heiligen Land, denen zu helfen die Kreuzfahrer ja ausgezogen waren. Selbst die Templer beteiligten sich, obwohl sie beim vierten Kreuzzug kaum eine Rolle gespielt hatten, zwischen 1205 und 1210 an der Eroberung Mittelgriechenlands.[243] Gemeinsam mit den Hospitalitern und den Deutschordensrittern eigneten sie sich Land im Peloponnes an und leisteten ihren Beitrag »zur Verteidigung des lateinischen Königreichs Konstantinopel«[244], »obwohl sie hier nur nominell zum Militärdienst verpflichtet waren«.[245]

Der zweite große Konflikt innerhalb des Christentums, kurz nach der Eroberung von Byzanz ausgebrochen, war der Albigenser-Kreuzzug, so genannt nach der Stadt Albi in Südwestfrankreich. Die Stadt bildete ein Zentrum der Katharer, einer »häretischen Sekte«, die sich in den reichen Ländern zwischen Rhône und Pyrenäen ausgebreitet hatte. Das Gebiet hieß wegen seines besonderen französischen Dialekts *langue d'oc*. Die Ursprünge des Katharismus sind in der alten Zarathustra-Religion Persiens zu suchen. Deren Lehre besagte, dass es zwei ebenbürtige Götter gebe, einen guten, dessen Reich aus reinem Geist bestehe, und einen bösen, den Schöpfer der materiellen Welt. Alles Materielle sei daher an sich schon böse, und erlöst werden könne man nur dadurch, dass man sich vom Fleisch befreie. Auch Buddhismus, Stoizismus und Neuplatonismus haben eine gewisse Affinität zu dieser Verurteilung der Materie, während das kirchliche Christentum trotz seiner Tendenz zur Selbstverleugnung lehrt, Gott heiße seine eigene materielle Schöpfung nicht nur gut, sondern sei in Jesus, dem Fleisch gewordenen Wort, sogar selbst Teil dieser Schöpfung geworden.

Mit derartigen dualistischen Vorstellungen hatte sich der christliche Glaube von der Frühzeit der Kirche an auseinandersetzen müssen. Ihre Anziehungskraft lag zum Teil in dem Lösungsansatz, den sie für die ewige Rätselfrage boten: Wenn der Teufel Gottes Schöpfung war – denn

Gott hatte *alles* geschaffen –, warum ließ dann Gott die Existenz des Teufels weiterhin zu? Und die Verurteilung des Fleisches samt den von ihm hervorgebrachten animalischen und selbstsüchtigen Trieben stimmte anscheinend gut mit den Lehren Christi überein. Für die Dualisten war das Zölibat eine selbstverständliche Forderung. Aller fleischliche Verkehr war böse, und Kinder zu zeugen hieß daher, mit dem Demiurgen – oder dem Teufel – bei der Verewigung der Materie gemeinsame Sache zu machen. Markion zum Beispiel, ein christlicher Häretiker des 2. Jahrhunderts, verbot die Ehe und machte Ehelosigkeit zur Vorbedingung der Taufe.

Im 3. Jahrhundert lehrte Mani, ein Perser, dass man, um die Berührung mit der bösen Materie zu vermeiden, weder bestimmte Arbeiten verrichten noch kämpfen noch heiraten dürfe. Nachdem er 276 auf Betreiben der zarathustrischen Priesterhierarchie für seine Überzeugung den Märtyrertod erlitten hatte, breiteten sich seine Gedanken, von Persien ausgehend, im ganzen Römischen Reich aus und fanden überall Anhänger, zum Beispiel auch den jungen Augustinus von Hippo. Im 5. Jahrhundert existierte eine blühende manichäische Gemeinde, die Paulikianer, in Armenien. Sie wurden so mächtig, dass die byzantinischen Kaiser militärische Expeditionen gegen sie ausrüsteten und sie im 10. Jahrhundert massenhaft nach Thrakien in Nordgriechenland umsiedelten. Von hier aus drangen ihre Ideen in Bulgarien ein und wurden von den Anhängern eines slawischen Priesters namens Bogomil übernommen, der auf dem Balkan eine dualistische Kirche gründete. Wie die Paulikianer verwarfen die Bogomilen das Alte Testament, die Taufe, das Abendmahl, das Kreuz als Symbol für von Menschen einem göttlichen Wesen zugefügtes Leid, die Sakramente und die ganze Hierarchie der sichtbaren Kirche. Auch sie glaubten, Kinder zu haben heiße, mit dem Teufel bei der Verewigung der Materie zusammenzuarbeiten.

Trotz der Verfolgung durch die orthodoxen Kaiser hielt sich die Bogomilenkirche bis zur Eroberung des Balkans durch die osmanischen Türken, als viele bosnische Bogomilen zum Islam übertraten. Aber in der Nachbarschaft von Antiochia und Tripolis stießen Teilnehmer am ersten Kreuzzug noch auf Paulikianer-Enklaven. Und es ist gut möglich, dass zurückkehrende Kreuzfahrer dualistische Ideen mit nach Europa brachten. Derartige Gedanken zeigten sich nämlich besonders in den eigentlichen Heimatländern der Kreuzfahrer, in Flandern, dem Rheinland und der Champagne, wo sie jedoch gewaltsam und wirksam unterdrückt wurden.

Im südlichen Europa dagegen mussten dualistische Theorien mit anderen unorthodoxen Vorstellungen konkurrieren, vor allem mit den

Ideen eines Lyoner Kaufmanns namens Petrus Waldus, der, obgleich kein Dualist, die Lehre verwarf, die Gnade der Sakramente sei zur Erlösung erforderlich. Er verurteilte den üppigen Reichtum des Klerus und verließ Frau und Besitz, um ein Leben als Einsiedler zu führen. Sein Armutsideal als höchste Tugend unterschied sich gar nicht so sehr von dem des Franziskus von Assisi, und jemand hat einmal gesagt, ob die heiligen Männer dieser Zeit »als Heilige verehrt oder als Häretiker exkommuniziert wurden, hing weitgehend vom Zufall ab«.[246] Es war gewiss nicht immer einfach, zwischen religiösem Reformeifer, Antiklerikalismus und häretischen, den christlichen Dogmen feindlichen Lehren zu unterscheiden. Und der Erfolg des Islam hatte gezeigt, was für Folgen es haben konnte, wenn sich neue religiöse Ideen, die zudem von aufstrebenden sozialen Klassen adoptiert wurden, ungehindert ausbreiten konnten. Die wirksamste Unterstützung für die Männer, die den Reichtum der Kirche kritisierten, kam ja von der neuen Kaufmannsschicht in den Städten der Lombardei, des Languedoc und der Provence.

Im Languedoc begünstigten noch andere Faktoren die Ausbreitung der Katharerreligion. Wie schon Bernhard von Clairvaux bei seinen Predigten gegen Heinrich von Lausanne erkannt hatte, befand sich dort die Kirche tatsächlich in beklagenswertem Zustand. Ihre habgierigen, unwissenden Priester und Bischöfe kümmerten sich nur wenig um ihre Obliegenheiten und schoren ihre Schafe lieber, als dass sie sie hüteten. Zugleich begünstigte der Kontakt mit islamischem Gedankengut, das durch den Handel mit dem maurischen Spanien eindrang, und die herausragende wirtschaftliche Rolle der Juden in diesem Gebiet ein Klima der Toleranz gegenüber anderen Religionen. Außerdem war die Staatsgewalt weniger zentralisiert als anderswo, da es sich bei vielen kleineren Herrschaftsgebieten um unabhängige Länder, nicht um Lehen, handelte. Und auch jene kleinen Adligen, die Lehen verwalteten, waren nicht von einem einzigen gemeinsamen Feudalherrn abhängig. Manche hatten ihre Lehen vom Grafen von Toulouse, manche vom König von Aragon, wieder andere sogar theoretisch vom deutschen Kaiser. Antiklerikalismus war weit verbreitet. Große Teile des Reichtums, aus dem der korrupte Klerus Vorteil zog, gingen auf frühere Schenkungen seitens der Vorfahren des Landadels zurück, der jetzt alles tat, um diese Güter den offensichtlich unwürdigen Händen wieder zu entreißen. Daraus ergaben sich dauernde Konflikte mit den lokalen Bischöfen und dem Papst. Es überrascht daher kaum, dass eine Religion, die den Klerus für überflüssig erklärte, beträchtlichen Zulauf erhielt.

Was allerdings auf den ersten Blick befremdet, ist, dass »eine turbulente, umtriebige, auf individuelle Geltung bedachte Gesellschaft«,[247] vielleicht die gebildetste, kultivierteste und genussfreudigste des damaligen Europa – ein Mekka für *jongleurs* (fahrende Sänger) und *troubadours*, die Dichter der höfischen Liebe – eine solche Empfänglichkeit für den reinen katharischen Dualismus zeigte. Doch sollte man bedenken, dass nur ein kleiner Kreis der Katharer, die so genannten *parfaits*, übermenschliche Selbstverleugnung bewies. Die Masse der *croyants*, der bloßen Gläubigen, verstand die katharische Lehre so, dass nur ein Sakrament, das *consolamentum*, zur Erlösung erforderlich sei. Und da dieses Consolamentum alle Sünden abwusch, brauchte man, bevor der Tod an den Betreffenden herantrat, nicht nach besonderer Frömmigkeit zu streben. Denn das Consolamentum konnte auch noch kurz vor dem Tod gereicht werden. Der Katharismus zog übrigens besonders die Frauen an. Weiblichen Parfaits wurde die gleiche Verehrung zuteil wie männlichen. Ein französischer Priester drückte es so aus: »*Les hommes font les hérésies, les femmes leur donnent cours et les rendent immortelles.*« (Männer erfinden die Ketzerei, aber Frauen verbreiten sie und machen sie unsterblich.)[248]

1167 leitete der griechische »Papst« der Katharer, Niketas aus Konstantinopel, ein Konzil seiner Gläubigen vor Saint-Félix-de-Caraman, einem Städtchen bei Castelnaudary im Languedoc. Es gab damals schon einen Katharerbischof in Albi, und jetzt wurden weitere Bischöfe ernannt: für Toulouse, Carcassonne und Agen. Die katholischen Bischöfe des Languedoc versuchten dieser häretischen Sekte, erschreckt von ihrer raschen Ausbreitung, mit öffentlichen Disputationen das Wasser abzugraben – umsonst. Berichte über ihr Erstarken und ihre Verwurzelung in der Bevölkerung erreichten den Papst in Rom. Als ein frommer, glaubenseifriger Kastilier, Dominik Guzman, Prior der Kanoniker der Kathedrale von Osma, sich 1205 an Papst Innozenz III. wandte und um Erlaubnis bat, den Heiden an der Weichsel das Evangelium predigen zu dürfen, willfahrte Innozenz dieser Bitte, schickte Guzman aber in den Süden Frankreichs. Schon zwei Jahre zuvor hatte er die Zisterzienser zur Bekehrung der Katharer aufgerufen. Sie waren trotz größter Bemühungen gescheitert.

Dominik passte sich ganz dem Lebensstil der Parfaits an. Er lebte in dürftigster Armut und strengster Askese. Wie die Zisterzienser predigte er den rechten katholischen Glauben und disputierte mit den katharischen Geistlichen. Aber wieder fruchtete alle Überzeugungsarbeit nicht. Innozenz, der sehr wohl über die gravierenden Missstände beim katholischen Klerus des Languedoc im Bild war, enthob nun sieben Bischöfe der Region ihres Amtes, ersetzte sie durch unbestechliche Zisterzienser und rief die Grafen von Toulouse wiederholt zum Handeln auf. Doch die

Grafen wollten nicht, und konnten wahrscheinlich auch nicht mehr, weil sich der Katharismus schon zu tief eingewurzelt hatte. Zu viele Katholiken hatten katharische Brüder, Schwestern, Cousins oder Cousinen, die vor aller Augen ein vorbildliches Leben führten.

Mit Bestürzung blickte die katholische Hierarchie auf diesen Triumph einer häretischen Religion. Sie erschrak nicht nur deshalb, weil der Katharismus ihre eigene Daseinsberechtigung in Frage stellte, was jedenfalls bei den Prälaten des Languedoc ein ausschlaggebender Faktor gewesen sein dürfte, sondern vor allem deshalb, weil hier Seelen, die Gott ihr, seiner Kirche, anvertraut hatte, verführt wurden und möglicherweise der ewigen Verdammnis anheimfielen. Die Katharer hassten vor allem das Kreuz und die Messe. Das Kreuz, weil sie es als Symbol für das der Gottheit von Menschen zugefügte Leiden ansahen – ein solches Leiden zu verehren, war in ihren Augen Gotteslästerung –, und die Messe, die sie ebenfalls als Sakrileg betrachteten, weil die Kirche behauptete, durch die Konsekration werde das Brot buchstäblich in das Fleisch Christi verwandelt. Darum machten auch sie keine Mördergrube aus ihren Herzen und zerstörten die Kirche lieber, als friedlich Seite an Seite mit den katholischen Christen zu leben. 1207 vertrieben die Katharer in Carcassonne den katholischen Bischof aus der Stadt.

Im mittelalterlichen Europa waren Kirche und Gesellschaft praktisch identisch. Das Jahr war durch die Fasten- und Festzeiten des christlichen Kalenders in Abschnitte unterteilt, und das Leben durch die Sakramente gegliedert. Der Eid, den die Katharer, wie seinerzeit Jesus, verurteilten, bildete die Grundlage, auf der die ganze Struktur der Feudalgesellschaft beruhte. Der Abfall vom christlichen Glauben würde, so fürchtete die katholische Hierarchie, zur Anarchie führen und die fundamentalsten menschlichen Einrichtungen unterhöhlen. Dass es sich hier nicht nur um eine abwegige Phantasie der Kirchenoberen handelte, bewies die katharische Lehre, dass die Ehe, in den Worten eines abtrünnigen Häretikers, Rainier Sacchoni, »als Todsünde galt [...] von Gott ebenso schwer bestraft wie Ehebruch oder Inzest«.[249]

Nach dem Scheitern so vieler Überzeugungsversuche wandte sich Papst Innozenz an die prominenteste Persönlichkeit der Region, Raimund VI., Graf von Toulouse, mit der Aufforderung, die Ketzerei gewaltsam auszurotten. 1205 versprach Raimund, Folge zu leisten, blieb aber untätig. 1207 wurde der päpstliche Legat, Peter von Castelnau, nach einem Treffen mit Raimund in Saint-Gilles in der Provence, von einem Mann aus Raimunds Gefolge getötet. Diese Ungeheuerlichkeit veranlasste Papst Innozenz III. zur Proklamation eines Kreuzzugs. Die Folge waren zwanzig Kriegsjahre mit unterschiedslosen Massakern auf beiden

Seiten. Der Krieg endete erst, als der König von Frankreich das Languedoc annektierte. Die Katharer wurden gejagt, gefangen gesetzt und verbrannt. Einige boten ihren Körper verzückt den Flammen dar. So wurde
die Häresie schließlich ausgerottet und mit ihr eine Kultur, die einige
Historiker als einzigartig verfeinert und zivilisiert kennzeichnen, andere
als »Gesellschaft im Stadium fortgeschrittener Auflösung, nur noch von
der Schale einer Zivilisation umgeben, deren Kern längst entschwunden
war«.[250]

Erster Anführer des Katharerkreuzzugs war Simon von Montfort, derselbe Ritter aus Nordfrankreich, der Bonifaz von Montferrat und die Venezianer damals in Zara verlassen hatte. Es gab einen Augenblick, da er im
Dienst der Kirche das ganze Languedoc in Besitz hätte nehmen und wie
die Franken in Palästina oder die Normannen in Antiochia eine Dynastie
hätte gründen können. Doch das Kriegsglück war ihm nicht immer
hold. Er fiel bei der Belagerung von Toulouse.

Für den einheimischen Adel, ob katholisch oder katharisch, bedeutete
der Kreuzzug vor allem die Invasion durch einen Feind aus dem Norden.
Und trotz ständiger Loyalitätenwechsel im eigenen Land bekämpfte er
diesen Feind und verteidigte seine Heimat. Lehnstreue und politische
Interessen vermischten sich unentwirrbar mit religiösen Überzeugungen,
was zu paradoxen Allianzen führte. So fiel zum Beispiel König Peter II.
von Aragon, der 1212 bei Las Navas de Tolosa einen großen Sieg gegen
die spanischen Mauren errungen hatte, im Jahr darauf beim Kampf gegen
Simon von Montfort vor den Mauern Murets.

Und die Ritterorden? Welche Rolle spielten sie in diesem brudermör-
derischen Vernichtungskrieg? Sowohl die Templer als auch die Johanniter verfügten über beträchtlichen Besitz in der Region. Raimund von
Saint-Gilles, Graf von Toulouse, war ein Anführer beim ersten Kreuzzug
gewesen, und seine Nachkommen und die seiner Vasallen hatten dem
Ritterorden, besonders dem Hospital, beachtliche Schenkungen zukommen lassen. So war etwa die Komturei Mas-Deu im Roussillon eine der
bedeutendsten Festungen des Tempels. Beide Orden waren außerdem
stark im Königreich Aragon engagiert und am Krieg gegen den Islam in
Spanien beteiligt.

Infolgedessen musste ein Krieg zwischen Simon von Montfort im
Namen des Papstes einerseits und Graf Raimund VI., König Peter II. von
Aragon sowie dem Großteil des Adels im Languedoc andererseits zu
gespaltenen Loyalitäten in den Ritterorden führen. Im Großen und Ganzen versuchten beide – Templer und Hospitaliter – neutral zu bleiben
und wurden im Vertrag von Paris, der den Konflikt schließlich beendete,

auch entsprechend behandelt. Doch wo sich die Orden trotzdem in die Auseinandersetzung mit hineinziehen ließen, da ergriffen die Hospitalritter anscheinend Partei für Raimund VI. und Peter II., die Templer hingegen für den Kreuzzug unter Simon von Montfort. Templer hatten mit Peter II. zusammen bei Las Navas de Tolosa gekämpft, aber sie blieben doch »alle ohne Vorbehalt ihrer Pflicht gegenüber dem Papst und der Kirche treu [...]. Die Unterstützung der Tempelritter für Simon von Montfort und für die Teilnehmer am Albigenser-Kreuzzug ließ niemals nach.«[51] 1215 zum Beispiel hielt sich Simon im Templerhaus vor Montpellier auf.

Trotz alledem scheint allgemein akzeptiert worden zu sein, dass vorrangige Aufgabe der Templer der Krieg gegen den Islam im Osten sein musste. Jedenfalls machte Papst Innozenz III. keinen Versuch, sie gegen die Katharer zu mobilisieren. Die 1221 erfolgte Gründung eines Ordens durch Konrad von Urach nach dem Muster des Tempels, der Miliz des Glaubens an Jesus Christus, dürfte das bestätigen. Wahrscheinlich als Vasallen des Königs von Frankreich kämpften diese Ritter unter Prinz Ludwig bei der Eroberung Marmandes mit und wurden Augenzeugen des Massakers an den Einwohnern der Stadt, falls sie sich nicht auch selbst daran beteiligten. 1226 übertrug König Ludwig VIII. von Frankreich in seiner Abwesenheit einem Tempelritter, Bruder Eberhard, bei der Belagerung Avignons volle Befehlsgewalt und schickte ihn nach Saint-Antonin, um die Kapitulation der Stadt entgegenzunehmen.

Der Vorwurf gegen die Templer, die Katharer unterstützt zu haben, der in neuerer Zeit eine ganze Anzahl phantasievoller Theorien produziert hat, ist glaubwürdiger, wenn man ihn auf die Hospitaliter bezieht. Aber auch hier fehlen stichhaltige Beweise, dass sie Sympathien für die häretische Religion gehegt hätten. Seit seiner Umwandlung in einen Ritterorden hatte das Hospital enge Beziehungen zu den Grafen von Toulouse in Europa und in Outremer entwickelt. Es gab zahlreiche Johanniterniederlassungen im Languedoc, während in Syrien Raimund II. von Tripolis, ein Urenkel Graf Raimunds IV. von Toulouse, den Hospitalrittern die große Festung Krak des Chevaliers überlassen hatte. Deshalb sympathisierten sie während des Albigenser-Kreuzzugs eher mit den Nachkommen ihrer früheren Wohltäter, mit denen diese Ritter übrigens, anders als die Templer, häufig auch verwandt waren. So zeigt sich, dass einige der mutigsten Katharerverteidiger, die bei den Parfaits um das Consolamentum nachsuchten, auch das Hospital mit Schenkungen bedachten und um Zulassung als Confrères baten, woraus sich wiederum schließen lässt, dass sie entweder wenig von Theologie verstanden oder eben nur ihre Interessen verfolgten.

Die Hospitaliter profitierten außerdem von ihren Beziehungen zu den Feinden des Kreuzzugs. Nach dem Tod Simons von Montfort bei der Belagerung von Toulouse und dem Rückzug der Kreuzfahrer zogen sich auch die katholischen Bischöfe und die Zisterzienser aus diesem Gebiet zurück, und die Templer verließen ihre Komturei in Champagne. Doch die Hospitaliter und Benediktiner blieben, letztere in Alet, wo sie später wegen Kollaboration mit den Katharern[253] ihre Abtei räumen mussten. Am offensten demonstrierten die Hospitaliter ihre Loyalität wohl anlässlich des Todes von König Peter II. von Aragon in der Schlacht von Muret. Sie baten um die Erlaubnis, seinen Leichnam vom Schlachtfeld tragen zu dürfen, und bekamen sie auch. Des weiteren nahmen sie Raimund VI. als Confrère auf und erhielten 1222 die Verfügung über seinen Leichnam, der aber, da der Tote exkommuniziert war, nicht in geweihtem Boden begraben werden durfte. Der Leichnam ruhte dann lange in der Erde vor der Johanniterpriorei, und Raimund VII. reichte bei mehreren Päpsten Petitionen ein, ihn in der Kapelle bestatten zu dürfen. Auch noch im 14. Jahrhundert ruhte der Tote dort, und im 16. »hatten Ratten den Holzsarg zernagt, und Raimunds Gebeine waren verschwunden«.[254]

11. Friedrich II. von Hohenstaufen

Im Jahr 1213 erließ Papst Innozenz III. eine Bulle »Quia maior« mit dem Aufruf zu einem neuen Kreuzzug gegen die Sarazenen im Osten. Mehrere Ursachen schienen dafür zu sprechen, dass er einen günstigen Zeitpunkt gewählt hatte. Simon von Montfort befand sich auf dem Gipfel seiner Macht im Languedoc. Eine muslimische Armee war in Spanien bei Las Navas de Tolosa besiegt worden. Und das unglaubliche Schauspiel eines Kinderkreuzzugs, bei dem 7 000 Kinder aus Frankreich und dem Rheinland ausgezogen waren, um das Heilige Grab aus den Händen der Ungläubigen zu befreien, hatte, obwohl mangelhaft vorbereitet, ohne den Segen der Kirche unternommen und unter einem schlechten Stern stehend, demonstriert, dass im Volk immer noch große Begeisterung für einen Heiligen Krieg lebte.

Selbst der skandalöse Schwenk des vierten Kreuzzugs nach Konstantinopel erschien dem Papst wie eine Wolke mit Silberstreif. Denn immerhin hatten sich damals alle Mächte des Christentums unter seinem Kommando vereint. Und die ungünstigen Faktoren, etwa die weiterhin schwelenden Konflikte zwischen Kapetingern und Plantagenets in Frankreich und den Welfen und Staufern in Deutschland dienten nur

Innozenz' Zwecken. Wurden so nicht alle möglichen Rivalen um den Oberbefehl beim neuen Kreuzzug ausgeschaltet? Den Aufruf des Papstes beantworteten die 1 300 Bischöfe, die sich 1215 zum Vierten Laterankonzil in Rom versammelt hatten, positiv. Man leitete umfangreiche legislative und administrative Maßnahmen ein, um das zur Finanzierung des Projekts nötige Geld zusammenzubekommen, unter anderem die Ausweitung des Kreuzfahrerablasses von den Kämpfern auch auf die Zahler. Damit konnten auch Frauen, die Schenkungen und Legate ausstellten, das Kreuz nehmen.[255] Man versuchte außerdem, Ehemänner mit Hilfe ihrer Frauen zum Kreuzzug zu überreden. Jakob von Vitry, dessen Pferde von einigen Genuesern zum Zweck einer militärischen Exkursion requiriert worden waren, predigte den Frauen dieser selben Genueser. »Die Bürger nahmen mir die Pferde, und ich machte ihre Frauen zu Kreuzfahrerinnen«,[256] schrieb er später. Die erhobenen Summen wurden in der Bank Bruder Haimards, des Templerschatzmeisters in Paris, hinterlegt.

1216 starb Innozenz, bevor er seine Pläne hatte ausführen können. Sein Nachfolger, Kardinal Savelli, der den Namen Honorius III. annahm, griff sie mit gleicher Begeisterung auf. Doch Honorius, zum Zeitpunkt seiner Wahl schon ein Greis, fehlten Innozenz' Führungsqualitäten und Energie. Trotzdem entwickelte der Kreuzzug schon sein Eigenleben. Mochte die Ritterschaft Frankreichs und Englands auch noch von den Kriegen ihrer Könige und der Unterdrückung der Häretiker absorbiert sein – weiter im Osten sammelten sich schon österreichische und ungarische Kontingente in Spoleto, um sich von den Venezianern nach Palästina transportieren zu lassen.

König von Jerusalem war inzwischen ein schon bejahrter Ritter aus der Champagne, Johann von Brienne. Welch ein geringes Ansehen Outremer derzeit im Abendland genoss, zeigt der Umstand, dass Johann offenbar der beste Bräutigam war, den man für die Erbin des Königreichs, Prinzessin Maria, auftreiben konnte. Als sie 1210 heirateten, war er 60, sie 17. Zwei Jahre danach starb Maria bei der Geburt ihrer Tochter Isabella, Jolanthe genannt. Seitdem übte Johann die Regentschaft für seine Tochter aus und betrieb eine vorsichtige Politik gegenüber Saladins Bruder und Nachfolger al-Adil. Die Erneuerung des Waffenstillstands im Jahr 1212 lag im Interesse beider. Als der ungarische König Andreas 1217 mit seinem Kontingent in Jerusalem eintraf, unternahm er ein paar kleinere Raubzüge auf muslimisches Territorium. Das war aber auch alles. Die Ungarn, die ihre Gelübde erfüllt glaubten, machten sich durch Anatolien auf den Heimweg, wobei sie eine Anzahl Reliquien mit sich führten, unter anderem das Haupt des heiligen Stephan und einen Krug von der Hochzeit zu Kana.

Während ihres Aufenthalts im Heiligen Land hatten die österreichischen und ungarischen Pilger den Templern und Deutschordensrittern beim Bau einer neuen Festung in 'Atlit geholfen, die man dann ihnen zu Ehren Pilgerburg nannte. Sie stand auf einem Felsvorsprung an der Küste südlich von Haifa und schützte die Straße sowie die Weinberge, Obstgärten und Felder der Gegend, die möglichen Überfällen der Muslime ausgesetzt waren – eine gewaltige Festung mit Graben und doppelter Mauer an der Landseite. Burkard vom Berg Zion, ein deutscher Dominikaner, hielt »die Mauern, Wälle und Vorwerke für so stark und gut befestigt, dass die ganze Welt sie nicht erobern könnte«.[257] Innerhalb der Wälle befanden sich drei große Hallen und eine Templerkirche mit ihrer Rotunde. Nach einem Chronisten, Oliver von Paderborn, war sie mit Vorräten versehen, die für 4 000 Kämpfer ausreichten.

Im April 1218 landete eine Flotte aus Friesien in Akkon, die König Johann von Jerusalem mit den Mitteln für eine Invasion Ägyptens versorgte. Am 24. Mai setzte die Flotte erneut Segel und legte am 27. Mai am Nilufer, gegenüber Damiette, an. Hier schlugen die Truppen ihr Lager auf und führten am 24. August einen erfolgreichen Angriff gegen das Fort, das die Flussmündung bewachte. Zwei Tage darauf starb der Großmeister der Templer, Wilhelm von Chartres, der ein größeres Templerkontingent befehligte, am Fieber. Ein erfahrener »Karriere«-Templer, Peter von Montagu, folgte ihm im Amt. Er war Templermeister in der Provence und in Spanien gewesen und hatte in der Schlacht von Las Navas de Tolosa mitgekämpft.

Nachdem die Kreuzfahrer diesen Brückenkopf Damiette gegenüber gebildet hatten, erhielten sie Zuzug von weiteren Kontingenten aus Europa, geführt unter anderem von den französischen Grafen von Nevers und la Marche, den englischen Earls von Chester, Arundel, Derby und Winchester, den Bischöfen von Paris, Laon und Angers und dem Erzbischof von Bordeaux. Schließlich traf noch eine italienische Truppe unter Papst Honorius' Legaten, dem spanischen Kardinal Pelagius von Saint Lucia, ein.

Pelagius hatte nun, als päpstlicher Legat, den Oberbefehl. Es war ein entschlossener, energischer Mann, doch glatt, taktlos und autokratisch. Die Belagerung Damiettes dauerte den ganzen Sommer 1219 über und Seuchen nahmen ihren Tribut von den Kreuzfahrern. Da er sie nicht wieder loswerden konnte, versuchte Sultan al-Kamil, Saladins Bruder, Frieden mit ihnen zu schließen. Als Beweis für seine friedlichen Absichten erlaubte er Franz von Assisi, der die Kreuzfahrer besuchte, durch die Linien zu ihm in sein Lager bei Fariskur zu kommen und ihm eine Predigt zu halten. Die beiden überboten sich in Höflichkeitsbeweisen, aber keiner ließ sich vom Glauben des anderen überzeugen. Doch obwohl er kein Christ werden wollte, erklärte sich al-Kamil bereit, Jerusalem zu opfern, falls die Kreuzfahrer im Gegenzug die Belagerung Damiettes aufhoben.

Dieses Angebot spaltete das Kreuzfahrerlager. Pelagius und der Patriarch von Jerusalem waren gegen jeden Pakt mit den Ungläubigen, während König Johann, unterstützt von den Baronen aus Palästina und Europa, zur Annahme des Angebots neigte. Die Großmeister der Ritterorden indessen waren der Ansicht, Jerusalem könne nur gehalten werden, wenn der Sultan ihnen zusätzlich Oultrejourdain abtrete. Das aber konnte al-Kamil unmöglich akzeptieren. Man lehnte seinen Vorschlag also ab, und am 5. November führten die Kreuzfahrer einen erfolgreichen Angriff auf Damiette. Die Besatzung und Bürger der Stadt waren schon zu geschwächt, um noch Widerstand leisten zu können.

So setzten sich also die Christen in Damiette fest und erwarteten dort die Ankunft eines vom deutschen Kaiser Friedrich II. von Hohenstaufen geführten Heeres, um dann weiter nilaufwärts zu marschieren. 1221 erschien Herzog Ludwig von Bayern mit 500 Rittern, die man für die Vorhut von Friedrichs Heer hielt. Aber bald erkannte Pelagius, dass weitere Verstärkungen nicht zu erwarten waren, und befahl den Vormarsch ins Landesinnere – trotz der Befürchtungen Johanns von Brienne und einiger Templer, die der Ansicht waren, die Kräfte der Kreuzfahrer seien schon überstrapaziert und zur Eroberung ganz Ägyptens nicht mehr in der Lage. Sie wurden überstimmt. Das Kreuzfahrerheer marschierte nun am Nilufer entlang Richtung Mansurah, wo es nach einer Woche anlangte. Während die Ritter vor der Stadt ihr Lager aufschlugen, näherten sich ihnen im Rücken Heeresteile al-Kamils, und ägyptische Schiffe tauchten vom Manzalah-See her auf, um den Christen den Nachschub abzuschneiden. Die Kreuzfahrer hätten sich aus dieser Umklammerung wohl noch befreien können, hätten nicht die Ägypter die Schleusentore geöffnet und das Gelände überflutet. Man steckte, wie der Templergroßmeister später an den Templerpräzeptor in England schrieb, »in der Falle wie ein Fisch im Netz«.[258]

Buchstäblich im Morast des Deltas »versumpft«, blieb Pelagius keine Wahl, als um Frieden zu bitten. Das lateinische Heer gab Damiette wieder auf und segelte unverrichteter Dinge nach Akkon zurück. Die einzige Konzession, zu der sich al-Kamil gegenüber Pelagius bereit erklärt hatte, war die Rückgabe der Reliquie des Echten Kreuzes, die seinem Bruder Saladin bei Hattin in die Hände gefallen war. Doch als al-Kamil seinen Leuten befahl, sie zu holen, konnte man diese kostbarste aller christlichen Reliquien nicht mehr finden.

Die Schuld am Fehlschlag dieses fünften Kreuzzugs pflegt man einhellig dem unflexiblen, sturen Kardinal Pelagius zuzuschreiben. Zweifellos war er auf Grund seines schroffen Naturells schlecht zum Befehlshaber geeignet, und seine strategischen Überlegungen wurden vom religiösen Eifer oft in ganz falsche Richtungen gelenkt. Doch waren die Kreuzfahrerheere immer schwach gewesen, solange ihnen, wie auch jetzt, ein unbestrittener Führer fehlte. Richard Löwenherz war Saladin nicht nur wegen seines Mutes und Charismas gewachsen gewesen, sondern weil er, als König, Autorität bei seinen Soldaten besaß. Auch Johann von Brienne war ein König. Doch sein Anspruch auf den Titel eines Königs von Jerusalem war zu unrealistisch, als dass er die europäischen Barone, ja auch die Barone Outremers zu treuer Gefolgschaft hätte motivieren können. Und für viele schloss schon der geistliche Stand des Pelagius seine Anerkennung als Oberbefehlshaber aus. Der einzige unbestrittene Führer, auf den die Päpste, ihre Legaten und all die Feudalherren auf dem ganzen Feldzug warteten, war der Enkel Friedrich Barbarossas, der Staufenkaiser Friedrich II.

Am 7. September 1228 ging Friedrich II. von Hohenstaufen in Akkon an Land, um fünfzehn Jahre, nachdem er das Kreuz genommen hatte, die Führung des Kreuzzugs zu übernehmen. Er war mittlerweile 36 Jahre alt und hatte bereits einen solchen Ruhm erlangt, dass man ihn *stupor mundi et immutator mirabilis* (»Staunen der Welt und wunderbarer Umgestalter«) nannte. Sein Vater, Kaiser Heinrich VI., war gestorben, als der Junge erst 3 Jahre alt war. Seine Mutter, Kaiserin Konstanze, Erbin des normannischen Königreichs Sizilien, hatte ihn nach Palermo mitgenommen, wo sie schon ein Jahr später ebenfalls starb. Sie hatte Papst Innozenz III. zum Vormund des Knaben eingesetzt, und von ihm ausgewählte Tutoren erzogen den jungen Friedrich. Das Fehlen elterlicher Zuwendung und die Mischung aus normannischen, griechischen und islamischen Einflüssen, die die Atmosphäre am sizilianischen Hof prägte, führten dazu, dass Friedrich einen höchst eigenwilligen Charakter, gekoppelt mit außergewöhnlicher Bildung, entwickelte. »Er war ein äußerst gewandter Mann«, schrieb Salimbene, ein Zeitgenosse, »schlau, habgierig, rücksichtslos, hinterhältig und launisch. Zuzeiten, wenn er seine guten, höfischen Qualitäten hervorkehren wollte, konnte er aber auch gütig, geistreich, heiter und fleißig sein.«[259] Er konnte singen und komponieren, sprach Deutsch, Italienisch, Lateinisch, Griechisch, Französisch und Arabisch, ritt vorzüglich und verstand sich bestens auf die Falkenjagd. Sein Äußeres beschreibt Salimbene als »ein schöner Mann, gut gebaut und von mittlerer Größe«. Doch die vorne schon ausgehenden, vom Großvater Friedrich Barbarossa geerbten roten Haare und die leicht vorstehenden Augen machten ihn nach dem Urteil eines muslimischen Beobachters unattraktiv. Dieser Zeitgenosse war der Meinung, »wäre Friedrich ein Sklave gewesen, so hätte er keine 200 Dirhams erzielt«.[260]

Bei seiner Krönung zum deutschen König im Jahr 1212 in Frankfurt hatte Friedrich spontan geschworen, an einem Kreuzzug teilzunehmen. Das passte damals aber nicht zu den Plänen seines Vormunds Papst Innozenz III., weshalb man die Sache vorläufig nicht weiter verfolgte. Im Jahr darauf trat Friedrichs Tutor, Cencio Savelli, als Honorius III. die Nachfolge Innozenz' an, und in seinen ersten Jahren als König schien Friedrich ein treuer, pflichtbewusster Sohn der Kirche zu sein. Als sein Haushofmeister amtierte Bruder Richard, ein Tempelritter, der zuvor in der gleichen Eigenschaft dem Papst gedient hatte. Doch die immer schwelende Rivalität zwischen dem geistlichen und weltlichen Führer der Christenheit verschärfte sich durch den Umstand, dass Friedrich als König sowohl in Deutschland als auch in Sizilien herrschte. Bis dahin hatte der Papst die Sicherheit des Kirchenstaates, und damit auch des Heiligen Stuhles, dadurch zu gewährleisten versucht, dass er die beiden Königreiche gegeneinander ausspielte und eine Art Mächtegleichgewicht herstellte. Jetzt, wo die Herrschaft über beide Staaten in Friedrich in Personalunion vereinigt war, fühlte sich Rom eingekreist und bedroht.

Ebenso bedrohlich war der Skeptizismus, der sich bei dem jungen König entwickelte. Anders als die Könige des nördlicheren Europa, deren Erziehung durch den von der katholischen Kirche vorgegebenen Lehrplan bestimmt war, hatte Friedrich auf Grund seiner Erziehung in Palermo arabisches und byzantinisches Gedankengut kennen gelernt. Araber und Byzantiner waren geistig fortgeschrittener als ihre lateinischen Gegenspieler und zu einer Toleranz gegenüber Andersgläubigen fähig, die in scharfem Gegensatz zum zelotischen Eifer der christlichen Könige stand. Friedrichs milde Behandlung der Muslime in seinem Königreich schockierte so manchen katholischen Zeitgenossen, ergab sich aber mit großer Wahrscheinlichkeit aus praktischen und ideologischen Erwägungen ganz von selbst. Auch die Templer in Spanien beispielsweise gestatteten Muslimen auf den Templergütern die Ausübung ihrer Religion, einfach um sie besser im Land halten zu können.

Dass seine muslimischen Untertanen von seiner Gunst und Gnade abhingen, ließ sie in Friedrichs Augen zudem vertrauenswürdiger erscheinen. Aus diesem Grund hielt er sich einen sarazenischen Leibwächter. Doch entsprang seine Toleranz nicht nur purer Berechnung. Für einen Bewunderer und Biografen »besaß er die Eigenschaft, die zu allen Zeiten einen wirklich gebildeten Mann auszeichnet: eine ehrliche, tief empfundene Achtung vor dem kulturellen Potenzial der Menschheit als ganzer, ohne Rücksicht auf Rasse oder Nationalität«.[261] Aber zugleich zeigte sich bei Friedrich eine Entwicklung, die ebenfalls zu allen Zeiten möglich ist: von Toleranz zu Indifferenz und von Indifferenz zu ausgesprochener Skepsis. Manche Zeitgenossen Friedrichs fragten sich, ob er überhaupt an Gott glaube.

Auf Grund der Lügenpropaganda seiner Feinde fällt es schwer, Fakten von Fiktionen zu unterscheiden. Aber bedeutsam ist, dass sogar seine muslimischen Zeitgenossen, etwa der Damaszener Chronist Sibt Ibn al-Jawzi, der Ansicht waren, Friedrich sei »mit großer Sicherheit Atheist«.[262] Auch der Katholik Salimbene schrieb, »was den Glauben an Gott betrifft, so hatte er gar keinen« und »wäre er ein guter Katholik gewesen und hätte Gott und Seine Kirche, auch seine eigene Seele, geliebt, so hätte es kaum seinesgleichen unter den Kaisern der Erde gegeben«. Es hieß, Friedrich habe über das Abendmahl – »Wie lange soll dieser Humbug noch dauern?« – und die jungfräuliche Geburt Jesu gespottet: »Komplette Narren sind sie alle, die glauben, Gott könne von einer Jungfrau geboren werden [...]. Niemand kann geboren werden, wenn nicht vorher eine Empfängnis durch die Vereinigung von Mann und Frau stattgefunden hat.« Aber die jungfräuliche Geburt Jesu ist auch Dogma des islamischen Glaubens, und trotz seiner Freundschaft mit Muslimen erwies Friedrich Mohammed keine größere Achtung als Christus und rechnete ihn neben Mose zu den »drei größten Betrügern der Welt«.[263]

Mögen auch diese Aussprüche von Friedrichs papsttreuen Feinden übertrieben worden sein – sie stimmen mit den Aussagen seiner muslimischen Freunde überein. Mit anderen Worten: Friedrich stand außerhalb seiner Zeit. Er dachte empirisch-wissenschaftlich, eher modern als mittelalterlich. Im Vorwort zu einem Buch über die Falknerei, »De arte Venandi« (Die Kunst des Jagens), schrieb er zum Beispiel, »unsere Absicht in diesem Buch ist [...] die Dinge so darzustellen, wie sie sind«, und in anderem Zusammenhang: »Niemand sollte etwas glauben, was nicht durch die Natur und die Kraft des Verstandes bewiesen werden kann.« Das Ergebnis war eine Kombination aus König Salomo, Isaak Newton und, wenn man seinen Zeitgenossen glauben darf – Dr. Mengele.

Ersteres zeigte sich in der Art und Weise, wie Friedrich mit einer Anklage umging, die 1235–1236 gegen Juden in Deutschland erhoben wurde: Sie hätten einen Ritualmord an einem christlichen Kind begangen. Die erschöpfende Untersuchung, die der Kaiser anstellen ließ, führte nicht nur zum völligen Freispruch, sondern auch zu einem Dekret »in Favorem Judaeorum« (zu Gunsten der Juden). Er verwarf ferner das Gottesurteil durch Feuerprobe, dem zu unterziehen sich Franz von Assisi vor

Sultan al-Adil anheischig gemacht hatte, um die Wahrheit der christlichen Religion zu beweisen. Wie könnte ein rotglühendes Stück Eisen lauwarm oder kalt werden, »ohne dass eine natürliche Ursache wirksam ist«? fragte Friedrich.

Den Dr. Mengele entdeckt man in den Experimenten, die der Kaiser angeblich durchführte, um bestimmte Hypothesen zu beweisen. Er ließ zum Beispiel einen Mann in ein Weinfass sperren, um zu sehen, ob man seine Seele beim Herausschlüpfen aus dem sterbenden Körper beobachten könne. Er ließ zwei Männer töten und dann ihre Eingeweide untersuchen, weil er erfahren wollte, welche unterschiedlichen Wirkungen der Schlaf beziehungsweise der Sport auf den Körper hat. Kinder wurden aufgezogen, ohne dass jemand ein Wort mit ihnen sprach. Damit gedachte Friedrich herauszufinden, ob die Muttersprache der Menschheit das Hebräische, Griechische, Arabische oder Lateinische sei. »Doch forschte er vergeblich«, schrieb Salimbene. »Alle Kinder starben.«[264]

Zweifellos wich Friedrichs Sexualmoral ebenfalls von den Vorschriften der christlichen Lehre ab, obwohl es auch hier nicht immer leicht ist, zwischen Wahrheit, Übertreibung und Erfindung zu unterscheiden. Nikolaus von Carbio, ein Propagandist des Papstes, »gut bewandert in der Kunst des Rufmords«,[265] warf ihm vor, Kirchen in Bordelle verwandelt und einen Altar als Klosett benützt zu haben. Dieser Chronist schrieb außerdem, Friedrich habe sich nicht nur »junge Frauen, sondern auch junge Männer gehalten und einem so scheußlichen Laster gefrönt, dass man gar nicht daran denken oder es erwähnen möchte, eine ganz schlimme Sache«. Nach Nikolaus brüstete sich Friedrich auch »öffentlich seines Verbrechens der Sodomie und versuchte nicht einmal, es zu verbergen«. Gewisse Gelehrte haben, vielleicht etwas naiv, dagegen eingewendet, diese beiden Leidenschaften schlössen sich doch in der Regel gegenseitig aus. Aber unbestritten ist, dass sich Friedrich einen Harem mit muslimischen und christlichen Huris hielt und eine Anzahl unehelicher Kinder hatte, unter ihnen Manfred, den späteren König von Sizilien, und Violante, Gräfin von Caserta.

Als Friedrich die Vormundschaft der Päpste einmal abgeschüttelt hatte, gestaltete er die Regierung seiner Länder nach seinen rationalen, weltlichen Überzeugungen. Nach seiner Kaiserkrönung durch Papst Honorius III. im Jahr 1220 ersetzte er die klerikalen und feudalen Amtsinhaber seiner Verwaltung in Sizilien durch Rechtsgelehrte und gründete eine Universität in Neapel, um seine Beamten in den legislativen und judikativen Grundsätzen der altrömischen Verwaltung ausbilden zu lassen.

Der greise Papst hatte seinem unberechenbaren Schüler die Kaiserkrone aufgesetzt, um ihn auf diese Weise zum Kreuzzug zu verpflichten. Es unterliegt keinem Zweifel, dass Friedrich diese Verpflichtung ernst nahm, nicht weil es ihn wirklich interessierte, ob die Christen Jerusalem besaßen oder nicht, sondern weil die Führung bei einem Kreuzzug seine Stellung als oberster Herrscher der Christenheit stärken würde. Im Rückgriff auf die antiken Tyrannen und zugleich im Vorgriff auf die Diktatoren der Neuzeit hielt Friedrich nichts von der christlichen Tugend der Demut und glaubte an sein gottgegebenes Recht als Kaiser, höchste Herrschaftsgewalt im Stil der altrömischen Kaiser auszuüben. »Von frühester Kindheit an«, schrieb er, »ist unser Herz von brennender Sehnsucht erfüllt gewesen, dem Gründer des Römischen Reiches und dessen Gründerin, Rom selbst, ihre alte Würde wiederzugeben.«[266]

Solche Einstellungen mussten ihn unweigerlich in Gegensatz zum Papsttum bringen, das dieselbe, wenn nicht eine noch größere Autorität beanspruchte, desgleichen mit den Städten der Lombardischen Liga unter Führung Mailands, die Wert auf ihre Unabhängigkeit legten. Aber im Jahr 1221 lag es sowohl im Interesse Friedrichs II. als auch Honorius' III., dass der Kaiser sein Kreuzzugsgelübde erfüllte. Trotzdem schob Friedrich seine Abreise immer wieder hinaus. 1223 starb seine Frau, Konstanze von Aragon. Sie war erheblich älter als er gewesen, hatte ihm aber seit ihrer Heirat im Jahr 1209 unschätzbare Dienste geleistet. Da er jetzt wieder frei war, schlug man ihm die Prinzessin Jolanthe von Jerusalem als neue Gattin vor. Ihr Vater, Johann von Brienne, war nach Europa gekommen, um einen Mann für sie zu finden, und Hermann von Salza, der Großmeister der Deutschherren, unterstützte den Plan.

Nach anfänglichem Widerstreben gab Friedrich nach. Die 16-Jährige wurde in Akkon zur Königin von Jerusalem gekrönt und dann nach Europa gebracht, wo man sie am 9. November 1225 in der Kathedrale von Brindisi mit Friedrich verheiratete. Ungeachtet seines Glaubens an die Vernunft ließ sich Friedrich aber auch von astrologischen Voraussagen leiten und verschob die Vereinigung mit seiner jungen Braut auf den Morgen nach der Trauung. Nach Auskunft der Sterne war das der günstigere Moment zur Zeugung eines Sohnes. Gleich darauf verführte er Königin Jolanthes Cousine und brach das ihrem Vater gegebene Versprechen, dass dieser weiter als ihr Regent amtieren werde. Denn als Jolanthes Gatte beanspruchte Friedrich nunmehr selbst die Königswürde. Als klar wurde, dass Jolanthe schwanger war, schickte Friedrich sie in seinen Harem nach Palermo, wo sie einen Sohn Konrad zur Welt brachte und wenige Tage später starb.

Im März 1227 ereilte der Tod Papst Honorius III. Auf dem Thron folgte ihm Ugo, ein anderes Mitglied der Segni-Familie, der den Namen Gregor IX. annahm. Wie sein Onkel Papst Innozenz III. war Gregor IX.

kanonischer Rechtsgelehrter und hatte als päpstlicher Legat im Jahr 1220 Friedrich II. bei dessen Krönung das Kreuz überreicht. Tief religiös, Freund und Verteidiger von Dominik Guzman und Franz von Assisi, war er, ganz im Gegensatz zum liberaleren Honorius III., ein entschlossener, kompromissloser, ungewöhnlich energischer und politisch erfahrener Mann. Einst war er Friedrich II. nahe gestanden, setzte aber zunehmend Misstrauen in die Absichten des Kaisers, und als Friedrich, nachdem er sich wie versprochen im August 1227 ins Heilige Land eingeschifft hatte, plötzlich in Otranto wieder an Land ging, weil er krank geworden sei, exkommunizierte ihn Gregor wegen Nichterfüllung seines Gelübdes.

Tatsächlich war Friedrichs Begleiter Ludwig IV., Landgraf von Thüringen, an einer Fiebererkrankung gestorben, und es ist durchaus wahrscheinlich, dass sich Friedrich bei ihm angesteckt hatte. Sobald er sich im Jahr darauf erholt hatte, setzte er seine Reise fort, ohne lange darauf zu warten, dass der Papst den Bann wieder aufhob. Das löste eine zweite Exkommunikation aus. Der Papst verhängte diese schwerste Kirchenstrafe mit so leichter Hand, weil er sich zur Aufrechterhaltung seiner Autorität dazu verpflichtet glaubte. Denn Gregor IX. hatte entschieden die Ansicht Bernhards von Clairvaux übernommen, dass der Kaiser zwar das weltliche Schwert führte, es aber nur auf Befehl des Papstes ziehen durfte.

Infolge dieser zweiten Exkommunikation schlug dem Kaiser, als er 1228 in Akkon eintraf, die feindselige Stimmung des lateinischen Klerus entgegen. Zunächst nahm man an, es werde, da er jetzt endlich sein Kreuzzugsgelübde erfüllt hatte, baldigst zu einer Versöhnung mit der Kirche kommen. Doch hatte Friedrich keinerlei Anzeichen von Zerknirschung erkennen lassen, und nach seiner Abreise war ein Krieg in Süditalien zwischen kaiserlichen Truppen unter Reginald von Spoleto und einem päpstlichen Heer unter Führung von Friedrichs einstigem Schwiegervater, den der Kaiser so gedemütigt hatte, dem Exkönig von Jerusalem, Johann von Brienne, ausgebrochen.

Briefe von Papst Gregor IX. gelangten jetzt zum Patriarchen in Akkon, die die Exkommunikation Friedrichs bestätigten. Damit war dem Kaiser das Kommando über den Kreuzzug entzogen und seine Vasallen, so wie es die Kirche sah, von ihrem Treueid entbunden. Aber auch so stellten die christlichen Truppen keine übermäßig große Streitmacht dar – sie bestand lediglich aus den Baronen Outremers, etwa 800 Ritterpilgern und 10 000 Mann zu Fuß.

Diese Streitmacht spaltete sich in zwei Lager – ein kaisertreues und eins, deren Loyalität der Kirche unter dem Patriarchen Gerold galt. Der Großmeister der Deutschordensritter, Hermann von Salza, unterstützte seinen Freund Friedrich, doch der Tempel und das Hospital weigerten sich, Befehle von dem Exkommunizierten entgegenzunehmen.

Aus der Sicht Friedrichs wäre diese Spaltung der lateinischen Loyalität nur von Bedeutung gewesen, wenn er wirklich einen Krieg erwogen hätte. Tatsächlich aber sah er sich durch die Schwäche der ihm zur Verfügung stehenden Truppen in der Neigung bestärkt, auf diplomatischem Weg zu lösen, was mit Gewalt nicht zu erreichen war. Die Aussichten dafür standen nicht schlecht. Kurz vor seiner Abreise aus Sizilien hatte Friedrich an seinem Hof in Palermo den Emir Fakhr ad-Din ibn as-Shaikh empfangen, einen Emissär des Sultans al-Kamil von Ägypten, Saladins Bruder. Al-Kamil bot den Christen die Rückgabe Jerusalems, falls sie ihm gegen seine Feinde weiter im Osten Hilfe leisteten. Friedrich seinerseits hatte den Bischof von Palermo und Thomas von Acerra mit wertvollen Geschenken und Freundschaftsbeteuerungen nach Kairo geschickt. Und Fakhr ad-Din war noch einmal nach Palermo gereist, wo er und Friedrich enge Freundschaft schlossen.

Als nun aber der Kaiser nach Palästina kam, hatten sich die Verhältnisse im Ayyubidenreich geändert. Al-Kamil erkannte jetzt erst, wie stark sein Ansehen in der islamischen Welt litt, wenn er Jerusalem den Franken zurückgab. Friedrich schickte Gesandte zu al-Kamil, der gerade in Nablus weilte, und erinnerte ihn an sein Versprechen, Jerusalem zurückzugeben. Während al-Kamil Ausflüchte suchte, traf Friedrich immer wieder Maßnahmen, zumeist vergeblich, seine Autorität in Outremer wiederzugewinnen. Einmal versuchte er, sich in den Besitz der Pilgerburg zu setzen, doch verschlossen ihm die Templer die Tore. Möglicherweise war der Widerstand des Ordens gegen den Kaiser noch gewachsen, weil dieser seine Gunst den Deutschen Ordensrittern zugewendet hatte und weil sich bei den Templern eine Anzahl apulischer Ritter befand, die gegen Friedrich rebelliert und sich anschließend in Sicherheit gebracht hatten, indem sie den weißen Mantel der Templer nahmen.

Im November 1228 entschloss sich Friedrich, seinen Freund al-Kamil durch eine Machtdemonstration zum Einlenken zu bewegen. Er brach in Akkon auf und marschierte gen Süden. Die Tempelritter und Hospitaliter lehnten es ab, sich seinem Befehl zu unterstellen, folgten aber mit einem Tag Abstand. Als das Heer nach Arsuf gelangte, willigte Friedrich ein, sein Kommando den nicht mit dem Kirchenbann belegten Anführern zu übertragen. Daher schlossen sich jetzt auch die Ritterorden der Hauptmacht an.

Weder Friedrich noch al-Kamil wollten den Krieg, nicht nur, weil Friedrichs Truppen zu schwach und al-Kamil mit der Belagerung von Damaskus vollauf beschäftigt war, sondern weil beide Männer das gleiche Naturell besaßen. In den monatelangen Verhandlungen hatte Fakhr ad-Din immer wieder zwischen Kaiser und Sultan vermittelt, und zwar in Dingen, die mit den aktuellen Problemen gar nichts zu tun hatten. Über Fakhr ad-Din bat Friedrich den Sultan beispielsweise, seine Gelehrten über tiefe philosophische Themen zu befragen, etwa den Ursprung der Welt, die Unsterblichkeit der Seele und die Logik des Aristoteles. Ein nicht so eifriger Muslim wie sein Bruder Saladin, fand al-Kamil Gefallen an seinem kaiserlichen Verhandlungspartner, diesem skeptischen Intellektuellen, und sandte ihm Geschenke, um ihm den Aufenthalt in Palästina möglichst angenehm zu machen. »Nur mit größter Beschämung und peinlichen Gefühlen«, schrieb Patriarch Gerold an Papst Gregor IX., »müssen wir Euch berichten, dass, wie es heißt, der Sultan, der gehört hat, wie gern der Kaiser nach Sarazenenart lebt, ihm junge Sängerinnen und Jongleure zugeschickt hat, Personen, die nicht nur in sehr schlechtem Ruf stehen, sondern nicht einmal würdig sind, unter Christen Erwähnung zu finden.«[267]

Das war wahrscheinlich der Höhepunkt der Ironie des Schicksals in der Geschichte der Kreuzzüge. Zwei grundsätzlich irreligiöse Menschen stritten sich um eine Stadt, die als solche keinen von beiden interessierte, deren Bedeutung für ihr jeweiliges Prestige sich aber beide bewusst waren. »Ihr wart es, der mich zu diesem Ausflug hierher überredet hat«, schrieb Friedrich nach Darstellung arabischer Chronisten an al-Kamil. »Der Papst und alle Könige des Okzidents wissen jetzt, was ich will. Kehre ich mit leeren Händen heim, habe ich mein Gesicht verloren. Erbarmt Euch also und überlasst mir Jerusalem, damit ich meinen Kopf noch hoch tragen kann.« Und al-Kamil entgegnete: »Wenn ich euch Jerusalem überlasse, könnte das nicht nur zu meiner Verurteilung durch den Kalifen führen, sondern auch zu einem Aufstand der Gläubigen, der mich vielleicht meinen Thron kostet.«[268] Letzten Endes siegte jedoch al-Kamils Ehrgefühl. Friedrich war auf seine Einladung in den Orient gekommen und musste zum Ausgleich etwas dafür bekommen. Am 18. Februar 1229 unterzeichnete man einen Vertrag, durch den Jerusalem in christliche Hand zurückgelangte. Zugestanden wurden ferner Bethlehem, ein Landkorridor von Jaffa an der Küste ins Innere, Nazareth und Teile Galiläas einschließlich der Kastelle Montfort und Torron. In Jerusalem selbst sollte der Tempelberg mit dem Felsendom und der al-Aksa-Moschee in islamischer Hand verbleiben und Muslime, die in der Stadt beten wollten, freien Zugang haben. Alle Kriegsgefangenen waren freizulassen, ein Waffenstillstand auf zehn Jahre wurde vereinbart.

Niemand wusste den beiden Herrschern für dieses historische Abkommen Dank. Al-Kamil traf der Fluch seiner Imame, weil er den Islam verraten habe, während im Lager der Christen nur die Anhänger Friedrichs, in der Hauptsache Sizilianer und Deutsche, dem Vertrag Beifall zollten. »Was könnte denn ein Sünder mehr erwarten als das Grab und das glorreiche Kreuz?«, fragte Friedank, ein deutscher Dichter und Kreuzfahrer. Die Antwort des Patriarchen, der Kreuzfahrerpilger und der beiden großen Ritterorden auf diese rhetorische Frage wäre gewesen: einen militärischen Sieg!

Man hatte eben das Gefühl, der mit dem Kreuzzugsgelübde verbundene Sündenablass sei gefährdet, wenn es ohne Blutvergießen erfüllt würde. Kein Wort von Christus oder der Kirche stand in dem Vertrag, und niemand verlangte, dass die Stadt von den Ungläubigen gesäubert würde. Besonders erregte es die Templer, dass ihr Hauptquartier auf dem Tempelberg eine Moschee bleiben sollte.

Auch gab es dieselben strategischen Einwände gegen das Abkommen wie seinerzeit, als al-Kamil beim fünften Kreuzzug Kardinal Pelagius etwas Ähnliches vorgeschlagen hatte. Jerusalem und Bethlehem wären, nur durch einen schmalen Landkorridor mit den Küstenstädten verbunden, praktisch vom Meer abgeschnitten. Außerdem wollten Barone und Ritterorden keine Übereinkunft anerkennen, die Friedrichs Macht durch einen Prestigezuwachs stärkte. Daher hielten sich am 17. März 1229, als Friedrich mit großem Zeremoniell in der Heiligen Stadt Einzug hielt, die einheimischen Herren abseits, ebenso die Tempelherren und Johanniter und der ganze lateinische Klerus. Man gehorchte dem Interdikt, das vom Patriarchen Gerold über Jerusalem für den Fall verhängt worden war, dass der Kaiser die Stadt betrat. Nur der getreue Hermann von Salza mit seinen Deutschherren und die englischen Bischöfe von Winchester und Exeter begleiteten ihn. Aber auch sie wagten nicht, dem Interdikt zu trotzen. Als Friedrich die heilige Grabeskirche betrat, fand sich kein Bischof oder Priester, die Rituale zu vollziehen. Deshalb ergriff der Kaiser mit eigenen Händen die Krone des Königreichs Jerusalem und setzte sie sich selbst aufs Haupt. Danach verlas Hermann von Salza eine Ansprache auf Lateinisch und Deutsch – eine Apologie des Kaisers, die dem Papst seinen Widerstand vergab und das Versprechen enthielt, Friedrich werde alles in seiner Macht als Gottes »Vikar auf Erden« Stehende tun, was »der Ehre Gottes, der christlichen Kirche und dem Reich« dienlich sei.

Sodann begab sich der Kaiser des Abendlands auf einen Rundgang durch die Heilige Stadt und besuchte islamische wie christliche Heiligtümer. Al-Kamil hatte die Mullahs der al-Aksa-Moschee angewiesen, diesmal die Gläubigen nicht zum Gebet zu rufen. Friedrich schalt sie und meinte, er sei ja gerade nach Jerusalem gekommen, um ihren Ruf zum Gebet zu hören. Als ein katholischer Priester ihm in den Felsendom folgte, warf Friedrich ihn hinaus. »Bei Gott, wenn einer von euch es noch einmal wagt, ohne Erlaubnis hier hereinzukommen, reiße ich ihm die Augen aus.« Als er erfuhr, das Holzgitter am Eingang zum Dom solle die Vögel draußen halten, sagte er, das Schimpfwort der Muslime für die Franken (Schweine) benutzend: »Gott hat euch jetzt (statt der Vögel) Schweine geschickt.«

Friedrich hielt sich nicht lange in Jerusalem auf. Nachrichten von Schwierigkeiten in Italien drängten zu schneller Rückkehr nach Europa. Er ließ eine Anzahl Deutschherren als Besatzung der Stadt zurück, ordnete den Wiederaufbau ihrer Türme und Mauern an und begab sich wieder nach Akkon. Dort zogen der Patriarch Gerold und die Templer ein Heer zusammen, um sich im Namen des Papstes mit Gewalt in den Besitz der Stadt Jerusalem zu setzen und gegen den Sultan von Damaskus zu marschieren, der sich dem Waffenstillstand nicht angeschlossen hatte. Friedrich erhob Einspruch. Gerold weigerte sich, den exkommunizierten Kaiser anzuhören. Ganz Akkon befand sich in heller Aufregung. Der lokale Adel war wütend, dass er wegen des Abkommens nicht befragt worden war, die Venezianer und Genueser nahmen dem Kaiser seine Bevorzugung der Pisaner, seiner Verbündeten in Italien, übel, und die Bevölkerung rebellierte gegen die kaiserliche Besatzung.

Um seine Autorität zu behaupten, rief Friedrich alle Bürger, Prälaten, Barone und Pilger zusammen und versuchte, seine Handlungsweise zu rechtfertigen und wegen der Feindseligkeit des Patriarchen und der Templer Beschwerde einzulegen. Es gelang ihm nicht, die Leute für sich zu gewinnen. Da nahm er seine Zuflucht zur Gewalt. Er befahl seinen Truppen, die Tore der Stadt für seine Feinde, einschließlich der Templer, zu sperren und den Palast des Patriarchen und die Templerfestung einzuschließen. Er plante sogar, Peter von Montaigu, den Großmeister der Templer, und Johann von Ibelin, den Herrn über Beirut, zu entführen. Doch waren beide zu gut bewacht, als dass das Unternehmen hätte gelingen können. Nachdem er Baillis als seine Interessenvertreter eingesetzt hatte – deren deutlich gutes Einvernehmen mit seinen Gegnern machte das Ausmaß seiner Niederlage deutlich –, und alle Waffen hatte zerstören lassen, die seinen Feinden in die Hände fallen konnten, legte er das Datum seiner Abfahrt auf den 1. Mai fest. Als er im Morgengrauen die Metzgerstraße vom Palast zum Hafen hinabritt, bewarfen ihn die Einwohner Akkons johlend mit Innereien.

12. Das Königreich Akkon

Nach Italien zurückgekehrt, hatte Friedrich größeren Erfolg. Die Verbündeten des Papstes in Outremer hatte er nicht zur Raison bringen können, aber die Pläne des Papstes in Italien vermochte er zu durchkreuzen. Das päpstliche Heer, das unter den beiden Veteranen Johann von Brienne und Kardinal Pelagius Capua belagerte, zog sich zurück und löste sich auf, als Friedrich zum Entsatz der Stadt heranrückte. Johann von Brienne musste in die Champagne, seine Heimat, zurückkehren, und die Templer hatten einen hohen Preis für ihre Unbotmäßigkeit zu zahlen. Ihre Ordenshäuser in Sizilien wurden von kaiserlichen Truppen besetzt, und hundert muslimische Sklaven, die den Templern und Hospitalitern gehörten, zu den Sarazenen zurückgeschickt, ohne dass die Orden Entschädigungen erhalten hätten.[269]

Friedrichs Vermächtnis ans Heilige Land bestand in einem befreiten, aber strategisch so verwundbaren Jerusalem, dass es »eine offene Stadt blieb«[270], sowie in einer kaiserlichen Verwaltung unter dem Marschall Richard Filangieri, der sich in dauerndem Kriegszustand mit den lokalen Baronen unter Johann von Ibelin in Palästina und auf Zypern befand. Titularkönig von Jerusalem war Konrad, Friedrichs II. Sohn mit Königin Jolanthe. Doch kam Konrad, selbst als er volljährig geworden war, nicht nach Outremer, um dort seine Krone zu beanspruchen. Das veranlasste die Barone, ihn der Krone verlustig zu erklären und Filangieri aus Tyrus zu vertreiben. Als Regentin wählte der Hohe Rat von Jerusalem Alice von Zypern. In Wirklichkeit jedoch wurde das Königreich jetzt von einer Oligarchie fränkischer Adliger regiert, die in der Folge »ein leidenschaftliches, geradezu fanatisches Interesse an Recht und Ordnung entwickelten. In keinem Land der damaligen Zeit warf sich der christliche Adel derart intensiv auf das Studium des Gewohnheitsrechts und seiner Handhabung und war in allen Finessen des Verfassungsrechts so bewandert wie die Barone im lateinischen Königreich.« »Obwohl es in Outremer keine Universität und außer Wilhelm von Tyrus keine Gelehrten oder Gebildeten gab, hatten die Bewohner »offenbar all ihre intellektuellen Energien auf das Studium der Rechte konzentriert«.[271]

In diesem Zustand pedantisch verwalteter Anarchie handelten die Ritterorden mit der Souveränität autonomer Staaten. Im Norden versuchten die Templer zwischen 1220 und 1240 ihre Macht von ihrem Stützpunkt Gaston im Amanus-Gebirge aus aufs Territorium von Aleppo auszudehnen, wodurch dieses Gebiet zu einem »halb-selbstständigen Staat wurde, in dem die Templer nach eigenem Gutdünken schalteten und walteten und sich kaum um ihre nominellen Herren in Kilikien kümmerten«.[272] Auch in Syrien und Palästina wuchsen Reichtum und Macht der Templer, weil sich Outremers Adel, dessen Besitz sich jetzt auf die Enklaven um die Küstenstädte beschränkte, keine Besatzungen in seinen Burgen mehr leisten konnte und diese daher den Ritterorden überließ. 1186 beispielsweise wurde Markab, eine der größten und stärksten Festungen in Syrien, an die Johanniter verkauft, da ihr Besitzer sie nicht mehr zu unterhalten vermochte.[273]

Einige Familien des einheimischen Adels indessen prosperierten, besonders die Ibelins, über deren luxuriösen Palast in Beirut sich ein Gesandter vom Hof des deutschen Kaisers höchlichst verwunderte. Doch die Quellen für diesen Luxus flossen jetzt nicht so sehr im Land selbst. Vielmehr zogen die lokalen Barone beträchtliche Gewinne aus dem immer blühenderen Handel. Akkon war zum Konstantinopel und Alexandria ebenbürtigen Handelszentrum geworden. Die jährlichen Einkünfte, die den Königen von Jerusalem aus Akkon zuflossen, hat man auf 50 000 Pfund Silber geschätzt. Das war mehr, als was der König von England damals einnahm. Kaufleute aus Damaskus ließen sich in Akkon nieder und handelten mit Zucker, Farbstoffen und Gewürzen. Ein großer Teil des in Europa verbrauchten Zuckers kam aus Akkon, dazu eine Unzahl exotischer Produkte, die einen Markt für Luxusgüter im Westen nicht nur belieferten, sondern eigentlich erst schufen.[274] Umgekehrt bildeten die 250 000 Einwohner Outremers einen Markt für europäische Exporte wie Mäntel und Mützen aus der Champagne, und im muslimischen Hinterland konnten Eisen, Bauholz, Textilien und Pelze abgesetzt werden.

Auch ein lebhafter Sklavenhandel existierte, teils mit islamischen Gefangenen, teils mit von Kaufleuten der italienischen Republiken importierten Griechen, Bulgaren, Ruthenen und Leuten aus der Walachei. Man verkaufte Letztere ebenfalls als Muslime, da Christen nach dem Gesetz nicht versklavt werden durften. Aber oft setzten sich Sklavenhändler über diese Regelung hinweg, und christliche Besitzer verboten ihren muslimischen Sklaven häufig die Konversion. Anfang des 13. Jahrhunderts klagte ein lateinischer Bischof darüber, dass »die Christen dauernd ihren islamischen Sklaven die Taufe verweigern, obwohl sie ernsthaft und unter Tränen erfleht wird«.[275] Und 1237 legte Papst Gregor IX. Beschwerde gegen denselben Missstand bei den Bischöfen von Syrien und den Großmeistern der Ritterorden ein.

Einzelne Konversionen freier Muslime fanden statt, was dann zum Aufgehen in der syrisch-christlichen Bevölkerung führte. Sie hatten eine große Auswahl an christlichen Kirchen – römisch-katholisch, griechisch-orthodox, maronitisch, armenisch, jakobitisch und nestorianisch.

Die gelegentlichen Versuche Roms und Konstantinopels, all diese Denominationen zu vereinigen, hatten nur bei den Maroniten im Libanon Erfolg. Was auch immer die Päpste versuchten – der lateinische Klerus war an einer Vereinigung mit anderen Kirchen nur interessiert, wenn seine Vorherrschaft gewahrt blieb. Die Kirchen vereinigten sich also nicht, ja auch die verschiedenen christlichen Gemeinden standen sich weiterhin fremd gegenüber. Und die Lateiner behandelten die einheimischen christlichen Kirchen kaum besser als Muslime, Juden oder Samariter.[276]

Angesichts des großen Missionseifers der katholischen Kirche im 9. und 10. Jahrhundert nimmt es wunder, dass die siegreichen Kreuzfahrer fast keinen Versuch unternahmen, die unter ihrer Herrschaft stehenden Muslime zu bekehren. Aber Bekehrung war niemals ein unmittelbares Ziel der Kreuzzüge gewesen. Obwohl Papst Urban II. zweifellos auch dem byzantinischen Kaiser zu Hilfe kommen und möglicherweise die destruktive Aggressivität der fränkischen Ritter auf eine edle Sache umlenken wollte, bestand seine Hauptintention, ebenso wie die Bernhards von Clairvaux, darin, die Heiligen Stätten zurückzuerobern und die Seelen der Kreuzfahrer zu retten.

Erst zu Beginn des 13. Jahrhunderts finden sich Spuren missionarischen Eifers, und zwar, was nicht überrascht, in Spanien, wo die erfolgreiche Reconquista viele Muslime unter die Botmäßigkeit der Christen gebracht hatte. Bezeichnenderweise baten der spanische Bischof Diego von Osma und sein Mitstreiter Dominik Guzman Papst Innozenz III. nicht, sie das Evangelium den Sarazenen, sondern den Heiden an der Weichsel predigen zu lassen. Doch 1255 forderte Humbert von Romans, der Ordensgeneral der Dominikaner, die Brüder auf, Arabisch zu lernen und sich der Bekehrung der Sarazenen zu widmen.

Franz von Assisi, der bei der Belagerung Damiettes die Linien zwischen dem christlichen und islamischen Heer gekreuzt hatte, um dem Sultan al-Kamil in Kairo zu predigen, gab damit seinen Minoritenbrüdern ein Beispiel. Denn ihr Pazifismus verschaffte ihnen das Privileg, als Hüter der Heiligen Stätten aufzutreten, als diese schon wieder in islamische Hände übergegangen waren. Trotzdem war Franziskus kein Gegner der Kreuzzüge. Er bewunderte die im »Rolandslied« verherrlichten Helden von Roncesvalles, betrachtete die im Kampf gegen die Ungläubigen Gefallenen als Märtyrer und verfocht das Recht der Christen auf das Heilige Land. Er meinte, man könne aus dem Evangelium ableiten, dass Kreuzzüge die gerechte Vergeltung für die gewaltsame Eroberung christlichen Gebiets durch die Sarazenen und für ihre Blasphemien gegen Christus seien.[277]

Fast der einzige lateinische Bischof, der Anstrengungen zur Bekehrung der Muslime im Heiligen Land unternahm, war Jakob von Vitry, ein französischer Prälat und Bischof von Akkon. Von seinen Glaubensbrüdern im Heiligen Land hatte er keine sehr hohe Meinung. Er schrieb dem Papst, die einheimischen Christen hegten einen solchen Hass auf die Lateiner, dass sie besser von den Muslimen regiert würden. Außerdem hätten sich die Lateiner den einheimischen Sitten angepasst und führten ein träges, üppiges, unmoralisches Leben. Die lokale Geistlichkeit sei habgierig und korrupt, während sich die italienischen Kaufleute dauernd in den Haaren lägen. Die einzigen Institutionen, die Respekt verdienten, seien die Ritterorden.

Jakob von Vitry war eine Ausnahme in Outremer, wenn er den dortigen Muslimen den katholischen Glauben predigte. Aber auch für ihn schloss das die gewaltsame Ausbreitung der christlichen Herrschaft nicht aus. Er erwies sich als begeisterter Kreuzfahrer, als er Kardinal Pelagius ins Nildelta begleitete. Auch nahm er die Ritterorden, insbesondere die Templer, gegen den Vorwurf in Schutz, sie missachteten Jesu im Matthäusevangelium an Petrus ergangene Aufforderung, sein Schwert in die Scheide zu stecken – ein Vorwurf, den in Europa nicht nur die häretischen Katharer und Waldenser gegen die Kreuzfahrer erhoben, sondern auch Kirchenmänner wie Walter Map, ein Mönch von St. Alban. In einer uns erhaltenen Predigt an die Tempelritter ermahnt sie Jakob von Vitry, nicht auf solche Argumente »falscher Christen, Sarazenen und Beduinen« zu hören.[278]

Schon daraus, dass Jakob von Vitry es für notwendig hielt, den Templern den Rücken zu stärken, lässt sich schließen, dass sie auch jetzt noch vor allem einer religiösen Berufung zu folgen glaubten. In den historischen Berichten werden sie zwar hauptsächlich in ihrer Rolle als Kämpfer oder wegen des politischen Einflusses, den ihre führenden Persönlichkeiten ausübten, gewürdigt. Doch der einfache Ritter scheint wie eh und je die strenge, im Konzil von Troyes verabschiedete Ordensregel befolgt zu haben. Zu einer Zeit, da man die Mönchsorden häufig der Laxheit und Korruption bezichtigte, finden sich keine solchen Vorwürfe gegen einzelne Ritter der militärischen Orden. Gewöhnt nicht an den Duft des Weihrauchs, sondern an den Geruch von Pferdemist, Leder und Schweiß, muss ihnen bewusst gewesen sein, welche Verluste bei den in Palästina dienenden Rittern aufzutreten pflegten. Sie sahen der Tatsache ins Auge, dass früher oder später die Reihe auch an sie kommen und sie von der Hand der Feinde ihres Glaubens würden sterben müssen.

Werfen wir noch einmal einen Blick auf das Ordensstatut und das Bußregister, das Mitte des 12. Jahrhunderts aufgeschrieben wurde. Man gewinnt den Eindruck, dass die Brüder ein Leben strengster Manneszucht führten und für jeden Verstoß gegen die Vorschriften hart bestraft wurden. Menschlichen Trost fanden sie wahrscheinlich vor allem in der Kameradschaft mit anderen Rittern, die demselben sozialen Hintergrund entstammten. Der Freundschaft kam, wie wir gesehen haben, im Zisterzienserorden ein hoher Stellenwert zu, und auf Grund des Ordensstatuts lässt sich vermuten, dass die Tempelritter und ihre Dienstleute trotz der Rivalität zwischen Templer- und Johanniterorden, die mitunter zu offenem Konflikt führte, auch für die Brüder vom Hospital herzliche Freundschaft empfanden. Die Templer mussten, wenn sie mit Mitgliedern anderer Orden essen, trinken oder sie besuchen wollten, die Erlaubnis ihrer Oberen einholen. Für den Umgang mit den Hospitalitern galt das nicht. In der Schlacht hatte sich der Templer zum Hospitaliterbanner zu halten, wenn er die schwarzweiße Standarte des eigenen Ordens aus dem Auge verlor. Und als 1260 ein Ordensoberer einem Templerkontingent den Rückzug von Jerusalem befahl, gehorchte der Kommandant erst, als sich die Hospitalritter anschlossen.

Homosexuelle Beziehungen zwischen Rittern wurden als starke Verletzung der Ordensregel angesehen, als Verbrechen »gegen die Natur und gegen das Gesetz Unseres Herrn«. Im Bußkatalog steht es der Schwere nach zwischen dem Verlust des Glaubens an Christus und der Desertion auf dem Schlachtfeld, was beides mit Ausschluss aus dem Orden geahndet wurde. Ein Beispiel in Artikel 573 der Bußordnung beschreibt, dass einmal drei Brüder auf der Pilgerburg »eine böse Sünde begingen und einander nachts auf ihren Zimmern liebkosten«, woraufhin der Fall vor den Großmeister gebracht wurde. Der wollte die Sache lieber nicht dem Tempelkapitel vorlegen, »weil die Tat derartig verrucht« sei. Stattdessen zitierte man die drei nach Akkon, befahl ihnen, ihre Mäntel abzulegen und legte sie in Eisen. Einer namens Lukas entkam und lief zu den Muslimen über. Der Zweite kam auf einem Fluchtversuch ums Leben, während der Dritte »lange Zeit eingekerkert blieb«.[279]

Habsucht war ein Hauptlaster, das man den Templern zuschrieb. Sie hatten ihren Besitz, welcher der Freigebigkeit frommer Spender zu verdanken war, effizient verwaltet und große Reichtümer angehäuft. Das forderte Neid und Ressentiment vieler Menschen in Europa heraus, die nicht wussten, welche Unsummen der Krieg nicht nur im Heiligen Land, sondern überall in der Christenheit verschlang. Der Tempel war wie das Hospital eine multinationale Truppe, finanziert von einer multinationalen Körperschaft, und bekämpfte die Feinde der Kirche an mehreren Fronten. Sechs Templer fielen 1241 in der Schlacht von Liegnitz beim Kampf gegen die Mongolen in Osteuropa. In Portugal und Spanien besaß der Tempel weiterhin beträchtliche Macht, obwohl sein Beitrag zur Reconquista kontinuierlich abnahm. Als die Christen im Jahr 1229 Mallorca angriffen, stellten die Templer nur vier Prozent der Truppen. Selbst in Aragon akzeptierte man, dass die Hauptaufgabe des Tempels im Heiligen Land lag: Man schickte Nachwuchs für den Orden, Pferde und ein Zehntel bis ein Drittel seiner Einkünfte in den Orient.[280]

Ebenso wie moderne Wohlfahrtseinrichtungen ihre Gelder Gewinn bringend anlegen, benutzten die Templer ihre Einkünfte nicht nur zur Finanzierung des Krieges gegen die Sarazenen, sondern auch zur Arrondierung ihrer Besitzungen im Osten. Als Johann von Ibelin verzweifelt Geld zum Kampf gegen Friedrich II. aufzutreiben versuchte, verkaufte er Land an den Tempel und das Hospital. Diese Wiederanlage der Templereinkünfte löste Kritik bei Papst Gregor IX. aus. »Viele sehen sich zu dem Schluss gezwungen«, schrieb er an den Großmeister, »dass es euer Hauptanliegen ist, euren Besitz in den Ländern der Gläubigen zu vergrößern, während es doch darin bestehen sollte, den Ungläubigen das durch das Blut Christi geheiligte Land abzunehmen.«[281] Man warf den Templern zudem vor, sie seien zu weich gegenüber den Muslimen, lüden sie in ihre Ordenshäuser ein und erlaubten ihnen, darin zu Allah zu beten. Ironischerweise machte auch Friedrich II. Richard, dem Earl von Cornwall, 1245 in einem Brief diesen Vorwurf.

Der Orden sorgte auch verschwenderisch für sein Hauptquartier in Akkon. Die Stadt selbst wurde, da man dem Gouverneur Friedrichs, Richard Filangieri, den Gehorsam verweigerte, von einer Art Stadtrat regiert. Jeder einzelne Stadtbezirk war eine »mit Mauern und Türmen umgebene Miniaturrepublik«[282], die Straßen »wimmelten von Menschen«, wie es Ibn Jubayr, ein islamischer Schriftsteller, schildert, »so dass man kaum seinen Fuß auf den Boden bekommt. Es stinkt und alles starrt vor Schmutz, da überall Abfälle und Exkremente herumliegen«.[283] Der Templerbezirk befand sich in einem zum Meer hin vorspringenden Stadtbereich und bildete einen Schlüsselbestandteil der städtischen Verteidigungsanlagen. »Am Eingang«, so schrieb der Templer von Tyrus,

»lag ein sehr hohes und starkes Bollwerk mit dicken Mauern, ein massiver Festungsblock von 9 Metern Breite. An jeder Ecke dieses Bollwerks stand ein kleiner Turm und darauf die Statue eines schreitenden Löwen, groß wie ein fetter Ochse und ganz mit Gold überzogen. Allein diese vier Löwen hatten, was Material und Herstellung betrifft, 1 500 sarazenische Besants gekostet. Ein herrlicher Anblick! Auch auf der anderen Seite, zum Quartier der Pisaner hin, stand ein Turm. Unweit erhob sich über dem Nonnenkloster St. Anna ein weiterer gewaltiger Turm mit Glocken und eine prächtige, sehr hohe Kirche. Und noch ein Turm stand am Strand – ein alter Turm, erbaut vor hundert Jahren auf Befehl Saladins. Hier verwahrten die Templer ihre Schätze. Er stand so nahe am Meer, dass die Wellen seine Mauern bespülten. Und noch viele andere schöne Gebäude waren im Templerbezirk zu sehen, von denen ich jetzt nicht weiter sprechen will.«[284]

Vielen Vorwürfen gegen die Templer wurde von anderen widersprochen. Als König Jakob I. von Aragon auf dem Zweiten Konzil von Lyon die Templer des Hinauszögerns eines neuen Kreuzzugs gegen die Mauren beschuldigte, schlossen sich die anderen Mitglieder der spanischen Delegation diesem Vorwurf nicht an.[285] Und Roger Bacon, ein englischer Franziskaner, wandte sich nicht gegen den Kleinmut, sondern gegen die Aggressivität der Templer. Sie war es, die nach seiner Ansicht die Bekehrung der Muslime zum Christentum verhinderte. Übrigens wurden damals ohnehin alle Mönchsorden, mit Ausnahme der Kartäuser, wegen ihres Hochmuts und weil sie ihre ursprüngliche Mission verraten hätten, kritisiert – der Tempel im Großen und Ganzen sogar noch weniger als die anderen Mönche und Minoritenbrüder. Sicher wären die goldenen Löwen auf den Festungstürmen in Akkon entbehrlich gewesen, und Hugo von Payns hätte sich wahrscheinlich einen Großmeister der Armen Ritter Jesu Christi, der in einem Palast lebte, nicht vorstellen können. Hätte man aber das Verhältnis, in dem die Hilfsquellen der Templer zu ihren ursprünglichen Gründerzielen standen, mit der Situation bei anderen religiösen Vereinigungen, sogar noch bei manchen heutigen Wohlfahrtsorganisationen, verglichen, so hätten die Templer nicht schlecht abgeschnitten. Auf jeden Fall waren die Päpste, obwohl sie die Templer mitunter auch schalten, in ihren Bullen voll des Lobes für die Ritterorden und verteidigten sie auch jetzt noch durch die Gewährung von Privilegien und Exemptionen.

Offenkundig war außerdem, dass die Finanzen der Ritterorden unter unerbittlich steigenden Kosten litten. Um 1180 brauchte ein burgundischer Ritter, um seine Ausrüstung zusammenzubringen und zu unterhalten, ungefähr 750 Morgen Land (300 Hektar). Mitte des 13. Jahrhunderts war dieser Betrag um das Fünffache auf fast 4000 Morgen (1500 Hektar) gestiegen.[286] Die Kosten und der militärische Wert eines voll ausgerüsteten Ritters mit seinem Gefolge von Sergeanten und Knappen entsprachen relativ dem eines heutigen schweren Panzers. Obwohl es auf der Hand lag, dass der Orden oft über große Summen flüssigen Geldes verfügte, waren seine Betriebskosten beträchtlich. In den lateinischen Staaten Outremers besaßen sie Garnisonen in mindestens 53 Burgen oder befestigten Plätzen, von großen Festungen wie der Pilgerburg angefangen bis zu kleinen Wachtürmen an den Pilgerrouten. Und all diese Anlagen mussten unterhalten werden. Auf der Höhe ihres Erfolges hatten die Templer im Okzident und im Orient etwa 1 000 Ordenshäuser und rund 7 000 Mitglieder. Die Zahl nicht-geschworener Dienstleute und Abhängiger hat man auf das Sieben- bis Achtfache geschätzt. Das Verhältnis von Hilfspersonal zur kämpfenden Truppe betrug 3:2.[287] Mitte des 12. Jahrhunderts hatte sich der Orden auch eine eigene Galeerenflotte gebaut, die Pferde, Getreide, Waffen, Pilger und Soldaten transportierte. Die angestammten Transportunternehmen litten unter dieser Konkurrenz im lukrativen Pilgerverkehr, und 1234 beschränkte zum Beispiel die Stadt Marseille die Templer auf *eine* Schiffsladung jährlich.[288]

Und trotz dieser Beanspruchung durch die finanziellen, logistischen und militärischen Aspekte ihrer Kriege verloren die Templer anscheinend doch nie ihre eigentliche Verpflichtung aus den Augen: das Heilige Land zu verteidigen und Jerusalem zurückzuerobern. Eine der ersten Übertragungen von Teilen der Heiligen Schrift aus dem Lateinischen in eine Volkssprache war die vom Tempel in Auftrag gegebene Übersetzung des Buchs der Richter. Die Ritter sollten, in den Worten der Einführung, von der »Ritterschaft« der damaligen Zeit lernen und sehen, »welche Ehre es ist, Gott dienen zu dürfen, und wie Er die Seinen belohnt«.[289] Die meisten Ritter, Knappen und Sergeanten waren des Lesens und Schreibens unkundig. Man las ihnen daher solche Übersetzungen vor, um ihnen nicht nur Textkenntnisse zu vermitteln, sondern auch ihre Kampfmoral zu heben. Das Buch der Richter war gut für diesen Zweck gewählt. Während das im Alten Testament vorhergehende Buch Josua schildert, wie die Juden das Gelobte Land in einer Reihe von erfolgreichen Feldzügen erobern, stellt »das Buch der Richter diesen Vorgang eher als komplexes, allmähliches Geschehen dar, bei dem Erfolg und Misserfolg ständig abwechseln«. Die Christen in Palästina identifizierten sich engstens und ganz selbstverständlich mit den alten Israeliten. Und die Erzählungen des Alten Testaments gehen, anders als die Aussprüche im Neuen, davon aus, dass systematische Plünderung des Feindes notwendig zum Krieg gehört und von Gott nicht nur erlaubt, sondern geradezu befohlen ist.[290]

Im Jahr 1239 lief der Vertrag Friedrichs II. mit dem ägyptischen Sultan al-Kamil aus. Und Papst Gregor IX., dem das bewusst war, predigte einen neuen Kreuzzug. Die Könige von Frankreich und England unterstützten das Unternehmen, nahmen jedoch nicht selbst das Kreuz. Und wesentlich weniger fränkische Edle, etwa so viele wie beim ersten Kreuzzug, zogen jetzt unter Führung Theobalds, des Grafen von der Champagne, ins Heilige Land. Er war ein Vetter der Könige von England, Frankreich und Zypern und betrachtete Kreuzzüge als Höhepunkte ritterlichen Lebens. »Blind ist derjenige«, sagte er, »der nie in seinem Leben das Meer überquert hat, um Gott zu Hilfe zu kommen.«[291]

Die komplizierte politische Situation, auf die die neuen Kreuzfahrer im Heiligen Land stießen, verunsicherte sie erheblich. Und sie erhielten widersprüchliche Ratschläge. Die Ayyubiden lagen im Krieg miteinander, und Ismail, Sultan von Damaskus, schlug den Franken einen Pakt gegen seinen Neffen Ayyub, al-Kamils Sohn, derzeit Sultan in Kairo, vor. Wenn die Franken für ihn die Grenze zur Wüste Sinai verteidigten, würde er ihnen als Gegenleistung die Festungen Beaufort und Safed überlassen. Vor Hattin hatte Safed den Templern gehört, und sie hätten das Kastell gern wiedergehabt.

Man wurde sich einig. Infolgedessen waren jetzt die Besitzungen der Lateiner in Palästina größer denn je seit Hattin. Aber beiden Seiten brachte der Vertrag auch schwere Nachteile. Viele glaubenseifrige Muslime in Damaskus gingen zu den Ägyptern über, während im Lager der Christen offene Feindschaft zwischen Templern und Hospitalitern ausbrach, die bis dahin eine gemeinsame Front gegen die Anhänger Friedrichs II. gebildet hatten. Die Hospitaliter erkannten nämlich die Übereinkunft mit Ismail in Damaskus nicht an und unterzeichneten stattdessen einen Vertrag mit Ayyub in Kairo.

Diese verworrene Situation fand Richard, Earl of Cornwall, vor, als er im Heiligen Land eintraf. Er war der Neffe von Richard Löwenherz, Bruder König Heinrichs III. und Schwager Kaiser Friedrichs II. Erst 31 Jahre alt, hatte er sich schon den Ruf eines tapferen, fähigen Mannes erworben. Er kam mit einem ansehnlichen Heer und mit dem vollen Vertrauen des Kaisers, der nach dem Tod der unglücklichen Königin Jolanthe von Jerusalem Prinzessin Isabella von England geheiratet hatte.

Richard traf also auf ein völliges Chaos im Königreich Jerusalem. Doch mit viel Geschick und Energie gelang ihm eine Übereinkunft, sowohl mit Damaskus als auch mit Ägypten. Alle in Kairo gefangenen Christen sollten freigelassen und die Lateiner im Besitz der ihnen jüngst überlassenen Gebiete bestätigt werden. Aber kaum hatte Richard Segel nach England gesetzt, als das Vertragswerk schon wieder zusammenbrach. Der Großmeister der Templer, Armand von Périgord, ignorierte das Abkommen mit Ägypten und griff 1242 die Stadt Hebron an, die in islamischer Hand geblieben war. In der Folge eroberten die Templer nach schwachen Reaktionen der Ägypter auch Nablus, brannten die Moschee der Stadt nieder und töteten viele Einwohner, Muslime und Christen ohne Unterschied.[292]

Etwa um die gleiche Zeit versuchte der kaiserliche Bailli, Richard Filangieri, mit Hilfe der Hospitalritter Friedrichs Herrschaft in Akkon wieder aufzurichten. Der Plan missglückte, was zu einer sechsmonatigen Belagerung des Hospitaliterquartiers durch die Truppen des Anführers der lateinischen Barone, Balians von Ibelin, und die Templer führte. Dieser offene Konflikt zwischen den beiden Ritterorden erschien den Beobachtern in Europa als Skandal. Chronisten wie Matthäus Paris, ein Mönch des Klosters St. Alban, die die Partei des Kaisers nahmen, gaben den Templern die Schuld. Paris schrieb, die Templer hätten nicht einmal die Zufuhr von Lebensmitteln in den Hospitaliterbezirk erlaubt und verboten, dass diese ihre Toten zur Bestattung herausbrächten. Auch die Deutschherren hätten sie aus einigen ihrer Besitzungen vertrieben. Welch ein Skandal, dass »jene, die sich selbst so viele Einkünfte zugeschanzt haben, um die Sarazenen bekämpfen zu können, jetzt auf so gottlose Weise Gewalt und Gift gegen Christen, ja sogar gegen die eigenen Brüder anwenden, womit sie sich den schweren Zorn Gottes zu ziehen!«[293]

Es unterliegt keinem Zweifel, dass der Tempel unter Armand von Périgord das antikaiserliche Lager unterstützte. Er erkannte Alice, die Königin von Zypern, als Regentin des Königreichs Jerusalem an und bezeichnete das Vorgehen gegen Konrad, Friedrichs II. Sohn mit Königin Jolanthe, als legal. Man hatte Konrad, als er im April 1243 volljährig wurde, von der Thronfolge ausgeschlossen und das damit begründet, dass er nicht persönlich ins Heilige Land gekommen sei, um seine Krone zu beanspruchen. Mit dieser Meinung standen die Templer freilich nicht allein. Ähnlich dachten auch Venezianer und Genueser, die sich im Sommer 1243 mit den Baronen Outremers zusammentaten, um Filangieri und die Kaiserlichen aus Tyrus zu vertreiben. Doch lässt sich daraus nicht auf Neid oder darauf schließen, dass der Orden nur seine eigenen Interessen verfolgte. In einem Brief aus dem Jahr 1243 an Robert von Sandford erklärte Armand von Périgord seine Politik. Gesandte der Templer, die man nach Kairo geschickt hatte, seien praktisch wie Gefangene gehalten worden. Man könne den Ägyptern nicht trauen, sie spielten nur auf Zeit. Im Gegensatz dazu habe das Bündnis mit Damaskus nicht nur zur Rückgabe einiger Burgen und großer Stücke Landes geführt, sondern auch zur Evakuierung der noch in Jerusalem verbliebenen Muslime.

Um die Allianz mit Damaskus zu zementieren, luden die Templer al-Mansur Ibrahim, den muslimischen Fürsten von Homs, nach Akkon ein und bewirteten ihn fürstlich im Hauptquartier. Aber man feierte zu früh. Um dem Gewitter zu begegnen, das sich da bedrohlich über ihm zusammenzog, wandte sich der ägyptische Sultan Ayyub an einen Stamm wilder Nomadensöldner, die choresmischen Türken, die sich bei Edessa niedergelassen hatten. Im Juni 1244 fiel ein aus 10 000 choresmischen Reitern bestehendes Heer in Damaszener Gebiet ein, rückte unter Umgehung von Damaskus nach Galiläa vor und eroberte Tiberias. Am 11. Juli erreichten die Choresmier Jerusalem und durchbrachen die nur schwachen Verteidigungsanlagen. Eine Zeit lang hielt die Garnison noch Stand, doch am 23. August verließ sie samt allen christlichen Einwohnern die Stadt Richtung Jaffa, nachdem ihnen der muslimische Herr von Kerak freies Geleit zugesichert hatte. Kaum aber hatten sie der Stadt den Rücken gekehrt, als sie sahen, dass auf den Wällen fränkische Flaggen aufgezogen wurden. In der Meinung, die Stadt sei entsetzt worden, kehrten sie wieder um – und wurden von den sie erwartenden Choresmiern niedergemetzelt. Nur dreihundert gelangten nach Jaffa.

Die Choresmier plünderten die Stadt, gruben die Gebeine Gottfrieds von Bouillon und der anderen in der Grabeskirche bestatteten Könige von Jerusalem aus und töteten die wenigen zurückgebliebenen Priester, bevor sie die Kirche in Brand setzten. Danach verließen sie die leere Stadt, ritten zur Küste und vereinigten sich in Gaza mit dem ägyptischen Heer Sultan Ayyubs unter dem Kommando eines jungen Mameluckenoffiziers, Rukn ad-Din Baybars.

Am 17. Oktober 1244 traf dieses ägyptische Heer auf einer sandigen Ebene beim Dorf Herbiya – die Franken nannten den Ort La Forbie – auf die vereinigten Truppen aus Damaskus und Akkon. Die Damaszener standen unter dem Befehl al-Mansur Ibrahims, des Fürsten von Homs. Zu ihnen gehörte auch ein Kontingent beduinischer Reiterei unter dem Kommando an-Nasirs, des Herrn von Kerak. Das christliche Heer, das größte seit Hattin, bestand aus 600 weltlichen Rittern unter Philipp von Montfort und Walter von Brienne, 600 Tempel- und Hospitalrittern unter Führung ihrer Großmeister Armand von Périgord und Wilhelm von Châteauneuf sowie einer Anzahl Deutschordensritter und einem Kontingent aus Antiochia.

Wie bei Hattin gab es zuerst eine Diskussion unter den Verbündeten, ob man angreifen oder lieber in der Defensive bleiben solle. Al-Mansur favorisierte die Verteidigung, Walter von Brienne den Angriff. Walter von Brienne setzte sich durch. Die Hauptmacht des alliierten Heeres rückte nun gegen die Ägypter vor. Doch die hielten Stand, und die choresmische Reiterei attackierte nun das Heer der Verbündeten in den Flanken. Plötzlich ergriffen die Damaszener die Flucht, mit ihnen an-Nasir, der

Herr von Kerak. In nur wenigen Stunden wurde das lateinische Heer völlig aufgerieben. Mindestens 5 000 Mann fielen, 800 wurden als Gefangene nach Ägypten gebracht, darunter Armand von Périgord, Großmeister des Tempels. Die Gesamtverluste der Templer betrugen zwischen 260 und 300 Rittern. Von den Ordensrittern überhaupt kamen nur 33 Templer, 26 Hospitaliter und 3 Deutschherren mit dem Leben davon.

13. Ludwig IX. von Frankreich

Wer rettete jetzt das Heilige Land? In Europa verhinderte die scharfe Rivalität zwischen Papsttum und Kaisertum, dass Friedrich II. als weltlicher Herrscher der Christenheit die Rolle des Retters übernahm. Friedrich selbst war überdies der Meinung, dass seine Feinde in Palästina, inbesondere die Templer, selbst den Untergang über sich heraufbeschworen hätten. Sie hätten den Waffenstillstand, den er so sorgfältig mit den Ayyubiden in Ägypten ausgehandelt hatte, fahrlässig gebrochen.

Nur *ein* europäischer Monarch kam jetzt als Führer eines neuen Kreuzzugs noch in Frage: König Ludwig IX. von Frankreich. War es Vorsehung, war es Zufall? Jedenfalls war Ludwig im selben Jahr, in dem sich die katastrophale Niederlage bei La Forbie ereignete, schwer an einem Fieber, wahrscheinlich Malaria, erkrankt, und hatte sich im Angesicht des Todes und des drohenden Jüngsten Gerichts entschlossen, falls er wieder gesund würde, das Kreuz zu nehmen.

Sohn einer herrschgewohnten Mutter, Blanche von Kastilien, und verheiratet mit Margareta von Provence – beide aus Familien mit langer Tradition im Kampf gegen den Islam –, hatte Ludwig den französischen Königsthron schon als Kind geerbt und ihn dank der energischen Regentschaft seiner Mutter auch behaupten können. Als Fünfzehnjähriger war er gegen Heinrich III., König von England, zu Felde gezogen. Von schönem Äußeren, freundlichem Naturell, temperamentvoll bis zum Ungestüm, war Ludwig, anders als Friedrich II., religiös und von keinen Zweifeln am katholischen Glauben angekränkelt. Schon zu Beginn seiner Regierungszeit errichtete er unter der Ägide des Vertrags von Paris die französische Herrschaft über das Languedoc und beendete die katharische Häresie. Gewaltanwendung bei der Verteidigung des christlichen Glaubens bereitete ihm keine Skrupel. Zu seinem Freund Johann von Joinville sagte er: »Wenn ein Ritter hört, dass die christliche Religion misshandelt wird, soll er seinen Glauben ausschließlich mit dem Schwert verteidigen und es dem Schurken in den Leib rennen, soweit es nur geht.«[294] Selbst wenn Ludwig nicht so brutal gesprochen haben sollte, wie es Joinville auf seine alten Tage in Erinnerung hatte, so steht seine Haltung doch in starkem Gegensatz zur skeptischen Einstellung Kaiser Friedrichs II.

Anders als Friedrich war Ludwig zeit seines Lebens mit nur einer Frau glücklich verheiratet. Seine Liebe zu Margareta von der Provence erregte sogar die Eifersucht seiner Mutter. Deshalb bewohnten die beiden, als sie frisch verheiratet waren, getrennte Quartiere und wagten sich nur im Treppenhaus zu treffen. Sobald ihre Diener das Nahen der Königinmutter meldeten, hasteten sie auf ihre Zimmer zurück. Während des Kreuzzugs tadelte Joinville Ludwig, weil dieser bis zum Ende der Messe gewartet hatte, bevor er Margareta, die gerade mit ihrem Neugeborenen angekommen war, begrüßte. Doch war dies wohl eher Ausdruck von Ludwigs Frömmigkeit als Gleichgültigkeit gegenüber seiner Frau. Nirgends gibt es Anzeichen irgendeiner Entfremdung zwischen den beiden. Margareta gebar dem König elf Kinder.

Ludwig IX. hatte eine Leidenschaft für Reliquien. Von Balduin, dem lateinischen Kaiser von Byzanz, kaufte er die Dornenkrone Jesu und trug sie barfuß durch die Straßen von Paris zu der wunderschönen Kapelle, die er eigens zur Aufbewahrung dieses Heiligtums hatte bauen lassen. Es ist die Sainte-Chapelle auf der Ile de la Cité. Auch stiftete er eine Anzahl Klöster, unter anderem die Abtei Royaumont, doch ließ er sich niemals von den französischen Bischöfen einschüchtern und vermittelte im Konflikt zwischen Kaiser und Papst. Ludwigs Gerechtigkeitssinn und sein unbedingtes Eintreten für die Armen verschafften ihm den Ruf eines Heiligen und ein unvergleichliches Ansehen. Dass er das Kreuz nahm, gab seinem Königtum den letzten und höchsten Glanz. »Die Kreuzzugsidee galt immer noch als höchster Ausdruck des aristokratischen Ritterideals im Abendland.«[295]

Nach seinem Gelöbnis widmete sich Ludwig der Vorbereitung des Kreuzzugs mit derselben Energie und Kompetenz, mit der er seine rebellischen Vasallen unterworfen und die Verwaltung Frankreichs reorganisiert hatte. Zuerst musste er die Gelder zur Finanzierung dieser Überseeexpedition beschaffen. Zu diesem Zweck belegte er die Einkünfte der Kirche mit einer Steuer in Höhe eines Zwanzigstels und besorgte sich Zuschüsse seitens der Städte. Da zu dieser Zeit der Hafen von Marseille unter die Botmäßigkeit des Kaisers kam, baute Ludwig auf seinem eigenen Gebiet einen neuen Zugang zum Mittelmeer, den Hafen Aigues Mortes. Von hier aus schiffte er sich am 25. August 1248 zum Heiligen Land ein. Nur widerstrebend fuhren seine Brüder und viele Vasallen mit ihm, ebenso seine Gemahlin Königin Margareta und ihrer beider Kinder. Frankreich blieb in der Obhut seiner Mutter, Blanche von Kastilien, zurück.

Auch Kreuzfahrer außerhalb des damaligen Frankreich schlossen sich Ludwig an, beispielsweise Johann von Joinville, Seneschall der Champagne. Sammelpunkt des Kreuzfahrerheers war Zypern, wohin man, Ergebnis sorgfältiger Planung, Vorräte für Ludwigs aus rund 25 000 Mann bestehendes Heer, darunter 5 000 Armbruster und 2 500 Ritter, geschafft hatte. König Ludwig verbrachte dort den Winter. Im Januar 1249 schickte er zwei Dominikanerprediger als Gesandte zum Mongolenkhan, in der Hoffnung, dass die aufsteigende asiatische Macht der Mongolen, die dem Gerücht nach dem Christentum mit Sympathien gegenüberstand, ebenfalls Truppen gegen den Islam schicken würde.

Wie Kardinal Pelagius kam Ludwig auf Grund strategischer Überlegungen zu dem Schluss, dass das Heilige Land auf Dauer nur gehalten konnte, wenn man Ägypten unterwarf. Deshalb segelte er unbeeindruckt vom Scheitern des vorhergehenden Kreuzzugs Ende Mai mit seinem Heer zum Nildelta. Im Morgengrauen des 5. Juni warf die lateinische Flotte vor Damiette Anker. Das islamische Heer, befehligt von Fakhr ad-Din, dem Freund Kaiser Friedrichs, wartete am Ufer. »Es war ein herrlicher Anblick für das Auge«, erinnerte sich Joinville im Alter, »denn die Waffen des Sultans, ganz aus Gold, glänzten und funkelten im Sonnenlicht. Aber das Getöse, das dieses Heer mit seinen Kesselpauken und Sarazenenhörnern veranstaltete, war schrecklich anzuhören.« Einen ähnlich strahlenden Anblick boten die lateinischen Truppen. Die Galeere des Grafen von Jaffa »war über und unter Wasser mit Schilden bedeckt, auf denen sein Wappen aufgemalt war [...]. Mindestens 300 Ruderer bemannten seine Geleere. Neben jedem Ruderer war ein kleiner Schild mit des Grafen Wappen darauf, und an jedem Schild war ein Fähnchen befestigt, auf dem dasselbe Wappen in Gold zu sehen war.«[296]

Obwohl man Ludwig geraten hatte, erst noch auf einen vom Sturm verschlagenen Teil seiner Flotte zu warten, befahl er die Landung. Kaum war die *Oriflamme* am Strand aufgepflanzt, als er seine Ritter schon gegen die Sarazenen führte, die der Wucht dieses Angriffs der Franken nicht Stand halten konnten, sich nach Damiette zurückzogen und dann, nachdem sie den Basar in Brand gesteckt hatten, die Stadt verließen. Es war ein schneller, leichter Sieg, für den Ludwig Gott dankte. Doch eingedenk des Schicksals des fünften Kreuzzugs unter Kardinal Pelagius verfolgte er die Ägypter nicht nilaufwärts. Stattdessen machte er Damiette zu seiner provisorischen Hauptstadt in Outremer, ließ Königin Margareta aus Akkon nachkommen, wartete auf Verstärkung aus Frankreich unter seinem Bruder Alfons, Graf von Poitou, und auf den Rückgang des Nil-Hochwassers.

Am 20. November fühlte er sich stark genug, weiter auf ägyptisches Gebiet vorzurücken. Die Empfehlung der Barone Outremers, sich gegen den Hafen Alexandria zu wenden, schlug er in den Wind, ließ sich vielmehr von seinem Bruder Robert, Graf von Artois, dazu überreden, am Ostufer des Nils südwärts nach Mansurah zu marschieren. Die Vorhut seines Heeres bildeten unter anderem die Tempelritter unter ihrem Großmeister Wilhelm von Sonnac, den man, nachdem Armand von Périgord in einem ägyptischen Gefängnis gestorben war, gewählt hatte. Hinter ihnen marschierten der Graf von Artois und ein englisches Kontingent unter dem Earl von Salisbury. Ein beduinischer Überläufer führte diesen Heeresteil zu einer Furt, wo die Sarazenen ihr Lager aufgeschlagen hatten. Ohne auf den Rest des Heeres zu warten, wie es König Ludwig befohlen hatte, griff man das Lager an, als dessen Kommandant, Fakhr ad-Din, gerade ein Bad nahm. Er legte nicht erst seine Rüstung an, sondern stürzte sich sofort in den Kampf und wurde von den Tempelrittern getötet.

Robert von Artois schickte sich jetzt an, die weichenden Sarazenen nach Mansurah zu verfolgen. Der Großmeister der Templer, Wilhelm von Sonnac, versuchte ihn aufzuhalten. Es ärgerte ihn, dass der Bruder des Königs die Templer aus ihrer Position in der Vorhut verdrängt hatte. Die Chroniken weichen in Bezug auf das, was jetzt passierte, voneinander ab. Johann von Joinville, mit der Hauptmacht des Heeres noch am Südufer des Flusses haltend, schrieb später, Wilhelm von Sonnac habe darauf bestanden, dass der Graf von Artois auf die Templer warte und ihnen die Leitung des Angriffs überlasse. Aber da der Ritter, der die Zügel des Grafen hielt, taub gewesen sei, habe er diese Botschaft nicht weitergeben können. Nach Matthäus Paris, einem anderen Chronisten, hörte Robert von Artois den Großmeister nur allzu gut, habe dessen Ansinnen aber nur mit Beleidigungen beantwortet und die Verleumdungen Friedrichs II. wiederholt, die Templer hätten kein Interesse an einem endgültigen Sieg, da der Orden vom Krieg profitiere. Als der Earl von Salisbury einwandte, der Großmeister der Templer habe vielleicht doch die größere Erfahrung im Kampf mit den Sarazenen, schalt ihn Robert von Artois ebenfalls einen Feigling, gab seinem Ross die Sporen und setzte sich im Galopp an die Spitze seiner französischen Ritter.

Was blieb den Templern und den englischen Rittern anderes übrig, als dem Grafen von Artois zu folgen und den zurückweichenden Sarazenen bis in die Stadt Mansurah nachzusetzen? Hier war das Chaos keineswegs so groß, wie es den Anschein hatte. Als Fakhr ad-Din gefallen war, hatte der Befehlshaber der Mamelucken-Elitetruppe und Leibgarde, Rukn ad-Din Baybars Bundukdari, das Kommando übernommen. Anfangs leistete er den lateinischen Rittern nur hinhaltenden Widerstand und wartete, bis sie ganz in die Stadt eingedrungen und an die Tore der Zitadelle gelangt waren. Dann aber gab er seinen Leuten, die in den Nebenstraßen lauerten, den Befehl zum Angriff. Unfähig, in den engen Straßen zu manövrieren, und unter ständigem Beschuss von Balken, die von den Dächern herabflogen, wurden die Ritter niedergemacht. 300 Ritter fielen, unter ihnen der Earl von Salisbury und der Graf von Artois. Die Templer verloren 280 Mann. Nur zwei kehrten lebend zurück, einer davon der Großmeister Wilhelm von Sonnac, der sich nach dem Verlust eines Auges aus dem Gemetzel entfernt hatte.

Dieser Rückschlag, von der Selbstüberschätzung und Tollkühnheit Roberts von Artois verursacht, erwies sich aber nur als Vorgeschmack dessen, was noch kommen sollte. Als das Hauptheer den Nilarm überquert hatte, kam es zum Kampf mit den Muslimen. Joinville, bereits verwundet, erblickte König Ludwig auf einer erhöhten Chaussee an der Spitze seiner Truppen, ein Inbild der Ritterlichkeit und Tapferkeit. »Niemals habe ich einen tüchtigeren und schöneren Ritter gesehen! Mit Kopf und Schultern überragte er alle. Auf dem Haupt glänzte ein vergoldeter Helm, in seiner Hand blitzte ein Schwert aus deutschem Stahl.«[297] Nach einem Tag wilder Kämpfe wurden die Ägypter nach Mansurah zurückgedrängt. Als der Profos der Hospitaliter Ludwig mitteilte, sein Bruder Robert von Artois sei »jetzt im Paradies ..., tropften ihm große Tränen aus den Augen«.

In der Nacht machten die Ägypter einen Ausfall aus Mansurah und wurden abermals zurückgeschlagen. Am 11. Februar griffen sie wieder an. In dieser Schlacht verlor Wilhelm von Sonnac an der Spitze der wenigen noch übrigen Templer das zweite Auge, und starb kurz darauf. Ludwigs Heer wurde fast zersprengt, aber der Kern hielt Stand und trieb die Ägypter noch einmal nach Mansurah zurück. Es war nunmehr klar, dass man die Kreuzfahrer nicht schlagen, dass aber auch sie die Stadt nicht nehmen konnten. Ludwig hoffte jetzt auf einen für ihn günstigen Ausgang der politischen Wirren, die nach dem Tod Sultan Ayyubs und seines Feldherrn Fakhr ad-Din in Kairo ausgebrochen waren. Acht Wochen lang wartete er, mit seinem Heer vor den Mauern Mansurahs lagernd. Doch gelang es der verwitweten Sultanin, ein Chaos am Ayyubidenhof zu verhindern, und Ende Februar kehrte Ayyubs Sohn Turanshah aus Syrien zurück, um das Kommando zu übernehmen.

Jetzt transportierten die Muslime eine Flotte leichter Schiffe auf Kamelrücken zum Nil, vom Kreuzfahrerheer aus gesehen an eine Stelle stromabwärts. Damit zerschnitten sie die Verbindung der Kreuzfahrer mit Damiette und unterbanden den Nachschub frischer Lebensmittel. Im

Lager brach eine Seuche aus. Ludwig selbst erkrankte an chronischer Dysenterie. Seine Diener mussten ihm, wie Joinville erzählt, »den Gesäßteil seiner Unterhosen abschneiden, weil er ununterbrochen auf den Abtritt musste«. Er ordnete den Rückzug nach Damiette an, weigerte sich aber trotz seiner Krankheit, seine Männer im Stich zu lassen und auf einer Galeere die Flucht zu ergreifen. Von den Ägyptern verfolgt, wurde er schließlich doch gefangen genommen und zur Kapitulation gezwungen. Joinville kam mit dem Leben davon, weil sich herausstellte, dass seine Frau eine Cousine Kaiser Friedrichs war. Prominente Gefangene ließ man am Leben, um ein Lösegeld zu erpressen, die weniger prominenten tötete man. Die Besatzung Damiettes, Pisaner und Genueser, wollte schon desertieren, ließ sich aber von Königin Margareta glücklicherweise noch zurückhalten. Denn die Stadt war ein wertvolles Pfand in den jetzt folgenden Verhandlungen und brachte, zusammen mit einem Lösegeld von einer Million Besants oder einer halben Million *livres tournois*, dem König und seinem Heer die Freiheit.

Die Aufbringung dieses Lösegelds löste einen Zwischenfall aus, der ein bezeichnendes Licht auf die Skrupelhaftigkeit – oder Sturheit – der Templer wirft. Als man das zusammengekommene Geld zählte, stellte sich heraus, dass dem König noch 30 000 *livres* fehlten. Von dieser Summe hing die Freilassung seines Bruders, des Grafen von Poitiers, ab. Johann von Joinville schlug vor, man solle sich den Betrag von den Templern leihen, und ging im Auftrag des Königs, das Geschäft zu tätigen. Doch lehnte der Befehlshaber des Tempels, Stephan von Otricourt, das Gesuch mit der Begründung ab, er habe geschworen, niemals Geld auszuleihen, außer Leuten, die es in seinem Auftrag verwendeten.

Das führte zu einer scharfen Auseinandersetzung zwischen Joinville und Otricourt, bis der Marschall des Tempels, Reginald von Vichiers, eine vertretbare Lösung vorschlug. Die Templer könnten ihren Eid nicht brechen. Aber niemand könne den König hindern, sich mit Gewalt Zugang zu ihren Schätzen zu verschaffen, besonders da die Templer ihre Depositen in Akkon hielten und den erzwungenen Kredit wiederbekommen könnten, sobald sie dorthin zurückkehrten. Also begab sich Joinville zur Galeere der Templer, brach einen Tresor mit der Axt auf und kam mit dem Geld zu König Ludwig zurück.

Damit war die Freilassung seines Bruders gesichert, und König Ludwig schiffte sich mit Gefolge nach Akkon ein. Hier fand er Briefe seiner Mutter, Blanche von Kastilien, vor, die ihn dringend aufforderte, nach Frankreich zurückzukehren. Denselben Rat gaben ihm seine Brüder und Edelleute. Aber es war nicht nur ein französisches Heer, das am Nil geschlagen worden war. Die gesamte Macht der Christen in Outremer war durch die Katastrophe entscheidend geschwächt worden. Es widerstrebte daher Ludwig, dem Heiligen Land in so gefahrvoller Lage den Rücken zu kehren oder die noch in Ägypten verwahrten fränkischen Gefangenen im Stich zu lassen. Deshalb blieb er mit seiner Frau und seinen Kindern in Akkon, während sich die meisten seiner französischen Vasallen, unter ihnen seine Brüder, mit seinem Segen auf den Heimweg nach Frankreich machten. Der legitime König von Jerusalem mochte Konrad sein, Sohn Friedrichs II. mit Königin Jolanthe. Doch wurde Ludwig als de facto-Herrscher anerkannt und versuchte jetzt durch Diplomatie zu erreichen, was ihm mit Gewalt nicht geglückt war.

In Kairo hatte inzwischen das aus Sklavenkriegern, den Mamelucken, bestehende Eliteregiment die Macht ergriffen. Es waren Männer, die man als Knaben den Nomadenstämmen der Kiptschaktürken, die in den Steppen Südrusslands lebten, weggenommen hatte, und Sklavenhändler hatten sie dann den Ayyubiden-Sultanen verkauft. Sie bildeten eine Truppe ohne soziale Bindungen nach außen und fühlten sich daher keiner Klasse oder Partei zu Loyalität verpflichtet. Von Ibn Wasil, einem arabischen Chronisten, als »Templer des Islam«[298] bezeichnet, hatten sie unter den Ayyubiden-Sultanen großen Einfluss gewonnen. Ihre Macht erschien ihnen gefährdet, als Turanshah, Ayyubs Sohn, zur Macht kam. Am 2. Mai 1250 ermordeten die Mamelucken Turanshah während seiner Verhandlungen mit König Ludwig und beendeten damit die Herrschaft der Saladin-Nachkommen in Ägypten. Doch in Syrien blieben die Ayyubiden an der Macht, und als Saladins Enkel an-Nasir Yusuf, der Sultan von Aleppo, vom Staatsstreich der Mamelucken erfuhr, besetzte er Damaskus und schickte sofort einen Boten mit der Bitte um Hilfe zu König Ludwig.

König Ludwig benutzte diese Annäherung, um Druck auf die Mamelucken auszuüben. Sie sollten endlich zur Sache kommen. Er sandte einen Emissär, Johann von Valenciennes, nach Kairo. Ohne Wissen des Königs starteten indessen die Templer eine eigene diplomatische Initiative. Reginald von Vichiers, ehemaliger Ordensmarschall, war zum Nachfolger Wilhelms von Sonnac als Großmeister gewählt worden. Zweifellos war er Favorit König Ludwigs gewesen. Er hatte als Templerkomtur in Frankreich amtiert, als Ludwig seinen Kreuzzug vorbereitete, hatte dessen Truppentransport von Marseille aus organisiert, war Ludwigs Marschall auf Zypern gewesen, sein Waffengefährte am Nil und Pate des von Königin Margareta auf der Pilgerburg geborenen Sohnes, des Grafen von Alençon.

Doch dem Großmeister war die neue Würde anscheinend schnell zu Kopf gestiegen. Ohne König Ludwig zu konsultieren, hatte er den

Templermarschall, Hugo von Joney, nach Damaskus geschickt, um mit dem Sultan über ein strittiges Stück Land zu verhandeln. Eine Übereinkunft wurde erzielt, und Hugo kehrte mit einem Damaszener Emir zur Ratifizierung nach Akkon zurück. Als König Ludwig bemerkte, was da hinter seinem Rücken gespielt wurde, geriet er in Zorn und bestand nicht nur darauf, dass der Vertrag annulliert wurde, sondern dass sich auch der Templergroßmeister mitsamt seinen Rittern vor dem ganzen Heer demütigte. Sie mussten barfuß durch das Lager gehen und in Unterwerfungsgeste vor dem König niederknien. Zum eigentlichen Sündenbock wurde jedoch Hugo von Jouney gemacht, den Ludwig aus dem Königreich Jerusalem verbannte. Trotz der Bitten des Großmeisters und der Königin nahm er das Urteil niemals zurück. Sicher diente dieses Verhalten weniger dazu, den Lateinern, als den Mamelucken zu zeigen, wer hier Herr im Haus war. Ludwigs Politik zahlte sich aus. Im März 1252 wurden alle noch von den Mamelucken verwahrten christlichen Gefangenen frei gelassen.

Mit noch zwei anderen Mächten der Region verhandelte Ludwig während seines Aufenthalts in Akkon. Die erste war der Alte vom Berge, Anführer der Assassinen, der kurz nach Ludwigs Rückkehr aus Damiette Boten sandte. Sie sollten den Tribut, oder das Schutzgeld, eintreiben, das ihnen, wie sie behaupteten, sonst von Kaiser Friedrich, dem König von Ungarn und dem Sultan von Kairo gezahlt worden sei. Als Alternative zu dieser Tributzahlung schlug der Emir vor, dass der König die Assassinen von ihren Tributverpflichtungen gegenüber dem Tempel und dem Hospital befreie. Wie Joinville anlässlich dieser Unterhandlungen bemerkte, wussten die Assassinen, dass es zwecklos sei, einen Großmeister zu ermorden, da sofort ein anderer Ritter, »gleich tüchtig, seine Stelle einnehmen würde«.[299]

Die Großmeister, die der König zu den Verhandlungen hinzuzog, zeigten sich empört über die Anmaßung der Assassinen. Sie schickten die Unterhändler zum Alten vom Berge zurück und ließen ausrichten, dem König müsse man sich auf andere Weise nähern. In der Tat kehrten die Emissäre binnen 14 Tagen mit reichen Geschenken nach Akkon zurück. König Ludwig revanchierte sich mit gleich wertvollen Gaben und der Übersendung eines arabisch sprechenden Mönchs, Yves le Breton, der dem Alten das Christentum predigen sollte.

Die zweite Gesandtschaft kam von den Mongolen, die dann im Lauf von 20 Jahren den Alten vom Berge besiegen und 1256 die bisher uneinnehmbare Assassinenfestung Alamut erobern sollten. Die Botschafter trafen zusammen mit den beiden Dominikanerbrüdern in Akkon ein, die

Ludwig mit dem Vorschlag zum Mongolenkhan geschickt hatte, mit ihm ein Bündnis gegen den Islam zu schließen. Die Antwort des Khans bestand in der Aufforderung an den französischen König, sein Vasall zu werden und »alljährlich eine ausreichende Summe Geldes als Kontribution zu übersenden, damit wir eure Freunde bleiben können. Weigert ihr euch aber, werden wir euch vernichten [...]« Das war nicht die vom König erhoffte Antwort, und laut Joinville »bereute es Ludwig bitter, jemals Gesandte zum großen König der Tartaren geschickt zu haben«.[300]

Die Niederlage von König Ludwigs Heer im Nildelta bedeutete das Ende der lateinischen Bestrebungen, Jerusalem durch Angriffe auf die Quelle der muslimischen Macht wiederzuerobern. Jetzt kam es darauf an, den größtmöglichen Vorteil aus den Rivalitäten der islamischen Mächte zu ziehen und die Verteidigung des noch in Händen der Franken befindlichen Territoriums zu verstärken. Deshalb ordnete Ludwig die Wiederbefestigung der Küstenstädte Akkon, Caesarea, Jaffa und Sidon an. Ihre Besatzungen wurden durch permanente Kontingente französischer Truppen aufgefüllt.

Der Unterhalt der Burgen im Landesinnern war, wie erwähnt, für Outremers Feudalherren inzwischen zu kostspielig geworden. Sie wurden daher von den Ritterorden übernommen. Die Deutschordensritter hielten Montfort, die Hospitaliter Belvoir und die Templer Chastel Blanc und Safed. Safed war zwischen 1240 und 1250 mit enormem Aufwand wieder aufgebaut worden und beherrschte jetzt, als größte Festung des Königreichs Jerusalem, Galiläa und die Straße von Damaskus nach Akkon. In Friedenszeiten lag eine 1 700 Mann starke Besatzung dort, die im Krieg noch um weitere 500 Mann aufgestockt wurde. Davon waren 50 Tempelritter und 30 Tempelsergeanten, 50 Turkopolen und 300 Armbruster. Der Bau kostete 1 100 000 sarazenische Besants, und 400 Sklaven assistierten den gelernten Maurern. 12 000 Maultierladungen Gerste und Weizen wurden alljährlich zur Verproviantierung der Burg benötigt. Einen Teil davon führte man aus den Templerkomtureien Europas ein.[301]

Nach der Wiederbefestigung Sidons entschloss sich König Ludwig zur Rückfahrt nach Frankreich. Seine Anwesenheit in seinem eigenen Königreich war dringend geboten, und der Patriarch von Jerusalem und die lokalen Barone erklärten, er habe das Menschenmögliche getan und könne jetzt getrost heimkehren. Am 24. April 1254 ging Ludwig in Akkon an Bord eines Templerschiffs. Er hatte sein Gelübde, so gut er konnte, erfüllt, hatte sein Leben aufs Spiel gesetzt, dem Tod ins Auge geblickt und war noch vier Jahre lang, nachdem seine Brüder und Barone schon abgefahren waren, im Heiligen Land geblieben. Dabei hatte er eine

Unsumme Geldes verbraucht. Sein königlicher Schatzmeister schätzte den Betrag auf 1,3 Millionen *livres tournois*, das Elf- bis Zwölffache der jährlichen Einkünfte aus seinem Königreich.[302] Zum Zeitpunkt seiner Abreise herrschte Frieden in Outremer. Doch die Lage der Christen im Heiligen Land war prekär, und Jerusalem war noch immer in den Händen der Ungläubigen.

Um König Ludwig zu vertreten, blieb Gottfried von Sargines als Seneschall des Königreichs in Akkon zurück. Doch nach dem Tod Kaiser Friedrichs II. 1250 und seines Sohnes Konrad 1254 war der legitime König von Jerusalem Konrads Sohn Konradin, nicht Ludwig IX. Und obwohl Gottfried eine französische Garnison zur Verfügung stand, war sie nicht stark genug, um Ordnung im Chaos der rivalisierenden Parteien, insbesondere der italienischen Seestädte, zu schaffen. Anfang 1256 führte ein Streit zwischen Venezianern und Genuesern über das Kloster St. Sabas in Akkon zum bewaffneten Konflikt. Die Templer und Deutschordensritter unterstützten die Venezianer, die Hospitaliter die Genueser. Im selben Jahr verstarb Reginald von Vichiers, Großmeister des Tempels. Zu seinem Nachfolger wählte man Thomas Bérard.

Im Jahr 1258 eroberten die Mongolen Bagdad, ermordeten den Kalifen und machten die Bevölkerung nieder. Das Näherrücken dieser asiatischen Horden löste Panik bei den Lateinern in Syrien und Palästina aus. In der Erkenntnis, dass es töricht sei, in solchen Notzeiten miteinander zu streiten, schloss Thomas Bérard einen Friedenspakt mit den anderen Großmeistern – Hugo von Revel bei den Hospitalitern und Hanno von Sangerhausen bei den Deutschherren. Aleppo fiel im Januar 1260, Damaskus kapitulierte im März. Thomas Bérard schrieb an die Tempeloberen in Europa, schilderte die durch die Mongolen angerichteten Verheerungen und bat um Hilfe. So dringlich war die Sache, dass Bruder Amadeus, der Templerkurier, nur 13 Wochen bis London brauchte und die Strecke von Dover nach London an einem einzigen Tag zurücklegte. Er erzählte, dass die Mongolen christliche Gefangene, auch Frauen, als menschliche Schutzschilde gegen ihre Feinde benützten. Käme nicht schnelle Hilfe, würde »die Welt von furchtbarer Vernichtung heimgesucht werden«.[303]

Wie sich die Mongolen zu den Christen stellen würden, war immer noch unklar. Sie hatten in Bagdad die Muslime getötet, aber die Christen geschont. Das war der Grund, weshalb die Mamelucken in Ägypten, die sich zum Widerstand gegen die Mongolen rüsteten, von den Franken freien Durchzug für ihr Heer und Hilfe erbaten. Ersteres wurde vom Rat des Königreichs zugestanden, doch gegen ein konkretes Bündnis legte Hanno von Sangerhausen, der Großmeister der Deutschordensritter, sein

Veto ein. Das Mameluckenheer rückte in Palästina ein und besiegte am 3. September 1260 unter seinem Sultan Kutuz das Mongolenheer südlich Nazareth bei Ain Jalut. Der Feldherr der Mongolen, Kitbogha, fiel, und einen Monat darauf wurde Kutuz selbst von Baybars, dem Helden von Mansurah, ermordet.

Al-Malik az-Zahir Rukn ad-Din Baybars war ein Kiptschaktürke vom Nordrand des Schwarzen Meeres, den die Mongolen dem Ayyubiden Sultan in Kairo als Sklaven verkauft hatten. Als Leibgardist des Sultans auf einer Insel im Nil ausgebildet, war Baybars zum Anführer der Leibgarde aufgestiegen und galt als einer der fähigsten Offiziere der ägyptischen Armee. Baybars war es gewesen, der 1244 in der Schlacht von La Forbie die ägyptische Reiterei befehligt hatte. Er war es gewesen, der als Kommandant Mansurahs während König Ludwigs Kreuzzug Graf Robert von Artois und dessen französische, englische und Templertruppen in die Falle gelockt und aufgerieben hatte. Er war es auch, der gemeinsam mit anderen Mamelucken-Offizieren Saladins Neffen, den Ayyubiden-Sultan Turanshah, ermordet hatte. Und er war es schließlich, der in der Schlacht von Ain Jalut die Vorhut des ägyptischen Heeres gegen die Mongolen geführt hatte.

Aus Ärger über die Weigerung Sultan Kutuz', ihm die Stadt Aleppo zum Lohn zu überlassen, ermordete Baybars seinen Herrn und bestieg selbst den Thron. Sofort erwies er sich als ebenso fähiger Herrscher wie Feldherr. Er befestigte die von den Mongolen zerstörten Zitadellen wieder, baute eine neue ägyptische Flotte, vertrieb die Assassinen aus ihren Festungen und die letzten Nachfolger Saladins aus ihren Fürstentümern in Syrien, und vereinigte so, wie seinerzeit Saladin, Syrien und Ägypten unter seiner Herrschaft.

Im ersten Moment realisierten die Lateiner in Outremer nicht, was der Sieg der Mamelucken bei Ain Jalut für das Mächtegleichgewicht in der Region bedeutete. Im Februar 1261 führten Johann von Ibelin und Johann von Giubelet, Marschall des Königreichs, 900 Ritter, 1 500 Turkopolen und 3 000 Mann zu Fuß, darunter starke Templerkontingente aus Akkon, Safed, Beaufort und Pilgerburg, gegen ein plünderndes Heer türkischer Stämme. Die lateinischen Truppen wurden geschlagen, der Templermarschall Stephan von Sissey war einer der wenigen, die mit dem Leben davonkamen. Verhandlungen mit Baybars über die Freilassung der christlichen Gefangenen scheiterten an der Weigerung der Templer und Hospitaliter, einige muslimische Gefangene herauszugeben, deren Fähigkeiten sie hoch einschätzten.

Entzürnt über diesen vermeintlichen Beweis der Habgier, plünderte Baybars Nazareth und zog nach Akkon weiter, wo er den Seneschall,

Gottfried von Sargines, im Kampf vor den Mauern der Stadt verwundete. Da aber die Mongolen in Nordsyrien immer noch eine Gefahr im Rücken darstellten, sah sich Baybars zu einer Belagerung Akkons außer Stande. Andererseits verfügten die Franken nicht über genügend Truppen, um zu verhindern, dass seine Soldaten nach Belieben von Ägypten aus in Palästina einfielen, und jede eigene Truppenkonzentration in Outremer kam den Muslimen dank ihrer Verwendung von Brieftauben sofort zur Kenntnis. 1265 schließlich erschien Baybars mit einem großen Heer urplötzlich vor Caesarea, einer Stadt, die erst jüngst von König Ludwig neu befestigt worden war. Am 27. Februar kapitulierte die Stadt, die Zitadelle eine Woche darauf. Ein paar Tage später war die Reihe an Haifa. Alle Einwohner der Stadt, die nicht flohen, wurden getötet.

Als nächstes Ziel nahm sich Baybars die Templerfestung Pilgerburg vor. Die vor den Festungsmauern gelegene Stadt wurde genommen und eingeäschert, die Burg selbst jedoch erwies sich als uneinnehmbar, weshalb Baybars zur Hospitaliterburg Arsuf weiterzog. Nachdem dort die ägyptischen Belagerungsmaschinen eine Bresche in die Mauer geschlagen hatten und ein Drittel der 270 Hospitalritter gefallen war, vereinbarte man mit dem Kommandanten Übergabebedingungen: Die Überlebenden sollten ihre Freiheit behalten. Aber Baybars brach das Abkommen und machte die restlichen Ritter zu Gefangenen.

Im Juni 1266 belagerte Baybars das große Templerfort Safed. Seine massiven Befestigungen, erst kürzlich neu erbaut, hielten dem ersten Angriff Stand. Wegen der Größe der Burg hatte man aber einen Großteil der Garnison mit syrischen Christen besetzen müssen. Ihnen versprachen Baybars Emissäre Schonung, falls sie sich ergaben. Der Templerkommandant, der wusste, dass mit Entsatz nicht zu rechnen und dass die Turkopolen drauf und dran waren, zu desertieren, schickte einen Sergeanten namens Leon Cazelier, einen gebürtigen Syrer, hinaus, um die Übergabe auszuhandeln. Cazelier kam mit Baybars Versicherung zurück, alle Ritter sollten freies Geleit nach Akkon haben. Der Einzige jedoch, der wirklich seine Haut retten konnte, war Cazelier. Sobald sich die Ägypter nämlich in den Besitz der Burg gesetzt hatten, machten sie Frauen und Kinder zu Gefangenen und verkauften sie in Kairo als Sklaven, während die Templer selbst enthauptet wurden.

Der Verlust Safeds nach nur sechzehntägiger Belagerung war eine Katastrophe für die Franken in Outremer und eine Demütigung speziell für den Tempel. Baybars stellte die Befestigungen wieder her, wodurch jetzt die Mamelucken Galiläa und die Zugänge zu den Küstenstädten Akkon, Tyrus und Sidon kontrollierten. Um den Franken das

Schicksal, das sie erwartete, recht deutlich vor Augen zu führen, platzierte er die Köpfe der enthaupteten Templer in einem Kreis um die Burg.

Als nächste Festung fiel nach erbittertem Widerstand Toron. Baybars' Soldaten konnten nunmehr ungehindert an der Küste entlang marschieren und töteten jeden Christen, der ihnen in die Hände fiel. Im Frühjahr 1268 ergab sich Jaffa in weniger als einem Tag einem Mameluckenheer. Die Besatzung durfte sich nach Akkon zurückziehen, aber die Stadt selbst wurde zerstört und ihre christlichen Einwohner getötet. Sodann kam die Festung Beaufort an die Reihe, in die die Templer erst jüngst eine Besatzung gelegt hatten. Sie fiel nach zehntägigem Beschuss am 18. April.

Am 14. Mai erreichte Baybars Antiochia, das zwar seine Bedeutung als Handelszentrum allmählich verloren hatte, doch immer noch die größte christliche Stadt Outremers war. Der Herrscher des Fürstentums, Fürst Bohemund, hielt sich in Tripolis auf, die Besatzung stand unter dem Kommando seines Vogtes Simon Mansel. Aber sie war zu klein, als dass man mit ihr die langen Mauern, die den Truppen des ersten Kreuzzugs solche Probleme bereitet hatten, hätte bemannen können. Am 18. Mai strömten die Mamelucken durch eine Mauerbresche und nahmen die Stadt. Die Tore wurden verrammelt, die Einwohner entweder getötet oder zu Sklaven gemacht. Die Suks und die schönen Häuser wurden geplündert, danach standen sie leer. Diese einst bedeutende Metropole des Römischen Reiches, die erste große Beute der lateinischen Kreuzfahrer, sollte sich niemals mehr von dieser Katastrophe erholen und verfiel, bis sie schließlich ganz von der Landkarte verschwand.

Nach der Einnahme Antiochias durch die Mamelucken und, kurz zuvor, der Stadt Sis, der Hauptstadt Kilikisch-Armeniens, lagen die Templerburgen in den Amanus-Bergen schutzlos da. Als die Templerbesatzung in Gaston (Baghras), der unbezwinglichen Wächterburg vor der Syrischen Pforte, erfuhr, dass Antiochia nach nur wenigen Tagen gefallen war, kam sie zu dem Schluss, es sei zwecklos, durchzuhalten. Aber die Übergabe einer Grenzfestung ohne Erlaubnis des Großmeisters wäre ein schwerer Verstoß gegen die Ordensregel gewesen, weshalb sich der Kommandant entschloss, trotzdem so gut wie möglich Widerstand zu leisten. Als jedoch die Rittermönche beim Essen saßen, stahl sich ein Bruder, Guis von Belin, mit den Torschlüsseln aus der Festung und überbrachte sie Baybars mit der Auskunft, die Templerbesatzung wolle sich ergeben.

Der Kommandant und seine Tempelritter wollten diese unautorisierte Übergabe zunächst nicht akzeptieren. Weniger entschlossen zeigten sich ihre Sergeanten. Und da der Kommandant mit der Möglichkeit rechnen musste, dass sie desertierten, und davon ausging, Baybars sei durch Guis von Belin über ihre schwache Position ohnehin ins Bild gesetzt worden, ordnete er die Räumung Gastons an. Damit ahnte er richtig den Befehl des Großmeisters voraus, der einen Boten, Bruder Pelestort, geschickt und ausrichten hatte lassen, die Besatzung Gastons solle sich nach La Roche Guillaume zurückziehen. Nichtsdestoweniger wurden die Ritter der Burg Gaston, als sie nach Akkon kamen, angeklagt, sie hätten die Burg unerlaubter Weise übergeben. In Anbetracht der Umstände milderte man die vorgeschriebene Strafe – Ausschluss aus dem Orden – dahingehend, dass sie ihre Mäntel für ein Jahr verloren. Sie wäre noch leichter ausgefallen, hätten sie vor Abzug aus der Burg die dort zurückgelassenen Waffen und Vorräte vernichtet.[304]

Als König Ludwig IX. 1267 vom Fall Safeds erfuhr, nahm er erneut das Kreuz. Doch verdarb ihm jetzt sein ehrgeiziger Bruder Karl, Graf von Anjou, die Reinheit seiner Absichten. Karl hatte mit dem Segen des Papstes den Staufern die Krone Siziliens entwunden, und als sich 1268 Konradin, der junge Enkel Friedrichs II., sein Erbe zu erkämpfen suchte, wurde er in der Schlacht von Tagliacozzo besiegt und bald darauf hingerichtet. Nun überredete Karl, der sich ein Reich im östlichen Mittelmeer zimmern wollte, seinen Bruder Ludwig, im Vorgriff auf eine Invasion Ägyptens Tunis zu erobern. Wie 20 Jahre zuvor im Nildelta, war Ludwig anfangs einigermaßen erfolgreich und nahm Karthago ein. Doch wieder erkrankte er und erholte sich dies Mal nicht mehr. Er starb am 25. August 1270. Sein Leichnam wurde über Lyon und die Abtei Cluny nach Paris überführt. Unzählige Menschen säumten die Straßen, um dem heiligen König die letzte Huldigung darzubringen. In Sugers Abtei Saint-Denis, inzwischen das Mausoleum der Kapetinger-Könige, bestattete man den Toten.

Nach dem Tod Ludwigs löste sich sein Kreuzzug auf, und Baybars, der sich nach Ägypten zurückgezogen hatte, um gegen eine mögliche französische Invasion zu rüsten, konnte jetzt mit seiner unerbittlichen Vernichtung der lateinischen Burgen im Osten fortfahren. Im Februar 1271 kapitulierte die Templerburg Chastel Blanc mit Einwilligung des Großmeisters. Ihre Besatzung durfte sich nach Tortosa zurückziehen. Im März kam die Reihe an Krak des Chevaliers, die großartige Festung der Hospitaliter. Sie wurde heftig verteidigt, musste aber am 8. April aufgeben. Eine andere Burg der Hospitaliter, Akkar, fiel am 1. Mai nach zweiwöchiger Belagerung. Hierauf marschierte Baybars weiter nach Montfort, einer Burg der Deutschordensritter, die sich am 12. Juni nach siebentägi-

ger Belagerung ergab. Es war die letzte Festung der Franken im Landesinnern.

Die in ihren Händen verbliebenen Küstenstädte wurden jetzt von
Kreuzfahrerkontingenten aus Europa unter Prinz Eduard von England
und Theobald Visconti, dem Archidiakon von Lüttich, verstärkt, der als
Legat des Papstes in London das Kreuz in St. Paul's genommen hatte. Von
besonderer Bedeutung war die Teilnahme Prinz Eduards, eines Neffen
Richards von Cornwall, Sohn und Erbe König Heinrichs III. Erst Anfang dreißig, tüchtig und tatkräftig, war Eduard von seinem Vater bewogen worden, die Gelübde zu erfüllen, die Heinrich immer erneut abgelegt, aber selbst niemals hatte erfüllen können. Er war zuerst nach Tunis
gefahren, um sich dort König Ludwig anzuschließen, war aber, als sich
herausgestellt hatte, dass Ludwig tot war, nach Sizilien weitergesegelt. Er
hielt sich dort einige Zeit bei seinem Onkel Karl von Anjou auf, um sich
dann nach Zypern und schließlich nach Akkon einzuschiffen, wo er im
März 1271, kurz nach dem Fall von Krak des Chevaliers, anlangte.

Eduard war entsetzt, als er in Outremer eintraf – nicht nur wegen der
einfachen Tatsache, dass die dortigen Truppen viel zu schwach waren, um
die Burgen im Landesinnern halten zu können, sondern vor allem
wegen des unbekümmerten Eifers, mit dem die italienischen Seerepubliken mit dem Feind Handel trieben. Die Venezianer versorgten Baybars
mit Metallen und Holz für seine Waffen und Belagerungsmaschinen und
die Genueser mit Sklaven für seine Mameluckenregimenter – und das alles mit Billigung des Hohen Rates in Akkon. Eduard musste zudem zur
Kenntnis nehmen, dass die zyprischen Ritter nicht bereit waren, auf dem
syrischen Festland zu kämpfen, und dass die Mongolen, zu denen er eine
aus drei Engländern bestehende Gesandtschaft schickte, keine substanzi-
elle Hilfe zu leisten vermochten. Da es ihm nicht geglückt war, die englischen Barone zur Teilnahme am Kreuzzug zu bewegen, sah er sich auf
seine eigenen Truppen, rund 1000 Mann, angewiesen. Das reichte für ein
paar Raubzüge auf muslimisches Territorium, konnte aber die aktuellen
Machtverhältnisse nicht im Geringsten verändern.

Das alles wusste Baybars. Und doch sah er sich, da die Mongolen immer noch eine Bedrohung im Rücken darstellten, nicht in der Lage, gegen die Küstenstriche in der Hand der Christen vorzurücken. Die Ankunft Eduards im Mai 1271 hatte ihn veranlasst, Bohemund von Tripolis
einen Waffenstillstand anzubieten, was dieser erleichtert akzeptierte. Jetzt,
ein Jahr später, erzielte man ein ähnliches Abkommen für das Königreich
Akkon. Die Unverletzlichkeit seines Territoriums sollte für die nächsten
zehn Jahre und zehn Monate garantiert sein. Aber keine Seite betrachtete das als Lösung für die Ewigkeit. Eduard erbaute einen Turm in Akkon,

den er der Obhut des von ihm gegründeten Ritterordens von St. Edward anvertraute. Sodann schiffte er sich wieder nach England ein, in der Absicht, mit stärkeren Kräften zurückzukommen. Doch als er zu Hause ankam, war sein Vater gestorben und er, Eduard, war jetzt König. Er bestieg den Thron als Eduard I.

14. Der Fall Akkons

Ein anderer in Eduards Abwesenheit von Europa zu Rang und Würden aufgestiegener Kreuzfahrer war sein Waffengefährte Theobald Visconti, Archidiakon von Lüttich. Während er sich in Akkon aufhielt, trafen zwei Emissäre aus Europa ein und brachten ihm die Nachricht, er sei zum neuen Papst gewählt worden. Nach Jahren ergebnislosen Tauziehens waren die in Viterbo versammelten Kardinäle von den Stadtpräfekten im Papstpalast eingesperrt worden. So sollten sie zu einer Entscheidung gezwungen werden. Aber erst musste man noch das Dach abdecken und sie den Unbilden der Witterung aussetzen, ja ihnen jede Nahrung vorenthalten, ehe sie sich endlich zu einer Wahl aufrafften.

Der neue Papst nahm den Namen Gregor X. an, reiste zuerst nach Viterbo und dann nach Rom – das seine zwei Vorgänger nach Möglichkeit vermieden hatten –, wo er am 27. März 1272 mit der päpstlichen Tiara gekrönt wurde. Im Geist jedoch blieb er weiter in Palästina. Er »behielt Jerusalem in lebhafter Erinnerung und setzte sich für die Rückeroberung der Stadt ein. Die Sache des Heiligen Landes war ihm ein echtes Anliegen, ja die Grundlage seiner Politik.«[305] Knapp einen Monat nach seiner Thronbesteigung berief er ein allgemeines Kirchenkonzil nach Lyon ein. Ganz oben auf der Tagesordnung stand ein neuer Kreuzzug. Der Papst bat um Vorschläge, wie man nach dem Scheitern der Tunis-Expedition Ludwigs IX. vor zwei Jahren weiter verfahren solle.

Grundbedingung für einen erfolgreichen Kreuzzug war die Befriedung der sich in Europa bekämpfenden Parteien, und Gregor X. tat alles in seiner Macht Stehende, dieses Ziel zu erreichen. Außerdem näherte er sich dem griechischen Kaiser in Konstantinopel, Michael VIII. Palaeologos mit der Einladung, Delegierte nach Lyon zu senden, um prüfen zu lassen, wie man die beiden Kirchen wiedervereinigen könne. Nach so vielen Misserfolgen wollte man nicht mehr direkt einen Kreuzzug predigen. Humbert von Romans, der fünfte Ordensgeneral der Predigermönche des Dominik Guzman, hatte seine Brüder in seinem Handbuch »De predicatione sanctae crucis« in dieser Hinsicht gewarnt. Sie müssten jetzt nicht mehr nur mit Gleichgültigkeit und feindseliger Kritik rechnen, sondern sogar »mit Spott und höhnischem Gelächter«.[306] Humbert zählte die von den Gegnern der Kreuzzüge immer wieder vorgebrachten Argumente auf, zum Beispiel, dass es mit Christi Lehren unvereinbar sei, im Namen der Kirche zu töten. »Die Zahl der Anhänger friedlicher Missionierung der Ungläubigen zur Zeit des Zweiten Konzils zu Lyon war beträchtlich.«[307] Selbst unter den Befürwortern eines neuen Kreuzzugs herrschte weitgehend Einigkeit, dass man nicht mehr eine allgemeine Mobilmachung nach Art des ersten Kreuzzugs anstreben dürfe – also kein *passagium generale* –, sondern, wie Gilbert von Tournai vorschlug, ein aus Berufssoldaten bestehendes Expeditionsheer aufstellen müsse – ein *passagium particulare*.

Nur ein einziger europäischer Monarch, König Jakob I. von Aragon, erschien auf Gregors X. Konzil von Lyon, das am 7. Mai 1274 zusammentrat. Besonders enttäuschend wirkte die Abwesenheit Eduards I. von England, des ehemaligen Waffengefährten des Papstes. Er hätte den Konzilsvätern mit seinen Erfahrungen sehr nützlich sein können. Ohne König Eduard und König Philipp III. von Frankreich war Gregor nun auf den Rat der Großmeister der Ritterorden angewiesen, Hugo Revel vom Hospital und Wilhelm von Beaujeu, der nach dem Tod Thomas Bérards im Jahr zuvor zum Großmeister des Tempels gewählt worden war.

Wilhelm war ein Karrieretempler mit beträchtlicher Kampferfahrung in Palästina und Verwaltungserfahrung im Orden. 1261 hatte man ihn während eines Beutezugs gefangen genommen und gegen Lösegeld freigelassen. Er war 1271 Templerkomtur in der Grafschaft Tripolis und zum Zeitpunkt seiner Wahl Komtur im Königreich Sizilien gewesen. Die Wahl hatte fast mit Sicherheit auf ihn fallen müssen, besaß er doch beste Beziehungen zur französischen Krone. Sein Onkel hatte Seite an Seite mit Ludwig IX. am Nil gefochten, und durch seine Großmutter väterlicherseits, Sibylle von Hainault, war er sogar mit der Familie der Kapetinger-Könige verwandt. Außerdem stellte Frankreich nicht nur die zuverlässigste europäische Hilfsquelle für das Heilige Land dar, da die französischen Könige eine ständige Rittertruppe und Armbrustschützen in Akkon bezahlten, sondern der französische Einfluss erstreckte sich jetzt, nach dem Sieg Karls von Anjou über seinen Stauferrivalen in der Schlacht von Tagliacozzo, auch übers ganze Mittelmeergebiet. Deshalb sprach sich Wilhelm von Beaujeu auf dem Konzil von Lyon gegen den Vorschlag König Jakobs I. von Aragon aus, eine Streitmacht von 500 Rittern und 2000 Mann zu Fuß als Vorhut eines *passagium generale* auf den Weg zu schicken. Scharen begeisterter, aber undisziplinierter und nur zeitweiliger Kreuzfahrer seien nicht effektiv. Erforderlich sei stattdessen erstens eine unbefristete Garnison im Heiligen Land, die immer wieder

Verstärkungen durch kleinere Kontingente berufsmäßiger Kämpfer erhalten müsse, und zweitens eine Wirtschaftsblockade Ägyptens, die die Prosperität des Landes untergrabe.

Als Vorbedingung einer solchen Blockade, führte Wilhelm von Beaujeu weiter aus, müssten die Christen die Seeherrschaft im östlichen Mittelmeer erringen, um nicht mehr von den italienischen Seerepubliken – Venedig, Genua und Pisa – abhängig zu sein. Deren Handel mit Ägypten sei einfach »zu Gewinn bringend, als dass ihn die Italiener freiwillig aufgeben würden«.[308] Die Venezianer benutzten ja sogar Akkon für ihren Handel mit Ägypten und belieferten das Land verbotenerweise mit Kriegsmaterial aus Europa. Das Konzil von Lyon machte sich diese Empfehlungen zu eigen und beauftragte die Großmeister des Tempels und des Hospitals mit dem Bau einer Kriegsflotte.

Es gab einen weiteren Grund für die Templer, Karl von Anjou zu unterstützen. Er hatte die Ansprüche auf die Krone Jerusalems von einer ernst zu nehmenden Thronprätendentin, Maria von Jerusalem, für 1 000 Pfund Gold und eine jährliche Pension in Höhe von 4 000 *livres tournois* erworben. Für die Templer und zweifellos auch für den Papst wäre ein Souverän aus dem französischen Königshaus, der in Personalunion über ein vereinigtes Königreich Sizilien und Jerusalem herrschte, bei weitem die beste politische Grundlage gewesen, um die lateinische Präsenz im Heiligen Land sicher zu stellen. Doch brachte diese Option den Orden in Konflikt mit dem einheimischen Adel des Königreichs Akkon, der die Ansprüche König Hugos von Zypern unterstützte. Als Wilhelm von Beaujeu im September 1275 nach Akkon zurückkehrte, weigerte er sich, König Hugo anzuerkennen, der seinerseits sehr aufgebracht nach Zypern heimfuhr und sich brieflich beim Papst beschwerte, die Ritterorden machten das Heilige Land unregierbar.

Karl von Anjou, der auch die Unterstützung Papst Gregors X. genoss, sandte einen Bailli nach Akkon, der in seinem Namen regieren sollte: Roger von San Severino. Der lokale Adel sah keine andere Möglichkeit, als Rogers Herrschaft zu akzeptieren, die er gemeinsam mit Wilhelm von Beaujeu ausübte. Zwei Versuche König Hugos, sich seine Position durch Expeditionstruppen zurückzuerobern – das eine Mal landeten sie 1289 in Tyrus, das andere Mal 1284 in Beirut –, wurden, vor allem mit Hilfe der Templer, vereitelt. Der Preis, den der Orden dafür zu zahlen hatte, war die Einziehung oder Zerstörung seiner Besitztümer auf Zypern, wogegen wiederum der Papst Protest einlegte.[309]

In eher eigenmächtigem Vorgehen verwickelte Wilhelm von Beaujeu seine Templer auch in einen längeren Streit zwischen Bohemund VII. von Tripolis und dessen wichtigstem Vasallen um die Hand einer reichen

Erbin, der in einen kleineren Bürgerkrieg ausartete. Ein derartig selbstmörderischer Bruderzwist zwischen den lateinischen Christen zu einem Zeitpunkt, da ihr Königreich in höchster Gefahr schwebte, schockierte die Öffentlichkeit in Europa und unterhöhlte die Autorität des Templergroßmeisters. Er kam »in den Ruf eines unzuverlässigen, parteiischen Menschen, was sich auch in späteren Urteilen über ihn und die letzten Jahre der Templer in Palästina niederschlug«.[310]

Ende März 1282 brach das ganze Fundament von Wilhelms Politik zusammen. Die Sizilianer revoltierten gegen Karl von Anjou. Es begann mit einem Tumult vor der Kathedrale von Palermo, während drinnen die Vesper gesungen wurde, und setzte sich mit einem Angriff auf die französische Garnison fort. Karl, ein arroganter, kalter Mann ohne den Gerechtigkeitssinn seines frommen Bruders Ludwig IX., hatte die Sizilianer im Allgemeinen durch seine repressive Herrschaft und die Bevölkerung Palermos im Besonderen dadurch gegen sich aufgebracht, dass er seine Hauptstadt nach Neapel verlegte. Denn das beschleunigte den bereits im Gang befindlichen wirtschaftlichen Niedergang der Stadt. Aufgehetzt von Peter III. von Aragon, dem Rivalen um den Thron Siziliens, metzelten die Bürger Palermos nach ihrer Attacke auf die französischen Soldaten vor der Kathedrale 2000 in der Stadt lebende Franzosen nieder.

Mit der Landung eines aragonesischen Heeres bei Trapani einige Monate später brach ein Krieg aus, der jede Hoffnung, den Lateinern im Heiligen Land könnte doch noch geholfen werden, zunichte machte. Der neue Papst, Martin IV., proklamierte einen Kreuzzug nicht gegen die Sarazenen, sondern die Aragonesen. Wie später im 14. Jahrhundert mehrere Kreuzzüge speziell gegen die Feinde des Papsttums gepredigt wurden, so verdarb auch dieser das Konzept des Heiligen Krieges. Nicht nur empfand es ganz Europa als Skandal, dass ein Krieg gegen die christlichen Feinde des Papstes geführt werden sollte. Es fand auch ganz bewusst eine Zweckentfremdung der Mittel statt. Am 13. Dezember 1282 autorisierte Papst Martin IV., ein Franzose mit dem Taufnamen Simon von Brie, König Philipp III. von Frankreich, 100 000 *livres tournois*, die der Pariser Tempel als Kreuzzugssteuer eingezogen hatte, zur Finanzierung des Krieges gegen Sizilianer und Aragonesen zu verwenden. Und die zehnprozentige Steuer auf die Kircheneinnahmen, die in Ungarn, Sizilien, Sardinien, Korsika, der Provence und Aragon erhoben worden war und 15 000 Goldunzen einbrachte, wurde Karl von Salerno, dem Sohn und Erben Karls von Anjou, überlassen. Die Folgen für das Heilige Land waren auch den damaligen Zeitgenossen sehr klar, jedenfalls den antipäpstlichen Propagandisten. Bartholomäus von Neocastro beschreibt, wie ein Tempelritter Papst Nikolaus IV. tadelte: »Ihr hättet dem

Heiligen Land mit der Macht der Könige und der Stärke der anderen Gläubigen Christi Entsatz bringen können. Doch ihr zogt es vor, einen christlichen König und die christlichen Sizilianer anzugreifen und Könige gegen Könige zu bewaffnen, um die Insel Sizilien zurückzugewinnen.«[311]

Im Heiligen Land selbst hatte die »Sizilianische Vesper« die Position von Karl von Anjous neuem Bailli, Odo Poilechien, unhaltbar gemacht. Die Templer unterstützten jetzt König Heinrich II. von Zypern, Sohn und Erbe König Hugos. In selten gewordener Einmütigkeit bewogen die Großmeister der Templer, Hospitaliter und Deutschordensritter Odo Poilechien, ihnen die Zitadelle von Akkon anzuvertrauen, und übergaben sie dann ihrerseits dem König. Nach weiteren sechs Wochen begab sich der Hof im Anschluss an die Krönung des jungen Königs in Tyrus wieder nach Akkon, wo man die Thronbesteigung mit von den Hospitalitern ausgerichteten Spielen, Umzügen und Turnieren feierte. Die jungen Adligen Outremers führten Ritterszenen aus den »Rittern der Tafelrunde« und Teile aus der »Königin von Femenie« auf, in denen als Frauen verkleidete Ritter in Spaßturnieren miteinander kämpfen. Das Fest dauerte zwei Wochen.

Ein Faktor, der sich bis dahin immer zum Vorteil der Lateiner in Palästina ausgewirkt hatte, war das Chaos, das dem Tod muslimischer Herrscher jeweils zu folgen pflegte – zum Beispiel nach dem Tod Saladins im Jahr 1193. Als aber Baybars 1277 starb, wurden seine untüchtigen Söhne binnen drei Jahren von Qalawun, Baybars' kompetentestem Feldherrn, abgelöst. Ein Rest von Furcht vor Karl von Anjou hatte den neuen Sultan noch gehindert, mit Gewalt gegen die Franken vorzugehen. Als dieses Motiv aber auf Grund der »Sizilianischen Vesper« 1282 wegfiel, hinderte ihn nichts mehr, Baybars' Bestrebungen, die Franken ins Meer zu werfen, wieder aufzunehmen.

1287 schickte Qalawun einen Emir zum Angriff auf Latakia, den letzten noch in christlicher Hand verbliebenen Hafen im Fürstentum Antiochia. Kein Versuch zum Entsatz wurde unternommen, und Latakia fiel nach heftigem Widerstand. 1288 nutzte Qalawun einen nach Bohemunds VII. Tod ausgebrochenen Streit über die Regierungsnachfolge in Tripolis, um heimlich zum Angriff auf die Stadt zu rüsten. Sein Plan wurde vom Emir al-Fakhri, einem vom Tempel bezahlten Agenten, verraten, und Wilhelm von Beaujeu warnte die Bürger von Tripolis in einem Brief. Die aber glaubten ihm nicht, eingedenk seiner früheren Eigenmächtigkeit und Doppelzüngigkeit, und Qalawuns Heer traf sie unvorbereitet. Als die Mameluckentruppen die Stadt stürmten, blieb der

Templerkommandant, Peter von Moncada, auf dem Posten und wurde mit allen anderen männlichen Gefangenen getötet. Frauen und Kinder gerieten in Sklaverei. Und Qalawun befahl, die Stadt dem Erdboden gleich zu machen, um jede Rückkehr der Franken auszuschließen.

Offiziell stand das Königreich Akkon noch unter dem Schutz eines Waffenstillstands. Aber Qalawun fand bald einen Vorwand, ihn zu brechen. Ein begeisterter, zuchtloser Kreuzfahrerhaufen, kürzlich aus Norditalien eingetroffen, hörte gerüchtweise, eine Christin sei von einem Sarazenen verführt worden, und reagierte mit einem Überfall auf alle Muslime in Akkon. Die lateinischen Barone und die Ritterorden taten ihr Möglichstes, diesen Pogrom zu unterbinden. Aber eine Anzahl Muslime kam ums Leben. Als Qalawun von dem Massaker erfuhr, verlangte er, dass ihm die Missetäter zur Bestrafung überlassen würden. Die Stadtbehörden sträubten sich gegen eine Auslieferung christlicher Kreuzfahrer an die Ungläubigen. Wilhelm von Beaujeu schlug vor, an ihrer Stelle alle verurteilten Verbrecher aus den Gefängnissen der Stadt zu schicken, was abgelehnt wurde. Statt dessen schickte König Heinrich Boten an Qalawun und ließ ihm sagen, bei den Missetätern handle es sich um Neuankömmlinge aus der Lombardei, die die Gesetze noch nicht gekannt hätten, und letzten Endes sei ja der Tumult von den muslimischen Kaufleuten ausgelöst worden.

Damit gab sich Qalawun jedoch nicht zufrieden. Seine Ratgeber erklärten ihm, er habe einen gerechten Grund, den Waffenstillstand zu brechen, und Qalawun befahl seinen Leuten, insgeheim einen Angriff auf Akkon vorzubereiten. Abermals machte der Emir al-Fakhri Wilhelm von Beaujeu Mitteilung von diesem Plan, und wieder glaubte man dem Templergroßmeister nicht. Verzweifelt sandte jetzt Wilhelm von Beaujeu seinen eigenen Boten zu Verhandlungen mit Qalawun nach Kairo. Qalawun bot Frieden an, wenn man ihm für jeden Einwohner Akkons eine Zechine zahle. Wilhelm leitete dieses Angebot an den Hohen Rat von Akkon weiter, der es verächtlich zurückwies. Wilhelm selbst wurde sogar des Verrats bezichtigt und beim Verlassen des Saales vom Pöbel misshandelt.

Am 4. November 1290 rückte Qalawun an der Spitze seines Heeres gegen Akkon vor, wurde aber krank und starb innerhalb einer Woche. Auf dem Thron folgte ihm sein Sohn al-Ashraf, der dem sterbenden Vater versprochen hatte, den Krieg gegen die Franken fortzusetzen. Neue Emissäre aus Akkon, unter ihnen Bartholomäus Pizan, ein Tempelritter, wurden ins Gefängnis geworfen, und im März 1291 setzten sich al-Ashrafs Heere aus Syrien und Ägypten in Marsch, um sich vor Akkon zu vereinigen. Sie führten über hundert Belagerungsmaschinen, riesige

Papst Bonifaz VIII. Fresko aus dem
13. Jahrhundert in der Kirche des
Sacro Speco (der Heiligen Grotte),
Subiaco, Italien (Archiv Weidenfeld).

Papst Bonifaz VIII. Dem Arnulf von Cambio
zugeschriebene Statue aus dem Dom von
Florenz, heute im Museo dell'Opera del
Duomo, Florenz (Archiv Weidenfeld).

Papst Clemens V., Detail aus dem
»Triumph des Thomas von Aquin«
von Andrea Buonaiuti, 1365, St. Maria Novella,
Florenz. (Archiv Weidenfeld).

König Ludwig XI. von Frankreich
als Richter. Illumination
aus dem 12. Jahrhundert von
G.Ge. de Saint Pathus in »Leben
und Wunder Ludwigs des
Heiligen« (Bibliothèque Nationale/
Bridgeman Art Library).

Kreuzfahrer unter König Ludwig XI.
beim Angriff auf Damiette im Jahr 1248.
Illumination aus dem 14. Jahrhundert
aus der »Chronik von Frankreich oder
von St. Denis« (British Library/
Bridgeman Art Library).

Kreuzfahrer vertreiben Katharer aus
Carcassonne. Illumination aus dem
14. Jahrhundert vom Meister von
Boucicaut und Werkstatt
(British Library/Bridgeman Art Library).

Die Kirche vom
Heiligen Grab in Jerusalem
(Anthony Kersting).

Originalentwurf für den Wiederaufbau der heiligen Grabeskirche nach der Eroberung Jerusalems
durch die ersten Kreuzfahrer (Archiv Weidenfeld).

Die Festung Krak des Chevaliers in Syrien, von 1144–1271
im Besitz der Ritter des Hospitals von St. Johannes (Johanniter) (Archiv Weidenfeld).

Die Templerfestung Monzon in Aragon (Huesca, Aragon/Bridgeman Art Library).

Wilhelm von Clermont verteidigt Akkon im Jahr 1291. Gemälde des 19. Jahrhunderts
von Dominique Louis Papety (Château de Versailles/Lauros-Giraudon/Bridgeman Art Library).

König Philipp IV. von Frankreich, »der Schöne«, mit seinen vier Kindern und seinem Bruder Karl von Valois. Illumination aus dem 14. Jahrhundert (Bibliothèque National/Bridgeman Art Library).

Verbrennung der Templer. Illumination aus dem 14. Jahrhundert aus der »Chronik von Frankreich oder von St. Denis« (British Library/Bridgeman Art Library).

JACQUES DE MOLAY, chef des Templiers
(XIIIᵉ SIÈCLE)

Jakob von Molay, letzter
Großmeister der Templer.
Kupferstich aus dem 19. Jahr-
hundert von Ghevauchet
(Privatsammlung/Roger Viollet/
Bridgeman Art Library).

Der Templer-Donjon in Paris,
wo König Ludwig XVI. vor seiner
Hinrichtung im Jahr 1793 in
Gewahrsam gehalten wurde.
Kupferstich aus dem 18. Jahrhundert
(Bibliothèque National/Bulloz/
Bridgeman Art Library).

Die Templerfestung Almourol am Tejo in Portugal.

Rundkapelle oder Rotunde der
Templerfestung Tomar in Portugal,
erbaut 1160 von Gualdim Pais, dem
portugiesischen Ordensmeister.

Der Autor vor dem Kloster und der Rotunde
der Templerfestung in Tomar.

Katapulte und Mangonas mit sich. Am 5. April traf al-Ashraf selbst vor den Mauern Akkons ein. Die Belagerung begann.

Die Christen in Europa wussten seit gut sechs Monaten von den Plänen der Muslime in Bezug auf Akkon. Aber wenig war geschehen, um die Truppen im Heiligen Land zu verstärken. Die Ritterorden hatten Ritter aus Europa kommen lassen, König Eduard I. hatte einige Ritter unter Otto von Grandson geschickt und König Heinrich ein Kontingent aus Zypern. Insgesamt bestand die Streitmacht der Christen aus höchstens tausend Rittern und 14 000 Soldaten zu Fuß, darunter die undisziplinierten Lombarden. Die Stadt hatte etwa 40 000 Einwohner, und jedem waffenfähigen Mann wurde sein Platz auf den Wällen zugewiesen. Im Norden lag die Vorstadt Montmusard, geschützt von einer doppelten Mauer mit Graben. Zwischen Montmusard und Akkon selbst befand sich ein weiterer Graben mit Mauer, die befestigte, von prominenten Kreuzfahrern wie Prinz Eduard von England erbaute Türme miteinander verband.

Jedem Kontingent der Verteidiger wurde ein Mauerabschnitt zugeteilt. Die Templer unter Wilhelm von Beaujeu bemannten den nördlichsten Abschnitt, von wo aus die Wälle von Montmusard zum Meer hin verliefen. Neben den Templern standen die Hospitaliter, und am Schnittpunkt der Mauer von Montmusard mit der von Akkon die königlichen Ritter unter dem Kommando Amalrichs, des Bruders des Königs, verstärkt durch die Deutschordensritter. Dann kamen die Franzosen, die Engländer, die Venezianer, die Pisaner und schließlich die Truppen der Stadt Akkon.

Am 6. April begann die Belagerung mit einem Bombardement durch die Katapulte und Schleudermaschinen des Sultans. Gedeckt von dichtem Pfeilhagel schoben die Mamelucken ihre Maschinen heran, um Türme und Mauern zu unterminieren. Mit Proviant waren die Christen von der See her ausreichend versehen, doch knapp waren Waffen und Soldaten zur Bemannung der Wälle. In der Nacht auf den 16. April unternahm Wilhelm von Beaujeu mit einigen Rittern einen Ausfall gegen das muslimische Lager. Aber nach anfänglichen Erfolgen verhedderten sich die Ritter in den Halteseilen der Zelte und wurden in die Stadt zurückgedrängt. 18 Tote blieben auf dem Platz. Am 8. Mai stand der erste von den muslimischen Ingenieuren unterminierte Turm kurz vor dem Einsturz. Die Besatzung sah sich gezwungen, ihn in Brand zu setzen und sich zurückzuziehen.

In der darauf folgenden Woche fingen andere Türme zu bröckeln an. Am 16. Mai drangen die Mamelucken energisch gegen das St. Antons-Tor vor und wurden von den Templern und Hospitalitern zurückgeschlagen. Am 5. Mai erfuhr Wilhelm von Beaujeu, während er sich ausruhte, die Mamelucken hätten den »Fluchturm« erobert. Ohne erst seine ganze Rüstung anzulegen, sprang er auf, um mit seinen Leuten einen Gegenangriff zu führen, wurde aber zurückgedrängt und verwundet. Seine Templerbrüder trugen ihn zurück in die Templerfestung am Südwestende der Stadt. Er starb noch in der Nacht.

Der Marschall der Hospitaliter, Matthäus von Clermont, der Wilhelm von Beaujeu begleitet hatte, kehrte in die Schlacht zurück und fiel ebenfalls. Auch der Großmeister der Hospitaliter, Johann von Villiers, wurde verwundet, jedoch nicht tödlich. Seine Brüder brachten ihn auf eine Galeere im Hafen. Auf den Kais herrschte größte Verwirrung, da alle, die dazu in der Lage waren, die dem Untergang geweihte Stadt zu verlassen strebten. König Heinrich und sein Bruder Amalrich setzten Segel nach Zypern. Otto von Grandson und Johann von Grailly requirierten ein Schiff. Verzweifelte Flüchtlinge sprangen ins Wasser und schwammen zu den vor der Küste liegenden Galeeren. Nikolaus von Hanape, der Patriarch, nahm so viele Schwimmer in das Boot auf, das ihn zu einer Galeere bringen sollte, dass das kleine Fahrzeug kenterte und der Patriarch ertrank.

Roger de Flor, Kommandant einer Templergaleere, begründete seine Karriere als künftiger Pirat, indem er von den reichen Matronen Akkons horrende Summen für einen Platz auf seinem Schiff erpresste. Schließlich schnitten die Mamelucken den Hafen von der Stadt ab. Sie erkämpften sich ihren Weg durch die Straßen und erschlugen unterschiedslos Männer, Frauen und Kinder. Wer sich im Haus versteckte, um das Ende der Kämpfe abzuwarten, geriet in Gefangenschaft und wurde versklavt. So viele waren es, dass der Preis für ein Mädchen auf dem Sklavenmarkt in Damaskus auf eine Drachme fiel und viele »Frauen und Mädchen für immer in den Harems der Mamelucken-Emire verschwanden«.[312]

Am 18. Mai befand sich ganz Akkon in Händen der Muslime außer der Templerfestung am Seeende der Stadt. Dort hielten die restlichen Templer unter ihrem Marschall Peter von Sevrey, zusammen mit Zivilisten, die hinter den dicken Mauern Zuflucht gesucht hatten, die Stellung. Aus Zypern kamen Galeeren, um sie zu verproviantieren. Ihre derzeitige Stärke reichte noch aus, um Sultan al-Ashraf zu einem Verhandlungsangebot zu veranlassen. Man vereinbarte, dass die Templer die Festung übergeben sollten, um im Gegenzug freien Abzug zu erhalten. Sie sollten sich mit allen Insassen der Gebäude und allen Habseligkeiten ungehindert einschiffen können. Doch als der Auszug begann, versuchten sich ein Emir und hundert Mamelucken, die man zur Überwachung des Waffenstillstands akzeptiert hatte, sofort des Eigentums der Zivilisten zu bemächtigen und misshandelten Frauen und Kinder der Christen. Da gerieten die Templer in Zorn, töteten die Mamelucken und rissen das Banner des Sultans vom Turm, auf dem es die Feinde aufgepflanzt hatten.

In dieser Nacht erhielt der Templerkommandant, Theobald Gaudin, vom Marschall Peter von Sevrey Befehl, im Schutz der Dunkelheit mit dem Schatz des Ordens und einigen Zivilisten an Bord eines Schiffs zu gehen und zur Templerfestung in Sidon zu fahren. Am Morgen verlangte Sultan al-Ashraf neue Verhandlungen über die Kapitulation der Templer. Der Marschall Peter von Sevrey verließ nach Zusicherung freien Geleits mit einer kleinen Schar Tempelritter die Festung, um mit dem Sultan Gespräche zu führen. Aber als sie im Lager des Sultans anlangten, wurden sie ergriffen und enthauptet. Die noch hinter den Wällen verbliebenen Männer schlossen die Tore und erwarteten den letzten Angriff der Muslime. Am 28. Mai wurde ein Teil der landeinwärts gelegenen Mauer unterminiert, die Mamelucken drangen durch die Bresche ein. Die letzten Verteidiger wurden überwältigt und niedergemacht. Akkon war gefallen.

In Sidon wählte man Theobald Gaudin als Nachfolger Wilhelms von Beaujeu zum Großmeister. Er war ein erfahrener Soldat, der seit 30 Jahren im Heiligen Land gedient hatte, zuerst als Turkopolier des Ordens, dann als Kommandant von Akkon. Er blieb nach dem Fall Akkons einen Monat in Sidon und zog sich, als ein Mameluckenheer vor der Stadtmauer auftauchte, mit der Templerbesatzung in die Zitadelle vor der Küste zurück. Auch Tyrus hatte sich schon den Mamelucken ergeben, während Akkon auf Befehl des Sultans systematisch zerstört worden war. Das Portal der St. Andreas-Kirche brachte man als Trophäe des ruhmreichen Sieges al-Ashrafs nach Kairo.

Immer noch zum Widerstand entschlossen, segelte jetzt Theobald Gaudin nach Zypern, um Verstärkungen zu holen. Den Schatz des Ordens nahm er mit. Aber er kam nicht zurück. Die Templer erhielten nämlich von ihren Brüdern in Zypern den Rat, Sidon aufzugeben. Auch sahen sie, dass die Mamelucken einen Damm zur Festung hinüber bauten, weshalb sie die Burg verließen und küstenaufwärts nach Tortosa fuhren. Haifa fiel am 30. Juli, Beirut tags darauf. Die Wälle der Stadt wurden geschleift, die Kathedrale in eine Moschee umgewandelt. Am 3. August räumten die Templer Tortosa und elf Tage später ihre größte Festung, die uneinnehmbare Pilgerburg. Sie hielten nur noch ihre Besatzung auf der Insel Ruad, 4 Kilometer vor der Küste bei Tortosa.

Hier befand sich dann noch 12 Jahre lang eine Templergarnison. In dieser Zeit verheerten die Muslime die Städte und das Land an der Mittelmeerküste. In kürzester Zeit waren von aller Herrlichkeit der Franken auf dem Festland Asiens nur noch sandbedeckte Ruinen übrig.

III.

Der Untergang der Templer

15. Der Tempel im Exil

Der Fall Akkons, obwohl lange vorausgesehen, kam wie ein Schock über die Christenheit im Abendland und trieb die Pläne Papst Nikolaus' IV. für einen neuen Kreuzzug voran. Dieser Kreuzzug war etwa zwei Monate, bevor die Hiobsbotschaft Europa erreichte, am 29. Mai 1291 ausgerufen worden, was dadurch ermöglicht wurde, dass einen Monat zuvor der sizilianische Konflikt im Vertrag von Brignoles bereinigt worden war. Führer sollte der englische König Eduard I. sein, der sich, nachdem er sich mit den Walisern geeinigt hatte, endlich in der Lage fühlte, seine lang gehegte Absicht in die Tat umzusetzen und an der Spitze eines Heeres ins Heilige Land zu ziehen. Das Datum für die Abfahrt wurde auf das Fest Johannes des Täufers, den 24. Juni 1293, festgesetzt.

Man war damals keineswegs der Meinung, dass der Fall Akkons das Ende der lateinischen Präsenz im Heiligen Land bedeutete. Weit verbreitet war vielmehr die Überzeugung, die Mongolen würden noch zur Rettung der Christen herbeieilen. Einige der zum Zweiten Konzil von Lyon delegierten Mongolen hatten sich nämlich zum Christentum bekehrt, was die Hoffnung nährte, es könnten auch andere ihrem Beispiel folgen. Und da der Wunsch der Vater des Gedankens ist, hatte Papst Nikolaus IV., der erste Franziskaner auf dem Stuhl des heiligen Petrus, schon einen Franziskanermissionar namens Giovanni di Monte Corvino als Gesandten an den Hof des Großen Kublai Khan geschickt. Außerdem besaßen die Christen noch das Fürstentum Kilikisch-Armenien auf dem asiatischen Festland, und Zypern befand sich weiterhin in den Händen der Franken. Die Strategie des Papstes bestand nun darin, dass er vor dem Kreuzzug König Eduards diese Vorposten der

Christenheit stärken und Ägypten durch eine Seeblockade schwächen wollte.

Gegenseitige Schuldvorwürfe wegen Akkon erklangen, verglichen mit der Kakophonie nach dem Scheitern besonders des zweiten Kreuzzugs, nur sehr gedämpft. Man beschuldigte die Lombarden, dass sie Qalawun einen Vorwand zum Bruch des Waffenstillstands gegeben hätten. Man verwies auf die Sünden und Dekadenz der Einwohner Outremers. Und das einfache Volk kritisierte unterschiedslos *alle* Führer der Christenheit wegen ihres ständigen Zögern und Zauderns. »Weine laut, Tochter Zion«, schrieb der Autor einer Abhandlung »De Excidio Urbis Acconis« (Der Fall der Stadt Akkon),

> »weine laut über deine Oberhäupter, die dich im Stich gelassen haben. Weine laut über deinen Papst, deine Kardinäle, Prälaten und Priester der Kirche. Weine laut über die Könige, Fürsten, Edlen, die christlichen Ritter, die sich große Kämpfer nennen, aber … diese Stadt voller Christen schutzlos preisgegeben haben, allein gelassen wie ein Lamm unter Wölfen.«[313]

Man stellte außerdem der laxen Moral der Christen den religiösen Eifer der Muslime gegenüber. Trotzdem wäre Gott der Herr zur Schonung Sodoms bereit gewesen, hätten sich nur zehn Gerechte in der Stadt gefunden. Und in Akkon befanden sich, ungeachtet aller Dekadenz, doch gewiss weit mehr als zehn. Dreißig Dominikanerbrüder in der Stadt waren nach deren Fall von den Mamelucken getötet worden. Und ein anderer ihrer Brüder, der Dominikanermissionar Ricoldo von Monte Croce, der sich währenddessen in Bagdad aufhielt, litt schwer unter dem Hohn der Muslime: Die Unfähigkeit Christi, seine Christen zu retten, beweise doch klar, dass er nur ein Mensch, kein Gott gewesen sei. »Auch Juden und Mongolen verspotteten die Christen [...]. Viele Christen zogen die äußerste Konsequenz daraus und traten zum Islam über.«[314]

In der Kasbah stieß Ricoldo auf Gegenstände aus einer in Akkon geplünderten Kirche und kaufte ein Messbuch und ein Exemplar der von Papst Gregor dem Großen verfassten »Sittenlehre Hiobs«. Er fühlte sich am Rand der Verzweiflung. Mohammed hatte im Vaterland Christi gesiegt! Und rings um ihn, Ricoldo, nichts als Abtrünnigkeit und feige Unterwerfung! Priester waren abgeschlachtet, Nonnen zu Konkubinen erniedrigt worden, und »wenn die Sarazenen so weitermachen wie jetzt schon seit zwei Jahren in Tripolis und Akkon, wird es in ein paar Jahren auf der ganzen Welt keinen Christen mehr geben«.

In Europa, wo man keinen Spott der Muslime erleiden musste und vom Schicksal der Christen in Asien nur vom Hörensagen wusste, wagte niemand, Christus selbst zum Südenbock zu machen. Aber viele sparten nicht mit Kritik an den italienischen Seerepubliken und den Ritterorden. Johann von Villiers, Meister des Hospitals, der verwundet und nach Zypern in Sicherheit gebracht worden war, schrieb an Wilhelm von Villaret, den Hospitaliterprior von Saint-Gilles, in einem Ton, der erkennen lässt, dass er sich der herrschenden öffentlichen Meinung sehr wohl bewusst war. Man war nämlich der Ansicht, er hätte sich auf seinem Posten töten lassen sollen.[316] Und der Heldentod Wilhelms von Beaujeu vermochte den an ihm haftenden Makel doch nicht ganz zu löschen: Er sei ja doch eine Hauptursache für die Uneinigkeit im lateinischen Königreich gewesen. Papst Nikolaus IV. erklärte öffentlich, die Streitigkeiten zwischen Tempel und Hospital hätten zum Fall Akkons erheblich beigetragen, weshalb die beiden Orden unbedingt zusammengelegt werden müssten. Diese Forderung wurde von fast allen nach 1291 stattfindenden Kirchenkonzilen aufgegriffen und noch durch eine andere ergänzt, wie sie etwa auf dem Konzil von Canterbury erhoben wurde, das im Februar 1292 im Londoner Templerquartier zusammentrat: dass nämlich ein neuer Kreuzzug aus dem Fundus der beiden Orden bezahlt werden müsse. Doch Nikolaus IV. starb 1293, und mit ihm verschwanden die festen Pläne für einen neuen Kreuzzug von der Tagesordnung.

Der Vorschlag, Tempel und Hospital zu vereinigen, wurde von den beiden Orden selbst schlecht aufgenommen. Keiner wollte seine Autonomie preisgeben, und beide hatten das Gefühl, dass sie für andere, die Akkon hatten hängen lassen, büßen sollten. Beide glaubten auch, jeder zwangsweisen Zusammenlegung die Stirn bieten zu können, und hielten sich für unentbehrlich bei künftigen Kreuzzügen. Nichtsdestoweniger lag ihre Daseinsberechtigung eben in der Verteidigung des Heiligen Landes, und obwohl ihre Tapferkeit bei der Verteidigung von Akkon zu ihren Gunsten sprach, war die kampflose Preisgabe von Sidon und Pilgerburg ihrem Ansehen nicht förderlich – mochte sie auch strategisch noch so sehr zu rechtfertigen sein.

In prophetischer Voraussicht hatte der Deutschritterorden nach dem Fall Akkons sein Hauptquartier zunächst nach Venedig, dann, 1309, nach Preußen in die Marienburg verlegt. Von da an kämpfte er ausschließlich gegen die heidnischen Prussen und Litauer. Das Hospital zog sich wie der Tempel zunächst nach Zypern zurück, wo es über ausgedehnte Besitzungen verfügte, und gründete 1292 seinen Konvent in Limassol. Doch seit die Hospitalritter auf Anordnung des Zweiten Konzils von Lyon ihre

Galeerenflotte wegen der geplanten Blockade Ägyptens vergrößert hatten, hielten sie nach einem Stützpunkt außerhalb der Jurisdiktion des Königs von Zypern Ausschau. Und das Auge ihres Großmeisters Fulko von Villaret, 1305 gewählt, fiel auf die Insel Rhodos.

Nominell immer noch Teil des Byzantinischen Reiches, war Rhodos in den letzten 30 Jahren von genuesischen Freibeutern beherrscht worden. Denn es existierte in der Ägäis kein legitimer Souverän mehr. Südgriechenland stand immer noch unter der Herrschaft lateinischer Fürsten, Kreta und einige ionische Inseln unter der der Venezianer. Man machte kaum einen Unterschied zwischen Händlern und Piraten oder Söldnern und Seeräubern. Im März 1302 zahlte der Tempel auf Zypern ein Lösegeld von 45 000 Silberstücken für die Freilassung Guidos von Ibelin mit seiner Familie, die von Piraten direkt aus ihrer Burg auf Zypern geraubt worden waren.

Ein gutes Bild von dem damals im Mittelmeergebiet herrschenden Chaos lässt sich an Hand der Karriere Rogers de Flor gewinnen, des Templers, der die Matronen von Akkon so ungeniert um hohe Beträge erleichtert hatte, als sie Plätze auf seiner Galeere suchten. Angeblich der Sohn Richards von der Blume, des Falkners Kaiser Friedrichs II., musterte Roger nach dem Fall der Staufer als Achtjähriger im Hafen Brindisi auf einer Templergaleere als Kajütenjunge an. Er latinisierte seinen Namen in Roger de Flor, wurde Templer und stieg zum Kommandanten einer Galeere, die *Falke*, auf.

Wegen seines Verhaltens bei Akkon aus dem Orden ausgestoßen, ging er an Bord eines Schiffes nach Marseille, begab sich dann weiter nach Genua und erhielt dort das Kommando über eine neue Galeere, die *Olivetta*. Er erwarb sich gewaltige Schätze erst als Pirat, dann als Anführer eines in Sizilien fechtenden katalanischen Söldnerhaufens und hatte 1302 den Oberbefehl über eine Flotte von 32 Galeeren und Frachtschiffen mit 2 500 Bewaffneten an Bord inne. Dies alles stellte er dem byzantinischen Kaiser Andronikos Palaeologos zur Verfügung. Als Gegenleistung hatte er sich die Hand von dessen Nichte Maria, den Titel eines *megas dux* und für seine katalanische Kompanie das Doppelte des üblichen Soldes ausbedungen. Nach einem siegreichen Feldzug gegen die Türken in Anatolien wurde Roger ermordet. Seine katalanische Kompanie übernahm im Jahr 1311 das Herzogtum Athen, wo sie sich 77 Jahre lang halten konnte.[317]

Roger de Flor war einer der wenigen abtrünnigen Templer, von denen die Geschichte berichtet. Sein rascher Aufstieg und jäher Fall zeigt, mit welcher relativen Leichtigkeit sich ein gut organisiertes Kampfcorps damals ein Herrschaftsgebiet seiner Wahl aus dem großen Kuchen herausschneiden konnte. Auch ein Trupp Hospitaliter zog Vorteil aus dieser anarchischen Situation, als er im Juni 1306 auf Rhodos landete und sich schon Ende des Jahres in den Besitz der Hauptstadt Filermo setzte. 1307 bestätigte Papst Clemens V. diese Erwerbung, wodurch die Hospitalritter, obwohl sie noch drei Jahre brauchten, um sich die ganze Insel zu unterwerfen, zu legitimen Herren eines gut befestigten autarken Fürstentums wurden, das ihnen Unabhängigkeit von jedem fremden Einfluss garantierte.

Die Templer waren nicht so klug. Sie hatten große Besitzungen auf der Insel Zypern, darunter eine Festung nördlich von Famagusta und befestigte Türme in Limassol, Yermasoyia und Khirokitia, waren aber nicht stark genug, die ganze Insel zu kontrollieren oder auch nur zu dominieren. Ja, König Heinrich von Zypern hatte sie sogar dafür bestraft, dass sie Karl von Anjou bei seinem Anspruch auf die Krone Jerusalems unterstützt hatten, und ihr Ordenshaus in Limassol beschlagnahmt. Es wurde ihnen erst nach der Intervention Papst Martins IV. in den achtziger Jahren des 13. Jahrhunderts zurückgegeben.

Ihre Beziehungen zum König von Zypern blieben erst recht nach dem Fall Akkons gespannt, als sie ihr Hauptquartier nach Zypern verlegten. König Heinrich II. war gar nicht begeistert über die vielen Templer, Templersergeanten und -hilfstruppen, die sich jetzt in seinem Land aufhielten. An dem in Nikosia nach der großen Katastrophe abgehaltenen Generalkapitel nahmen schon 400 Templerbrüder teil. Und im Jahr 1300 war der Orden wieder in der Lage, 120 Ritter, 500 Bogenschützen und 400 Knappen zur Verstärkung seiner Garnison auf die Insel Ruad zu schicken. Wie stets erregten auch auf Zypern die Templer Unmut wegen ihrer Privilegien und Exemptionen. 1298 schickte König Heinrich II. eine Gesandtschaft zum Papst, um sich über das Verhalten des Ordens zu beschweren. Und als er 1306 von den zypriotischen Baronen zu Gunsten seines Bruders Amalrich zur Abdankung gezwungen wurde, gehörten die Templer zu jenen, die gegen ihn gewühlt hatten.[318]

Die Leitung des Ordens war damals von Theobald Gaudin, der im April 1293 gestorben war, in die Hände eines neuen Großmeisters, Jakob von Molay, übergegangen. Er stammte aus dem Kleinadel der Franche-Comté, einem Teil des postkarolingischen mittleren Reichs Lotharingien, das dem Orden viele Ritter geschenkt hatte, war der Sohn Johanns von Longwy und von Mutterseite her mit der berühmten Familie Rohan verwandt. Den Namen »von Molay« leitete er von einem Gut in der Diözese Besançon ab und war 1265 im burgundischen Beaune von zwei hohen Würdenträgern, Humbert von Pairaud, Ordensmeister in England, und Amalrich von La Roche, Ordensmeister in Frankreich, in den

Orden aufgenommen worden. Einen Großteil seiner Laufbahn hatte er in Outremer zurückgelegt. Ob er bei der Belagerung Akkons mitkämpfte, ist nicht bekannt.

Nach dreißig Jahren im Orden verfügte Jakob von Molay sicher über große Erfahrung und besaß wohl auch besondere Qualitäten. Andererseits war er etwas phantasielos und unflexibel. Es fehlte ihm die Beweglichkeit zum Beispiel des Großmeisters der Hospitaliter, Fulko von Villaret. Die einzige Aufgabe, die er sich für den Tempel vorstellen konnte, war die Rolle der Vorhut bei der Wiedereroberung des Heiligen Landes. Zu diesem Zweck hielt er hartnäckig die Garnison auf der Insel Ruad und ließ Ritter und Sergeanten aus Europa kommen, um die bei Akkon gerissenen Lücken wieder aufzufüllen.

1294 reiste Jakob von Molay nach Europa, um für seinen Orden zu werben. So hielt er sich zum Beispiel in Rom auf, in jenem einmaligen Augenblick der Geschichte der römisch-katholischen Kirche, als zum ersten und letzten Mal ein Papst, Coelestin V., abdankte. Einer der Kardinäle folgte ihm als Bonifaz VIII. auf dem Heiligen Stuhl. Von Rom zog von Molay weiter nach Mittelitalien, dann nach Paris und London. Teils persönlich, teils brieflich hielt er Kontakt zu allen Monarchen Westeuropas. Besonders herzliche Beziehungen verbanden ihn mit König Eduard I. von England, der ihm 1302 schrieb, nur Kriege in Frankreich und Schottland hätten ihn bisher »von einer Fahrt nach Jerusalem abgehalten, die er einst gelobt hatte [...] und an diese Reise habe er sein ganzes Herz gehängt«.[319] Eduard gewährte dem Orden eine Ausnahme vom Geldexportverbot, sodass die vom Londoner Tempel gesammelten Beträge nach Zypern geschickt werden konnten.

Auch Jakobs von Molay Lobbyarbeit in Rom erwies sich als fruchtbar. Der neue Papst, Bonifaz VIII., erließ eine Bulle des Inhalts, dass der Tempel auf Zypern die gleichen Privilegien und Freistellungen genießen sollte wie damals im Heiligen Land. Und Karl II. in Neapel ordnete an, dass Lebensmittelexporte der Templer aus süditalienischen Häfen, soweit sie den Zwecken des Ordens dienten, steuerfrei sein sollten. Man baute Frachtschiffe speziell für die Ladungen der Templer, und 1293 kaufte der Orden sechs Galeeren von Venedig. Sie waren Bestandteil einer Flotte, die im Juli 1300 eine Anzahl Raubzüge an den Küsten Ägyptens und Syriens unternahm und im November eine aus 600 Rittern bestehende Truppe nach Ruad, dem Stützpunkt für einen Angriff auf Tortosa, transportierte.

Die Rückkehr ins Heilige Land war als kombinierte Operation geplant, an der auch die Mongolen unter dem Il-khan Ghazan und die Armenier unter König Hetoum teilnehmen sollten. Doch als deren

Heere im Februar 1301 bei Tortosa anlangten, hatten die lateinischen Truppen schon die Geduld verloren und waren wieder nach Zypern abgezogen. Die Templer legten weitere Befestigungen und Vorräte auf Ruad an. Als aber die Mamelucken in Ägypten sahen, dass hier eine mögliche Basis zur Wiedereroberung Palästinas entstand, schickten sie eine 16 Galeeren starke Flotte und belagerten die Insel. Die Besatzung leistete Widerstand, bis ihr der Hungertod drohte. Da handelte der Kommandant, Bruder Hugo von Dampierre, freies Geleit gegen die Übergabe der Festung aus. Aber wieder brachen die Mamelucken ihr Wort, und die Templer wurden entweder getötet oder zu Gefangenen gemacht. Reisende berichteten später, sie hätten in Kairo in elender Armut lebende Tempelritter, ja noch im Jahr 1340 Templer am Toten Meer gesehen, die als Holzfäller arbeiteten.

Der Angriff auf Tortosa geschah auf dem Höhepunkt einer Welle der Begeisterung für einen neuen Kreuzzug, den man im Abendland greifbar nahe sah. Dabei war den Ritterorden die Führungsrolle zugedacht, galten sie doch »als der wichtigste Faktor bei jedem Kreuzzugsprojekt«.[320] Fast das ganze Jahr 1300 über herrschte in der päpstlichen Kurie ein recht voreiliger Optimismus. Man glaubte, Jerusalem sei vom mongolischen Il-khan Ghazan erobert worden und werde demnächst den Christen zurückgegeben. Die Spekulation war nicht völlig aus der Luft gegriffen. Denn in der ersten Hälfte des Jahres 1300 gab es in der Tat keine Mameluckentruppen in Syrien mehr, und die Mongolen beherrschten das Heilige Land. Trotzdem handelte es sich um bloßes Wunschdenken, weil im Jahr darauf die Mamelucken doch zurückkehrten.

Nach dem Fall Ruads richteten sich aller Hoffnungen für einen erfolgreichen Kreuzzug wieder einmal auf den König von Frankreich. 1285 hatte Philipp IV. den Thron bestiegen, als sein Vater Philipp III. während des »Kreuzzugs« von Papst Martin IV. gegen die Aragonesen an Fieber gestorben war. Philipp IV., der diesem Krieg gegen den verstorbenen Bruder seiner Mutter wenig Geschmack abgewinnen konnte, schloss sofort nach seiner Thronbesteigung Frieden mit Aragon und konzentrierte sich auf die Modernisierung der königlichen Verwaltung Frankreichs. In dieser Frühphase seiner Regierung zeigte er wenig Interesse an einem neuen Kreuzzug und bat im Dezember 1290 Papst Nikolaus IV., ihn vom Erbe seines Vaters, dem Wächteramt für das Heilige Land, zu entbinden.

Wie Kaiser Friedrich II. hatte Philipp IV. als Kind sehr unter dem frühen Tod seiner Mutter gelitten. Auch seinen Vater sah er nur selten, und als eine intrigante Stiefmutter, Maria von Brabant, in sein Leben trat – er war erst sechs Jahre alt –, fühlte er sich noch unsicherer, ja gefährdet. Denn nach dem Tod seines Bruders Ludwig zwei Jahre später munkelte man, Maria von Brabant habe ihn vergiftet und wolle sich auch ihrer anderen Stiefsöhne auf ähnliche Art entledigen. Immer mehr flüchtete sich Philipp in eine misstrauische Frömmigkeit und nahm sich seinen frommen Großvater Ludwig IX. zum Vorbild.

Als Sechzehnjähriger wurde er mit der Gefährtin seiner Kindheit, Johanna von Navarra, verheiratet, die ihm nicht nur Navarra, sondern auch die Champagne als Mitgift zubrachte. Ein Jahr darauf wurde er König. Er war das elfte Glied der 987 von Hugo Capet begründeten Dynastie der Kapetinger und ganz durchdrungen von dem erhabenen Ideal des Königtums, das nicht nur seine Familie, sondern auch die Höflinge und Kirchenleute seiner Umgebung beseelte. Für das Konzil von Sens war er der »allerchristlichste« König von Frankreich und für Ägidius von Rom »mehr als ein Mensch, vollkommen göttlich«.[321]

Seine Frömmigkeit war echt. Mittels verschiedener Bußübungen, zum Beispiel durch das Tragen eines härenen Hemdes, versuchte er sein Fleisch abzutöten. Ein großer, stattlicher, zurückhaltender Mann mit schönen Haaren und blassem Gesicht, was ihm den Beinamen »der Schöne« eintrug, war der französische König ein geschickter Jäger und galt als vollendeter Ritter. Nur Bernhard Saisset, Bischof von Pamiers, gab zwar zu, dass Philipp »seinem Äußeren nach allen Männern der Welt überlegen« sei, meinte aber, seine distanzierte Art solle nur die »Leere in seinem Kopf« verbergen. Er »konnte nichts, außer wie eine Eule die Menschen anzustarren, die zwar auch schön anzusehen, aber sonst zu nichts nütze ist«. Derartige Bemerkungen führten 1301 zur Verhaftung des Bischofs. Er wurde der Gotteslästerung, Zauberei, Ketzerei, Simonie, Unzucht und des Verrats angeklagt. Ein moderner Historiker sieht in Philipp eine sehr komplizierte, wenig anziehende Persönlichkeit – »einen pedantischen, moralsauren, skrupulösen, humorlosen, sturen, aggressiven, rachsüchtigen Menschen, in ständiger Furcht vor den ewigen Strafen für zeitliche Sünden lebend«.[322]

Philipps Ehe mit Johanna von Navarra verlief glücklich. Johanna war eine fleißige Frau mit starkem Willen und verehrte Ludwig IX., den Großvater ihres Gatten, von ganzem Herzen. Sie und ihre Mutter wurden zu Feindinnen Guichards, des Bischofs von Troyes, der, als Johanna im April 1305 starb, angeklagt wurde, sie durch Zauberei und schwarze Magie ermordet zu haben. Philipp wurde durch ihren Tod tief getroffen und heiratete nicht mehr.

Er erbte nicht nur die Frömmigkeit seiner Vorfahren, sondern auch die Politik der Kapetingerkönige, ihr Reich um jeden Preis auf Kosten der umliegenden Herrschaftsgebiete, etwa Toulouse, zu vergrößern und innerhalb ihres Reiches die königlichen Befugnisse auf Kosten des Adels, der Städte und der Kirche zu erweitern. Spätere Historiker, aber auch schon Philipps Zeitgenossen, hatten Probleme, einzuschätzen, wie stark er von den ihn umgebenden Ministern beeinflusst wurde, die ihn in seiner Politik noch bestärkten und die absolutistische Ideologie, von der seine Herrschaft geprägt war, untermauerten. Diese Minister entstammten dem aufsteigenden Stand der Rechtsgelehrten, den *légistes*, die weder der Kirche noch dem Adel etwas verdankten und deren Macht ausschließlich von der Gnade des Königs abhing. Zwischen 1290 und 1300 war der angesehenste dieser Minister Peter Flote, Siegelbewahrer und Chef der königlichen Kanzlei. Nach seinem Tod im Jahr 1302 ging dieses Amt auf Wilhelm von Nogaret über, einen Juristen aus der Nähe von Saint-Félix-de-Caraman in der Grafschaft Toulouse.

Über die Herkunft und ersten Jahre Wilhelms von Nogaret ist wenig bekannt, was einige Historiker zu der Vermutung veranlasst hat, er habe etwas zu verbergen gehabt, vielleicht seine Abstammung von den Katharern. »Mehrere Chronisten haben die Vermutung geäußert, Wilhelms Vater, Mutter und mehrere Verwandte seien wegen Ketzerei verbrannt worden.«[323] Seine Heimatstadt Saint-Félix-de-Caraman war in der Tat der Ort, wo der »Katharerpapst« Niketas 1167 ein Konzil abgehalten hatte. Aber ob Nogaret aus einer Ketzerfamilie stammte oder nicht und wenn ja, ob eine unterschwellige Sympathie mit den unterlegenen Katharern zu seinen Ressentiments gegenüber der katholischen Kirche geführt haben könnte, bleibt Sache der Spekulation. Jedenfalls wäre es sehr unklug von ihm gewesen, irgendeine Sympathie für Häretiker zu zeigen, ja es war ersprießlicher für ihn, in Anbetracht von König Philipps Frömmigkeit eher eine gewisse Abwehrhaltung gegen die Ketzer zu demonstrieren und seinen Herrn als den »allerkatholischsten« König und Nachfahren »glühender Vorkämpfer für den Glauben und starker Verteidiger der Heiligen Mutter Kirche«[324] hinzustellen.

Aber moderne Historiker sind sich einig, dass Philipp nicht bloß eine Marionette in den Händen seiner Minister war. Man sieht ihn heute als »den steuernden Machtfaktor im Königreich«.[325] Philipps Überzeugung, er sei Gottes auserwähltes Werkzeug, veranlasste ihn keineswegs zum Rückzug aus den Niederungen der praktischen Politik. Sie bestärkte ihn vielmehr in dem Entschluss, sich die Mittel zur Erfüllung seines göttlichen Amtes auch wirklich anzueignen. Das Haupthindernis war der Starrsinn seines größten Vasallen, des Herzogs der Gascogne, zugleich König von England, Eduards I. In erster Linie galt Eduard, der schon an einem Kreuzzug teilgenommen hatte, als der natürliche Führer jedes neuen Kreuzzugs und daher als der höchste Fürst der Christenheit. Zweitens ermöglichte ihm seine Machtbasis England den Widerstand gegen die von Philipp fortgesetzte Politik der Kapetinger, ihre Macht auf Kosten ihrer Vasallen auszudehnen. Das führte zum Krieg zwischen Frankreich und England, und Flandern, Englands Verbündetem. Mit Eduard I. schloss Philipp im Jahr 1298 Frieden, doch der Krieg in Flandern war ein Fass ohne Boden. Im Mai wurden die Franzosen in Brügge bei einem Aufstand erschlagen, und Philipps Rachefeldzug endete mit seiner Niederlage bei Courtrai, bei der auch Peter Flote fiel.

Diese Kriege erforderten enormen Kostenaufwand. Hinzu kamen noch die Schulden, die Philipp aus dem Krieg seines Vaters gegen Aragon geerbt hatte – rund 1,5 Millionen *livres tournois*. Der König setzte alle Hebel in Bewegung, um zu Geld zu kommen. Die Lehnspflichten seiner Vasallen reizte er bis zum Letzten aus, und von den Städten erpresste er mit Gewalt Abgaben und Steuern. Als alle akzeptierten und legalen Quellen erschöpft waren, nahmen sich des Königs Minister die reichen, doch unpopulären Minoritäten vor. Zuerst kam die Reihe an die in Paris lebenden lombardischen Kaufleute. Sie hatten Philipp zu Beginn seiner Regierungszeit als Bankiers gedient und ihm durch künftige Steuereinnahmen abgesicherte Kredite zur Verfügung gestellt. Jetzt wurden sie mittels willkürlicher Bußgelder und Pfändungen mehr und mehr zur Ader gelassen, ja bald ganz offen enteignet und aus Frankreich vertrieben. Im Juli 1306 waren die Juden dran. Ihr Eigentum wurde beschlagnahmt, sie selbst aus Frankreich vertrieben.

Ein anderes Mittel bestand darin, die Währung der *livres, sous* und *denirs* zu verschlechtern. Zwischen 1295 und 1306 reduzierte das königliche Münzamt den Goldgehalt der Münzen um 200 Prozent. Und im Juni 1306 schlug der König dreist die Rückkehr zur Goldwährung Ludwigs IX., seines Großvaters, vor. Das in Frankreich zirkulierende Geld verlor zwei Drittel seiner Kaufkraft, was zu Volksaufständen in Paris führte. Der König konnte sich nur retten, indem er ins Pariser Quartier der Templer flüchtete.

Die vielversprechendste Quelle zusätzlicher Einkünfte indessen war die katholische Kirche. Bisher hatte man sie nur mit Einwilligung des Papstes besteuern dürfen. Aber Eduard I. in England und Philipp IV. in Frankreich waren schon ohne den Segen des Papstes dazu übergegangen. Bereits 1296 waren die Beziehungen zwischen den Franzosen und Papst Bonifax VIII. abgekühlt, als dieser im Krieg zwischen den beiden Königen zu vermitteln versucht hatte. Jetzt wiederholte Bonifaz in einer Bulle »Clerico laicos« das Verbot, den Klerus ohne päpstliche Zustimmung zu besteuern. Philipp reagierte, indem er den Transfer aller Gelder aus

Frankreich zum Papst in Rom verbot. Da dieser auf seine französischen Einkünfte angewiesen war, blieb ihm nichts übrig, als nachzugeben. Um die schließliche Versöhnung zu besiegeln, sprach er am 11. August 1297 Philipps Großvater Ludwig IX. heilig.

Wie die Päpste Innozenz III. und Gregor IX. war Bonifaz VIII. in der kleinen südlich von Rom gelegenen Stadt Anagni geboren. Seine Familie, die Caetani, war nicht so bedeutend wie die der Segni, welche die beiden früheren Päpste gestellt hatte. Er selbst aber war aus demselben Holz geschnitzt wie die großen Vorgänger, hatte in Bologna kanonisches Recht studiert, war zwischen 1260 und 1270 in diplomatischer Mission in Frankreich und England gewesen und unter Nikolaus IV. Kardinal geworden. Sein Vorgänger Pietro del Morrone, der als Coelestin V. regiert hatte, war vorher Einsiedler gewesen. Er hatte, seine Höhlenklause verlassend, das Kloster Santo Spirito in Neapel gegründet und Beziehungen zu den franziskanischen »Spiritualen« angeknüpft, die wieder zur absoluten Armut ihres Ordensgründers zurückkehren wollten. Als er 1294 zum Papst gewählt wurde, war er schon 84 und lebte als Einsiedler in seiner Höhle.

Coelestins Wahl war nach einer langen Pattsituation im Kardinalskollegium erfolgt. Man hoffte, dass eine echt spirituelle Persönlichkeit der Kirche neues Leben einhauchen würde. Zugleich war Coelestin aber auch der von Karl II., dem französischen König von Neapel, favorisierte Kandidat gewesen. Karl II. brachte nun Coelestin V. gegen den Willen der Kardinäle in seinem Castel Nuovo in Neapel unter und zwang dem Kardinalskollegium seine eigenen Günstlinge auf. Zweifellos ein Heiliger, war Coelestin doch auch naiv, ungebildet und inkompetent. Er beherrschte das Lateinische nicht gut genug, um die alltäglichen Verwaltungsvorgänge in seiner Kirche verfolgen zu können.

Nur widerstrebend hatte er deshalb die päpstliche Tiara angenommen, und schon Ende 1293 wurde ihm endgültig klar, dass er dem Amt nicht gewachsen war. Er versuchte jetzt, die Leitung der Kirche einem Komitee aus drei Kardinälen anzuvertrauen, und fragte dann den führenden Experten des kanonischen Rechts unter den Kardinälen, Benedetti Caetani, ob ein Papst auch abdanken könne. Unter Zitierung falscher Präzedenzfälle entwarf der Kardinal eine Abdankungsformel, und am 13. Dezember legte Coelestin V. in einem dazu einberufenen Konsistorium die päpstlichen Insignien nieder, in der Hoffnung, fortan wieder als Eremit leben zu können. Doch sein Nachfolger, der fürchtete, dass es zu einem Schisma kommen könnte, brachte Coelestin nach Castel Fuome bei Ferentino, wo der abgedankte Papst 1296 starb. Dieser Nachfolger war eben Benedetto Caetani, der den Namen Bonifaz VIII. annahm.

Kaum hatten sich Papst Bonifaz VIII. und König Philipp IV. versöhnt und war ihre Einigung durch die Heiligsprechung Ludwigs 1297 besiegelt worden, als das Verhältnis zwischen den beiden erneut belastet wurde. Der Papst und die mächtige Familie Colonna gerieten in heftigen Streit über einen Landstrich in der Campagna. Die beiden Colonna-Kardinäle, die Bonifaz' VIII. Wahl unterstützt hatten, wandten sich jetzt gegen ihn und argumentierten, die Abdankung Coelestins sei gegen kanonisches Recht gewesen und der alte sei von dem neuen Papst ermordet worden. Und als die Colonna noch einen Transport päpstlicher Gelder beschlagnahmten, schickte Bonifaz Truppen gegen sie, die ihre Burgen zerstörten, und verteilte ihr Land an Mitglieder seiner eigenen Familie. Die Colonna-Kardinäle flohen an den Hof König Philipps in Frankreich.

Das Jahr 1300 markierte den Höhepunkt des Pontifikats Bonifaz' VIII. Es sah damals so aus, als sei der Papst mit seinem Anspruch, Richter der ganzen Welt zu sein, ans Ziel gelangt. Er hatte nicht nur über die Colonna gesiegt, sondern stand auch, wie es schien, am Vorabend eines Triumphs im Osten. Ein Kreuzzug formierte sich schon, um Tortosa zurückzuerobern, während Jerusalem von den Mongolen der Kirche zurückgegeben werden würde. Auch galt es, den dreizehnhundertsten Geburtstag Jesu Christi zu feiern, weshalb Papst Bonifaz ein »Jubeljahr« ausrief und allen, die die Basilika St. Peter und den Lateran besuchten, nach einem Sündenbekenntnis vollen Sündenerlass versprach. Das war die großartigste Demonstration der Macht des Papstes, »zu binden und zu lösen«, seit Urban II. den ersten Kreuzzug gepredigt hatte. 200 000 Pilger machten von dem Angebot Gebrauch. So dicht gedrängt strömte die Menge, dass eine Bresche in die Leontinische Mauer gebrochen werden musste, um sie durchzulassen. Papst Bonifaz erschien triumphierend vor den Pilgern, mit Schwert, Krone und Szepter auf dem Thron Konstantins sitzend, und rief aus: »Ich bin Caesar!«[326]

Hochmut kommt vor dem Fall. 1301 wurde Bernhard Saisset, Bischof von Pamiers, von dessen despektierlichen Bemerkungen über Philipp IV. schon die Rede war, auf Befehl des Königs verhaftet, ins Gefängnis geworfen und mittels Zeugenaussagen seiner Diener, die man durch Folter erpresste, der Gotteslästerung, Ketzerei, Simonie und des Verrats angeklagt. Das war ein eklatanter Eingriff in die kirchliche Jurisdiktion und ein Affront gegen den Papst. In der Bulle »Ausculta fili« vom 5. Dezember 1301 verurteilte Papst Bonifaz diese Verletzung der kirchlichen Rechte und bestellte die französischen Bischöfe zu einer Synode in Rom ein. 39 wagten es zu kommen, und am 18. November 1302 veröffentlichte Papst Bonifaz eine Bulle »Unam sanctam«, in der er noch ein-

mal alle seit Gregor VII. erhobenen Ansprüche auf die päpstliche Ober-
hoheit aufführte. »Es ist zur Erlösung unbedingt erforderlich«, schrieb er,
»dass jeder Mensch dem Römischen Pontifex unterworfen sei.«

In der Bulle wurde großzügig aus den Schriften früherer Päpste, Thomas' von Aquin und Bernhards von Clairvaux zitiert, der inzwischen wie
König Ludwig IX. heilig gesprochen war. Da König Philipp in keiner
Weise zu erkennen gab, dass er die in »Unam sanctam« erhobenen
Ansprüche für legitim hielt, sich dem obersten Pontifex nicht beugte
und seine Irrtümer nicht bereute, bereitete Papst Bonifaz eine Bulle mit
seiner Exkommunikation vor. Doch noch ehe er sie veröffentlichen
konnte, wurde ihm durch einen Coup von erstaunlicher Kühnheit das
Heft aus der Hand genommen. Während seines Aufenthalts in seinem
Palast zu Anagni brach ein Trupp Soldaten unter Wilhelm von Nogaret,
dem Minister König Philipps, samt einigen Freunden der beiden Colonna-Kardinäle und deren Parteigängern, in den päpstlichen Palast ein und
nahm den Papst gefangen.

Papst Bonifaz, nur von einer symbolischen Leibwache aus Templern
und Hospitalitern umgeben, forderte, sich in vollem päpstlichen Ornat
hoch aufrichtend, seine Häscher heraus, ihn zu töten. »Hier ist mein
Hals«, rief er aus, »hier ist mein Kopf!« Aber Nogaret und die Colonna
hüteten sich, einen so unwiderruflichen Akt zu vollziehen. Sie gedachten
vielmehr, Papst Bonifaz in Frankreich vor ein Kirchenkonzil zu stellen,
das ihm wegen Häresie, Sodomie und der Ermordung Papst Coelestins V.
– das waren die von ihren Propagandisten gegen ihn erhobenen Vorwürfe – den Prozess machen sollte. Indessen sprach sich das ungeheuerliche
Ereignis unter den Einwohnern Anagnis schnell herum. Sie eilten zur
Verteidigung des Papstes herbei, vertrieben die Franzosen aus der Stadt,
und Papst Bonifaz VIII. konnte nach Rom zurückkehren. Doch die
Demütigung war zu groß gewesen. Er starb vier Wochen darauf an
gebrochenem Herzen, und mit ihm starben die Ansprüche des Papsttums
auf die Weltherrschaft.

16. Angriff auf den Tempel

Die »Ungeheuerlichkeit« von Anagni schockierte ganz Europa. Dante
verglich sie, obwohl er Bonifaz VIII. nicht mochte, mit einer nochmaligen Kreuzigung Christi. Erschüttert durch das Sakrileg, exkommunizierte das Konklave, das jetzt zur Wahl eines Nachfolgers zusammentrat, die
beiden Colonna-Kardinäle und schloss sie von seinen Beratungen aus.

Einmütig wählten nunmehr die restlichen Kardinäle Niccolò Boccasino, den Kardinalerzbischof von Ostia, der jedoch ein Jahr nach seiner Thronbesteigung an Dysenterie erkrankte und starb.

Abermals versammelten sich die Kardinäle zur Wahl eines Nachfolgers. Diesmal entstand ein Patt zwischen den einen, die Rache für die Ungeheuerlichkeit von Anagni suchten, und den anderen, die einen Ausgleich mit den Colonna und dem König von Frankreich wünschten. Erstere waren in der Mehrzahl, doch unter sich wieder uneins, weil sich zwei ehrgeizige Kardinäle aus der Familie Orsini in die Haare gerieten. Nach elf Monaten ergebnisloser Beratungen entschlossen sich die Kardinäle, Kandidaten auch aus weiteren kirchlichen Kreisen in Betracht zu ziehen. Außerdem waren sie offenem Druck von außen ausgesetzt. König Karl II. von Neapel kam nach Perugia, um sich dort einer Delegation König Philipps IV. von Frankreich anzuschließen.

Im Juni 1305 einigten sich zehn der fünfzehn Kardinäle auf einen Franzosen, Bertrand von Got, den Erzbischof von Bordeaux. Als dritter Sohn Bérauds von Got, des Grafen von Villandraut, stammte er aus einer weit im politischen und kirchlichen Establishment der Gascogne verzweigten Familie. Ihr Lehnsoberherr, König Eduard I. von England, schätzte dieses Geschlecht und hatte Mitglieder der Familie Got schon mit heiklen diplomatischen Missionen betraut. Und Bertrands älterer Bruder Béraud war schon zum Kardinal und Erzbischof von Lyon aufgestiegen. In seinem Sog stieg auch Bertrand höher, wurde seines Bruders Generalvikar, päpstlicher Kaplan, Bischof und schließlich Erzbischof von Bordeaux.

Bertrand von Got wählte den Papstnamen Clemens V. Zweifellos war ihm bewusst, dass er seine Erhebung auf den Stuhl des obersten Pontifex nicht irgendwelchen besonderen Qualitäten zu verdanken hatte. Man hatte ihn gewählt, weil alle beteiligten Parteien am wenigsten Einwände gegen ihn hatten. König Philipp IV. von Frankreich hatte Grund zu glauben, dass ihm der neue Papst durchaus gefällig sein würde. König Eduard I. von England zeigte seine Zufriedenheit mit der Erhöhung des Sohnes eines seiner Vasallen, indem er ihm anlässlich der Papstkrönung reiche Schenkungen in Bordeaux und Lyon machte. Für die Italiener allerdings war Clemens V. eine Marionette König Philipps von Frankreich, was sich in ihren Augen später dadurch bewies, dass er als Papst niemals einen Fuß in die Stadt Rom setzte.

Sicher: auch in den letzten zwei Jahrhunderten hatten die Päpste nur insgesamt 82 Jahre in Rom residiert und es aus Gründen der Gesundheit oder Sicherheit häufig vorgezogen, in Orvieto, Viterbo, Anagni oder Neapel Hof zu halten. Im Großen und Ganzen waren das aber Städte innerhalb des Kirchenstaats, zumindest innerhalb Italiens, gewesen. Aber Clemens V. hielt sich ununterbrochen in Frankreich auf und überquerte niemals die Alpen. Obwohl er in Städten wie Lyon, Vienne und schließlich Avignon, die offiziell außerhalb der Jurisdiktion des französischen Königs lagen, zu residieren pflegte, lagen sie doch nicht außerhalb der Reichweite von dessen bewaffneten Truppen – was Clemens auf dem Konzil von Vienne noch zu spüren bekommen sollte.

Warum hielt sich Clemens V. immer wenigstens in der Nähe der Grenzen Frankreichs? Zwei italienische Chronisten, Agnolo von Tura und Giovanni Villani, berichten, Kardinal Niccolò da Prato habe, als Bertrand von Got noch Erzbischof von Bordeaux war, eine Begegnung zwischen Bertrand und Philipp dem Schönen arrangiert. Dabei habe der König vier Bedingungen für seine Unterstützung des Erzbischofs bei der Papstwahl genannt: Versöhnung mit den Colonna und allen an der »Ungeheuerlichkeit« von Anagni Beteiligten; formelle Verurteilung Bonifaz' VIII., Ernennung frankophiler Kardinäle und eine in einer Geheimklausel formulierte »wichtige« Bedingung, über deren Inhalt der König Bertrand von Got erst zu einem späteren Zeitpunkt informieren wollte.

Nach diesen Verschwörungstheoretikern bestand Bertrands Reaktion auf Philipps Bedingungen in der Antwort: »Ihr befehlt, ich gehorche.« Und obwohl die Geschichte vom Treffen zwischen Bertrand und Philipp inzwischen als erfunden gilt, »spiegelt sie doch sehr genau wider, wie die Hintergründe von Clemens' Wahl auf der italienischen Halbinsel wahrgenommen wurden«.[327] Man gewinnt außerdem aus Clemens' späterem Handeln den Eindruck, dass er die dem König unterstellten Forderungen tatsächlich erfüllte. Im Dezember 1305 ernannte er zehn neue Kardinäle, davon neun aus dem Königreich Frankreich einschließlich Anjous und einen aus England. Vier von den neuen Kardinälen waren Verwandte des Papstes und einer, Arnold von Poyanne, ein alter Freund von ihm. Die Auswahl entsprang jedoch nicht nur blanker Günstlingswirtschaft, sondern sicherte dem Papst auch ein verlässliches Mitarbeiteream.[328] Die Waage neigte sich 1310 noch stärker zu Gunsten der Kardinäle aus dem Königreich Frankreich, als in einem zweiten Nominierungsvorgang fünf Kardinäle ernannt wurden, zwei davon Neffen des Papstes, und alle aus Frankreich. Doch diese Bevorzugung französischer Kirchenleute diente nicht nur der Einlösung eines Versprechens. Der Papst kam Philipp dem Schönen weit entgegen, weil »die Zusammenarbeit mit dem König von Frankreich eine unabdingbare Voraussetzung [...] für die Verwirklichung von Clemens' Lieblingsidee bedeutete: einem neuen Kreuzzug«.[329]

Der voreilige Optimismus in Bezug auf das Heilige Land, wie er 1300 in der päpstlichen Kurie geherrscht hatte, hatte sich als Wunschdenken erwiesen. Die Mamelucken hatten Palästina zurückerobert, Ruad war gefallen, und der mongolische Il-Khan Ghazan, der Jerusalem angeblich den Christen hatte übergeben wollen, verkündete 1304, die offizielle Religion in seinem Reich sei jetzt der Islam. Das letzte christliche Fürstentum auf dem asiatischen Festland, Kilikisch-Armenien, wurde von Mongolen und Mamelucken gleichzeitig angegriffen. Am 14. November 1305 wurde Clemens in der St. Justus-Kirche zu Lyon im Beisein König Philipps des Schönen, dessen Bruders Karl von Valois, Johanns' II., Herzog der Bretagne, und Heinrichs, Herzog von Luxemburg, mit der päpstlichen Tiara gekrönt. Zwei Tage später erließ er eine Enzyklika, mit der er einen neuen Kreuzzug proklamierte.

Clemens hatte den Namen eines früheren Papstes angenommen, der harmonisch mit dem heilig gesprochenen Ludwig zusammengearbeitet hatte. Denn er wusste, nur ein Kreuzzug unter Leitung des Königs von Frankreich konnte Erfolg haben. Um dies zu erreichen, bewog er nicht nur Philipp den Schönen, das Kreuz zu nehmen – was dieser am 29. Dezember 1305 in Lyon auch tat –, sondern arbeitete auch eifrig an der Beilegung der Streitigkeiten (zum Beispiel des Krieges zwischen Frankreich und England), die dieses Gelöbnis vereiteln konnten. Er vermittelte einen Vertrag zwischen Philipp IV. und Eduard I., und weil ihm bekannt war, wie knapp die Finanzmittel Philipps bemessen waren, versprach er ihm ein Zehntel der Einkünfte der Kirche in Frankreich zur Finanzierung des Kreuzzugs – das Fünf- bis Sechsfache der königlichen Einkünfte.

König Philipp beabsichtigte zu diesem Zeitpunkt ehrlich, sein Gelübde zu erfüllen – nicht nur um des Ruhmes willen, die Heiligen Stätten von den Ungläubigen befreit zu haben. Er wollte auch ein französisches Reich im östlichen Mittelmeer gründen. Die Schwäche des byzantinischen Kaisers, die den Hospitalitern die Eroberung der Insel Rhodos ermöglicht hatte, veranlasste jetzt König Philipp IV., auf den Thron eines Reiches im Osten für seinen Bruder Karl von Valois zu spekulieren. Es mochte zwar den Plänen Clemens' V. nicht entsprechen – aber Frankreich, Venedig, Aragon und Neapel »sprachen sich offen dafür aus, sich Konstantinopels zu bemächtigen«.[330]

In Philipps Denken war Voraussetzung für einen erfolgreichen Kreuzzug die Zusammenlegung der Ritterorden. Er hätte dann die Befehlsgewalt über diesen vereinigten Orden übernommen, und einer seiner Söhne würde ihm in diesem Amt nachfolgen. Die Idee war nicht neu und erscheint in vielen Abhandlungen dieser Zeit, die dem Papst einen

Weg zur Wiedergewinnung des Heiligen Landes empfehlen. Von besonderer Bedeutung war »De recuperatione terrae sanctae« von einem normannischen Rechtsgelehrten namens Pierre Dubois, einem Agitator der französischen Regierung und Schönredner der damaligen Zeit. Sein Vorschlag lief auf einen »Plan zur Errichtung der französischen Oberherrschaft über Abend- und Morgenland mittels eines Kreuzzugs« hinaus.[331] Als Hauptvoraussetzung dafür nannte er die Vereinigung von Tempel und Hospital und die Unterstellung ihrer Hilfsquellen unter den französischen König. Ominös fügte Dubois in einem Postskriptum noch hinzu, es könnte sich als hilfreich erweisen, »den Templerorden gleich ganz zu zerstören und aus Gründen der Gerechtigkeit völlig aufzulösen«.[332] Indessen war der Gedanke der Zusammenlegung beider Orden praktisch überall verbreitet. Raimundus Lullus zum Beispiel, ein Schriftsteller aus Mallorca, der viel Zeit und am Schluss auch sein Leben an die durch den Islam aufgeworfenen Probleme setzte, wollte sogar alle »zur Hölle schicken«, die diesem Gedanken widersprachen.

Fast der Einzige, der tatsächlich widersprach, war Jakob von Molay, Großmeister des Tempels. Auf die Aufforderung Papst Clemens' V. hin verfasste er ein Memorandum, in dem er seine Ansichten darstellte. Er begann mit der Entstehung der Zusammenlegungsidee und führte sie auf das Zweite Konzil von Lyon im Jahr 1274 zurück. Dann zählte er die Päpste auf, unter anderem Bonifaz VIII., die sich dagegen ausgesprochen hatten. Er gab zu, eine Vereinigung hätte gewiss so manchen Vorteil – ein einziger Orden wäre in einer stärkeren Abwehrposition gegenüber seinen Feinden –, aber aufs Ganze gesehen könnten die Orden getrennt mehr Wirkung erzielen. Der Wettbewerb zwischen Tempel und Hospital habe sich als segensreich herausgestellt. Außerdem hätten die beiden Orden, bei gleichen Zielen, unterschiedliche Grundprinzipien. Die Hospitaliter gäben den Werken der Nächstenliebe Vorrang, während der Tempel in erster Linie militärische Ziele anstrebe und »speziell als Ritterschaft gegründet worden« sei. Insgesamt sei er, Molay, der Überzeugung, die beiden Orden könnten ihre Zielsetzungen: Almosen zu geben, Pilger zu schützen und Krieg gegen die Sarazenen zu führen, am besten erfüllen, wenn sie ihre Selbstständigkeit beibehielten.

Wieder auf Grund einer Aufforderung des Papstes legte Jakob von Molay ein zweites Memorandum vor, diesmal über die Führung eines künftigen Kreuzzugs. Erneut bezog hier der Großmeister gegen die vorherrschende Ansicht Stellung, dass ein *passagium particulare* vorzuziehen sei – die begrenzte Aktion einer Streitmacht berufsmäßiger Soldaten zur Unterstützung der Truppen in Kilikisch-Armenien. Die Lehre, die man aus dem Verlust Ruads ziehen müsse, sei, dass Operationen in kleinem

Maßstab zum Scheitern verurteilt seien. Auch könne er kein Bündnis mit den Armeniern befürworten. Als sich die Templer seinerzeit beim Marsch durchs Amanus-Gebirge mit ihnen arrangieren mussten, hätten sich die Armenier als unzuverlässig erwiesen. Und da die Armenier den Franken nicht wohlgesonnen seien und deren Absichten misstrauten, würden sie ihnen mit Sicherheit das Betreten ihrer Burgen verwehren. Überdies sei das Klima in der Region dermaßen ungesund, dass er bezweifle, ob mehr als ein Bruchteil eines Kreuzfahrerheers dort überleben werde.

Wo aber lag dann die Lösung? Jakob von Molay empfahl ein *passagium generale*, einen Kreuzzug auf ganzer Front nach dem klassischen Modell, etwa Ludwigs IX. Die einzige Möglichkeit, das Heilige Land zurückzuerobern, bestehe darin, dass man die ägyptischen Landtruppen ausschaltete. Zu diesem Zweck sollten die Könige von Frankreich, England, Deutschland, Sizilien und Spanien ein Heer zwischen 12 000 und 15 000 Rittern und 5 000 Mann zu Fuß ausheben, das die italienischen Seerepubliken auf ihren Galeeren nach Zypern als der vorgeschobensten Bastion der Kreuzfahrer transportieren könnten.

Für all die anderen Verfasser von Memoranden und Pamphleten, besonders jener von der Sinnesart des Königs von Frankreich, war dies ein altmodisches, längst diskreditiertes Kreuzzugskonzept. Nahm man noch hinzu, dass hier gegen die Zusammenlegung der beiden Orden opponiert wurde, so musste Jakob von Molay wirklich als altersstarrsinnig, phantasielos und egoistisch erscheinen. Zweifellos war sich von Molay der Unpopularität seiner Ansichten bewusst, weshalb er im Begleittext zu seinem Memorandum an Clemens V. schrieb, er fände es leichter, seine Gedanken dem Papst mündlich vorzutragen. Wie die meisten Ritter der damaligen Zeit konnte er weder lesen noch schreiben.

Infolgedessen bestellte Papst Clemens V. die Großmeister beider Orden, der Templer und Hospitaliter, am Allerheiligentag, 1. November 1306, zu einem Gespräch mit ihm nach Poitiers. Das Treffen musste zunächst noch verschoben werden, weil der Papst einen seiner Anfälle chronischer Magen- und Darmkrankheit erlitt, die ihn oft für mehrere Monate arbeitsunfähig machten. So reiste Jakob von Molay erst Ende 1306 oder Anfang 1307 aus Zypern an und traf Ende Mai in Poitiers ein. Fulko von Villaret, Großmeister des Hospitals, wurde durch Ordensgeschäfte noch auf Rhodos aufgehalten, kam aber Ende August nach Poitiers.

Dort brachte von Molay, außer dass man die komplizierte Kreuzzugsfrage diskutierte, auch gewisse gegen einzelne Ordensmitglieder erhobene Vorwürfe zur Sprache und bat den Papst, eine Untersuchungskommission »für diese Dinge, die man ihnen – ihrer Meinung nach fälschlich

– anlastet«, einzusetzen »und sie freizusprechen, wenn sich ihre Unschuld herausstellt – oder sie zu verurteilen, wenn sich ihre Schuld
herausstellt –, was aber, wie sie glauben, unmöglich ist«.

Einige Ritter, die aus dem Orden ausgeschlossen worden waren – Esquin von Floyran, der Prior von Montfaucon, Bernhard Pelet, der Prior
von Mas-d'Agenais, und ein Ritter aus Gisors, Gerhard von Byzol –, hatten nämlich behauptet, der Orden habe sich schwerer Vergehen schuldig
gemacht. Als Erstem hatte Esquin König Jakob II. von Aragon von skan-
dalösen Vorgängen im Orden berichtet und sich, als er keinen Glauben
fand, an König Philipp von Frankreich gewandt. Philipp IV. informierte
Papst Clemens V. 1305 bei dessen Krönung in Lyon von diesen Gerüch-
ten und dann wieder im März 1307, als sich der König in Poitiers aufhielt. Am 24. August 1307 schrieb König Philipp IV. Papst Clemens V.
über diese Anklagen, »wir können zwar kaum glauben, was man uns da
berichtet hat«, aber in der Folge habe er »viele seltsame und unerhörte
Dinge« über den Tempel erfahren und sich deshalb »nicht ohne große
Betrübnis, Sorge und Beunruhigung« entschlossen, eine Untersuchungskommission einzusetzen.[333] Der Papst, der sich allmählich von seiner
Erkrankung erholte, bat, möglichst nichts zu überstürzen.

Ohne Zweifel zufrieden darüber, dass man seiner Bitte um Untersuchung der Vorwürfe stattgegeben hatte, reiste Jakob von Molay von Poitiers nach Paris, wo er am 12. Oktober 1307 beim Begräbnis der Schwä-
gerin des Königs, Katharina von Courtenay, Gattin Karls von Valois, als
Sargtuchträger fungierte. Tags darauf, Freitag, den 13. Oktober 1307,
wurde er im Templerbezirk vor Paris von Wilhelm von Nogaret und
Reginald Roy verhaftet.

Drei Wochen zuvor hatte König Philipp seinen Baillis und Seneschällen in ganz Frankreich Geheimbefehle zugehen lassen und die Festnahme aller Mitglieder des Tempels angeordnet wegen Verbrechen »furchtbar anzusehen und schrecklich zu hören [...] abscheuliche Taten,
schlimmste Vergehen, fast unmenschliche Frevel, jenseits alles Menschenmöglichen«. Die Anweisungen wurden mit bemerkenswerter Perfektion
umgesetzt. Rund 15 000 Ritter, Sergeanten, Kapläne, Confrères, Knappen und Knechte auf den vom französischen König beherrschten Territorien wurden an einem einzigen Tag gefangen gesetzt. Nur etwa zwei
Dutzend entkamen, darunter der Komtur von Frankreich, Gerhard von
Villiers, und Imbert Blanke, Komtur der Auvergne. Ein Ritter, Peter von
Boucle, wurde erkannt und inhaftiert, obwohl er seinen Mantel abgelegt
und den Bart abrasiert hatte.

Wie bei den Juden und Lombarden einige Monate früher, wurde alles
Eigentum des Tempels beschlagnahmt. Aber das Vorgehen des Königs

unterschied sich jetzt doch signifikant von dem früheren. Die Templer waren keine Fremden wie die Lombarden oder Ungläubige wie die Juden. Es waren Mitglieder einer stolzen, mächtigen Körperschaft, die unter kirchlicher Jurisdiktion stand, also nicht dem König, sondern dem Papst Rechenschaft schuldig war. König Philipp hatte sich der Personen und des Eigentums eines von ihm unabhängigen Ordens bemächtigt. In seinen Haftbefehlen war daher die Rede von vorhergehenden Konsultationen »mit unserem allerheiligsten Vater in Christo, dem Papst« gewesen – was zeigt, dass er sich der zweifelhaften Legalität seiner Aktion nur allzu bewusst war.

In Wirklichkeit war Papst Clemens V. gar nicht konsultiert worden. Und er sandte dem König einen zornigen Verweis:

> »Ihr, unser lieber Sohn [...] habt in unserer Abwesenheit alle Regeln verletzt und Hand an Personen und Eigentum der Templer gelegt. Ihr habt sie des Weiteren gefangen gesetzt und, was uns noch mehr schmerzt, sie nicht mit der gebührenden Milde behandelt und zur Pein der Gefangenschaft noch andere Drangsale hinzugefügt. Ihr habt Hand an Personen und Eigentum gelegt, die unter unmittelbarem Schutz der Römischen Kirche stehen [...]. Euer übereiltes Vorgehen erscheint in den Augen aller, zu Recht, als ein Akt, mit dem Ihr uns und der Römischen Kirche Verachtung erweist.«[334]

Clemens ließ nicht erkennen, ob er die gegen die Templer erhobenen Vorwürfe glaubte. Er verwahrte sich nur gegen den Eingriff in seine Rechte und den Vertrauensbruch, den des Königs einseitiges Vorgehen darstellte. Mit den anderen »Drangsalen«, die König Philipp zur Pein der Gefangenschaft noch hinzugefügt habe, und für die ihn der Papst tadelt, bezog er sich zweifellos auf die Folter, der die Inhaftierten durch eine andere kirchliche Institution, die Inquisition, sofort nach der Verhaftung unterzogen wurden.

Die Inquisition, zur Ausrottung der Ketzerei im Languedoc gegründet und durchgeführt von den Brüdern des Predigerordens, den Dominik Guzman, seit 1234 kanonisierter Heiliger, gegründet hatte, war in Frankreich zum Zwangsinstrument in den Händen des Staates geworden. Der amtierende Großinquisitor, Wilhelm von Paris, war zugleich König Philipps Beichtvater und in Anbetracht der Frömmigkeit des Königs mit Sicherheit in dessen Pläne eingeweiht. Am Sonntag nach der Verhaftung der Templer waren es Dominikanerprediger, die als Erste in der Öffentlichkeit die Gründe für die Festnahme auseinandersetzten. Das geschah auf einer Versammlung in den königlichen Gärten, die Dominikaner standen dabei neben den Offizieren des Königs.[335]

Zur besseren Wirkung inquisitorischer Befragungen war ein halbes Jahrhundert zuvor von Papst Innozenz IV. die Folter eingeführt und autorisiert worden. Sie sollte aber nur bis zu einer bestimmten Grenze gehen. Wenn die Gefahr bestand, dass Blut vergossen oder Glieder gebrochen wurden, mussten die Folterknechte aufhören. Bevorzugte Methoden der Zeit waren der »Streckrahmen«, bei dem die Glieder des Gefangenen so lange gedehnt wurden, bis die Gelenke auskugelten, und die »Wippe«. Dabei wurde ein Seil an den Handgelenken des Delinquenten befestigt, das dann auf seinem Rücken zusammengebunden und über eine Rolle an einem Balken darüber geführt wurde. So konnte man den Gefolterten nach Belieben hinaufziehen und wieder hinablassen. Eine dritte Technik bestand darin, dass man die Fußsohlen mit Fett einrieb und die Füße immer näher an ein Feuer heranschob. Mitunter verschätzten sich dann die Folterer. Die Füße Bernhards von Vado zum Beispiel, eines Templerpriesters aus Albi, verbrannten so stark, dass die Knochen aus dem Fleisch herausfielen. Ein Tempelritter, Jakob von Soci, behauptete, 25 Templerbrüder zu kennen, die »an den Folgen der Folter und körperlichen Qualen« gestorben seien. Ein anonymer Brief in der Bücherei des Corpus Christi College in Cambridge beziffert die Anzahl sogar auf 34.

Außer solchen Spezialbehandlungen zur Schmerzerzeugung legte man Verdächtige in Eisen, verpflegte sie nur mit Wasser und Brot und entzog ihnen den Schlaf. Da es sich bei einer großen Zahl Verhafteter nicht um im Kampf gehärtete Krieger, sondern um Bauern, Schäfer, Müller, Schmiede, Zimmerleute und Diener handelte, führten schon Schock und Verwirrung, kombiniert mit der bloßen Androhung der Folter, dazu, dass viele zugaben, was ihnen die königlichen Beamten und die Inquisitoren vorsagten. Im Januar 1308 hatten 134 von 138 in Paris festgenommenen Templern einige oder alle Verbrechen gestanden, die man ihnen vorwarf, und der Großmeister, Jakob von Molay, ging ihnen selbst dabei voran. Nach zehn Tagen Haft gestand er.

Was waren die »seltsamen und unerhörten Dinge«, deren man sie anklagte, die Verbrechen »furchtbar anzusehen und schrecklich zu hören [...] abscheuliche Taten, schlimmste Vergehen, fast unmenschliche Frevel, jenseits alles Menschenmöglichen«? Nach Auskunft der königlichen Strafverfolger hatte sich der Templerorden der Verehrung und dem Dienst des Teufels ergeben. Jedem Novizen habe man beim Initiationsritual gesagt, Jesus Christus sei ein falscher Prophet, gekreuzigt nicht zur Erlösung der sündigen Menschheit, sondern zur Strafe für seine eigenen

Sünden. Dem Postulanten sei befohlen worden, Christus zu verleugnen und auf ein Bild des Gekreuzigten zu spucken, zu trampeln und zu urinieren und dann dem die Initiation durchführenden Templer auf den Nabel, das Gesäß und das Ende des Rückgrats, ja »manchmal auf den Penis« zu küssen. Man habe ihm erzählt, er dürfe »fleischliche Beziehungen« zu anderen Brüdern haben und das sei nicht nur erlaubt, »sondern sie müssen es tun und sich gegenseitig darauf einlassen« und es sei »keine Sünde, so etwas zu tun«.

Um ihre Ablehnung Christi noch zu betonen, hätten, so die Ankläger weiter, Templerpriester die Konsekrationsworte bei der Messe absichtlich weggelassen. In geheimen Zeremonien verehrten sie einen Dämon namens Baphomet, der in Gestalt einer Katze, eines Schädels oder eines Kopfes mit drei Gesichtern auftrete. Und dann schlängen sich die Templer die Schnüre, die vorher um diesen Kopf gewickelt waren, »zur Verehrung« des Götzen um die eigene Hüfte. Und das sei überall und »von der Mehrzahl« geschehen. Wer sich weigerte, sei getötet oder eingesperrt worden.

Zu diesen Kapitalverbrechen kamen geringere hinzu, welche schon öffentlich umlaufende Gerüchte bestätigten. Die Kapitelsitzungen der Templer seien im Geheimen, bei Nacht und unter schwerer Bewachung abgehalten worden. Der Großmeister und andere hohe Würdenträger hätten, obwohl keine ordinierten Priester, ihren Templerbrüdern die Beichte abgenommen und Absolution erteilt. Überhaupt seien die Templer habgierig und geizig. »Sie hielten es nicht für eine Sünde ..., sich das Eigentum anderer durch legale oder illegale Mittel anzueignen« und suchten »Reichtum und Gewinn besagten Ordens nach Kräften zu mehren ...« Später klagte man sie noch des Verrats an. Durch ihre Geheimverhandlungen mit den Muslimen sei das Heilige Land verloren gegangen.

Es war ganz natürlich, dass Papst Clemens V. und König Jakob II. von Aragon, als sie zum ersten Mal von diesen Anklagen hörten, ihren Ohren nicht trauen wollten. Den Vorwurf der Häresie hatten die Lügenpropagandisten der damaligen Zeit schon immer mit dem der Sodomie kombiniert, zum Beispiel Agitatoren der Katholiken gegenüber den Katharern oder Wilhelm von Nogaret und Wilhelm von Plaisans bei ihren Angriffen auf Papst Bonifaz VIII. Doch hier wurden die üblichen Ketzerbeschuldigungen nicht nur mit den Verfehlungen, die dem Orden von seinen Kritikern vorgeworfen wurden, verknüpft. Die Ankläger nützten vielmehr auch die in der Bevölkerung verbreitete schreckliche Angst vor Zauberei und Dämonen aus, die dann in den Hexenjagden des 15. und 16. Jahrhunderts so furchtbar grassieren sollte.

Die Skepsis des Papstes und seine Eigenschaft als Oberherr des Tempels, die fast überall anerkannt war, hätten vielleicht den Angriff König Philipps auf den Orden noch abfedern, wenn auch nicht verhindern können. Aber hatte nicht Jakob von Molay schon zugegeben, dass er seinerzeit, als er in Beaune in den Orden aufgenommen wurde, in der Tat Jesus Christus verleugnet und das Bild Christi bespuckt hatte? Der einzige Anklagepunkt, den der Großmeister bestritten hatte, war seine Teilnahme an homosexuellen Handlungen. Doch Gotteslästerung genügte Wilhelm von Nogaret vollauf.

Es folgten Geständnisse anderer hoher Templer: Gottfried von Charney, Komtur der Normandie, gestand, Johann von La Tour, Schatzmeister des Tempels in Paris, bis dahin enger Finanzberater König Philipps, und Hugo von Pairaud, Templervisitator von Frankreich, der viele französische Templer aufgenommen hatte und von anderen als Urheber ihrer Verderbnis bezeichnet wurde, gestanden. Hugos Geständnis vom 9. November bestätigte sämtliche Anklagepunkte, ja er gab sogar zu, dass er »den von ihm Aufgenommenen gesagt hat, wenn die Hitze der Natur sie zu Zügellosigkeit hinreiße, sollten sie sie ruhig gemeinsam mit anderen Brüdern kühlen«. Zunächst weigerte er sich, andere zu belasten, aber als ihn die Wachen für ein Weilchen beiseite nahmen, gab er »später am Tag« vor den Inquisitoren zu, dass die genannte Praxis im ganzen Orden verbreitet sei. »Augenscheinlich hatte man Drohung oder Folter angewendet, um das Geständnis zu erzwingen.«[336]

Wie konnte es zu so teuflischen Praktiken im Orden kommen? Gottfried von Gonneville, Präzeptor des Tempels in Aquitanien und Poitou, behauptete, es sei »einmal ein böser Großmeister ... bei einem Sultan im Gefängnis gesessen. Er konnte die Freiheit nur erlangen, wenn er schwor, er werde im Fall seiner Freilassung in unserem Orden den Brauch einführen, dass alle, die von da an aufgenommen würden, Jesus Christus verleugneten ...« Möglicherweise war hier Bertrand von Blanquefort oder Wilhelm von Beaujeu gemeint. Gottfried selbst hatte sich geweigert, Christus zu verleugnen, war aber vom Präzeptor entschuldigt worden – vielleicht weil sein Onkel eine einflussreiche Persönlichkeit in der Regierung des Königs von England war. Doch hatte er aufs Evangelium schwören müssen, er werde nicht bekannt machen, dass er von dieser Pflicht befreit worden sei.

Nur vier Templer stritten die Vorwürfe schlichtweg ab – Johann von Châteauvillars, Heinrich von Herçigny, Johann von Paris und Lambert von Toysi –, ein so kleiner Bruchteil, dass er gar nicht zählte. Philipps Schlag gegen den Orden schien also völlig berechtigt zu sein. Und während der Verdacht, vor allem im Ausland, bestehen blieb, dass Philipp aus unsauberen Motiven gehandelt habe, meinte Papst Clemens V. die Aktion des Königs als vollendete Tatsache hinnehmen zu müssen. Aber er versuchte jetzt, selbst das Heft wieder in die Hand zu bekommen. Am 22. November 1307, knapp einen Monat nach dem Geständnis Jakobs von Molay, verschickte Clemens einen »Pastoralis praeeminentiae« betitelten Brief an alle Könige und Fürsten der Christenheit und forderte sie auf, »klug, diskret und geheim« alle Templer zu arrestieren und ihr Eigentum für die Kirche sicherzustellen. Er lobte Philipp IV. für seinen festen Glauben und frommen Eifer, betonte aber, er, der Papst, habe jetzt in dieser Angelegenheit die Verantwortung.

Der Erste, den er davon überzeugen musste, war Jakob von Molay. Als dieser drei von Clemens aus Poitiers nach Paris geschickten Kardinälen gegenübergestellt wurde, widerrief er sein Geständnis. Nach einem Bericht riss er sein Hemd vor ihnen auf, um die Folternarben auf seinem Körper zu zeigen, woraufhin die Kardinäle »in Tränen ausbrachen und nicht mehr sprechen konnten«.[337] Andere Widerrufe folgten, und es ist sehr wahrscheinlich, dass die Kardinäle gar nicht so überrascht waren. Denn es hieß, die von Papst Clemens bei seinem ersten Konsistorium ernannten zehn Mitglieder des heiligen Kollegiums hätten mit Rücktritt gedroht, wenn der Papst gegenüber dem König von Frankreich weiter so wenig Rückgrat zeige. Zweifellos herrschte Unzufriedenheit in der päpstlichen Kurie, und die Freunde des Tempels, etwa der Dekan von Langres, Bruder Jakobs von Molay, hatten ihren Einfluss geltend gemacht. Außerdem waren viele führende Templer den drei nach Paris geschickten Kardinälen, zwei von ihnen Franzosen, wohl bekannt: Hugo von Pairaud widerrief sein Geständnis, während er mit ihnen dinierte.

Mit einem solchen Verhalten waren jedoch beträchtliche Risiken verbunden. Denn nach den Inquisitionsstatuten wurden rückfällige Ketzer dem weltlichen Arm übergeben und verbrannt. Jakob von Molay glaubte ohne Zweifel, vom Papst Gerechtigkeit erlangen zu können, und anfangs schien dieses Vertrauen auch gerechtfertigt. Als aber König Philipp, unterwegs nach Poitiers, erfuhr, die Kardinäle hätten die Verurteilung der Templer nicht bestätigt, eilte er nach Paris zurück und schrieb an Clemens V., er werde ihn, den Papst, der gleichen Frevel bezichtigen. Dies Mal jedoch behielt Clemens die Nerven und erklärte, er wolle lieber sterben, als Unschuldige verurteilen. Und im Februar 1308 wies er die Inquisition an, die Verfahren gegen die Templer einzustellen.

Trotzdem: Dem Gesetz nach mochte der Papst Herr über das Schicksal der Templer sein. Aber sie saßen in den Gefängnissen Philipps des Schönen. Oliver von Penne, Präzeptor der Lombardei, war der einzige prominente Templer, den Papst Clemens selbst in Poitiers unter Hausarrest hielt. Doch konnte er in der Nacht auf den 14. Februar entweichen. Eine Belohnung von 10 000 Florinen wurde auf seinen Kopf ausgesetzt. Zudem waren die großen Landgüter der Templer ebenfalls schon in Händen königlicher Beamter, kommandierte der Papst keine Bataillone und lag Poitiers näher bei Paris als Anagni. Die *de jure*-Macht des Papstes versagte jämmerlich vor der *de facto*-Macht des Königs.

Gleichwohl musste der König auf die öffentliche Meinung Rücksicht nehmen. Nachdem sich Papst Clemens von den ersten Drohungen des Königs nicht hatte einschüchtern lassen, machten sich dessen Propagandisten daran, jeden zu stigmatisieren, der den Eindruck erweckte, die Templer zu unterstützen. Anonyme Pamphlete mit Angriffen gegen den Papst begannen zu kursieren und brachten die angebliche Empörung des französischen Volkes zum Ausdruck. In einem davon, wahrscheinlich verfasst von dem normannischen Juristen Pierre Dubois, hieß es, Papst Clemens habe durch seinen Nepotismus über jeden Zweifel bewiesen, dass er korrupt und deshalb nicht in der Lage sei, Gerechtigkeit zu üben. Nur Bestechlichkeit könne erklären, weshalb er die Templer nicht verurteilt habe, nachdem so viele ihre Schuld bekannt hatten.

Auch die beiden großen Korporationen des Königreichs wurden zur Unterstützung und Verbreitung dieser königlichen Agitation eingespannt – die Universität von Paris und die Generalstände. Ende Februar 1308 ließ König Philipp IV. bei den Doktoren der Theologie in Paris anfragen, wie er sich im Fall der Templer verhalten solle. Könnte er sie mit dem Schein des Rechtes vor Gericht stellen, ohne auf den Papst Rücksicht zu nehmen? Und wenn sich ihre Schuld herausstellte – was sollte dann mit ihrem Eigentum geschehen? Die Antwort der Theologen fiel anders aus, als sich der König gewünscht hatte. Sie lobten ihn zwar für seinen katholischen Eifer, bekräftigten aber, dass der Tempel unter päpstlicher Jurisdiktion stehe, und erinnerten ihn daran, dass die Rechte des Königs den Rechten anderer nicht übergeordnet seien oder gar deren Usurpation ermöglichten. Ebenso wenig dürfe der König gegen Häretiker tätig werden, es sei denn auf Ersuchen der Kirche.

Enttäuscht von den Theologen, berief König Philipp nunmehr die Generalstände ein, die Repräsentanten des Adels, des Klerus und des Bürgertums. Sie sollten sich drei Wochen nach Ostern in Tours versammeln, um ihrem König in seinem Kampf gegen die häretischen Templer zur Seite zu stehen. Die königlichen Beamten wurden angewiesen, dafür zu sorgen, dass jede Stadt mit Marktrecht einen Vertreter schickte, während die Vasallen des Königs und die höheren Würdenträger des Klerus einen persönlichen Brief mit der Einladung ihres Souveräns erhielten. Vom Verlauf der Sitzungen existiert kein Protokoll, doch ist so gut wie sicher, dass königliche Minister wie Wilhelm von Nogaret die Versammlung in Tours über die Missetaten der Templer und Bonifaz' VIII, Clemens' V. Vorgänger, gehörig ins Bild setzten.

Während ihre Kollegen sich auf den Heimweg machten, um die über die Templer empfangenen Informationen weiterzugeben, blieb ein Teil der Delegierten der Generalstände zurück und begleitete König Philipp nach Poitiers. Dort warf sich der König, an der Spitze eines mächtigen, ja einschüchternden Gefolges – unter anderem sein Bruder Karl von Valois, seine Söhne und die Granden der Generalstände –, vor Papst Clemens auf die Knie, und dieser hob ihn mit allen Anzeichen der Achtung und Zuneigung auf. Am 29. Mai brachte Wilhelm von Plaisans, des Königs Minister, in einem öffentlichen Konsistorium vor einer großen Versammlung von Kardinälen, Bischöfen, Adligen und Bürgern, den Fall der Templer zum Vortrag. Sie hätten sich nicht nur der Häresie und Zauberei schuldig gemacht, sondern seien auch für den Verlust des Heiligen Landes verantwortlich. Nur dem frommen Eifer König Philipps und des französischen Volkes sei es zu verdanken, dass ihre Machenschaften ans Licht gekommen seien. Sie, das Volk Frankreichs, hätten die Pflicht des Papstes an dessen Stelle erfüllt, und wenn der Papst selbst nicht sofort zu dem Schluss komme, dass die Templer schuldig seien, würden sie, das Volk Frankreichs, als die »eifrigsten Vorkämpfer für den christlichen Glauben« das Urteil Gottes gegen die Templer vollstrecken.

Papst Clemens ließ sich nicht einschüchtern und zu überstürztem Handeln verleiten. Obwohl Wilhelm von Plaisans besonders betont hatte, dass der König es nicht auf den Besitz der Templer abgesehen habe, erklärte der Papst, er werde seinen Spruch erst fällen, wenn sowohl der Besitz als auch die Personen der Templer in seiner Hand seien. Von außen betrachtet waren die Position des Papstes und des Königs unvereinbar. Doch ist wahrscheinlich, dass nun hinter den Kulissen ein Kompromiss ausgehandelt wurde.

König Philipp kam dem Papst ein paar Schritte entgegen und schickte 72 Templer nach Poitiers, wo sie vor Clemens ihre Geständnisse wiederholen sollten. Zweifellos war das als Geste des Königs von Frankreich gedacht, dass er die päpstliche Jurisdiktion anerkenne. Doch war es vielleicht zugleich eine Maßnahme, durch die sich Clemens den Anschein geben konnte, er wolle beide Seiten in dieser Angelegenheit hören. Natürlich waren die 72 Templer sorgfältig ausgewählt worden. Der Erste, der vor der päpstlichen Kurie aussagte, war der Priester Johann von Folliaco, der behauptete, die Behörden schon vor der Verhaftung auf die Korruption der Templer aufmerksam gemacht zu haben. Dasselbe erklärte Stephan von Troyes, ein Templersergeant. Er gab zudem eine anschauliche Beschreibung des Kopfes, der von einem Priester, »dem zwei Brüder mit zwei großen Wachskerzen auf silbernem Leuchter voranschritten«,[338] bei einem Templerkapitel hereingetragen wurde. Außerdem gab er an, man habe ihn, als er homosexuelle Avancen eines Templerbruders ablehnte, geschlagen, und als er sich bei Hugo von Pairaud darüber beschwerte, sei ihm bedeutet worden, er hätte sich eben nicht weigern sollen. Ein anderer Templersergeant, Johann von Châlons, behauptete, Gerhard von Villiers, Präzeptor von Frankreich, habe widerspenstige Templer in eine Grube werfen lassen und neun Brüder seien darin ums Leben gekommen. Auch erklärte er, der Präzeptor sei kurz vor der Verhaftungswelle gewarnt worden, weshalb er mit 50 Pferden habe fliehen und auf 18 Galeeren mit dem Schatz Hugos von Pairaud habe entkommen können.

In vierzig der heute noch existierenden Aussageprotokolle wird der eine oder andere Vorwurf, die zur Zeit der ersten Verhaftung erhoben wurden, zugegeben. Die Beschreibungen des Götzenbildes variieren dabei erheblich. Bei den einen heißt es, es sei »ein hässlicher, schwarzer Götze« gewesen, bei den anderen, er »war weiß und hatte einen Bart«, während zwei erklärten, das Bild habe drei Gesichter gehabt. Eine Analyse der Aussagen ergibt, dass 60 Prozent von Templern gemacht wurden, die entweder vom Orden abgefallen oder durch Folter gezwungen worden waren. Keiner war ein hoher Würdenträger. Diese seien alle zu krank, um nach Poitiers zu kommen, sagte man dem Papst, sie stünden aber im Gefängnis zu Chinon zu seiner Verfügung. Auf jeden Fall reichte die vorhandene Auswahl dem Papst und dem König vollauf. Clemens sah sich nun in der Lage, ohne Gesichtsverlust die Inquisition zur Fortsetzung der Untersuchung zu autorisieren. König Philipp seinerseits übergab das Eigentum des Ordens offiziell besonderen Kuratoren und erklärte, er halte die Templer nur »auf Ersuchen der Kirche« in Gewahrsam.

In mehreren Bullen, die er in Poitiers im Juli und August 1308 erließ, besonders in »Faciens misericordiam«, stützte Papst Clemens V. die von König Philipp vorgetragene Version der Ereignisse und meinte, dieser habe »nicht aus Habgier« gehandelt, sondern »aus glühendem Glauben, fest in den Spuren seiner Vorfahren wandelnd«. Clemens autorisierte alle Bischöfe, in ihrer Diözese Provinzialsynoden einzuberufen und den irrgläubigen Templern unter ihrer Jurisdiktion den Prozess zu machen. Die Gremien sollten jeweils aus zwei Dominikanern, zwei Franziskanern und zwei Domherren der Kathedrale bestehen. Der Orden als Ganzes indessen sollte von acht päpstlichen Kommissaren untersucht werden, und drei Kardinäle wurden nach Chinon geschickt, um dort die Ordensoberen zu verhören. Schließlich berief Clemens ein allgemeines Kirchenkonzil für 1310 nach Vienne ein, das dort die Angelegenheit der Templer, den Kreuzzug und eine Kirchenreform erörtern sollte.

Woher dieser offensichtliche Wandel in der Einstellung Clemens' zu den Templern? Möglich, aber unwahrscheinlich ist, dass er sich von den Geständnissen der nach Poitiers gebrachten Templer überzeugen ließ. Dazu kannte er die Templer, aber auch König Philipps Methoden zu gut. Wahrscheinlicher ist, dass Clemens den Entschluss fasste, die Templer für die Sache der Kirche zu opfern. Aufschlussreich ist in dieser Hinsicht die in seiner Enzyklika im Hinblick auf König Philipp gebrauchte Wendung: »fest in den Spuren seiner Vorfahren wandelnd«. Nicht nur in seinen eigenen, sondern auch in den Augen seiner Untertanen hatte Philipp Prestige und Autorität seines Großvaters, Ludwigs des Heiligen, geerbt. Daher hätte er sich möglicherweise, anders als Kaiser Friedrich II. in seinem gigantischen Kampf mit dem Papsttum, nicht nur der weltlichen, sondern auch der geistlichen Macht des Pontifex bemächtigen können. Trotz des Schiedsspruchs der Pariser Theologen, für Ketzerei sei die Kirche, und nur sie, zuständig, belegte die königliche Propaganda gegen die Templer auch die *fautores* (lateinisch, »Begünstiger«) mit der gleichen Schuld, nämlich alle, die die Templer zu ihren Sünden anstifteten und darin bestärkten, mochten sie auch aus bloßer Nachlässigkeit so handeln.

Die königlichen Propagandisten nützten auch die irrationalen Ängste der Bevölkerung aus, indem sie die Templer mit den Randgruppen der europäischen Gesellschaft assoziierten – mit Aussätzigen, Juden und Muslimen. Es war gerade der Zeitpunkt, da sich König Philipps Cousin, König Karl II., der von Neapel aus Süditalien regierte, entschloss, die muslimische Gemeinde, die Kaiser Friedrich II. in Lucera angesiedelt hatte, aus seinem Herrschaftsgebiet wieder zu vertreiben. Wie erfolgreich diese Propaganda war, lässt sich an Hand eines Briefes ermessen, den der Gerichtshof von Foix an König Jakob II. von Aragon schrieb. Es wurde darin die Frage aufgeworfen, ob es wahr sei, dass die Templer zum Islam übergetreten seien und ein Bündnis mit den Juden und Muslimen von Granada planten. Auch hieß es, einige flüchtige Templer hätten Asyl bei den Sarazenen gesucht, und tatsächlich enthielt dieses Gerücht, wie alle erfolgreiche Propaganda, ein Körnchen Wahrheit: Im September 1313 schickte der Sultan von Tunis den früheren Präzeptor von Corberis, Bernhard von Fontibus, als Gesandten zum Hof König Jakobs II. in Barcelona.

Noch wirksamer war die Verknüpfung dieser Randgruppen mit den Mächten der Finsternis. Die Anklagen der Zauberei und der Anbetung des Teufels hatten gewaltige Wirkungen auf die Seele des mittelalterlichen Menschen. Abbildungen von Dämonen waren überall in den Nischen und auf den Fresken der Kathedralen und Kirchen zu sehen, und nicht nur ungebildete Bauern lebten in Furcht vor dämonischen Mächten. Jakob Duèze, der von Clemens V., seinem Gascogner Landsmann, den Kardinalshut empfing und ihm als Papst Johannes XXII. auf dem Heiligen Stuhl folgte, hatte, obwohl der Sohn eines reichen Kaufmanns aus Cahors und Absolvent der juristischen Fakultät der Universität Montpellier, schreckliche Angst, von Hexern getötet zu werden, und wies als Papst seine Inquisitoren an, alle an den Pranger zu stellen, die »einen Pakt mit der Hölle« geschlossen hatten. Er war »davon überzeugt, dass sich Leute unter der Maske guter Christen in geheimer Allianz dem Teufel ergaben«.[339]

Könnte nicht sogar der Papst selbst vom Satan verführt worden sein? Eine derartige Vorstellung war für Männer wie Wilhelm von Nogaret und Wilhelm von Plaisans, die das Ohr König Philipps des Schönen hatten, gar nicht so weit hergeholt. Es schien überhaupt die einzig plausible Erklärung zu sein, weshalb so viele Menschen die Pläne des »allerchristlichen Königs« durchkreuzten. Hatten nicht die Diener des Bischofs von Béziers, der Philipp als so stumm und dumm wie eine Eule bezeichnet hatte, unter Anwendung der Folter gestanden, dass ihr Herr mit bösen Geistern Umgang pflog? Und, das schlagendste Argument von allen: War nicht Philipps Erzfeind, Papst Bonifaz VIII., Ketzer, Sodomist und Verbündeter des Teufels gewesen?

Die innere Haltung des verstorbenen Papstes war von mehr als nur akademischem Interesse, drohte doch Philipp, während er Druck auf den Papst zur Verurteilung der Templer ausübte, zugleich stets mit einem posthumen Ketzerprozess gegen Papst Bonifaz VIII. Das kanonische Recht sah die Möglichkeit solcher Prozesse durchaus vor, es gab auch schon Präzedenzfälle wie die Exhumierung des Papstes Formosus im Jahr 897 und seine Verurteilung. Für Philipp hätte ein Schuldspruch nachträglich die Ungeheuerlichkeit von Anagni gerechtfertigt, die Exkommunikation Wilhelms von Nogaret aufgehoben und das Recht des Königs etabliert, einen häretischen Papst nicht nur zu verurteilen, »sondern auch festzunehmen und zu bestrafen«.[340]

Als Teil seiner Kampagne zur Verunglimpfung des toten Pontifex drängte Philipp der Schöne auch auf die Heiligsprechung Pietros del Morrone, des Einsiedlerpapstes Coelestin V., der nach den Aussagen der Franzosen von seinem Nachfolger Bonifaz VIII. zur Abdankung gezwungen, ins Gefängnis geworfen und schließlich ermordet worden war. Wenn man mit dem Anspruch auf Unfehlbarkeit erklären konnte, dass Coelestin jetzt im Himmel war, würde das nach Auffassung Philipps beweisen, dass sich Bonifaz in der Hölle befand. Und die Sache Coelestins gewann durch Wunderberichte und Verehrung weiter Bevölkerungs-kreise immer mehr Gewicht.

Unter enormem Druck von Seiten des mächtigen französischen Monarchen, der sich selbst nur Gott verantwortlich fühlte, und hilflos gegenüber den Zwangsmitteln des Königs, nahm Clemens V. Zuflucht zur bewährten Verzögerungstaktik und versuchte sich zugleich König Philipps Machtbereich möglichst zu entziehen. Das politische Chaos in Italien schloss eine Rückkehr in den Kirchenstaat aus. Doch hatte das Papsttum früher schon eine Enklave am Rand der Provence erworben, die Grafschaft Venaissin und das günstig an der Rhône gelegene Avignon. Im August 1308 verkündete Papst Clemens, die päpstliche Kurie werde Poitiers verlassen und fortan in Avignon residieren. Es war als befristete Maßnahme gedacht, doch blieben die Päpste dann für die nächsten 70 Jahre dort.

Dieser Umzug nach Avignon, erst im März 1309 beendet, befreite den Papst trotzdem nicht vom Druck Philipps des Schönen. Schon vor dem Verlassen von Poitiers hatte Clemens einem posthumen Prozess gegen Bonifaz VIII. zustimmen müssen – widerstrebend und voller Angst. Denn wie katastrophal für die Autorität des Papsttums musste es sein, wenn Papst Bonifaz VIII. tatsächlich als Ketzer verurteilt wurde! Im Ausland hörte man von dem geplanten Prozess und war schockiert. Der Eindruck verfestigte sich, Clemens V. sei nur Wachs in den Händen Philipps IV. König Jakob II. von Aragon informierte den Papst in einem Brief von seiner großen Sorge.

Als dann aber der Prozess eröffnet wurde, übernahm Clemens selbst die Verteidigung des Andenkens Bonifaz' VIII. vor den Advokaten des französischen Königs. Er erinnerte an die Frömmigkeit des früheren Papstes, die Dienste, die er der Kirche erwiesen hatte, und die vielen Beweise seiner Rechtgläubigkeit. Nach seinem Plädoyer ließ er dem Prozess seinen Lauf, war aber dank seiner Kenntnisse des römischen Rechts in der Lage, die Dinge hinauszuziehen. Teils verlangte er schriftliche Zeugenaussagen, teils suspendierte er, im Dezember 1310, das Verfahren, weil er wieder einmal an einem Anfall seiner Krankheit litt.

Hinter den Kulissen wurden während seiner Rekonvaleszenzzeit Verhandlungen geführt, die in einem Kompromiss endeten. Der Papst erkannte an, dass König Philipp und seine Beauftragten in Anagni guten Glaubens gehandelt und nichts anderes beabsichtigt hatten, als eine Vorladung Papst Bonifaz' VIII. vor ein allgemeines Konzil zu erreichen. Die Gewaltanwendung gegen die Person des Papstes sei auf eine persönliche Vendetta seiner Feinde im Kirchenstaat zurückzuführen. Philipp wurde als »Kämpfer für den Glauben« und »Verteidiger der Kirche« gepriesen, und Clemens zog alle Bullen zurück, die Philipp oder dem Königreich Frankreich schaden konnten. Wilhelm von Nogaret erhielt Absolution unter der Bedingung, dass er sich zur Teilnahme an einem Kreuzzug und zum Besuch einer Anzahl Pilgerstätten in Frankreich und Spanien verpflichtete. Als Gegenleistung erklärte König Philipp IV., sich voll und ganz jedem Urteil unterwerfen zu wollen, das Papst Clemens V. über die Rechtgläubigkeit Papst Bonifaz' VIII. fällen würde.

Der Kompromiss wurde jenseits der Grenzen Frankreichs schlecht aufgenommen. Für Dante Alighieri war er nur ein weiteres Beispiel dafür, wie sich die päpstliche Kurie vor König Philipp IV. prostituierte. Der aragonesische Botschafter bei der Kurie schrieb seinem König, Philipp sei jetzt »König, und Papst, und Kaiser!« Man war in weiten Kreisen davon überzeugt, die Absolution Wilhelms von Nogaret habe Philipp 100 000 Florinen gekostet. Nach Auffassung eines modernen Historikers jedoch findet diese Kritik an Clemens' Politik während des Prozesses gegen Bonifaz »in den historischen Tatsachen keine Grundlage«. Es sei vielmehr klar, »dass Clemens einen nicht zu leugnenden Sieg davontrug. Der einzige Kompromiss, zu dem er sich gezwungen sah, war, dass er Philipp wegen dessen Verhaltens ganz allgemein sein Lob aussprach. Und das war eine nur theoretische Konzession, dergleichen der Papst schon oft gemacht hatte und die ihm nicht schwer fiel«.[341] Dasselbe gelte im Fall des Einsiedlerpapstes, den Clemens V. 1313 heilig sprach, nicht unter dem Papstnamen Coelestin, sondern als Sankt Pietro del Morrone, und auch nicht in seiner Eigenschaft als Märtyrer, wie es König Philipp gewünscht hatte, sondern als Bekenner.

Auf diese Weise schützte Papst Clemens mit den Waffen Geduld und Verzögerungstaktik die Autorität und Autonomie der Kirche. Anders als seine großen Vorgänger, etwa Papst Gregor VII. oder Innozenz III., die Titanenkämpfe mit den deutschen Kaisern ausgefochten hatten, sah sich Clemens praktisch hilflos in einen dauernden Kleinkrieg mit einem fanatischen, rachsüchtigen König verwickelt. In puncto Papst Bonifaz VIII. und dessen Nachfolger Coelestin V. hatte er ein erfolgreiches Rückzugsgefecht geliefert und nur in unwesentlichen Dingen nachgegeben. War aber der Tempel etwas Unwesentliches? Hier kam Papst Clemens offenbar zu keiner klaren Entscheidung.

Als der Papst im August 1308 Poitiers verließ, dürfte König Philipp IV. angenommen haben, er habe jetzt alle Mittel in der Hand, das Schicksal des Ordens in relativ kurzer Zeit zu entscheiden. Die Templer blieben im Gewahrsam der königlichen Kerkermeister, und jetzt, da der Papst die Inquisition zur Fortsetzung der Verhöre autorisiert hatte, waren weitere

Geständnisse seitens der verhafteten Ordensritter zu erwarten. Alle von den drei Kardinälen in Chinon verhörten führenden Templerpersönlichkeiten hatten ihre Widerrufe abermals widerrufen und ihre Verbrechen erneut gestanden. Keiner gab alle Anklagepunkte zu, aber die Geständnisse im Ganzen deckten sämtliche Anschuldigungen ab. Alle bereuten auch, was sie getan hatten, und baten, in den Schoß der Kirche zurückkehren zu dürfen.

Die Gegenwart Wilhelms von Nogaret und Wilhelms von Plaisans in Chinon hatte gewiss ihren Eindruck auf die Angeklagten nicht verfehlt und dürfte ihre Aussagen entscheidend mit bestimmt haben. Die Delinquenten hatten allen Grund, ihre Schuld einzugestehen, weil sie bei weiteren Beteuerungen ihrer Unschuld Folter und lebenslängliche Haft riskiert hätten. Gelänge ihnen aber die Flucht, so würden sie nirgends Aufnahme finden. Clemens hatte erneut an alle Könige der Christenheit geschrieben und sie aufgefordert, sämtliche flüchtigen Templer in ihren Ländern zu arrestieren und den bischöflichen Kommissionen auszuliefern. Viele Bischöfe, besonders in Nordfrankreich, waren von Philipp ernannt worden. Und außerdem hatte der Papst die Würdenträger gewarnt. Wer Templern half, machte sich der Beihilfe zur Ketzerei schuldig.

König Philipp konnte sich außerdem der Ergebnisse sicher fühlen, die die päpstliche Untersuchungskommission in Sachen des Ordens erzielen würde. Er selbst hatte eine Liste geeigneter Kandidaten für diese Kommission an Papst Clemens V. geschickt, und unter deren acht Mitgliedern befand sich eine ganze Reihe Parteigänger des Königs. Als Vorsitzender der Kommission amtierte Gilles Aicelin, Erzbischof von Narbonne, der 1308 in Poitiers gegen die Templer gesprochen hatte. Auch die Bischöfe von Mende und Bayeux waren königstreue Männer, und Letzteren hatte Philipp schon oft als Sonderbeauftragten eingesetzt. Vier Mitglieder der Kommission waren keine Franzosen. Aber einer davon, der Archidiakon von Trient, hatte mit einem Colonna-Kardinal zusammengearbeitet, und ein anderer, der Profos von Aix, war als Diplomat in Diensten König Karls II. von Neapel, des Königs Vetter, gestanden.

Doch wegen der komplizierten von Papst Clemens V. persönlich festgelegten Verfahrensordnung und weil es schwierig war, acht so prominente Kirchenleute überhaupt unter einen Hut zu bringen, trat die Kommission erst ein Jahr nach ihrer Einsetzung zu ihrer ersten Sitzung zusammen. Am 8. August 1309 erließ sie im Kloster Sainte-Geneviève zu Paris einen Aufruf an alle, die willens seien, im November vor ihr zu erscheinen und auszusagen. Und nach einem allerletzten Aufschub trat die Kommission am 22. November im beschöflichen Palais von Paris erneut zusammen.

Zu den ersten Zeugen gehörte Hugo von Pairaud, der Templervisitator in Frankreich, der aber nichts zur Entlastung des Ordens vorbrachte. Als Jakob von Molay am 26. November aussagte, erklärte er, er würde den Orden zwar gern verteidigen, da er sich nicht vorstellen könne, dass ihn die Kirche vernichten wolle. Doch zweifle er an seiner Kompetenz, allein und ohne Hilfe eine wirksame Verteidigung aufzubauen. Trotzdem würde er »sich selbst als elender Schuft fühlen – und auch andere müssten ihn für einen solchen halten –, wenn er den Orden, dem er so viele Wohltaten und Ehren verdanke, nicht zu verteidigen gedächte«.

Jakob von Molay bezog sich mit diesen Worten nicht nur auf sein Analphabetentum, auf das er schon während seiner Haft hingewiesen hatte. Der Tempel hatte es vielmehr unter seiner Führung auch versäumt, sich dem zunehmenden Legalismus der Zeit anzupassen. Andere Körperschaften wie die Hospitaliter und Mönchsorden bedienten sich längst juristischer Berater. Nur die Templer »scheinen sich kaum bemüht zu haben, entweder Rechtsgelehrte zu engagieren oder in ihren eigenen Reihen juristische Experten heranzuziehen« – obwohl sie immer mit Argusaugen über ihren Rechten und Freiheiten gewacht hatten.[342] Emotional, verunsichert, in seinen eigenen und anderen Augen ein wahrer Don Quijote, bereute jetzt Jakob von Molay zweifellos diese Unterlassung. Als man ihm ein Protokoll seines Geständnisses vor den Kardinälen in Chinon vorlas, wurde er sehr aufgeregt, bekreuzigte sich zweimal und tat Äußerungen, die ihm die Kommission als Aufforderung zum Zweikampf an »gewisse Personen« auslegte, um ein Gottesurteil entscheiden zu lassen. Mit diesen »Personen« waren wahrscheinlich die Kardinäle gemeint, die seine Aussage protokolliert hatten. Von der Kommission dafür getadelt, erwiderte Jakob, er habe eine solche Aufforderung nicht beabsichtigt, aber wenn es Gott gefalle, sollten sie doch der Praxis der Tartaren und Sarazenen folgen, die »solchen Übeltätern den Kopf abschneiden [...] oder sie von oben bis unten in zwei Hälften spalten«.[343]

Die Kommissare ließen sich von diesen kriegerischen Tönen nicht beeindrucken und stimmten einer Vertagung zu, damit von Molay die Verteidigung seines Ordens vorbereiten könne. König Philipps Minister, Wilhelm von Plaisans, der auch zugegen war und an den sich Jakob von Molay paradoxer Weise um Hilfe wandte, war durch diese Demonstration totaler Hilflosigkeit etwas aus der Fassung gebracht. Nach zwei Jahren Folter und Gefangenschaft wusste der Großmeister offenbar nicht mehr, was er gestanden, was er widerrufen hatte und ob er den Orden verteidigen sollte oder nicht. Wilhelm rief ihm zu, er solle aufpassen, dass er sich nicht »in seiner eigenen Schlinge verfange und umkomme«.

Als Jakob von Molay am Freitag, dem 28. November, zum zweiten Mal vor der Kommission erschien, erklärte er wiederum, er fühle sich nicht in der Lage, eine Verteidigung seines Ordens aufzubauen, da er nur »ein ungebildeter, armer Ritter« sei. Er habe in einem der päpstlichen Briefe gelesen, dass sich Papst Clemens in diesem Fall das Urteil selbst vorbehalte, und sei zu schweigen entschlossen, bis er vor den Papst gebracht werde. Hier, vor der Kommission, wolle er nur dreierlei erklären. Erstens, dass die Liturgie in den Templerkirchen weit schöner sei als in allen anderen Kirchen außer den Kathedralen, zweitens, dass der Orden in seinen Almosen sehr großzügig gewesen sei, und drittens, dass kein anderer Orden »so bereitwillig sein Blut zur Verteidigung des christlichen Glaubens vergossen« und dem Sarazenenfeind so viel Respekt eingeflößt habe. Hatte nicht der Graf von Artois die Templer als Vorhut im Heer Ludwigs des Heiligen am Nil eingesetzt? Und wäre er nicht am Leben geblieben, wenn er den Rat des damaligen Großmeisters befolgt hätte?

Als die Kommissare trocken entgegneten, dies alles sei ganz wertlos, wenn der rechte Glaube fehle, stimmte Jakob von Molay zu, beteuerte jedoch, er glaube »an den einen Gott und die Dreifaltigkeit der göttlichen Personen und an andere zum katholischen Glauben gehörende Dinge ... und wenn die Seele vom Körper getrennt werde, werde sich schon offenbaren, was gut und was böse sei, und jeder von uns werde die Wahrheit über diese Dinge, die sich im Augenblick ereignen, erfahren«.

Am 28. November beendete die Kommission ihre erste Sitzungsperiode und trat erst wieder am 3. Februar 1310 zusammen. In der Zwischenzeit hatte der Defätismus, der die meisten Templer nach ihrer Verhaftung ergriffen hatte, einer neuen Entschlossenheit Platz gemacht. Auf der ersten Sitzung stellte der Präzeptor von Payns, Ponsard von Gizy, vor der Kommission klar, alle Anklagen gegen den Orden seien falsch, die Geständnisse seien »wegen drohender Gefahr und aus Furcht« erfolgt, und nachdem er beschrieben hatte, wie er gefoltert worden war, erklärte er, wenn man ihm wieder mit solchen Qualen drohe, würde er alles zugeben, was man ihm vorwerfe. Und vom 7. bis zum 27. Februar folgten 532 Templer in ganz Frankreich seinem Beispiel.

Am 14. März wurde eine vollständige Liste mit den 127 Anklagepunkten gegen den Orden erstellt und vor 90 Templern verlesen, die sich zur Verteidigung des Ordens bereit erklärt hatten. Ende des Monats war diese Zahl auf 597 Templer angewachsen, unter ihnen Johann Robert, ein Priester, der zu Protokoll gab, er habe unzählige Templergeständnisse gehört, aber keines enthalte die dem Orden angelasteten Verbrechen. Angesichts einer so großen Zahl Verteidiger, die man unmöglich alle anhören konnte, forderte die Kommission die Angeklagten auf, einige Stellvertreter zu wählen. Daher wählten sie nun zwei Priester, Reginald von Provins, Präzeptor von Orléans, und Peter von Bologna, Prokurator des Tempels bei der päpstlichen Kurie zu Rom, zu Prokuratoren. Peter von Bologna war geweihter Priester, 44 Jahre alt und Mitglied des Tempels seit 25 Jahren. Wahrscheinlich stammte er aus der Lombardei und war in Bologna in den Orden aufgenommen worden, wo er unter dem Präzeptor der Lombardei, Wilhelm von Noris, möglicherweise die Rechte studiert hatte. Seine Ernennung zum Templerprokurator bei der päpstlichen Kurie lässt auf eine sonst im Ritterorden seltene intellektuelle Kompetenz schließen. Nach seiner Festnahme im November 1307 hatte er gestanden, Christus verleugnet und auf das Kreuz gespuckt zu haben. Sodomie hatte er für sich persönlich abgestritten, aber zugegeben, dass sie im Orden erlaubt sei.

Auch Reginald von Provins war Priester, acht Jahre jünger als Peter von Bologna. Dass er früher daran gedacht hatte, sich nicht den Templern, sondern den Dominikanern anzuschließen, lässt ebenfalls den Schluss auf höhere Bildung zu, und die Art und Weise, in der er bei den ersten Verhören ein offenes Geständnis vermieden hatte, zeugt von geistiger Beweglichkeit. Er war vor 15 Jahren in Brie in den Orden aufgenommen worden.

Die erste Vorlage dieser beiden Templerpriester enthielt einen Protest gegen die Bedingungen, unter denen man sie hielt: Verweigerung der Sakramente, Konfiskation ihres Eigentums und der Ordenstracht, schlechte Ernährung, Eisenfesseln, und wenn Templer im Gefängnis starben, Vorenthaltung eines Begräbnisses in geweihtem Boden. Als Peter von Bologna später im Pariser Tempel, wo er eingekerkert worden war, von den Beauftragten der Kommission vernommen wurde, bezeichnete er die Anklagen als »schändlich, bösartig, unvernünftig und verabscheuungswürdig [...] sie sind von falschen Zeugen, Konkurrenten des Ordens und verlogenen Feinden künstlich fabriziert, rein erfunden und aus der Luft gegriffen«. Er bestand darauf, »dass der Tempelorden rein und makellos war und ist, unbefleckt von all den in der Anklage enthaltenen Lastern und Sünden«. Alle Geständnisse seien eindeutig falsch, Folge der Folter oder des Wunsches, ihr zu entgehen.

Am Mittwoch, dem 1. April, erschienen Peter von Bologna und Reginald von Provins zusammen mit Wilhelm von Chambonnet, Präzeptor von Blandeix in der Auvergne, und Bertrand von Sartiges, Präzeptor von Carlat in Rouergue, vor der päpstlichen Kommission. Beide Ritter hatten im Heiligen Land gedient und bei ihrem ersten Verhör durch den Bischof von Clermont keinen einzigen Anklagepunkt gestanden.

Sofort drängte Reginald von Provins die Kommission selbst in die Defensive. Erstens stellte er fest, allein der Großmeister und das Ordenskapitel seien befugt, Vertreter zur Verteidigung des Tempels zu ernennen. Zweitens seien die ersten Ketzerverfahren gegen die Templer irregulär gewesen und daher juristisch anfechtbar. Jeder Angeklagte habe ein selbstverständliches Recht, Geldmittel zur Bezahlung geeigneter Verteidiger zu erhalten und im Gewahrsam der Kirche, nicht des Königs gehalten zu werden. Zum ersten Mal seit der Verhaftung der Templer im Oktober 1307 hatten sie die Möglichkeit, sich wirksam zu verteidigen.

Sogar noch nach fast 700 Jahren beweisen die Worte Peters von Bologna, dass es sich bei ihm nicht nur um einen geschickten Advokaten, sondern auch um einen aufrechten Verteidiger der zeitlosen Rechte jedes Angeklagten handelte. Das anfängliche Vorgehen gegen die Templer, führte er aus, sei von »destruktiver Wut« bestimmt gewesen. Man habe die Brüder »wie Schafe zur Schlachtbank geführt« und »durch verschiedene Arten der Folter« zu Aussagen gezwungen. Viele seien »daran gestorben, viele für immer verstümmelt und viele zu Lügen gegen sich selbst und gegen den Orden« veranlasst worden. Folter setze »die Freiheit des Geistes außer Kraft, die doch jedem guten Menschen zuzubilligen« sei. Sie beraube ihn »seiner Kenntnisse, Erinnerungen und Einsichten«, weshalb keine unter Anwendung der Folter gemachte Aussage gelten dürfe. Auch enthüllte er, dass man Templerbrüdern Briefe mit dem Siegel König Philipps gezeigt habe, die das Versprechen enthielten, dass sie, wenn sie im Sinn der Anklage aussagten, nicht nur von der Folter verschont bleiben, sondern auch »während ihres ganzen Lebens gut versorgt und mit reichlichen jährlichen Einkünften versehen sein würden. Und zu Beginn sagte man ihnen stets, der Templerorden sei ohnehin schon verurteilt und rettungslos verloren.«[344]

Also seien alle vermeintlichen Beweise gegen den Orden gefälscht und widersprächen auch jeder vernünftigen Erwägung. Sei es denn glaubhaft, dass so viele edle, ausgezeichnete und mächtige Männer »so töricht und verrückt« handelten und »auf die Gefahr, ihre Seele zu verlieren, in einen solchen Orden eintreten und darin bleiben könnten«? Hätten nicht Ritter von so edler Gesinnung, wenn sie im Tempel derartige Schändlichkeiten, im Besonderen die Lästerungen gegen Jesus Christus, bemerkt hätten, »laut aufgeschrien und diese Dinge vor aller Welt bloßgestellt«?

Diese starke Verteidigung des Tempels und die nicht enden wollenden Überlegungen der päpstlichen Kommission brachten König Philipp IV. in Harnisch. Das für den Oktober 1310 nach Vienne einberufene Kirchenkonzil, das den Templerorden endgültig auflösen sollte, hatte schon für ein Jahr verschoben werden müssen, weil die Kommission ihren Bericht nicht vorgelegt hatte. Deshalb entschloss sich der König, die Sache durch Philipp von Marigny, den Erzbischof von Sens, jetzt energisch vorantreiben zu lassen. Von Marigny war erst kürzlich durch den Einfluss seines Bruders Enguerrand von Marigny vom Bischofsstuhl in Cambrai zum Erzbischof von Sens befördert worden, und Enguerrand seinerseits war im Begriff, Wilhelm von Nogaret als wichtigsten Minister des Königs abzulösen. Auf Enguerrands Ersuchen hatte König Philipp beim Papst die Ernennung Philipps von Marigny zum Erzbischof erwirkt. Dieser war daher sowohl dem König als auch seinem Bruder zu Dank verpflichtet und sah sich im Frühjahr 1311 in der Lage, seine Schuld zu bezahlen.

Auf Grund kirchenpolitischer Demarkationslinien, die bis in die Zeit des Römischen Reiches zurückreichten, lag die Diözese Paris in der Provinz Sens. Deshalb besaß der Erzbischof von Sens die Befugnis, im Fall einzelner Pariser Templer auf seinem Gebiet Recht zu sprechen. Am Sonntag, dem 10. Mai, als sich die päpstliche Kommission vertagt hatte, berief er eine Synode nach Paris ein, um gegen diese Templer vorzugehen. Peter von Bologna bemerkte sofort, was hier gespielt wurde, und wandte sich unverzüglich an die Kommission mit der Bitte, die Templer, »die sich zur Verteidigung besagten Ordens bereit erklärt« hatten, unter ihren Schutz zu stellen. Er forderte die Kommission auf, den Erzbischof von Sens anzuweisen, nicht gegen diese Templer vorzugehen.

Der Vorsitzende der Kommission, Gilles Aicelin, Erzbischof von Narbonne, entzog sich der Kenntnisnahme dieser Petition mit dem Argument, »er müsse die Messe zelebrieren oder hören«. Den übrigen Kommissaren blieb es überlassen festzustellen, dass sie zwar Sympathie für die Bittsteller in Sachen Templer empfänden, dass aber die Verfahren der päpstlichen Kommission und der vom Erzbischof einberufenen Synode »vollkommen verschieden und streng voneinander zu trennen« seien. Da der Erzbischof seine Macht unmittelbar vom Heiligen Stuhl habe, liege eine Intervention nicht in der Befugnis der Kommission.

Am Montag, dem 11. Mai, trat die Kommission in Abwesenheit ihres Vorsitzenden, des Erzbischofs von Narbonne, wieder zusammen, um die Aussage jedes Templers, der seinen Orden zu verteidigen wünschte, entgegenzunehmen. Da platzte in eine Verfahrenspause die Nachricht, dass 54 Templer, die ihre Geständnisse widerrufen hatten, um den Orden zu verteidigen, als rückfällige Ketzer verbrannt werden sollten – und zwar noch am selben Tag. Sofort schickte die Kommission den Archidiakon von Orléans und Philipp von Voet, einen Kerkermeister der inhaftierten Templer, zum Erzbischof, mit dem Ersuchen, die Hinrichtung aufzuschieben. Voet hatte den Mitgliedern der Kommission erzählt, dass viele im Gefängnis gestorbene Templer auf der Schwelle zur Ewigkeit geschworen hatten, die Anklagen gegen den Tempel seien falsch.

Ihr Einspruch wurde ignoriert. Die 54 Templer wurden auf Karren gepackt und auf eine Wiese des Konvents St. Antoine vor der Stadt gebracht. Dort verbrannte man sie. Alle ohne Ausnahme leugneten »die ihnen zur Last gelegten Verbrechen und blieben standhaft bei dieser Leugnung, indem sie sagten, sie würden ohne Ursache und ungerecht umgebracht – was in der Tat viele Menschen, die Zeugen dieses Ereignisses wurden, nicht ohne große Bewunderung und Bestürzung bestätigen konnten«.[345] Alle Templer aber, die die ihnen vorgeworfenen Verbrechen niemals gestanden hatten, wurden, da sie nicht als rückfällige Ketzer verurteilt werden konnten, zu lebenslänglicher Gefangenschaft verdammt. Nur jene, die ihr Geständnis bestätigten und bereuten, erhielten Absolution ihrer Sünden und wurden freigelassen.

Vier Tage darauf wurden vier weitere Templer dem Erzbischof von Sens überliefert, um als rückfällige Ketzer auf dem Scheiterhaufen zu enden. Der Leichnam Johannes' von La Tour, des ehemaligen Schatzmeisters des Pariser Tempels, wurde sogar exhumiert, damit man auch ihn noch nachträglich den Flammen überantworten konnte. Die Auswirkung dieser Aktionen zeigte sich bei den Zeugen, die von jetzt an vor die Kommission gerufen wurden. Ein Templer aus der Diözese Langres zum Beispiel, namens Aimery von Villiers-le-Duc, beteuerte zwar, alle dem Orden angelasteten Fehler seien erfunden. Doch flehte er die Kommissare an, dies den Soldaten des Königs ja nicht zu verraten, da er nicht verbrannt werden wolle. Doch das Einzige, wozu sich die Kommissare verstehen wollten, war ein Protest, als einer der beiden Prokuratoren, Reginald von Provins, plötzlich aus dem Gefängnis verschwand.

Der Protest erwies sich immerhin als wirksam. Reginald von Provins wurde zusammen mit den beiden Rittern, Wilhelm vom Chambonnet und Bertrand von Sartiges, ins Gefängnis zurückgebracht. Aber jetzt war es Peter von Bologna, der plötzlich fehlte und trotz der Suche dreier Kanoniker, die ihn wieder holen sollten, unauffindbar blieb. Danach schleppten sich die Untersuchungen der Kommission nur noch so hin, und viele Mitglieder blieben den Sitzungen mit allen möglichen Entschuldigungen fern. Als am 17. Dezember Wilhelm von Chambonnet und Bertrand von Sartiges erklärten, ohne Reginald von Provins und Peter von Bologna könnten sie als »ungebildete Laien« die Verteidigung des Ordens nicht fortsetzen, sagte man ihnen, beide Templerpriester hätten ihre Verteidigung des Ordens niedergelegt und seien zu ihren ursprünglichen Geständnissen zurückgekehrt. Reginald von Provins sei von der

Synode in Sens von seinem Priesteramt entbunden worden und Peter von Bologna aus dem Gefängnis entwichen. Wahrscheinlicher jedoch ist, dass er von den Gefängniswärtern ermordet wurde. Aber was auch das Schicksal der beiden Templerpriester sein mochte – die beiden Ritter fühlten sich nicht in der Lage, ohne sie weiterzumachen, und »verließen die Audienz der Kommissare«.[346]

17. Vernichtung des Tempels

Warum gingen die Angehörigen der furchtbarsten Truppe des Abendlands »wie Schafe zur Schlachtbank«, um in den Worten Peters von Bologna zu sprechen? Ein Grund war sicher das vorgerückte Alter der meisten in Frankreich lebenden Templer. Nachdem sie eine Zeit lang im Osten gedient hatten, waren sie wieder auf Verwaltungsposten in Europa zurückgekehrt. Die jüngeren Ritter schickte man nach Zypern. Über 70 Prozent der Templertruppen waren zwischen 1300 und 1307 rekrutiert worden.[347] Und in Zypern wurden sie auf militärische Einsätze vorbereitet. Sie hatten schon gegen die Sarazenen gekämpft, um Tortosa wiederzugewinnen, und waren auf eine Invasion ihrer Insel seitens der Mamelucken gefasst.

Im November 1307 gelangte Papst Clemens' V. Bulle »Pastoralis praeeminentiae«, mit der er die Verhaftung der Templer in der ganzen Christenheit anordnete, auch nach Zypern. Herrscher der Insel war derzeit de facto Amalrich, Bruder König Johanns I. und Heinrichs II. von Zypern. Die Templer hatten ihn unterstützt, als er im August 1306 die Macht an sich riss. Die Anordnung des Papstes brachte Amalrich in eine schwierige Lage. Er schuldete den Templern viel und hielt die Anklagen gegen sie, wie fast alle Bewohner Zyperns, mit an Sicherheit grenzender Wahrscheinlichkeit für falsch. Gleichwohl hatte er kein Interesse daran, dem Papst zu trotzen oder sich König Philipp von Frankreich zum Feind zu machen. Deshalb wies er seine Offiziere an, gegen die Templer unter ihrem Marschall Ayme von Oselier vorzugehen. Sie jedoch leisteten Widerstand, und es kam zu bewaffneten Auseinandersetzungen.

Endlich kapitulierten die Templer. 83 Ritter und 35 Sergeanten wurden auf ihren Gütern unter Hausarrest gestellt. Ihr Besitz wurde beschlagnahmt, wobei jedoch Amalrichs Offiziere keinen besonderen Templerschatz finden konnten. Auch wurde erst im Mai des folgenden Jahres ein Prozess eröffnet, als nämlich zwei von Papst Clemens ernannte Richter auf der Insel eintrafen. Kein Angeklagter gab irgendeine Schuld zu. Man verhörte auch Zeugen, die nicht zum Orden gehörten, unter anderem 16 weltliche Ritter, den Seneschall des Königreichs, Philipp von Ibelin, und den Marschall des Königs, Reginald von Soissons. Die meisten hatten König Heinrich II. gegen Amalrich unterstützt, so dass man bei ihnen mit Ressentiments gegen die Templer rechnen konnte. Doch alle Aussagen fielen zu Gunsten des Ordens aus. Philipp von Ibelin, der erste Zeuge, gab der Vermutung Ausdruck, es sei nur die Geheimnistuerei um die Aufnahmerituale der Templer gewesen, die zu dem Verdacht führte, sie hätten etwas zu verbergen. Und Reginald von Soissons bestätigte, die Templer glaubten an die heiligen Sakramente und hätten die kirchlichen Kulthandlungen immer korrekt vollzogen.

Ein Ritter, Jakob von Plany, verteidigte die Templer energisch und erinnerte das Gericht daran, sie hätten ihr Blut für Christus und den christlichen Glauben vergossen. In keinem anderen Orden finde man bessere und ehrenhaftere Männer. Graf Perceval von Mar, ein Genueser, schilderte, wie einige von den Sarazenen gefangen genommene Templer lieber gestorben seien, als ihren Glauben zu verraten. Nicht so prominente Zeugen sprachen zwar von geheimen Aufnahmeritualen der Templer und von deren Habsucht, wussten aber nichts gegen sie vorzubringen, was auf Blasphemie oder Häresie hätte schließen lassen. Ein Priester, Lorenz von Beirut, sagte aus, er habe die Geständnisse von 60 Templern gehört, aber nichts für sie Nachteiliges darin bemerkt. Aus weiteren Zeugenaussagen ging hervor, dass viele Templer bei Dominikanern, Franziskanern und Weltgeistlichen zu beichten pflegen, nicht unbedingt bei ihren eigenen Kaplänen.

Der einzige Zeuge der auf Zypern lebenden Lateiner, der gegen die Templer aussagte, war Simon von Sarezariis, Prior des St. Johannes-Hospitals. Doch konnte er keine stichhaltigen Beweise beibringen und nur von Gesprächen berichten, die er früher einmal gehört haben wollte und deren Teilnehmer er nicht einmal mit Namen kannte. Mit dieser einen Ausnahme sprachen alle adligen Zeugen zu Gunsten der Templer, obwohl es Parteigänger König Heinrichs II. waren.

Dieses Ergebnis erschien Papst Clemens V. nicht akzeptabel. Er ordnete einen neuen Prozess unter dem päpstlichen Legaten im Osten an, Peter von Plaine-Cassagne, dem Bischof von Rodez. Der Prozess fand nach der Ermordung Amalrichs und der Wiedereinsetzung König Heinrichs im Sommer 1310 statt. Die Protokolle sind nicht überliefert, aber es hat den Anschein, als habe sich der Papst mit seinen Direktiven durchgesetzt. Die Chronisten berichten, der Templermarschall Ayme von Oselier und viele seiner Templerbrüder seien während ihrer Haft in der Festung Kerynia umgekommen.

In Italien hingen die Templerverfahren von der politischen Einstellung des jeweiligen Herrschers ab. Karl II. von Neapel, Vetter König Philipps des Schönen, sorgte, soweit aus den wenigen erhaltenen Protokollen hervorgeht, wohl auch durch Anwendung der Folter für die erforderlichen Geständnisse. Auch im Kirchenstaat erbrachte die Folter einige Geständnisse, zum Beispiel, dass man Christus verleugnet, das Kreuz bespuckt und Götzenbilder angebetet habe. Aber im Großen und Ganzen führte eine vom Bischof von Sutri auf einer Rundreise durchgeführte Befragung nur zu dürftigen Resultaten. In der Lombardei unterstützten viele Bischöfe die Templer, und manche waren kühn genug, das auch laut zu sagen. Die Bischöfe von Ravenna, Rimini und Fano fanden keinerlei Schuld an den wenigen ihnen vorgeführten Templern. In Florenz gestanden sechs von 13 gefolterten Templern.

In Deutschland ging Burchard, Erzbischof von Magdeburg, scharf und zügig gegen die Templer vor, unter anderem gegen den deutschen Komtur Friedrich von Alvensleben. In Trier konnte eine vom dortigen Erzbischof einberufene Provinzialsynode kein gegen die Templer sprechendes Material beibringen. Eine ähnliche in Mainz abgehaltene Synode unter dem Vorsitz ihres Erzbischofs Peter von Aspelt wurde plötzlich von einer Schar zwanzig bewaffneter Tempelritter, geführt von Hugo von Salm, dem Präzeptor von Grumbach, unterbrochen. Der überrumpelte Erzbischof musste sich ihren Vorwurf anhören, dass man den Mitgliedern des Ordens keine faire Möglichkeit zur Verteidigung gegeben habe und dass alle, die ihre Unschuld beteuerten, verbrannt worden seien. Hugo von Salm behauptete auch, die weißen Mäntel der Templer seien im Feuer nicht verbrannt, und das sei ein Beweis für ihre Unschuld.

Bei einer späteren Anhörung bot sich Friedrich, Bruder Hugos von Salm und Präzeptor des Rheinlands, an, die Unschuld des Ordens durch ein Gottesurteil zu beweisen. Er erklärte, er habe mit Jakob von Molay im Osten gedient und kenne ihn als »guten Christen, ein besserer ist nicht zu finden«. Andere Zeugen beschrieben die große Wohltätigkeit der Templer – unter anderem ein Priester, der schilderte, wie während einer Hungersnot die Komturei in Maistre tagtäglich tausend Arme verpflegt habe. Am Ende der Anhörung entschied der Erzbischof zu Gunsten der vor ihn gebrachten Templer – was dem Papst sehr missfiel.

Außerhalb Frankreichs und Zyperns lebten die meisten Templer in Spanien, insbesondere in Aragon, wo der Orden bei der Wiedereroberung der von den Mauren gehaltenen Länder eine herausragende Rolle gespielt hatte. Der König versuchte aber seit einiger Zeit, die aus den heroischen Tagen der Reconquista stammenden enormen Privilegien und großen Schenkungen an den Orden allmählich wieder zurückzunehmen. Der Orden besaß zwar noch beträchtliche Ländereien in Aragon, war aber durch die Notwendigkeit, Gelder nach Syrien und Palästina zu schicken, und durch die Forderungen der aragonesischen Könige in arge finanzielle Bedrängnis geraten. Er übte noch die Funktionen einer Bank aus, steckte jedoch selbst tief in Schulden.

Mitte Oktober 1307 hatte König Jakob II. einen Brief von König Philipp IV. von Frankreich erhalten, in dem alle Frevel der Templer aufgezählt und dem König empfohlen wurde, sich wie Philipp in Frankreich ihres Eigentums und der Männer selbst zu bemächtigen. Der aragonesische Monarch traute seinen Ohren nicht. Die Templer, schrieb er Philipp dem Schönen zurück,

>»haben bis jetzt auch in den Augen der Öffentlichkeit in vorbildlicher Weise als Ordensleute gelebt, und niemals hat man einen Vorwurf in Glaubensdingen gegen sie erhoben. Im Gegenteil: Unter unserer Regierung haben sie uns in allem, was wir von ihnen verlangten, treu gedient und die Feinde des Glaubens unterdrückt.«

Als indessen Nachrichten nach Spanien gelangten, Jakob von Molay habe die ihm zur Last gelegten Verbrechen gestanden, ordnete König Jakob II. die Verhaftung der Templer und Beschlagnahme ihres Eigentums an. Einige Templer weigerten sich, ihre Burgen zu übergeben. Im Gegensatz zu Frankreich standen in Aragon eine Anzahl Männer des Ordens unter Waffen und hatten Zeit, ihre Verteidigung vorzubereiten. Die Festung in Peñíscola wurde erobert und der Templermeister in Aragon, Exemen von Lenda, verhaftet, aber Ascó, Cantavieja, Villel, Castellote, Chalamera und Monzón blieben in Händen des Ordens. Auch Ramón Sa Guardia, Präzeptor von Mas Deu im Roussillon, hielt sich in der Festung Miravet. Von hier aus schrieb er an König Jakob II. und erinnerte ihn an das Blut, das die Templer im Krieg gegen die Mauren, erst jüngst noch im Kampf gegen Granada, vergossen hätten. Bei einer Hungersnot hätten die Templer 20 000 Menschen in Gardeny und 6 000 in Monzón verköstigt. Als die Franzosen in Aragon einmarschierten und Barcelona bedrohten – wer hatte da Widerstand geleistet? Die Templer. Aus all diesen Gründen solle der König den Ordensmeister und alle anderen Templer, die »treue Katholiken und gute Christen« seien, freilassen.

Die Würfel waren jedoch schon gefallen – nicht weil der König von der Schuld der Templer überzeugt gewesen wäre, sondern weil er sich, bevor sie von der Kirche enteignet wurden, ihr Vermögen sichern wollte.

Er schlug Papst Clemens sogar einen Handel vor. Zwei Neffen des Papstes sollten aragonesisches Land bekommen, wenn der Papst seine Rechte auf das Eigentum des Tempels in Spanien aufgab.[348] Ramón Sa Guardia, der vielleicht spürte, dass Habgier inzwischen der eigentliche Beweggrund des Königs war, schrieb ihm, wie sehr er ihn, »den König von Frankreich und alle Katholiken wegen des Leidens, das aus solchem Verhalten entstehen muss«, bedaure – »mehr als uns, die wir das Böse ertragen müssen«. Er fürchte für des Königs Seele, wenn dieser sich einrede, er tue das Werk Gottes und nicht das des Teufels. Wie Peter von Bologna fragte er, wie es, wenn die Anklagen stimmten, möglich sei, dass sich so viele Mitglieder der besten Familien dem Orden angeschlossen hätten, manche nur für sechs Jahre, und doch die behaupteten Frevel nicht bemerkt und angeprangert hätten.

Am 1. Februar 1308 traf König Jakob Anstalten, die noch in Händen der Templer befindlichen Burgen zu belagern. Direkt erstürmen wollte oder konnte er sie nicht, und so entschloss er sich, sie auszuhungern. Ramón Sa Guardia, der weiter Briefkontakt zum König hielt, warnte ihn: Sie seien bereit, als Märtyrer zu sterben, außer der König wolle sie schützen, solange Papst Clemens sich unter dem Einfluss des Königs von Frankreich befinde. König Jakob hingegen sah keinen Grund nachzugeben und hatte Ende November die Templer von Miravet so weit, dass sie, um nicht zu verhungern, kapitulierten. Monzón hielt sich noch bis Mai 1309, und Ende Juli war mit dem Fall Chalamaras der Widerstand des Ordens endgültig erloschen.

Jetzt wurden Prozesse gegen die aragonesischen Templer angestrengt. Da aber nach aragonesischem Recht Folter nicht erlaubt war, lieferten die Gefangenen keine Geständnisse. Sie wurden außerdem unter menschenwürdigen Bedingungen gehalten und erhielten ordentliche Mahlzeiten. Ramón Sa Guardia nahm, wie in seinen Briefen an den König, auch vor den Inquisitoren kein Blatt vor den Mund. Die Aufnahmeverfahren in den Orden seien völlig korrekt und im Einklang mit dem rechten Glauben verlaufen, genau so die Ausübung der katholischen Religion durch die Templer. Die Behauptung, man habe Christus verleugnet, sei »schrecklich, abscheulich und teuflisch«, und »jeder Bruder, der eine Sünde gegen die Natur (d.h. Sodomie) begangen hat«, sei »mit dem Verlust der Ordenstracht und dauerndem Arrest [...] mit schweren Fesseln am Fuß und Ketten am Hals bestraft worden [...].« Die Anklagen seien »einem böswilligen, diabolischen Geist« entsprungen, und alle, die gestanden hätten, seien Lügner.

Im März 1311 befahl der Papst dem Erzbischof von Tarragona und dem Bischof von Valencia, die Folter anzuwenden, um Geständnisse zu erzwingen. Doch die Methoden, die sich in Frankreich als so effektiv erwiesen hatten, führten in Spanien nicht weiter. Acht in Barcelona gefolterte Templer blieben bei ihren Beteuerungen der Unschuld. Eine am 4. November 1312 in Tarragona einberufene Provinzialsynode stellte die Unschuld der Templer fest, »obwohl sie der Folter zum Zweck des Geständnisses ihrer Verbrechen unterworfen wurden«.

Wie in Aragon entwickelten sich die Dinge auch in den Königreichen Kastilien-Leon und Portugal. Templer wurden verhaftet und vor bischöfliche Kommissionen gestellt, aber niemand konnte Beweise zur Erhärtung der Anklagen finden. Auf der ganzen iberischen Halbinsel gelang es nur in Navarra wegen des dort vorherrschenden französischen Einflusses, von den Templern einige Geständnisse zu erpressen.

Wie König Jakob II. von Aragon hatte auch König Eduard II. von England Mitte Oktober 1307 einen Brief von König Philipp dem Schönen erhalten und zur Kenntnis genommen, dass König Philipp den Tempel als Höllenpfuhl der Verderbtheit entlarvt habe. Der König von Frankreich riet seinem Schwiegersohn, wie er selbst zu verfahren, die Irrgläubigen zu verhaften und ihr Vermögen zu konfiszieren. Wie König Jakob von Aragon wollte auch König Eduard das Gehörte zuerst nicht glauben. Zwar gab es in England, Schottland, Irland und Wales nur zwischen 144 und 230 Tempelritter – der Orden war also längst nicht so präsent wie im Königreich Frankreich –, doch hatte er, seit der erste Großmeister, Hugo von Payns, 1129 nach London gekommen war, eine wichtige Rolle für die Könige gespielt. Er hatte den angevinischen Monarchen als Bankier gedient, war mit dem Einzug der von den Mördern Thomas Beckets zu zahlenden Geldbußen betraut worden und vermittelte in den Streitigkeiten zwischen den Königen von England und Frankreich. Er verwaltete Festungen in der Normandie, die Mitgift Prinzessin Margaretas von Frankreich, bis ihr Gatte, Sohn und Erbe König Heinrichs II. von England, volljährig wurde.

Welches Vertrauen König Richard Löwenherz in den Orden setzte, ist schon erwähnt worden. Robert von Sablé, der Templergroßmeister, war sein Vasall und vertrauter Freund. Das Templerquartier in London diente als sicheres Depot für Einkünfte des Königs. Überhaupt spielte der Orden, der die vielen von Königen und Päpsten gewährten Privilegien und Freistellungen nutzte, im Wirtschaftsleben der britischen Königreiche eine bedeutende Rolle. Aber obwohl der Reichtum des Tempels auch Neider auf den Plan gerufen hatte, blieb sein jährliches Einkommen aus Landbesitz in Großbritannien doch unter 4 800 *livres* und war daher nicht geeignet, »wirklich heftigen Neid« oder gar »allgemeinen Hass«

hervorzurufen.[349] Als Jakob von Molay 1294 England besuchte, war er von König Eduard I. wärmstens empfangen worden, und Wilhelm von La More, der englische Ordensmeister, hatte als treuer Berater des alten Königs gewirkt. Eduard II., der erst drei Monate vor Erhalt des Briefes aus Frankreich den Thron bestiegen hatte, hielt die Vorwürfe gegen den Orden für unglaubwürdig und schrieb in diesem Sinn an die Könige von Frankreich, Aragon, Kastilien, Portugal und Neapel. Der Orden habe sich im Heiligen Land ehrenhaft geschlagen und »leuchtet hell in Sachen der Religion«. Desgleichen schrieb Eduard an Papst Clemens und betonte, die Templer hätten sich »in der Reinheit des Glaubens bewährt«, während alle, die solche gemeinen Anschuldigungen gegen sie vortrügen, Verbrecher und Lügner seien.

Dieser am 10. Dezember abgeschickte Brief kreuzte sich mit der päpstlichen Bulle »Pastoralis praeeminentiae«, in der die Verhaftung aller Templer der Christenheit angeordnet wurde. König Eduard empfing sie vier Tage später. Dem jungen König blieb nun keine andere Wahl, als am 26. Dezember die »schnellst- und bestmögliche« Arrestierung der englischen Templer zu befehlen. Zu diesem Zeitpunkt war auch die Nachricht vom Geständnis Jakobs von Molay nach England gelangt, und Eduard dürfte ebenso wie König Jakob II. von Aragon auf den nützlichen Gedanken verfallen sein, sich des Vermögens der Templer zu bemächtigen, ehe es in andere Hände fiel.

Trotzdem blieb bei Eduard II. ein Argwohn gegen König Philipp und dass er Druck auf Papst Clemens ausübte, bestehen. Und die den Templern in England zuteil werdende schonende Behandlung lässt kaum darauf schließen, dass der König den Anschuldigungen glaubte. Zwar wurde der englische Ordensmeister Wilhelm von La More am 9. Januar verhaftet und in Canterbury ins Gefängnis geworfen. Doch durften ihn zwei Tempelritter begleiten und wurden ihm Möbel, Kleidung, Bettwäsche und persönliche Habseligkeiten sowie ein tägliches Taschengeld von 2 Schilling, 6 Pence zugestanden. Viele Präzeptoren durften in ihren Komtureien bleiben, bis sie, erst knapp zwei Jahre später, vor die Inquisitoren gestellt wurden.

Zum Zeitpunkt ihrer Verhaftung fertigte man ein Inventar der Templerbesitzungen an, das einen Einblick in ihren Lebensstil gewährt und alle Vorwürfe der Kritiker, sie mästeten sich am Mark des Landes, Lügen straft. In Yorkshire ergibt sich aus diesem Inventar, dass sie als Vermögensbestandteile von einigem Wert lediglich Messgewänder, Vieh und landwirtschaftliche Einrichtungen besaßen. Waffen werden gar nicht erwähnt, Geldbeträge nur in geringer Höhe und die Möbel als dürftig, ja armselig geschildert. Man findet Vorräte von gepökeltem Hammelfleisch,

Schinken, Salzhering, Hering, Stockfisch, Käse und ein wenig gepökeltem Rindfleisch verzeichnet, aber fast keinen Wein.[350]

Am 13. September 1309 erschienen die zwei vom Papst ernannten Inquisitoren in England – Dieudonné, Abt von Lagny, und Sicard von Vaur, ein Domherr aus Narbonne. Sein Erzbischof war Gilles Aicelin, der Vorsitzende der päpstlichen Untersuchungskommission in Paris. Es war das erste Mal, dass überhaupt Inquisitoren in England auftauchten. Anders als in Frankreich, wo sich die Monarchie der Inquisition als eines legalen Instruments bediente, hatte sie im englischen Recht keine Grundlage. Außerdem wurden in England Prozesse in der Regel im Beisein von Geschworenen geführt und war Folter verboten. Infolgedessen zeitigte die Befragung der englischen Templer, die vom 20. Oktober bis zum 18. November vor den beiden Inquisitoren und dem Bischof von London stattfand, keinerlei Resultat. Kein Angeklagter gab irgendein Vergehen zu. Imbert Blanke, Komtur der Auvergne, der anlässlich der Verhaftungen in Frankreich nach England geflohen war, sagte aus, die Geheimhaltung bei den Aufnahmeritualen der Templer sei »nur aus Dummheit« erfolgt und nichts Unrechtes sei dabei geschehen.

Enttäuscht über diese totale Fehlanzeige, bewogen die Inquisitoren die Provinzialsynode von Canterbury, die am 24. November in London zusammentrat, König Eduard um Erlaubnis zur Anwendung der Folter zu bitten. Sie wurde in dem Gesuch euphemistisch als »Verfahren nach den kirchlichen Statuten« bezeichnet. Die Erlaubnis wurde erteilt, aber auch die Folter erbrachte die erwünschten Resultate nicht. Die einzige Verfehlung, die ans Licht kam, war die unter den Templern weit verbreitete irrige Vorstellung, dass die vom Ordensmeister im Kapitel erteilte Vergebung von Übertretungen einer sakramentalen Sündenabsolution gleichkomme.

Enttäuscht zeigten sich die beiden Inquisitoren außerdem – und berichteten dem Papst darüber –, dass König Eduard keine Garantien für die Übertragung des Templervermögens an die Kirche geben wollte. Der König begründete das damit, dass er ohne vorherige Konsultation der Earls und Barone des Königreichs nichts unternehmen könne. Das war nicht nur Verzögerungstaktik. Denn wenn der Papst zu Recht darauf verweisen konnte, dass die ursprünglichen Schenkungen an die Templer für ihre Mission im Heiligen Land gedacht waren, so konnte der König mit ebensolchem Recht behaupten, sie seien ja vom englischen Adel gegeben worden, der sie daher bei einer Auflösung des Tempels zurückerhalten müsse. Diese Einstellung wurde von seinen Baronen vehement unterstützt.

Aufgebracht wegen dieses Ausbleibens von Erfolgen in England, drängte Papst Clemens V. die Erzbischöfe von Canterbury und York, den Prozess gegen die Templer jetzt mit größerem Nachdruck zu führen. Und auch von anderer Seite kam erhöhter Druck. Wilhelm von Greenfield, der Erzbischof von York, hatte einen Brief von König Philipp IV. erhalten, der ihn zu besserer Kooperation aufforderte. Die Kirchenbehörden taten, was sie konnten. Doch »hat man«, wie Wilhelm von Greenfield der im Mai 1310 zusammentretenden Provinzialsynode erklärte, »im Königreich England noch nie etwas von Folter gehört«. Lediglich mit Zeugnissen vom Hörensagen, und auch das noch von Zeugen außerhalb des Ordens, konnte er aufwarten. Johann von Nassington hatte man berichtet, die Templer hätten im Tempel von Hirst ein Kalb angebetet. Ein Ritter Johann von Ure sagte aus, der Präzeptor von Westerdale habe seiner, Johanns, Frau ein Buch gezeigt, in dem stand, Jesus sei nicht von einer Jungfrau geboren, sondern der Sohn Josephs. Der einzige Beweis für Sodomie kam von einem Minoritermönch namens Adam von Heton, der berichtete, in seiner Kindheit hätten die kleinen Buben immer gesagt: »Hüte dich vor den Küssen der Templer.« Ein anderer Bettelmönch wollte eine Frau kennen, die die Unterhose eines Templers in einem Abtritt gefunden hatte. In deren Gesäßteil war, wie sie sagte, das Zeichen des Kreuzes eingenäht.[351]

Papst Clemens hegte sicherlich den Verdacht, dass die Engländer ihre Untersuchungen möglichst hinauszögerten, und bot König Eduard schriftlich vollständigen Sündenerlass, wenn er die unter seiner Gerichtsbarkeit stehenden Templer nach Frankreich überstellen lasse. Ebenso übte er Druck auf die englischen Kirchenleute aus und verkündete in seiner Bulle »Faciens misericordiam«, die Schuld der Templer sei erwiesen, und jeder, der sie jetzt noch schütze, mache sich der Mittäterschaft schuldig. Eine Provinzialsynode in York sah sich außerstande, zu verurteilen oder freizusprechen, und autorisierte ihren Erzbischof, die ganze Angelegenheit auf dem demnächst in Vienne stattfindenden Konzil dem päpstlichen Gerichtshof vorzutragen. In der Zwischenzeit brachten die Synodalen eine echt englische Sprachregelung auf den Weg, nach der jeder Templer öffentlich erklären sollte: »Ich nehme zur Kenntnis, dass ich von den in der Bulle unseres päpstlichen Herrn enthaltenen Artikeln schwer belastet bin, und da ich nicht in der Lage bin, mich selbst von den Vorwürfen zu reinigen, stelle ich alles der göttlichen Gnade und dem Schiedsspruch des Konzils anheim.« Jeder Templer, der diese Erklärung vor York Minster abgab, wurde dadurch wieder in den Schoß der Kirche aufgenommen und in irgendein Kloster gesteckt: Wilhelm von Grafton kam nach Selby, Richard von Keswick nach Kirkham, Johann von Walpole nach Byland, Thomas von Stanford nach Fountains und Heinrich von Kirby nach Rievaulx. Wegen des schlechten Benehmens Thomas' von Stanford und Heinrichs von Kirby in ihren Klöstern beschwerten sich dann die Zisterzienseräbte beim Erzbischof von York.

Ebenso wenig erfüllten die Verfahren gegen die Templer in Schottland und Irland die Erwartungen Papst Clemens' und des Königs von Frankreich. Die einzigen Geständnisse, mit denen man etwas anfangen konnte, wurden in England von zwei flüchtigen Templern, Stephan von Stapelbrugge und Thomas von Thoroldeby, abgelegt, die man im Juni 1311 fasste und mit Vorwürfen konfrontierte, sie hätten bei ihrer Aufnahme in den Tempel Blasphemie begangen. Beide waren wahrscheinlich gefoltert worden. Im Juli gab ein Templerpriester namens Johann von Stoke ebenfalls zu, dass ihn ein Jahr nach seiner Aufnahme Jakob von Molay aufgefordert habe, Christus zu verleugnen. Sie alle bekundeten Reue, erhielten Absolution und kehrten in den Schoß der Kirche zurück, desgleichen weitere 52 Templer, die auf dem Konzil von York erarbeitete Sprachregelung akzeptierten. Doch die beiden prominentesten Templer in England, der Ordensmeister Wilhelm von La More und der Präzeptor der Auvergne, Imbert Blank, beharrten auf ihrer Unschuld und der des Ordens. Wilhelm leugnete sogar, die sakramentalen Absolutionsworte gebraucht zu haben, wenn er Templern für Regelverstöße Verzeihung gewährte. Man warf ihn in den Tower zu London, wo er auf die Begnadigung durch den Papst warten sollte und im Februar 1313 starb. Imbert Blanke wurde dazu verurteilt, »im allerelendsten Gefängnis in doppelte Eisenfesseln gelegt zu werden und dort zu bleiben, bis man anderwärts über ihn verfügt. Er wird ab und zu Besuche bekommen und dadurch Gelegenheit erhalten, weitere Geständnisse abzulegen«.[352] Auch er starb im Gefängnis.

Am Samstag, dem 16. Oktober 1311, versammelte sich nach einem Jahr Verzögerung ein ökumenisches Konzil der katholischen Kirche in Vienne. Diese Stadt an der Rhône, nur rund 20 Kilometer südlich von Lyon gelegen, war auf den Ruinen ihrer römischen Vergangenheit wiedererstanden. Das römische Amphitheater am Hang des Pipet fasste über 13 000 Zuschauer, und der dem Kaiser Augustus geweihte Tempel diente jetzt als Kirche. Nach Vienne hatte Kaiser Augustus seinerzeit Archelaos, den Sohn des Königs Herodes, verbannt. Und hier war die reizlose Blandina als Märtyrerin für Christus gestorben – »nachdem sie gegeißelt, den wilden Tieren vorgeworfen und geröstet worden war, steckte man sie zuletzt in ein Netz und warf sie einem Stier vor«. Ein anderer Märtyrer der damaligen Zeit, ein römischer Offizier namens Mauritius,

war weiter stromaufwärts in Augaune in der heutigen Schweiz hingerichtet worden, weil er sich weigerte, den heidnischen Göttern zu opfern. Und in der diesem Heiligen geweihten großen Kathedrale am
Rhôneufer begrüßte jetzt Papst Clemens V. die aus der ganzen Christenheit angereisten Väter und eröffnete die erste Sitzung des Konzils.

Die Beteiligung war enttäuschend. Papst Clemens hatte Bischöfe und
Fürsten von überall her eingeladen, sogar auch vier Patriarchen der Ostkirche. Doch von den gerufenen 161 Prälaten hatte sich über ein Drittel
entschuldigt und nur Stellvertreter geschickt. Die persönlich anwesenden
Bischöfe zeigten zudem wenig Begeisterung. Die Stadt war überfüllt,
standesgemäße Unterkunft rar, und zu dieser Jahreszeit »ist es hier über
die Maßen kalt«, wie sich der Bischof von Valencia bei König Jakob II.
von Aragon beklagte.

In den ersten sechs Monaten der Konzilsgespräche ließ sich kein König blicken, obwohl der erste der drei konziliaren Tagesordnungspunkte,
die Wiedereroberung des Heiligen Landes, gerade die Könige in besonde-
rem Maß anging. Das zweite Thema, die Kirchenreform, stand schon fast
selbstverständlich auf der Agenda. Aber der Eifer, die Kirche von einge-
rissenen Missständen zu reinigen, der frühere Konzile so beflügelt hatte,
war kaum zu erwarten angesichts eines Papstes, der vier Verwandte ins
Kardinalskollegium geschleust hatte und jedes nur denkbare Mittel, Geld
von seinen Gläubigen zu erpressen, anwandte. Deshalb war Zynismus die
bei den Konzilteilnehmern vorherrschende Stimmung. Ein französischer Chronist, Johann von Saint-Victor, schrieb, »viele sagen, das Konzil
sei zur Erpressung von Geldern einberufen worden«.[353]

Als drittes Thema stand auf dem Konzilsprogramm der Tempelorden.
Für Papst Clemens war es lebenswichtig, dass das Konzil dessen Auflösung zustimmte, weshalb er das gesamte in verschiedenen Ländern erhobene Beweismaterial – auch das mit Hilfe der Folter erpresste – hatte
zusammentragen lassen. Das hatte weit länger gedauert als vorauszusehen
und war der Grund für die Verschiebung des Konzils um ein ganzes Jahr
gewesen. Noch im Sommer 1311 fehlten zahlreiche Berichte. Als sie
schließlich eintrafen und vom Papst und seinen Beratern in der Priorei
von Grazean eingesehen wurden, erwiesen sie sich als ganz und gar nicht
zufriedenstellend. Nur die Protokolle aus Frankreich, enthielten stichhaltige Geständnisse. Alle von außerhalb Frankreichs, insbesondere aus England, Aragon und Zypern, stammenden Unterlagen brachten nur Zeug-
nisse vom Hörensagen und von Nicht-Templern.

Papst Clemens ließ nun Zusammenfassungen dieser Berichte zur
Vorlage beim Konzil anfertigen. Außerdem bat er zwei seiner Kardinäle, Empfehlungen zu entwerfen, wie man schließlich mit dem Tempel

verfahren solle. Der eine war Jakob Duèze, ein Landsmann des Papstes aus der Gascogne, jetzt Bischof von Avignon, der andere Wilhelm Le Maire, Bischof von Angers. Beide kamen zu dem Urteil, die Schuld des Ordens sei erwiesen. Er müsse daher abgeschafft werden – aber nicht durch ein Votum des Konzils, sondern vom Papst selbst in seiner Eigenschaft als Oberhaupt der Kirche – *de plenitude potestatis*. Sie wiesen die Einwände, »dass der Orden eine Verteidigung erhalten müsse und dass ein so edles Glied der Kirche ohne die Strenge des Gesetzes und Erwägung alles Für und Wider nicht vom Körper abgeschnitten werden dürfe«, zurück. Doch gab es solche Einwände höchstens außerhalb der päpstlichen Kurie und der dem König von Frankreich treuen Kreise. König Jakob II. von Aragon zum Beispiel erhielt von seinem Konzilsdelegierten die Nachricht, »dass es auf der Grundlage dessen, was wir von Kardinälen und Priestern erfahren haben, nicht möglich ist, den Orden als ganzen zu verurteilen, da es keinen Schuldbeweis gibt«. Der Zisterzienserabt Jakob von Thérines fragte sich, ob edelgeborene Männer, die ihr Leben zur Verteidigung des Heiligen Landes riskiert hatten, wirklich Ketzer sein konnten, und machte auf viele Widersprüche im Inquisitionsverfahren aufmerksam. Walter von Guisborough, ein englischer Kleriker, schrieb, »die meisten Prälaten standen auf Seiten der Templer, außer die aus Frankreich, die sich anscheinend aus Angst vor dem König, dem Urheber dieses ganzen Skandals, nicht anders zu verhalten wagten«.[354]

Clemens befand sich in einer schwierigen Lage. Formal hatte er die Templer zur Verteidigung ihres Ordens nach Vienne eingeladen, aber in Wirklichkeit wünschte er alles andere als das. Trotzdem erschienen Ende Oktober zu seinem Erstaunen sieben Templer vor dem Konzil und erklärten, sie stünden hier, um den Orden zu verteidigen, und zwischen 1500 und 2000 Templerbrüder warteten in der Nähe, um ihnen zu assistieren.

Sofort ordnete Papst Clemens ihre Festnahme an und forderte das Konzil auf, einen 50-köpfigen Ausschuss zu bilden, der entscheiden sollte, ob sich die Templer verteidigen dürften oder nicht – und wenn ja, ob als Verteidiger nur die vor dem Konzil erschienenen sieben Männer auftreten oder ob alle Templer der ganzen Christenheit einen Prokurator wählen sollten. Und wenn das zu schwierig zu handhaben wäre, ob nicht besser der Papst einen ernennen sollte, der sich ihrer Sache annahm. Die Kommission kam mit großer Mehrheit zu dem Schluss, dass man den Templern erlauben müsse, eine Verteidigung aufzubauen. Nur die französischen Bischöfe von Reims, Sens und Rouen, also im nächsten Einflussbereich König Philipps, stimmten dagegen.

Diese Entscheidung war umso bemerkenswerter, als sich die Verhältnisse in Vienne ständig verschlechterten. Auf Grund von Lebensmittelknappheit stiegen die Preise, und Seuchen rafften eine ganze Reihe von Konzilsvätern dahin. Die Hartnäckigkeit der Kommission unter solchen Umständen erbitterte Papst Clemens V. und versetzte König Philipp von Frankreich in Wut. Um Druck aufs Konzil auszuüben, bediente sich Philipp einer Taktik, die er schon vier Jahre früher bei einer im Februar stattfindenden Versammlung der französischen Stände angewandt hatte – nicht in Tours, sondern in Lyon, nur 20 Kilometer stromaufwärts.

Der Papst, der immer noch fürchtete, dass Philipp seine Angriffe gegen Papst Bonifaz VIII. wieder aufnehmen könnte, und um jeden Preis seinen neuen Kreuzzug durchführen wollte, stand in ständiger brieflicher Verbindung mit dem König. Am 17. Februar empfing er eine geheime, mit höchsten Vollmachten ausgestattete Delegation, bestehend aus Philipps Sohn Ludwig von Navarra, den Grafen von Boulogne und Saint-Pol und den wichtigsten Ministern des Königs – Enguerrand von Marigny, Wilhelm von Plaisans und Wilhelm von Nogaret. Gemeinsam mit dem innersten Zirkel der Kurienkardinäle konferierten sie mit dem Papst über das weitere Vorgehen.

Auch noch von einer anderen Seite wurde Druck zu Gunsten einer schnellen Lösung ausgeübt. König Jakob II. von Aragon legte größten Wert darauf, dass der Tempelorden aufgelöst und dessen Besitztümer in seinem Land dem spanischen Orden von Calatrava übertragen würden. Die Verfügung über den Reichtum des Tempels scheint ein Hauptstreitpunkt in den Verhandlungen zwischen dem Papst und dem französischen König gewesen zu sein. Philipp, der sich für sein Land dasselbe gute Geschäft ausrechnete wie König Jakob II. für das seine, schrieb aus Mâcon, nur 100 Kilometer nördlich an der Saône gelegen: »In brennendem Eifer für den rechten Glauben und für den Fall, dass ein so großes Unrecht gegen Christen ungeahndet bleiben sollte, bitten wir in Liebe, Hingabe und Demut Eure Heiligkeit, vorerwähnten Orden aufzuheben und einen neuen militärischen Orden zu gründen, auf den die Güter des besagten Ordens mit allen Rechten, Ehren und Verantwortlichkeiten übergehen sollten.«

Obwohl Papst Clemens wusste, dass sich der König einen seiner Söhne als Großmeister für einen neuen Orden vorstellte, blieb er in dieser Frage erstaunlich hart und bestand darauf, dass das Eigentum des Tempels, falls dieser aufgehoben werden sollte, dem Hospital übertragen würde. Um nun die Angelegenheit zu Ende zu bringen, erklärte sich König Philipp zu einem Kompromiss bereit und versprach, jede Entscheidung des Papstes zu akzeptieren, außer wenn sie »irgendwelche Rechte unserer Person, unserer Prälaten, Barone, Edlen und anderer Personen unseres Königreichs beeinträchtigt«.

Immer noch schwankte Papst Clemens. Doch am 20. März wurde ihm die Entscheidung dadurch abgenommen, dass König Philipp selbst in Begleitung seiner beiden Brüder, dreier Söhne und eines starken Trupps Bewaffneter in Vienne auftauchte. Zwei Tage später hielt Clemens ein geheimes Konsistorium ab, auf dem seine für den Templerorden zuständige Sonderkommission aufgefordert wurde, ihre frühere Entscheidung zu revidieren. Da die Mitglieder der Kommission sahen, dass das Spiel aus war, votierte jetzt eine Mehrheit der Prälaten, vielleicht auch von den Franzosen bestochen oder eingeschüchtert, für die Abschaffung des Ordens – eine Entscheidung, die nach Auffassung eines der wenigen Mitglieder mit abweichender Meinung, des Bischofs von Valencia, »gegen jede Vernunft und Gerechtigkeit« erfolgte.

Am 3. April versammelten sich die Konzilsväter in der St. Mauritius-Kathedrale, um einer Predigt von Papst Clemens über Psalm 1, Vers 5 zu lauschen: »Darum werden die Frevler im Gericht nicht bestehen noch die Sünder in der Gemeinde der Gerechten.« Der oberste Pontifex saß dabei auf einem Thron, ihm zur einen Seite auf einem etwas niedrigeren Podest König Philipp von Frankreich, zur anderen König Philipps Sohn, der König von Navarra. Nach der Predigt und vor Eröffnung des Verfahrens verkündete der Vorsitzende, dass niemandem bei Strafe der Exkommunikation gestattet sei, auf dieser Sitzung das Wort zu ergreifen, es sei denn mit Erlaubnis oder auf Ersuchen des Papstes.

Papst Clemens verlas daraufhin die Bulle »Vox in excelso«, durch die der Tempelorden abgeschafft wurde. Sie war sorgfältigst redigiert worden, um ein direktes Verdammungsurteil des Ordens selbst auf jede Weise zu vermeiden. Er wurde aufgehoben »nicht durch ein definitives Urteil, sondern auf provisorischer Basis, also durch apostolische Verordnung«, und zwar wegen der »Schändlichkeiten, Verdächtigungen, lautstarken Vorwürfe und sonstiger Dinge, die gegen den Orden vorgebracht worden sind«. Die Bulle sprach von unleugbaren Fakten – »den geheimen und verborgenen Ritualen bei der Aufnahme der Ordensbrüder und den Abweichungen vieler Brüder von Bräuchen, Sitten und Gewohnheiten anderer Christen«, sah aber auch die »vielen schrecklichen Dinge« als erwiesen an, »die von sehr vielen Brüdern dieses Ordens begangen worden sind [...] welche sich der Sünde des bösen Abfalls von unserem Herrn Jesus Christus, des Verbrechens des abscheulichen Götzendienstes und der beklagenswerten Schändlichkeit der Sodomie schuldig gemacht haben [...].«

Der Text enthielt ferner eine Selbstrechtfertigung und erinnerte die Gläubigen daran, »dass die Kirche auch schon die Aufhebung anderer

312

illustrer Orden veranlasst hat, und dies aus weit geringeren Ursachen als den oben erwähnten, sogar ohne einen Tadel an den jeweiligen Brüdern«. Ja geradezu apologetisch war die Bulle: Der Papst hatte seine Entscheidung »nicht ohne Bitterkeit und Herzenskummer« getroffen. Trotzdem wurden die Konzilsväter nicht gefragt, ob sie mit ihr einverstanden waren oder nicht. Der Templerorden wurde abgeschafft

> »durch unwiderrufliches, ewig gültiges Dekret. Wir verbieten ihn mit Billigung des Heiligen Konzils für immer und untersagen strengstens jedem, der sich dessen erdreisten sollte, inskünftig den Eintritt in besagten Orden oder dessen Tracht zu empfangen oder zu tragen oder als Templer zu handeln. Sollte jemand dem zuwiderhandeln, trifft ihn ipso facto die Strafe der Exkommunikation.«

Durch eine bald darauf folgende Bulle »Ad providam«, veröffentlicht am 2. Mai, wurde das Eigentum der Templer den Hospitalitern übertragen, »die ihr Leben jenseits der Meere unablässig aufs Spiel setzen«. Ausgenommen von dieser Regelung waren die Besitzungen des Tempels in Aragon, Kastilien, Portugal und Mallorca, über die zu einem späteren Zeitpunkt verfügt werden sollte.

Im Endergebnis stellten alle drei hauptsächlich beteiligten Könige – Eduard II. von England, Jakob II. von Aragon und vor allem Philipp IV. von Frankreich – sicher, dass ein beträchtlicher Anteil von den Reichtümern des Tempels in ihren oder in den Händen ihrer Vasallen verblieb – obwohl sie öffentlich den Plänen des Papstes zustimmten. Eduard II. hatte bereits Templergüter verpachtet und warnte die Hospitaliter, Vorteil aus »Ad providam« zu ziehen und Templerbesitzungen zu »usurpieren«. Entsprechende Auseinandersetzungen zwischen den Hospitalitern und päpstlichen Legaten sollten noch bis 1336 andauern. Der Londoner Tempel wurde schließlich juristischen Körperschaften zur Nutzung überlassen. Die Templerkirche steht bis auf den heutigen Tag.

In Aragon beharrte König Jakob auf der Feststellung, die Sicherheit seines Königreichs hänge davon ab, dass die Templerbesitzungen in der Hand des Königs blieben. Der Widerstand der Templer im Jahr 1308 gegen ihre Verhaftung habe gezeigt, wie gefährlich eine bewaffnete Truppe dem Land werden könne, die nicht in erster Linie dem König Loyalität schulde. Auch hier wurde erst nach mehrjährigen Verhandlungen eine Übereinkunft erzielt. Ein neuer Ritterorden mit Sitz in Montesa in Valencia wurde gegründet, der dem Ordensmeister von Calatrava und dem Zisterzienserabt von Stas gemeinsam unterstand. Im übrigen Aragon sollten die Templerbesitzungen ans Hospital gehen, doch musste der Hospitaliter-Kastellan von Amposta, bevor er die Verwaltung übernahm, dem König huldigen. Die Templer selbst lebten, soweit sie in den Schoß der Kirche zurückkehrten, weiter in den Komtureien des Ordens oder traten in andere Konvente und Klöster ein, wo ihr Unterhalt durch Pensionen aus dem früheren Templerfundus finanziert wurde. Die Auflösung des Ordens bedeutete jedoch nicht, dass sie von ihren Eiden entbunden waren.

Doch wie in Yorkshire fiel es den ehemaligen Templern in Aragon schwer, von einem militärisch zu einem mönchisch geprägten Leben überzuwechseln. Manche entwichen aus den Klöstern, legten ihren weißen Mantel ab und kehrten ins weltliche Leben zurück. Mochten sie von den Ereignissen desillusioniert sein oder sich einfach von der strengen Ordenszucht befreit fühlen – jedenfalls verdingten sich einige Ex-Templer als Söldner und heirateten sogar. In manchen Fällen sprach man davon, die gezahlten Pensionen seien zu hoch und machten die Betreffenden nur träge. Ein ehemaliger Templer, Berengar von Bellvís, hielt sich eine Mätresse, ein anderer wurde wegen Vergewaltigung angeklagt. Doch finden sich bezeichnenderweise keine Anklagen wegen Sodomie.

Beschwerden gegen ehemalige Templer veranlassten den Nachfolger von Papst Clemens V., Papst Johannes XXII., zu wiederholten Versuchen, frühere Templer zur Rückkehr ins Klosterleben zu bewegen. In einem Brief bat der Papst den Erzbischof von Tarragona sicherzustellen, dass »sie sich nicht in Kriegen oder weltlichen Geschäften engagieren« oder luxuriöse Kleidung tragen. Er solle dafür sorgen, dass sich niemals mehr als zwei Templer in einem Kloster aufhielten, und wenn sich einzelne weigerten, ins Klosterleben zurückzukehren, solle man ihnen die Pension entziehen. In einigen Fällen trat diese Sanktion auch in Kraft, aber im Großen und Ganzen »litten die übrig Gebliebenen keine finanzielle Not, obwohl einige ein alles andere als glückliches Leben führten. Und als ihre Zahl immer mehr abnahm, machte sich die Kirche ihretwegen wahrscheinlich auch immer weniger Sorgen und ließ sie dann, ohne sich groß einzumischen, ihre Tage friedlich beenden«.[355]

In Portugal erhielt König Diniz die Erlaubnis, einen neuen militärischen Orden, den Christusorden, zu gründen und ihn mit den Templerbesitzungen auszustatten. Das prachtvolle Hauptquartier in Tomar mit seiner Rotunde steht heute noch. König Sancho von Mallorca schloss einen Kompromiss mit der Kurie und übertrug im Austausch gegen eine jährliche Rente Templereigentum an die Hospitaliter. In Kastilien wurden einige Templergüter vom König, andere von den Baronen, wieder andere von den militärischen Orden von Ucles und Calatrava übernommen. Noch 1366 protestierte der Papst dagegen, dass der König die Übertragung an die Johanniter nicht ordnungsgemäß abgewickelt habe. Ähnlich verliefen die Dinge in Italien, Deutschland und Böhmen, wo lokale Fürsten einen Teil der Templerbesitzungen konfiszierten und nur den Rest den Johannitern überließen. In Hildesheim wehrten sich die Templer und wurden gewaltsam vertrieben. In Wien, Straßburg, Esslingen und Worms erhielt der Dominikaner-Predigerorden, der die Inquisition durchführte, die Ordenshäuser der Templer. Im Königreich Neapel und in der Provence dauerte es fünf Jahre, bis König Karl die Templerbesitzungen herausrückte. Nur in Zypern erfolgte der Transfer reibungslos und unproblematisch, zweifellos weil sich diese Insel an vorderster Front zum Islam befand.

In Frankreich hatte sich König Philipp IV. von seinem Bruder Karl von Valois und seinem ersten Minister Enguerrand von Marigny überzeugen lassen, dass die definitive Auflösung des Ordens ihren Preis wert sei: nämlich in der Frage des Templereigentums dem Papst nachzugeben. Trotzdem lieferte der König noch ein Nachhutgefecht und schrieb dem Papst, er sei mit dem Transfer an die Hospitaliter nur unter der Bedingung einverstanden, dass Clemens diesen Orden neu formiere. Auch werde die Übertragung erst nach Abzug »der für Bewachung und Verwaltung dieser Güter erforderlichen Beträge« durchgeführt werden. Wie sein Schwiegersohn Eduard II. behielt sich Philipp die Rechte »des Königs, der Prälaten, Barone, Edlen und aller anderen Personen im Königreich vor, die Beteiligungen an besagtem Eigentum besitzen«. Am Schluss musste das Hospital sogar noch für seine Rechte zahlen. 200 000 *livres tournois* wurden vom Prior des Hospitals in Venedig an die königliche Schatzkammer überwiesen, vermutlich als Entschädigungssumme für den der Krone verloren gegangenen Schatz, den sie im Tempel zu Paris hinterlegt hatte. Und selbst nach diesem Entgegenkommen fand kein vollständiger Transfer durch den König statt. 1316 bezahlte der Johanniterprior in Venedig weitere 60 000 *livres tournois* für die Kosten, die der Krone dadurch entstanden waren, dass sie die Templer vor Gericht hatte stellen müssen, und 1318 noch einmal 50 000 zur endgültigen Begleichung aller Rechnungen, wodurch sich, kurzfristig gesehen, das Hospital alles in allem schlechter stand als zuvor.

Aber dies war nicht der einzige Gewinn, der dem König in Folge des Konzils von Vienne zufloss. Am 3. April 1312, nicht einmal 14 Tage nach seiner Auflösung des Templerordens, erfüllte sich Papst Clemens V. den ehrgeizigen Wunsch, der seit Beginn seines Pontifikats seine windungsreiche Politik bestimmt hatte. Der Oberste Pontifex predigte vor den in der St. Mauritius-Kathedrale versammelten Prälaten der Christenheit über einen Vers aus dem Buch der Sprüche (10,3): »Das Verlangen des Gerechten sättigt der Herr, die Gier der Frevler stößt er zurück« und proklamierte einen neuen Kreuzzug. Es sollte kein *passagium particulare* werden, wie meistens empfohlen worden war, sondern das *passagium generale*, dessen einziger Befürworter der einstige Großmeister des Tempels, Jakob von Molay, der jetzt in Ketten im Gefängnis schmachtete, gewesen war. Die Führung sollte König Philipp von Frankreich übernehmen, aber bezahlt werden sollte der Kreuzzug von der Kirche mittels einer zehnprozentigen Steuer auf alle kirchlichen Einkünfte der nächsten sechs Jahre.

Im folgenden Jahr nahm König Philipp der Schöne unter großem, feierlichem Zeremoniell in Paris das Kreuz. Er empfing es aus den Händen des päpstlichen Nuntius, Kardinal Nikolaus von Fréauville. Seinem Vorbild folgten seine drei Söhne, sein Schwiegersohn König Eduard II. von England und viele Edelleute beider Königreiche. Endlich war der Zwist zwischen König und Papst begraben, und der Enkel Ludwigs des Heiligen und der Gascogner Papst vereinigten sich in dem Bestreben, das Heilige Land von den Ungläubigen zurückzuerobern. Die beiden Ströme der Frömmigkeit und des Rittertums flossen zu einer unwiderstehlichen Flut zusammen. Und zu Ehren dieses großen Ereignisses war die Stadt Paris über und über mit bunten Fahnen geschmückt, erscholl die Luft vom Klang der Musikinstrumente und vom Jubel der Menschen und wurde über eine Woche lang mit nie gesehener Pracht gefeiert.

Nur ein Geschäft harrte noch der Erledigung. In kurzer Entfernung von all dem Trubel warteten in des Königs Verliesen die höchsten Führer des früheren Templerordens auf ihre Aburteilung durch Papst Clemens V. Der ehemalige Großmeister, Jakob von Molay, hatte sich standhaft geweigert, irgendeinem anderen Menschen als dem Papst letzte Rechenschaft abzulegen. Er war anscheinend davon überzeugt, dass er, stünde er der höchsten kirchlichen Autorität nur erst Auge in Auge gegenüber, seine eigene Ehre und die des Ordens wiederherstellen könnte.

Aber eine solche persönliche Begegnung fand niemals statt. Ende Dezember 1313 ernannte Papst Clemens eine aus drei Kardinälen bestehende Kommission, die über das Schicksal der Templerführer entscheiden sollte: seinen Legaten Nikolaus von Fréauville, Arnold von Auch und Arnold Nouvel. Am 18. März 1314 beriefen diese drei Kardinäle ein Gremium aus Doktoren der Theologie und des kanonischen Rechts nach Paris ein, bei dessen Zusammenkünften auch Philipp von Marigny, der Erzbischof von Sens, zugegen sein sollte. Vor dieses Konzil wurden nun Jakob von Molay, Hugo von Pairaud, Gottfried von Gonneville und Gottfried von Charney gestellt. Man fällte den Spruch, dass »diese vier, da sie ohne Ausnahme öffentlich und frei die ihnen zur Last gelegten Verbrechen gestanden haben und dabei geblieben sind und allem Anschein nach weiter dabei bleiben wollen [...] zu strenger, immerwährender Gefangenschaft verurteilt werden«.[356]

Zwei der Angeklagten, Hugo von Pairaud und Gottfried von Gonneville, unterwarfen sich dem Urteil widerspruchslos. Doch für Jakob von Molay war dieser harte Spruch nach sieben im Kerker verbrachten Jahren denn doch zu viel. Was hatte er, inzwischen ein alter Mann und schon in den Siebzigern, von einer Unterwerfung, wenn sie doch nur auf einen langsamen Tod hinauslief? Der Papst hatte ihn verraten, Gerechtigkeit war nur noch von Gott zu erhoffen. Deshalb traten Jakob von Molay und Gottfried von Charney, Präzeptor der Normandie, gerade als die drei Kardinäle glaubten, der Fall der Templer könne endgültig zu den Akten gelegt werden, noch einmal hervor, nahmen ihre Geständnisse zurück und erklärten, sie selbst und ihr Orden seien nicht schuldig in allen Anklagepunkten.

Diese Wendung der Dinge bestürzte die Kardinäle und brachte das sorgfältig choreografierte Finale durcheinander. Die beiden widerspenstigen Ritter wurden vom königlichen Marschall abgeführt, während man den König eilends benachrichtigte. Kaum hatte es König Philipp erfahren, als er die Laienmitglieder seines Konzils zu einer Sitzung zusammenrief. Und man entschied, dass die beiden Ritter als rückfällige Ketzer die für solche Fälle vorgesehene Strafe erleiden müssten. Noch am selben Abend, »um die Vesperstunde«, wurden Jakob von Molay und Gottfried von Charney auf eine kleine Insel in der Seine, die Ile-des-Javiaux, gebracht, um dort auf dem Scheiterhaufen verbrannt zu werden.

Später hieß es, Jakob von Molay habe, bevor er starb, eine letzte Aufforderung an Papst Clemens und König Philipp gerichtet und sie binnen Jahresfrist vor das Tribunal Gottes geladen. Auch wurde berichtet, »man habe gesehen, wie sie sich gefassten Sinnes den Flammen überantworten ließen«, was »alle, die zusahen, zu großer Bewunderung und Erstaunen hinriss, dass die Verurteilten ihren Tod so standhaft ertrugen und so unverrückbar bei ihrem Widerruf blieben«. Man band nun die beiden Greise auf dem Scheiterhaufen fest und verbrannte sie. Später fanden sich im Schutz der Dunkelheit Minoritenbrüder vom Augustinerkloster am Flussufer und fromme Leute ein, um die verkohlten Gebeine der toten Templer als heilige Reliquien aufzusammeln.

Wie es Zyniker auf dem Konzil von Vienne vorausgesagt hatten, fand Papst Clemens' V. Kreuzzug niemals statt. Clemens starb am 20. April 1314, gut einen Monat nach dem Tod Jakobs von Molay. Das Inventar der in Clemens' Schlafkammer gefundenen wenigen Habseligkeiten erwähnte unter anderem »zwei kleine Bücher in ›romanischer‹ Sprache«, »in gegerbtes Leder gebunden und mit eisernem Schloss versehen: die Ordensregel der Templer«.[357] König Philipp der Schöne folgte dem Papst nach einem Jagdunfall am 29. November desselben Jahres ins Grab. Die großen zur Bezahlung eines Kreuzzugs schon eingegangenen Summen gelangten entweder in die französische Staatskasse oder wurden für die testamentarisch verfügten Privatwünsche des verstorbenen Papstes verwendet. Er hatte in seinem letzten Willen seinem Neffen, Bertrand von Got, Graf von Lomagne, 300 000 Florinen gegen das Versprechen, das Kreuz zu nehmen, vermacht. Das Versprechen wurde niemals eingelöst. Wie es ein anonymer Chronist der damaligen Zeit formulierte: »Der Papst hütete das Geld, und sein Vetter, der Marquis, bekam seinen Teil davon, und der König und alle, die das Kreuz genommen hatten, blieben hier. Und dort leben die Sarazenen in Frieden und können, wie ich glaube, in Sicherheit weiterschlafen.«

Epilog

Das Urteil der Geschichte

Wie hat die Geschichte über die Templer geurteilt? Seit ihrem Prozess sind die Meinungen, ob sie die ihnen zugeschriebenen Verbrechen begangen haben oder nicht, geteilt. Dante Alighieri war davon überzeugt, sie seien die unschuldigen Opfer des habgierigen Königs Philipp IV. gewesen, während Raimundus Lullus, Dichter, Mystiker, Missionar und Kreuzzugstheoretiker aus Mallorca, anfänglich zweifelte, doch schließlich die Vorwürfe gegen den Orden für begründet hielt. Indessen waren beide Partei. Dante war von dem durch Karl von Anjou unterstützten politischen Lager aus Florenz verbannt worden, und Lullus plädierte wie Philipp der Schöne fanatisch für die Zusammenlegung der beiden großen Ritterorden.

Auf ähnliche Weise wurden in den kommenden Jahrhunderten im Rückblick gefällte Urteile durch politische Erwägungen verzerrt. Parteigänger der römischen Päpste und französischen Könige hätten nur ungern zugegeben, dass sich die Vorgänger ihrer Idole einen groben Justizirrtum hatten zuschulden kommen lassen, während Demokraten und Konstitutionalisten die Templer als Opfer der Tyrannei hinzustellen pflegten. So brachte Anfang des 16. Jahrhunderts Heinrich Cornelius Agrippa in seiner Abhandlung »De occulta philosophia« die Templer mit Zauberei in Verbindung, aber Ende desselben Jahrhunderts erwähnte sie Jean Bodin, ein politischer Denker Frankreichs, wie die Juden als Beispiel für eine marginalisierte, schwache Minderheit, die von einem raubgierigen König enteignet wurde.

Im 17. und 18. Jahrhundert benutzten Protestanten und Skeptiker in gleicher Weise den Schuldvorwurf in Sachen Templer als Stock, mit dem sie auf die römisch-katholische Kirche einschlugen. Aber der anglikanische Geistliche Thomas Fuller schrieb, die Templer hätten ihre »schließliche Ausrottung« »teils durch ihre Lasterhaftigkeit, teils durch ihren Reichtum« selbst verschuldet, und auch Edward Gibbon sprach in seinem Werk »History of the Decline and Fall of the Roman Empire« (Verfall und Untergang des Römischen Reiches) vom »Hochmut, Geiz und der Korruption dieser christlichen Soldaten«.[358] Aus einem solchen Templerbild leitete dann Sir Walter Scott den Charakter seiner Templerfiguren ab.

Mit der Aufklärung des 17. Jahrhunderts tauchte noch eine dritte Ansicht über die Templer auf. Sie waren jetzt weder rechtgläubige noch häretische Christen, sondern die Hohenpriester einer alten, okkulten Religion, deren Ursprünge noch vor Christi Geburt zurückreichten. Man sollte glauben, eine intellektuelle Strömung, die sich damit brüstete, den Aberglauben durch rationales Denken zu ersetzen, hätte die Spinnweben, die die Wahrheit über die Templer verdeckten, wie Spreu weggeblasen. Doch war die Aufklärung, wie Peter Partner in seinem Buch über die Templer »The Murdered Magicians« (Die ermordeten Magier) feststellt,

> »keineswegs nur die konsequente Anwendung der Fähigkeit des rationalen Denkens, wie es manche ihrer Protagonisten gerne darstellten. Die Wandlung des Templerbildes im 18. Jahrhundert zeigt vielmehr, wie himmelweit sich die Männer der Aufklärung von einem strikten, wissenschaftlichen Rationalismus entfernen konnten. Gerade in den Hauptereignissen der Kirchengeschichte, die ihnen als vorrangiges Ziel rationaler Kritik und Entmystifizierung diente, stießen die Männer des 18. Jahrhunderts auf die Templer und machten ein tolles Fantasiegebilde aus ihnen, das, was Mystagogie und Obskurantismus betrifft, allen Erfindungen der alten katholischen Geschichtsschreibung das Wasser reicht. Und so erfolgreich waren sie damit, dass man sich auch noch heute unmöglich mit den Templern befassen kann, ohne auf die Überreste, ja sogar die bunt aufgeputzten, völlig intakten Vorurteile des 18. Jahrhunderts zu stoßen.«[359]

Die eigentlichen Pioniere dieses »Templerismus«, dieser Metamorphose des Templerbildes aus Geschichte zu Mythos, waren die Freimaurer, geheime, zu gegenseitiger Hilfeleistung ihrer Mitglieder verpflichtete Bruderschaften, die sich durch ihren vagen Deismus die Feindschaft der römisch-katholischen Kirche zuzogen. Dennoch waren sie nicht die Ersten, die die Templer zu romantischen Heldengestalten umschufen. Schon vor Auflösung des Ordens begannen die Templer in Epen und Romanen zu figurieren, häufig als vorbildlich Liebende, die ihre Nachahmer bei unerwiderter Liebe trösteten und ihnen bei erwiderter Liebe zeigten, wie die reine Minne aussah. Weit mehr als Johanniter oder Deutschherren reizten die Templer die Einbildungskraft kreativer Chronisten und Dichter. Die Gralsritter in Wolframs von Eschenbach »Parzival« werden als Templer dargestellt, doch »findet sich in dem Gedicht kein Hinweis, dass Parzival, ein armer deutscher Ritter, irgendein geheimes Wissen über den Templerorden besessen hätte, der damals in Deutschland nur über sehr wenige Güter verfügte und zumeist aus Franzosen bestand«.[360]

Ebenso phantastisch wie das Epos »Parzival« war die Freimaurer-Hypothese. Andrew Ramsay, ein in Frankreich im Exil lebender schottischer Jakobit, der in den 30er Jahren des 18. Jahrhunderts als Kanzler der französischen Großloge amtierte, behauptete, die ersten Freimaurer seien Steinmetze in den Kreuzfahrerstaaten gewesen, die ihre geheimen Rituale und besondere Weisheit aus der Antike übernommen hätten. Dabei bezog sich Ramsay nicht speziell auf die Templer, wahrscheinlich weil er seinen Gastgeber, den König von Frankreich, nicht vergraulen wollte. Aber in Deutschland braute ein anderer schottischer Exilierter, George Frederick Johnson, einen Mythos zusammen, der »die Templer [...] aus offensichtlich ungebildeten, fanatischen Soldatenmönchen in erleuchtete, weise Ritterseher verwandelte, die ihren Aufenthalt im Osten dazu benutzt hatten, die tiefsten Geheimnisse des Orients zu entdecken und sich aus der mittelalterlichen Kirchenfrömmigkeit zu befreien.«[361]

Laut den deutschen Freimaurern waren die Großmeister des Templerordens in die Geheimnisse der jüdischen Essener eingeweiht und hatten deren Schatz erworben. Beides wurde dann von einem Großmeister zum andern weitergereicht. Jakob von Molay hatte in der Nacht vor seiner Hinrichtung den Grafen von Beaujeu in die Krypta der Templerkirche in Paris geschickt, um ihn dort diesen Schatz holen zu lassen, zu dem unter anderem der von Kaiser Titus geraubte siebenarmige Leuchter, die Krone des Königreichs Jerusalem und ein Grabtuch gehörten. Unbestritten ist, dass nach Zeugenaussagen im Templerprozess ein Sergeant, Johann von Châlons, behauptete, Gerhard von Villiers, Komtur von Frankreich, sei rechtzeitig vor der ihm drohenden Verhaftung gewarnt worden und habe auf 18 Galeeren mit dem Templerschatz entweichen können. Wenn es wirklich so war – was geschah dann mit diesem Schatz? George Frederick Johnson meinte, er sei nach Schottland gebracht worden, und einer seiner Nachfolger präzisierte noch: auf die Insel Mull.

Aber die Spekulationen endeten nicht mit dem 18. Jahrhundert, ja sie blühten niemals bunter als gerade heutzutage. Sie schufen, in den Worten Malcolm Barbers, des bedeutendsten Templerhistorikers Großbritanniens, »eine ganze kleine, sehr aktive Industrie, von der Naturwissenschaftler, Kunsthistoriker, Journalisten, Publizisten und Fernsehgurus profitieren«.[362] Ausgehend von den esoterischen Behauptungen der Freimaurer, erklärt man, die Templer seien die Hüter des heiligen Grals gewesen, und dieser sei wiederum der Kelch, den Christus beim letzten Abendmahl benutzt habe. Die Merowinger-Könige entstammten blutsmäßig der Vereinigung Jesu mit Maria Magdalena,[363] oder die kostbarste Reliquie der Templer sei das Grabtuch von Turin gewesen.[364]

Die dürftigsten Fakten werden mit dem Fleisch üppiger Spekulation umhüllt. In »Les Templiers. Les Grands Seigneurs aux Blancs Manteaux (1997) « (Die Templer. Die großen Herren in den weißen Mänteln) geht der französische Autor Michel Lamy hinter das Gründungsjahr 1118 der Armen Ritter Jesu Christi zu Stephan Harding zurück, dem angelsächsischen Zisterzienserabt von Citeaux und Freund und Mentor Bernhards von Clairvaux. Lamy erinnert daran, dass Abt Stephan die jüdischen Rabbis bei seiner Übersetzung des Alten Testaments aus dem Hebräischen um Hilfe gebeten habe. »Welchen Grund mag er für dieses plötzliche Interesse an hebräischen Texten gehabt haben?«, fragt er sodann. Nach Lamy verrieten die Rabbis dem Abt, dass ein Schatz unter dem Tempelberg in Jerusalem begraben liege. Aus diesem Grund ging dann der weltliche Schutzherr der Zisterzienser, Graf Hugo von der Champagne, nach Jerusalem und veranlasste seinen Vasallen Hugo von Payns, den Orden der Armen Ritter Jesu Christi auf dem Tempelberg zu gründen. »Der Schluss liegt nahe, dass die Dokumente, die Hugo von der Champagne wahrscheinlich nach Palästina brachte – er hatte sie zweifellos gemeinsam mit Hugo von Payns entdeckt –, in gewisser Beziehung zu der Stelle standen, an der sich später das Hauptquartier der Templer befand.«[365]

Dieselbe Hypothese findet sich in zwei Büchern britischer Autoren, »Der heilige Gral und seine Erben« von Michael Baigent, Richard Leigh und Heinrich Lincoln (1982) und »The Head of God« (Das Haupt Gottes) von Keith Laidler (1998). Dass der Orden in den ersten Jahren so langsam wuchs, wird hier auf die Notwendigkeit zurückgeführt, die Suche nach dem vergrabenen Schatz auf wenige Eingeweihte zu beschränken. Laidler schrieb, »die Templer waren offensichtlich in den ersten Jahren nach ihrer Gründung militärisch wenig aktiv. Das dürfte daran liegen, dass sie mit Ausgrabungen unter dem Tempel Salomos oder in der

Nähe beschäftigt waren, mit einer Operation also, die nur einem kleinen Kreis hochrangiger Adliger bekannt werden durfte.«[366]

Für diese Autoren unterliegt keinem Zweifel, dass man dort etwas außerordentlich Wichtiges fand. War es, fragt Michel Lamy,

> »die Bundeslade? Ein Gerät zur Kommunikation mit externen Mächten – Göttern, Elementalen, Genien, Außerirdischen oder anderen Wesen? Ein geheimes Wissen über die Anwendung und damit sozusagen die Magie architektonischer Prinzipien? Der Schlüssel zu einem Mysterium über das Leben Jesu und seine Botschaft? Der Gral? Ein Mittel zur Auffindung der Orte, an denen der Kontakt mit himmlischen oder höllischen Mächten leichter hergestellt werden kann – auf die Gefahr hin, Satan oder Luzifer zu beschwören?«

Nein, behauptet Laidler. Was man fand, war nicht mehr und nicht weniger als das gesalbte Haupt Jesu Christi.

Das Haupt also, Baphomet genannt, das aller Wahrscheinlichkeit nach von den Templern im Geheimen verehrt wurde! Falls es aber nicht von Hugo von Payns unter dem Tempel Salomos entdeckt wurde, so konnte es Maria Magdalena nach Frankreich gebracht haben, wo es in den Besitz der Katharer überging und auf deren Burg Montségur gehütet wurde. Kurz bevor die Burg vor dem Kreuzfahrerheer kapitulierte, entkamen drei *Parfaits* mit dem Schatz der Katharer. »Doch worin bestand dieser Schatz der Katharer? Wie viel Geld und Silber konnten drei Perfekte tragen? Geld kann es nicht gewesen sein [...] Es muss etwas anderes gewesen sein, etwas, was man bis zum allerletzten Moment in Montségur behalten wollte, etwas Essenzielles für das bei der Frühjahrs-Tag-und-Nacht-Gleiche, dem Tag vor der Kapitulation, durchgeführte Ritual – mit anderen Worten, das Haupt Jesu Christi. Und wohin anders konnten es die flüchtigen Katharer bringen als »an den einzigen Ort in Frankreich, der nicht in Reichweite des Königs lag, zu einer in ihren Zielen und Zwecken autonomen Organisation, die im Wesentlichen derselben gnostischen Weltanschauung wie die Katharer anhing: zum Orden der Templer!«[367]

Als daher Gerhard von Villiers 1307 aus dem Pariser Tempel entwich, nahm er diese Reliquie aller Reliquien mit. Die von La Rochelle aus in See stechende Galeerenflotte der Templer teilte sich. Die eine Hälfte fuhr südwärts nach Portugal, wo diese Ritter später im Christusorden von König Diniz aufgingen, die andere Hälfte nordwärts nach Schottland, wo sie im Firth of Forth Anker warf. Südlich von Edinburgh lag die Burg

Rosslyn, im Besitz der Familie Saint-Clair, die seit langem Verbindung mit den Templern hatte. Die dortige Kapelle diente als »alternativer Tempel Salomos«. Und hier vergruben die Templerflüchtlinge das »Haupt Gottes« unter einer Säule.

So interessant solche Spekulationen auch sein mögen – sie verraten schon durch ihre Sprache das Fehlen plausibler geschichtswissenschaftlicher Begründungen: »Die Antwort dürfte darin liegen, dass [...]«, »es ist sehr wahrscheinlich, dass [...]«, »bekannt ist, dass [...]«, »es ist sehr gut möglich, dass [...]«, »sicher scheint zu sein, dass [...]«. »Nach einigen Recherchen«, schreibt Andrew Sinclair in seinem Buch »The Discovery of the Grail« (Die Entdeckung des Grals), »gehen diese Fantasien immer zur Aufstellung einer Hypothese über. Wurde Christus oder der Gral unter einem Berg im Süden Frankreichs begraben? Heiratete Jesus Maria Magdalena und begründete die Dynastie der Merowinger? Nach ein paar Seiten ist aus der Behauptung eine Tatsache geworden, die Vermutung hat sich in eine beweiskräftige Aussage verwandelt [...]«[368] Oder, wie Peter Partner in Bezug auf die Templer lakonisch sagt: »Der Templerismus [...] war ein von Scharlatanen für die von ihnen Genasführten produzierter Glaube.«[369]

Das Rätsel des Templerordens ist jedoch nicht völlig zur Domäne von Scharlatanen geworden. Auch professionelle Historiker haben sich seiner angenommen und es gründlich untersucht. Die französische Revolution von 1789 brach die Macht der beiden Institutionen, die ein starkes Interesse an der Schuld der Templer haben mussten – die Monarchie und die katholische Kirche –, und bereitete einer weniger parteiischen Forschung den Weg. Der Umstand, dass die französische Königsfamilie im Pariser Tempel gefangen gehalten und von dort zur Hinrichtung geführt wurde, galt den Verteidigern des Tempels als symbolische Rache für den Tod Jakobs von Molay. Im März 1808 wurde an seinem Todestag eine Messe mit Requiem gehalten. Im selben Jahr wurde der Donjon des Tempels abgerissen. Denn er war zum Wallfahrtsort von Royalisten geworden, die ihres Märtyrerkönigs gedenken wollten.

Drei Jahre zuvor, 1805, war ein Stück von François Raynouard, einem Juristen aus der Provence, mit dem Titel »Les Templiers« im Théâtre français aufgeführt worden, das die Unschuld der Templer behauptete. Auch Napoleon interessierte sich für das Stück und schrieb im Feld sogar eine Kritik zur Nutzanwendung für seinen Polizeichef. Als man 1810 die päpstlichen Archive nach Paris schaffte, erhielt Raynouard die Genehmigung, nach Dokumenten zu forschen, die ein neues Licht auf den Templerprozess werfen konnten. Das von ihm entdeckte Material brachte keine endgültige Lösung, verschob aber die Beweislage zu Gunsten der Unschuld des Ordens. Auf jeden Fall »bestätigte es all jene nicht, die die Templer finsterer magischer Praktiken oder gnostischer Kulte verdächtigen«.[370]

In der zweiten Hälfte des 19. Jahrhunderts indessen kam der deutsche Historiker Hans Prutz nach erschöpfender Analyse der Templeraussagen zu dem Schluss, dass viele Templer vom Katharismus beeinflusst worden und tatsächlich des Teufelsdienstes schuldig seien.[371] Andererseits stellte der amerikanische Inquisitionshistoriker Henry Charles Lea, der etwa zehn Jahre nach Prutz schrieb, fest, die Templer seien mit an Sicherheit grenzender Wahrscheinlichkeit unschuldig gewesen. Keiner sei bereit gewesen, für seine angebliche häretische Überzeugung zu sterben. Keine konkreten Beweise für einen Teufelsdienst hätten sich gefunden. Und die unter Folter gemachten Geständnisse zeigten lediglich, wie auch Peter Bologna damals schon erkannt hatte, »die Hilflosigkeit der Opfer, wie hochgestellt auch immer, sobald erst einmal die tödliche Anklage der Ketzerei, zumal durch die Inquisition, gegen sie erhoben wurde«.[372]

Die Stalinschen Schauprozesse des 20. Jahrhunderts haben demonstriert, wie wirksam nicht nur Folter, sondern auch schon andere Zwangsmethoden, etwa Schlafentzug, sein können, um Menschen zu Falschaussagen, die ihnen selbst nachteilig sind, zu veranlassen. Philipps des Schönen Henker zeigten dieselbe Brutalität wie der NKWD und die Gestapo, und seine Propagandisten vom Schlag Wilhelms von Nogaret und Wilhelms von Plaisans bewiesen eines Goebbels würdige Talente. Stellt man das wirklich Geschehene einem Menschen im Verhör übertrieben und verzerrt dar, so kann es, besonders »wenn ihm die zur Unterscheidung zwischen harmlosem und verbrecherischem Verhalten notwendigen Informationen fehlen«,[373] passieren, dass sich seine erinnerte Wahrnehmung verändert. Auf diese Weise konnte dem gefolterten Templer suggeriert werden, die Verehrung von Bildern Christi oder Johannes des Täufers sei die Anbetung eines Götzenidols gewesen. Die um die Hüfte geschlungene Schnur, bei den Templern allgemein üblich, wird dann aus einem frommen Amulett zum Mittel der Teufelsbeschwörung, und der symbolische Kuss, der »als Höhepunkt einer rituellen Abfolge sowohl im monastischen als auch im weltlichen Leben Sitte war«, verwandelt sich in einen Ausdruck homosexueller Zügellosigkeit.

War der Tempel eine Brutstätte der Homosexualität? In den letzten Jahrzehnten des 20. Jahrhunderts hat die Verurteilung der Homosexualität in Europa und Amerika einer betont toleranten Einstellung Platz gemacht. Da muss es fast als »Homophobie« erscheinen, wenn man behauptet, viele Templer seien eben nicht homosexuell gewesen. Der französische Historiker Jean Favier kam zu der Auffassung, »die Abwesenheit von Frauen, der Einfluss des Orients – all das trug dazu bei, dass sich Sodomie tief in die Lebensgewohnheiten des Tempels einfraß«. Und der amerikanische Historiker Joseph Strayer stimmt ihm bei, weil er glaubt, in allen rein männlichen Gemeinschaften trete Homosexualität unvermeidlich auf. Vielleicht denkt er dabei an die englischen Public Schools.

Aber sind für das 20. Jahrhundert typische Annahmen sinnvoll, wenn man die damalige Zeit beurteilen will? Es kann kein Zweifel daran bestehen, dass Homosexualität der mittelalterlichen Gesellschaft nicht unbekannt war. Am Hof des Wilhelm Rufus war sie gang und gäbe, und während es inzwischen so aussieht, als sei Richard Löwenherz gerade nicht homosexuell gewesen, wird von Kaiser Friedrich II. behauptet, er habe sich wahllos mit Knaben und Mädchen eingelassen. Richard Filangieri, seinem Seneschall im Heiligen Land, warf die gegnerische Familie Ibelin eine homosexuelle Liaison mit dem kaiserlichen Bailli in Akkon, Philipp von Maugustel, vor.[375]

Dass es Sodomie bei den Templern gab, wird auch durch den Fall bestätigt, der in den »Strafbestimmungen« ihrer Ordensregel zitiert wird.[376] Aufschlussreich ist hier jedoch, dass, wie es heißt, »die Tat so verrucht war«, dass sich der Ordensmeister »und eine Anzahl würdiger Männer des Hauses« entschloss, sie nicht vors Kapitel zu bringen. Dieselbe entschiedene Ablehnung zeigt sich darin, dass viele Templer, unter ihnen Jakob von Molay, fast alles zuzugeben bereit waren, nur nicht Sodomie. Wer daher die durch das Vorurteil des ausgehenden 20. Jahrhunderts verzerrte Sichtweise ablegen kann, wird mit ziemlicher Sicherheit sagen können, dass es im Tempel keine institutionalisierte Sodomie gab, und zugleich die Vorwürfe der Häresie, Blasphemie und Idolatrie als unbelegt zurückweisen. Es herrscht, schrieb Malcolm Barber jüngst in einem Artikel »The Trial of the Templars Revisited« (Wiederaufnahme des Templerprozesses), »unter modernen Historikern weitgehende Übereinstimmung, dass die Templer nicht schuldig waren«.[377]

Wie müsste das Urteil der Geschichte über die Ritter des Templerordens in einem allgemeineren Sinn lauten? Für Peter Partner, der in »The Murdered Magicians« die Templer so wirksam vom üblen Ruf diabolischer Machenschaften – den Philipp der Schöne ihnen anhängte – und »der Mystagogie und des Obskurantismus«, in den ihn die Freimaurer brachten, reinwusch, bleibt eigentlich nur ein sehr trivialer Sachverhalt zurück. »Das auffälligste Merkmal der mittelalterlichen Templer war ihre Durchschnittlichkeit. Sie verkörperten den Durchschnittsmenschen, nicht den ungewöhnlichen Visionär.« Der Untergang des Ordens wurde durch ihre »Mittelmäßigkeit und ihren Mangel an Energie« verursacht. »Die meisten, einschließlich ihrer Führer, zeigten, als es zum Prozess kam, dass sie nicht viel zu sagen hatten.«[378]

In gewisser Weise ist dieses Urteil über die Templer ebenso vernichtend wie das der Freimaurer oder Philipps des Schönen. Waren sie wirklich mittelmäßig? Wenn man den durchschnittlichen Templer, also etwa einen fränkischen Ritter wie den Grafen von Eu, mit einem muslimischen Ritter vom Schlag eines Osama Ibn-Munqidh vergleicht, besitzt der Muslim in der Tat weit mehr Qualitäten, die uns Heutige ansprechen. Osama ist nicht nur fromm, tapfer und ein geschickter Jäger, sondern auch ein Dichter. Der Graf von Eu dagegen, wie ihn Johann von Joinville schildert, stellte, statt Gedichte zu schreiben, »einen kleinen Katapult auf, mit dem er Steine in mein Zelt schleudern konnte. Er beobachtete uns beim Essen, stellte seine Maschine auf die Länge unserer Tafel ein und ließ dann seine Steine fliegen, die unsere Schüsseln und Gläser zerschlugen«.[379] Außerdem schlachtete er zum Spaß Joinvilles Hühner, trieb also denselben groben Unfug, wie man ihn heute vielleicht in mancher Offiziersmesse der britischen Armee erleben kann.

Unterschieden sich die Kriegermönche des Tempels erheblich von Rittern wie dem Grafen von Eu? Bis zu welchem Grad hob sie der religiöse Aspekt ihres Soldatenberufes über ihresgleichen hinaus? Wenn der Tempelritter in der Schlacht denselben tollen Mut bewies wie sein weltliches Gegenstück, so war er jedenfalls auch ebenso ungebildet und ungeschliffen. In einem satirischen Gedicht vom Ende des 13. Jahrhunderts aus der Feder des flämischen Troubadours Jaquemart Giélée, »Renart le nouvel«, wird der Templer als wesentlich gröber dargestellt als der Johanniter. Er »ist kein guter Sprecher, trägt seine primitiven Argumente nur ungeschickt vor, wiederholt ein ums andere Mal: ‚Wir sind die Verteidiger der Heiligen Kirche' und spricht dauernd von der Gefahr, die die Muslime für Europa darstellen [...]«[350] – ein Bild, das fast ganz mit dem Eindruck identisch ist, den Jakob von Molay über die Jahrhunderte hinweg vermittelt. Trotzdem schließt dieser Mangel an Schliff eine gewisse Heiligkeit nicht aus. Die hohe Wertschätzung, die zum Beispiel der Franziskaner Johann Peckham, Erzbischof von Canterbury, »ein Mann von großer Ehrbarkeit und Strenge gegen sich selbst« den Templern etwa zur gleichen Zeit, als Giélée seine Satire schrieb, entgegenbrachte, lässt auf ein hohes Niveau an Frömmigkeit und Reinheit im Orden schließen.

So wird ein endgültiges Urteil über die Templer von unserer Einstellung zur katholischen Christenheit im Allgemeinen und zu ihrem langen

Krieg gegen den Islam, also die Kreuzzüge im Besonderen, abhängen. Im Großen und Ganzen gelten heute die Kreuzzüge – wie auch die Inquisition – als eine schlimme Sache. Aber auch hier begegnen wir wieder Peter Partners »bunt aufgeputzten, völlig intakten Vorurteilen des 18. Jahrhunderts«. Diderot beschrieb unter dem Stichwort »Kreuzzüge« in seiner »Enzyclopädie« das heilige Grab als »ein Stück Fels, keines Tropfens Menschenblut wert«. Für ihn ließen sich die Kreuzfahrer allein von Gier, »naiven Vorstellungen und Fanatismus« leiten. Und für den schottischen Philosophen David Hume waren die Kreuzzüge »das auffälligste und hartnäckigste Zeichen menschlicher Torheit, das je ein Zeitalter oder Volk charakterisiert hat«.[381]

Dieses Urteil ging dann über Edward Gibbon auf den berühmtesten Kreuzzugshistoriker unserer Tage, Sir Steven Runciman, über. Sein Spruch am Ende seines monumentalen Werkes lief darauf hinaus, dass der von der katholischen Kirche geführte Heilige Krieg nichts anderes war »denn ein einziger langer Akt der Unduldsamkeit im Namen Gottes, welche die Sünde wider den Heiligen Geist ist«.[382] Besonders empörte sich Runciman über die Plünderung Konstantinopels durch die Lateiner, ja er erklärte, »niemals gab es ein größeres Verbrechen gegen die Menschlichkeit als den vierten Kreuzzug« – eine, wie der Historiker Christopher Tyerman bemerkt, kaum zehn Jahre nach dem Ende des Zweiten Weltkriegs höchst sonderbare Feststellung. Doch steht Runciman damit nicht allein. Der israelische Historiker Joshua Prawer nennt das Königreich Jerusalem ein frühes Beispiel für den europäischen Kolonialismus, und für den Theologen Michael Prior sind die Kreuzzüge ein schlagendes Beispiel dafür, wie man »die Bibel immer wieder als Unterdrückungsinstrument missbraucht hat«.[383]

Erst in jüngerer Zeit haben sich Historiker bemüht, der Vorstellungswelt der Kreuzfahrer besser gerecht zu werden, und sind zu weniger negativen Schlüssen gelangt. »Die Kreuzzugshistoriker«, schrieb Jonathan Riley-Smith, aus den Südstaaten stammender Professor für Kirchengeschichte an der Universität Cambridge, »entdeckten plötzlich, auf wie schwankendem Boden die Behauptungen, die Kreuzfahrer seien rein materialistisch eingestellt gewesen, beruhte. Es zeigte sich immer deutlicher die Dürftigkeit der Beweise für diese Hypothese. ,Die abenteuerlustigen jüngeren Söhne des Adels' verließen die Bühne, und heute glauben nur noch wenige Historiker an sie.«[384]

Die Wahrheit, die sich auf Grund neuerer Forschungen herausgeschält hat, ist, dass die Kreuzfahrer oft tatsächlich all ihren weltlichen Besitz in der Hoffnung auf rein geistlichen Lohn verkauften oder verpfändeten. Anders als der muslimische Dschihad waren die Kreuzzüge immer freiwillig. Für den weltlichen Ritter mögen lockendes Abenteuer und ritterlicher Ruhm Anlässe gewesen sein, das Kreuz zu nehmen. Doch für den Ritter, der sich einem militärischen Orden anschloss, war es sehr wahrscheinlich, dass ein Leben nach den strengen Regeln der »Klosterkaserne« entweder mit langer Gefangenschaft oder einem frühen Tod endete.

Von Anfang an gab es hohe Verlustraten im Templerorden. Sechs von den 23 Templergroßmeistern starben in der Schlacht oder in Gefangenschaft. Die ursprünglich verlangte einjährige Novizenschaft gab man bald wieder auf, weil man dringend Leute für den Dienst im Osten benötigte. Bei der Beweiserhebung im Templerprozess hieß es, 20 000 Templer seien im Lauf der Zeit in Outremer umgekommen. Manche fielen im Kampf, aber andere, die in Gefangenschaft gerieten, starben lieber, als dass sie ihren Glauben verleugnet hätten. »Um ermessen zu können, wie aufregend es eigentlich ist, auf solche Märtyrer zu stoßen«, schrieb Jonathan Riley-Smith über die Kreuzfahrer,

> »sollte man sich daran erinnern, dass dieses Märtyrertum – der freiwillige Tod für die Sache des Glaubens und der Nachvollzug des Todes Jesu Christi – den Akt höchster Liebe, deren ein Christ fähig ist, bedeutet und ein vollkommenes Beispiel für einen wahrhaft christlichen Tod darstellt. Märtyrertum heißt, dass der Betreffende sein eigenes Leben hingibt, und das ist so verdienstvoll, dass es ihn ein für alle Mal in den Augen Gottes rechtfertigt.«[385]

Aus christlicher Sicht könnte man also die Worte des Johannes in seiner »Offenbarung« auf die Templer beziehen: »Es sind die, die aus der großen Bedrängnis kommen. Sie haben ihre Gewänder gewaschen und im Blut des Lammes weiß gemacht.«[386]

Sicher, die Tempelritter nahmen auch anderen das Leben. Doch auch hier herrscht ein allgemeines Missverständnis über die Motivation der Kreuzfahrer im Allgemeinen. Wegen der aus der Aufklärung stammenden antikatholischen Ressentiments und weil die meisten Kreuzzugshistoriker ihre Darstellungen erst mit dem ersten Kreuzzug beginnen, betrachtet man diesen als den ersten von vielen noch folgenden Angriffen der Christenheit des Abendlands gegen den Islam im Morgenland. Aber es war der Islam, nicht das Christentum, der von Anfang an Bekehrung durch Eroberung praktizierte. Und wenn das Christentum auch, zu bestimmten Zeiten und an bestimmten Orten, ebenfalls vor der Spitze des Schwertes taufte, so verlief doch sein Wachstum in den ersten drei Jahrhunderten, bis es das ganze Römische Reich umfasste, nahezu vollkommen friedlich. Deshalb waren die Christen seit den Zeiten der ersten *Razzia* des Propheten Mohammed der Überzeugung, Kriege gegen den Islam würden entweder zur Verteidigung des Christentums oder zur Befreiung und Wiedereroberung von Ländern geführt, die rechtmäßig ihnen gehörten.

Das wird im Zusammenhang mit der Reconquista, in den Predigten Papst Urbans II. nach der Niederlage der Byzantiner bei Manzikert und in den Predigten des Dominikaners Humbert von Romans im darauf folgenden Jahrhundert ausdrücklich thematisiert. Humberts Aufruf »beruhte großteils auf dem Argument, der Islam habe sich auf Kosten der christlichen Länder aggressiv ausgebreitet. Die christlichen Heere hätten darum das Recht und die Pflicht, der islamischen Expansion Einhalt zu gebieten und die von den Muslimen eroberten Länder wieder in Besitz zu nehmen.«[387] Die Vorstellung, dass ein Mensch die Märtyrerkrone auch durch eigene Gewaltausübung erringen konnte, war damals nichts Neues, sondern schon seit Ende des 8. Jahrhunderts im Christentum des Westens fest etabliert.

Warum also gibt es zwar heilig gesprochene Johanniter, aber keine Templerheiligen? Teilweise lässt sich das dadurch erklären, dass sich bei den Templern der einzelne Ritter zu Gunsten des Ordens selbst auslöschte, teils aber auch durch die Verstrickung der Kirche ins Ende des Ordens. Seine schließliche Vernichtung und der grausame Tod einer Reihe seiner Mitglieder waren, wie wir gesehen haben, nicht das Werk der Muslime, sondern der Inquisition mit ihren Zwangsmaßnahmen im Dienst des »allerchristlichsten« Königs von Frankreich. Die zweihundertjährige Lebensdauer des Templerordens fällt fast genau mit den Jahrhunderten des päpstlichen Anspruchs auf Weltherrschaft zusammen. Es ist ein Beweis für des Ordens unbedingte Hingabe an seine ursprüngliche Berufung, dass er, obgleich eine multinationale Truppe, von den Päpsten nie für ihren dauernden Kampf mit den deutschen Kaisern, ihren Rivalen um die Weltherrschaft, eingespannt wurde.

So sehr konzentrierten sich die Päpste auf diesen Kampf, dass sie erst, als es schon zu spät war, die vom beutelüsternen Nationalstaat ausgehende Bedrohung erkannten. Die von Friedrich II. von Hohenstaufen ausgehende Gefahr lag auf der Hand, und sein heidnischer Größenwahn war offensichtlich. Doch wer hätte voraussehen können, dass der Enkel des heiligen Ludwig zum Urheber des tiefen Falls des römischen Pontifex werden würde – ein Mann, »dessen Frömmigkeit [...] mitunter an Mystizismus grenzte [...] und ihm häufig eine sogar im Gegensatz zu den Interessen des Königtums stehende Politik diktierte«?[388] Papst Bonifaz VIII. hatte noch, als er sich 1300 während der Jahrhundertfeiern auf Kaiser

Konstantins Thron setzte, den allerhöchsten päpstlichen Anspruch demonstriert. Clemens V. aber erklärte nur wenige Jahre später, er habe »die moralische und geistliche Autorität verloren, die sich das Papsttum in Europa in Jahrhunderten mühsamer, hartnäckiger, intensiver und vorausschauender Kleinarbeit aufgebaut hatte«.[389]

In England plünderte über zweihundert Jahre später König Heinrich VIII. die Klöster, so wie König Philipp IV. von Frankreich den Tempel geplündert hatte. Wie dieser benützte Heinrich dazu die Eigeninteressen neuer gesellschaftlicher Kräfte. Aber anders als König Philipp IV. gelang es ihm nicht, den damaligen Papst seinem Willen zu unterwerfen. Er konnte nur die Autorität des Heiligen Stuhls zurückweisen. Die Aufklärung führte die Geburt des englischen Nationalstaats auf die Kreuzzüge zurück, die Whig-orientierten Historiker dagegen auf diese Politik Heinrichs VIII. Die dann in England, Schottland und auf dem Kontinent stattfindende Reformation hatte die Fragmentierung der Einheit der Christenheit, die die Nachfolger des hl. Petrus so lange zu bewahren versucht hatten, zur Folge. Auch die französische Revolution von 1789 plünderte die katholische Kirche, ja vernichtete sie fast, machte Klöster wie Citeaux und Molesme zu Ruinen und verwandelte Clairvaux in ein Gefängnis. Napoleon gelang, was Wilhelm von Nogaret misslungen war: Er führte einen Papst gefangen nach Paris. Dort musste der Stellvertreter Petri ohnmächtig zusehen, wie sich der korsische Abenteurer in der Kathedrale Notre-Dame selbst zum Kaiser krönte.

Durch diese Zeremonie demütigte die brutale Staatsgewalt den Vikar Christi erneut. Schließlich warf Europa die dem christlichen Glauben inhärenten moralischen Zügel gänzlich ab und taumelte der modernen Ära entgegen. Ob sich die Waage des menschlichen Leides unter dem Gewicht der Kreuzzüge, der Inquisition und der Religionskriege eher dem Mittelalter oder unter dem Gewicht der Opfer der Schützengräben, Gulags und Konzentrationslager mehr der Ära des Nationalstaats zuneigt, bleibt dem Urteil jedes Einzelnen überlassen.

Nachwort von Konrad Dietzfelbinger

Es sei dem Übersetzer gestattet, diesem so spannend erzählten und wissenschaftlich fundierten Bericht über die Templer und die Kreuzzüge noch ein Nachwort hinzuzufügen. Denn erstens nimmt der Autor eine Bewertung der Ereignisse aus kritisch-katholischer Perspektive vor, wobei offenbleiben kann, inwieweit er sich mit den Inhalten des Katholizismus identifiziert. Aber das katholische Christentum des Mittelalters hatte nach seiner

Auffassung eine positive gesellschaftliche und politische Funktion. Es stiftete Einheit zwischen den Völkern des Abendlands und ermöglichte ein gemeinsames Vorgehen gegen äußere Feinde. Da erscheint es mir gerechtfertigt, auch die esoterisch-spirituelle Perspektive zur Geltung zu bringen, von der aus Templer und Kreuzzüge in einem etwas anderen Licht erscheinen. Zweitens möchte ich neueste Forschungsergebnisse mitteilen, die die vom Autor dargestellten Sachverhalte weiter bestätigen.

Warum ist das Thema »Templer« offenbar unerschöpflich? Nicht nur, weil hier ein exemplarisches Lehrstück über Machtmissbrauch, Macht und Angst, Macht und Lüge bei weltlichen und kirchlichen Institutionen vorliegt, sondern auch, weil man den Templern besondere okkulte oder übersinnliche, der katholischen Orthodoxie feindliche Zielsetzungen unterstellt hat. Damit war die Frage nach dem Verhältnis von Ketzerei und Rechtgläubigkeit aufgeworfen und man hatte die Geschichte der Templer zum Bestandteil des immerwährenden Kampfes zwischen der kirchlichen Orthodoxie und den okkulten, übersinnlichen oder spirituellen Gruppen – dem »esoterischen Lager« – gemacht.

Verschiedene esoterische Gruppen haben sich im 18., 19. und 20. Jahrhundert auf die Templer berufen. Man ging davon aus, dass sie, wenn schon nicht in ihrer Gesamtheit, so doch in einem geheimen inneren Kreis spirituelle Zielsetzungen verfolgt und entsprechende Rituale vollzogen hätten. Aber da man so wenig Sicheres wusste, konnten sich die »schwarzmagischen« Strömungen – repräsentiert etwa durch Aleister Crowley, der als »allmächtiger Baphomet« auftrat – ebenso auf sie beziehen wie die »weißmagischen« Gruppen, vertreten etwa durch den Freiherrn von Starck (1741–1816), den Gründer des »Klerikats der Tempelherren«, oder Déodat Roché (siehe das Kapitel über die Templer in seinem Buch »Die Katharerbewegung«, Stuttgart 1992). Déodat Roché kommt zu dem Schluss, die Templer hätten ein Symbol höchster Weisheit – »Magumeth« – aus persischen Traditionen übernommen und verehrt. Read andererseits macht deutlich, dass von besonderen spirituellen oder esoterischen Zielsetzungen bei den Templern keine Rede sein kann.

Damals, zur Zeit der Templer, gab es tatsächlich zahlreiche Strömungen, deren Angehörige versuchten, auch außerhalb der Kirche einen spirituellen Weg zu gehen. Das ist ja mit ein Grund, weshalb man den Templern, die immer wieder Kontakt mit solchen Gruppen gehabt haben müssen, zutraut, ebenfalls zumindest teilweise ähnliche Erfahrungen gesucht zu haben.

Zum Beispiel die Katharer. Sie hatten nicht nur einen Glauben an religiöse Lehren. Sie vollzogen auch bewusst eine innere Entwicklung vom »irdischen« Menschen über den »Gläubigen« (Croyant) zum »Vollkommenen« (Parfait). Sie versuchten, ihre Haftung an der »luziferischen« Welt der Erscheinungen zu lösen – sei es die Haftung durch Leidenschaften und Aggressionen, sei es die durch Hoffnungen auf Glück, Reichtum und Macht.

So konnten sie, vom Vergänglichen frei geworden, als Vollkommene das Unvergängliche, die göttliche Welt des »Unsichtbaren Vaters« im eigenen Inneren erleben – jetzt, nicht erst nach dem Tod in einem nebelhaften Jenseits.

Konnte Read von seinem Standpunkt aus den Katharern gerecht werden? Er wirft ihnen zum Beispiel vor, sie hätten durch die Forderung nach Ehelosigkeit die Fundamente der Gesellschaft untergraben. Aber Ehelosigkeit folgte für die Katharer – wie übrigens auch für Jesus, auf den sie sich beriefen – auf natürliche Weise aus einem Zustand der neu gewonnenen Einheit mit dem »unsichtbaren Vater«. Sexuelle Enthaltsamkeit konnte daher nur bei den Parfaits, niemals schon bei den Croyants vorausgesetzt werden. Und hatten nicht auch die Mönche und Rittermönche der Kirche ihr Keuschheitsgelübde? Untergruben sie die Fundamente der Gesellschaft?

Sollte zudem die Aufrechterhaltung der Fundamente einer Gesellschaft das höchste Kriterium bei der Beurteilung geistiger Strömungen sein? Wenn eine Religion die Fundamente der Gesellschaft aufrechterhielte, aber selbst unwahr wäre – ware dann ihre eigene Aufrechterhaltung gerechtfertigt? Käme es nicht darauf an, eine Religion zu haben, die der Bestimmung des Menschen entspricht und ihm behilflich ist, sein wahres Wesen zu entfalten: Freiheit als Übereinstimmung mit seinem eigenen Wesen und Verantwortung für andere und die Welt? Und könnten nicht auch auf der Grundlage einer solchen Religion soziale Fundamente errichtet werden, die dann der Entfaltung der individuellen Freiheit und Verantwortung den Rahmen gäben?

Hätte es außerdem, selbst wenn die Katharer für die herrschende Religion Ketzer waren und die Macht der Kirche – und das auf dieser Macht beruhende Gesellschaftsgefüge – zu untergraben drohten, nicht doch andere Möglichkeiten gegeben, mit ihnen umzugehen, als ihre brutale Vernichtung durch einen Kreuzzug im Namen des Erlösers?

Nicht nur die Katharer gingen damals einen spirituellen Weg. Es gab auch Bewegungen wie die Amalrikaner oder jüdisch-kabbalistische

Gruppen. Parzival in dem gleichnamigen Epos Wolframs von Eschenbach vollzog ebenfalls eine bewusste spirituelle Entwicklung, was darauf schließen lässt, dass hinter Wolfram eine Strömung mit spirituellen Zielsetzungen stand.

Vor allem war das Urchristentum, auf das sich doch die Kirche berief, ein spiritueller Weg, den Jesus, der Meister, mit seinen Schülern ging und den er ihnen vorlebte. Im Verlauf dieses Weges veränderte sich sein Bewusstsein derart, dass er sagen konnte: Ich und der Vater – die göttliche Welt – sind eins. Sogar sein Leib wurde von göttlichen Kräften durchdrungen und konnte, als der Tod wegnahm, was noch sterblich an ihm war, aus dem »Grab« der vergänglichen Welt auferstehen und in eine andere Dimension, die unvergängliche Welt, eingehen. Den gleichen Vorgang des bewussten Sterbenlassens des Vergänglichen und der Auferstehung des Unvergänglichen drückt das von Jesus verwendete Symbol des »Tempels« aus. Jesus brach den alten »Tempel«, das heißt sein altes, ichbezogenes Bewusstsein, das er durch die Inkarnation in einen sterblichen Körper erhalten hatte, und damit auch seine alte Leiblichkeit ab und baute einen neuen »Tempel« auf, das heißt ein neues Bewusstsein und einen neuen »geistigen Leib«, der sich im Einklang mit der göttlichen Welt befand.

Jesus tat das, um anderen den Nachvollzug zu ermöglichen. Auch seine Nachfolger können, als spirituelle Menschen, aus dem »Grab« der materiellen Welt auferstehen. Sie können es, wenn sie alle ichbezogenen Eigenschaften, die die Spiritualität im Menschen unterdrücken, auflösen – oder, mit anderen Worten, wenn sie das Grab des spirituellen Menschen im eigenen Innern von den »Heiden«, den irdischen Leidenschaften und Illusionen, befreien.

Mir scheint, hier liegt, neben vielen anderen Motiven, die eigentliche Erklärung für die Begeisterung, mit der die damaligen Menschen zu den Kreuzzügen aufbrachen. Sie hatten die unbewusste Ahnung, dass das Grab des »toten«, das heißt unwirksamen, spirituellen Menschen in ihrem Innern von den Feinden des Geistes befreit werden musste, damit der spirituelle Mensch auferstehen konnte. Sie projizierten diese Ahnung auf die äußere Welt – auf das konkrete Grab in Jerusalem, das von den Heiden erobert worden war. Alle Sehnsüchte des spirituellen Menschen im Innern, frei zu werden und aus dem Grab der Unbewusstheit aufzuerstehen, wurden aufs Äußere gerichtet – auf das äußere Grab und die äußeren Heiden. Ein innerer Befehl, eine innere Sehnsucht nach fundamentaler Veränderung wurde nach außen projiziert. Damit wurde aber zugleich auch die eigentliche Aufgabe, die innere Veränderung, versäumt.

Die Templer repräsentierten, zusammen mit den anderen Ritterorden, das Zentrum dieser inneren Sehnsucht, die, statt innen verwirklicht zu werden, nach außen umgelenkt wurde.

Schon dieses grundsätzliche Missverständnis des eigentlichen Inhalts des Christentums, das den Kreuzzügen im Allgemeinen und den Aktivitäten der Templer im Besonderen zu Grunde lag, beweist, dass es sich bei ihnen um keine spirituelle Zielsetzung im Sinn des von Jesus vorgelebten Erfahrungsweges handeln konnte.

Wie wäre es auch denkbar, eine ins ganze Wesen eingreifende spirituelle Entwicklung zu vollziehen, wenn man ununterbrochen gegen äußere Feinde kämpfen und sie töten und ununterbrochen unter der Drohung leben muss, selbst getötet zu werden! Unter solchen Umständen wäre es unmöglich, jene ruhige Objektivität, die Voraussetzung für spirituelle Erfahrungen ist, und jene Verantwortung für alles Lebendige, die Ausdruck spirituellen Wachstums ist, zu entwickeln. Nicht umsonst hatte Jesus Gewaltlosigkeit als eine Grundbedingung des spirituellen Weges selbst praktiziert und seinen Schülern zur Aufgabe gemacht. Gewaltanwendung kann höchstens im Rahmen irdischer Erfordernisse gerechtfertigt sein, etwa beim Zwang zur Notwehr im privaten oder im Völkerleben. Wenn Bernhard von Clairvaux Gewaltanwendung auch seitens der Templermönche rechtfertigte, so ließ er, zumindest in diesem Fall, außer Acht, dass sich der spirituelle Weg – und was wollte das Mönchtum anderes sein? – mit Gewaltanwendung nicht verträgt. Jesu Prinzip der Gewaltlosigkeit gilt nur für seine Schüler, nur für jene also, die sich konsequent den Gesetzmäßigkeiten der gewöhnlichen Welt entziehen wollen, nicht für jene, die sich darin zu Hause fühlen. Wenn man, wie Bernhard, Gewaltanwendung, die in der gewöhnlichen Welt unter Umständen gerechtfertigt ist, auch Mönchen erlaubt, so erzeugt man einen unmöglichen Zwitter: einen Menschen, der einen gewaltlosen spirituellen Weg gehen will, um der gewöhnlichen Welt zu entsteigen, und zugleich unter den Bedingungen der gewöhnlichen Welt Gewalt anwendet.

Wenn behauptet wird, Gewalt sei nur von den einfachen Chargen der Templer ausgeübt worden, während ein geheimer innerer Kreis spirituelle Ziele verfolgte, so ist nicht zu sehen, wo sich dieser innere Zirkel befunden haben sollte. Sämtliche Großmeister und führende Templerpersönlichkeiten zogen mit in die Schlacht, töteten und wurden zum Teil getötet, nahmen gefangen und wurden zum Teil gefangen genommen. Sicher kamen einzelne Ritter in Kontakt mit spirituellen Strömungen innerhalb des Islam oder mit außerkirchlichen spirituellen Gruppen

innerhalb des Christentums. Aber das bedeutet nicht, dass sie davon infi-
ziert worden wären. Viel eher ist doch zu erwarten, dass sie sich scheu der
»Verführung« durch solche Gruppen entzogen und um so betonter dem
»rechtgläubigen« Christentum zuwandten, dem sie Treue geschworen
hatten. Und schon gar nicht ist zu erwarten, dass solche Einzelnen innerhalb der »offiziellen« Organisation geheime spirituelle Riten vollzogen
oder dass sogar eine geheime innere Organisation in der äußeren bestanden hätte. Man hätte Spuren davon finden müssen, nachdem sämtliche
Templer in Frankreich auf einen Schlag überraschend verhaftet worden
waren, ohne Möglichkeit, belastendes Material zu vernichten: Spuren in
Briefen, Spuren von »Götzenbildern«, deren Verehrung man den Templern vorwarf, Spuren von rituellen Texten und Symbolen. Es hätte Verräter gegeben, die konkrete Beweise vorgelegt hätten. Novizen, die nur für
kurze Zeit dem Orden beitraten, hätten berichtet, Weltgeistliche, die für
manche Templer als Beichtväter fungierten, hätten Alarm geschlagen.

Es ist, wie Verteidiger des Ordens während der Prozesse immer wieder
erklärten, einfach nicht vorstellbar, dass so viele edle, wahrhaftige, allem
Anschein nach von der Wahrheit ihres katholischen Glaubens überzeugte Menschen insgeheim andere Ziele verfolgten. Dass die dem Orden
affiliierten Baumeister, die seine Kirchen und Burgen errichteten, aus
der Antike überkommene Symbole und Verfahren kannten, die auf ural-
tes Mysterienwissen zurückgingen, oder auch Neues dieser Art im Orient kennen lernten, ist wahrscheinlich. Aber daraus sollte nicht gleich auf
eine spirituelle Organisation im Innern des Ordens geschlossen werden.
  Im Innern wie im Äußern lebten die Führer des Ordens wie die einfachen Ritter nach den mönchischen Vorschriften, verehrten besonders
Unsere liebe Frau, die Mutter Jesu, und weihten ihr Leben bewusst dem
Kampf gegen die Feinde Jesu, um den Geboten Christi, so wie sie sie
verstanden, gehorsam zu sein. Das alles war im Kern orthodox-christlich,
in Übereinstimmung mit der christlichen Dogmatik. Besondere Ausfal-
tungen des mönchischen Lebens oder der christlichen Zeremonien hielten sich im Rahmen der kirchenchristlichen Symbolik, Heiligen- und
Reliquienverehrung. All dies bestätigen zahlreiche Berichte glaubwürdiger Personen auch außerhalb des Ordens, die während der Prozesse und
danach zu Wort kamen.
  Es mag sein, dass so mancher Templer, wie auch Angehörige anderer
damaliger Mönchsorden, zu ekstatischen Erlebnissen kam, vielleicht
Visionen von Christus hatte, dem er Leib und Leben zugeschworen hatte. Man muss sich einmal vorstellen, in welche innere Verfassung ein
Templer, der im Heiligen Land Dienst tat, geraten konnte.

Er musste um vier Uhr früh aufstehen und beten, auch zu den weiteren vorgeschriebenen Stunden beten, sich meditativen Übungen widmen, bei den Mahlzeiten schweigen, auf jeden Kontakt zu Frauen verzichten, bei Regelverstößen mit harten Strafen rechnen, ständig darauf gefasst sein, vom Feind überfallen zu werden oder in die Schlacht ausrücken zu müssen, wo der Tod, grausame Gefangenschaft und Folter auf ihn warteten – wie hätten sich da nicht die widerstreitendsten Gefühle der Angst und ungestümen Kampfbegier, der Einsamkeit und Sehnsucht nach Liebe und Geborgenheit, des Schmerzes um gefallene Kameraden und der Hoffnung auf eigenes Überleben in ihm einstellen sollen, um doch insgesamt in der Vorstellung und dem glühenden Eifer aufzugehen, dadurch Jesus zu dienen und als Märtyrer in den Himmel zu kommen oder der Hölle zu entrinnen. So konnten extreme psychische Zustände auftreten, die übersinnlich-spirituellen Erfahrungen zum Verwechseln ähnlich sahen. Aber es hätte sich dabei nicht um »ketzerische« Spiritualität gehandelt, sondern nur um einen Ausdruck mystischer Frömmigkeit unter Extrembedingungen, wie sie auch in sonstigen Mönchsorden vorkam.

Was aber hat es mit den Geständnissen der Templer auf sich? Lassen sich daraus keine Schlüsse auf Ketzerei bzw. esoterische Zielsetzungen, seien sie »schwarzmagisch« oder »weißmagisch« gefärbt, ziehen?

Man vergegenwärtige sich die Situation der gefolterten Templer und das gesellschaftliche Klima, in dem sich ihre Verfolgung vollzog. Sieben Jahre dauerte das Verfahren, bis der Orden endgültig durch Papst Clemens V. abgeschafft wurde.

König Philipp IV. ist ein Musterbeispiel dafür, wie sich aus psychologischen Defiziten ein pathologischer Machttrieb entwickeln kann, der sich über alle Hindernisse und moralischen Schranken hinwegsetzt. Seelische Verletzungen des Königs als Kind und politische Erziehungsinhalte verstärkten sich gegenseitig. Als Knabe von sechs Jahren bekam er eine herrschsüchtige Stiefmutter. Als er acht Jahre alt war, starb plötzlich sein Bruder. Man erzählte sich vor den Ohren des kleinen Philipp, der Bruder sei von der Stiefmutter vergiftet worden, und er selbst würde auch noch dran glauben müssen. Wie hätte der Kleine unter diesen Umständen Vertrauen erlernen sollen? Aus Angst, selbst vernichtet zu werden, musste er unbedingt Macht über alle anderen gewinnen, die ihn vernichten konnten.

Zugleich sog er schon mit der Muttermilch die Vorstellung ein, dass der französische König seine Macht nach außen und innen unaufhörlich mehren müsse und als »allerchristlichster« König Schutzherr seiner Kirche sei. Deshalb strebte er dem Vorbild seines frommen Großvaters Ludwig IX.

nach und ergab sich einem asketischen Christentum mit Selbstgeißelungen und Bußübungen, was zum Teil wohl auch wieder durch seine Daseinsangst bedingt war. So ein Mensch ist einerseits von Sendungsbewusstsein, andererseits von Misstrauen gegen jedermann erfüllt. Jeder ist sein potenzieller Feind, jeder kann ihm schaden. Er erträgt es nicht, dass jemand neben ihm eigene Vorstellungen entwickelt und ein eigenes Leben führt. Seine Diener sind keine freien Menschen, im Gegenteil: Kreaturen, die er sich durch Erpressung und Bestechung gefügig macht.

Mit einer solchen Charakterstruktur konnte Philipp der Schöne nicht dulden, dass eine internationale Körperschaft wie die Templer, die unter der Jurisdiktion des Papstes stand, unabhängig von ihm in seinem Reich existierte. Sie konnten ihm gefährlich werden. Zudem stachen ihm ihre Reichtümer in die Augen, war er doch in ständiger Geldnot. Und was wahrscheinlich den Ausschlag gab: Die Templer waren im Allgemeinen redliche Menschen, ehrlich einem hohen Ziel verpflichtet. Man warf ihnen zwar Hochmut vor. Aber sie waren nicht hochmütig, sondern widmeten sich hochgemut einer über durchschnittliche Lebensziele hinausgehenden Aufgabe und mussten als Mönche notwendig einen gewissen Abstand von den weltlichen Dingen halten. Solche Menschen waren dem aus Angst machtgierigen und korrupten König unerträglich, ein ständiger Vorwurf und Spiegel, in dem er seine eigene Unvollkommenheit sah. Er musste sie aus der Welt schaffen.

Er schaffte sie mit Hilfe einer falschen Anklage aus der Welt: Sie seien Ketzer und müssten als Ketzer verurteilt werden. Behilflich waren ihm dabei seine Minister, die ähnliche Charaktere waren wie er selbst, seine Agitatoren, die Pamphlete mit Verleumdungen verbreiteten, und ein korrupter Papst, den er sich gefügig gemacht hatte. Clemens V. begehrte zwar immer auch gegen die Bevormundung durch den König auf, zog aber im Wesentlichen mit ihm an einem Strang.

Als die Templer in einer synchronen Blitzaktion verhaftet wurden, folterte man sie sofort, um sie zur Bestätigung der Anklagepunkte zu zwingen. Die Ankläger – zunächst Beamte des Königs, dann kirchliche Inquisitoren – hatten vorbereitete Fragenkataloge.

Ihre Fragen – und die entsprechenden, durch Folter erpressten Geständnisse – bezogen sich im Wesentlichen auf fünf Vergehen: Ihr habt Christus verleugnet, ihr habt das Kreuz bespuckt und mit Füßen getreten, ihr habt bei eurer Aufnahme in den Orden den Präzeptor an obszönen Körperstellen geküsst, ihr habt ein Götzenbild verehrt, und ihr habt euch, mit Billigung des Ordens, homosexuell betätigt.

Diese Vorwürfe waren seit Jahrhunderten gebräuchlich, wenn der Klerus oder der einfache Mann auf der Straße einen »Heiden«, speziell einen Muslim, charakterisieren wollte. (Im Folgenden stütze ich mich auf einen Aufsatz von Anke Krüger[390] Muslime verleugneten Christus als Sohn Gottes, für sie war er ja wirklich nur ein Prophet. Muslime bespuckten das Kreuz und traten es mit Füßen. Solche Vorstellungen gingen auf Berichte von Kreuzfahrern zurück, dass die in Jerusalem von den Christen belagerten Sarazenen – oder die siegenden Sarazenen (vgl. S. 176) – ein Kreuz durch die Straßen schleiften, es bespuckten und darauf einschlugen. Auch erfuhr man, dass die Sarazenen gefangene Christen zwangen, auf das Kreuz zu spucken. Muslimen wurde immer auch homosexuelle Betätigung zugeschrieben, womit man sie entwürdigen wollte, und man unterstellte ihnen Götzenverehrung, obwohl im Islam absolutes Bilderverbot gilt. Als Söhne des Satans verehrten sie, so das verleumderische Muslimbild der Christen, Mohammed – Mahomet in französischer Lautgebung. Sie verehrten also einen Götzen, ja ein Götzenbild, das in allen möglichen Gestalten beschrieben wurde. Mohammed galt im Klerus sogar als Ketzer, das heißt als abtrünniger Christ. Man war der Meinung, er sei einst Christ gewesen und habe sich dann dem Satan verschrieben.

Es war nun sehr einfach, zu behaupten, die Templer seien durch ihren Aufenthalt in Palästina vom Islam angesteckt worden, seien ebenfalls zu Ketzern geworden und übten die ketzerischen Praktiken der Heiden aus. Durch diese assoziative Verknüpfung von Muslimen und Templern konnten es der König und die Inquisitoren nach außen wahrscheinlich machen, dass ihre Anklagen berechtigt waren.

Ein Sachverhalt in den Folterprotokollen verdient besondere Aufmerksamkeit. Die Antworten auf die in den Interrogatorien vorgegebenen Fragen fielen in der Regel so aus, wie es die Fragesteller den Gefolterten in den Mund legten. Auch die Frage nach der Verehrung eines Götzenbildes bejahten viele Templer wunschgemäß. Nicht vorgegeben aber war, wie der Götze ausgesehen hatte und wie er hieß. Wenn die Inquisitoren weiterfragten: Wie sah er denn aus, euer Götze, und wie hieß er, erhielten sie die unterschiedlichsten Antworten. Warum diese Variationsbreite der Antworten? Weil es in Wirklichkeit keinen Götzen gab. Um dem Folterschmerz zu entgehen, suchten die Gefolterten in ihrer Erinnerung und in der Phantasie verzweifelt nach einer Antwort. Die einen hatten Dämonen in den Nischen ihrer Kirchen gesehen und beschrieben den »Götzen« entsprechend. Die anderen hatten gehört oder gelesen, die von den Muslimen angebeteten Götzen hätten die Gestalt eines vierbeinigen Tieres, eines Katers oder gar des Satans selbst, der als Ziegenbock mit Hörnern und glühenden Augen auftrat (die 1233 erlassene Bulle »Vox in Rama« des Papstes Gregor IX. zum Beispiel beschrieb ausführlichst solche »Götzenbilder«). Wieder andere erinnerten sich an besondere Feiern in der Kirche, bei denen in einer Prozession ein Reliquienbehälter in Gestalt eines silbernen Kopfes vorangetragen wurde (vgl. S. 287), und kombinierten dieses Bild mit in der damaligen Literatur umlaufenden Vorstellungen von sprechenden Dämonenköpfen. Auch von einem alten Mann mit Bart sprachen einige Gefolterte. Wie oft hatte man Gottvater so abgebildet gesehen, und warum sollte nicht der Götze so ausgesehen haben? Noch andere hatten Abbildungen heidnischer Gottheiten im Gedächtnis, einen Januskopf mit zwei Gesichtern, oder es fiel ihnen ein, dass die Muslime den Christen Götzendienst vorwarfen, wenn diese Vater, Sohn und heiligen Geist als drei Personen in einer verehrten. Der Götze dieser Angeklagten hatte demgemäß drei Gesichter.

Gerade aus der Unterschiedlichkeit dieser »Beschreibungen« ergibt sich, dass die Templer eben gar keinen Götzen verehrten. Wäre es der Fall gewesen, hätten die Antworten nicht derart inhomogen ausfallen können. Sie waren so verschieden wie die Eindrücke und Vorstellungen von Götzenbildern, die die aus den verschiedensten kulturellen Traditionen stammenden Templer im Lauf ihres Lebens aufgenommen hatten und die sie jetzt, um die Inquisitoren nur irgendwie zufrieden zu stellen, wiedergaben.

Besonders aufschlussreich ist der Name des vermeintlichen Götzen, den vor allem aus Südfrankreich stammende Templer angaben: Bafumet oder Bafumetz, auch Mahumet oder Mahumetz. Es gibt Epen aus dem 10., 11., 12. und 13. Jahrhundert in provençalischer Sprache, in denen Heilige und Helden besungen werden, die sich mit Götzen siegreich auseinandersetzen. Diese Götzen heißen unter anderem Bafumet von Mekka oder Mahumet von Mekka. Wenn ein Templer aus der Provence diese Epen kannte, waren ihm auch die Namen der darin erwähnten Götzen geläufig, und unter der Folter fielen sie ihm wieder ein. Mahumet von Mekka: das kann nur Mohammed selbst sein. Vielleicht ist Bafumet eine Verballhornung von Mahumet, vielleicht eine andere Gestalt aus dem islamischen Kulturbereich. Auf jeden Fall wird auch Bafumet mit Mekka in Verbindung gebracht. In einem Brief eines Kreuzfahrers aus 1098, also dem Jahr vor der Eroberung Jerusalems, ist die Rede davon, dass die Muslime einen gewissen Bafumet aus Mekka verehren, und in einer um 1100 entstandenen Chronik kommen sogar »Bafumerias« vor, die von Muslimen besucht werden – also Moscheen.

Es gab somit keinen »Götzen«, den die Templer in geheimen Ritualen verehrten – weder die Verkörperung eines Wesens der höchsten Weisheit (Magumeth) noch eines Wesens der größten Verworfenheit (Baphomet). Dieser »Götze« war Mohammed selbst oder eine andere Gestalt aus der islamischen Geschichte. Die Christen hatten den Muslimen schon immer, Jahrhunderte vor den Templern, unterstellt, sie verehrten Mohammed als Götzen und hätten entsprechende Götzenbilder. Und unter Folter nach ihren angeblichen Götzen befragt, erinnerten sich einige vor allem aus der Provence stammende Templer dieser in den provençalischen Epen vorkommenden Götzennamen Bafumet oder Mahumet.

Es gab kein besonderes Templergeheimnis. Die Templer verehrten nichts anderes, als was auch die orthodoxen Christen verehrten: die heilige Dreifaltigkeit und die Heiligen, insbesondere Maria, die Mutter Jesu. Und sie hatten keine anderen Rituale als die in den gewöhnlichen Kirchen oder unter Mönchen üblichen. Sie hatten, wie andere Mönche, ein Seil um die Hüfte geschlungen, vielleicht Symbol der Keuschheit, und tauschten im Aufnahmeritual Bruderküsse aus.

Dass Templer unter der Folter ihren Erinnerungen andere Bedeutungen unterschoben und sie im Sinn der Anklage bewerteten, ja dass manche offenbar selbst an ihre Schuld zu glauben begannen, lässt sich psychologisch leicht nachvollziehen. Read erklärt: »Stellt man das wirklich Geschehene einem Menschen im Verhör[...]verzerrt [...] dar, so kann es [...] passieren, dass sich seine erinnerte Wahrnehmung verändert« (S. 325). Aufs Konto dieses Vorgangs kommt wohl der alte Mann mit Bart – das in den Kirchen gesehene Bild Gottvaters wurde zum Götzenbild – oder der dreiköpfige Götze: die heilige Dreifaltigkeit, von den Muslimen als Götze bewertet, wurde vom Gefolterten als sein eigener Götze angegeben. Einen anderen psychologischen Vorgang schildert Rudolf Steiner im Zusammenhang mit den Templern. Wenn sich ein Mensch unaufhörlich selbst forciert und sich zur Treue gegenüber seinem Ideal – in diesem Fall Christus – zwingt, entstehen in seinem Unbewussten gegensätzliche Tendenzen. Er wehrt sich gegen den von diesem Ideal ausgehenden Zwang. Unter der Folter wird sein Bewusstsein, das sonst diese inneren Widerstände unterdrückt, ausgeschaltet, und es kommen gerade die gegensätzlichen Tendenzen zum Vorschein. Wenn jemand gefoltert wird, »kommen die Bilder der Anfechtungen heraus.«[391] Dann spürt er, dass er wirklich das Bedürfnis hatte und hat, das Kreuz zu bespucken, das so viel Triebverzicht von ihm verlangt, und den Christus zu verleugnen, der ihn so hartnäckig zur lebensgefährlichen Nachfolge zwingt. Dann bemerkt er, dass tatsächlich auch Satanisches in ihm wirkt (was er im Normalbewusstsein niemals bemerkt hätte), und gibt schuldbewusst zu, dass er etwas Böses verehrt. Die Folter bringt also Tendenzen ans Licht, nicht wirklich Geschehenes. Doch der Gefolterte hält sich angesichts dessen, was da aus seinem Unbewussten heraufsteigt, für fähig, zu tun, was ihm die Ankläger vorwerfen, ja glaubt bald selbst, er habe es getan. Denn sein Realitätsbewusstsein ist beeinträchtigt. (Rudolf Steiner war allerdings einige Jahre zuvor noch der Meinung, die Templer hätten tatsächlich speziell ein Bild Gottvaters verehrt und hätten Rituale vollzogen, die sonst in der Kirche nicht üblich waren, seien also einen besonderen Einweihungsweg gegangen.[392]

Das Gesetz der innerseelischen Polarität nützten offenbar instinktiv auch die Inquisitoren. Gerade das, was die Templer auszeichnete: ihre Treue zu Christus, verkehrten die Ankläger ins Gegenteil und warfen ihnen Untreue gegenüber Christus vor. Spürten sie die in den Templern lauernden Gegenkräfte und versuchten, sie durch die Folter hervorzulocken? (Vgl. Hergemüller.) »Der Vorwurf der Kreuzesschändung bildet nichts anderes als das negative Zerrbild des Kreuzeskultes: Es ist die kontradiktorische Umdeutung der Realität durch die Zuschreibungsmacht der Verfolger«.[393]

Noch einmal: Die Analyse der Folterprotokolle ergibt, dass das sogenannte Templergeheimnis nicht existiert. Es gab keine besonderen »Götzen« und keine besonderen Rituale, nur Fiktionen und Unterstellungen seitens der Inquisition, die teils aus Jahrhunderte langen wirklichen Erfahrungen mit »heidnischen«, insbesondere islamischen Bräuchen abgeleitet wurden, teils allein der Phantasie der Ankläger entsprangen. Diese Fiktionen und Unterstellungen wurden dann von den Templern durch unter Folter oder Folterdrohung erpresste »Geständnisse« scheinbar bestätigt. Die Antworten der Templer setzten sich aus Erinnerungen an Gehörtes und Gelesenes zusammen, aus Verzerrungen von Eindrücken, die sie bei rechtgläubigen Ritualen in ihrem Orden empfangen hatten, und aus Schilderungen unbewusster Vorstellungen. Und ein derartiges Gespinst wurde von Späteren – spirituellen Esoterikern oder Teufelsanbetern – zur Grundlage der Theorie gemacht, in einem inneren Kreis der Templer habe es besondere Rituale und einen Weg zu positiven oder negativen übersinnlichen Erfahrungen gegeben!

Vertreter dieser Theorie glauben Indizien für besondere spirituelle Zielsetzungen der Templer auch in deren Verhalten während der Zeit zwischen Verhaftung und endgültiger Auflösung des Ordens finden zu können. Sie weisen darauf hin, dass doch so viele Templer, auch wenn nicht gefoltert, Verfehlungen zugegeben hätten. Sie sprechen von der Merkwürdigkeit, dass kurz nach der Verhaftung so wenige Verwandte und

Freunde der Templer – die Rittermönche stammten fast alle aus einflussreichen Adelskreisen – öffentlich für sie eingetreten seien. All das seien
Indizien dafür, dass sie wirklich etwas zu verbergen hatten. Andere
behaupten auch, hinter dem ständigen Wechsel von Geständnissen und
Widerrufen müsse eine bewusste Verzögerungstaktik gesteckt haben, damit irgendwelche Schätze oder Geheimnisse der Templer noch in
Sicherheit gebracht werden konnten.

Aber die scheinbaren Merkwürdigkeiten erklären sich aus der massen-
psychologischen Situation, in der sich die Geschehnisse abspielten, oder
die von den Ereignissen erst erzeugt wurde. Eine Anklage der Ketzerei,
gegen wen auch immer, löste in der gesamten Bevölkerung Todesängste
aus. Jeder, der für den Angeklagten eintrat, konnte selbst der Ketzerei
beschuldigt werden. Über den Ländern lag eine dunkle Gewitterwolke
der Verfolgungshysterie und Verfolgungsangst. Wahnvorstellungen und
Projektionen auf Seiten der Verfolger wie der Verfolgten löschten jeden
Realitätsbezug aus. Man braucht sich nur an ähnliche Hysterien in der
modernen Zeit zu erinnern, etwa an die Jahre McCarthys in Amerika.
Alle Dämonen des Hasses, der Furcht und der gemeinen Verleumdung
waren entfesselt. Der Schlag, den Philipp IV. durch die synchrone Verhaftung aller Templer in seinem Machtbereich führte, wirkte wie ein
Schock nicht nur auf die Angeklagten selbst, sondern auch auf die
Öffentlichkeit.

Man versetze sich in den Großmeister selbst, Jakob von Molay. Er
wusste nicht, wie ihm geschah. Er konnte nicht ahnen, dass hinter den
Anklägern, denen er in der Folter begegnete, zunächst nicht die Kirche,
sondern nur der König stand. Ohne Information über die Hintergründe
der Anklagen muss er sich in den ersten Wochen gedacht haben, die Kirche habe die Auflösung des Ordens beschlossen, weil dieser seiner Aufgabe nicht gerecht geworden sei. Das Heilige Land war verloren gegangen,
die Daseinsberechtigung des Ordens entfallen. Das verursachte bei dem
Gefolterten Schuldbewusstsein und Lähmung der Widerstandskraft. Weshalb unter diesen Umständen noch für die Wahrheit kämpfen? Deshalb
wohl auch sein Aufruf an die Ordensbrüder, ihrerseits zu »gestehen« –
wenn ihm dieser Aufruf nicht ebenfalls durch Drohung mit Folter abge-
zwungen wurde. Und konnte er wissen, welche Verfehlungen einzelne
Templer begangen hatten? Musste er nicht annehmen, dass wirklich
zahlreiche Mitglieder des Ordens schuldig waren, wenn solche drastischen Maßnahmen gegen ihn ergriffen wurden?

Als Jakob von Molay nach dem ersten Schock begriff, dass nicht die
Kirche, sondern die weltliche Macht hinter den Maßnahmen stand,
widerrief er, in der Hoffnung, dass die Kirche eben doch nicht die Auflö-

sung des Ordens beschlossen hatte. Und immer glaubte er während der sieben Jahre, die bis zu seinem Tod noch vergingen, sich vor dem Papst rechtfertigen zu können. Aus Mangel an Informationen wurde ihm nicht klar, dass der Papst eine Kreatur des Königs und auch von ihm keine Gerechtigkeit zu erwarten war.

Von Verzögerungstaktik, um irgendwelche Entwicklungen abzuwarten, kann nicht die Rede sein. Jakob von Molay war jeder Initiative beraubt. Er konnte nicht wissen, was König und Papst als nächstes vorhatten und ob nicht schon das Morgen das Ende allen Elends brächte.

Alle Ergebnisse der Forschung und alle Erwägungen der Vernunft weisen darauf hin, dass die Templer keine spirituellen Zielsetzungen verfolgten, auch nicht in einem inneren Kreis. Die Kirche und der »allerchristlichste« König verurteilten eine kirchentreue Körperschaft: der König aus pathologischem Machtstreben, der Papst als Marionette des Königs. Vorwand für die Verurteilung war die Anklage wegen Ketzerei, die mittels fingierter Indizien und durch Folter erpresster, in Fragenkatalogen vorskizzierter Geständnisse untermauert werden sollte.

Aber es ist leicht nachvollziehbar, warum später die Auffassung entstand, die sich bis heute hartnäckig hält, die Templer hätten übersinnliche Erfahrungen, »schwarz« oder »weiß«, gesucht und entsprechende Rituale praktiziert. Gegner der Kirche, die vom Vorgehen der Inquisition gegen wirkliche »Ketzer« wie etwa die Katharer, Waldenser oder Stedinger wissen, schließen aus dem analogen Vorgehen gegen die Templer, dass auch sie zu den »Ketzern« gerechnet werden müssten. Sie lassen sich von den fingierten Anklagen gegen die Templer täuschen und suchen in den erpressten Geständnissen nach Anhaltspunkten für übersinnliches Streben. Aus den vorliegenden extrem variierenden Aussagen versehen sich die beiden Richtungen der Esoterik mit dem ihnen jeweils passend erscheinenden Material. Die »Weißmagischen« nehmen sich »Magumeth« und konstruieren einen spirituellen Weg der Templer, die »Satanisten« stürzen sich auf die Kater- und Bocksgestalten und genießen überhaupt die blutgetränkte Atmosphäre der Verfolgungen, Folterungen und Lügen.

Aber im Fall der Templer war der Vorwurf der Ketzerei nur fingiert und ein Mittel zum Zweck, worin übrigens die eigentliche Perfidie in diesem Geschehen liegt. Es gab keine institutionalisierte »Ketzerei« (aus der Perspektive der Kirche) bei den Templern, es gab keine institutionalisierte »Spiritualität« (aus der Perspektive esoterischer Gruppen) bei den Templern.

Wenn damals außerkirchliche spirituelle Strömungen in der Christenheit aus dem arabischen Raum beeinflusst wurden oder entstanden sind, sollte man nicht bei den Templern, sondern bei den weltlichen Rittern und Fürsten suchen, die im Heiligen Land oder in Spanien auf irgendwelchen Wegen mit der persischen und islamischen Gnosis in Kontakt kamen. Wolfram von Eschenbach erklärt zum Beispiel, sein Epos indirekt einem Heiden in Toledo zu verdanken. Es ist denkbar, dass über persisch-gnostische und arabisch-gnostische (sufische) Schriften oder literarische Texte spirituelles Gedankengut in den Westen kam, wo es sich mit alten und neuen Mysterienerfahrungen, gestaltet etwa in der Artussage, zu einer neuen Einheit unter dem Zeichen des Grals verband. Es kann Adlige, Ritter und Kleriker gegeben haben, die sich im Verborgenen mit diesen Mysterien beschäftigten. Doch speziell bei den Templern finden sich keine Spuren davon.

Piers Paul Read stellt das Phänomen »Templer« abschließend in den Rahmen der damaligen gesamtgesellschaftlichen Entwicklung und vor den Hintergrund des Christentums als gesellschaftlicher Kraft. Für ihn war das Kirchenchristentum, welche Glaubensinhalte es auch vertreten mochte, der ideologische Kitt, der das Abendland zusammenhielt, die verschiedenen politischen und gesellschaftlichen Strömungen zu einer Einheit verband und damit auch einheitliches Handeln ermöglichte. Diese Funktion des kirchlichen Christentums, auch in seiner Stoßrichtung gegen den Islam, sieht er als positiv. Im Rahmen dieser positiven Funktion haben für ihn auch die Templer ihre Berechtigung, als religiöse (Mönche) und militärische (Ritter) Speerspitze der Selbstverteidigung des Christentums gegen den Islam.

Man kann die Dinge aber auch anders sehen. Die einheitliche Dogmatik und das einheitliche Weltbild des mittelalterlichen Katholizismus bedeuteten, so schön Harmonie und Einheit auch sein mögen, eine völlige Umkehrung des ursprünglichen Christentums. Ausübung politischer Macht mittels Versprechungen himmlischen Lohns bei Wohlverhalten und Androhungen höllischer Strafen bei abweichendem Verhalten, Verwaltung der göttlichen Gnadengaben für andere, Ausnützung religiöser Sehnsucht zu politischen Zwecken, Anwendung bedenklichster Mittel, Abweichler zur Uniformität zurückzuzwingen – das war das Gegenteil dessen, was Jesus beabsichtigt hatte: selbstständige Erfahrung des Göttlichen, Verwirklichung der Bestimmung des Menschen als des Ebenbildes Gottes zu innerer Freiheit und Verantwortung für das Ganze und spontane Einheit auf der Grundlage dieser vollkommenen, in der göttlichen Welt verwurzelten Freiheit. Symbolisch kann eine solche von Jesus gezeigte Entwicklung als Abriss des alten Tempels des ichbezogenen Machtstrebens und Aufbau eines neuen Tempels der Menschenliebe und Freiheit beschrieben werden oder als Beseitigung der »Heiden«, d.h. der Leidenschaften und Illusionen im eigenen Wesen, wodurch das »Grab«, in dem der spirituelle Mensch »tot« und unwirksam darniederliegt, befreit wird und der spirituelle Mensch aufersteht.

Von dieser Perspektive aus ist der Wunsch nach Befreiung des konkreten Grabes in Palästina ein Missverständnis. Ein Mensch, der einen spirituellen Weg geht – als »Mönch« im ursprünglichen Sinn, nämlich als Einzelner, der alle Bestimmtheit durch Begierde und Trieb (Armuts- und Keuschheitsgelübde) auflöst und nur dem spirituellen Menschen im eigenen Innern gehorsam ist (Gehorsamsgelübde) –, kann nicht zugleich andere Menschen töten. Jede spirituelle Entwicklung wäre dadurch unmöglich gemacht. So war das Ideal des Mönchsritters – des Templers – ein Missbrauch der spirituellen Sehnsucht des Menschen. Der glühende Idealismus junger, ihr Seelenheil suchender Menschen wurde auf ein äußeres Ziel gelenkt und Machtzwecken dienstbar gemacht, statt der inneren Entwicklung zum freien spirituellen Menschen zu dienen. Die Sehnsucht dieser Menschen, zu einer Existenz zu gelangen, die ihrer inneren Bestimmung entsprach, und über das triviale Streben nach Reichtum und Ruhm hinauszukommen, wurde auf ein äußeres Ideal projiziert. Bernhard von Clairvaux suchte zwar selbst spirituelle Befreiung und Erkenntnis und beschrieb diese Suche in Bildern der »Brautmystik« und »Leidensmystik«, fand aber offenbar den vom Stifter des Christentums zu diesem Ziel gewiesenen Weg nicht. Er legitimierte und förderte das zwittrige Ungeheuer »Rittermönch«. Dass viele Zeitgenossen die innere Widersprüchlichkeit dieser Kombination bemerkten, ergibt sich aus ihren niemals verstummenden Einwänden gegen dieses »Ideal« und aus den immer erneuten Begründungsversuchen Bernhards, der wohl auch eigene Zweifel betäuben musste.

So entstand statt eines freimütigen, sich seiner spirituellen Berufung gewissen, freiwillig alle Kräfte dieser Berufung unterordnenden Menschen ein Menschentyp, der, in kollektive Rituale, eherne Gelübde und den ganzen Alltag regulierende Ordensregeln eingezwängt, voller Angst um sein Seelenheil im Heiligen Land Dienst tat, in treuem Eifer für Christus und die Kirche immer zum Tod für sein Ideal, immer zum Töten für sein Ideal bereit, redlich, tapfer, mit dem Einsatz aller Kräfte bemüht: der Templer. Und nachdem er seine Pflicht im Dienst seiner Kirche vollbracht hatte – und gescheitert war –, wurde er von einem korrupten König mit Hilfe eines korrupten Papstes beseitigt. Was war dadurch gewonnen? Waren er und die Christenheit so dem vom Gründer des Christentums gezeigten und vorgelebten spirituellen Ziel des Menschen und der Menschheit näher gekommen?

Piers Paul Read überlässt es dem Urteil des Lesers, zu entscheiden, ob die religiöse Einheit der mittelalterlichen Welt, trotz des durch Inquisition und Kreuzzüge entstandenen Leides, nicht der Rationalität der modernen Welt mit ihren raubgierigen Nationalstaaten und Gulags vorzuziehen sei. Aber das ist meines Erachtens nicht die Alternative. Die Frage ist vielmehr, ob nicht ein im Urchristentum begründetes spirituelles Menschentum, das der Bestimmung des Menschen entspricht, sowohl einem Machtchristentum, das die Sehnsucht des Menschen, seine Bestimmung zu erfüllen, unterdrückt und missbraucht, als auch einer seelenlosen rationalen Welt, die Spiritualität und Religion unterdrückt, vorzuziehen wäre. Dabei stellt sich die weitere Frage, ob nicht die rationale, seelenlose Welt mit all ihren leidvollen Folgen unter anderm auch dadurch entstehen konnte, dass eine machtorientierte Kirche den ursprünglichen spirituellen Impuls des Christentums verriet. Denn eine Wurzel des einseitigen Rationalismus war gewiss auch die Opposition gegen die Folgen eines machthungrigen Christentums: gegen Inquisition, Hexenwahn und Versuche, den Menschen unmündig zu halten.

Anhang

Die späteren Kreuzzüge

Auch nach der Auflösung des Templerordens dauerten die Kriege zwischen Christen und Muslimen noch viele Jahrhunderte an. Im Verlauf des 14. Jahrhunderts lösten die osmanischen Türken die ägyptischen Mamelucken als treibende Kraft der islamischen Expansion ab. Benannt nach dem Seldschukenemir Oman, dessen Herrschaftsgebiet südlich Nizäa in Anatolien lag, eroberten sie im 14. Jahrhundert in raschem Siegeslauf ganz Kleinasien und stießen, unter Umgehung Konstantinopels, über die Dardanellen durch Mazedonien und Bulgarien bis zur Donau vor. 1386 besiegten sie die christlichen Serben in der Schlacht von Kosovo.

Jetzt war für die Christen das Gebot der Stunde nicht mehr die Wiedereroberung Jerusalems, sondern der Entsatz Konstantinopels. 1396 wurde ein großes Expeditionsheer aus Westeuropa, geführt von König Sigismund von Ungarn und Graf Johann von Nevers, bei Nikopolis an der Donau vernichtet. 1443 erlitt ein von Papst Eugen IV. zusammengerufenes Kreuzfahrerheer bei Varna eine Niederlage. Und zehn Jahre später fiel Konstantinopel an die osmanischen Türken. Diese Katastrophe wirkte ebenso niederschmetternd auf die Christenheit wie der Fall Jerusalems über zwei Jahrhunderte zuvor. Papst Nikolaus V. sandte Johann Capistrano, um einen neuen Kreuzzug in Ungarn zu predigen. Capistrano sammelte ein Heer, das 1456 eine überlegene osmanische Streitmacht, die Belgrad belagerte, besiegte. Das war jedoch nur ein befristeter Aufschub. Belgrad fiel 1521 doch, und in der Schlacht von Mohács wurden die Ungarn 1526 endgültig geschlagen.

Parallel dazu erfolgte der Vormarsch des Islam unter den Osmanen im Mittelmeer. 1522 verloren die Hospitalritter Rhodos, 1571 fiel das lateinische Königreich Zypern. Der Sieg einer christlichen Flotte in der Schlacht von Lepanto im selben Jahr ermöglichte es den Venezianern, Kreta bis 1669 zu halten. Die einzigen Fortschritte, die die Christen vor dem 17. Jahrhundert machten, betrafen Spanien: Von 1482 bis 1492 fand die Reconquista mit dem Fall Granadas, des letzten islamischen Fürstentums auf der iberischen Halbinsel, ihren Abschluss.

Vom 14. Jahrhundert an wich bei den christlichen Herrschern die Begeisterung der ersten Kreuzfahrer kalter Berechnung, bei ihren Untertanen einem tiefen Zynismus. Erasmus verurteilte im 16. Jahrhundert die Kreuzzugsidee überhaupt, und die dann folgende Reformation bestritt dem Papst die Macht, Bußstrafen aufzuheben und Sünden zu vergeben, womit eventuelle neue Kreuzzüge ihren Wert als fromme Bußübungen verloren. Die Kräfte, die jetzt gegen den Islam antraten, wurden von jenen Nationen mobilisiert, deren rein irdische Interessen er bedrohte: den Venezianern im Mittelmeer, und Österreich unter den Habsburgern in Südosteuropa.

Der noch zu Lebzeiten des Propheten im 7. Jahrhundert begonnene Vormarsch des Islam auf christliches Territorium erreichte seinen Höhepunkt im Jahr 1683, als eine osmanische Armee Wien, die Hauptstadt des Kaisers des Heiligen Römischen Reiches, Leopolds von Habsburg, belagerte. Benachbarte deutsche Staaten und die Polen unter Jan Sobieski brachten ein Heer zusammen, das den Belagerten zu Hilfe eilte. Und 1684 wurde unter der Ägide des Papstes eine Heilige Liga mit dem Ziel gegründet, die Osmanen zurückzutreiben. Im 18. Jahrhundert warf sich Russland zur Schutzmacht der unter muslimischer Herrschaft stehenden orthodoxen Christen auf. 1686 wurde Buda zurückerobert, 1688 Belgrad, und im 1686 geschlossenen Frieden von Karowicz gerieten große Teile Südosteuropas und Griechenlands wieder unter christliche Herrschaft. Im Berliner Frieden von 1878 gewannen die Serben, die während fünf Jahrhunderten osmanischer Fremdherrschaft ihrer orthodoxen Kirche die Treue gehalten hatten, ihre Unabhängigkeit zurück. Und nach den Balkankriegen im Jahr 1912 und 1913 wurden die Grenzen des Osmanischen Reiches, das inzwischen zum türkischen Staat geworden war, bis nach Thrakien zurückverlegt, wo sie auch heute noch verlaufen.

Im 19. und 20. Jahrhundert gründeten Spanien, Frankreich und Italien Kolonien in Nordafrika, und Großbritannien erwarb sich die faktische Oberherrschaft in Ägypten und im Sudan. Doch diese Eroberungen waren wirtschaftlichen und politischen Rivalitäten, nicht religiösen Bestrebungen zu verdanken. Das Christentum hatte seine Bedeutung verloren. Als General Allenby nach seinem 1917 bei Gaza über die Türken erfochtenen Sieg in Jerusalem einmarschierte, war er sich der historischen

Symbolik seines Handelns bewusst. In einem Telegramm vom britischen Kriegsministerium hieß es: »Empfehlen nachdrücklichst, am Tor vom Pferd zu steigen. Deutscher Kaiser [Friedrich II.] zog hoch zu Ross ein, danach hieß es, ›ein Besserer als er ging zu Fuß‹. Vorteile gegensätzlichen Verhaltens ins Auge springend.«[394] Der »Bessere«, auf den sich das Kriegsministerium bezog, war nicht Jesus Christus, der auf dem Rücken eines Esels in die Stadt einritt, sondern Mohammeds Schwiegervater Kalif Omar. General Allenby stieg vom Pferd und betrat die Heilige Stadt zu Fuß.

Nach 1917 mussten sich die Briten die Herrschaft über Outremer mit den Franzosen teilen, die bis 1941 ein Protektorat über Syrien innehatten. 1947 zogen sich die Briten aus Palästina zurück, dessen jüdische Einwohner ein Jahr darauf einen jüdischen Staat proklamierten. Jerusalem wurde bis Juni 1967 von dem haschemitischen Königreich Jordanien regiert und dann während des Sechstagekriegs von israelischen Streitkräften erobert. Sein genauer völkerrechtlicher Status ist bis heute nicht festgelegt. Der Tempelberg ist weiter in den Händen der Muslime. Die Kirche vom Heiligen Grab ist unter sechs verschiedenen christlichen Denominationen aufgeteilt, was häufig zu scharfen Auseinandersetzungen führt.

Welche Rolle spielten die Ritterorden in den späteren Kreuzzügen? Nach dem Fall Akkons zogen sich die Deutschordensritter aus dem Heiligen Land zurück und widmeten sich ihren Kämpfen gegen die heidnischen Prussen und Litauer im Baltikum. 1309 verlegten sie ihr Hauptquartier von Venedig in die Marienburg südlich Danzig. Nachdem noch ein kleinerer Ritterorden in Livland, die Schwertbrüder, im 13. Jahrhundert im Deutschen Orden aufgegangen war, errichtete dieser seine Herrschaft über die Ostseeküste bis hinauf zum finnischen Meerbusen. Oft von den Päpsten getadelt, dass sie mehr an der Versklavung ihrer heidnischen Gefangenen als an deren Bekehrung interessiert seien, riefen die Deutschherren Bauern aus Deutschland als Kolonisatoren der eroberten prussischen Gebiete ins Land und zogen Gewinn aus ihren Handelsbeziehungen als Mitglieder der Hanse. Als den abendländischen Rittern der Weg ins Heilige Land einmal verlegt war, wurde es Mode bei ihnen, sich an den regelmäßigen Jagden der Deutschherren auf die Litauer – man nannte das *Reisen* – zu beteiligen und so ihren Wert unter Beweis zu stellen. Heinrich Bolingbroke nahm an mehreren dieser *Reisen* teil, bevor er als Heinrich IV. den englischen Thron bestieg.

1386 trat Jagiello, Großherzog von Litauen, mit seinem ganzen Volk zum Katholizismus über und heiratete die polnische Thronfolgerin Jadwiga. 1410 besiegten die Heere des neu gebildeten Staates die Deutschordensritter in der Schlacht von Tannenberg. 400 Ritter und ihr Großmeister fielen. Hierauf begann der Niedergang des Ordens – er verlor seine Macht einerseits an die weltlichen deutschen Kolonisatoren, andererseits an seinen stärkeren Nachbarn, den König von Polen. 1525 konvertierte der letzte Großmeister, Albrecht von Brandenburg-Ansbach, zum Protestantismus, löste den Orden auf und verwandelte dessen Herrschaftsgebiet in ein weltliches Herzogtum. Von den in Preußen noch verbliebenen 55 Rittern hielten nur wenige dem Katholizismus die Treue. In der Mehrzahl heirateten sie und gingen im einheimischen Adel, den preußischen Junkern, auf. 1561 tat es der letzte *Landmeister* des livländischen Zweigs der Deutschen Ritter seinem Großmeister nach und wurde zum weltlichen Herzog von Kurland. Restbestände des Ordens mit Besitzungen im katholischen Deutschland existierten fort, bis sie 1809 von Napoleon aufgelöst wurden. 1834 wurde der Orden als eine auf Ehrenmitgliedschaft beruhende Korporation vom österreichischen Kaiserhaus wiederbelebt.

Auf der iberischen Halbinsel kämpften die Ritterorden weiter gegen die Mauren, doch jetzt unter der Leitung von Königen. In Kastilien setzten die Orden von Santiago, Alcántara und Calatrava die Tradition fort, von den Mauren zurückeroberts Land zu verteidigen und zu besiedeln. Der Orden von Alcántara bewachte auch die Grenze zu Portugal in Estremadura. Alle spanischen Orden trugen 1340 ihr Teil zum christlichen Sieg am Saldo bei, der 1344 zur Einnahme von Algeciras führte. In den darauf folgenden eineinhalb Jahrhunderten beschränkte sich die Reconquista auf einige Einfälle nach Granada, das letzte maurische Fürstentum. Alle nahmen auch an den letzten Kämpfen teil, die 1492 die Reconquista vollendeten und die Muslime aus Spanien vertrieben.

Danach hielten sich die spanischen Orden als reiche, mächtige Körperschaften innerhalb der iberischen Staaten. In Aragon hatten die Johanniter den größten Landbesitz von allen, und in Kastilien besaß der Orden von Alcántara halb Estremadura. Auf Grund ihrer Macht wurden die Ordensmeister unvermeidlich in politische Interessenkonflikte verwickelt. Könige und Adlige verschafften den von ihnen begünstigten Kandidaten, häufig ihre legitimen oder illegitimen Söhne, immer wieder die Ordensmeisterwürde. Zwischen 1487 und 1499 kamen die Orden in Kastilien ganz unter die Herrschaft des Königs, und 1587 wurde Montesa der Krone von Aragon eingegliedert.

In Portugal war der Templerorden mit päpstlicher Erlaubnis als Christusorden wieder auferstanden. Aber auch hier stand er unter der Kon trolle der portugiesischen Könige, denen es gelang, königliche Prinzen oder andere Favoriten als Ordensmeister zu installieren. Die größten Leistungen vollbrachte er unter seinem Meister Prinz Heinrich, der, 1418 ernannt, den Reichtum des Ordens zur Finanzierung von Erkundungsreisen an der afrikanischen Küste entlang nach Süden, ums Kap der Guten Hoffnung herum und schließlich bis nach Asien verwendete. Im 16. Jahrhundert ging die Herrschaft über den Orden ganz auf die Krone über. Verschiedene päpstliche Bullen entbanden die Ritter im Lauf der Zeit mehr und mehr von ihren Armuts-, Keuschheits- und Gehorsamsgelübden, so dass die Mitgliedschaft bald nur noch Ehre und Prestige bedeutete.

Der einzige Orden, der weiterhin einen wesentlichen Beitrag zum Heiligen Krieg der Christenheit gegen den Islam leistete, war das Hospital, die Ritter von St. Johannes. Unter ihrem Großmeister Fulko von Villaret hatten sie während des Templerprozesses auffälliges Stillschweigen bewahrt, teils aus Furcht vor eventuellen Maßnahmen Philipps des Schönen, teils weil sie aus dem Verlöschen des Tempels Vorteil zu ziehen hofften. Aber warum blieben sie verschont? Falls Wilhelm von Nogaret tatsächlich ein Enkel katharischer Großeltern war, könnte er, weil der Orden beim Albigenserkreuzzug Sympathie mit den Ketzern gezeigt hatte, für ihn eingenommen gewesen sein. Oberflächlich betrachtet war die Wahrscheinlichkeit gering, dass, wenn überhaupt, nur *ein* Orden, und nicht auch die anderen, vom Virus der Blasphemie, Häresie und Sodomie angesteckt wurde. Aber die Johanniter hatten eine Reihe Vorteile. Sie bezahlten mehr erfahrene Juristen, ihr Hauptquartier in Rhodos lag außerhalb der Reichweite anderer Mächte, und ihre Bereitschaft, bei einem künftigen *passagium particulare* eine führende Rolle zu übernehmen, lag ganz auf der Linie von König Philipps IV. und Papst Clemens' V. Kreuzzugsplänen.

Trotz der Rivalitäten zwischen Tempel und Hospital findet sich kein Hinweis, dass die Johanniter über das Schicksal ihrer Brüder Schadenfreude empfunden hätten. Stets überwogen die Gemeinsamkeiten beider Orden die Unterschiede, und immer noch hatten die Hospitaliter hohe Achtung vor den Templern. »Dass sie den ehemaligen Templerbesitz erbten, erhöhte ihr Prestige, nicht so sehr, weil sie jetzt noch mächtigere Grundherren waren als bisher, sondern weil es ihnen zur Ehre gereichte, in die Fußstapfen einer so edlen Körperschaft treten zu dürfen.«[395] Die Hinzufügung der Templerbesitzungen zu den bisherigen Johannitergütern vermehrte, trotz der von König Philipp IV. und anderen europäischen Königen vorgenommenen »Abzügen«, die Hilfsquellen der Johanniter beträchtlich. Doch führte im Lauf der Zeit der fehlende

Wettbewerb, ganz wie es Jakob von Molay vorausgesagt hatte, zu Niedergang und Stagnation. 1343 schrieb Papst Clemens VI., es sei »die praktisch einhellige und offen bekundete Ansicht des Klerus und der Laienschaft«, dass die Hospitaliter nichts mehr zur Verteidigung des Glaubens täten. Es tauchten Vorschläge zur Gründung eines neuen Ordens auf, der mit einem Teil des Reichtums der Hospitaliter ausgestattet werden sollte.[396]

1522 verloren die Hospitaliter Rhodos an die osmanischen Türken. 1530 übertrug ihnen Kaiser Karl V. die Insel Malta. 1565 wurde ihre dortige Hauptstadt Valetta von den Türken belagert. Aber sie leisteten unter ihrem Großmeister Johann Parisot von La Valetta heldenmütigen Widerstand. Unter den auf der Walstatt gebliebenen 1 500 Toten befanden sich fast 250 Hospitalritter. Nach fünfmonatiger Belagerung zogen die Türken wieder ab. Sechs Jahre später leisteten die Hospitalitergaleeren ihren Beitrag zum Sieg über die osmanische Flotte in der Schlacht von Lepanto.

Im ganzen 17. Jahrhundert stellten die Hospitaliter, jetzt allgemein als Malteser bekannt, nützliche Flottenkontingente, teils für Feldzüge gegen islamische Truppen, teils für kleinere Kaperfahrten gegen Schiffe aus den Häfen Nordafrikas. Als Ruderer beschäftigten sie Sklaven, als Offiziere junge Aristokraten aus den verschiedenen *langues* des Ordens, die sich später als Verwalter in die zahlreichen europäischen Komtureien zurückzogen. Die Ordensmitgliedschaft sicherte ihnen »eine Sinekure in einer privilegierten aristokratischen Körperschaft, eine Pfründe, von der sich angenehm leben ließ«.[397] Aber das Leben in Valetta, der Hauptstadt des Ordens auf der Insel Malta, wird von dem Historiker Roderich Cavaliero als recht langweilig beschrieben. »Langeweile kennzeichnete das Leben auf der Insel. Nur in den höheren Kreisen herrschte eine gewisse Urbanität, wobei man pedantischen Wert auf Disziplin und Rangordnung legte.«

Ende des 18. Jahrhunderts hatte der Verfall des Hospitals solche Fortschritte gemacht, dass Napoleon Bonaparte die uneinnehmbare Festung Valetta nach nur eintägiger Belagerung erobern konnte. Von den 332 Rittern der Besatzung waren 50 zu alt, um überhaupt noch kämpfen zu können. Napoleon äußerte später, »der Platz besaß sicherlich gewaltige materielle Möglichkeiten zum Widerstand, aber es steckte so gut wie keine moralische Kraft mehr dahinter«. Zur Zeit der endgültigen Niederlage Napoleons in der Schlacht bei Waterloo besetzten die Briten Malta, ohne die Absicht zu haben, es dem Rumpforden der Johanniter je wieder zurückzugeben. Die Ritter von St. Johannes setzten Ferdinand von Hompesch, der Malta verloren hatte, als Großmeister ab und wählten Paul I., den russischen Zaren, zum Nachfolger. »Er war weder Katholik noch unverheiratet noch geschworener Bruder, nur wahnsinnig.«[398]

Es folgte eine Zeit, die ein Historiker als »die schlimmsten 20 Jahre in der Geschichte des Ordens« bezeichnet hat: »20 Jahre des puren Opportunismus, durch kleinliches Eigeninteresse vergeudete Zeit. Die kurzen Katastrophen der Revolutionszeit wurden jetzt zum Dauerzustand.«[399] Doch im Lauf des 19. Jahrhunderts kehrte der Orden zu den karitativen Aufgaben zurück, für die er einst gegründet worden war – eine Gemeinschaft frommer römischer Katholiken, deren aus dem Adel stammende Mitglieder sich der Kranken, Armen und Besitzlosen annahmen. Als solche Körperschaft existiert der Orden bis zum heutigen Tag.

Dass die Malteserritter ihren Militärberuf aufgaben, war unvermeidlich, als sich die katholische Kirche vom Konzept eines bewaffneten Kreuzzugs verabschiedete. Tatsächlich hat sie seit dem Zweiten Vatikanischen Konzil den Ketzern und Ungläubigen so viel Hochachtung erwiesen, dass der heilige Bernhard von Clairvaux sich schon sehr gewundert hätte. Gleichwohl lässt sich nicht behaupten, dass dieser Geist der Toleranz die Feindschaft zwischen Christen und Muslimen beendet hätte. Im Kernland dessen, was einst als Christenheit bezeichnet wurde – in Paris, London und sogar in Rom selbst –, werden zwar Moscheen errichtet. Aber in Arabien, dem Kernland des Islam, ist die Ausübung der christlichen Religion weiterhin verboten. Mehrere Länder, etwa der Iran, Sudan, Afghanistan und Pakistan werden nach den Lehren des Koran regiert. Bewaffnete Konflikte zwischen Christen und Muslimen werden in Afrika, auf dem Balkan, den Philippinen und in Indonesien ausgetragen. In den letzten Jahren haben islamische Fundamentalisten christliche Missionare in Pakistan, koptische Mönche in Ägypten und Trappistenmönche und einen katholischen Bischof in Algerien ermordet.

Auch im Heiligen Land setzt sich der Konflikt zwischen den Palästinensern, meist Muslime, und den Israelis, meist Juden, fort. Nach langem Zögern hat der Vatikan den Staat Israel anerkannt. Er plädiert zwar noch immer dafür, Jerusalem einer internationalen Jurisdiktion zu unterstellen, proklamiert aber nicht mehr die christliche Wiedereroberung der Heiligen Stadt, die während langer Jahre ein Hauptziel so vieler Päpste war. Doch registriert die Kirche mit Schrecken die Abwanderung einheimischer Christen aus dem Heiligen Land, die an dieser Geburtsstätte ihrer Religion für sich keine Zukunft mehr sehen. Wenn sich der gegenwärtige Trend fortsetzt, wird die einzige christliche Gruppe, die dann in der Kirche des Heiligen Grabes zu Jerusalem noch ihre Andacht verrichtet, aus mit Jumbojets eingeflogenen Pilgern bestehen.

Die Großmeister des Tempels

Hugo von Payns	1119–1136
Robert von Craon	1137–1149
Eberhard von Barres	1149–1152
Bernhard von Trémélay	1152–1153
Andreas von Montbard	1153–1156
Bertrand von Blanquefort	1156–1169
Philipp von Nablus	1169–1171
Odo von Saint-Amand	1171–1179
Arnold von Torroja	1180–1184
Gerhard von Ridefort	1185–1189
Robert von Sablé	1191–1193
Gilbert Erail	1194–1200
Philipp von Plessiez	1201–1209
Wilhelm von Chartres	1210–1219
Peter von Montaigu	1219–1232
Armand von Périgord	1232–1244
Richard von Bures	1244–1247
Wilhelm von Sonnac	1247–1250
Reginald von Vichiers	1250–1256
Thomas von Bérard	1256–1273
Wilhelm von Beaujeu	1273–1291
Theobald Gaudin	1291–1293
Jakob von Molay	1293–1314

Literatur

Armstrong, Karen: *Muhammad: Religionsstifter und Staatsmann*. München 1995.

Augustinus: *Bekenntnisse*. Übertragen und eingeleitet von Hermann Endrös, München 1963.

Baigent, Michael, Richard Leigh und Henry Lincoln, *Der heilige Gral und seine Erben*. München 2002.

Barber, Malcolm: *The Trial of the Templars*. Cambridge 1994. [a]

Barber, Malcolm: *The New Knighthood: A History of the Order of the Temple*, Cambridge 1994. [b]

Barber, Malcolm (Hrsg.): *The Military Orders: Fighting for the Faith and Caring for the Sick*. Aldershot 1994. [c]

Barker, D. (Hrsg.): *Studies in Church History*. Oxford 1978.

Boase, T.S.R.: *The Cilician Kingdom of Armenia*. Edinburgh 1978.

Boswell, John: *Christianity, Social Tolerance and Homosexuality: Gay People in Western Europe from the Beginning of the Christian Era to the Fourteenth Century*. Chicago 1980.

Bothwell-Gosse, A.: *The Templars*. London 1918.

Bredero, Adriaan H.: *Bernard of Clairvaux: Between Cult and History*. Edinburgh 1996.

Brooke, Christopher N.L.: *The Medieval Idea of Marriage*. Oxford 1989.

Brown, E.A.R.: »The Price is Father of the King: The Character and Childhood of Philip the Fair of France«. In: *Medieval Studies, 49*.

Brown, Peter: *The World of Late Antiquity: From Marcus Aurelius to Muhammad*. London 1971.

Bryce, James: *The Holy Roman Empire*. London 1904.

Chesterton, G.K.: *The Everlasting Man*. London 1925.

Cohn-Sherbok, Dan: *The Crucified Jew: Twenty Centuries of Christian Anti-Semitism*. London 1992.

Collins, Roger: *Early Medieval Europe, 300–1000*. London 1991.

Van Cleve, Thomas Curtis: *The Emperor Frederick II of Hohenstaufen, Immutator Mundi*. Oxford 1972.

Delacroix, Philippe: *Vrai Visage de Saint Bernard, Abbé de Clairvaux*. Angers 1991.

Dossat, Ives: *Guillaume de Nogaret, petit-fils d'hérétiques*. Annales du Midi, no. 212, Toulouse October 1941.

Duddon, F. Holmes: *The Life and Times of Saint Ambrose*. Oxford 1935.

Duffy, Eamon: *Saints and Sinners: A History of the Popes*. New Haven, CT, 1997.

Edbury, Peter W.: *The Kingdom of Cyprus and the Crusades, 1191–1374.* Cambridge 1991.

Edbury, Peter W., John Gordon Rowe: *William of Tyre.* Cambridge 1988.

Elon, Amos: *Jerusalem: City of Mirrors.* London 1989.

Eusebius: *Kirchengeschichte:* Übertragen von Philipp Haeuser. München 1981.

Favier, J. : *Philippe le Bel.* Paris 1978.

Fletcher, Richard: *The Conversion of Europe: From Paganism to Christianity, 371–1386* AD, London, 1997.

Forey, A.J.: *The Templars in the Corona de Aragon.* Oxford 1973.

Forey, Alan: *The Military Orders: From the Twelfth to the Early Fourteenth Centuries.* London 1992.

Ganshof, F.L.: *Feudalism.* Übertragen von Philip Grierson. Toronto 1996.

Gibbon, Edward: *The Decline and Fall of the Roman Empire.* London 1960;

Gibbon, Edward: *Verfall und Untergang des Römischen Reiches.* Nördlingen 1987.

Gillingham, John: *Richard the Lionheart.* London 1978.

Von Grunebaum, Gustave E.: *Medieval Islam: A Study in Cultural Orientation.* Chicago 1946.

Hauf, Monika: *Der Mythos der Templer.* Düsseldorf 2001.

Housley, Norman: *The Later Crusades: From Lyons to Alcazar, 1274-1580.* Oxford 1992.

Howarth, Stephen: *The Knights Templar.* London 1982.

Hyland, Ann: *The Medieval Warhorse: From Byzantium to the Crusades.* Stroud 1994.

Jerusalemer Bibel, Freiburg.

Johnson, Paul: *A History of the Jews.* London 1987.

Joinville, Jean de: *The Life of Saint Louis.* Übertragen von M.R.B. Shaw, Harmondsworth 1963.

Josephus: *Der jüdische Krieg.* Übertragen von Hermann M. Endrös, München 1974.

Josipovici, Gabriel: *The Book of God:A Response to the Bible.* London 1988.

Kedar, Benjamin Z.: *Crusade and Mission: European Approaches towards the Muslims.* Princeton 1984.

Kedar, Benjamin Z. (Hrsg.): *The Horns of Hattin.* London 1992.

Keen, Maurice: *The Penguin History of Medieval Europe.* London 1968.

Keen, Maurice: *Chivalry.* London 1984.

Knowles, David: *Christian Monasticism.* London 1969.

Knox, Ronald: *Enthusiasm.* Oxford, 1950.

Laidler, Keith: *The Head of God:The Lost Treasure of the Templars.* London 1998; Laidler, Keith: *Das Haupt Gottes.* Bern 1999.

Lamy, Michael : *Les Templiers. Ces Grand Seigneurs aux Blancs Manteaux.* Bordeaux 1997.

Lane Fox, Robin: *The Unauthorised Version: Truth and Fiction in the Bible.* London 1991.

Lea, H.C.: *A History of the Inquisition in the Middle Ages.* New York 1888.

Lewis, Bernard: *The Assassins: A Radical Sect in Islam.* London 1967.

Lot, Ferdinand: *The End of the Ancient World and the Beginnings of the Middle Ages.* Übertragen von Philip und Mariette Leon, London 1931.

Maalouf, Amin: *The Crusades through Arab Eyes.* Übertragen von Jon Rothschild, London 1984; Maalouf, Amin: *Der Heilige Krieg der Barbaren. Die Kreuzzüge aus der Sicht der Araber.* München 1996.

Maccoby, Hyam: *The Mythmaker: Paul and the Invention of Christianity.* London 1986.

Marshall, H.E.: *Our Island Story.* London.

Martin, E.: *The Templars in Yorkshire.* York 1929.

Mayer, Hans Eberhard: *Geschichte der Kreuzzüge.* Stuttgart 2000.

Melville, Marion : *La Vie des Templiers.* Paris 1978.

Menache, Sophia: *Clement V.* Cambridge 1998.

Morris, Colin: *The Papal Monarchy: The Western Church from 1050 to 1250.* Oxford 1989.

Murphy-O'Connor, Jerome, OP: *The Holy Land: An Archaeological Guide from Earliest Times to 1700.* Oxford 1986.

Nelson, Janet L. (Hrsg.): *Richard Coeur de Lion in History and Myth.* London 1992.

Nicholson, Helen: *Templars, Hospitallers and Teutonic Knights: Images of the Military Orders, 1128–1291.* Leicester 1993.

Nicholson, Helen (Hrsg.): *The Military Orders,* vol. 2. Aldershot 1998.

Norwich, John Julius: *Byzantium: The Apogee.* London 1991.

Norwich, John Julius: *Byzantium: The Decline and Fall.* London 1995.

Oldenbourg, Zoe: *Massacre at Monségur.* Übertragen von Peter Green, London 1961.

Partner, Peter: *The Murdered Magicians: The Templars and their Myth.* Oxford 1982.

Prawer, Joshua: *The Latin Kingdom of Jerusalem: European Colonialism in the Middle Ages.* London 1973.

Prior, Michael: *The Bible and Colonialism.* Sheffield 1997.

Prutz, H.: *Geheimlehre und Geheimstatuten des Templerherren-Ordens.* Berlin 1879.

Reznikov, Raimonde : *Cathares et Templiers.* Portet-Sur-Garonne, o.J.

Riley-Smith, Jonathan: *The Feudal Nobility and the Kingdom of Jerusalem, 1174–1277.* London 1973.[a]

Riley-Smith, Jonathan: *The Atlas of the Crusades.* New York 1991.[b]

Riley-Smith, Jonathan: *The First Crusade and the Idea of Crusading.* London 1986.[c]

Riley-Smith, Jonathan (Hrsg.): *The Oxford Illustrated History of the Crusades.* Oxford 1995.[d]; Riley-Smith, Jonathan (Hrsg.): Die illustrierte Geschichte der Kreuzzüge. Frankfurt / New York, 1999.

Runciman, Steven: *A History of the Crusades, vol. 1: The First Crusade and the Foundation of the Kingdom of Jerusalem.* Cambridge 1951. [a]

Runciman, Steven: *A History of the Crusades,* vol. 2: *The Kingdom of Jerusalem and the Frankish East 1100–1187.* Cambridge 1952. [b]

Runciman, Steven: *A History of the Crusades,* vol. 3: *The Kingdom of Acre and the Later Crusades.* Cambridge 1954. [c]

Runciman, Steven: *Geschichte der Kreuzzüge.* München 2001.

Sanders, E.P.: *The Historical Figure of Jesus.* London 1993; (Sanders, E.P.: *Sohn Gottes. Eine historische Biografie Jesu.* Stuttgart 1996.)

Schein, Sylvia: *Fidelis Crucis: The Papacy, the West, and the Recovery of the Holy Land, 1274-1314.* Oxford 1991.

Scott-James, Bruno (Hrsg.): *The Letters of Saint Bernard of Clairvaux.* London 1953.

Sinclair, Andrew: *The Discovery of the Grail.* London 1998.

Sire, H.J.A.: *The Knights of Malta.* New Haven / London 1994.

Smail, R.C.: *Crusading Warfare, 1097–1193.* Cambridge 1995.

Southern, R.W.: *Western Society and the Church in the Middle Ages.* Harmondsworth 1970.

Southern, R.W.: *Saint Anselm: A Portrait in a Landscape.* Cambridge 1990.

Sumption, Jonathan: *The Albigensian Crusade.* London 1978.

Tyerman, Christopher: *England and the Crusades, 1095–1588.* Chicago 1988.

Tyerman, Christopher: *The Invention of the Crusades.* London 1998.

Upton-Ward, J.M.: *The Rule of the Templars: The French Text of the Rule of the Order of the Knights Templar.* Übertragen und eingeleitet von J.M. Upton-Ward, Woodbridge 1992.

Vermes, Geza: *Jesus the Jew: A Historian's Reading of the Gospels.* London 1973.

Watt, W. Montgomery: *Muhammad, Prophet and Statesman.* Oxford 1961.

Wilson, A.N.: *Paul: The Mind of the Apostle.* London 1997.

Wilson, Ian: *The Blood and the Shroud.* London 1998.

Wistrich, Robert S.: *Anti-Semitism: The Longest Hatred.* London 1991.

Verwendete Literatur von
Konrad Dietzfelbinger im Nachwort

Demurger, Alain: *Die Templer.* München 2004.

Dinzelbacher, Peter: *Die Templer.* München 2002.

Hergemöller, Bernd-Ulrich: *Krötenkuss und schwarzer Kater.* Warendorf 1996.

Krüger, Anke: »Das Baphomet-Idol«, In: *Historisches Jahrbuch 119*, Freiburg 1999.

Steiner, Rudolf: »Innere Entwicklungsimpulse der Menschheit«, Vortrag aus 1916, S. 127.

Steiner, Rudolf: »Die Tempellegende und die Goldene Legende«, Vortrag aus 1905. Dornach 1979.

Anmerkungen

1 »Jerusalemer Bibel«, Genesis 18, 12.
2 Genesis 22, 12–18.
3 Siehe Johnson, S. 6–7.
4 Exodus 32, 1–6.
5 Richter 2.
6 1. Samuel, 15, 19–20.
7 2. Samuel, 11, 14–15.
8 Josephus, S. 39.
9 Tacitus, V, 5.
10 Josephus, S. 96.
11 Ebenda, S. 141 u. 244.
12 Jeremia 23, 5–6.
13 Psalm 72, 8 und 11.
14 Josephus, S. 327f.
15 Ebenda S. 477, 491 u.498f.
16 Josipovici, S. 230.
17 Chesterton, S. 233.
18 E.P. Sanders, S. 280.
19 Vermes, S. 129.
20 Jesaia 53, 3–4.
21 Psalm 109, 25.
22 Siehe Lane Fox über das Lukasevangelium, S. 31.
23 Josephus, zitiert nach der englischen Ausgabe des Autors, S. 406
24 Ebenda, S. 407
25 Lukas 21, 5-6.
26 Johannes 2, 19.
27 Matthäus 26, 61.
28 Eusebius, 1967.
29 Matthäus 27, 25.
30 Johannes 11, 50.
31 Apostelgeschichte 9, 15.
32 Wilson, siehe auch Maccoby.
33 Apostelgeschichte 18, 13-15.
34 Apostelgeschichte 24, 5–6.
35 Zitiert in Gibbon, S. 197.
36 Eusebius, S. 211f., S. 171.
37 Ebenda, S. 373.
38 Ebenda, S. 236 und 243.
39 2. Petrus 2, 1.
40 F. Holmes Duddon, »The Life and Times of Saint Ambrose«, Oxford, 1935.
41 Augustinus, S. 205 u. 214
42 Brief an die Römer 13, 13–14.
43 P. Brown, S. 122.
44 Collins, S. 91.
45 Bryce, S. 12.
46 P. Brown, S. 174.

47 Ebenda, S. 135.
48 Keen, 1968, S. 78.
49 Matthäus 19, 12.
50 Eusebius, S. 374.
51 Lukas 18, 23–24.
52 Knowles, S. 12.
53 Ebenda, S. 23.
54 Lot, S. 395.
55 Ebenda, S. 394.
56 Ebenda, S. 389.
57 Fletcher, S. 213.
58 Bryce, S. 69.
59 Ebenda S. 49.
60 Watt, S. 51.
61 Ebenda, S. 129.
62 Ebenda.
63 Von Grunebaum , S. 68.
64 Watt, S. 220.
65 Armstrong, S. 139.
66 Von Grunebaum, S. 78.
67 Ebenda, S. 79f.
68 Wistrich, S. 20.
69 Fletcher, S. 341.
70 Von Grunebaum, S. 201.
71 Prawer, S. 4.
72 Von Grunebaum, S. 182.
73 Gibbon, S. 721.
74 Keen, 1968, S. 47.
75 Murphy-O'Connor, S. 78.
76 Ganshof, S. 1.
77 Ebenda, S. 19.
78 Duffy, S. 82.
79 Mayer, S. 8.
80 Bryce, S. 78.
81 Keen, 1968, S. 12.
82 Bryce, S. 93.
83 Gibbon, S. 723.
84 Norwich, 1991, S. 131.
85 Fletcher, S. 232.
86 Prawer, S. 7.
87 Riley-Smith,1986 c/1993, S. 21.
88 Marcus Bull, in Riley-Smith, 1995 d, S. 15.
89 Siehe Tyerman, 1988/1998, S. 9.
90 Prior, S. 35.
91 Mayer, S. 14.
92 Norman Housley, »Jerusalem and the Development of the Crusade Idea, 1099–1008«, in Kedar, 1992, S. 32.
93 Riley-Smith, 1995 d, S. 77.
94 Mayer, S. 38.

95   Marcus Bull, in Riley-Smith, 1995 d, S. 17.
96   Riley-Smith, 1986 c, S. 52.
97   Fletcher, S. 31.
98   Zitiert in Cohn-Sherbok, S. 40.
99   Mayer, S. 49.
100 Zitiert in Riley-Smith, 1986 c, S. 96.
101 Zitiert in Smail, S. 115, Anm.
102 Zitiert in Maalouf, S. 39.
103 Riley-Smith, 1986 c, S. 154.
104 Lamy, S. 26.
105 Brooke, S. 136.
106 Ebenda, S. 138.
107 Southern
108 »Traité du Précepte et de la dispense«, zitiert in Delacroix, S. 52.
109 Zitiert in Bredero, S. 95.
110 Knowles, S. 78.
111 Siehe A. J. Forey, 1973, S. 5.
112 Prawer, S. 254.
113 Southern, 1990, S. 169. Anselm modifizierte diese Ansicht wieder, als er einen
     problematischen Schwager loswerden wollte.
114 Zitiert in Barber, 1994 b, S. 13.
115 Upton-Ward, S. 20.
116 Melville, S. 3.
117 Upton-Ward, S. 19.
118 Ebenda, S. 36.
119 Ebenda S. 28.
120 Morris, S. 280.
121 Zitiert in Barber, 1994 b, S. 49.
122 Keen, 1984, S. 8.
123 A.J. Forey, 1973, S. 271.
124 Martin, S. 380.
125 A. Forey, 1992, S. 189.
126 Sire, S. 4.
127 Nicolo de Martoni, zitiert in Sire, S. 8.
128 Zitiert in Barber, 1994 b, S. 27.
129 A. J. Forey, 1973, S. 22.
130 Riley-Smith, 1986 c, S. 44.
131 A. Forey, 1992, S. 213.
132 Matthäus, 16, 24–25.
133 Zitiert in Barber, 1994 b, S. 261.
134 A. Forey, 1992, S. 204.
135 Nicholson, 1993, S. 62.
136 Upton-Ward, S. 22.
137 Brooke, S. 267.
138 Boswell
139 Southern, 1990, S. 150.
140 Römer 1, 26.
141 Augustinus, III, 8.
142 Southern, 1990, S. 130.

143 A. Forey, 1992, S. 189.
144 Upton-Ward, S. 112.
145 Denys Pringle, »Templar Castles on the Road to the Jordan«, in Barber, 1994 c, S. 148.
146 Imad ad-Din al Isfahani, zitiert von Judi Upton-Ward, in »The Surrender of Gaston and the Rule of the Templars«, in Barber, 1994 c, S. 181.
147 Norwich, 1995, S. 107.
148 Mayer, S. 99 f.
149 Riley-Smith, 1995 d, S. 81.
150 Zitiert in Runciman 1952 b, S. 254.
151 Scott-James, S. 461.
152 Ebenda.
153 Howarth, S. 199.
154 Melville, S. 92.
155 Tyerman, 1988, S. 182.
156 Barber, 1994 b, S. 66.
157 Jane Martindale, »Eleanor of Aquitaine«, in Nelson, S. 40.
158 Zitiert in Bredero, S. 150.
159 Von Grunebaum, S. 58.
160 Smail, S. 43.
161 Prawer, S. 67.
162 Siehe Riley-Smith, 1973 a, S. 81.
163 Prawer, S. 506.
164 Ebenda, S. 504.
165 Jonathan Phillips, in Riley-Smith, 1995 d, S. 116.
166 Prawer, S. 238.
167 Ebenda, S. 383.
168 Zitiert in Malouf, S. 129.
169 Susan Edgington, »Medical Knowledge in the Crusading Armies – The Evidence of Albert of Aachen and Others«, in Barber, 1994 c, S. 326.
170 Robert Irwin, »Islam and the Crusades«, in Riley-Smith, 1995 d, S. 235.
171 Zitiert in Barber, 1994 b, S. 93.
172 Ebenda, S. 93.
173 Jaroslav Folda, »Art in the Latin East, 1098–1294«, in Riley-Smith, 1995 d, S. 150.
174 Prawer, S. 416.
175 Jaroslav Folda, in Riley-Smith, 1995 d, S. 416.
176 Hyland, S. 153.
177 Nicholson, 1993, S. 117.
178 Upton-Ward, S. 91.
179 Knowles, S. 84.
180 Smail, S. 39.
181 Helen Nicholson, »Before William of Tyre – European Reports on the Military Orders' – Deeds in the East, 1150–1185«, in Nicholson, 1998, S. 114.
182 Runciman, 1952 b, S. 366.
183 Barber, 1994 b, S. 76.
184 Smail, S. 201.
185 Runciman, 1952 b, S. 178.
186 Bernhard Hamilton, »Queens of Jerusalem«, in Barker, S. 157.

187 Lewis, S. 27.
188 William of Tyre, »Historia Rerum in partibus transmarinis gestarum«, zitiert in Bernard Hamilton, »The Elephant of Christ – Reginald of Châtillon«, in Barker, S. 98.
189 Runciman, 1952 b, S. 348.
190 Kamal al-Din, zitiert in Lewis, S. 111.
191 Zitiert in Barber, 1994 b,S. 103.
192 Siehe ebenda, S. 104.
193 Runciman, 1952 b, S. 398.
194 »The Elephant of Christ – Reginald of Châtillon«, »Studies in Church History«, in Barker S. 99. Sir Steven Runciman in seiner »History of the Crusades« erwähnt kein Lösegeld.
195 Ebenda S. 100, Anm.
196 Zitiert in Barber,1994 b, S. 109.
197 Tyerman, 1988, S. 46.
198 Runciman, 1952 b, S. 406, Anm.4.
199 Ebenda, 448.
200 Ebenda, S. 441-2.
201 »The Elephant of Christ – Reginald of Châtillon«, »Studies in Church History«, S. 104.
202 Ebenda, S. 107.
203 Peter of Blois, zitiert bei Michael Markowski in »Peter of Blois and the Concept of the Third Crusade«, in Kedar, 1992, S. 264.
204 Prawer, S. 81.
205 William J. Hamblin, »Saladin and Muslim Military Theory«, in Kedar, 1992, S. 236.
206 Smail, S. 38.
207 Barber, 1994 b, S. 117.
208 Michael Markhowski, »Peter of Blois and the Conception of the Third Crusade«, in Kedar, 1992, S. 13.
209 Mayer, S. 132.
210 Siehe Tyerman, 1998, S. 28.
211 Alfred Richard, »Contes«, II, S. 457, zitiert in Jane Martindale, »Eleanor of Aquitaine«, in Nelson, S. 210.
212 Prawer, S. 185.
213 Tyerman, 1988, S. 58.
214 Runciman, 1954 c, S. 11.
215 Norwich, 1995, S. 129.
216 Runciman, 1954 c, S. 54, Anm.
217 Edbury, S. 17.
218 Runciman, 1954 c, S. 73.
219 Siehe J. Gillingham, S. 161.
220 Marshall, S. 167.
221 J.O. Prestwich, »Richard Coeur de Lion – Rex Bellicosus«, in Nelson, S. 16.
222 Gillingham, S. 285, 288.
223 Bothwell-Gosse, S. 11. Nach einer anderen Quelle »vermachte« Richard diese Laster den Mönchsorden, als er von dem Prediger Fulko von Neuilly aufgefordert wurde, sich von ihnen zu distanzieren. Siehe Runciman, 1954 c, S.109, Anm.
224 Duffy, S. 110.

225 Tyerman, 1998, S. 89.
226 Norman Housley, in Riley-Smith, 1995 d, S. 266.
227 Zitiert in Partner, S. 30.
228 Nicholson, 1993, S. 102.
229 Michael Gervers, »Pro defensione Terrae Sanctae – The Development and Exploitation of the Hospitallers', Landed Estate in Essex«, in Barber, 1994 c, S. 5.
230 Nicholson, 1993, S. 131.
231 Barber, 1994 b, S. 267.
232 A. J. Forey, 1973, S. 349.
233 Ebenda, S. 351.
234 Ebenda, S. 48.
235 Nicholson, 1993, S. 21.
236 Edbury und Rowe, S. 128.
237 Alan Forey, in Riley-Smith, 1995 d, S. 213.
238 A. J. Forey, 1973, S. 136.
239 Edbury und Rowe, S. 148.
240 Mayer, S. 175.
241 Ebenda, S. 176.
242 Zitiert ebenda., S. 178.
243 Peter Lock, »The Military Orders in Mainland Greece«, in Barber, 1994 c, S. 333.
244 Housley, S. 153.
245 Alan Forey, in Riley-Smith, 1995 d, S. 189.
246 Sumption, S. 38.
247 Oldenbourg, S. 27.
248 Père D'Avrigny, zitiert in Knox, S. 319.
249 Zitiert in Sumption, S. 53.
250 Ebenda S. 31.
251 Reznikov, o.J., S. 21.
252 Ebenda, S. 13.
253 Ebenda, S. 46.
254 Sumption, S. 208.
255 Tyerman, 1998, S. 75.
256 James M. Powell, »The Role of Women in the Fifth Crusade«, in Kedar, 1992, S. 301.
257 Zitiert in Barber, 1994 b, S. 163.
258 Zitiert ebenda, S. 130.
259 Zitiert in van Cleve, S. 64.
260 Maalouf, S. 230.
261 Van Cleve, S. 239.
262 Maalouf, S. 230.
263 Zitiert in van Cleve, S. 421.
264 Zitiert ebenda, S. 335.
265 Ebenda, S. 420.
266 Zitiert ebenda, S. 101.
267 Zitiert ebenda, S. 217.
268 Zitiert in Maalouf, S. 228.
269 Barber, 1994 a, S. 240.
270 Runciman, 1954 c, 193.

271 Prawer, S. 75.
272 Boase, S. 110.
273 Smail, S. 101.
274 Vollständige Liste siehe Riley-Smith, 1973 a, S. 62f.; oder Prawer, S. 404.
275 Zitiert in Riley-Smith, 1973 a, S. 63.
276 Siehe Prawer, S. 509f.
277 Siehe Kedar, 1984, S. 157.
278 Zitiert ebenda, S. 126.
279 Upton-Ward, S. 148.
280 A. J. Forey, 1973 , S. 323.
281 Zitiert in A. Forey, 1992, S. 208.
282 Prawer, S. 93.
283 Zitiert bei Jonathan Philips in »The Latin East«, in Riley-Smith, 1995 d, S. 119.
284 »Le Templier de Tyre«, zitiert in Prawer, S. 326.
285 Nicholson,1993, S. 30.
286 Barber, 1994 b, S. 230.
287 Malcolm Barber, »Supplying the Crusader States – The Role of the Templars«, in Kedar, 1992, S. 319.
288 Prawer, S. 197.
289 Keen, 1984, S. 120.
290 Siehe Prior, S. 34.
291 Keen, 1984, S. 56.
292 Runciman, 1954 c, S. 220.
293 Zitiert in Barber, 1994 b, S. 142.
294 Joinville, S. 175.
295 Keen, 1968, S. 133.
296 Joinville, S. 201.
297 Ebenda, S. 222.
298 Siehe Robert Irwin, »Islam and the Crusades«, in Riley-Smith, 1995 d, S. 238.
299 Joinville, S. 277.
300 Ebenda, S. 288.
301 Prawer, S. 414.
302 Mayer, S. 235.
303 »Flores Historiarum«, zitiert in Barber, 1994 a, S. 157.
304 Siehe Judi Upton-Ward, »The Surrender of Gaston«, in Barber, 1994 c, S. 186f.
305 Schein, S. 20.
306 James A. Brundage, »Humbert of Romans and the Legitimacy of Crusader Conquests«, in Kedar, 1992, S. 311.
307 Schein, S. 25.
308 Ebenda, S. 41.
309 Siehe Peter Edbury, »The Templars in Cyprus«, in Barber, 1994 c, S. 193.
310 Barber, 1994 b, S. 176.
311 Zitiert in Schein, S. 67.
312 Runciman, 1954 c, S. 420.
313 Zitiert in Schein, S. 115.
314 Ebenda, S. 125f.
315 Zitiert ebenda., S. 126.
316 Nicholson, 1993, S. 125.
317 Norwich, 1995, S. 264-73.

318 Peter Edbury, »The Templars in Cyprus«, in Barber, 1994 c, S. 194.
319 Zitiert in Tyerman, 1988, S. 233.
320 Schein, S. 140.
321 Zitiert ebenda, S. 145.
322 E.A.R Brown, S. 282–334.
323 Siehe Reznikov, S. 21; und Ives Dossat, »Guillaume de Nogaret, petit-fils d'hé-rétiques, Annales du Midi«, Nr. 212, Toulouse, Oktober 1941.
324 Aus Wilhelms von Nogaret »Lobeshymne« während des postumen Verfahrens gegen Bonifaz VIII. Zitiert in Barber, 1994 a, S. 29.
325 Ebenda S. 30.
326 Bryce, S. 109.
327 Menache, S. 19.
328 Siehe ebenda, S. 40.
329 Ebenda, S. 86.
330 Schein, S. 180.
331 Ebenda, S. 210.
332 Zitiert in Barber, 1994 a, S. 16.
333 Zitiert ebenda, S. 48.
334 Zitiert in Menache, S. 207.
335 Jean of Saint Victor, »Prima Vita«, zitiert in Menache, S. 206.
336 Barber, 1994 a, S. 67.
337 Ebenda S. 76.
338 Zitiert ebenda S. 100.
339 Ebenda, S. 184.
340 Menache, S. 192.
341 Ebenda, S. 199.
342 James Brundage, »The Lawyers of the Military Orders«, in Barber, 1994 c, S. 351.
343 Zitiert in Barber, 1994 a, S. 125.
344 Zitiert ebenda, S. 148.
345 Aus der Chronik des Wilhelm von Nangis, zitiert in Barber, 1994 a, S. 157.
346 Siehe ebenda, S. 161.
347 A. Forey, 1992, S. 87.
348 Siehe Barber, 1994 a, S. 206.
349 Menache, S. 229.
350 Martin, S. 142.
351 Ebenda, S. 147.
352 Zitiert in Barber, 1994 a, S. 202.
353 Jean de Saint-Victor, S. 656, zitiert in Barber, 1994 a, S. 221.
354 Chronik des Walter von Guisborough, S. 396, zitiert in Menache, S. 236.
355 A. J. Forey, 1973, S. 364.
356 Aus der Chronik des Wilhelm von Nangis, zitiert in Barber, 1994 a, S. 241.
357 Siehe Simonetta Cerrini, »A New Edition of the Latin and French Rule of the Temple«, in Nicholson, 1998, S. 211f.
358 Zitiert in Barber, 1994 b, S. 316.
359 Partner, S. 100.
360 Nicholson, 1993 S. 94.
361 Partner, S. XIX.
362 Barber, 1994 b, S. 331.

363 Siehe Baigent, Leigh und Lincoln.
364 Siehe Ian Wilson.
365 Lamy, S. 28.
366 Laidler, S. 177.
367 Ebenda, S. 199.
368 Sinclair, S. 264.
369 Partner, S. 112.
370 Ebenda S. 138.
371 Prutz, 1879, S. 62, 86, 100, zitiert in Malcolm Barber, »The Trial of the Templ-
     lars Revisited«, in Nicholson, 1998, S. 330.
372 H.C. Lea, »A History of the Inquisition in the Middle Ages«, New York, 1889,
     S. 334, zitiert in Barber, »The Trial of the Templars Revisited«, S. 329.
373 J. Favier, »Philippe le Bel«, Paris, 1978, S. 447; zitiert in Barber, »The Trial of
     the Templars Revisited«, S. 330.
374 Southern, 1990, S. 153.
375 Siehe Riley-Smith, 1973 a, S. 201.
376 Siehe Upton-Ward, Artikel 573, S. 148.
377 Barber »The Trial of the Templars, Revisited«, S. 331.
378 Partner, S. 180.
379 Joinville, S. 310.
380 Nicholson, 1993, S. 74.
381 David Hume, *History*, I, S. 209, zitiert in Tyerman, 1998, S. 111.
382 Runciman, 1978, S. 1262.
383 Prior, S. 35.
384 Riley-Smith, 1995 d, S. 7.
385 Riley-Smith, 1986 c, S. 115.
386 Offenbarung des Johannes, 7, 14.
387 »Humbert of Romans and the Legitimacy of Crusader Conquests«, in Kedar,
     1992, S. 306.
388 Menache, S. 177.
389 Ebenda, S. 86.
390 Krüger, »Das Baphomet-Idol«, in »Historisches Jahrbuch 119«.
391 Steiner, »Innere Entwicklungsimpulse der Menschheit«, Vortrag aus 1916,
     S. 127.
392 Steiner, »Die Tempellegende und die Goldene Legende«, Vortrag aus 1905.
393 Hergemöller, S. 359.
394 Zitiert in Elon, S. 167.
395 Michael Gervers, »Pro defensione Terrae Sanctae: The Development and
     Exploitation of the Hospitallers' Landed Estate in Essex«, in Barber, 1994 c,
     S. 20.
396 Siehe Schein, S. 245.
397 Anthony Luttrell, »The Military Orders, 1312–1798«, in Riley-Smith, 1995 d,
     S. 347.
398 Riley-Smith, 1991 b, S. 156.
399 Sire, S. 250.

Stichwortverzeichnis

Ludwig von Bayern, Herzog 214
Lyon, zweites Konzil von (1274) 231, 261, 263, 277

Peter von Rovira 118
Peter von Sevrey 258f.
Peter, St. 62, 182, 272
Petrus Venerabilis 70, 106f., 138
Petrus, Apostel 31, 35, 44, 72, 80, 83, 86, 111, 261, 331
Pharisäer 18f., 21
Philipp August, König von Frankreich 180f., 184ff., 190, 198
Philipp IV., König von Frankreich (Philipp der Schöne) 267-280, 283-293, 296,
    301f., 304f., 307, 310ff., 315-319, 325ff., 331, 337f., 343, 353
Philipp von Montfort 235
Philipp von Nablus, Herr von Oultrejourdain 159, 161
Philipp, König von Frankreich 82, 86, 299
Piacenza, Konzil von 78f., 83
Pietro del Morrone 271, 289, 291
Pilgerburg 148, 213, 221, 229, 232, 242, 246f., 259, 263
Pilgerfahrt 80, 101, 105, 141
Pippin der Kleine 52f.
Pippin, König 72
Poitiers, Schlacht von 62, 66
Pontius Pilatus 20, 26, 29f., 32
Portugal 119, 121, 133, 136, 229, 304f., 313f., 323, 352
Präzepturen, *siehe auch* Komtureien 118

Qalawun 255f., 262
»Quantum praedecessores« (1145) 129f.

Raimund Berengar IV., 119, 121
Raimund II., Graf von Tripolis 155f., 210
Raimund III., Graf von Tripolis 162, 165f., 168-173
Raimund VI., Graf von Toulouse 190, 208-211
Raimund VII., Graf von Toulouse 211
Raimund von Le Puy 120, 150
Raimund von Poitiers 134ff., 153f., 157, 164
Raimund von Saint-Gilles, 79, 91-95, 97, 119, 208f.
Reconquista 66, 120f., 227, 230, 301, 330, 350, 352
Reginald von Châtillon 154-157, 164ff., 169-172, 174, 179, 183
Reginald von Provins 295f., 298
Reginald von Spoleto 220
Reginald von Vichiers 241f., 245, 356
Reichtum
  Beschlagnahme des 279, 305
  England 304ff.
  Finanzdienstleistungen 196, 198
  Legenden über 195
  Lehen 102, 196
Reliquien 8, 37, 60, 80, 130, 174, 185, 203, 212, 214, 237, 317, 322f., 336, 340
Rhodos 18, 184, 264f., 276, 278, 349, 353f.,
Richard Filangieri 225, 230, 234, 326
Richard Löwenherz 178ff., 184-193, 198f., 215f., 233, 304, 326

Zum Autor

Piers Paul Read, ehemals Dozent in Geschichte an der Universität von Cambridge, ist heute erfolgreicher Buchautor zahlreicher gefeierter, mit Preisen überhäufter Romane und Sachbücher. Sein internationaler Bestseller »Alive«, in Deutschland unter dem Titel »Überleben« bekannt, wurde sehr erfolgreich verfilmt. Piers Paul Read lebt mit seiner Ehefrau und vier Kindern in London.